中国通史

（第三卷）

《中国通史》精彩扼要地勾勒出中国历史演进的基本脉络和中华民族的发展过程，从宏观上把握中国历史，窥一斑而知全豹，进而使读者从中揣摩与品味出中国历史发展的内在规律。

中国书店

第三章

三国时期

第二编 秦汉至隋统一时期　最新整理图文珍藏版

东汉末年的中国，先历黄巾起义，再经董卓之乱，后陷入无休止的割据政权间的争夺和纷争之中，最后呈鼎足之势崛起了三个政权——魏、蜀、吴。中国历史继秦汉统一之后，再次陷入割据与动乱之中。

　　三国时期是我国魏晋南北朝时期民族大融合的起点。中原的混乱，中央集权的衰落，为少数民族提供了一片新的历史舞台，而中原人口的锐减，也为内迁各族人民提供了适宜的生存空间。江左出山越，川蜀定南中，东南、西南诸夷也深深受到汉文化的熏陶与濡染。少数民族的内徙与融合成为一种不可逆转的历史潮流。

　　经过近半个世纪的政治演变和经济发展，三国鼎立的平衡格局被打破了，雄踞中原的曹魏政权以其强大的实力于 263 年灭掉蜀国，形成局部统一。

第一节　史海钩沉：重大事件　历史典故

董卓之乱

刘秀统一中国，建立了东汉政权以后，吸取了王莽篡位的教训，采取了一系列的措施来加强王权。可是，东汉的皇帝只有早期的几位能够政从己出。其余的皇帝大多因宫廷生活的奢靡等原因而成了短命之人。继位的皇帝年纪都很幼小，因此政权便落在母后及其父兄（即外戚）手里。等到皇帝长大以后，想要收回政权，只有和自己身边的宦官商量，于是皇帝在宦官的协助下，推倒了外戚。宦官因为推倒外戚有功，并且又能包围和愚弄皇帝，所以实权便落在宦官手里，不久，这个皇帝又短命死了。于是再来一次外戚专权以至宦官擅势的过程。东汉中后期一百余年的历史，可以说是外戚和宦官争夺统治权的历史。在外戚和宦官的斗争中，宦官越来越占上风。

宦官势力的膨胀，逐渐形成了"群辈相党"的政治集团。在政治上，他们把持朝政"权势专归宦官"，"兄弟姻戚，皆宰州临郡，辜较百姓，与盗贼无异"，"举动回山海，呼吸变霜露，阿旨曲求，则光宠三族，直情忤意，则参夷五宗，汉之纲纪大乱矣。……子弟支附，过半于州郡……皆剥割萌黎，竞恣奢欲，构害明贤，专树党类……同敝相济，故其徒有繁，败国蠹政之事，不可单书。所以海内嗟毒，志士穷栖。"（范晔《后汉书·宦者列传》）

红陶武士俑

当时地方官吏贪污成风，"官非其人，政以贿成"。各种类型的地主包括贵族、世家大族、地方豪强、富商等，无不广占田地，役使农民，敲诈勒索，奢侈踰制。……因而，广大人民生活极度贫苦，终于在公元184年爆发了以张角弟兄为首的黄巾大起义。

统治者为了维护其统治，便动员所有的地主武装对农民起义进行镇压，并于公元188年，接受太常刘焉的建议，改刺史为州牧，并给予州牧领兵治民的权力。这些州牧有了领兵权之后，便乘乱纷纷扩张

三国·木牛（模型）

自己的武装力量，形成一个个割据一方的土皇帝，中央政府对其难以控制，东汉政府想借改制而加强统治的梦想破灭了，地方割据势力得以发展，为以后的军阀混战埋下了祸根。

当农民起义来临时，这种矛盾相对缓和，一旦外来压力解除，这种矛盾便再度激化。

公元189年汉灵帝死，长子刘辩继立为帝，其生母何太后临朝听政。于是外戚同宦官的斗争又重新激烈起来，太后兄大将军何进为了一举杀尽宦官，彻底消灭自己的对手，将世代官僚地主出身，并有一定声望、一定势力的袁绍、袁术兄弟拉到自己一边，并且接受袁绍的建议，召并州牧董卓带兵入京。董卓还没有赶到，何进已为宦官所诱杀，官僚世族袁绍等又大杀宦官。

宦官们被彻底清除以后，长期以来交替执政的外戚和宦官集团的斗争结束了。宦官、外戚退出了历史舞台，而官僚地主武装集团却纷纷粉墨登场，从此，大规模的军阀混战开始了。此时，东汉政权已是名存实亡了。

当袁绍大杀宦官的时候，董卓接到何进的密召后率军来到了京都洛阳。董卓（？～192年），字仲颖，陇西临洮（今甘肃岷县）人。性情豪放而又残忍，喜与人结交，由于他居住的地方接近西北少数民族，他便同这些少数民族的贵族势力交往，培植自己的力量，在陇西颇有名望。东汉末年因镇压少数民族起义，屡立战功，连晋官职，做到并州刺史、河东太守。后来，镇压黄巾起义，并击退韩遂、马腾对京都地区的进攻，这使他赢得了极高的声望和地位，并借此而使他的军事力量日益壮大。董卓的军队由汉族和少数民族组成，能征善战，凶暴残忍，董卓以此作资本，时刻准备争夺天下。正值他野心勃勃之时，恰逢何进召他进京。这对于董卓来说，无异于久旱逢甘霖，他接到何进的密召后，立刻便率领3000人马，直奔洛阳，这为他独霸天下创造了良机。

董卓进入洛阳时，步骑不过三千。当时京师官兵很盛。司隶校尉袁绍拥有禁军的指挥权；当时曹操任典军校尉；后将军袁术控制了大将军何进的部曲；济北相鲍信又募来一支山东兵；执金吾丁原有骁将吕布，这些力量合起来超过董卓军十倍还多。但是，由于董卓有三十多年的军队生涯，具有丰富的作战经验，当时东汉朝廷里没有一个人是他的对手。董卓知道自己的势力弱小，于是，他成功地运用了虚张声势的计谋。他过四五天就带部众在夜里悄悄出营，天明"乃大陈旌鼓而还，以为西兵复至，洛中无知者"。董卓这一手居然镇住了当时众杰袁绍、袁术、曹操等人，他们纷纷逃离洛阳，禁军及何进部曲尽都

车骑图（辽国公孙氏壁画墓）

越窑青釉绳索纹罐

落入董卓手中。董卓又使用离间之计，使吕布与丁原不和，于是，心骄气盛的吕布杀掉了丁原，董卓又收吕布作义子，并收服了丁原部众，于是董卓的势力更加强大。

董卓进入洛阳要做的第一件事就是废掉旧帝再立新主，以此控制皇权，于是，董卓废少帝刘辩为弘农王，随后又杀弘农王及何太后，拔掉了朝官和名士所凭借的旗帜。董卓立灵帝少子陈留王刘协为帝，这就是汉献帝。汉献帝当时刚九岁，被董卓玩弄于股掌之中，董卓挟天子以令诸侯，自称太师，迁相国，封郿侯，带剑上殿，位在百官之上，俨然一个摄政王。

政治上，董卓为了收买人心，他外示宽柔，起用党人名士做朝官，外放大臣为牧伯太守，平反党人冤狱，以示不负众望。用周珌、伍琼、郑公业为尚书，让何颙作长史，荀爽作司空，陈纪、韩融等都成为列卿。外放尚书韩馥作冀州刺史，侍中刘岱作兖州刺史，孔伷作豫州刺史，张咨作南阳太守，张邈作陈留太守。甚至还任用逃亡在外的袁绍、袁术为后将军。

军事上，董卓深固根本，牢牢地控制关西。董卓招抚了凉州的马腾、韩遂，又

征召关中潜在的政敌皇甫嵩和京兆尹盖勋。皇甫嵩时为左将军，有雄兵3万屯驻扶风。盖勋鼓动皇甫嵩与自己联兵反董卓。

但是，皇甫嵩雄略不敌董卓而听征，交出了兵权，到洛阳去做城门校尉。盖勋孤掌难鸣，也只好听征，到洛阳去就任越骑校尉。皇甫嵩到了洛阳，董卓将他逮捕下狱，迫使皇甫嵩屈服后又用为御史中丞。董卓控制了关中，所以关东兵起，他能西移长安。

董卓是个非常残暴的家伙，他和他的部队到处烧杀抢掠，为所欲为。当时洛阳城中的王公贵族非常富有，高屋大厦，金银财宝不计其数，董卓便令其军队冲进庐舍，奸淫妇女，抢掠财物，并美其名曰"搜牢"。弄得朝廷上下，人心惶惶。

董卓的专横暴行，引起了社会上各个阶层的强烈反对，公元190年，渤海太守袁绍、后将军袁术、冀州牧韩馥、豫州刺史孔伷、兖州刺史刘岱，河内太守王匡、陈留太守张邈、东郡太守桥瑁、济北相鲍

青瓷堆塑谷仓罐

信及逃到陈留的曹操联合起兵，共推袁绍为盟主，反对董卓。这支联军，历史上称为"关东军"。

关东兵起，董卓被迫退出洛阳，胁迫献帝西迁长安，他发掘了诸帝陵寝及公卿墓冢，收其珍宝。董卓还把洛阳及其附近200里内居民，几百万人口驱赶入关中，将房屋烧光，鸡犬杀尽。被驱赶的人民，沿途缺粮，更遭到军队的践踏和抢掠，死亡无算，积尸满路。史称"旧京空虚，数百里中无烟火"。东汉二百年来政治、经济、文化中心的巍峨帝京，成了一片瓦砾场。

接着董卓又把关中弄得残破不堪。他大肆搜刮，敲剥黎民，筑坞于郿县，高厚七丈，与长安城等，号曰"万岁坞"，积贮了30年的军粮，珍藏黄金二三万斤，银八九万斤，绵绮绩縠纨素奇玩，积如丘山。董卓得意洋洋自称："事成，雄踞天下；不成，守此足以毕老。"并且铸小钱，致使物价腾贵，一斛谷价值数十万，使百姓又蒙受一层灾难。

公元192年，司徒王允用计收买了吕布，使其杀死董卓。

董卓死后，王允掌握了政权，不久，董卓旧部李傕、郭汜等以为董卓报仇为名，率10万大军攻入长安，杀死王允等人，赶走吕布，又对长安城进行新一轮的烧杀抢掠。而后，李、郭两人之间又发生大规模的火并，长安与其附近地区，成了他们相互厮杀的战场，长安城变成废墟，居民离乡背井，关中地区继洛阳之后，又成无人居住之地。大诗人王粲《七哀》诗中说："出门无所见，白骨蔽平原"。即是对当时景况的真实描述。

董卓之乱使两汉灿烂文化蒙受了无法弥补的损失，给社会带来了一场浩劫，它是东汉腐朽政治的必然产物。

经过数年混战，关西军阀彻底垮台，

退出了历史舞台。而规模更大的军阀混战却在关东军阀中展开。

北方群雄

当董卓西逃长安后，组成关东军的各武装力量便解除了联盟，回到各自的根据地去发展自己的势力，以求在争霸中获得胜利。

当时割据边地的军阀有：

韩遂、马腾割据雍凉，公元214年为曹操所灭。刘焉据益州，两传至刘璋，公元214年为刘备所并。张鲁据汉中，公元214年为曹操所并。刘虞据幽州，公元193年被公孙瓒兼并。刘繇据扬州，公元195年为袁术所遣孙策讨灭。公孙度据辽东，三传至公孙渊，公元238年为曹魏所遣大将司马懿讨灭。这些周边军阀，没有力量参与中原逐鹿，只是趁乱割据地盘，为一方土皇帝。当时逐鹿中原的军阀主要有：公孙瓒集团、袁绍集团、袁术集团、吕布集团、张杨集团、臧兴集团、陶谦集团、张绣集团、刘表集团。

公孙瓒集团：公孙瓒字伯珪，辽西令支人。本是家世2000石的士族子弟，由于庶出受到世俗冷遇，只得为郡小吏。后公孙瓒从戎，与塞外乌桓力战，积功为奋武将军，封蓟侯。军阀混乱之初，公孙瓒手握强兵，从幽州南下，据有冀州大部及青州，与袁绍争衡近十年，建安四年（公元199年）春为袁绍所灭。

袁绍集团：袁绍，字本初，汝南汝阳（今河南商水西南）人，出身世代官僚地主家庭。其家被称为"四世三公，门生故吏遍天下"。声望冠中原，因而在群雄联军讨伐董卓时被推为盟主。袁绍虽身为盟主，但只具有冀州东部的渤海一郡，所以，他便利用其为盟主和为众豪杰所归向的优越条件扩充势力。他先迫韩馥让出冀州。当时冀州是中国诸州中人口、粮食都比较富足的，号称"带甲百万，谷支十年"。再加上袁绍的声望和雄厚的家庭凭借，使袁绍的势力骤然强大起来，公元199年，袁绍又灭掉屯兵于幽州的公孙瓒。袁绍灭公孙瓒后，又以中子熙为幽州刺史，甥高干为并州刺史。于是绍兼有冀、青、幽、并四州，地广兵多，成为当时最强大的军事力量。

青瓷仓院

袁术集团：袁术为袁绍异母兄弟，二人不睦，袁术据南阳，其志大才疏而无所作为。公元197年，袁术寿春称帝，众叛亲离，又受吕布、曹操攻击，因此失败。公元199年六月病死，部众星散。

吕布集团：吕布原为并州刺史丁原部将。公元189年，何进召丁原入洛阳谋诛宦官。董卓入洛阳后，离间吕布杀丁原，吕布投董卓。公元192年，司徒王允联结吕布杀董卓。凉州将李傕、郭汜率董卓残部攻入长安，吕布南出武关投袁术。袁术恶其反复无常，拒而不受。吕布又北投张杨、袁绍。公元194年春，陈留太守张邈与陈宫等谋，迎吕布入主兖州，与曹操相争。公元195年农历闰六月，吕布兵败投徐州刘备。次年夏，吕布趁刘备与袁术交兵之际，偷袭刘备根据地下邳（今江苏邳县南），自称徐州牧。吕布与袁术合谋夺取徐州后，两人又反目互相攻战。吕布反复无常，为天下所忌，公元198年末被曹操擒杀。

张杨集团：张杨也是丁原部将，与吕布同僚，驻屯河内。张杨初依袁绍，

古隆中牌坊

袁绍得冀州，使张杨守河内。张杨后投董卓，董卓败亡复依袁绍。公元198年，张杨声援吕布，曹操借机把手伸向河内，收买张杨部将杨丑杀张杨以河内附曹操。

臧洪集团：臧洪字子源，广陵射阳人，为广陵太守张超功曹。公元190年，因劝张超起兵伐董卓而声名远播。后受袁绍召抚领青州。公元196年，曹操击败吕布回兖州，围张超于陈留。臧洪从袁绍请兵救张超，袁绍不许，曹操于是破杀张超。臧洪怒袁绍不救张超，以东郡叛袁绍。袁绍兴兵围年余，破杀臧洪。

陶谦集团：陶谦字恭祖，丹扬人，为诸生，举茂才，历官卢令、幽州刺史，征拜议郎。黄巾起义，朝廷用陶谦做徐州牧。关东兵起，曹操父曹嵩避难琅琊，公元192年，曹操欲迎父入兖州，曹嵩为陶谦部将所杀，因而被曹操迁怒。公元193年到公元194年，曹操对其进行攻伐。"凡杀男女数万人，鸡犬无余，泗水为之不流"。陶谦忧病而死，让州牧于刘备。

张绣集团：张绣，武威人，董卓部将张济之族侄。公元196年入关依附刘表。官渡之战前，归附曹操，后自杀。

刘表集团：刘表字景升，山阳高平（在今山东金乡县西）人，汉末名士八俊之一。公元190年，荆州刺史王叡被孙坚所杀，刘表代叡为荆州刺史。公元192年，刘表与曹操合兵逐走袁术，刘表任镇南将军、荆州牧。公元198年，刘表击败遥应曹操的长沙太守张羡，使自己的辖地"南接五岭，北据汉川，地方数千里，带甲十余万"，成了南方最大的割据者。但刘表无戡乱之才，他只想"保江汉间，观天下之变"，不介入逐鹿中原之争。官渡之战，他坐山观虎斗，应袁绍之援而不出兵相救，使得曹操从容不迫统一了北方。

曹操统一北方

在群雄纷争中，宦官家庭出身的曹操犹如一匹黑马，脱颖而出。

曹操（155～220年）字孟德，小名阿瞒。沛国谯（今安徽亳县）人。汉灵帝中平五年（188年）为典军校尉，后因刺杀董卓不成而外逃至陈留，在陈留太守张邈和他的好友卫兹的帮助下，招兵5000人，组成自己的军队，并参加关东联盟，讨伐董卓。献帝初平二年（191年），当酸枣等地的讨伐董卓的联军已经离散的时候，曹操还只是带着千余人的部队在河内寄居，没有固定地盘。是年夏，青州黄巾军号称百万，进入兖州，杀死刺史刘岱。济北相鲍信等迎接曹操做兖州牧。曹操设计屡败黄巾军，后黄巾军被迫投降。"受降卒30余万，男女百余万口，收其精锐者，号为青州兵。"从此，曹操据有兖州，并借此作为争霸的资本，开始逐步实现他统一天下的政治抱负。

在李、郭之乱中，献帝在杨奉、董承等的保护下，逃离关西，于公元196年，重回洛阳。此时，袁绍手下谋臣沮授建议袁绍迎献帝到邺，挟天子而伐不从。而袁绍有自立为帝之意，且又自恃强大，因此不出兵迎接献帝。曹操当时驻兵于许，听说献帝回到洛阳，有意迎帝。

曹操接受荀彧的建议，亲自率军到洛阳去迎献帝。不久便将汉献帝转移到自己的势力范围许昌（今河南许昌），改年号为建安元年，即公元196年，迁都许昌。献帝任曹操为大将军，封武平侯。于是，曹操总揽朝政，开始"挟天子以令诸侯"。

曹操将皇帝控制在手中之后，便开始发展经济。于公元196年接受曹祗的建议颁布"屯田令"，实行屯田。所谓的屯田

魏·指南车模型

就是将农民以军事组织的形式编制起来，组成屯田客，来开垦和耕种国家拥有的土地。

屯田的实施在战乱的年代，其作用是巨大的。它不仅使大量流民安定下来，重归土地，生活有了着落，而且，使残破的经济得以恢复和发展。曹操借此也解决了军粮问题，为其争霸天下奠定了物质基础。

曹操在政治上控制了皇帝，取得了主动权；经济上在统治区内实行了屯田，得到了充足的军粮。有了比较坚强的后盾，他开始实行统一天下的宏伟计划。当时，曹操势力范围主要在黄河以南兖州地区，他的北边是拥有青、冀、幽、并四州之地的袁绍；南边是拥有淮南扬州的袁术；东边是拥有徐州的吕布；西边是拥有荆州南阳的张绣。面对群雄环绕的形势，曹操采取北和袁绍，先弱后强，由近及远，分化拉拢，各个击破的战略方针。

公元 197 年，曹操进攻占据在南阳的张绣，公元 198 年，张绣投降曹操。

公元 197 年在袁术攻吕布兵败后，曹操出兵攻打袁术，袁术退居淮南，淮北之地尽落曹操手中。

公元 198 年，曹操东征吕布，夺得下邳，将吕布绞死。

公元 200 年，曹操又赶走新据徐州的刘备，控制了黄河以南和长江以北大片地区，开始与占据黄河以北的袁绍争锋，爆发了历史上有名的官渡之战。

在曹操迎接汉献帝到许以前，曹操和袁绍分别在黄河南北发展自己的势力，双方还一直保持着友好的关系。但随着双方势力的扩张，利害冲突也跟踪而来。曹操打着"天子"招牌，纵封赏大权，自为大将军，以袁绍为太尉。袁绍素来骄贵，声望和地位一向在曹操之上，这时，绍耻位在曹操下，不肯接受太尉官职。由于袁绍势力很大，曹操不得不把大将军让给他，而自为司空、行车骑将军。

建安三年（198 年）十二月曹操擒杀吕布，取得徐州，次年三月，袁绍消灭公孙瓒，兼并幽州，于是袁、曹两大势力之间的对立显得更加突出，便不能不以战争相见了。

皇甫谧像

公元 200 年二月，袁绍命沮授为监军，亲率 10 万大军，从邺城（今河南省安阳市北）出发，进攻曹操的都城许昌。袁绍大军开进黎阳（今河南浚县东北），安营扎寨，将这里作为指挥部，派大将郭图、颜良进攻白马（今河南滑县东）。当时驻守

官渡之战示意图

白马的是曹操的东郡太守刘延，守军死伤惨重。而曹操集结在官渡（今河南中牟县东北）的军队也只不过三四万人。对敌力量悬殊，白马告急。

四月，曹操北上解白马之围，用荀攸计，屯兵延津伪装渡河，好像要攻击袁绍的后方，迷惑袁绍大军渡河，使其分兵西向。目的达到后，曹操自引轻骑，集中徐晃、张辽、关羽等骁将，出其不意奔袭白马。关羽斩颜良，袁军溃败。曹操拔白马之军，迁徙白马百姓沿黄河撤退，丢弃辎重军械，诱袁绍大军渡河来追。

五至六月，袁军渡河至延津。袁绍大将文丑与刘备追击曹军，在延津南白马山中计被斩。颜良、文丑为河北名将，连战皆输，绍军夺气。

与延津之战同时，于禁、乐进又率步骑5000，从延津西渡河奇袭袁军后方，至汲、获嘉二县，焚其堡聚20余屯。

七至九月，袁绍虽然连战皆北，仍凭其兵力优势，密集推进，与曹操相持于官渡。八月，袁军逼近曹寨，依沙苤为屯，东西数十里，曹军亦分营对垒相持。

袁绍逼近官渡的同时，于七月派刘备迁回曹军后方，与汝南黄巾军联合开辟第二战线。袁军派出的劫粮之军也连连得手。

九月，袁曹两军在官渡展开阵地战，曹军寡不敌众，还营坚守。袁军起土山地道强攻，激战异常。两军"相持百余日，河南人疲困，多畔应绍"。当时曹军粮少，曹操致书荀彧，打算撤军。荀彧回信曹操，以楚汉相争为喻劝曹操坐持战斗，谋士贾诩支持荀彧的意见，于是曹操派曹仁率领徐晃、史涣等攻破刘备在汝南的策应，还消灭了袁绍断粮道的游击军，使其运输畅通。曹操又用荀攸计，派徐晃等扰乱袁绍后方，烧了袁绍运粮车及其辎重，杀其将韩猛。

十月，两军主力决战。袁绍再次派出淳于琼等带兵万余人押运粮车，屯放在袁绍大营北40里的乌巢。沮授予许攸向袁绍建议保护粮草之计，不被袁绍采纳。

许攸见他的计谋不被采纳，心中很是不平。正在这时，留守邺城的审配收捕了许攸家属。许攸一怒之下，投奔曹操，告

蒙冲（模型）

斗舰（模型）

知袁军储粮虚实，劝曹操轻骑烧粮。当时曹军只有一个月的军粮，为打破僵局，曹操决定出奇制胜。他亲率5000骑兵，冒用袁军旗号，月夜偷袭乌巢。天亮时，曹操抵达淳于琼粮营。淳于琼见曹操兵少，欲邀功利，不护粮草，出营迎战。曹军殊死战，淳于琼战败，粮草被焚。

袁绍闻听乌巢军粮被烧，他不派兵援救淳于琼，反而自作主张认为曹操偷袭乌巢，将计就计，袭击曹操的大本营，以断曹操的归路，遂命大将张郃、高览前去攻打曹军大营。张郃认为这样做是在冒险，建议袁绍不可如此。袁绍不听，张郃等只好攻打官渡曹营。袁军到达官渡，前面遇到曹洪大军的顽强抵抗，后面又受到从乌巢得胜回来的曹操的猛攻，腹背受敌。张郃见袁绍成不了大事，便与高览率军投降了曹操。

粮草被烧，张郃等大军投降，袁军不打自乱，曹军乘胜全面出击。消灭袁军7万多人，袁绍慌忙带着儿子袁谭和800骑兵，渡过黄河北逃。曹操消灭北方最大军阀袁绍的主力，取得了官渡之战的绝对胜利。袁绍从此一蹶不振，建安七年（202年），袁绍在邺城病死。

官渡之战，曹操以少胜众，以弱胜强，击败了一代枭雄袁绍。袁绍之死，成就了曹操的事业，加速了他统一北方的步伐。

河北智士名将田丰、沮授、颜良、文丑，成了袁绍的殉葬品。张郃、许攸等一批人杰，投附了曹操，壮大了他的势力。官渡之战，还巩固了曹操的政治地位，以及在汉官、曹氏阵营中的声望。曹操走上了他事业的巅峰。经过几年征战，曹操攻下了冀、青、幽、并四州之地，基本上统一了北方。

建安十二年（207年），曹操为了彻底消灭袁氏残余势力，并解除辽东少数民族乌桓的骚扰，曹操亲自率兵远征乌桓，杀死乌桓王蹋顿，将乌桓掠去和逃亡乌桓地区的10多万汉族人带回内地，并从乌桓军队中挑选一些骑兵编入自己队伍，成为"天下名骑"。经过二十多年的角逐，中原大地重归安宁，军阀们在相互混战中死伤殆尽。

古栈道

到这时，中国北方，除辽东的公孙康和关西的马腾、韩遂尚仅是名义上的服从汉朝外，其他州郡都直接隶属于曹操的管辖之下了。已完成北方统一大业的曹操仍雄心勃勃，时刻做好准备，重新统一全国。

三国鼎立局面的形成

赤壁之战，刘备、孙权结成巩固的联盟，挫败了曹操向南推进。曹操也认识到

北方不具备一举征服南方的力量，于是掉转矛头肃清北方边远的割据势力。当时辽东有公孙康集团，地处偏远，斩二袁首级敬献，表示臣服，曹操把他放过一边。关西马腾、韩遂集团，力量强大，关中形势居高临下，又是进兵汉中、益州的通道，这是必须扫除的。曹操取关陇，南下汉中，窥视益州，可以对孙权联盟集团取战略迂回包围之势；孙刘联盟集团，也把战略目标指向西方，夺取益州全据长江，成南北对峙。也就是说，赤壁之战后，孙刘集团指向益州，曹操指向关陇，双方都向西推进，看谁能抢先占领战略要地，形成时间的赛跑。

步兵出行图画像砖

公元 208 年，曹操南征荆州，为了稳固后方，他以汉献帝名义征召马腾入许都，表为卫尉，以马腾之子马超统其众，拜偏将军。公元 211 年春，曹操进兵关中，声言讨伐汉中张鲁。讨汉中，要经过关中，韩马就范，则是曹操效法晋献公伐虢灭虞之计，如果韩马不借道则是公开反叛朝廷，曹操就可以明正讨伐了。韩马集团没有远略，虽然只是乘乱割据的地方军阀，但面临生存抉择，自然不允许曹操兵临关中。韩遂、马超集合关中诸将侯选、程银、杨秋、李堪、成宜、张横、梁兴、马玩等十部人马集结潼关，拦阻曹操入关。曹操派曹仁督军西征，兵临潼关坚壁不出战。公元 211 年七月，曹操亲临前线。八月，曹军与关西兵在潼关夹关对阵。曹操抓住马超急于求战的心理，故意设置疑兵，摆出决战姿态，暗中用舟船在渭水搭浮桥，出敌不意，夜间渡河，结阵于渭南。马超得知曹军渡河，亲自领兵偷营，曹操早有防备，设伏袭击，大败马超。九月，曹军全部渡过渭水。在渭南逼近韩马联军。

韩遂、马超集重兵于第一线，阻击不成，速战不得，连吃败仗，深知不是曹操对手，重兵集结，后防空虚，于是向曹操提出割地求和的要求。曹操采纳了贾诩的离间计，离间马超和韩遂，使二人心生疑隙。这时曹操突然发起总攻。由于韩遂、马超有了隔阂，互相防范，不能并兵形成拳头作战，结果被打得大败。成宜、李堪等被杀，马超、韩遂逃奔凉州，关中大部被曹操占领。这一仗便是曹操有名的渭南大捷。

让成都

渭南大捷后，曹操留夏侯渊镇守关中，大军撤回。公元 213 年马超纠集羌、胡等部反攻关中，曾一度攻陷汉阳郡治所冀县（在今甘肃甘谷南），杀凉州刺史韦康。不久，韦康部下杨阜、姜叙起兵攻马超，夏侯渊、张郃率步骑来援，冀县城中吏民杀马超妻子，闭门不纳。马超四面受敌，走投无路，率残部投汉中张鲁去了。接着夏侯渊扫荡陇右残敌，又打败韩遂，韩遂逃入西平（今青海西宁），为部下所杀。公元214年，夏侯渊拔掉割据枹罕（今甘肃临夏）的一个小军阀宋建，自此关西为曹操平定。公元219年，盘踞河西四郡，即敦煌、酒泉、张掖、武威的军事头目向曹操纳"质"。

公元220年，曹操卒，其子丕逼献帝退位，自称帝，建魏，用兵将河西四郡并曹魏版图。

赤壁之战后，大规模的战争已结束，但各政权之间小规模的冲突却接连不断。一直没有固定地盘的刘备乘胜攻下武陵、长沙、桂阳、零陵四郡，占据荆州南部。孙权为加强双方联盟，将自己的妹妹嫁给刘备，并将荆州的南郡（今湖北江陵）借给刘备，并约定刘备夺取益州后，将此地归还，这就是所谓的"借荆州"。而这也埋下了祸根，孙、刘之间围绕荆州，展开了激烈的争夺。

刘备占据荆州后，自任荆州牧。但荆州东有孙权、北有曹操，且战争已使荆州经济凋敝，难以长久立足。刘备急需把势力扩大到益州。益州刺史刘璋是汉宗室后代，软弱无能，统治无方，政权内部矛盾很大。一些官员希望找一个有作为的人，作为他们政治上的代表，维护他们的利益，他们的代表张松和法正，就是在这种情况下投靠刘备的。他们私下将益州的地理形势和府库钱粮、人马兵器等情况，详细地告诉了刘备，并给刘备绘制了益州详细的地图。他们二人返回益州，向刘璋大夸刘备的才能。准备伺机把刘备迎到益州。经过三年奋战，建安十九年（214年），刘备占领了益州，领益州牧。

刘备占领益州后，孙权派人向刘备索还荆州，刘备以夺得凉州后再还为借口，拒绝了。孙权欲出兵进攻刘备，刘备主动向孙权请和，双方商定以湘水为界，平分荆州。湘水以东的江夏、长沙、桂阳归孙权；湘水以西的南郡、零陵、武陵归刘备。公元217年，孙、刘终因荆州之争而爆发战争，蜀名将关羽被杀，荆州完全被孙权夺取。

赤壁战后，孙权重点向西南的岭南地区（今五岭以南的广东、广西一带）发展，消灭了岭南地区的割据势力，控制了岭南七郡的交州地区。同时，孙权还加强长江北岸防务，将都城从京口（今江苏镇江）迁到建业（今江苏南京），并在通往巢湖的濡须水口夹水作坞，以控制从巢湖到长江的通道，北防曹操，进一步争夺淮南。

淮南这条防线对曹操来讲，也很重要。如果合肥（今安徽合肥）、庐江（今安徽庐江西南）一线失守，自己将丧失淮南，退回到淮水以北去，所以必须固守。他在谯县（今安徽亳县）制造战船，训练水军。并在淮南屯田，储备军粮。公元213年，曹操率大军南下，进攻濡须口，结果无功而返。曹操怕孙权再骚扰滨江诸县，

《赤壁大战》国画

下令将淮南的老百姓迁往淮北，引起淮南老百姓的恐慌。结果江北庐江、九江等地10多万户百姓，渡江归服孙权，长江西面一带便空虚起来。公元214年，孙权又亲自率兵攻下曹操淮南重镇皖城（今安徽潜山）。曹操大怒，率军南征，屯兵合肥。不久，曹操率兵去争夺汉中，留张辽、乐进等守合肥。公元215年，孙权进攻合肥，战败而返。建安二十二年（217年），曹操再次进攻淮南，在濡须大败孙权，孙权派使求和。曹操引军北还，留夏侯惇守居巢（今安徽巢县东北），孙权留周泰守濡须，双方在这里相持，两个政权在淮南地区的疆界划定。这样，曹魏国土西至陇西，东到大海，南至长江，北有幽州，成为三国中疆域最广的政权。

公元221年刘备在成都称帝，建立蜀汉政权，据有巴蜀之地。

公元222年，孙权在建业建立吴，拥有荆、扬、交三州之地。

至此，三国鼎立的局面正式形成，历史进入了三国时期。华夏大地在历经数年军阀混战后，暂时获得了局部的安定。

曹魏的建立

曹魏的开国者是曹丕，实际创始人却是曹操。

随着曹操统一战争的逐步胜利，曹操的政治地位也越来越高。建安十七年（212年）正月，汉献帝下诏，今后曹操赞拜皇帝不称名字，入朝不趋，可佩剑上殿，一如汉初丞相萧何旧例。这年十月，大臣董昭对曹操说："自古以来，人臣匡世，未有您今日之功者；即使有您今日之功者，也未有久处人臣之位者。现在您虽愿保守名节，但是您在大臣之位，容易使人怀疑您，您不可不认真考虑。"曹操以为此话言之有

石头城

理，乃与列侯诸将计议，以为丞相应当晋爵为国公，配备九锡，以表彰殊勋。荀彧却从维护汉室出发，反对这样做，使曹操极不高兴。后曹操借故将荀彧扣押在军中，荀彧知他与曹操的矛盾不会消除，于是饮毒药自杀。

建安十八年（213年）五月，汉献帝以冀州十郡封曹操为魏公，仍旧以丞相兼职冀州牧，加赐九锡等殊礼。不久，曹操

骑马陶俑（两件）

开始建造魏社稷、宗庙。十一月，曹操又在自己的封国初置尚书、侍中和六卿等官职，以荀攸为尚书令，凉茂为仆射，毛玠、崔琰、常林、徐奕、何夔为尚书，王粲、杜袭、卫觊、和洽为侍中，钟繇为大理，王修为大司农，袁涣为郎中令，行御史大

中国通史

最新整理图文珍藏版

夫事，陈群为御史中丞，初步建起魏氏政权。次年，汉献帝又下诏：曹操位在诸侯王之上，改授金玺等物。又过了两年，汉献帝下诏，把曹操爵位由魏公升封魏王。曹操成为魏王后第二年，汉献帝又下诏，魏王曹操设天子旌旗，出入称警跸。又以曹操世子五官中郎将曹丕为太子。至此，虽然曹操名为魏王，表面上低于汉帝一级，实际上已是真皇帝，汉献帝徒有虚名，早成为傀儡和曹操的政治工具，国家的政治、军事、经济等权力，全操在曹操父子手里。

凤雏庵

从曹操迎汉献帝都许，控制了朝廷时起，一些忠于汉室的大臣，曾几次想谋杀曹操，从他手中夺回实权。建安五年（200年），车骑将军董承等人就想谋杀曹操，不料事情泄露，董承等人全被曹操诛杀。建安十九年（214年），伏皇后也写信给父亲伏完，陈述曹操残忍威逼汉献帝，令伏完密杀曹操，结果伏完不敢下手，反被曹操得知。曹操令御史大夫郗虑收回伏皇后的玺绶，将伏皇后和她生的两个皇子，以及宫宗一百多人杀戮。次年，曹操又逼汉献帝立他的女儿为皇后。建安二十三年（218年），太医令吉本与少府耿纪、司直韦晃等人反，火烧丞相长史王必的军营，欲抢走汉献帝投降刘备，最后也兵败被杀。建安二十四年（219年），魏相国西曹掾魏讽，

勾结长乐卫尉陈祎密谋袭击邺城，陈祎恐惧告发，曹丕下令捕捉魏讽，这次牵连被杀者达数千人，魏相国钟繇也由此而被免官。通过一次次斗争，拥护刘氏宗室的势力全部被清除，曹氏取代刘氏为帝的条件已经完全具备，但曹操却不想由自己来取代刘氏。这年十二月，孙权袭杀关羽，曹操任命孙权为骠骑将军，封南昌侯。孙权遣使者来致谢，并上书向曹操称臣，劝曹操顺应天命，早即帝位。曹操把来信传示诸将，说："这小子是想把我架上火炉去烧烤我呵！"大臣陈群、大将夏侯惇等人也劝曹操不要犹豫，早正大位，曹操见部下都拥护他称帝，才吐露了真心话，说："如果我真有天命，那我当周文王吧。"表示他愿极力为儿子当皇帝创造条件，他自己却不愿称帝。

魏黄初元年（220年）正月，曹操病死在洛阳，太子曹丕即魏王、丞相、冀州牧之位。这年七月，左中郎将李伏、太史丞许芝上表，奏称"魏当代汉，见于图纬，其事甚众。"群臣也纷纷上表，劝曹丕顺应天人之望，禅代刘氏。十月，汉献帝被迫遣御史大夫张者奉皇帝玺绶诏册，禅位于魏。曹丕假意推让一番，乃令在繁阳筑坛。坛建成后，曹丕登坛，由公卿、列侯、诸将、匈奴单于、四夷使者数万人陪同，接受皇帝玺绶，正式即皇帝位，是为魏文帝，改元黄初。十一月，魏文帝曹丕下诏，改汉献帝为山阳公，追尊父亲武王曹操为魏武皇帝，正式建立了曹氏政权，中国历史也随之进入三国时期。

蜀国的政治

刘备东征

刘备称帝后，他首先要做的事是夺回荆州。荆州的失守，对刘备是一个沉重的

打击。一方面，荆州作为一个重要的战略地区，它的失守，使诸葛亮当初为他制订的分兵两路北取中原的计划破产；另一方面，关羽被害，二人情同手足，怎能不为他报仇。所以刘备发誓要夺回荆州，为关羽报仇。在称帝后不久，刘备不顾众人的反对，亲率数万大军，东征孙权。

刘备像

公元221年七月，刘备自将8万军征吴，孙权求和，刘备不许。公元222年闰六月，吴将陆逊大破刘备于夷陵，蜀军只有千余人逃回。蜀汉连遭大败，元气大伤。刘备无颜回成都见蜀中父老，驻跸白帝城。刘备忧忿成疾，于公元223年四月病逝于白帝城永安宫，终年63岁。诸葛亮受遗命辅后主，改元建兴。

诸葛亮治蜀

蜀汉以益州一隅之地，而能与曹魏相抗衡，其统治集团内部矛盾较少，当为重要原因之一。诸葛亮执政后，对益州土著地主更注意笼络和擢用。诸葛亮用人，以蜀汉政权为中心，而不容许部下有结党成派之事。土著地主在本地总是容易养成党派势力，因此，诸葛亮对土著地主虽注意擢用，但对他本人的继承者始终只从外来地主中培养。不仅籍隶荆楚的蒋琬、费祎

因他的授意而相继辅政，就是降将凉州人姜维，也因为受到他的培植而成为蜀汉政权的最后支撑者。这虽因他们有相当的才干，同时也因他们是外来人，在益州没有什么亲党关系的缘故。不过，诸葛亮对益州土著地主的团结和重用，还是超过了以前的统治者。从两汉以来，在政治上一直受着歧视的益州人，对于诸葛亮向他们开放政权，是乐于拥护的。诸葛亮连年北伐，向益州征兵要粮，未见有土著地主反对，在军事前线，还得到他们的积极参加，这是与诸葛亮笼络土著地主、缓和客主矛盾政策的成功分不开的。

蜀汉桓侯张飞像

刘璋时代，对益州地方豪强无法控制，只得纵容。诸葛亮对待豪强的政策，主要是赏罚分明，用罚以限制他们的为恶，用赏来给他们开辟政治上的出路。只要他们肯忠实地为蜀汉政权服务，便可以获得官爵禄位。因此诸葛亮的法治政策，不但收到了限制豪强的效果，也取得了利用豪强的成绩。同时也使蜀汉在政治上呈现了某

中国通史

最新整理图文珍藏版

惠陵墓碑

种程度的清明。

　　另外，诸葛亮所施行的裁减官职、简化机构的措施，对于减轻人民的负担来说，也有些好处。

　　诸葛亮治蜀是刑法和德化并用，且能够以身作则。第一，诸葛亮工作勤谨，"夙兴夜寐，罚二十以上，皆亲览焉"。诸葛亮处理政务这样勤谨细致，一则可以使部属不易作弊和玩忽职守；二则可以了解下情，及时而较好地处理政务。第二，持身廉洁，

白帝城

如《亮传》言："亮自表后主曰……'臣在外任，无别调度，随身衣食，悉仰于官，不别治生，以长尺寸。若臣死之日，不使内有余帛，外有盈财，以负陛下'。及卒，如其所言"。第三，作风公正，《三国志》卷43《张裔传》："裔常称曰：'公赏不遗远，罚不阿近，爵不可以无功取，刑不可以贵势免，此贤愚之所以佥忘其身者也。'"第四，不受谄谀，《三国志》卷40《李严传》注引《亮集》：严与亮书，劝亮宜受九锡，晋爵称王。亮答书曰："吾与足下相知久矣，可不复相解！……吾本东方下士，误用于先帝，位极人臣，禄赐百亿，今讨贼未效，知己未答，而方宠秦晋，坐

诸葛亮北伐路线图

自贵大，非其义也"。第五，虚心纳谏，如《三国志》卷39《董和传》载：诸葛亮后为丞相，教与群下曰："夫参署者，集众思，广忠益也。若远小嫌，难相违复，旷阙损矣。违复而得中，犹弃弊蹻而获珠玉。然人心苦不能尽，惟徐元直处兹不惑。又董幼宰参署七年，事有不至。至于十反，来相启告。苟能慕元直之十一，幼宰之殷勤，有忠于国，则亮可少过矣。"又曰："昔初交州平，屡闻得失，后交元直，勤见咨诲。前参事于幼宰，每言则尽，后从事于伟度，数有谏止；虽姿性鄙暗，不能悉纳，然与此四子终始好合，亦足以明其不

最新整理图文珍藏版

疑于直言也"。

诸葛亮诸如以上的品质作风，无疑在政治上产生了极其良好的作用和影响。

蜀汉的政治，在诸葛亮的统治下，不但较刘璋时代大有起色，就是与同时的魏、吴两国相比较，也要好一些。

诸葛亮像

蜀的南征北伐

诸葛亮在治理内政的同时，对外也采取积极措施。诸葛亮掌政后，根据蜀国内外情况，断然决定派使臣去东吴讲和，恢复吴蜀联盟。于是，诸葛亮派邓芝带着名马、蜀锦前往东吴，去完成这项重要使命。

蜀章武三年（223 年）十月，邓芝到达东吴，与东吴达成和解。孙权决定与魏国断交，吴蜀联盟恢复，从而使三国鼎立的局面更加巩固。

诸葛亮在恢复吴蜀联盟，解除东顾之忧后，便决定亲自率兵南征，平定南中地区（今四川南部、云南东北部和贵州西北部）的叛乱。"七擒孟获"使孟获彻底心

悦诚服地投降了，并说："丞相天威，我们再也不反叛了！"

诸葛亮乘胜追击，彻底平定了南中地区的叛乱。为了加强对南中的统治，将南中原来四个郡改为六个郡，并实行用当地人而不留外地人，不留兵，不运粮的政策。任命少数民族中的领袖人物担任中央或地方官吏，治理南中，这使南中成为蜀汉相对稳定的地区。

吴的统治

当中原大地群雄争霸、混战不已的时候，长江以南江东地区也有一股势力正在不断壮大，那就是孙氏父子。

孙坚（156～192 年），字文台，吴郡富春（今浙江富阳）人。自称是春秋兵法

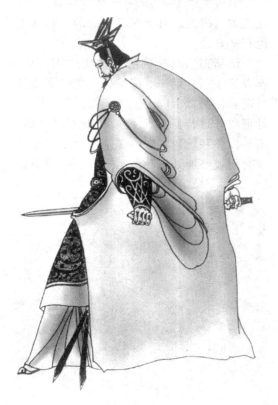

孙权像

中国通史

最新整理图文珍藏版

家孙武的后代。黄巾起义时，孙坚见天下大乱，便率领乡里少年和招募的兵丁1000多人，参加镇压起义军，因军功后累升官至长沙太守，并参加关东联军，讨伐董卓，势力不断壮大。后投靠袁术，袁术表孙坚为破虏将军、豫州刺史。初平三年（192年），袁术同刘表争夺荆州时，孙坚为先锋，连败刘表大将黄祖。在围攻襄阳时，被黄祖的士兵暗箭射死，年仅37岁。

"五星出东方利中国"锦质护膊

孙坚死后，他的儿子，年仅17岁的孙策继承父亲的遗志，来完成其父未竟的事业。孙策（176～200年），字伯符，人长得英俊，并且才华横溢。他率领父亲的旧部，继续投靠袁术。

袁术虽然很赏识孙策的才华，但袁术对孙策并不重用，他所重用的只是他的故吏，使年轻的孙策才华无处施展。

公元194年，扬州刺史刘繇率兵攻打袁术所置的丹阳太守吴景。孙策借机向袁术请命，攻打刘繇。

袁术放虎归山，孙策如鱼得水。孙策出寿春时只有千余人马，他沿途招募军队，由于纪律严明，行至历阳（今安徽和县），已拥众五六千人。这时周瑜领兵来迎，孙策力量更为壮大，开始向东南进军，攻击扬州刺史刘繇。

刘繇，东莱人，汉宗室后代，兖州刺史刘岱之弟。刘繇任扬州刺史，遭到袁术的逼迫，治所寿春被袁术占领。刘繇就攻占曲阿（今江苏丹阳），赶走袁术任命的太守吴景。刘繇同郡太史慈来投奔他，太史慈出身寒微，虽勇猛有才，但不被重用。刘繇迂腐，不用人才，军队又缺乏训练，因此战斗力不强。而孙策作战英勇，"所向皆破，莫敢当其锋"，又善识人用人。刘繇哪是孙策对手，手下大将张英、樊能战死，太史慈投了孙策，刘繇只好弃军而逃。孙策很快占据了曲阿，夺了丹阳郡，在江南站稳了脚跟。

青瓷双系鸡首壶

当时江东各地，豪强林立，地方宗族部伍，各不统属，主要有吴郡太守许贡、会稽太守王朗，以及地方豪强如乌程邹他、钱铜，吴郡严白虎，前合浦太守王晟及自称吴郡太守驻屯海西的陈瑀等。孙策采取先打弱敌，后打强敌的策略，首先扫荡地方豪强，即先打小敌邹他、钱铜、王晟等，然后拔掉严白虎、陈瑀。三四年间，东灭吴郡太守许贡，降服会稽太守王朗、豫章太守华歆，聚众 3 万余人，将领除孙坚旧部程普、黄盖、韩当外，又收集了周瑜、蒋钦、周泰、董袭、凌操等人。谋士有张昭、张纮、秦松等，俨然大家气象。

公元 196 年，曹操迎献帝都许昌，袁术却在淮南自称皇帝。孙策写信给袁术决裂，上表献帝联络曹操。曹操表孙策为讨逆将军、吴侯。孙策讨袁，独力发展，智谋远略超过了父亲孙坚。

孙策为了获得江东人民的支持，他下令士兵不许抢劫百姓财物，扰乱民生。对刘繇部下实行宽大政策，既往不咎，来去自由，所以孙策军队很得人心。另外，孙策作战勇敢，在战斗中总是一马当先，敌军闻孙策无不心惊。经过几年的努力，孙策占据了会稽、丹阳、吴郡、豫章（今江西南昌）、庐陵（今吉水东北）、庐江（今安徽庐江西南）六郡之地，基本上控制了扬州地区。政治上也摆脱了袁术的控制，开始称霸江东。

建安五年（200 年），孙策打猎时，被吴郡太守许贡的门客用毒箭射死。孙策有勇有谋，又善识人用人，他的早逝，是孙吴政权的重大损失。孙策临终，把印绶交给了十九岁的弟弟孙权。

孙权继位后，采取各种措施巩固了吴国的政权，为吴国在三国鼎立中站稳脚跟奠定了基础。

首先，孙权尊礼重臣，团结旧部。东吴将帅程普、吕范、朱然、蒋钦、周泰、陈武、董袭等人，都是孙策聚集留给孙权的宝贵财富。但孙权与旧将"未有君臣之固"，能否威众，将取决于他的措置是否得宜。张昭为文臣领袖，周瑜为武将之魁。孙权待张昭以师傅之礼，而兄事周瑜，又以程普、吕范等为腹心将帅。张昭、周瑜等人认为孙权可以共成大业，真心事奉。

张、周心服，这就稳定了全军。

其次，"招延俊秀，聘求名士"。以鲁肃、诸葛瑾等为宾客，众士归附，人心悦服。

三国时斗舰模型

在孙权"亲贤贵士，纳奇录异"（《三国志·鲁肃传》）的推诚用人政策下，远近奇士，争相效命。使得孙吴人才济济，虽逊于曹魏，却远远超过了蜀汉。虞翻，曹操征之不去。甘宁，蜀将，冒难来投。由孙权举拔的文武大臣如银汉星光，灿烂夺目。顾雍、诸葛瑾、步骘、严畯、阚泽、薛综、士燮、鲁肃、吕蒙、周泰、凌统、徐盛、潘璋、丁奉、朱然、吕范、朱桓、陆逊、陆抗、吕岱、周鲂、钟离牧、潘濬、陆凯、胡综、陆绩、诸葛恪等，都得到了效命的机会，各尽其能。纵观江东才俊，近 3/4 为孙权所简拔。"蜀汉之义正，魏之势强，吴介其间，皆不敌也，而角立不相下；吴有人焉，足与诸葛颉颃，魏得士虽多，无有及之者也。"

孙权治国，除上述用人之策外，还有另外两项基本国策：一是扶植部曲，二是镇抚山越。这里先说扶植部曲，具体措施如下：

其一，抚纳豪右，扩大立国基础。东

白帝城诸葛亮观星台

汉末年，"天下大乱，豪杰并起"，当此时，"家家欲为帝王，人人欲为公侯"，地方豪强组织的私兵部曲，遍地林立。要站稳脚跟，须取得地方豪强的支持。在战乱之中，江东大族也希望有一个强大的军事集团来保护他们的利益，孙氏势力在江东的迅速发展成了他们的理想人物。此外江北外籍部曲希望在江东建立根基，一方面竭诚拥护孙氏，另一方面也希望与江东土著豪强和平共处。孙氏一方面要保护土著豪强，一方面要发展外来部曲在江东立足，扩大统治基础，这样扶植部曲就成为必然的施政措施了。

为了共同的政治经济利益，江东大族与江北世族、孙氏部曲联合起来组成了江东政权，外御强敌，内抚山越。

其二，授兵奉邑制与复客制。授兵、奉邑、复客是孙吴部曲领兵制的三个环节，

这是新形势下的宗族领主制。孙权统事，命张昭与孙邵、滕胤、郑礼等人，"采周、汉，撰定朝仪"。周代分封诸侯，汉代中央集权郡县制。江东林立的豪强宗部，是事实上半割据状态的封建部曲，宗主与部曲之间有很强的人身依附关系。孙权承认这一现实，给予诸将授兵、奉邑、赐复客，既不同于周代的分封，又不是汉代的中央集权，是杂糅周汉制度的混合体，姑名之宗族领主制。也可以说是孙氏政权结纳豪右在政治经济上的一种分利。

其三，联姻结缘。授兵制、奉邑制、复客制，在政治经济上保护了豪右的利益，孙权认为还不够，还在思想感情上建立密切的关系，就是用联姻手段来巩固世族的联盟。这种以婚姻关系的拉拢，用血缘为纽带，有力地把江东、江北、皇权之间的利益与关系焊接起来，有利于孙吴政权的巩固，也有利于世家部曲势力的发展。江南世族发展方兴未艾，江东大族也可以说是在孙权扶植下才壮大起来的。孙氏政权施行的封授领兵制度，使江南部曲人数迅速膨胀，发展成为一个且耕且战的兵户阶

持刀陶俑

1009

层，为两晋南北朝江南世族庄园的发展铺平了道路，对历史产生了深远的影响。

镇抚山越，是一个民族政策问题。孙吴全盛时据有荆、扬、交三州之地。少数民族，荆州西部有武陵蛮，交州有南越，扬州有山越。武陵蛮和南越处在孙吴的边远地区，山越处在腹心地带，即孙吴统治中心扬州。山越遍布于扬州各郡山岭地区，人口居扬州之半，因此，山越割据，成为孙权的心腹大患，又欲驱略其民补兵垦田，所以自始至终贯彻了一条强征压服的路线，而不是招抚。高压征服的具体措施，主要有以下几项。

其一，分割郡县。孙吴不断设置新郡，目的就是"立郡县以镇山越"。分割郡县，用能征惯战的高级将领担任郡守县令，将山越分割征讨。

其二，分部诸将镇抚。孙权趁北方多事之秋，于公元200年到公元207年，集中全力镇抚山越，能征惯战之将，下到郡县作太守、县令，分别负责剿抚。孙吴征讨山越，斩杀二万余人，俘获、诱纳的强者，被编作部曲为兵的有十五六万人。以一兵一户计，山越人被编为兵户的前后有十余万户。诸将征讨所得，孙权就承认征讨者据为部曲。

其三，围困山越，驱赶下山。孙吴镇抚山越采取高压政策，前期与后期手段略有不同。前期以贺齐为代表，主要用驱赶、杀掠的办法，"拣其精健为兵，次为县户"。后期以诸葛恪为代表，主要用围困、招诱，威恩并施的办法，驱赶山越人下山。

孙吴的高压掠夺政策，给山越人民带来深重的苦难，激起山越人民不断反抗。他们凭借深山险阻，经常揭竿而起，攻没郡县，杀掠官吏豪强。但另一方面，孙吴的民族政策将汉越人强制统一编户给大融合奠定了政治基础。山越人从山上被驱赶到平地，宣告了他们原先分散、闭塞、隔绝于世、老死林莽这一落后保守生活习俗的结束，客观上有利于山越民族的进步、进化。山越人强者为兵，弱者补户，使社会组织与汉族一体化，十分有利于语言习俗的交流，不仅加速了民族融合，而且两族混一杂居，有利于生产技术交流，共同推进了对江南地区的经济开发。

曹魏灭蜀

魏青龙二年（234年），蜀汉大规模的北伐战争结束后，魏、蜀两国内部的形势都发生急剧的变化。

姜维像

蜀汉自诸葛亮死后，以蒋琬辅攻。蒋琬，零陵湘乡（今湖南湘乡县）人，是随刘备从荆州入蜀的大臣，是诸葛亮临终前指定的接班人。蒋琬以费祎为尚书令，作为副手。蒋琬和费祎执政后，采取对内休养生息、保国安民，对外通好孙吴的政策，基本上维持了蜀汉的安定局面，在军事方

中国通史

最新整理图文珍藏版

面没有进行大规模的北伐战争。蒋琬也曾有过改用水军乘汉水东进进攻曹魏的打算，

剑门关

因为朝议所阻，没有出军。蒋琬执政的后几年，身患重病，由费祎担任大将军，掌管军政，当时蜀汉直接统兵的是姜维，姜维字伯约，是天水冀县（今甘肃甘谷县）人，原为曹魏天水郡参军，诸葛亮第一次北伐时归附蜀汉。姜维很有军事才能，深得诸葛亮的器重，诸葛亮先封他为义将军，以后又迁为中监军、征西将军，诸葛亮死后又迁为卫将军。正始七年（246年），蒋琬死，由费祎继之执政，费祎继续蒋琬的保国安民的政策。姜维自以为才武过人，了解陇西民情风俗，总想举兵北伐，每每受到费祎的裁抑，并且限制他的兵力，常给其兵不过万人。

嘉平五年（253年），费祎在一次宴会上被魏国投降过来的郭循刺杀，军权落在姜维手中，于是姜维便开始对曹魏边境发动频繁的进攻。正元二年（255年），姜维率万人直趋狄道（今甘肃临洮），打败魏将陈泰，并包围魏将王经于狄道城。曹魏派邓艾与陈泰合力驰救狄道，打败姜维，姜维率军退驻钟提（今甘肃成县）。

次年正月，姜维进位大将军。七月，姜维又从祁山方面进军，因镇西将军胡济失期不至，在上邽段谷（今甘肃天水东

南）又被邓艾打得大败，士卒星散，死亡很多，引起蜀汉人民的不满。蜀国当时载入户籍的有28万户，计男女94万口，而将士官吏就有14.2万，平均每两户就要负担一个官兵。同时汉主刘禅生性懦弱，自己又不理政事。甘露三年（258年），朝内大权逐渐被宦官黄皓把持，黄皓想以其亲信右大将军闫宇取代姜维，姜维危惧，便长期领兵居外，驻扎在沓中（今青海东南境）不敢回成都。

在曹魏方面，司马懿于正始十年（249年）发动了高平陵事件，除掉了曹爽集团，控制了朝政。司马懿死后，司马师废皇帝曹芳，另立高贵乡公曹髦为帝，接着又平定了王凌、毋丘俭的反叛。司马师死后，由司马昭执政，于甘露三年（258年）平定了诸葛诞的反叛，甘露五年（260年），又杀害曹髦，立曹奂为帝，军政大权完全

西晋·瓷女俑和瓷男俑

集中在司马昭手中。两年后，司马昭召朝内大臣商议攻蜀汉，大臣们多以为不可，独司隶校尉钟会主张出兵，司马昭对群臣说："自寿春之乱平定以后，国家免役六

年，修兵治甲，以备讨二虏，如今看来，吴地广而下湿，用兵较为困难，不如先取巴蜀，三年以后顺流而下，水陆齐进，可成灭虢取吴之势。现在算起来，蜀兵众不过 9 万，而防守成都及外围军队总计有不下 4 万，其余部队不过 5 万，如果派一军牵制姜维于沓中，使其不能东下，然后直指骆谷，从防卫薄弱的地方袭击汉中，以刘禅之暗劣，边城一旦攻破，人心必然震动，其亡可知"。司马昭又说服了不同意西征的邓艾，于是以钟会为镇西将军都督关中。

姜维见魏调整兵力，有伐蜀的迹象，便上书刘禅请求派兵。这时专制朝政的黄皓信奉巫鬼，求神问卜，说魏军不会到来，其余大臣都不知情，刘禅听信了他的话，于是把姜维的建议搁置不理，仍沉湎于花天酒地之中。

景元四年（263 年）四月，司马昭令诸军大举伐蜀，以征西将军邓艾率 3 万人自狄道向沓中，以牵制姜维；以雍州刺史诸葛绪领兵 3 万，自祁山向阴平附近的桥头进攻，以断姜维的归路，以钟会另率一路，统 10 万大军分别从斜谷、子午谷等地进取汉中。

刘禅得悉魏军真的攻来了，才急忙派廖化领兵赶赴沓中援助姜维，派张翼、董厥等往阳关口协同防守。张翼、董厥至阴平后留驻月余，钟会所部已抵达汉中，派护军胡烈进攻阳关口，这时阳关口的守将是傅金、蒋舒，蒋舒首先投降魏军，傅金孤军迎战，战败身死，阳关口被攻克。

邓艾所部很快到达沓中，分三路进攻姜维。姜维听说汉中已失守，率兵撤退。这时诸葛绪的军队已屯居桥头，姜维迂回入北道，企图从后侧组织进攻，诸葛绪畏却，率军后退 30 里，姜维又乘机返回桥头。接着姜维又率军南撤，同北上的军队廖化、张翼、董厥所部会合，共同把守剑阁。

十月，邓艾军队也开至阴平，选其精锐，想同诸葛绪自江油（今四川江油东）攻取成都，诸葛绪不同意，引军同钟会部会合，钟会密告诸葛绪畏缩不前，将其押送回京，其军队全为钟会统领。

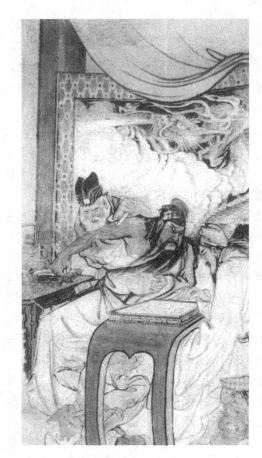

刮骨疗毒图

钟会军队在剑阁受阻，姜维恃险据守，钟会数攻不克，加上粮食供应困难，便想退兵。邓艾建议另辟途径，率军由阴平经江油，直捣洛城，然后出其不意南下成都。得到钟会的准许后，便率所部行 700 里无人之地，凿山开路，遇水作桥。山高谷深，道路艰险，邓艾以毛毡裹身，推转而下，将士攀木缘崖，向前推进。军至江油，蜀

中国通史

最新整理图文珍藏版

守将马邈开城投降，邓艾的军队迅速逼近涪城，诸葛亮的儿子诸葛瞻率军据守溶城，尚书郎黄崇劝诸葛瞻迅速抢占险要，阻止邓艾军进入平原地带，诸葛瞻犹豫不进。邓艾军队迅速击败了诸葛瞻的前锋，诸葛瞻退往绵竹（今四川绵竹县），邓艾军乘胜进击，并且写信给诸葛瞻，劝其投降，诸葛瞻大怒，斩邓艾使者，于是双方展开激战，蜀军大败，诸葛瞻与黄崇临阵被杀，诸葛瞻之子诸葛尚也策马冒阵而死。

绵竹攻破后，邓艾继续向成都推进。魏军突然来临，使蜀汉朝野上下一片混乱，城守不听调度，百姓纷纷外逃，不可禁止，刘禅匆忙召集群臣，讨论对策，有的主张投奔孙吴，有的主张南奔南中，光禄大夫谯周则力劝投降曹魏，刘禅的儿子北地王刘谌竭力反对投降，主张背城一战，刘禅不听，刘谌跑到祖庙，在刘备灵位前大哭一场，先杀妻、子，然后自杀。

刘禅根据谯周的建议，派待中张绍捧玺绶向邓艾投降，又派太仆蒋显敕令姜维投降钟会。

姜维得悉诸葛瞻战败，不知朝中情况，遂引军入巴（今四川巴县境内），钟会尾追至涪城，派胡烈率部继续追击，姜维得到刘禅投降的敕令，便从东道与廖化、张翼、董厥一道投降钟会。蜀汉将士接到投降的命令后，都拔刀斫石，表示不满和愤慨。

不久，邓艾军队开至成都城北，刘禅率太子、诸王及群臣60余人，反绑着双手，让人抬着棺材，到邓艾军前投降，邓艾给他们松绑，烧毁棺材，以示接纳。邓艾知黄皓奸险，收缚黄皓，将要斩首，黄皓贿赂邓艾左右部属，保住了性命。

蜀汉灭亡后，邓艾在成都擅自处理军政大事，引起司马昭的疑虑，钟会和监军卫瓘又乘机密告邓艾要谋反，司马昭命令用槛车押送洛阳，途中被卫瓘杀害。

邓艾死后，钟会独统大军，与姜维密谋反叛。司马昭亲率10万大军屯长安，令贾充率兵入斜谷，钟会察觉司马昭对他已有防备，于是关押魏军将领，准备起事，引起士兵的反对，进攻钟会，钟会与姜维

当阳关图

在混乱中被杀，邓艾、钟会的结局印证了发兵前刘禅的预言，"破蜀必矣，而皆不还。"

刘禅被迁送洛阳后被封为安乐公，子孙及群臣50人都封侯。司马昭设宴招待刘禅，席中为他表演蜀舞，在场的人都为之感伤，而刘禅却"嬉笑自若"，司马昭对贾充说："人之无情，乃至于是，虽使诸葛亮在，也不能辅之久年，况姜维邪？"过了几天，司马昭问刘禅，"颇思蜀否？"刘禅说："此间乐不思蜀也。"昏庸到如此地步，国家怎么会不灭亡？

晋灭吴

晋夺占长江下游灭吴之战发生于晋武帝太康元年、吴末帝天纪四年（280年）三月。晋在夺占长江上游的同时，以主力大军攻占了吴扬州长江北岸地区，直逼吴京师建业。晋八万大军攻入建业城，逼降吴主孙皓，一举灭亡了东吴政权，重新统一了中国。

占据长江上游，顺流而下，直捣建业，历来是晋国的战略主张。因而，晋对争夺长江上游十分重视，晋武帝派出他最优秀的战将羊祜假节都督荆州诸军事，以与吴名将陆抗相持；以另一得力战将王濬为益州刺史，在蜀地训练水军数万，大造舟船，为顺江而下伐吴，积极创造条件。

羊祜在荆州地区的备战相当充分，他推行亦兵政策，屯田积谷，使"军无百日之粮"的襄阳，到伐吴之前积谷已足够十年之需。他积极训练士卒，制造兵器，不断增加部队的作战威力。他推行的分化瓦解吴人的政策，收到了巨大的心理效果。羊祜死后，晋武帝又派其名臣杜预为镇南大将军，都督荆州军务，继续加紧准备攻吴。

东吴在蜀汉灭亡后，已处于唇亡齿寒之险境。吴国的一些有识之士早已看到晋国下一步的作战企图在于吞并吴国，只是由于受长江天险的阻隔，加之力量暂时不

后赵·鎏金铜佛像

够，正在休养待机。因而，这些人士深深预感到局势的危险性，不断向吴主提出休养生息、清明政治，加强经济实力的建议，请求孙皓增强长江上游的防御力量，以遏止晋军顺流而进的企图。晋武帝泰始十年、吴凤凰三年（274年），吴大司马陆抗上书吴主说："西陵、建平是国家的边陲，地处长江下游，且两面受敌，若敌水军顺流而下，昼夜疾进，难以抽调他处兵力驰援，此乃社稷安危之大事，非比遭受局部侵犯之小事，臣父陆逊也曾上言，称西陵为国之西门，虽然易于防守，但也易失。若守之不住，非但失去一郡，荆州便会随之失守。"为此陆抗建议，向长江上游增派精兵3万，使整个兵力增至8万，同时建议省

中国通史

最新整理图文珍藏版

去各种杂务，协力防守上游。如不这样，便令人忧虑不安。

孙皓这个凶残昏聩之君，听不进忠臣良将的直谏，对晋即将迫在眉睫的大举进攻威胁，置若罔闻，既不增兵防守各地要冲，也不加强应有的戒备，为晋军的胜利进击提供了难得的机会。

司马懿画像

晋军灭吴之战，总的战略策划是出动六路大军，东西南三个方向同时进击。

西晋以夺占长江下游作为灭亡东吴的主要作战方向，故在下游地区出十多万大军直逼建业。以安东将军王浑率扬州诸军十多万之众，自寿春（今安徽寿县）向江西（今安徽和县）出横江渡口，占据长江之北岸地区；以镇军将军琅琊王司马仙率领徐州诸军数万，自下邳（今江苏睢宁北）向涂中（今安徽滁州）进击。晋军这一兵临建业，占据长江北岸的作战策划，如能顺利实现，则其第一步便沿长江对建业构成了半环形包围，待上游诸军乘胜东下后，便一举会师秣陵，夺占建业。

在长江上中游出三路大军，从西面和北面水陆并进，首先占据西陵、江陵、夏口等地，然后乘胜顺流东下，直捣建业。

晋军以镇南大将军都督荆州诸军事杜预率荆州诸军，由襄阳南下，直取江陵；

以豫州刺史加建威将军王戎率豫州诸军自项城（今河南沈丘）穿越今大别山南进，攻取吴江夏、武昌两郡；以龙骧将军王浚、巴东监军唐彬率军七万，水陆并进，顺江东下沿江攻取西陵、江陵，并以陆路袭取武陵（今湖南常德），会师于巴陵（今湖南岳阳）。平南将军胡奋兵出夏口后，归属龙骧将军王浚指挥。

晋军这一作战策划显然是相当周密的，它既适应了晋军兵力不占绝对优势的具体情况，又便于对吴军各个击破。

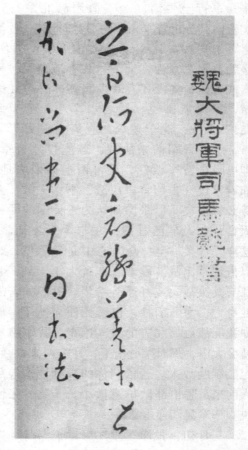
司马懿·十字书

晋武帝太康元年、东吴天纪四年正月，安东将军王浑所统率的十多万大军向横江（今安徽和县东南）方向进军，派出参军陈慎等率部分兵力攻击寻阳（今湖北武穴东北）；派殄吴将军李纯率军向高望城（今江苏江浦西南）进攻吴军俞恭部。正月二十五日，李纯占领了高望城，击破俞恭军，推进至横江以东，夺占了渡江的有利渡场。与此同时，参军陈慎军攻取了阳濑乡，大败吴牙门将孔忠等。吴厉武将军陈代、平虏将军朱明等率部众降于晋军。

二月，吴主孙皓得知晋王浑率大军南下，即命丞相张悌统率丹阳（今江苏南京）太守沈莹、护军孙震、副军师诸葛靓率兵三万，渡江迎战，以阻止晋军渡江。张悌军行至牛渚（今安徽当涂北采石），沈莹向其分析晋军来犯的形势时说："晋治水军于蜀久矣，今倾国大举，万里齐力，必悉益州之众浮江而下。我上流诸军，无有戒备，名将皆死，幼少当任，恐边江诸城，尽莫能御也。晋之水军，必至于此矣！"据此，沈莹建议，应集中兵力于采石，等待晋军前来决战，若能打败晋军，即可阻止晋军渡江，还可西上夺回失地。如若渡过江去与晋军决战，不幸失败，大势必将去矣。但张悌却认为，吴国的即将灭亡，人人早已看清，并非今天才知晓。这样，晋兵一至，众人心中必然恐惧，难以再整军出战。趁着现在晋大军未到，渡江与其决战，或许还有希望获胜。如若战败身亡，为国牺牲，也就死而无憾了。假如我能战胜，北方的敌人逃走，我军声威便会大震，那时乘胜南下，迎击西来之敌，定能制胜敌人。若依照你的计划，坐等敌人前来，恐怕部队早逃散了。于是，张悌决心率军渡江迎击晋军。

三月初，张悌军渡江后，于杨荷（今安徽和县）正遇王浑部将城阳都尉张乔率7000兵马赶到，张悌军随即将张乔军包围，张乔兵微势弱，便闭寨请降。副军师诸葛靓认为，张乔是以假投降行缓兵之计，拖延时日，等待后援，我应急速进兵予以歼灭。但张悌却主张放过他们，因为强敌

在前，不可因小敌而出战。于是接受张乔投降后，率兵继续前进，随即与王浑主力部队之司马孙畴和扬州刺史周浚军列阵相对。吴将孙莹首先率领5000精锐向晋军攻击，三次冲击均未奏效，被晋军斩首二将，不得不退兵。晋军则乘吴军退兵混乱之机，以将军薛胜、蒋班率军追杀，吴军大败。此时，伪降之张乔军又从背后杀来，吴军溃败而逃。诸葛靓见大势已去，收集败兵数百逃回江南。张悌不肯逃走，与沈莹、孙震力战而死，吴军3万多人，被斩近8000人，余皆逃散，晋军遂胜利推进至江边。此时，扬州别驾何恽向扬州刺史周浚建议说，张悌率东吴3万精兵，被我歼灭，吴国上下震惊，现龙骧将军王浚已攻下武昌，乘胜东下，所向皆克，吴已呈土崩瓦解之势，我应速挥军渡江，直捣建业，大军突然而至，定能不战而逼降东吴。但王浑听到这一建议后则认为晋帝只命他出兵江北，以抗吴军，如果渡过长江，就是违背君命，即使作战获胜，也难以获赏；但若失败，必获重罪。于是，王浑坚持按原诏令，就地等待王浚军的到达，然后再统一节制王浚等军渡江作战。何恽再次向王浑建议说，将军身为上将，当见机而进，岂有事事等待诏命之理。王浑仍不听从。

虎犬纹金饰牌

琅琊王司马仙所率的一路大军，自正月出兵以来，迅速进至涂中后，令琅琊相刘弘率兵进抵长江，与建业隔江相崎，以

牵制吴军；同时派长史王恒率渚军渡过长江，直攻建业。王恒军进展顺利，一一击破吴沿江守军，歼灭吴军五六万人，俘获吴督蔡机。

王浚军在长江上中游获胜之后，便挥军顺流而下，三月十四日到达牛渚。当进至距建业西南50里时，吴主孙皓才派遣游击将军张象率水军1万前往迎击，但吴军此时已成惊弓之鸟，张象的部队一望见晋军的旌旗便不战而降。王浚的兵甲布满长江，旌旗映亮天空，声势十分盛大，继续向前推进。

东晋·庄园生活图卷

原先吴主派往交趾征讨郭马的将军陶浚，行至武昌时，听到晋军大举进攻的消息，便停止去交趾，返回了建业，此时，吴主孙皓便授其符节，命其率军2万，迎击晋军。结果，2万军队出兵前夜便逃散一空。

此时，王浑、王浚和司马仙等各路大军已逼近吴国京师建业长江的北岸，吴国司徒何值、建威将军孙宴等交出印信符节，前往王浑军前投降。吴主孙皓见自己内部已分崩离析，便采用光禄勋薛莹、中书令胡冲等人的计策，分别派遣使者送信给王浑、王浚、司马仙，请求降服，企图挑唆三人互相争功，引起晋军内部分裂。使者先把印玺送给司马仙。王浚此时正挥军直进，三月十五日行至三山（今江苏南京西南）时，王浑派使者命其暂停进军，王浚

不理，借口风太大，无法停船为由，扯起风帆直冲建业。当日，王浚统率水陆8万之众，方舟百里，进入建业。吴主孙皓反绑双手、拉着棺木，前往王浚军门投降。至此，晋军连克东吴4州、43郡、降服吴军23万，东吴政权宣告灭亡，三国长期分裂的局面也随之结束。

"清公"毛玠

毛玠，字孝先，东汉陈留平丘（今河南封丘东）人。年轻时任县吏，以清廉公正著称，被誉为"清公"。

汉献帝中平四年（187年），曹操广招贤才，毛玠被征任为州的治中从事（州刺史助理）。他鉴于当时东汉政权已风雨飘摇，群雄纷起，遂向曹操提出立国二策：一曰"宜奉天子以令不臣"，二曰"修耕植，蓄军资"；还表示："如此则霸王之业可成也"。曹操敬纳其言，从此渐渐产生了"挟天子以令诸侯"和"屯田制"等重要思想。后来，曹操当了汉丞相，被封为魏公、魏王，毛玠随之官任丞相东曹掾和尚书仆射，主管官吏的选拔考核和任免。

毛玠选拔和重用官员的标准主要包括三项内容：一是要有真才实学，善于应对复杂的局面，妥善处理各种疑难问题；而对那些只会人云亦云、鹦鹉学舌式的人物，或华而不实、好做表面文章的平庸之辈，一概斥之不用。二是廉洁俭朴，不贪不占，能实实在在地为百姓办好事；而对那些业绩不明显或利用职权谋私利、搞腐败的人，一律斥之不用。三是为人正派，襟怀坦白，决不拉拉扯扯、搞个人小圈子；而对那些阳奉阴违、结党营私、甚至"另立山头"的人，坚决予以摒弃。

这一选官用官的办法很快震动了全国，并波及各个领域，从而逐渐形成了一股风

气：上上下下都以铺张为耻，以俭朴为荣。普天下的读书人，更以清廉的节操来勉励自己。即使是爵高、官大、禄厚的朝廷大臣，出门乘车和平时的服饰也不敢过度奢华。有些官员为标榜自己俭朴，甚至故意穿着贫寒人所穿的衣裳，乘坐着简陋无饰的车子。还有的官员上朝或赴任时，身穿朝服却徒步而行。在这样一个大气候下，富人收敛了无妄之欲，官吏不敢再有贪污受贿的念头。面对如此形势，曹操曾非常得意地对人说："像这样，能使天下人自己要求自己，我还有什么事情可做呢！"

据资料：这一时期的社会风尚在历史上都是少有的；一直到很久以后，人们还称颂它。

毛玠在选官、用官中一向坚持原则，照制度办事，严禁任何人拉关系、走后门。即使当朝显贵来说情，他也决不含糊。

有一次，曹操的儿子时任副丞相兼五官中郎将的曹丕，亲自来到毛玠的官府，让他将自己的几个亲信眷属安排在适当的官位上。毛玠面对权势，毫无惧色，婉言拒绝了这位"大人物"的无理要求。他说："老臣因为能恪守职责，才幸而得以免于罪戾；您刚才说的那几个人不符合升迁的范围，所以我不敢遵照您的意见办。"曹丕无奈，只好悻悻而归。

然而，毛玠在曹操选定接班人这件大事上，却是顾全大局而竭力支持曹丕的。

建安十八年（213年），曹操为确立太子曾举棋不定：他有25个儿子，长子曹昂已经战死，次子曹丕已成老大。但由于四子、临淄侯曹植才华出众，生活简朴，曹操分外宠爱他，并打算将他作为继任者。大臣杨修、丁仪、贾逵、王凌等也都向曹操进言，劝他立曹植为太子。毛玠却秘密进谏曹操说："前不久，袁绍因为嫡庶不分，导致家破国亡。废立太子是件大事，您想不立长子曹丕而立四子曹植，这是我

不愿意听到的事。"曹操听罢，颇受震动，原来的设想也渐渐发生了变化。

后来，曹操在一次召集文武百官议事时，毛玠起身上厕所。曹操指着他的背影对大臣们说："这个人正是古人所说的国家的司直，也是我的周昌啊！"

毛玠虽然位居群臣之上，又深得曹操的信赖，但他从不居功自傲，更不以权谋私。尤为可贵的是，他要求和倡导别人去做的，自己总是先做到。所以，数十年来，他穿的是布衣，吃的是素食，过着十分清苦的生活。

毛玠的哥哥英年早逝，他的几个子女一直由毛玠抚养着。他对他们视同亲生，从多方面予以关怀、爱护和教育、培养。此外，毛玠对其贫困的同族人也十分关心，常常以自己的俸禄去接济他们。因此，他为官数十年，仍然"家无所余"。

曹操北征乌桓、平定柳城（今辽宁朝阳南）时，获得了丰盛的财物珍宝；凯旋而归后，用以大犒随征将佐。他特地精选了一幅素屏风和一张素面凭几，赏给了毛玠，并深情地对他说："卿有古代君子朴实无华、廉而奉公的美德。他人赐以金银珍玩、丝帛钱财，特赐卿简朴的古人日常器具，权当留个纪念吧！"

毛玠死后，曹操十分悲痛，又赐其棺材、器物和绢帛，还任命他的儿子毛机为郎中。

有帝王之才的荀彧

荀彧（163～212），字文若，颍州郡颍阴（今河南许昌）人。祖父荀淑，字季和，任朗陵县县令，生活在汉顺帝、桓帝年间，在当时很有名。荀淑有八个儿子，号称八龙。荀彧的父亲荀绲，任济南相。叔父荀爽，任司空。

荀彧年轻时，南阳人何颙很赏识他，说他是"辅佐帝王的人才"。永汉元年，荀彧被举荐为孝廉，任命他为守宫令。董卓作乱，荀彧请求出任地方官吏。任命他为亢父县令，于是他弃官回到家中，对乡亲父老说："颍州是四面受敌的军事重地，天下一有变乱，就会成为兵家的要冲，应当赶快离开这里，不要久留。"乡亲们大多怀恋故土，犹豫不定，正好冀州牧的同乡韩馥派骑兵来迎接他们，却没有人跟着去，荀彧独自领家族的人迁到冀州。而这个时候袁绍已经夺得了韩馥的职位，对待荀彧用上等宾客的礼节。荀彧的弟弟荀谌及同郡的辛评、郭图，都被袁绍任用。荀彧考虑袁绍最终不能成就大业，这时曹操任奋武将军，在东郡，初平二年，荀彧离开袁绍跟随曹操。曹操非常高兴，说："你就好比是我的张子房。"任命他为司马，当时他二十九岁。

建安十七年，董昭等人称说曹操应当进爵为国公，备用九锡之物来表彰曹操的特殊功勋，秘密向荀彧征求意见。荀彧认为曹操原起义兵是为了匡扶朝廷安定国家，怀着忠贞的诚心，保持着退让的实质行动，君子用道德爱人，不应当这样做。曹操因此心中无法平静。正好要去征讨孙权，上表请求派荀彧去谯县慰劳军队，因此就留下荀苇，以侍中光禄大夫的身分持节，参与丞相府的军事。曹操的军队到达濡须，荀彧留守寿春，因忧郁而死，享年五十岁，谥号敬侯。第二年，曹操终于成了魏公。

清纯德素的华歆

华歆（？～231），字子鱼，是平原郡高唐（今山东禹城县西南）人。高唐是齐地有名的都市，士大夫无不在市里游逛。华歆做官吏，逢例假走出官署，就直接回

家关上门。议论公平，始终不诋毁别人。同郡的陶丘洪也是知名人士，自认为真知灼见超过华歆。当时王芬和豪杰阴谋废黜汉灵帝（内容记载在《武帝纪》）。王芬暗中招呼华歆和陶丘洪，共同商定计策，陶丘洪打算去，华歆劝阻他道："废立是件大事，伊尹、霍光也感到难办。王芬性格疏狂而且不懂军事，这件事必定失败，灾祸却将牵连整个家族。您不要去！"陶丘洪听从华歆的意见才没有去。后来王芬果真失败，陶丘洪才佩服。荐举为孝廉，任郎中，因病离开了官职。汉灵帝逝世，何进辅助管理朝政，征召河南郡的郑泰、颍川郡的荀修以及华歆等人。华歆到达，任命为尚书郎。董卓把天子迁徙到长安，华歆要求派出去做下邽县令，因病没有动身，于是从蓝田来到南阳。当时袁术在穰县，留住了华歆。华歆劝说袁术派军队去讨伐董卓，袁术未能采纳。华歆打算抛弃袁术离开，适逢天子派太傅金日磾安定聚集在关东，金日磾征召华歆做掾。向东来到徐州，天子下诏书立即授与豫章太守的官职，由于处理政事清静不烦琐，官吏和百姓都感激、拥戴他。后来孙策死了。曹操在官渡，上表请求天子下召华歆。孙权想不遣送，华歆对孙权说："将军奉天子的命令，刚和曹公友好结交，名分道义尚未牢固，让我能够为将军献上一片心意，难道不是有益处吗？如今徒然留住我，这是供养无用的东西，不是将军的好计策呵。"孙权很高兴，就遣送华歆。宾客、老相识给他送行的有一千多人，赠送了数百金。华歆全不拒绝，暗中各自写上记号，到临离开时，将各种礼物全部聚齐，对各位宾客说："本来没有拒绝各位的心思，可是接受的礼物太多。考虑到一驾车长途跋涉，将全因为怀有贵重的东西而遭受不幸，希望各位宾客为我打算。"大家才各自留下所赠送的礼物，并且钦佩他的德行。

军府僚佐

魏晋南北朝时期，专管地方军事的军府内协助长官分管各方面事务的府官。汉代将军依制开府置佐。三国时，都督、刺史、郡守加将军号，也可开府，但极少称为军府。西晋时，名称始渐固定，数量也渐多。往往虚立军府，动有百数。此外领兵军府的数量亦不少。军府上佐有时可负责府内事务，如东晋元帝司马睿说，车骑长史阮孚"既统军府"，表明其权势颇重。

东晋南朝，"军府"通指禁军以外的诸将军、中郎将及监护少数族的中郎将、校尉所置的府。都督、刺史、郡守如加"军号"，亦在地方设置军府。都督分都督军事、监军事、督军事三级，都督如加"军号"，其府又称"都督府"、"统府"、"督府"。诸公与位从公加"军号"外放，及禁军的诸将军、中郎将、校尉等受命出征，也可暂置军府。北朝则从北魏孝昌（525～527）以后，"天下多难，刺史、太守皆为当部都督，虽无兵事，皆立佐僚"。天平（534～537）之后有所改变，"非实在边要见有兵马者，悉皆断之"。

军府专管地方军事，府内设僚佐以分主事务。军府僚佐指入流品的府官，不包括流外小吏及门生、部曲。由于军号、军府有重轻、大小之分，其僚佐也有官品高低、数量多寡之别。其分类及职掌如下：

监佐　中央派出监护军府的官吏，具有双重身份，但主要属府官。①护军——曹魏杜恕、赵俨都做过都督护军。西晋以后不置。②军司——原作"军师"，晋以讳改。西晋石崇监徐州诸军事时，与徐州刺史高诞争酒相侮为军司所奏免官，可见其权颇大。东晋南朝不置，但北朝仍存。

上佐　是府主的左右臂，一般只置于州、郡级以上的军府（北朝郡军府未见），常兼首郡太守及首县县令。①长史，军府掌庶政即"主吏"的文职长官。②司马，军府掌军事即"主将"的武职长官。③咨议参军，始于西晋末，是军府的军事参谋，以其清重，故仅州军府置。但同是州军府还有区别：宋都督府置，监以下不置；梁宗室持节府置，庶姓持节府不置。行事，南朝规定，凡皇子年幼出镇，不能理事，以及府主暂离、疾病、死亡或被朝廷猜忌，军府的上佐如长史、司马、咨议参军，均可代行府州事。"行事"亦是暂时的职衔，非永久官号，北朝制同。

列曹参军　是管理军府具体事务的官。参军为总称，列曹指其分职，因授官方式不同而分为正参军、板正参军、行参军、板行参军、长兼参军五类，品级各异。

门下官　又称内官，是直接为府主服务的秘书侍从，有府功曹史；府主簿，东西阁祭酒（北朝无）；东西曹掾（北朝无）；舍人；府录事。

南北朝时期，军府已兼管地方行政，其僚佐也兼主地方政务。隋承北周制，废汉以来地方行政系统的官属，而以总管军府处理地方行政。

使持节

魏晋南北朝时期直接代表皇帝行使地方军政权力的官职。权力次之的又有持节、假节。"节"是中国古代常用的信物，因用途不同而种类繁多。封建帝王所遣使者规定持"旌节"，使命完成后归还。

西汉旌节简称节，"以毛为之，上下相重，取象竹节"，持节者是钦差，权力极大。朝廷命将，以节为信，以指挥军队。也用于其他使命，如汲黯持节发河内仓粟以赈贫民，苏武持节出使匈奴，等等。东汉中叶以后，由于地方不宁，军事屡兴，皇帝欲增强中央的控制，遂令在地方都督诸军的将领加节。汉末三国，都督的节因所加方式不同而分为使持节、持节、假节三种。但假节与持节，假节与使持节有时也混用。孰轻孰重，难以分辨。因为都督与节使性质相同，当时都督权重，加节的权就较难体现。只有在加节而非都督的情况下，才能体现节的权威。如辛毗为大将军司马懿军师、使持节，"六军皆肃，准毗节度，莫敢犯违"。司马懿欲出战，被辛毗杖节制止。至于曹爽为使持节都督青徐诸军事，治下邳（今江苏睢宁西北），与徐州刺史邹岐争屋，引节欲斩邹岐，在三国为仅见，却开晋制之先声。

晋制规定：使持节为上，持节次之，假节为下。使持节得杀二千石以下；持节杀无官位人，若军事，得与使持节同；假节唯军事得杀犯军令者。三种节的权限分别开始明确。东晋南北朝均承其制。

三种节常与都督、监、督联称。《南齐书·百官志》叙晋制称："刺史任重者为使持节都督，轻者为持节督。"一般说来，使持节都督最多，持节都督较多，假节都督两晋较多而南北朝少见。使持节监唯两晋宋齐常见，持节监东晋以后少见，假节监两晋最多。使持节督南朝多而北朝少，持节督同前，假节督齐、梁多用于小府。

加节都督的黜陟，几乎完全体现在都督、监、督的升降上，节的升降南朝唯梁夏侯夔由持节迁使持节一例。这也是因为都督与节使性质相同而都督权重并易于体现。如《隋书·百官志》载陈朝官品，凡单车刺史，不论持节、假节，加督进一品，都督进二品，即以后者为进品依据。三种节均不与都督配搭的事例也多见。三种节分别加于将军，仍起监督军事的作用，权限与《晋书·职官志》所叙同。此外则同于西汉，仍是节使。

隋以后，假节极少见，使持节、持节都是虚衔。唐使持节例授都督；持节例授刺史，由于是"例授"，所以唐代史书叙人历官，凡及刺史即多不缀"持节"。其时"旌节"也与前代的不同，具有二义，《旧唐书·职官志》称："旌节之制，命大将帅及遣使于四方，则请而佩之。旌以专赏，节以专杀。"这里的"节以专杀"虽与《晋书·职官志》所叙大旨同，但已是专授予节度使的权力象征，不再是例授的虚号。

开府仪同三司

魏晋南北朝时期的一种高级官位；隋唐至元文散官的最高官阶。三司即三公（司空、司马、司徒），因均冠司字，故又称三司。汉三公名号屡有变更，且不全冠以司字，但三司一词已约定俗成。

三公在西汉本来是国家政务首脑，开府辟官，品崇礼重。东汉以后，政务权移入尚书省，三公虽不掌具体政务，却仍为皇帝高级顾问，"坐而论道"，待遇优崇，为仕途的顶点。但三公名额少，不能满足需求，因而产生了与之相比拟的荣誉虚衔，殇帝延平元年（106）车骑将军邓骘的"仪同三司"，为"仪同三司"之始。以后有献帝时辅国将军伏完"仪同三司"，吕布因诛董卓功受命"仪比三司"，其比拟三公均仅限于班位与礼仪，不具有开府辟僚属之权。魏甘露二年（257），吴宗室孙壹降魏，命"开府辟召，仪同三司"。西晋时，除了限于班位与礼仪的"仪同三司"外，"开府"与"仪同三司"连称较多，逐渐通用，发展为官号。如羊祜在咸宁初，"除征南大将军、开府仪同三司，得专辟召"。惠帝时，裴楷以侍中"加光禄大夫、开府仪同三司"。

两汉以来，比拟三公的荣誉虚衔都必须有本官（如诸将军），及其成为官号，仍借本官自重。西晋定制：诸大将军及光禄三大夫开府者"位从公"，品秩第一。"三司"不必指实职，诸大将军位从公者为"武官公"，同于大司马、大将军、太尉；光禄三大夫位从公者为"文官公"，同于太宰、太傅、太保、司徒、司空。南齐则"将军开府依大司马"，"光禄大夫开府依司徒"。梁曾令邵陵王纶等开府如三司之仪；但不久复故，唯逊诸公一班。至陈仍为一品。东晋南朝，诸公已是没有实职的高官，开府仪同三司更是虚号，且无限额，颇有猥滥，渐不为人所重。北魏"开府"与"仪同三司"分别为两个官号，均

从一品，前者单指开府辟官，不必同于诸公；后者单指礼仪同于诸公，不得开府辟官。兼任二者，意义便略同于东晋南朝，唯辟官少于诸公。北齐设开府仪同三司和仪同三司，分别为一品及从一品，其猥滥程度甚于南朝。北周分置上开府仪同三司、开府仪同三司、上仪同三司、仪同三司等散官号，以酬勋劳。隋初沿袭，分别为三品、正四品、从四品、正五品。炀帝改开府仪同三司为从一品文散官阶，余均罢废。唐、宋、元因之，开府仪同三司一直是一品文散官，至明代罢废。清代称出任外省督、抚者为"开府"，但与魏晋南北朝"开府"辟召僚佐已非同义。

第二节　文化中兴：艺海拾贝　科技撷英

曹操的文学成就

　　曹操不仅是三国时期著名的军事家、政治家，同时也是一位极具才华的文学家。他的作品主要成就在于诗歌和散文。

　　曹操现存诗歌共二十多首，全部是乐府诗。他用诗歌来表达对现实的看法和态度，抒写他的政治思想和抱负。他的诗被誉为"汉末实录，真史诗也"。著名的有《薤露行》和《嵩里行》。《薤露行》所记叙的就是公元前189年"董卓之乱"这一史实。诗中揭露了这场暴乱给国家和人民造成的严重灾难。《嵩里行》揭露以袁绍为盟主的各路地方豪强以讨董卓为名，实则相互争权夺利。作者对此表示出极端的愤慨，对劳动人民流离失所，饥寒交迫的生活表示同情。

　　最能体现曹操诗歌悲凉慷慨特色的，是那些抒写抱负、表现雄心壮志的诗篇，其代表作是《短歌行·对酒当歌》和《步出夏门行·神龟虽寿》。《短歌行》从一开始就以悲凉的情调，表达了对人生易老、生命有限这个不可克服的自然现象的无限感慨。"对酒当歌、人生几何，譬如朝露、去日苦多……"曹操在诗中因国家统一事业未能完成，感叹人生短暂，希望有更多的贤士来帮助他完成统一大业。在《步出夏门行》诗中，表现出了诗人不信天命、重视人力的朴素唯物主义思想。此年曹操已是53岁

了，但"老骥伏枥，志在千里；烈士暮年，壮心不已"，反映了诗人老当益壮的英雄襟怀，是千古传诵的名句。

　　汉末魏初的文章特色是"清峻"、"通脱"。"清峻"，是文章简洁严明的意思；"通脱"，是指写文章不受传统思想和形式体制的约束，下笔无所顾忌。曹操的散文最具有这样的特色。他的文章都是直抒胸臆，直言事理，没有虚伪的感情；语言质朴简明，没有浮华的词藻。篇幅大都在几十字到百余字之间，皆言简意赅，意味深远。如《军谯令》一文，是建安七年（公元202年），曹操引军经过家乡谯郡时为抚恤将士亲属而写：

> "吾起义兵，为天下除暴乱，田土（谯郡）人民，死丧殆尽，国中终日行，不见所识，使吾凄怆伤怀。其举义兵已来，将士绝无后者，求其亲戚以后之。授土田，官给耕牛，置学师以教之。为存者立庙，使祀其先人。魂而有灵，吾百年之后何恨哉！"

　　全文仅80余字，却真切地表达了作者对残酷的战争使人民遭受严重灾难的感伤，以及对将士和家属的悼念与关怀。

　　曹操在文学上，从内容到形式，都对旧的一套作了改革，而且取得了很大的成功。正因为如此，鲁迅先生称曹操为"改革文章的祖师"。

　　曹操在文学史上的杰出成就和贡献，还在于他召集文士，开创"建安文学"，

对当时文学发展起了很大的推动作用。

曹操对文化学术很关心。公元202年，他下令兴建学校，一县满500户的，就置校官，给文学之士以很高的政治地位。在当时文学界占较高地位的"建安七子"，除孔融外，陈琳、王粲、徐幹、阮瑀、应玚和齐桢，政治上都是曹操的僚属。

曹丕在文学上的贡献

曹丕在文学上的成就，总的说来，要低于曹操和曹植，但他在文学史上也有不可低估的地位。

曹丕的诗以描写男女爱情和离愁别恨

石刻礼佛图

见长。他善于运用清新晓畅、形象鲜明的语言，描摹游子思乡和少妇思君的场面，写得悱恻缠绵，令人悯惜，如《钓竿》诗，《燕歌行》诗等。

《燕歌行》是我们所见到的最早而完整的音节优美的七言诗，为我国诗歌形式的发展开辟了一条新的途径。

曹丕对各种诗歌形式都作过大胆尝试，除七言诗《燕歌行》外，还有六言诗《令诗》和《黎阳作·奉辞讨罪遐征》；五言诗更为曹丕大量运用，占他全部现存诗歌的一半以上。杂体诗《大墙上蒿行》，长360余字，大大突破了汉乐府古题的篇幅，句法参差多变，在形式上有首创意义，对后来的长篇歌行有很大影响。

三国·鸟形瓷杯

曹丕的《典论·论文》是中国最早的一部文学批评专著之一，在我国文学批评史上占有重要的地位。它主要探讨了文学的价值和作用，文学的体裁和特征、作家的气质才性与作品风格的关系，以及文学批评的态度等四个问题。他认识到文学的独立地位和文学作品的功能和价值，这在我国文学史上有划时代的意义。由于他的首创，文体论成为魏晋

中国通史

最新整理图文珍藏版

六朝文学批评的一个重要方向。后来，陆机的《文赋》、刘勰的《文心雕龙》等对文体的论述，则都是曹丕这一理论的继承和发展，其影响是很大的。曹丕在文中尖锐地批评了历史上"文人相轻"，"各以所长，相轻所短"等不良风气。他指出正确的批评态度应当是"审己度人"。曹丕开创了批评作家作品的良好风气，对于文学及文学批评理论的发展也有积极的意义。

曹植在文学上的成就

曹植，字子建，曹丕之弟，是建安时期最负盛名的作家，为三曹之冠，《诗品》称为"建安之杰"。曹植留下的诗歌有七十余首，五言居多，奠定了五言古诗的基础。

曹植的文学创作以公元220年曹丕称帝为界限，明显分为前后两个时期。曹植"生乎乱，长乎军"，早年随曹操南征北战，培植了强烈的功名事业心，所以前期诗歌主要表现他的壮志，如《白马篇》、《名都篇》就是代表作，抒发了建功立业的雄心壮志，雄健刚劲，意气风发，乐观豪迈的激情。曹植曾与曹丕争太子位，政治斗争失败后备受迫害和压抑。后期诗歌以抒发个人的主观愤懑感情为主，而在客观上深刻地暴露了统治阶级内部的残酷斗争，具有深刻的思想意义。如《赠白马王彪》、《呼嗟篇》、《野王黄雀行》。曹植诗中也有反映人民生活疾苦的篇章，如《泰山梁甫行》就描绘了一幅边海人民贫困生活的画面。

在曹氏父子中，文学成就最大的要数曹植，他是建安时代最杰出、最有代表性，对后世影响最大的一位作家。曹植现存的作品，不仅数量多，而且形式繁富，除诗、赋、章、表、书、论等外，还有颂、碑、赞、铭、咏和哀辞等各种文体。

曹植诗歌在艺术创作上有突出的成就。他学习汉乐府民歌，创作五言诗，对中国古代五言诗体的发展作出了积极的贡献。他尤善于运用比兴手法，借助于其他事物来进行譬喻和象征巧妙地加以表达。如

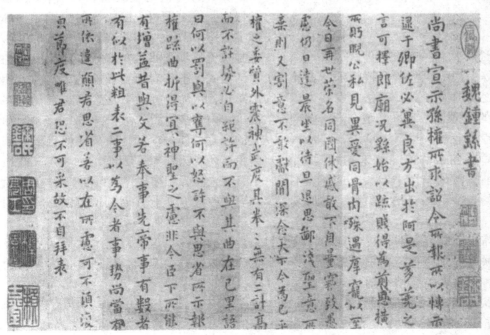

钟繇·
宣示表

钟繇像

建安七子

建安年间文学创作极盛，孔融、陈琳、王粲、徐幹、阮瑀、应玚、刘桢等七位文学家被合称为"建安七子"。

"七子"的作品以诗、赋、散文三种文体为多。其内容前期多反映社会动乱的现实，后期多反映他们对曹氏政权的拥护和建功立业的抱负，除个别作品之外，"七子"的创作是积极健康的，留下许多千古诗作。

"七子"之中，王粲文学成就最高，陈琳次之。

王粲《七哀诗》第一首写于公元192年作者从关中向荆州逃难的途中，真实地反映了汉末动乱的痛苦生活。诗中斥责制造祸乱的军阀为"豺虎"。用"出门无所见，白骨蔽平原"，概括战争给人民带来的惨相。尤其是对饥妇弃子的特写，使人触目惊心，也表现了作者对人民的深切同情。

陈琳的《饮马长城窟行》，借秦代筑长城这一历史题材，隐喻当时繁重徭役的现实。诗中"长城何连连，连连三千里"，正是永无尽期徭役的象征。全诗用民歌的对话形式，把作者所要揭露的事实和表达的思想，生动地展现在读者面前。"边城多健少，内舍多寡妇"，徭役拆散了多少个甜蜜的家庭，使夫妻两地生离，而且繁重的苦役，还意味着判了死刑。"君独不见长城下，死人骸骨相撑拄！"因此役夫忍痛写信劝妻子改嫁。妻子回书宁愿以死相守，"明知边地苦，贱妾何能久自全"，表现了对丈夫爱情的坚贞。这首诗艺术地概括了徭役带给无数家庭的悲剧，强烈地控诉了封建徭役的罪恶。

建安七子与三曹一起，构成了建安作家的主力军，将建安文学推上了高峰。

《野田黄雀行》。

在修辞手法上，曹植也超脱乐府古辞中句与句之间的"顶真"手法，发展为章与章之间的"顶真"，如《赠白马王彪》一诗，全诗共七章，除第一章外，其余六章的后一章首句必和前一章末句相呼应。后一章用前一章的结尾来起头。这样，不仅使全诗的音节更加合拍、匀称，增加读者的兴趣，而且由于各个章节之间的上递下接，陈陈相因，使这首长达七章的诗篇在结构上联成一个整体，在思想感情上一层深一层，而读者的感情也随之起伏，深深地被诗歌所吸引。诗品有评："骨气奇高，词采华茂"。

女诗人蔡文姬的文学成就

建安年间，出现了一位女诗人蔡琰，可与七子相匹敌。她留下的作品有三篇：五言《悲愤诗》、骚体《悲愤诗》和《胡笳十八拍》，它们都是自传性的长篇抒情叙事诗。

蔡琰，原字昭姬，避司马昭讳，改字文姬，陈留圉县（今河南杞县）人，是东汉末著名学者蔡邕的女儿。公元190年，她被凉州军阀掳掠西迁长安，随后流落到南匈奴，嫁给匈奴左贤王，生有两子。公元207年，曹操用金璧把她赎回，回国后嫁给同郡董祀。五言《悲愤诗》抒写自身的遭遇，把叙事和抒情紧紧地交织在一起，富有强烈的思想感情，读来催人泪下。这首诗既是蔡琰的代表作，也是建安文学的一篇杰作。

马钧的发明创造

马钧，扶风（今陕西兴平县）人，三国时代著名的机械革新家，发明家。他出身贫苦，很注意观察生活实际，尤其是对于生产工具，再加上他的勤奋研究，努力发明，在机械方面作出了极大贡献。

三国·青瓷罐

在纺织机上，马钧注意改革，他把六十蹑、五十蹑减为十二蹑，使织绫机提高了五倍的效率，促进了丝织业的生产。经过这么一改，织绫机很快就推广开了，马钧也从此出了名。

后来，马钧在曹魏政权做给事中（官名），住在洛阳。在他的住处附近有一片坡

文姬
归汉图

地，可以用来作菜园子，就是引水灌溉不方便。马钧在前人创造的用来吸水洒路的翻车（即水车）的基础上，设法加以改进，制成了既轻巧又便于操作，连小孩子都能使用的翻车，叫龙骨水车。这种水车，利用了齿轮和链唧筒的原理。车身是用木板作槽，当中用小木条和木板做成链子，连成一圈，套在木槽里，而在板槽的另一头连着一个有两个曲板的轮轴。这样，只要把板槽的另一头放进水里，人在上面不断地踏动曲板，水就能从板槽间连续地推刮上来。这种水车比原来的水车功率提高了很多倍，所以很快便流传到民间，促进了农业生产的发展。

马钧得到魏明帝的同意，便造起指南车来。但是，史书上只提到过黄帝曾靠指南车辨别方向打败蚩尤，并没有传下实物，就连图样也没有。马钧只能靠自己的想象重新设计制造。由于他平时肯钻研，又掌握了机械运动的原理，不久便制成了。马钧用他的劳动创造，赢得了满朝官员的称赞和敬佩。

二牛耕地砖画

可惜，马钧制造的指南车也没能留传下来。但马钧是创造指南车的先导者，这是可以肯定的。《三国志·魏书》的《方技传》和《明帝纪》、《宋史·舆服志》均有明确记载。我们现在所看到的古代指南车模型，则是仿宋朝燕肃、吴德仁所造的。据《宋史·舆服志》记载，这种指南车主要是利用齿轮原理。车的结构是一辆

独辕的两轮车，在车厢中央有一个平放的大齿轮，连接有一些小齿轮，上面竖立一个木人。当车子走动时，先把小木人的手指向南方（或指别的方向均可），如果车子向左转，右边车轮带动小齿轮，再牵动大齿轮，便使大齿轮向相反方向转动。所以不论车子往哪方转，木人指向都不会改变，因而能起到指示方向的作用。

马钧还曾利用水力推动齿轮使物体转动的原理，制造了一种叫"百戏"的玩具。它能让小木头人在木盘上作各种动作、包括唱歌、跳舞、击鼓、吹箫、跳丸、掷剑、缘（攀缘）垣、倒立等，这种构造精巧的玩具，很能看出马钧的匠心。

马钧对武器的革新也很关心。

马钧的发明创造是多方面的。他制造的织绫机、龙骨水车、指南车等，都给后继者开辟了道路，提供了经验。他在龙骨水车、指南车中所运用的机械原理，外国要迟上一千七八百年才开始应用。这是很值得称道的。马钧的刻苦钻研，大胆革新，勇于实践的精神，值得我们学习和继承。

裴秀的科技成就

裴秀，字秀彦，河东闻喜（即今山西今县）人，出身于官僚世家，曾担任过司空等职，掌管土地、制图等工作。在制作地图方面作出了很大贡献。

他的最大成就是制成"制图六体"，即制图所应遵循的方法和规律，共有六条。它们是：一、"分率"，即比例尺；二，"准望"，即方位；三，"道里"，即距离；四，"高下"；五，"方邪"；六，"迂直"。其中后三条说明各地间由于地势起伏、倾斜缓急、山川走向而产生的问题。裴秀认为以

上六条是相互关联、相互制约的。如果地图上没有比例尺的标记，则不能确定距离的远近。如果只有比例尺的标记，而无方位，则某地的方向虽然从某一方向看是对的，但从其他方向看就不对了。如果只有方位的确定，而无道路的实际路线和距离的表示，那么在有山水相隔的地方就不知该怎样通行了。如果只有路线和距离的标记，而无地面高低起伏和路线曲直的形状，则道路的远近必定与其距离不符，方向也弄不清。所以六条准则必然综合运用，相互印证，才能确定一个地方的位置、距离和地势情况。因此可以说，现代地图学所需要的主要因素，除经纬线和投影以外，裴秀都已谈及了。我国绘制地图的方法基本上都依据裴秀所规定的"六体"。

其次，裴秀编绘了《禹贡地域图》十八篇，重新勘察，绘制了当时地图。

青瓷提梁薰

另外，裴秀又将原有粗重的用八十疋缣制作的《天下大图》，加以改造，以"一分为十里、一寸为百里"的比例进行缩制，使之成为容易省览的小而明确的《方丈图》。这种缩小了的《方丈图》就是现在所说的小比例尺（1：1,800,000）地图。到刘宋时，文学家谢庄（公元421年～公元466年）制造出一个方丈大的木质地形模特，后来北宋沈括、南宋黄裳与朱熹，都用木材、面糊、木屑、胶泥及蜡等制造地形模型。这些都是裴秀方丈图的继续演进，说明裴秀对后代地图学的发展具有深远影响。他是我国古代一位杰出的地理学家。

刘徽的数学成就

刘徽，魏国数学家，公元263年，他注解《九章算术》，这是一部数学经典著作。书中系统介绍了先秦至汉的数学成就，内容丰富，刘徽认为这本书过于简略，为其做了注解，写成了九卷的"九章算术注"。

《隋书·经籍志三》（卷三十四）有《九章算术注》十卷、《九章重差图》一卷，均注明系刘徽撰。后《九章重差图》失传，唐人将《九章算术注》内有关数学用于测量的《重差》一卷取出，独成一书，因其中第一个问题系测量海岛，故改名为《海岛算经》。《海岛算经》总结了汉代测算夏至日太阳离地面的高度的算法，曾在唐代被定为官立算学的重要教材。刘徽这两个著作是我国数学史上宝贵的文献，在世界数学史上也有一定的地位。

极限观念与割圆术。极限意识在春秋战国时已出现，实际加以应用的是刘徽。刘徽已领悟到数列极限的要谛，故能有重要创获。刘徽的杰出贡献首推他在《九章算术注》中创立的割圆术，其所用方法包含初步的极限概念和直线曲线转化的思想。他求得 π（圆周率）近似值为3.14，又用几何的方法把它化为157/50。后人即将3.1414或157/50叫做"徽率"。

关于体积计算的刘徽定理。他推得：圆台（锥）的体积与其外切正方台（锥）的体积之比，也是 π：4。很显然，如果知道了正方台（锥）的体积，即可

1029

求得圆台（锥）的体积。刘徽这个成果，看似简单，实际起着继往开来的重要作用，故有的现代数学家称之为"刘徽定理"。在古代没有微积分的时候，这条定理起着微积分的作用，在现代数学中仍有其价值。

十进小数的应用，刘徽在对奇零小数的处理上所创立的十进小数记法，在世界数学史上也是一项重要的成就，外国的同样方法，到14世纪才出现，比刘徽晚了千余年。

改进了线性方程组的解法，刘徽对"直除法"加以改进，在解二元一次方程组时，用了"互乘对减"的方法，一次消去一项，如同后来的加减消元法。刘徽虽然只用过一次"互乘对减法"，但他知此法带有普遍性，可以推广到任何元数的线性方程组。刘徽还使用配分比例法解线性方程组，也是个创造性的成果。

总结和发展了重差术。刘徽对"重差术"进行了深入而具体的研究，他解释重差的含义说："凡望极高，测绝深，而兼知其远者，必用重差，勾股则必以重差为率，故曰：重差也"。刘徽的《海岛算经》共有九个应用题，都有解法和答案。其解法都可以变成平面三角公式，起着与三角同等的作用，可说是我国古代特有的三角法。

另外，刘徽在书中还运用了"齐同术"、"今有术"、"图验汉"、"棋验法"等多种计算方法，又利用平面图形的分割和重新组合，成功地证明了勾股定理、勾股弦以及它们的和、差的互相推求问题与开平方的方法步骤等。

刘徽是个批判家，对《九章》派和后人对它的崇拜冷嘲热讽。他反对《九章》范式，注意概念的逻辑性，并在实际中定义概念并运用证明法，证明了初等几何（平面和立体）中的一些定理，

并注重模型，因而他实际上走上了证明和公理的道路。他在世界上最早引进十进制小数，并给各位以命名，发展了分数算术，提出了"齐同术"，证明了《九章》的最大公约数求法。他意识到联立方程组的方程数必须与未知数一样多，并改善了解法，完善了组合变换术。《九章算术注》如今已成为世界科学名著，被译成多种文字出版。

刘徽处在三国时代的魏国，正是战国文明异化期开始的时间和地点，他在数学上代表了异化倾向。使人难以相信的是异化期的各种不同的倾向和成果都集中于他一个人身上。

魏晋散文

魏晋南北朝时期是中国散文又一次重大变革的时期，是文学独立自由的时代。

汉魏时期是中国散文开自由之风的时期，这时期最杰出的代表就是曹操父子与建安七子。曹操不但是政治上有名的政治家，他也是当时杰出的散文家。曹操的文章形式自由，简约严明，如《遗令》、《求贤令》等写得十分随便，有人说他是"改造文章的祖师"，对散文的发展起到重要的

曹操像

曹植像

《陶渊明集》书影

作用。建安七子当中，数孔融和王粲的成就最高，孔融的文章以议论为主，如《荐弥衡疏》、《论盛孝章书》等，都是直抒己见，放言大胆，毫无顾忌。王粲主要以写议论文和书信为主，其中不少是对世人的忠告，非常恳切。

西晋之时，散文仍以议论为主。这时期有名噪一时的三张、二陆、两潘、一左，两晋之间的刘琨、郭璞散文也非常有特色。东晋时期骈文开始盛行，不过还是有很多人在散文上大下功夫，如陶渊明和王羲之。王羲之的书信很出色，如《与会稽王笺》、《报殷浩书》等。其最为人称颂的是《兰亭集序》，文笔清新自然，风格疏朗。陶渊明的散文很具真情实感，其传世名作《桃花源记》寓意深刻，令人称奇。

南北朝时期因为骈文鼎盛，散文开始衰落，但也不乏一些成就卓著者，如范缜、裴子野等。范缜的《神灭论》道理透彻，锋芒毕露。裴子野的《雕虫论》代表了由文向质转变的势头。还有苏绰的《大诰》、颜之推的《颜氏家训》、郦道元的《水经

陶渊明集

注》等都是散文的代表作。另外，魏晋南北朝时期的一些史学家、小说家作品如陈寿的《三国志》、干宝的《搜神记》、刘义庆的《世说新语》等，都从各个方面说明了这一时期的散文不俗的成就。

建安七子图

魏晋南北朝辞赋

三国两晋之赋，以抒情咏物的小赋为主，如魏正始时期何晏的《景福殿赋》、阮籍的《猕猴赋》、嵇康的《琴赋》等，都非常有名。西晋时潘岳的《西征赋》、《秋兴赋》，陆机的《豪士赋》、《文赋》等都是艺术感染力很强的小赋。到东晋时，辞赋向清新明快的趋势发展。如袁宏的《东征赋》、郭璞的《江赋》及陶渊明的《闲情赋》、《感士不遇赋》、《归去来辞》等作品，风格之独特，前所未见。

南北朝时期，辞赋兴盛，名家也很多，赋也逐步骈体化。南朝的鲍照是最杰出的辞赋家，他的《芜城赋》广为传诵。还有谢朓的《思归赋》、《游后园赋》，萧纲的《晚春赋》，萧绎的《采莲赋》等都清新自然，流传也较广。北朝辞赋名家名作极少，最突出的就数庾信，他的《春赋》、《荡子赋》等抒情小赋，格调纤弱，艺术水平高超。他最主要的代表作还是《哀江南赋》，情文并茂，下笔有神。庾信把此朝的骈体赋推向了极致，但同时也标志着"赋"这种文体的衰落。

魏晋南北朝书法

从汉末到南北朝时期，社会动荡，传统的儒学受到冲击，学术思想比较自由，再加上书写材料如纸的普及等因素，就使得书法转入文人之手，并发展成为一种独立的艺术，出现了张芝、钟繇、王羲之父子等一批名传千古的书法大师。

曹操于东汉建安十年（205）下令禁止立碑，晋代和南朝重申此令，故从汉末战乱直至南朝陈亡的400年间，碑刻极少，只有少数皇帝特许者例外。但这些特许的碑刻，如曹魏的《上尊号碑》、《受禅表》、《孙夫人碑》，东吴的《天发神谶碑》、《禅国山碑》等，都是当时高手所写，故可以代表当时碑刻的水平。总的来说，这些碑刻严整有余、灵动不足，已显示出隶书向楷书转变的迹象。另一方面，由于书法本身的艺术性不断加强和相应的物质条件的成熟，书法作为一种艺术吸引了许多知识分子，使他们醉心于此。汉末至魏晋南北朝时期的书法家甚多。汉末、三国时有张芝、蔡邕、刘德升、师宜官、梁鹄、邯郸淳、卫觊、钟繇、胡昭、韦诞、皇象等，西晋时有卫瓘、索靖、陆机，东晋时有王洽、王导、卫夫人、庾翼、王羲之、谢安、王献之、王珉。南朝有羊欣、王僧虔、萧子云等。其中，最有代表性的是张芝、钟繇、皇象、索靖、王羲之、王献之等人。

张芝，字伯英，敦煌人，徙居弘农华阴（今属陕西），生年不详，约卒于献帝初平中（约192年前后）。曾被征为有道（汉代选举科目之一），不就，以高尚不仕为人所称。善草书，"精熟神妙，冠绝古今"。被誉为"草圣"。但至少在唐初，他已没有可靠的作品传世。现《淳化阁帖》所收五帖，除一章草《秋凉平善帖》外，均被米芾等辨为张旭书。

钟繇（151～230），字元常，颍川长社（今河南长葛东）人。官至太傅，人称钟太傅，是曹魏的开国重臣之一。他与张芝、王羲之、王献之合称"书中四贤"，又同王羲之合称"钟王"。钟繇正处在由隶书向楷书的转变时期。羊欣说他善三体书，即铭石书（隶书）、章程书（楷书）和行狎书（行书），尤以对楷书的贡献最大。《宣和书谱》说："楷法，今之正书也。钟繇《贺克捷表》备尽法度，为正书之祖。"说明当时新出现的楷书，在他手里才写出了法度并基本定型。但由于时代关

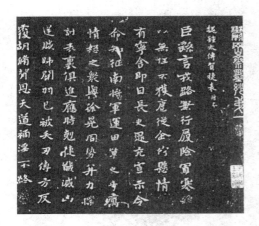

《贺捷表》 钟繇

系，他的楷书仍带有较浓厚的隶书笔意。羊欣《采古来能书人名》一文提到上谷王次仲创造了一种"八分楷法"，有人认为，钟繇的《贺捷表》应是这种"八分楷法"的代表。关于钟繇书法的特点，梁武帝曾形容为"如云鹤游天，群鸿戏海，行间茂密，实亦难过"。张怀瓘说："刚柔备焉，点画之间多有异趣。可谓幽深无际，古雅有余"。茂密幽深、具有一种古雅情趣，是钟繇书法的主要特点。他的作品流传下来的有《贺捷表》（即《贺克捷表》、《戎路表》）、《荐季直表》、《力命表》、《还示表》，以及王羲之临写的《尚书宣示表》、《丙舍帖》等。其中《贺捷表》书于汉献帝建安二十四年（219），是钟繇得知蜀将关羽被擒杀时所写的捷报。现在只有刻本传世。它是最能代表钟书风格的作品。另有《荐季直表》是推荐早已辞官的旧臣季直重新出来作官的表奏。原墨迹本曾入清内府，圆明园被毁时被英兵劫出，后为私人收藏，原迹现已烂毁，仅有一幅照片存世。此帖在明代曾刻入《真赏斋帖》，清代刻入《三希堂帖》，列诸帖之首。此帖历来备受推崇，如明王世贞说，世有此墨迹，可"不再知有《淳化阁》"。

皇象，生卒年不详，字休明，广陵江都（今江苏扬州）人。三国时东吴著名书法家。曾官侍中、青州刺史。善八分、小篆，尤善章草。他的章草与当时曹不兴的绘画、严武的围棋等七人的绝技，并称"八绝"。皇象的章草妙入神品，其代表作是《急就章》。《急就章》是古代的识字课本。现在传世的书法家所写的《急就章》以皇象所写最早。其刻本又以"松江本"最为著名。原刻石现藏上海市松江县博物馆。字数多达 1 394 个。笔画清朗、结体规范，是学习章草的良好范本。皇象的字特点鲜明、成就甚高，曾得到历代书家的好评。如南朝宋羊欣说："吴人皇象能草，世称沉着痛快"。唐窦臮形容他的字"似龙蠖蛰启，伸盘复行"。张怀瓘说："右军隶书，以一形而众相，万字皆别；休明章草，相众而形一，万字皆同，各造其极"。

索靖（239～303），字幼安，敦煌人。张芝之姊孙。西晋时官尚书郎、酒泉太守、征西司马等。他同另一书家卫瓘同在尚书台任职，人称"一台二妙"。善章草书，入神品。他的草书与张芝相比各有千秋，人谓"精熟至极，索不及张；妙有余姿，张不及索"。他自己形容自己的字为"银钩虿尾"。梁武帝评其书为："如飘风忽举，鸷鸟乍飞"。代表作品是《月仪帖》，共十一章，是一长篇巨制。波磔尖锐而无一毫纤弱之感。可以印证其"银钩虿尾"的自评十分中肯。他的传世作品还有《出师颂》、《七月帖》等。

陆机（261～303），字士衡，吴郡华亭（今上海市）人。祖陆逊、父陆抗，都是东吴名将。陆机本人是著名文人，吴亡入晋后官平原内史、前将军等。他的《平复帖》是至今保存的最早的文人墨迹。《平复帖》纸本，9 行 84 字。内容为写给朋友的一封信。书体为章草。使用秃笔，笔画老健，如盘丝屈铁，颇为耐看。但字形有些古拙难读。南齐王僧虔曾评他的字说："吴士书也，无以较其多少"。可见他

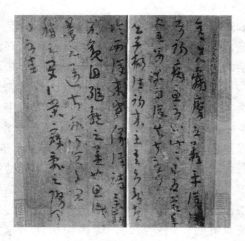

《平复帖》 陆机

《姨母帖》王羲之

的字具有较强的地方特色。此帖系原作，对研究当时的书体、纸墨等都有参考价值。

王羲之（303～361），字逸少，原籍琅琊临沂（今属山东），后徙居会稽山阴（今浙江绍兴）。他生长于权倾人主的王氏大族，曾官秘书郎、征西长史、临川太守、江州刺史、护军将军、会稽内史、右军将军。人称"王右军"。永和十一年（355），因与王述不合等原因，誓墓不仕，在郡优游以卒。王羲之是中国书法史上影响最大的书家，被誉为"书圣"。他的书法被称为"古今之冠冕"，"尽善尽美"。

王羲之幼年曾从叔父王廙和卫夫人学书，约40岁时，其章草已可同张芝媲美。后来又创造了一种遒媚流便的新体。晚年到会稽以后，书法艺术发展到高峰，留下了许多书法艺术精品。梁武帝萧衍评其书说："字势雄强，如龙跳天门，虎卧凤阁。"唐太宗说："观其点曳之工，裁成之妙，烟霏露结，状若断而还连。凤翥龙蟠，势如斜而反直。"孙过庭说他晚年的字"不激不厉而风规自远"。又传说他的字可以"入木三分"。总之，他的字气势雄强、变化丰富、风韵潇洒，意趣悠长。

王羲之的书法原作现已一件无存，但摹拓、临写的本子，包括传为他的作品的

墨本和刻本还有不少，总数有数百种。其中有代表性的作品是墨本《姨母帖》、《初月帖》、《丧乱帖》、《孔侍中帖》、《奉橘帖》、《远宦帖》、《寒切帖》、《上虞帖》，临写本《兰亭序》，刻帖《十七帖》、《知庚丹阳帖》、《王略帖》，小楷《黄庭经》、《乐毅论》，集字《怀仁集圣教序》以及《吴文碑》等。《姨母帖》和《初月帖》原载唐万岁通天帖，为武则天按照王羲之后人王方庆所进王氏一门书翰集原作勾摹，勾摹之精为诸帖之冠。《姨母帖》字形较为古朴，但风神高雅，估计其书写时间可能较早。《初月帖》因自称"山阴王羲之报"，应属于他晚年所写。此帖笔画、字形变化之大，为他帖所未见。《丧乱帖》在中唐以前已传入日本，勾摹亦很精到。从内容来看，书于永和七年（351）至十二年，亦属于其晚年作品。刻本以《十七帖》最有代表性，是根据唐代原卷上石，内容为王羲之写给老友周抚的书信集，书于永和三年至升平五年（361）他逝世为止。亦属于他晚年作品。是最能代表王书风格面貌的作品。

王献之（344～386），字子敬，是王

中国通史

最新整理图文珍藏版

羲之第七子，即最小的儿子。官至中书令。因他死后，族弟王珉继任其官，故世称他为"大令"，珉为"小令"。他的书法与其父羲之齐名，世称"二王"。又为"四贤"之一。

王献之是一个早熟的书法家，少年时书已"有意"，后在王羲之基础上采用"藁行之间"的体式，创造了一种更姿媚流便的书体。羊欣说："献之善隶藁，骨势不及父，而媚趣过之。"另外，王氏父子的用笔方法有所不同，羲之用内擫法，笔画比较含蓄；献之用外拓法，一笔直下，很少旋转，显得英发骏快。另外，羲之草书字字独立，很少牵连；献之则连字较多，有"一笔书"之称。从现有书迹来看，王羲之的字尚有一定程度的隶书笔意，王献之的字则完全去掉了隶书笔意。王羲之死后，王献之的字曾大行于世，南朝宋、齐两代，形成"比世皆尚子敬书，……非惟不复知有元常，于逸少亦然"的情况。以后经过梁武帝和唐太宗两个皇帝的提倡，王羲之的地位才稳定下来，并使较多的作品得以流传至今。

王献之的作品传世不如羲之多，但也有百帖上下。著名的有《廿九日帖》、《洛神赋十三行》、《鸭头丸帖》、《十二月帖》、

《洛神赋十三行》　王献之

《中秋帖》等。《廿九日帖》原载《万岁通天帖》，勾摹精良。字形略扁，有些字和北朝碑刻相近。有人认为是其早年作品。《洛神赋十三行》小楷。原墨迹早佚，现只存有刻本。此帖艺术性极高，笔画精严挺健，字形或大或小，萧散逸宕，章法亦顾盼有姿。《中秋帖》，曾被乾隆皇帝列为"三希"之一，视为献之真迹。实际那是米芾的节临本，米味甚重。《中秋帖》的原本是《十二月帖》。该帖曾为米芾所藏，刻入《宝晋斋帖》。比较起来，还是《十二月帖》更能反映献之本来面貌。

《伯远帖》　王珣

王珣《伯远帖》也是东晋时期具有代表性的书法作品。《伯远帖》是著名的"三希"之一。"三希"中惟此帖是晋人原作，故极为世重。王珣（350～401），字元琳，小名法护。官至尚书令。是王献之的族兄弟。其祖王导、父王洽、弟王珉都是书法家。董其昌曾评《伯远帖》说："王珣潇洒古澹，东晋风流，宛然在眼。"王珣比王献之晚卒 15 年，此帖可作为研究东晋中晚期书法面貌和笔墨纸张情况的参考资料。

自晋室南迁至宋齐梁陈五朝，南北隔绝长达 260 余年。由于南北双方民族、地域以及人文制度的种种不同，在书法上也

表现出不尽相同的风格趋向。晋和南朝禁碑，故碑刻极少，而帖学比较发达；北朝无禁碑法令，佛教又比较发展，故碑刻、墓志和石窟造像题字十分丰富，而文人的墨迹，至今没有发现。故阮元曾有"南帖北碑"之说。北朝著名的碑刻甚多，如《中岳嵩高灵庙碑》、《龙门廿品》、《石门铭》、《郑文公碑》、《张猛龙碑》、《张玄墓志》、《敬使君碑》、《李仲璇碑》、《王偃墓志》、《朱岱林墓志》、《泰山经石峪》、《匡喆刻经颂》、《贺屯植墓志》、《西岳华山庙碑》等等，不一而足。

关于北碑总的特点，北碑的倡导者包世臣和康有为都曾有过论述。如包世臣说："北朝体多旁出"；"北朝人书，落笔峻而结体庄和，行墨涩而取势排宕"；"北碑字有定法，而出之自在，故多变态；唐人书无定势，而出之矜持，故形板刻"。康有为更将北碑的优点归纳为十美："一曰魄力雄强，二曰气象浑穆，三曰笔法跳越，四曰点画峻厚，五曰意志奇逸，六曰精神飞动，七曰兴趣酣足，八曰骨法洞达，九曰结构天成，十曰血肉丰美。"这些评论，未必都很准确，但也反映了北碑的一些重要的共同特点。北碑中最能体现这些特点的代表性作品有《始平公造像记》、《石门铭》、《郑文公碑》、《张猛龙碑》、《张玄墓志》、《泰山经石峪》等。

《始平公造像记》，刻于北魏太和二十二年（498）。孟达文、朱义章书。原刻在河南洛阳龙门石窟古阳洞内。此造象记在北碑中是比较早的。一般题字都是阴刻，惟此题字是阳文。笔画方严峻峭，有鲜明的阳刚之美。康有为曾评论说："遍临诸品，终于《始平公》，极意疏荡，骨格成，体形定。得其形雄力厚，一生无靡弱之病。"此刻可作一类北碑的代表。

《石门铭》北魏水平二年（509）刻于陕西汉中石门之摩崖上，现移入汉中博物

《始平公造像记》

馆。王远书丹，武阿仁刻字。王远，太原人，当时任梁、秦二州典签（处理文书的小官），地位不高，但此刻水平之高，厕入书法大家之列亦毫不逊色。字迹飘逸超脱，格调甚高。曾被康有为列为"飞逸浑穆之宗"。

《郑文公碑》即《郑羲碑》，北魏永平四年（511）刻。共有内容相同的上、下两碑。上碑在山东平度天柱峰；下碑在山东掖县云峰山，均为郑道昭书。郑道昭，字僖伯，荥阳开封人，曾官国子祭酒、青州刺史等。叶昌炽谓此碑"笔力之健，可以剚犀兕，搏龙蛇，而游刃于虚，全以神运"。杨守敬认为："云峰郑道昭诸碑，遒劲奇伟，与南朝之《瘗鹤铭》异曲同工。"

《张猛龙碑》，北魏正光三年（522）立。这是北碑中最有代表性的碑刻。康有为把它列入"正体变态之宗"。杨守敬认为它"整练方折，碑阴则流宕奇特"。也有人认为它"雄奇俊伟，在魏石中应首屈一指"。

《张玄墓志》，北魏普泰元年（531）

刻。原石早佚，现只存一明拓剪裱本，藏上海博物馆。此志是北魏著名碑刻中最晚的一个，艺术上也达到了炉火纯青的程度。何绍基说："化篆分入楷，遂而无种不妙，无妙不臻，然遒厚精古，未有可比肩《黑女》者。"

《泰山经石峪》，又名《泰山金刚经》。北齐时期刻。在泰山半腰斗母宫附近。字径达 50 厘米，字数逾千。是现存摩崖刻经中规模和形制最大的。它可以代表一般刻经的特点。一般刻经，运笔都无明显的顿挫、转折圆缓，从容安详。此刻字径虽大，但没有一点火气。这同佛教教义精神也是很相符合的。

第三节 社会生活：生活百科 民俗缩影

三国时期玄学的兴盛

自西汉武帝实行独尊儒术以后，儒学成为地主阶级的正统思想和主要思想统治工具。可是从西汉末年以后，儒学一方面愈来愈神学化，谶纬迷信盛行，另一方面又趋于烦琐，变成章句之学，这使它无力解决现实的社会问题。东汉末年以后，地主阶级面对日益尖锐的社会斗争，不得不另寻新的精神武器，玄学于是应运而生。因为玄学的主要经典是《周易》、《老子》和《庄子》，这三部书被称为三玄，玄学

魏士大夫图

即因此而得名。所谓玄，即虚无玄远，高深莫测之意。玄学宣扬的形式是清淡，清淡的内容是谈玄论道，表面上看是探讨抽象命题，实际并非纯属空谈，而是与现实政治密切联系并为其服务的。玄学是一个真正的本体论哲学。在汉代基本上只有宇

宙论，社会哲学和数术、神学，玄学本体论的出现是中国哲学史上的一件大事。相比之下，宇宙论之前的道家本体论则幼稚得多，是一种半直观、半艺术的哲学，而玄学尽管在发生期受到道家的很大影响，但在发展中演化出了独特的概念体系和范式。到了"化"成为主导观念的时候，玄学已不再是一种清淡了，而成为一种真正的哲学。玄学的"化"和"自性"与魏晋崇尚自然，个体的精神是一致的。玄学与道家的本体论、孔子的大同世界相比，是更倾向于个体化，更倾向于现实的哲学。它的出世色彩其实是反社会，反文明的末世感。正始时代的何晏、王弼是玄学的创立者。他们将老、庄、易并列为三玄，并依傍儒学立宗。他们最引人注目的是用无代替道，并在体用不二，本末不二的前提下论述了无。他们的重点在无，但注意在有中把握无，在生活哲学上他们的无为论和性情论、自然论都是在当时社会政治压迫下的一个变态。他们论述了当时的热门话题：言象意的关系，并用它来解释周易，要求放弃言、象来达到意，因而这实质上提出了魏晋玄学的意（神韵的形而上学范畴），在有无关系上，他们只是提出问题，其体系还有老子、汉代的特征，未能把有无放到象意的层面上。魏晋之际开创正始玄风的代表人物是何晏和王弼。

何晏，字平叔，南阳宛县（今河南南阳市）人。汉大将军何进之孙，娶曹操之女为妻，结附曹爽，为吏部尚书，控制选举。公元249年死于高平陵事变。他推崇

"无"，认为天地万物以无为本，君主无为而治，不反对名教，但认为名教应本于自然。著有《道德论》二卷，《论语集解》十卷，《无名论》、《无为论》等。

王弼，字辅嗣，魏山阳（今河南焦作）人，著名文学家王粲的族孙。本年遭痼疾而亡，年仅二十四岁。他的论著十分丰富，有《周易注》、《周易略解》、《老子注》、《老子指略》他进一步发展"贵无论"，认为无是宇宙万物的本体，有是其末，但除去有也不能体现无。

王弼的贵无论与社会现实问题密切相关，如在解决名教与自然关系时，王弼认为，名教与万物一样，不是本而是末，而自然才是本。由此反对用名教强制本性。王弼的思想主张，为玄学奠定了理论基础。

他们的根本思想是"贵无"，认为"天地万物皆以无为本"。而无又是神秘莫测的东西，所以他们又说："道者，无之称也，无不通也，无不由也。况之曰道，寂然天体，不可为象"，看不到也摸不着。他们还认为在贵无这一根本问题上儒道是一致的，王弼曾说过："圣人（孔子）体无，无又不可以训，故言必及有。老庄未免于有，恒训其所不足"。这就巧妙地调和了重名教的儒家与重自然的道家。进而他们又提出名教出于自然，认为尊卑名分都是自然的必然结果，制定名教的圣人就是体自然而用，即他们所说的"天地以自然为运，圣人以自然为用"。既然圣人也任自然，那么君主也应当无为，所以他们要求君主要垂拱而治，这又反映了门阀大族垄断政权的要求。可见玄学是门阀大族的思想体系，它既能为大族的特权及其对农民的残酷剥削压迫寻找理论根据，又能为大族的奢侈腐朽生活进行辩护，并给大族在现实斗争中的空虚不安以精神寄托，所以清谈玄学能在大族中形成风气。

在曹氏与司马氏斗争中，何晏因属于曹氏集团而被杀，使得一些不与司马氏合

山水
玄趣图

作的士大夫，虽然不满于司马氏的篡权企图，但又不敢公开反对，于是寄情诗酒，玩世不恭，标榜老庄，攻击司马氏所宣扬的名教，竹林七贤即是代表，嵇康激烈地抨击儒家"六经未必为太阳"，称六经为"芜秽"。进而揭穿古代圣贤的虚伪和欺骗，"非汤武而薄周孔"，阮籍认为名都是一切罪恶的根源，他说："君立而虐兴，臣设而贼生。坐制礼法，束缚下民；欺愚诳拙，藏智自神。强者睽眠而凌暴，弱者憔悴而事人"。他的理想政治是"无君而庶物定，无臣而万事理"他讽刺笑骂遵守礼法的君子如同裤裆里的虱子，"行不敢离缝际，动不敢出裩裆"。他们的思想虽有颓废消极的一面，但猛烈地冲击了儒家的名教，也有其积极意义。可是他们主要针对司马氏的假托名教，而不是真的反对礼法，他们的思想实际上是儒家思想在新的历史条件下的变种。

诸葛亮二上《出师表》

建兴五年（227）三月，诸葛亮率军北驻汉中（今陕西汉中东），准备北伐中原，完成兴复汉室的大业。临出师前，他上《出师表》给蜀帝刘禅，开宗明义地指出："先帝创业未半而中道崩殂。今天下三分，益州疲弊，此诚危急存亡之秋也。"他希望后主能"亲贤臣，远小人"，严明法治。并表明自己的心迹："受命以来，夙夜忧叹，恐托付不效，以伤先帝之明。"认为"今南方已定，兵甲已足，当奖率三军，北定中原。"并以"臣不胜受恩感激，今当远离，临表涕零，不知所言"结束。《出师表》是古代著名的散文作品，其文风质朴清新，平易近人，情辞恳切，肝胆照人。次年正月，诸葛亮兵发祁山，由于前锋马谡违背了指挥，败于街亭（今甘肃庄浪），

诸葛亮只好退兵。

同年十一月，诸葛亮听说魏将曹休攻吴失败，魏兵东下，关中空虚，便决定再次出兵击魏，但许多大臣怀有异议，为此诸葛亮第二次上表，请求后主刘禅允许北伐，这就是《后出师表》，其中"汉、贼不两立，王业不偏安"，"鞠躬尽瘁，死而后已"成为千古传颂的名句。

诸葛亮总结其军事思想

三国时著名的军事家诸葛亮，为蜀汉的建立及与曹魏、孙吴三分天下立下了汗马功劳。他一生征战南北，以善于用兵名闻天下。他撰有《兵法》五卷，总结其军事思想，可惜今天这些著作已遗佚。现存两部题名为诸葛亮撰的兵书《将苑》和《便宜十六策》，在论将、治军、用兵方面都有独到之处，在一定程度上反映了诸葛亮的军事思想，至今仍有很好的借鉴作用。

古隆中。诸葛亮在此向刘备提出统一全国的谋略，即著名的《隆中对》。

诸葛亮在《将苑》一书中主要论述对将帅的要求和将帅的作用。他指出，将帅必须始终掌握好兵权，指挥军队才能得心应手，否则就会像龟儿离开了江湖，无所作为。因此，他主张慎重用将，选派将领时应该依据各人能力大小加以应用，不能

不加区别胡乱遣将。在《将苑·将才》中，他列举了九种类型的将才，即仁将、义将、礼将、智将、信将、步将、骑将、

三国铜弩机。相传诸葛亮曾加以改进。

猛将、大将。这九种将各有特点，要根据个性特征加以任用，以最大限度发挥各自的聪明才智。

诸葛亮还十分重视将帅的品德修养和能力养成，认为一个合格的将帅应该"贫贱不能移，富贵不能淫，威武不能屈"；善于用兵，把握敌我形势，运筹帷幄；还应刚柔相济，即具备"将志"、"将善"、"将刚"三个条件。另外，对将帅的模范作用，诸葛亮也极重视，他告诫将帅要以身作则，切忌贪得无厌、妒贤嫉能、犹豫不决等八种弊病和骄吝习气，避免谋不能料是非、政不能正刑法等八种不良现象，努力做一个善将，而不要成为庸将。

诸葛亮在历史上以善于治军而闻名。在《便宜十六策·治军第九》中，他将治军同国家安危联系起来，充分表现了他对治军的重视。他认为治军要重训练，以"教令为先"。训练包括军事技能和思想教育两方面，通过对士兵目、耳、心、手、

足五个方面的专门学习（即《便宜十六策》中所说的"五法"），让他们掌握作战的基本知识和本领，使他们在军事技能和思想上得到基本训练，建立一支训练有素的队伍。为了达到这一目标，诸葛亮不仅在理论上，也在实践中强调以法治军，严明赏罚，从严治军，"赏赐不避怨仇，诛罚不避亲戚"，为后世树立了从严治军的榜样。

有了良好的将才和训练有素的军队，诸葛亮也注重谨慎用兵。他在《便宜十六策》中论述了用兵的一般原则，说"用兵之道，先定其谋"，主张在用兵之前做好谋划，并严守机密，知己知彼，有备而战，严格选将用兵。在实战中要求速战速决，进攻要快，在具体的作战方法上，诸葛亮在《将苑·战道》中，针对不同地形提出五种作战方法，此外，他还非常注意对作战对象的研究，提供不同的作战对象应有不同的应付方法和作战方式。这种研究战争的方法颇为可取。

成都武侯祠

诸葛亮在选将、治军、用兵等方面的军事经验，至今仍值得借鉴。《将苑》和《便宜十六策》所反映的诸葛亮军事思想，代表了三国时期军事思想的发展水平，在继承前人思想的同时有不少发展和创新，是中国古代军事思想宝库中不可缺少的组成部分。

魏在两淮屯田

　　魏正始二年（241）闰六月，魏尚书郎邓艾提出的在淮南、淮北大兴军屯的改建得以实施，并取得显著效果。

　　为解决对吴作战的军粮问题，魏国令邓艾对与吴接境的淮南、淮北一带进行考察，邓艾将其考察结果写成《济河论》一文。他认为应该广开渠道，增灌溉，通漕运，以尽当地地利，并且要限制许昌（今河南许昌市东）附近的农田用水，集中到这一带来。邓艾建议派2万人屯田淮北，3万人屯田淮南，轮取1万人戍守，4万人屯田，这样一年除了开支，还可积谷500万斛。太傅司马懿对此计划极为赞赏，很快得以实行。

　　当年，魏自钟离（今安徽凤阳县）以南，横石以西，到沘水（今河南南阳）

魏晋砖画出行图。此图的线描用毛笔中锋画成，凝练概括；马的项鬃、腿和尾等处都以一笔画成。构图有聚散开合的变化，且以队列中随从的密集，显示了出行人员的众多。该图突出地反映了嘉峪关魏晋墓室绘画的艺术水平，是魏晋绘画的杰作。

400余里中，每5里置1营，每营60人，边屯田边戍守。另外，开凿、拓宽淮阳、百尺两大漕渠，上引河水，下通淮颍，又在颍水南北修塘挖渠，灌田约2万顷。淮南淮北连为一片，从淮南寿春（今安徽寿

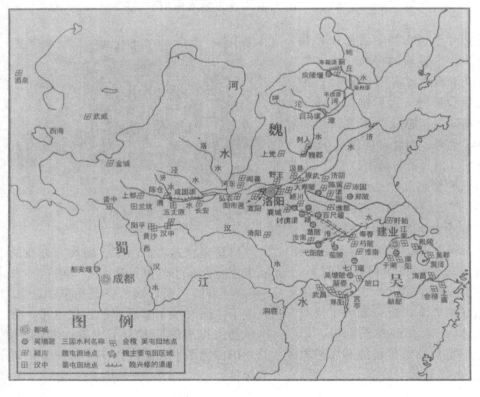

三国屯田水利示意图

中国通史

最新整理图文珍藏版

县）到淮北陈蔡以至京师（今河南洛阳），400余里屯田线上农官兵田相连，阡陌相属，仓康林立。10余年后两淮屯田官兵发展到约10余万人。

魏在淮南、淮北大规模推行军屯，对于经略东吴，巩固东南边境，以及发展当地经济，都发挥了很大作用。

玄学产生

玄学是一个真正的本体论哲学。在汉代基本上只有宇宙论、社会哲学和数术、神学，玄学本体论的出现是中国哲学史上的一件大事。

相比之下，宇宙论之前的道家本体论则幼稚得多，是一种半直观、半艺术的哲学，而玄学尽管在发生期受到道家的很大影响，却在自身中演化出了独特的概念体系和范式。到了"化"成为主导观念的时候，玄学已不再是一种清谈了，而成为一种真正的哲学。

玄学的"化"和"自性"与魏晋崇尚自然、个体的精神是一致的。

玄学的意理分析方法是历史上最早的成熟的哲学工具系统。

玄学是玄，但不妙。玄学与道家的本体论、孔子的大同世界相比，是更倾向于个体化、更倾向于现实的哲学。它的出世色彩其实是反社会、反文明的末世感。

玄学对于后代哲学的影响远远大于后代人对它的承认。它关于化、个体、自然、自性的结论当然是没有人接受了，但它的内在方法，它的意理分析和对意味实体的重视被理学接受了下来。在对儒家的态度、对社会的态度和哲学的社会效用上，理学与玄学本质不同，甚至是死敌，但在哲学对象（意味、理气实体）和哲学的意理分析上，理学更多的继承玄学，而非战国儒和汉儒。

玄学的发展共分四个时期，本时期为玄学发生期。

魏晋玄学产生于汉末和魏晋的政治与社会。汉魏之际对于人的品鉴、来源于政治的对名实的讨论以及文学艺术上的神韵思潮都是其预备期的组成部分。

正始时代的何晏、王弼是玄学的创立者。他们将老、庄、易并列为三玄，并依傍儒学立宗。他们最引人注目的是用无来代替道，并在体用不二、本末不二的前提下论述了无。他们的重点在无，但注意在有中把握无，"知其母而执其子"。在生活哲学上他们的无为论和性情论、自然论都是在当时社会政治压迫下的一个变态。

他们论述了当时的热门话题：言象意的关系，并用它来解释周易，认为象用来表达意，言用来表达象，并进而要求放弃言、象来达到意，因而这实质上提出了魏晋玄学的意（神韵的形而上学范畴），但是他们是就周易来谈的，在有无关系上，他们只是提出问题，其体系还有老子、汉代的特征，未能把有无放到象意的层面上。他们是玄学的发生。

值得一提的是，同一时期的傅玄与杨泉则是在谈玄日盛的情况下仍然采用传统方式，他们重提水的本原论，在天地、灵魂等问题上是唯物主义者。

中国开始大规模造佛像

随着印度佛教的逐渐传播，其塑造佛像的艺术技法也传入中国，并且与渊源久远的中国古代雕塑艺术相互融通，形成了中国佛像的仪范，到魏晋南北朝时期，佛教甚为流行，中国大规模地塑造佛像的活动开始了。

东汉末年，佛教教义开始同中国传统

的伦理和宗教观念相结合，从而得以广泛传播，佛教徒在广陵（今江苏扬州）构筑佛寺，造铜佛。四川彭山崖墓出土的陶"摇钱树"座上塑造的佛像，被塑在传统神仙的位置，姿态、衣纹的处理也和神仙相同，这是东汉期的佛像制造风格，表明这时的佛像塑造是与传统的神仙概念相混合的，而其服饰披通肩大衣，又可看出犍陀罗艺术的影响，居中下垂的衣纹，拱手端坐的姿态，却是中国神仙的式样，塑造技法仍属汉代，外来艺术形式和中国本土固有形式的融合十分明显。三国以后，北方的洛阳，南方的建业（南京），都是佛教重镇，可惜洛阳当时十多座佛寺的作品没能保存下来而无从考察佛像的情形。赤乌十年（247），康居沙门康僧会到达建业，设像传教，吴主孙权为其建寺，吴地有系统的佛像塑造开始出现。在今湖北武昌莲溪寺彭庐墓出土的立菩萨鎏金铜带饰，制作于吴永安六年（263），它刻镂简略，风格上承乐汉佛像仪范，在这个不过数厘米高的铜片上，浮雕铣刻一立佛，头上戴冠，有顶光，上身赤裸，披一帔巾，由颈缠到手臂而向两边飘开，下着裙，赤脚站于莲台上，莲台又向左右各伸出莲花一朵，其形式的祖形来自印度，其裙部的衣纹虽因幅面太小而处理较为简单，却正是当时东吴大画家曹不兴"曹衣出水"仪范的具体体现。而在长江中下游吴辖地发现的数例倒贴塑和堆塑坐佛的谷仓罐，则创作于吴末晋初，最初贴塑在仓罐腹四周，后又有堆塑罐的顶部的，位置更趋显赫。江苏南京赵土岗吴凤凰二年（273）陶仓罐，江宁上坊吴天册元年（275）的青瓷罐堆塑的坐佛像与彭山崖墓的"摇钱树"佛像一脉相承。

吴国鎏金铜带饰。浮雕一立佛。

到三国时期，我国佛像塑造的规模已经很大了，而且天竺之法和中国本土固有技法融会贯通，创造出亲切蔼然，为人们所欣赏的中国佛教仪范，在佛像汉化的过程中，逐渐确立了自己特有的雕塑方式，使这一艺术从此走向成熟。

中国通史

最新整理图文珍藏版

第四章

两晋十六国时期

曹氏政权在为统一南北作出努力的同时，自身的生存却出现了危机。265 年，司马炎终于从幕后走到台前，他登台祭天，受魏"禅让"，建立了一个新的王朝——晋（史称西晋），十余年后，晋平吴成功，汉末近一个世纪的分裂局面就此结束。

　　作为统一的国家，西晋确立了一整套官僚制度。经济上，西晋统治者实行与民生息的政策，恢复社会经济，安定社会秩序。可是好景不长，291 年司马炎死后，爆发了"八王之乱"，司马氏集团内部开始一场长达 16 年腥风血雨的大屠杀。而饱受灾难的五胡民族乘机挣脱枷锁，大败晋军。其中匈奴贵族刘渊和氐族首领李雄分别建国独立。311 年，匈奴割据政权将洛阳化为废墟，俘虏西晋皇帝怀帝。一部分西晋官民逃至长安后又立秦王司马邺为帝苟延残喘；另有大批官民纷纷渡江南逃，史称永嘉南渡（后来这些人在建康建立了东晋）。316 年，司马邺被迫投降于刘聪，西晋至此灭亡。

　　西晋灭亡以后，匈奴、鲜卑、羯、氐、羌等少数民族先后在中国北方建立起近二十个少数民族政权。政权更迭频繁，民族矛盾尖锐，社会动荡不安，经济衰落凋敝，北方各族劳动人民生活于水深火热之中。

　　永嘉之乱后，洛阳陷落，中原人民纷纷南迁。318 年，司马睿正式称帝，建立东晋。东晋政权的政治基础是流寓江南的门阀士族，他们满足于门第的清高、官职的显要，缺乏必要的政治素养与理政能力，导致东晋政权很快走向衰败。东晋末年，内有桓玄专权，外有孙恩、卢循起义的打击，东晋政权奄奄一息。

最新整理图文珍藏版

第一节　史海钩沉：重大事件　历史典故

两晋

3世纪60年代至5世纪20年代以汉族为主体的封建王朝。魏咸熙二年（265）十二月，晋王司马炎（即晋武帝司马炎）夺取政权，建立晋朝，先都洛阳，后迁长安，历四帝。建兴四年（316）为匈奴刘氏所灭，史称西晋。建武元年（317）琅琊王司马睿（即晋元帝司马睿）在江南即晋王位，都于建康，历十一帝。元熙二年（420），为刘裕所灭，史称东晋。

西晋

晋武帝太康元年（280）平吴，统一南北，全国计有司、冀、兖、豫、荆、徐、青、扬、幽、平、并、雍、凉、秦、梁、益、宁、交、广19个州，173个郡、国，240余万户。

晋武帝司马炎即位后采取宽和节俭的方针，继续推行废止典农官的政策，把曹魏以来的屯田民编入郡县为自耕小农，从而增加了纳税人口。全国百姓的赋税徭役负担归于一律，有利于政令的统一和中央集权的统治。对于吴蜀故地，采取了一些区别对待的措施，加以安抚。同时也注意防范，如派中央兵到江南驻守，把吴人向北迁徙。吴蜀人士在朝廷的仕进，无形中受到一些限制。出身于东吴高门的顾荣和陆机、陆云兄弟，虽有"三俊"之称，平吴后到洛阳，只被任命为八品的郎中。在朝廷大臣中，存在以山涛、羊祜为首的和贾充、荀勖为首的两派政治势力。但晋武帝"宽而能断"，在重大问题上择善而从，平吴以统一全国的决策，就是力排贾充等反对意见，坚决采纳羊祜、张华等人的主张而制定的。

晋武帝立白痴的惠帝为太子，又为他娶了凶狠狡诈的贾南风（贾充之女）为妃。平吴以后，武帝不再兢兢业业，却奢侈放纵起来。他死后，元康元年（291），贾后联合楚王玮先后杀死辅政的杨骏（惠帝继母之父）和汝南王亮，接着又消灭楚王玮。贾后专擅朝政，任用裴颜、张华，维持了短暂平稳的政局。但延绵十六年之久的八王之乱也从此开始。赵王伦杀贾后，废惠帝自立。齐王同、成都王颖、河间王颙联合起兵，杀赵王伦。诸王为争夺中央权力，内讧不已。以后加入混战的，还有长沙王乂、东海王越。光熙元年（306）惠帝被东海王越毒死。永嘉五年（311），刘曜攻陷洛阳，怀帝被俘至平阳（今山西临汾西）。五年后，即位于长安的愍帝投降于汉。

西晋的政治、经济、军事措施，多沿袭曹魏旧章，又加以改革，其目的在于巩固中央集权的统治。而东晋南朝门阀士族的兴盛，人身依附关系的加强，方镇势力的强大，这些影响以至削弱中央集权统治的因素，这时也开始出现。

中央最高官职有三公：太尉、司徒、司空。尚书省长官有令、仆射，执行皇帝诏命，统领百官，处理政务。令以外有时设总录一人，或录尚书六条事若干人。前

唐·阎立本·历代帝王像卷·司马炎图

不妥，侍中即加封驳。西晋时，尚书令一般地位在中书监令及侍中之上，只有贾后执政期间诏令多出中书，不经尚书省。还有御史中丞和司隶校尉，掌纠弹不法，廷尉掌断刑狱。西晋用人途径，除开府的三公自己辟召掾属和刺史举秀才，太守察孝廉外（见察举），仍袭用九品中正制以选拔官吏。中正一般只注意被评定者家世的封爵与官位，很少注意真正才能，不能起选拔人才的作用。但州中正的作用加强，吏部选用任命之前，又须经司徒府核实九品的评定，这些都是朝廷为了集中用人权力，以加强控制。

法制方面，西晋改变了秦汉以来律令不分的状况，把属于行政规章制度的条文独立为令，为后代所沿袭。晋律篇目体系比较完备，而条文大为减少（六百二十条）。某些律条的规定，起了缓和阶级矛盾与缓和统治阶级内部不满的作用，巩固了中央政权。

西晋规定，高官显爵者各按官品高下占有田地。第一品多达五十顷，二品四十五顷，三品四十顷，四品三十五顷，五品三十顷，六品二十五顷，七品二十顷，八品十五顷，九品亦可占有十顷（见占田课田制）。后汉、三国以来，大族占有处于依

者地位高于尚书令，后者地位与尚书令大致相当。尚书左丞掌监察省内及群官。太康年间（280～289）尚书省所属有吏、左民、度支、五兵、田曹、殿中六曹，曹郎三十四人。掌任命官员的吏曹，在诸曹中最为重要。中书省的监、令掌起草诏令。侍中（一般四人）侍从皇帝左右，以备顾问，兼司谏诤和评议。尚书所奏文案若有

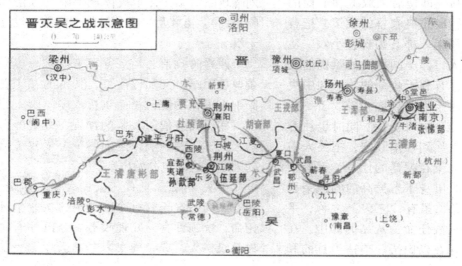

晋灭吴之战示意图

附地位的人口，西晋则第一次在全国范围内以法令形式承认私家依附农民。高官可按官品高低庇荫亲族，多者荫九族，少者及三世，免除其租税徭役负担。为了耕种所占田地，还允许他们庇荫劳动人手，作

东晋·黑釉瓷渣斗

为佃客和衣食客。限定第一、二品官占有佃客不超过五十（疑当作十五）户，第三品十户，第四品七户，第五品五户，第六品三户，第七品二户，第八、九品一户。虽然法令规定免除国家租税、徭役的户数，寓限制之意，但在占有大量田地情况下，高官显爵者必须拥有更多超过法令规定的从事劳动的依附人口。对于一些高官，朝廷赐给莱田、厨田，同时赐给附着于田地从事耕种和其他劳役的田驺与厨士。地方政府与官吏，从朝廷获得公田与禄田。西晋灭亡七八十年后，北方鲜卑慕容氏统治下的南燕存在着"百室合户，千丁共籍"的局面，正是西晋承认私家依附农民的恶性发展。在占有大量土地和依附人口的基础上，后汉、曹魏以来世代高官而且世袭封爵的家族，在政治、经济、社会各方面据有特殊优越地位，形成门阀士族。

西晋本着古代一夫一妇耕田百亩的遗意，承认男子占有田地的限额为七十亩，女子三十亩。课租不问每户占田多少，按一丁交纳租谷。丁男五十亩，收租四斛。即课田每亩定额交租八升，改变了屯田民按收成比例纳租的方式。同时沿用曹魏之制，丁男之户交纳实物，称为调。户依资财贫富分为九等，调按户等收取，九等平均定额，大致每户年纳绢三匹，绵三斤，称为九品混通之制。这种田租、户调的名称与方式一直沿用到唐代。

西晋时，世代为兵的士家（兵家）继续存在，同时也实行募兵，并征发良人来补充兵源。中央直辖一些精锐部队，称为中军，宿卫宫殿和首都，分别由领军、护军、左卫、右卫、骁骑、游击等六将军统领。中军被派遣到地方驻屯或作战，则称为外军（一说外军是洛阳城外诸军）。领军、护军将军还主管武官的选拔任用。西晋初，刺史加将军号，统领州郡兵。平吴以后，刺史专理民事。另有都督（资历稍浅者称监或督）某州或某几州诸军事，大都由诸王担任，驻守军事要地，统领州郡军队。他们有处死部下的权力，依使持节、持节、假节三级称号而范围大小不同。都督的主要僚属由中央任命，以防止都督专擅。都督起初不一定管地方行政，西晋末开始例行兼领治所所在的刺史职务。西晋分封宗室为王，封国内民户的租调，三分食一。东晋渡江以后九分食一。诸王主要职责在于分驻军事重镇。西晋初年所封诸王，其封国大都即在都督区内。八王之乱后期的主要人物齐王冏、成都王颖、河间王颙、东海王越是统领重兵坐镇许昌、邺、长安和下邳的都督，这时封国所在已经和都督区没有关系。

封建统治阶级互相混战造成的灾难，迅速激化了阶级矛盾；民族矛盾中有些带有阶级矛盾的因素，也加剧起来。统治阶级无法缓和各种矛盾，导致了西晋王朝的灭亡。

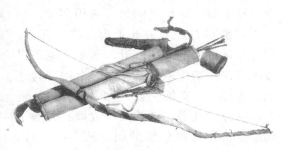

汉晋·弓、箭箙、弓袋、刀鞘

惠帝时，人为祸患之外，加以疾疫饥馑等天灾，百姓背井离乡，流离失所。各地方的统治者不但不妥善安置，反而迫使他们还乡，甚至滥加残害。如荆州刺史王澄沉溺巴蜀流民八千人于长江，各地流民不断反抗，先后有太安二年（303）张昌于安陆（今湖北云梦）、光熙元年（306）刘伯根、王弥于东莱（今山东掖县）、永嘉四年（310）王如于宛（今河南南阳）、五年杜弢于长沙发动起义。斗争的时间虽不长，但都不同程度地打击了司马氏的统治。荆、江、徐、扬、豫五州之境，一度多为张昌起义军所占据（见张昌、石冰起义）。但颠覆西晋王朝的根本力量是匈奴、羯、氐、羌、鲜卑这"五胡"中的匈奴与羯，"五胡"或加巴寅人称为"六夷"。

西晋时北方、东北和西北，尤其并州和关中一带居住着很多处于不同社会发展阶段的少数民族。江统曾说"西北诸郡皆为戎居"，关中百余万口，"戎狄居半"。平吴以前，凉州鲜卑族人秃发树机能起兵反晋，不少羌胡人民参加（270～279年）。惠帝时，氐人齐万年在关中起兵（296～299年），"秦、雍、氐、羌悉反"，郭钦、江统都主张"徙戎"，即把与汉族杂居内地的少数民族集体迁徙到边远之地。他们预见到被压迫的广大少数民族对晋王朝统治的威胁，但建议都未见实行。备受民族和阶级双重压迫的各少数民族，相继起而反抗。惠帝永兴元年（304），率领流民由西北进入益州的賨人李雄在成都称成都王，匈奴五部与杂胡的首领左贤王刘渊在左国城（今山西离石北）称汉王，这是少数民族最初建立的两个政权。愍帝降于汉，西晋亡。以后其他少数民族相继崛起，汉族统治者张氏、李氏也先后在凉州据地自保，形成十六国局面。

东晋

西晋覆亡后，各少数民族竞相建立政权，战争不已。中原的汉族人士不愿受胡族统治，纷纷南迁。西晋时，北方诸州人口约七百余万，而永嘉之乱后几次大批南渡的达 90 万人，约占 1/8。东晋和南朝境

晋元帝司马睿

内人民，大约土著占 5/6，北来侨人占 1/6。司马睿与封国琅琊的大族王氏建立默契，各自出镇南方要地，以预谋退路。早在永嘉元年（307），司马睿已出镇建业（后改名建康，今江苏南京）。长安陷后，

建武元年（317）睿称晋王，次年即帝位。

西晋末年的江南也不平静。司马睿来之前，有石冰、封云领导的扬州、徐州农民起义。出身于仓部令史的庐江陈敏，乘掌握江淮漕米之机，招诱吴地士族，企图在江东割据自立。以后吴兴钱㻉图谋推翻司马睿和扬州刺史王敦，在广陵起兵。这三次性质不同的事件中，孙吴以来的世族义兴周玘率领乡里私兵，支持了司马睿。江南大族到东晋初年还拥有相当强大的武装实力，为司马氏政权的南迁扫除了障碍。

苏峻之乱·举兵建康

东晋政权优遇南来的北人，在他们聚居的地方设立所谓侨州、侨郡、侨县。侨州郡县沿用北方原籍的旧名，但隶属关系极其错综复杂。有的侨州下只领侨郡、侨县，也有侨州下既领侨郡、侨县，也领实郡、实县。有的侨郡、侨县又隶属实州。

实郡也有时领侨县，侨郡往往也领实县。有的侨郡县由于是高门大族的原籍，由侨郡县改为领有实土的郡县，而更多的侨郡县因不具备此条件，只有等待土断，以备领有实土。

侨州郡县人民不属当地编户，豁免租赋、徭役，并另立白籍，以区别于土著的黄籍。侨人中的下层多投附世家大族，成为受其荫庇的户口。其上层亦即门阀士族，如琅琊王氏、颍川庾氏、陈郡谢氏、谯国桓氏等，都是司马氏政权的主要依靠力量，在中央和地方担任要职。此外，如祖逖、郗鉴、刘遐、苏峻等士族中地位较低的家族，则先在胡族统治的北方立堡坞自固，聚集宗族乡党数百以至上千家，然后率领这些流民南来，归附东晋。他们的武装成为早期抗胡的主要力量。除郗鉴等少数人外，流民领袖多未能与司马氏合作到底。江南广大土著人民是东晋王朝财政、徭役和兵力的主要来源，负担沉重。但东晋初年南方与北方民族矛盾突出，南方内部阶级矛盾退居次要地位，东晋政权建立八十年之后，才爆发大规模农民起义。孙吴时大族的上层人物，对于司马氏被迫南来所建政权，起初并不竭诚拥护。如陆玩目王导为伧（南人对北人的蔑称），拒绝与王

北周·萨埵那太子本生

氏通婚。晋元帝对于江南士族中政治、社会影响较大的人，如顾荣、贺循、纪瞻、陆玩等，渡江之初已加以笼络。元帝由于自己不掌握强大兵力，对于拥有武装力量的南方豪强，暂时也不得不倚重。如周玘平钱碰，甘卓破周馥，纪瞻御石氏。镇压杜㢣起义也靠的是南土寒庶陶侃。来自北方的统治阶级对南人终有顾虑，在攫取田产方面，侨姓大族渡江后，避开江南大族的田园聚集之地，王氏、谢氏、郗氏、蔡氏等，都深入到内地会稽、临海一带广占土地与山泽。政治上对南人更有戒心，如陶侃立大功后反被王敦从荆州迁官广州。元帝对义兴周氏心怀疑惮，以致周玘忧忿而死。沈充、钱凤之怂恿王敦起兵反司马氏，陶侃对庚亮积怨之深，都反映统治阶级中侨人士族的压倒地位和侨人、南人之间的矛盾。

晋元帝初年，有扬、江、荆、湘、交、广、宁、梁、益、徐、豫十一个实州，领九十六实郡，同时开始置立侨郡、侨县。至孝武帝太元四年（379），有扬、江、荆、湘、交、广、宁、豫、徐九个实州，幽、燕、冀、青、并、雍、秦、梁、益九个侨州，领实郡八十四，侨郡四十余。东晋时侨州不冠南字，刘宋时侨州始冠南字，如南徐、南兖。东晋疆土缩小，而州郡之数远远超过西晋。刺史本人或所带将军府的长史、司马，往往兼任州治所在的郡守。州以上分区置都督，以刺史充任，有兼督数州以及某几州中的数郡军事，都督镇守之地常依形势变化而有改动。东晋仕宦途径大体仍由公府辟召、州郡察举秀才、孝廉和中正依九品选拔官吏。但这时已非西晋那样一统局面，元帝自称"寄人国土"，因而中央官制虽沿自西晋，而颇加简化，以求事权统一、行事简便。如光禄勋等九卿或省或并，地方官如郡丞亦曾省罢。魏晋以来尚书与中书、门下职责原有分工，

起相互制约作用，而东晋的录尚书及尚书令有时兼中书监、令，尚书仆射有时兼门下、中书官职，但仍以尚书之职位为主。单任中书令者，多优游无事，以文采、经义见重。扬州是政治、经济、军事重心所在，中央政府首脑录尚书或尚书令，往往兼都督中外军事或数州军事、扬州刺史或丹阳尹等京畿地方长官，以控制实权。所以东晋大权集中于宰相，与西晋的皇帝集权，尚书、中书、门下并立，互相牵制的形势不同。

成帝咸和五年（330），始度百姓田收租，改变西晋课田五十亩收租四斛办法，大率每亩税米三升。户调可能仍沿西晋每户绢三匹、绵三斤之制。孝武帝太元二年（377）废除度田收租制，以口为对象，王公以下口税三斛。八年，又增税米每口五

敦煌莫高窟

石，大抵比西晋时赋税为重。东晋的徭役也极为繁重，孝武帝时"殆无三日休停"。东晋户口应不少于东吴时（52万户，230万口），而桓温上疏说当时户口凋寡，不当汉之一郡（后汉最大之南阳郡有52万户、240万口）。这主要是由于依附人口太多，东晋规定给客制度，品官可以庇荫流民为佃客，第一、二品官荫占佃客40户，三品35户，四品30户，五品25户，六品20户，七品15户，八品10户，九品5户。政府所承认的荫占佃客数字，各品官都比

西晋增多。他们的户口附于主人的户籍，实际上，官僚贵族所荫庇的佃客，还远不止于规定的数字。他们不负担国家的租税徭役，但须把收获的一半交给主人。佃客之外，还有称为典计、衣食客等名目的依附人口。此时，世代当兵的兵户依然存在，同时也以逃亡农民、罪犯及其家属、被俘少数民族、豁免的奴隶等色人为兵。招募的军队也占重要地位，如著名的北府兵，就是招募劲勇组成的。

东晋疆域狭窄，贵族官僚大量占山固泽。世家大族大量庇荫人口，未入私门的侨人流民，又不编户贯，影响政府的财源与兵源。成帝咸和时（326～334）已开始实行土断，即把侨人从白籍移入黄籍，成为所居地方的正式编户，纳税服役。在实行土断的同时，必然也搜检官僚贵族隐匿的户口。桓温、刘裕执政时期，两次大规模实行土断，收到"财阜国丰"和开拓兵源的效果。有利于巩固偏安江南的政权。

东晋统治阶级内部，存在着北人士族与南人士族，北人士族中的上层与下层，皇室司马氏与侨姓大族、各大族之间、中央与地方（扬州与荆州）等错综复杂的矛盾。当时流行的"王与马，共天下"说法，既反映了王氏扶持在南方尚未站稳的司马氏政权，也反映了东晋一代皇室与侨姓大族不断的斗争。王导执政，以宽和著称，其目的除结好南人，巩固司马氏地位外，也为维护世家大族的利益。元帝对王敦和简文帝对桓温，都曾有过"请避贤

路"的表示，为封建社会中的君臣关系所罕见。"君弱臣强"的局面，是司马氏与以王氏为首的各大族"共天下"的结果。

王敦担任都督江、扬、荆、襄、交、广六州军事、江州刺史，拥重兵镇守武昌（今湖北鄂城）。元帝畏恶王敦，任用刘隗、刁协与之相抗。刘、刁维护皇室威权，"崇上抑下"，如大批征调大族家的奴僮和依附的客，以充兵役，引起王氏等大族的不满。永昌元年（322），王敦以问罪于刘隗、刁协为名，起兵攻下建康，杀死刁协等。又从武昌移镇姑孰（今安徽当涂），自领扬州牧，内外大权集于一身。两年后，王敦病重，仍命其兄王含为元帅，率军进攻建康。建康未克而王敦病故。他虽被谴责为叛逆，琅琊王氏的地位却未受任何影响。

成帝即位年幼，舅父庾亮执政。北宋的流民首领苏峻、祖约都拥有重兵，分别驻在历阳（今安徽和县）和寿春。他们不满于大族庾亮、卞壶等人的排挤，咸和二年（327），起兵进攻建康。江州刺史温峤乞援于荆州刺史陶侃，联合击败苏峻。陶侃死后，庾亮代为江、荆、豫三州刺史，既拥强兵据上游，又执朝廷大权。他代表皇室利益，与王导产生矛盾。但在冲突表面化之前，王导、庾亮相继去世。

桓温继庾氏之后据有荆楚，又领扬州牧，也集内外大权于一身，企图夺取司马氏政权。桓温先废司马奕为海西公，立简文帝，实则企望其让位于己。穆帝时，简

列女传仁智图（局部）

1053

文帝为会稽王辅政，任用殷浩以抵制桓温，但未成功。接近皇室的庾氏家族中，多人被桓温杀害，桓温病中要求朝廷赐他"九锡"，以为禅让的前奏。由于谢安等人的拖延策略，桓温不及待而死。谢安辅政，侄儿谢玄在肥水之战中立了大功。但孝武帝的兄弟会稽王司马道子排斥谢氏。东晋前期，政权一直在大族手中。肥水战后，转入孝武帝及司马道子之手。战后两年，谢安被迫避往广陵，不久死去。战后四年，谢玄又从坐镇的边境要地彭城被调移内地任会稽内史。以后桓温的幼子桓玄又以荆州为据点，攻入建康，杀司马道子父子，总揽朝权。元兴二年（403），桓玄称帝，国号为楚。刘裕从京口（今江苏镇江）起兵讨伐，桓玄退归江陵，失败被杀。

东晋政权所受外部威胁，主要来自黄河流域的胡族和长江上游（益州）的政治势力。北人南渡之初，上下同仇敌忾，要求驱逐胡人，返回故土。祖逖及其部下流民可为代表。祖逖从淮水流域进抵黄河沿岸，联系保据坞壁不甘臣服胡族的北方人民，谋划恢复中原，经营达八年（313～321）之久。当时北方匈奴刘氏与胡羯石氏相争，形势有利于东晋。但元帝无意北伐，对祖逖所需人力物力都不予支持，加以皇室与王敦矛盾尖锐，祖逖备遭掣肘，壮志未伸而死。石氏兵力一度威胁江南，后赵建国，据有幽、冀、并诸州后，军事优势更为显著。庾亮、庾翼虽先后拟议北伐，由于力量对比悬殊，都未实现。石虎死后，河北大乱，西晋遗民二十余万口渡河欲归附东晋。褚裒北伐，先锋达到彭城，战败退回。以后北方前燕与前秦东西并立，殷浩北伐也屡次失败。

水和十年（354）桓温伐前秦，深入敌境，但未乘胜夺取长安，只徙关中三千余户而归。两年以后，又伐前燕，夺取了

敦煌莫高窟

洛阳，但不久复归于燕。太和四年（369）再度北伐，到达距前燕首都邺不远的枋头，未再前进，退败于襄邑（今河南睢县）。桓温晚年借北伐以树立威名，谋求禅让，但未成功。前秦苻坚吞并前燕（370年）后，屡次南向出兵，意图统一南北。太元八年（383），苻坚以绝对优势的兵力威胁江南，谢玄率北府兵以寡敌众，肥水一战秦军大败。乘前秦衰弱，后秦姚氏占有关中，后燕慕容氏立国河北，东晋虽暂时解除了大军压境的威胁，并未能在北伐事业上有所进展。

义熙六年（410）刘裕灭南燕，此后青、兖等州归属东晋、刘宋五十余年。十三年，灭后秦。由于关中悬远，东晋很难从江南遥控，刘裕又忙于南归夺取政权，无意进一步恢复中原，一度收复的长安与洛阳，随即为赫连夏与北魏所得，终东晋之世，未能长期恢复西晋的两京。

江南政权稳固与否，和长江上游益州的归属很有关系。成汉李氏据蜀三十年，永和三年（347）桓温西征灭之，有利于巩固东晋政权。二十六年以后，益州又被前秦占领，肥水战后才复归东晋。到义熙

中国通史

最新整理图文珍藏版

元年，谯纵据益州，又从东晋分裂出去。刘敬宣一度攻益州，距成都五百里而败还。及至九年，刘裕西征，灭谯氏，从此益州再归东晋统治。东晋百年间，益州不受其统治的期间达50年。只是由于占有益州的势力既未与北方密切联合，不具备能顺流东下、吞并江南的实力，东晋政权才得免除来自益州上游的后顾之忧。

隆安三年（399）爆发了孙恩、卢循起义，斗争持续近12年，司马氏政权受到沉重打击。孙恩死后，桓玄起兵称帝。刘裕对内镇压孙恩、卢循起义，讨平桓玄，对外北伐灭南燕，西征平谯纵，江南政权摆脱了最直接的外部威胁，得到稳定。灭后秦之后，420年刘裕取代了东晋。

博学多能的张华

张华（232～300），字茂先，范阳方城（今河北省固安县）人。在他很小的时候，父亲就去世了。这对他们本来就艰难的生活无疑是雪上加霜，一下子张华一家人的生活就陷入了极度的贫困之中。从小懂事的张华只好拿起羊鞭，以放牧羊群来度日谋生。虽说生活清苦，但张华生性好学，学而不倦。他博览群书，对于图纬方伎方面书籍阅读更是十分精细。他对于各类书籍无所不涉猎，正是由于他的刻苦勤奋，使得他学识广博。工于文辞，辞藻温丽，见识宽广且又通达事理。

由于苦难经历，张华他从小为人就很谨慎、稳健。即便仓促遇事，他仍然会很有礼貌风度。人生旅途的艰辛，使他极富有同情心，他能见义勇为，济人之所急，胸怀宽广，善解人意。当时人们对他的城府不十分了解。

张华的才能越来越赢得乡人的赞赏和器重。乡人刘放十分欣赏张华的才干，主动把自己的女儿嫁给他。

可是，在外界，张华还不是非常有名气，他著了《鹪鹩赋》，以此寄托自己的情怀，一举成名。当时著名的学者阮籍读了他的这部作品后，情不自禁地说道："这是王佐之才！"从此，他的声名更加显著。

当时正值曹魏的后期，张华所在郡守鲜于嗣推荐他当魏国的太常博士。曾十分欣赏他的同郡人卢铃向执掌朝政的司马昭作了介绍，于是张华就当上了河南尹丞。但他还没有到职，又被任命为佐著作郎，时隔不久，他又调任长史，兼中书郎。

在担任中书郎期间，经常草拟朝议表奏。他所起草的文件大多能够为朝廷采用，因此，张华在魏朝为官时就显示出了卓越的才干。

张华特别喜欢书籍，身死之后，家中没有其他多余的财产，只有文史书籍，盈几满箧。他生前曾经搬过家，据说当时运载他的书籍就有三大车。秘书监挚虞撰定官书，都根据张华的藏书加以修正。天下秘籍奇书世上罕有的，都藏在张华家中。因此博物论闻，当世没有人能与他相比。张华著有《博物志》十卷及文章若干篇，记述了山川地理、百工技艺、珍禽怪异、历史传闻以及神仙方术等方面的内容。虽然原书已佚，但后人又有所辑录，并流传于世。

清静为政的王导

王导（276～339年），字茂弘，琅邪临沂（今山东临沂北）人。其祖父王览曾官拜光禄大夫，权势显赫。父亲王裁，曾任镇军司马。王导受家庭环境的影响，少年时就很有见识，有很强判断能力，才气较早就流露出来。就在十四岁的时候，高士张公见了很赏识他，对他的堂兄王敦说：

"这个小孩，从容貌志气上看，是将相的才具。"王导世袭祖爵为即王子。不久，司空刘暊引荐他为东阁祭酒，迁秘书郎、太子舍人、尚书郎，但他都没有赴任。后来入了东海王司马越幕僚。

辅政明帝和成帝时，王导能够善于因事制宜。虽说在财政上没有什么大的效益，但支撑朝政也有富余。当时国库空竭，库藏只有绢布几千匹，卖不出去，而国用还是不足。王导有些发愁，各朝臣都做绢布单衣，建康的士人都乐意相从，竞相仿效，绢布价格因而暴涨。王导马上叫主持其事的人卖出去，每匹贵至一金。时人都称他治国有方。公元 331 年，正逢大旱，王导上疏逊位。成帝下诏说："圣王当世，行动都合于遗，运用周到，所以人伦有序，万物相宜。朕担负祖宗重任，托位于王公之上，不能仰而陶冶圣人之风，俯而和洽宇宙之间，岁旱过久，百姓怨望，邦国不善，只在我一人。公体道明哲，弘大深远，功著四海，辅弼三世。维系国典于不坠，实同仲同甫之辅周。以受尊崇，更思谦退，引咎自责。本来是元首的过失，却责备宰辅，适足以增加元首的缺点。公管理各种要务，一天都不能旷缺。应该放弃谦逊的近节，遵从安邦定国的远略。门下速遣侍中敦促晓喻。"尽管皇帝如此的真诚，王导还是坚持辞让。皇帝多次下诏书请王导，王导不得已才出来继续管理朝政。石勒骑兵侵掠到历阳，王导请救征讨。皇帝给王导加大司马、假黄钺、中外诸军事，置左右长史、司马，给布万疋。不久石勒退走，解除王导大司马职务，重新转中外大都督，进位太傅，又拜丞相，依汉制罢司徒官，并于丞相府。

原先，庾亮以望重和形势所逼，出镇于外。南蛮校尉陶称乘机劝说庾亮举兵造反。有人劝王导密切注意防御，王导说："我和庾亮休戚相关，错误的言论，智者应该绝口不谈。如你所说，庾亮如果真来，我就辞位还第，有什么可忧惧的。"王导又给陶称写信，认为庾公是成帝元舅，应该好好侍奉他。从此谗言也就平息了。庾亮虽居外镇，但他代表朝廷执掌大权，又据上流之地，拥有强兵，因此趋炎附势之徒多去归附。王导心中不平，若遇西风刮起尘上，他就单扇遮面，慢慢地说："庾亮的尘土污人。"

汉魏以来，群臣不拜帝陵。王导由于与元帝司马睿有亲似布衣的交情，因此每有尊崇进封，都去拜陵，不胜哀戚。从此，诏命百官拜祭陵寝，这也是从王导开始的。

一生操掌大权的王导，其本人生活简朴，很少有奢华之举。家中仓库没有储存的粮食，他不穿丝织的好衣服。成帝知道后，给布万疋，以供他私人享用。王导有虚弱之症，不能坚持朝会，成帝亲自到他府第，饮酒奏乐，然后令乘轿入殿。成帝咸康五年（399），王导病逝，终年六十四岁。他的丧葬极为隆重，中兴名臣之中没有一人能比得上他，谥文献。

手握重权的桓温

桓温（312～373），字元子，龙亢（今安徽怀远）人，其父桓彝为宣城太守。桓温出生不到一岁，太原温峤到他家见到了他说："这个小孩骨格清奇，可以试着让他哭一下。"听到了他的哭声，温峤惊异地说："真英雄人物呀！"由于温峤的欣赏，桓彝于是就取名为温。温峤笑着说："这样的话，以后改成我的姓吧。"桓彝后被韩晃和江播所害，其时桓温十五岁，枕戈泣血，志在复仇。到十八岁时，正赶上江播去世，江播的三个儿子在居丧，桓温拿刀进入屋里，把三个儿子都杀了，当时人们都赞誉他。桓温豪爽有风概，相貌堂堂，面有七

中国通史

最新整理图文珍藏版

星，他被南康长公主选为驸马都尉，袭爵万宁男，出任琅邪太守，累迁徐州刺史。他与庾翼关系很好，经常在一起讨论国家大事，庾翼向晋明帝推荐桓温说："桓温年少有雄略，希望陛下不要以平常人对待他，应该委以方召之任，托其弘济艰难之勋。"庾翼去世以后，桓温担任都督荆梁四州诸军事、安西将军、荆州刺史、领护南蛮校尉。

桓温有志于在西蜀立下功勋。他看到成汉的国力衰微，永和二年（346），于是率兵西伐，正是康献太后临朝的时候，当桓温上疏启奏准备出发时，朝廷对桓温的西伐甚为担忧，认为西蜀险要偏远，而桓温兵力不多，进入敌方，恐怕凶多吉少。但最后还是准桓温西伐。当初诸葛亮在鱼复平沙上造八阵图，垒石为八行，每行相隔两丈。桓温见到后说："这是常山蛇势。"随行的文武官员都未能认出。当部队到彭模时，他命令参军周楚、孙盛守卫辎重，自去率领兵步直接扑向成都。李势派他的叔父李福及兄李权等攻打彭模，周楚等进行防御，李福退却，桓温又进攻李权等，三战三捷，蜀兵大败，从间道归往成都。桓温军队越战越勇，乘胜追击，大获全胜。桓温在西蜀停留一个月，举贤旌善受到老百姓欢迎。桓温因功进升征西大将军、开府，封临贺郡公。石李龙死后，桓温想率兵北征。他先上书请求朝廷讨论是从水路或陆路进兵为宜，时间很久都没有音讯。最后却是朝廷依靠殷浩等人来反对桓温，桓温相当忿怒，然而他很了解殷浩，并不怕他。桓温声言北伐，拜表便行，顺流而下，到了武昌，兵力已有四五万。殷浩害怕被桓温废掉。既想躲避他，又不知如何是好。简文帝司马昱当时是抚军，给桓温写信阐明社稷大计。桓温于是回军还镇，上疏向朝廷言明他的报效国家之志。他被进位太尉，桓温坚决推辞。

殷浩曾到洛阳修复园陵，耗时多年；后又出兵北伐，屡战屡败，器械全部用光。桓温进督司州，朝野对殷浩怨言叠起。于是桓温启奏免除殷浩的官职，从此内外大权归属桓温一人。桓温后又统率步骑兵四万奔赴江陵，水军从襄阳进入均口，到南乡，步兵从淅川进征关中。所到之处居民都不受侵扰，生活安宁。一路上携酒宰牛迎接桓温的有十之八九。皇帝也派侍中黄门到襄阳慰劳桓温。桓温的母亲孔氏后去世，桓温上疏解职，准备送葬宛陵。皇帝下诏不批准。赠临贺大夫人印绶，谥曰敬，派侍中吊祭，谒者监护丧事，十天之内，使者来往八次，轩盖、车马相望于道。桓温办理完丧事后回到任所上。他打算修复园陵，迁都洛阳，表疏上奏十多次，朝廷不准。桓温担任征讨大都督、督司冀二州诸军事，委以专门征伐的任务。

再次北伐时，桓温从江陵出发，一路厮杀击溃羌族贵族姚襄来到平阳，桓温屯兵太极殿前，徒步进入金墉城，拜谒先帝诸陵；被侵毁的陵，他命令全部修缮，并设置陵令。然后回师京都。升平中（359），桓温改封南郡公。返回江南后，洛阳和其他被收复的土地又相继失陷。太和四年（369），桓温开始第三次北伐。他率领步骑五万人大破前燕军，进抵枋头（今河南浚县）。前燕得到前秦的支援，截断了晋军的粮道，桓温无奈只得退兵。桓温北伐得了广大人民的支持，但是东晋统治集团内部勾心斗角，破坏北伐。因此桓温的北伐大都是无功而返。桓温在北伐的过程中，数次受到朝廷以及反对派的阻挠。后来，朝廷改授他并、司，冀三州，罢免他的都督。桓温上表不受，又加他侍中、大司马、都督中外诸军事、假黄钺。

总督内外的桓温，已经不可能再大事运筹北伐之事了。他又上疏陈述应该做的七件事；其一，朋党结伙，私议沸腾，应该抑制这种倾向，不宜扩展；其二，人口减少，不应该还按汉时规模设郡，应该并官省职，让他们稳定地尽其职责；其三，日常事务，朝廷各司不能停废，平时的行文档案应该限定日期，不能拖延；其四，应该提倡长幼之乱，奖赏忠良公正的官吏；其五，褒贬赏罚，应该实事求是；其六，应该述遵前典，敦明学业；其七，应该选建史官，编写晋书。其他官员也有所启奏。不久，桓温加羽葆鼓吹，设置左右长史、司马、从事中郎四人。他只接受鼓吹，其余的全部辞让。他又率船进军合肥，兼扬州牧、录尚书事。但朝廷又把他召回。咸安元年（373），晋简文帝司马昱即位，桓温出次中堂，自任大宰。十一月，赐桓温军队三万人，每人布一匹，米一斛，加大司马桓温为丞相，他不接受。

晋孝武帝司马曜即位，下诏："先帝遗诏中说：'事大司马如事吾'。令答表便可尽敬。"又派谢安征召桓温入朝辅政。加前部羽葆鼓吹，武贲六十人，桓温不受。当桓温入朝时，赴山陵。孝武下诏："公勋得尊重，师保朕躬，兼有风患，其无敬。"又命尚书谢安等到新亭奉迎，百官全部拜于正道两旁。秋七月己亥日，使持节、侍中、都督中外诸军事、丞相、录尚书、大司马、扬州牧、平北将军、徐兖二州刺史、南郡公桓温病逝，时年六十二岁。皇太后与孝武帝亲临朝堂三日，下诏赐九命君王的礼服，又加朝服一具，金钱、衣物等无数，追赠丞相。

十六国

前 凉

十六国之一。汉族张寔所建。都姑臧。盛时疆域有今甘肃、新疆及内蒙古、青海各一部分。历八主，共60年。

晋惠帝时，张轨为凉州刺史，治姑臧。

沿用当地有才干的人共同治理凉州，课农桑、立学校，阻击入侵的鲜卑部，保境安民，多所建树。自洛阳沦陷（311年）后，中原和关中地区人民流入凉州的很多。他于姑臧西北置武兴郡，分西平（今青海西宁）郡界置晋兴郡，以处流民。又铸五铢钱，通行境内。314年病死，长子张寔继任，晋愍帝司马邺任命寔为都督凉州诸军事，凉州刺史，西平公。西晋亡后，自317年起，张氏世守凉州，长期使用晋愍帝的建兴年号，虽名晋臣，实为割据政权，史称前凉。

张骏、张重华父子统治时，前凉达于极盛，境内分置凉、沙、河三州，设西域长史于海头，在今吐鲁番地区设置高昌郡，其疆域"南逾河、湟，东至秦、陇，西包葱岭，北暨居延"。353年张重华死后，张氏宗室内乱不绝，凉州大姓也起兵反抗。十年争权夺位的斗争，使国势大衰，到张天锡时已失去今甘肃南部。376年，前秦主苻坚以步骑13万大举进攻，张天锡被迫出降，前凉亡。

张氏的前凉政权依靠凉州大姓，并始终对东晋表示忠诚，借以维系人心。各代统治者除张祚外，都自居晋朝的刺史或州牧，接受晋的封号。张骏为了和东晋通使命，甚至不惜向成汉李雄称臣，以求假道。前凉先后与前赵、后赵发生过战争，多次击败刘曜、石虎的进攻，但慑于对方军事力量的强大，也曾向前赵、后赵称臣纳贡。

张氏子孙世代保守的凉州，是当时中国北部较为安定的地区，都城姑臧是西北地区政治、经济和文化中心。河西走廊原是通往西方的陆路交通要道，商业繁荣，农业和畜牧业生产也较发达。西晋灭亡后，内地流亡人民相继到来，劳动力增加，生产经验传播，凉州的社会经济更有发展。当时的凉州还是中国北部保存汉族传统文化最多和接受西域文化最早的一个重要

地区

成汉

十六国之一。巴氐贵族李雄所建。都成都，盛时有今四川东部和云南、贵州的各一部分。历六主，共44年。

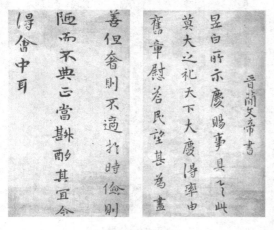

晋简文帝·庆赐帖

西晋末年，秦、雍二州连年荒旱，略阳、天水等六郡氐人和汉人等不得不流徙至梁、益地区就食。他们入蜀后，由于地方官吏的贪暴和政府限期迫令流民还乡，流民领袖、略阳氐人李特等利用流民的怨怒，于301年在绵竹（今四川德阳北）聚众起义。303年义军攻成都，晋益州刺史罗尚联络诸堡坞的地方大族，袭杀李特。特弟李流继续领兵作战，不久病死。特子李雄继领部众，于同年攻下成都，逐走罗尚，据有益州。304年李雄称成都王，306年改称皇帝，国号大成，都成都。334年雄病死，兄子李班继位。同年雄子李期杀班自立。338年特弟李骧之子李寿杀期自立，改国号为汉，史称成汉。343年寿死，子李势继位。347年东晋桓温伐蜀，李势兵败出降，成汉亡。

秦雍六郡流民起义在巴氐李氏和六郡大姓领导下，演变成为外来大族与土著大族的斗争。外来大族一度势危，由于涪陵大族徐举和青城范长生的归附，才转危为

安，建立起成汉政权。范长生是世领部曲的大姓，又是天师道教教主，在成汉建国过程中起过重要作用。李雄称王后，拜范长生为丞相。尊称"范贤"；称帝后，加为天地大师，封西山侯，免除其数千家部曲的课役，令其自收租税。通过对范长生的优待尊重和对部曲制的承认，两类大族相互妥协，形成联合统治，同时，巴氐贵族间也推行了部曲制。

李雄统治时，战事稀少，政刑宽和。赋税也较轻，男丁每年纳谷三斛，女丁半之；户调绢数丈，绵数两。这是成汉全盛时期。李雄死后，宗室间为争夺帝位不断发生内乱，安定局面破坏。李寿父子统治时务为奢侈，大兴土木，滥施淫威，致使上下离心，百姓不满，在东晋进攻下迅速灭亡。

前赵

十六国之一。匈奴贵族刘曜所建，实为汉政权的继续。都长安（今陕西西安）。历一主，11年。318年7月，汉主刘聪死，子粲继立，为匈奴贵族靳準所杀。镇守长安的刘聪族弟刘曜闻变，发兵攻靳準。10月，曜自立为皇帝。与此同时，石勒亦以讨伐靳準为名，率军攻破汉都平阳，于是，自平阳、洛阳以东之地尽入勒手。319年，曜徙都长安，改国号为赵，史称前赵。此后刘曜、石勒常相攻伐。328年，两军大战于洛阳城西，刘曜饮酒过量，兵败被擒，前赵主力被消灭。石勒军乘胜西进，曜太子刘熙弃长安，逃奔上邽（今甘肃天水）。329年9月，勒军攻占上邽，杀刘熙，前赵亡。

刘曜继承刘汉政权胡、汉分治的政策。一方面以子刘胤为大司马、大单于，置单于台于渭城（今陕西咸阳），自左、右贤王以下皆用少数族豪酋充当。另一方面又大体沿用魏晋九品官人法，设立学校，肯定士族特权，与汉族的豪门望族相勾结，

以维护其统治。此外，还仿效刘渊、刘聪徙民都城地区的办法，将被征服的各族人民大量徙置长安一带，以便直接控制。前赵全盛时，拥兵28万余人，据地有今陕西、山西、河南、甘肃各一部，当时，关陇氐、羌，莫不降附。前凉张茂，亦遣使贡献。

后 赵

十六国之一。羯族石勒所建。都襄国（今河北邢台），后迁邺。盛时疆域有今河北、山西、陕西、河南、山东及江苏、安徽、甘肃、辽宁的一部分。历七主，共32年。

石勒从305年起兵后，辗转归于汉刘渊，为渊部将。311年石勒军全歼西晋主力，并会同刘曜、王弥之众攻破洛阳。312年以后，石勒以襄国为基地，发展成为今河北、山东地区的割据势力。318年，汉内乱，他率军攻破汉都平阳（今山西临汾西）。319年，刘曜自立为帝，建前赵，迁都长安。石勒脱离前赵，自称大单于、赵王，定都襄国，史称后赵。石勒攻灭鲜卑段氏，又占据河南、皖北、鲁北。329年攻破长安、上邽，灭前赵，并有关陇。至此，北方除辽东慕容氏和河西张氏外，皆为石勒所统一。以淮水与东晋为界，初步形成南北对峙局面。330年石勒改称大赵天王、行皇帝事，同年称帝。

333年7月石勒病死，太子弘继位，以勒侄石虎为丞相、魏王、大单于，总摄朝政。

334年11月，石虎废石弘，自称居摄赵天王。以后，石虎诛杀弘及勒诸子，迁都于邺。337年改称大赵天王。349年称帝。

石勒初起时，往往对攻下的坞堡壁垒征收义谷，有时也以掠夺方式获取军粮。约在313年始采用租调剥削方式。314年下令州郡检查户口，征收田租户调，规定

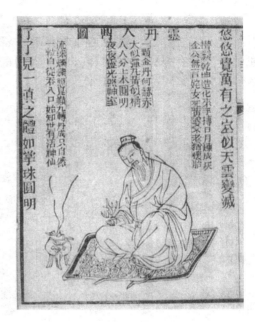

灵丹入鼎图

户赀出帛二匹、租谷二斛。称赵王后，较留意于农业生产，常遣使者循行州郡，劝课农桑。故当石虎统治之初，租入殷广，邺都的中仓每年有百万斛的租谷输入，沿水次诸仓也储积了不少粮食。

后赵采用胡、汉分治政策，设置大单于统治各少数族人，又设置专门的官职管理胡人辞讼和出入，甚至强行规定称汉人为"赵人"，胡人为"国人"，并严禁呼羯为胡。

石勒、石虎均沿用刘汉的徙民办法，将被征服地区的各族人民迁往其统治中心襄国、邺及其周围地区，以便控制。对人民的统治，除以州、郡行政系统管理外，同时存有以军事组织形式管理并占有人口的制度。

石勒初起时，对西晋王公卿士、坞堡主及士大夫多加杀戮。以后则在俘虏中区分士庶，将士族集为"君子营"，以示优待。并选用某些士族为官。称赵王后，石勒对一些士族委以要职，明令不准侮易衣

中国通史

最新整理图文珍藏版

东晋·青釉褐斑瓷钵

冠华族。恢复魏晋以来的九品官人制度，使士族取得了特权。石勒两次清定九品，又设立太学、小学和郡国学，培养将佐和豪族子弟。石虎即位后，也肯定士族特权，并将对关东士族的优待扩大到关中的望族。

石虎是十六国时期有名的暴君。在其统治期间，军旅不息，众役繁兴，征调频仍，刑罚严酷。他有意"苦役晋人"，严重地破坏了农业生产，使阶级矛盾和民族矛盾日益激化，起义不断发生。其中，梁犊起义规模最大。348 年石虎杀太子石宣，把无辜的东宫卫士 10 余万人谪戍凉州，其中万余人于次年到达雍城（今陕西凤翔南）时，在高力督（石宣挑选身强力壮者守卫东宫，号"高力"，设置督将率领，称高力督）梁犊领导下发动起义，各族人民纷纷参加。义军所向披靡，及至长安，众已 10 万，击败石苞，东出潼关，两次大败大司马李农。石虎继续派兵镇压，又利用氐族贵族苻洪和羌族贵族姚弋仲的武装力量合兵进攻，梁犊兵败牺牲。这次起义虽然失败，但动摇了后赵统治的根基。349 年石虎病死，后赵内乱，诸子争立，互相残杀。305 年，石虎养孙汉人冉闵（即石闵）乘政局混乱，杀石鉴，灭后赵，政权落入冉闵之手。次年，称帝于襄国的石祗

也被冉闵消灭。

前燕

十六国之一。鲜卑贵族慕容皝所建。都邺城。盛时有今河北、山东和山西、河南、安徽、江苏、辽宁的一部分，西接前秦，与东晋以淮水为界。有户 245 万余，人口 998 万余。历三主，共 34 年。

魏晋之际，鲜卑慕容氏自辽西迁于辽东北。294 年，其酋长慕容廆徙居大棘城（今辽宁义县西北），开始了定居的农业生活。307 年前后，慕容廆自称鲜卑大单于。西晋亡后，慕容廆得汉族士人辅佐，以大棘城为中心据有辽水流域，受东晋官爵。子慕容皝继立。于 337 年称燕王，建燕国，史称前燕，皝继续尊奉东晋，并用兵扩展领地。342 年迁都龙城（今辽宁朝阳），东破高句丽，攻灭鲜卑宇文部及夫余，成为东北地区强大国家。348 年皝死，子儁继立，349 年进攻后赵，夺得幽州，迁都于蓟（今北京西南）。352 年击灭冉魏，占有河北，儁乃抛弃东晋旗号，自称燕皇帝。357 年迁都邺城。儁自恃强盛，检括人口，欲使步卒满 150 万，以攻灭东晋和前秦。360 年儁病死，11 岁的太子继位，儁弟慕容恪辅政，前后七年，前燕王朝政治稳定，恪还率兵攻占东晋的河南、淮北土地。369 年东晋桓温北伐，燕军连败失地，后慕容垂在襄邑大败晋军，桓温退走。370 年前秦苻坚命王猛率六军攻燕，破邺城，俘慕容姲，前燕亡。

慕容廆时即招徕流民，在辽水流域设置侨郡（皝时改郡为县），许多山东、河北一带的汉族世家大族纷纷迁徙辽西，投靠慕容氏。又将被征服地区的各族人民大批迁徙到自己的统治区内。除以州郡县管理编户外，还用军事化方式占有大量称为营户、军封或荫户的人口，也有被榨取高额地租的屯田民户。慕容氏自慕容廆起即与汉族士大夫合作，共同统治。前燕政权

魏晋画砖·封建主的民族庄园

循魏晋九品官人法，肯定士族特权，承认
坞主壁帅努力。境内大族势力有所发展。
368年，一次就搜括出荫户20余万户。又
兴立学校，培养统治人才。慕容皝时能留
意农桑，兴修水利，国势日盛。到慕容姦
时政治腐败，矛盾交错，终至亡国。

冉魏

十六国时期汉族冉闵所建政权。都邺
城。历一主，3年。

冉闵，字永曾，魏郡内黄人（今河南
内黄西北），父瞻原属乞活军，闵为石虎养
孙。改姓名石闵，是石赵统治集团中较重
要的将领，以勇敢善战著称。349年石虎
死，诸子争立，互相残杀，闵乘后赵政局
混乱，又得大司马李农之助，于350年正
月杀石鉴，自称皇帝，国号大魏。复姓冉
氏，仍都邺城，史称冉魏。石鉴死后，石
祗（石虎子）据襄国称帝，联合羌酋姚弋
仲和鲜卑族前燕慕容儁，与冉闵常相攻伐。

351年石祗为其部将刘显所杀。352年闵攻
破襄国，杀刘显，消灭了后赵的残余势力。
其时，慕容儁势力渐盛，南下冀州，冉闵
率军抵抗，兵败被俘，前燕军攻入邺城，
冉魏亡。

冉闵在建立魏国的过程中煽动民族仇
恨，对胡羯不论贵贱、男女、老少一律诛
杀，共死20余万人，以致汉人高鼻多须者
多滥死。这一民族报复政策导致了自己的
孤立。冉魏建立后，立即与东晋政府联系，
请求派兵共同讨伐胡人；又清定九流，实

魏晋画砖·大妇小妾坐享酒食

行九品官人法，以争取汉族地主阶级的支
持。在经济上，开仓散粮，以求得百姓的
拥护。在军事上，竭力与后赵残余势力石
祗、羌酋姚弋仲、前燕慕容儁争衡。由于
残酷的民族仇杀和连绵的战争，加之饥馑，
先前被迁到冀州、司州的胡汉各族人民数
百余万各还本土，路上互相杀掠，饥疫死
亡甚众。冉魏辖地渐小，人口锐减，农业

淝水
之战图

生产陷于停顿，于352年终为前燕所灭。

前秦

十六国之一。氏族苻健所建。都长安（今陕西西安）。盛时疆域东至海，西抵葱岭，南控越嶲，北极大漠，东南以淮、汉与东晋为界。历六主，共44年。

333年，后赵主石虎徙关中豪杰及氏、羌于关东，以氏族酋长苻洪为流民都督，率氏、汉各族百姓徙居枋头（今河南汲县东北）。石虎死，苻洪遣使降晋，接受东晋官爵。350年，冉闵诛胡羯，关陇流民相

苻坚像

率西归。此时苻洪拥众十余万，自称大都督、大将军、大单于、三秦王，欲率众还关中，尚未成行，被人毒死。洪子苻健继领其众，称晋征西大将军，自枋头西入潼关。关中氏人纷起响应，苻健遂攻占长安，据有关陇。351年自称大秦天王、大单于，国号大秦，史称前秦。352年改称皇帝，都长安。

354年，东晋桓温率军攻秦，苻健坚壁清野，晋军攻入潼关后，因粮食不继而退兵。355年苻健死，子苻生继位。357年苻生堂兄苻坚杀苻生自立。苻坚即位后的

十几年内，前秦国内相对安定，在十六国云扰时代，呈现一派"小康"气象。在此基础上，前秦势力渐强大，他集中氏族武装力量，开始了统一黄河流域的征战。370年灭前燕，371年灭仇池（今甘肃威县西北）氏族杨氏，373年攻取东晋的梁、益二州，376年灭前凉，同年乘鲜卑跖跋氏衰乱灭代，382年苻坚命吕光率军进驻西域。至此，前秦统一整个北方，与东晋形成南北对峙局面。

苻坚自恃强盛，不断对东晋发动进攻，战事主要在东线徐州一带和西线襄阳一带进行。379年前秦攻占东晋战略重镇襄阳，而进攻淮南的行动受阻，进攻江陵的军队也被击退。苻坚遂决定重新部署，全力发动对东晋的进攻。382年10月，召集群臣，提出亲率百万大军一举灭晋。臣僚多不赞成，有的还极力谏阻，但他执意不从。383年下诏进攻，八月以苻融为前锋都督，率步骑25万先行，九月苻坚亲统步兵60余万、骑兵27万为后继。益州、凉州、河北等地的秦军也纷纷出动。东晋谢安当国，命谢石为征讨大都督、谢玄为前锋都督，率水陆8万迎敌。10月，两军会战于淝水，秦军大败。溃散的秦军饥饿寒冻，死亡十之七八。苻坚中箭，仓皇逃至淮北，沿途收集残兵，到洛阳时有众10余万。年底，回到长安。

淝水之战后，前秦帝国四分五裂，被前秦征服的丁零、鲜卑、羌等各族贵族纷纷起兵反秦。丁零翟斌起兵河南，鲜卑慕容垂起兵河北，鲜卑慕容泓起兵陕西华阴，羌姚苌起兵渭北。慕容泓不久为部下所杀，其弟慕容冲被拥为主。冲率军进围长安，苻坚于385年5月留太子苻宏守城，自率数百骑出奔五将山（今陕西岐山东北），后为姚苌擒杀。6月，苻宏率数千骑弃城出逃，辗转投奔东晋，长安遂为慕容冲攻占。至此，前秦已名存实亡，但它在各地

谢安像

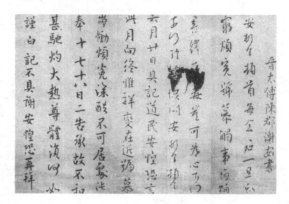

谢安·凄闷帖

制；又将关中的氐族 15 万户移至关东，分置于各要镇，用以加强控制新征服地区的人民。前秦此时，政治较为清明，社会相对安定，国力达于鼎盛。但自淝水战败后，迅速走向衰落和瓦解，北部中国再度陷于分裂。

的残余势力则延续了近十年之久。

苻坚死后，镇守邺城的苻丕遭慕容垂长期围攻，于 385 年 8 月弃城，率男女 6 万余口退至晋阳（今山西太原西南），自立为帝，386 年 10 月，苻丕与西燕慕容永军在山西激战，秦军大败，丕逃奔河南，为东晋军所杀。其后，关陇氐人拥立苻坚族孙苻登称帝于枹罕（今甘肃临夏）。苻登与后秦姚苌连年争战。394 年 7 月，苻登与姚苌子姚兴作战，兵败被杀，前秦灭亡。

苻坚统治时，重用汉人王猛，实行抑制氐族贵族豪强、扩大皇权的政策。在政治、经济等方面采取了一系列巩固统治的措施。他恢复魏晋士籍，承认士族特权，吸收汉族士人参加政权，扩大胡汉联合统治的阶级基础。提倡儒学，兴立学校，培养统治人才。注重农桑，兴修水利，修立亭驿，发展工商。消灭前燕后实行徙民政策，将关东被征服的鲜卑、乌桓、丁零等族 10 万户徙至关中，充实近畿，便于控

后 秦

十六国之一。羌族姚苌所建。都长安（今陕西西安）。盛时控有今陕西、甘肃、宁夏及山西、河南的一部分。历三主，共 34 年。

西晋永嘉（307～312 年）年间，羌部落的一支由豪酋姚弋仲率领从赤停（今甘肃陇西西）迁徙到榆糜（今陕西千阳东）一带居住。后赵时石虎徙关中豪杰及氐、羌于关东，333 年，以姚弋仲为西羌大都督，率羌众数万迁于清河之滠头（今河北枣强东北）。石虎死后，弋仲遣使降晋，受东晋官爵。352 年弋仲病死，子姚襄继领部众，与东晋关系破裂。姚襄欲率众还关中，357 年与前秦军战于三原，兵败被杀。襄弟姚苌率众降于前秦，为苻坚将领，累建战功。淝水战后苻坚回长安不久，鲜卑贵族慕容泓起兵反秦，姚苌参与讨泓战败，逃奔渭北，得羌人及西州豪族尹详等的支持，也起兵反秦。384 年苌自称大将军、大单于、万年秦王，史称后秦。姚苌率军

进屯北地（今陕西耀县），渭北羌胡 10 万余户归附，势力发展很快，385 年擒杀苻坚。及至慕容永率鲜卑 30 余万离关中东归，姚苌于 386 年入据长安称帝，国号大秦。

393 年姚苌病死，太子姚兴继立，次年，打败前秦的残余势力苻登，灭前秦，据有关陇。并乘西燕败亡，取得河东。随后又相继攻占东晋的洛阳，臣服西秦，攻灭后凉。416 年姚兴病死，太子姚泓继位，东晋刘裕北伐，进攻后秦，收复洛阳。后秦宗室骨肉相残，自相削弱。417 年刘裕进取潼关，攻占长安，八月姚泓兵败出降，后秦亡。

后秦统治者为了补充劳动力和兵源，常将被征服地区的各族人民大批迁徙到都城长安及各军事要地，以便控制。对于境内各族人民的统治，后秦除以州郡系统进行管理外，还实行以营领户，以户出兵吏的制度。营户不隶州郡，而由姚氏宗室和达官贵人分领。一般营户既要当兵作战，又要提供军粮；但由后秦皇帝亲领的大营营户则受到优复，仅从征战。后秦又有不属州郡而由军镇管理的镇户。

在十六国后期的帝王中，姚兴是较有作为者。他为了巩固统治，初期注意选才纳谏，又相继采取了一些有利于社会经济、文化发展的措施。如：百姓因荒乱自卖为奴婢者，下令一律放免为良人；简省法令，慎断刑狱，奖励清廉，惩治贪污；设置律学，调集郡县散吏学习法律，郡县疑狱可上送廷尉审理；提倡儒学，允许收徒讲授，长安儒生达一万数千人。此外，又大兴佛教，奉名僧鸠摩罗什为国师，译出经论300 余卷，境内佛教大行。姚兴晚年，因国用不足，增收关市之税，盐竹山木，无不有赋，加重了人民的负担。

后 燕

十六国之一。鲜卑族慕容垂所建。都

中山（今河北定县）。盛时有今河北、山东及辽宁、山西、河南大部。历七主，共26 年。十六国后期中原地区最强盛的一个王国。

前燕慕容㑺在位时，慕容垂因宗室内部矛盾投奔前秦，为苻坚将领。淝水之战后，垂至邺拜谒先人陵墓。时丁零族翟斌于河南起兵反秦，镇守邺城的苻丕（苻坚庶长子）命垂及宗室苻飞龙前往镇压。途中垂袭杀飞龙，与前秦决裂。384 年，垂自称大将军、大都督、燕王，建元立国，史称后燕。有众 20 余万，进围邺城。385年苻丕自邺城撤往晋阳（今山西太原西南），河北之地尽属后燕。386 年，垂自立为帝，定都中山。392 年消灭割据河南的丁零族翟魏政权，394 年灭西燕，基本上恢复了前燕版图。

395 年垂命太子宝率军 8 万进攻北魏，在参合陂（在今山西阳高境）大败。396年垂亲率大军往攻，一度取得平城（今山西大同东北）。同年四月垂病死，子宝继位。北魏跖跋珪以步骑 40 万来攻，夺取晋阳，进围中山。397 年宝突围北奔龙城（今辽宁朝阳），开封公详、赵王麟先后据中山称帝，10 月北魏攻下中山，河北郡县尽为魏有，后燕被分截为两部分。

398 年鲜卑贵族兰汗杀宝，宝子盛又杀汗自立。401 年盛为臣下所杀，垂少子熙立。407 年汉人冯跋等杀熙，拥立宝养子慕容云（高句丽人，本姓高氏）为主。409 年，云为其宠臣离班等杀死，后燕亡。

后燕大体承袭前燕制度，除州郡县治理的编户之外，还有不隶郡县而属军营的人口。后燕慕容氏以坞堡主为守宰，与汉族豪强大族合作，共同统治。慕容宝时核定士族旧籍，分辨清浊，尊重士族特权，大族势力得以发展。他又下令校阅户口，罢除军营封荫之户，分属郡县，招致怨恨和反对。后燕原不采用胡、汉分治政策，但慕容垂时已由太子宝领大单于，置留台于龙城。慕容盛时曾立燕台于龙城，以统诸部杂夷。慕容熙即位，将北燕台改为大单于台，置左右辅。后来在龙城实行了胡、汉分治。

西 秦

十六国之一。陇西鲜卑族（一说属赀虏）酋长乞伏国仁所建。都苑川（今甘肃榆中东北）。盛时有今甘肃西南部和青海一部。历四主，共47年。

东晋·武士俑

鲜卑乞伏氏在汉魏时自漠北南出大阴山，迁往陇西并定居于此。前秦主苻坚在位时，乞伏鲜卑酋长、国仁父乞伏司繁被任命为镇西将军，镇勇士川（今甘肃榆中东北）。司繁死，国仁代镇。淝水之战，苻坚败亡，国仁招集诸部众至10余万。385年，国仁自称大将军、大单于、领秦河二

州牧，筑勇士城为都（在勇士川内，后即苑川郡城），史称西秦。388年六月国仁死，弟乾归继位，称河南王，迁都金城（今甘肃兰州西北）。394年前秦主苻登败死，乾归尽有陇西之地，改称秦王。400年迁都苑川。同年败于姚兴，遂降附后秦，为其属国。407年乾归被姚兴留居长安，两年后回到苑川，复称秦王。412年乾归死，子乞伏炽磐继位，称河南王，迁都枹罕（今甘肃临夏）。414年攻灭南凉，十月改称秦王。428年6月炽磐死，子乞伏暮末继位，政刑酷滥，民多叛亡；又屡为北凉主沮渠蒙逊所侵逼。430年暮末欲东趋上邽（今甘肃天水），归附北魏，途中遭夏主赫连定阻击，退保南安（今甘肃陇西东南）。431年1月夏军攻围南安，暮末出降，西秦亡。

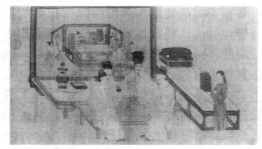

对弈图

西秦的统治者为巩固和扩大其统治区域，连年与后秦、南凉、北凉、大夏等国进行战争，并将被征服地区的各族人民强制迁徙于其统治中心或军事要地。

后 凉

十六国之一。氐族吕光所建。都姑臧。盛时有今甘肃西部和宁夏、青海、新疆各一部。历四主，共18年。

前秦主苻坚统一北方后，于382年命吕光率兵7万、铁骑5000，进军西域。光下焉耆，破龟兹，西域30余国陆续归附。淝水之战后，前秦趋于瓦解。吕光于385年率兵载物东归。前秦凉州刺史梁熙以兵

5万拒于酒泉，吕光击败梁熙军，入据姑臧，自称凉州刺史。386年，光自称凉州牧、酒泉公，都姑臧，史称后凉。389年改称三河王，396年自称天王，国号大凉。399年光病死，太子吕绍继位，光庶长子吕纂旋杀绍自立。401年，光弟吕宝之子吕隆又杀纂自立。吕隆以南凉、北凉不断侵逼，内外交困，于403年7月请降于后秦主姚兴。后凉遂亡。后凉初建时，国势颇盛。但立国不久，境内各族便纷纷割据，建立政权。后凉与四周各族政权频繁交战，势力渐弱。吕光死后，诸子争立，互相杀夺，百姓饥馑流亡，死亡大半。至灭亡前夕，姑臧城谷价斗值5000文，民人相食，饿死十余万人；国境除姑臧而外，仅存昌松（今甘肃武威南）、番禾（今甘肃永昌）二郡之地。

南 凉

十六国之一。河西鲜卑族秃发乌孤所建。都乐都（今属青海），盛时控有今甘肃西部和宁夏一部。历三主，共18年。

秃发即"拓跋"的异译。汉魏之际，拓跋氏的一支由酋长统率，从塞北迁到河西，被称为河西鲜卑。在此居住约两个世纪，部众渐盛，除畜牧业外，兼事农业。至秃发乌孤时期，以廉川堡（今青海民和西北）为中心，势力不断发展。初附于后凉吕光，397年乌孤与后凉决裂，自称大将军、大单于、西平王。史称南凉。次年改称武威王，399年迁都于乐都。八月乌孤死，弟利鹿孤继立，徙都西平（今青海西宁）。401年改称河西王。402年利鹿孤死，弟俫檀继位，改称凉王，又迁回乐都。404年因后秦强盛，秃发傉檀向姚兴称臣。姚兴灭后凉，因凉州（治姑臧，今甘肃武威）不便控制，乃署俫檀为凉州刺史，入镇姑臧。408年，俫檀与姚兴决裂，复称凉王。从此为与邻国争夺河西走廊领导权而连年征战。先是夏出兵侵犯南凉北边，

杀掠人畜，俫檀追击败归，南凉受到致命打击。后俫檀率五万骑兵攻打北凉，又大败而归。只得放弃姑臧，于410年迁还乐都。北凉既得姑臧，又数次进围乐都。南凉农牧业生产无法正常进行，连年不收，上下饥弊。414年俫檀铤而走险，率七千骑西掠吐谷浑乙弗部，西秦乘机袭取乐都。7月，俫檀降于西秦，南凉亡。南凉的统治者穷兵黩武，不断与四周诸国作战，借以掳掠人口和财富；并将被征服地区的各族人民强制迁徙到其统治中心和军事要镇。利鹿孤时，虽曾设立学校以教胡、汉大臣子弟，但收效甚微，取士拔才，必以弓马为先。

北 凉

十六国之一。卢水胡（或作匈奴族）酋长沮渠蒙逊所建。都张掖（今属甘肃）。盛时有今甘肃西部及青海、宁夏、新疆各一部，西域各国均遣使贡献。历二主，共39年。

397年后凉进攻西秦战败，吕光杀死从征的部下沮渠罗仇兄弟，罗仇侄蒙逊以会葬为名，与诸部结盟起兵反抗吕光，并与从兄男成推后凉建康（今甘肃高台西北）太守段业为凉州牧、建康公。399年段业入据张掖，自称凉王。401年段业杀男成，蒙逊以此起兵，攻破张掖，杀段业，自称大都督、大将军、凉州牧、张掖公，建国北凉。后屡次出兵击败南凉，并几次进围姑臧。410年南凉秃发嗕檀被迫放弃姑臧，退回乐都。412年10月蒙逊迁都姑臧，称河西王。421年蒙逊灭西凉，取得酒泉、敦煌，据有河西走廊。433年4月，蒙逊死，子牧犍（亦作茂虔）继位。439年北魏大军围攻姑臧，牧犍出降，北凉亡。蒙逊弟无讳等率残余势力西走，后立国于高昌，460年为柔然所灭。

北凉沮渠氏联合境内汉族大姓势力，以郡县方式管理人民，征发赋役。又大兴佛教，译经造像。还不时与刘宋互通使节，

使河西与江南的文化交流得以继续保持。北魏灭北凉，徙凉州民3万余户至平城（今山西大同）一带，其中一批东迁的学者，对北魏的文化有重大影响。

月亮与西王母

南燕

十六国之一。鲜卑族慕容德所建。都广固（今山东益都）。盛时有今山东及河南的一部分。历二主，共13年。

后燕慕容宝在位时，叔父慕容德镇守邺城（见邺）。397年北魏攻后燕都城中山（今河北定县），宝北奔龙城（今辽宁朝阳）。10月，北魏破中山，后燕被截为两部分。德以魏将来攻，邺城难保，于398年率户四万南徙滑台（今河南滑县东），自称燕王，史称南燕。399年滑台为北魏攻占，德用其尚书潘聪策，率众向东，攻取青、兖，入据广固。400年德改称皇帝。405年，德病死，兄子慕容超嗣位。超好游猎，委政宠幸，诛杀功臣，赋役繁多，百姓患苦。409年东晋刘裕率师北伐，次年2月攻下广固，超被俘斩，南燕亡。

南燕建国之初，鲜卑贵族即与汉族士大夫合作，共同统治。慕容德称帝，下诏承认旧士族特权；又建立学官，选公卿以下及二品士门子弟入太学，本地大族势力得以保存和发展。由于鲜卑贵族和汉族大姓竞相荫庇人口，形成"百室合户"、"千丁共籍"的局面，严重影响国家的赋役征发。德采纳尚书韩谇建议，下令检括户口，出荫户五万八千。还立铁冶，置盐官，以增加国库收入。

西 凉

十六国之一。汉族李暠所建。都酒泉（今属甘肃）。盛时有今甘肃西部酒泉、敦煌一带，西抵新疆葱岭。历三主，共22年。

护法金刚纹棺床支足

李暠，世为西州大姓。先祖仕晋为郡守。后凉主吕光时，段业于397年在张掖自称凉州牧、建康公，以暠为效谷县令，迁敦煌太守。400年，暠据敦煌自称大都督、大将军、凉公，设官建号，发兵攻下玉门以西诸城，控制了西域，建国西凉。

中国通史

最新整理图文珍藏版

401 年，沮渠蒙逊攻杀段业，建北凉。
暠常对北凉作战。405 年暠迁都酒泉，并
徙胡、汉各族两万三千户于酒泉一带，以
汉人一万户侨置会稽、广夏二郡，余户分
置武威、武兴、张掖三郡。北凉沮渠蒙逊
每年进攻，西凉力不能敌，故与其通和立
盟。暠安抚境内，敦劝稼穑，但北凉背盟
进攻，暠不得不迎战。417 年 2 月暠病死，
子李歆继位，继续对北凉作战。420 年歆
闻沮渠蒙逊南伐西秦，率军三万往攻北凉
都城张掖，途中为蒙逊所败；蒙逊杀李歆，
进占酒泉。同年九月，歆弟李恂据敦煌称
冠军将军、凉州刺史。421 年 3 月蒙逊攻
破敦煌，恂自杀，西凉灭亡。

伎乐飞天

西凉民户稀少，李暠统治时，经济上
劝课农桑，又屯田积谷，资储充足，势力
渐盛。政治上依靠凉州大姓，并奉表称臣
于东晋；又设立学校，培养高门子弟。军
事上充实武备，意欲打败北凉，统一河西。
李歆继位后，严刑峻法，好治宫室，又刚
愎自用，不听劝谏，以致人力凋残，百姓
困敝。

夏

十六国之一。匈奴铁弗部赫连勃勃所
建。都统万（今陕西靖边以北白城子）。
盛时有今陕西北部、内蒙古南部和甘肃一
部。历三主，共 25 年。
391 年勃勃父刘卫辰被北魏攻杀，勃

勃投奔后秦。后秦主姚兴以勃勃为安北将
军、五原公，配以五部鲜卑及杂虏两万余
落，镇朔方（今陕西延安）。407 年勃勃袭
杀后秦高平公没奕于，众至数万，6 月，
自称大夏天王、大单于，国号大夏。夏国
初建，不立都城，流动袭击，消灭后秦有
生力量，413 年始发民十万筑统万城为都。
417 年东晋大将刘裕北伐灭后秦，留子义
真守长安。次年，勃勃攻下长安，即皇帝
位，并追歼义真所率晋军。425 年 8 月，
勃勃死，子昌继位。426 年北魏攻占长安，
次年又攻统万，昌战败逃往上邦（今甘肃
天水）。428 年四月北魏攻克上邦，俘赫连
昌；昌弟赫连定率余众数万至干凉（今甘
肃干凉西南）称帝，继续与北魏作战。431
年定击灭西秦，掳其民十余万口欲渡黄河
西去，六月渡河时遭北魏屑国吐谷浑袭击，
定被俘，夏亡。

法显著书图

夏国的统治者凭借武力，经常强徙被征服地区的各族人民于统万及各军事重镇。境内不立郡县，只设城堡、军镇，实行军营统户制，城镇所属户口即是军营所统户口。赫连勃勃以残暴著名，为筑统万残和制造兵器，杀死无数民工和数千工匠。对外连年战争，穷兵黩武，以掠夺人口和才富。

北 燕

十六国之一。汉人冯跋所建。都龙城（今辽宁朝阳）。盛时有今辽宁西南部和河北东北部。历二主，共28年。

冯跋（？～430年），字文起，长乐信都（今河北冀县）人。父冯安，慕容永时仕西燕为将军。西燕亡，冯跋东徙龙城，为后燕禁卫军将领。慕容熙荒淫无道，407年四月，冯跋等杀慕容熙，拥立后燕主慕容宝养子慕容云（即高云）为主。云称天王，以跋为使持节，都督中外诸军事、录尚书事，掌军国大权。409年10月，云被其宠臣离班等所杀，冯跋又杀离班等，自称燕天王，仍以燕为国号，都龙城，史称北燕。430年9月，跋病死，其弟冯弘杀跋诸子自立。冯弘之世，北魏连年进攻，掠徙北燕民户。435年，弘遣使请高句丽出兵迎弘。436年4月，北魏大军又攻龙城。5月，冯弘在高句丽军保护下率龙城百姓东渡辽水，奔高句丽。北魏军入占龙城，北燕亡。

冯跋统治时，能留心政事，革除后燕苛政，简省赋役，奖励农桑，惩治贪污，社会较为安定，有利于农业生产的恢复和发展。又建立太学，选派2000石以下子弟入学读书，培养统治人才。除以州郡治民之外，还以太子冯永领大单于，置前后左右四辅，推行胡、汉分治政策。冯跋、冯弘都曾派遣使者到江南，当时南朝称北燕为黄龙国。

成武帝李雄

成武帝李雄（274～334），是十六国时期成国建立者。字仲儁。巴賨（见賨）豪强领袖李特第三子。巴西宕渠（今四川渠县东北）人，后迁略阳（今甘肃天水东北）。李特率流民起义，以雄为前将军。303年，李特被益州刺史罗尚击杀。继任者李流旋亦病故，雄以大都督名义继续领导流民作战，驱逐罗尚，攻占成都，304年称成都王，建元建兴。以范长生为谋主。306年即皇帝位，国号大成。在位三十年。李氏封建政权在六郡流民反晋斗争中建立，史称"为国无威仪，官无禄秩，班序不别，君子小人服章不殊。"但李雄虚己爱人，授用皆得其才，并兴文教，立学官，简行约法，政治较为清明。注意发展生产，赋役较轻，男丁一岁谷三斛，女丁一斛五斗，疾者减半；户调绢不过数丈，绵不过数两。多次遣使东晋朝贡，遣将开拓疆域。死后由兄荡之子班继位，为其子李期所杀，而李期复为李特弟骧之子李寿所杀，改国号为汉，政治紊乱，于347年被东晋桓温所灭。

汉光文帝刘渊

汉光文帝刘渊（？～310），是十六国时期汉国建立者。字元海。新兴（今山西忻县）匈奴族人。在位七年。谥光文皇帝，庙号高祖。匈奴族酋长，归附汉朝后，自谓是汉朝外孙，故冒姓刘。祖父於扶罗，为南匈奴单于；父豹，为左贤王。曹操分南匈奴为五部，以豹为左部帅。渊少读诗书，尤好《左传》及《孙子兵法》，汉化较深。魏咸熙时作为任子留在洛阳。父卒，继任左部帅，晋

中国通史

最新整理图文珍藏版

太康十年（289）任北部都尉，后为五部大都督，颇能团结匈奴五部部众。八王之乱时，他说动成都王颖命他返回并州（今山西），调发五部之众协助成都王参加内战，被任为北单于、参丞相军事。他到左国城（今山西离石北），利用北方民族矛盾和阶级矛盾，起兵反晋，称大单于，不久领众五万，建庭离石。304年十月于左国城称汉王，建国号曰汉，任刘宣为丞相。刘渊屡次击败晋军进讨，但败于并州刺史刘琨。后依侍中刘殷、王育之谋，命将四出，进据河东，攻克蒲坂（今山西夏县西南）、平阳（今山西临汾西南）。王弥、石勒、汲桑、鲜卑陆逐延相继率部归降，声势大振。308年即皇帝位，建都平阳。两年后病死，刘和嗣位。

汉烈宗刘聪

　　汉烈宗刘聪（？～318）十六国时期汉国皇帝。一名载，字玄明。匈奴族。新兴（今山西忻县）人。在位九年。谥昭武皇帝，庙号烈宗。刘渊第四子，少好学，工书法，能诗文，善武事。累官至右积弩将军，参前锋战事。刘渊为北单于，以聪为右贤王。310年，刘渊病笃，以聪为大司马、大单于、录尚书事，掌握军政大权。刘渊死后，他杀兄刘和夺取皇位，改元光兴。立弟乂为皇太弟，领大单于、大司徒。又以子粲为河内王、任使持节、抚军大将军、都督中外诸军事。刘聪遣族弟刘曜、大将王弥率众四万出洛阳，周旋于梁、陈、汝、颍之间，攻占堡壁。311年石勒于苦县宁平城（今河南郸城东北）全歼西晋军。同年夏，派刘曜、王弥克洛阳，俘晋怀帝司马炽。纵兵烧掠，杀王公士民三万余人。因此时正值西晋永嘉五年（311），

史称永嘉之乱。316年，刘聪又遣刘曜攻破长安，俘晋愍帝司马邺，西晋灭亡，中原地区均归汉统治。刘聪沉湎酒色，游猎无度，广建宫殿，生产荒废，人民逃离，因连年战争所统属的各将领形成割据势力。刘聪时汉所统辖地区实际上东止于太行山，南未越过嵩山、洛水，西到陇坻，北不出汾水、晋阳。在其直接控制地区实行胡、汉分治政策（见汉）。以子刘粲为相国，总理军国大事。318年病卒，太子粲嗣位，不久即为匈奴贵族靳准所杀。刘曜自长安赴之，遣兵汉都城平阳（今山西临汾西），族灭靳氏，自立为皇帝，改国号为赵，史称前赵。

前赵皇帝刘曜

　　刘曜（？～328）十六国时期前赵皇帝。字永明。匈奴族。新兴（今山西忻县）人。刘渊族子。318年自立为皇帝，次年，改国号汉为赵，定都长安，史称前赵。在位十一年。刘曜勇武过人，早年深受汉文化影响，喜谈兵书，曾被刘聪誉为刘秀（即汉光武帝刘秀）、曹操（即魏武帝曹操）一流人物。刘聪在位时，任相国都督中外诸军事，镇长安。318年，匈奴贵族靳准杀刚继位的刘粲，自立为汉天王。刘曜闻变，自长安赴之，遣兵至平阳族灭靳氏，自立为皇帝。即位后，任用汉人士族，设立太学、小学。汉族大臣对他残暴奢侈的规劝，有时也能听从、改正。关中、陇右各少数族杂居，刘曜继承刘渊以来统治胡汉的双重体制，设单于台于渭城（今陕西咸阳），任命其子刘胤为大单于，置左右贤王以下官位以胡、羯、氐、羌、鲜卑各族酋豪充任。刘曜沉湎酒色，末年尤甚。在他统治期间，各族人民多次起义反抗，参加者一次多达氐、羌十余万落或羌、氐、

巴、羯三十余万人。他在镇压起义以后，或扣留质任，或大量移民于长安，多时一次达二十余万口。前赵国境西有前凉张氏，南有仇池杨氏和成汉李氏，北、东两面是后赵石氏。张氏兵力不强，保境自守，称藩于刘曜，李氏远据巴蜀，刘曜力所不及，也不能对关中构成威胁。仇池地方虽小，而易守难攻。虽被刘曜一度占领，终为杨氏收复。刘曜扩张势力，主要东向与石氏激烈争斗，互有胜负。328 年，刘曜攻打洛阳，在大败石虎之后，骄傲轻敌，饮酒沉醉，不能指挥战斗，为石勒所俘虏，不久被杀。

后赵明帝石勒

石勒（274～333）十六国时期后赵建立者。字世龙，原名匐勒。上党武乡（今山西榆社北）人，羯族。319 年称赵王。西晋羯族的来源，一说是服属于匈奴随之入塞的羌渠部后裔；一说来自中亚的石国（今乌兹别克斯坦塔什干一带）。羯人高鼻深目多须，信奉祆教。石勒父祖都是羯人部落的小帅。

西晋时杂居内地的各少数族往往受汉族地主豪强的奴役压迫。石勒青年时期曾从事耕田、沤麻等农业活动，又在荒年被并州刺史司马腾枷押山东出卖。被主人放免后，因善于相马，结识马牧帅汲桑。305 年，他和汲桑率领牧人，乘苑马数百骑，投奔起兵于赵魏的公师藩。公师藩失败，汲桑释放郡县系囚，招聚山泽亡命，自号大将军。石勒原有一小队胡族为主的部下，号称"十八骑"。这时胡汉各族归附他的日益增多。汲桑以石勒为前锋，攻下邺城，杀司马腾。汲桑失败，307 年，石勒率部投汉主刘渊。刘渊、刘聪向山东、河北扩张，主要依靠石勒兵力。南阳一带的雍州流民起兵反晋，几支义军互有矛盾，其中王如联合石勒，要他攻打占据宛城的义军。310 年，石勒攻取宛城后，乘势南下襄阳，一度想保据江汉之间，但军粮不济，兵士又大半死于疫病，他便听从张宾建议，撤回北方。

311 年，晋东海王越率领包括"名将劲卒"的二十余万人在自洛阳进攻石勒的途中病死，大军东归，石勒追击，及宁平城（今河南郸城东北）全歼晋军。被司马越调集在军中的朝臣贵族多人被杀，其中有认为儿童时代的石勒已经"声视有奇志"而拟加害于他的王衍。同年，石勒会合刘曜、王弥，攻破洛阳，怀帝被俘。他又遣军攻豫州诸郡，游骑临江而还。遂屯军葛陂（在今河南新蔡），修造壁垒，种田造船，筹划进攻东晋。312 年春，东晋在寿春聚集大军，严加戒备。当时大雨三月不止，石勒军中饥疫，死者达三分之二。张宾建议放弃南下计划，并指出，石勒转战南北，"流行羁旅，人无定志，难以保万全、制天下"。他认为"邯郸、襄国，赵之旧都，依山凭险，形胜之国"，选择其一，广聚粮储，则"王业可图"。石勒依张宾之策，进据襄国（今河北邢台），作为据点，逐步统一黄河以北大部地区。

石勒先结好于晋并州刺史刘琨，消灭幽州刺史王浚，然后逼走刘琨，消灭幽州的鲜卑段氏，攻下冀州郡县；击败各地抵抗胡族统治的流民队伍，于是到 321 年，幽、并、冀三州皆归石氏。323 年破曹嶷，取青州。328 年在洛阳大败前赵军，俘刘曜，并有关陇。中原地区，除辽东慕容氏、河西张氏外，都统一于石氏。330 年，改称赵天王，行皇帝事，同年又改称皇帝。当年，赵军浮海攻东晋东南诸县，直至娄县（今江苏昆山东北）、武进（今江苏常州）一带。

石勒出身低微，早年饱经忧患。他富于军事才能，政治上也颇有识度，自比在刘邦（即汉高祖刘邦）、刘秀（即汉光武帝刘秀）之间，鄙视曹操（即魏武帝曹操）、司马懿欺负孤儿寡妇以取天下。儒生读《汉书》给他听，读到郦食其劝刘邦立六国后人时，石勒大惊，说这样何以能统一天下。当听到张良劝阻，才连忙说"赖有此耳"。石勒胸襟开阔，不念旧恶。少数族统治者忌讳胡字，法令甚严，但他并不对无意中触犯的人加以惩罚，还依靠汉族士人巩固其统治。主要参谋张宾就是汉人。他攻下冀州郡县堡壁后，搜罗"衣冠人物"，组成"君子营"。后赵建国后，"典定士族"，区分士庶。选拔人才的办法，大致也是沿用九品中正制。石勒往往从谏如流，对于臣下劝阻的事，有时虽不同意，也暂且停办，说是为了"成吾直臣之气也"。

石勒沿袭刘渊胡、汉分治办法，称赵王时又自号大单于，"镇抚百蛮"，任石虎为单于元辅。称赵天王后，命其子石宏为大单于。石勒禁止胡人侮慢汉人士族。兄死妻嫂是很多胡族的普遍风习，他也加以禁止，并不许在丧婚娶，以适应汉人习惯。职官大体依照晋制而有增设，如置专司胡人词讼的门臣祭酒，管理胡人出入的门生主书。攻占幽冀后，核实州郡户口，每户所课租调比西晋王朝对农民的剥削有所轻减。立国后，为节省粮食，禁止酿酒。还计划推行钱币，代替布帛交易，但未能实现。石勒注意教育，在襄国和地方设立学校。建国前，曾令采择晋代律令要点，作为暂行制度，后改用正式律令。所设官职有律学祭酒，反映对法律的重视。他虽亦残酷好杀，但所采取的上述各项措施，却是难能可贵的。

石勒病死前，遗嘱不要厚葬，告诫石弘从司马氏家族内讧中吸取教训，劝石虎学习周公、霍光辅佐幼主的先例，以免被人议论，说明他预感到死后会发生争权的动乱。

后赵太祖武皇帝石虎

石虎（295～349）十六国时期后赵皇帝。字季龙。上党武乡（今山西榆社北）人，羯族。石勒从子。幼时由石勒的父亲收养，因而也被认为是石勒之弟。性残暴而骁勇，善用兵，跟随石勒屡立战功。319年，石勒称赵王、大单于，以虎为单于元辅。石勒称帝，授太尉、守尚书令，进封为王。334年，废石勒子石弘自立，称居摄赵天王，次年迁都于邺。337年改称大赵天王，349年称帝。石勒统一了的北方，政治相当稳定，经济比较繁荣。石虎利用这个条件，穷奢极侈，大兴土木，滥夺民女，和他的几个儿子一起，残酷地压迫剥削胡、汉各族人民。在对外方面，他与辽东的前燕慕容氏、河西的前凉张氏多次作战，互有胜负。对于东晋，几次聚集舟师，大造船舰，准备浮海和渡江进攻。甚至还想灭成汉以夺取巴蜀。但石虎的暴虐统治和残酷压榨，使他征服南北敌国的野心不可能实现，境内起义不断，特别是流民乞活部队和梁犊领导的起义军，给予石虎统治巨大打击。

石虎太子石邃谋害石虎，未遂被杀，虎又立石宣为太子。石宣与弟韬争宠，杀石韬，欲谋杀石虎。事情败露，石虎杀石宣，立石世为太子。349年石虎死，诸子争立，大臣火并。石世立三十三日，为兄石遵所杀；遵立一百八十三日，为兄石鉴所杀；鉴立一百零三日，为冉闵所杀，后赵亡。在襄国称帝的石祗，也被冉闵消灭。

鲜卑大单于慕容廆

慕容廆（269～333）晋朝时辽东割据政权首领。字奕洛瑰。昌黎棘城（今辽宁义县西北）鲜卑族人，慕容氏属鲜卑中部，又称白部鲜卑。廆在位约四十九年。三国时，其曾祖莫护跋率部居于辽西，父涉归时迁居于辽东北。西晋初，廆继立，逐渐发展，每岁侵扰晋辽西、昌黎边境，后归顺晋朝，为鲜卑都督。289年迁于徒河（今辽宁锦州），294年迁于大棘城（即棘城），自称鲜卑大单于。后教民农桑，法制与西晋相同。晋愍帝遣使任命他为镇军将军，昌黎、辽东二国公。西晋末年，中原士庶或南下江东，或西投凉州张氏，一部分则徙居辽东。如河东裴嶷、右北平阳耽、广平游邃、渤海高瞻等世族多率宗族、乡里投庇。慕容廆尽力招徕，立郡以统流入，辽水流域人口激增，土地开拓，农业生产提高。东晋时，慕容廆以龙骧将军、大单于建立割据政权，委政于裴嶷等，修明刑政。押送石勒的使节到建康，以示与东晋通好，并接受东晋车骑将军、平州牧、辽东郡公官爵。其子慕容皝建立燕国，史称前燕。

前燕文明帝慕容皝

慕容皝（297～348）十六国时期前燕的开国君王。字元真，小字万年。慕容廆第三子。昌黎棘城（今辽宁义县西北）鲜卑族人，在位约十二年。333年继父廆职位，东晋遥命为平北将军行平州刺史等职，统治辽东。讨平鲜卑部族的内乱，杀幕容仁，337年自称燕王，以汉人封奕为国相，击溃后赵主石虎的

围攻，献捷东晋，获东晋燕王册封。342年迁都龙城（今辽宁朝阳）；344年大破鲜卑宇文部，拓地千余里。先后败鲜卑段氏，破高句丽，袭后赵幽冀之境，将被征服地区的人民徙于辽河流域。他招徕流民开荒垦殖，按照曹魏屯田制分成办法，"持官牛田者官得六分，百姓得四分，私牛而官田者与官中分"。取消慕容廆时为流人所设侨郡、县，以渤海人为兴集县，河间人为宁集县，广平、魏郡人为兴平县，东莱、北海人为育黎县，吴人为吴县，直接隶属于燕国。慕容皝汉化较深，崇尚儒学，设东庠（学校），以大臣子弟为官学生，号高门生。亲临讲授，每月考试优劣，学生达千余人。能文，著有《太上章》，又著《典诫》十五篇以教子弟。子儁继位后称帝。

后秦太祖武昭皇帝姚苌

姚苌（330～393）十六国时期后秦的创建者。字景茂。羌族。姚弋仲第二十四子。在位约十年。357年，兄姚襄率部与前秦军战于三原，兵败被杀。姚苌领众降于前秦，为苻坚部将，累建战功。肥水战后，384年，据岭北（今陕西礼泉九嵕山以北）的北地、新平、安定等郡，自称大将军、大单于、万年秦王，建元立国，史称后秦。羌胡十余万户归附。385年姚苌杀死苻坚，次年称帝于长安，改称常安，国号大秦。姚苌多谋略而不善于征战。386年苻坚族孙苻登自立为前秦主后，后秦原苻坚旧部氐、羌和汉人归之者十余万。其与姚苌转战相持，西北起安定（今甘肃泾川北），东南到长安，屡次大败后秦军。391年，姚苌破苻登军于长安以东，苻登又转攻安定。姚苌北行拒守，后秦不断受到苻登的攻击，政权始终未得稳定。393

年姚苌死，其子姚兴继立，次年击溃苻登，灭亡前秦，消除肘腋之患，后秦才兴盛起来。

后燕成武帝慕容垂

慕容垂（326～396）十六国时期后燕的创建者。字道明，原名霸，字道业。昌黎棘城（今辽宁义县西北）人，鲜卑族。前燕主慕容皝第五子。在位十三年。在344年击溃鲜卑宇文部和350年攻克后赵蓟城的战争中，都曾立大功。352年慕容儁称帝后，于354年封垂吴王。他先后镇信都（今河北冀县）、龙城（今辽宁朝阳）、蠡台（今河南商丘）、鲁阳（今河南鲁山）。两次任司隶校尉，首都王公贵族为之敛迹。369年，晋桓温率军攻前燕，抵枋头后撤退，慕容垂追到襄邑（今河南睢县），大败晋军，从此威名益振。大傅慕容评忌妒排挤，密谋杀害，慕容垂被迫携妻子投奔苻坚，任冠军将军等职。370年苻坚灭前燕。383年肥水之战秦军大败后，慕容垂纠合鲜卑、乌桓、丁零等各族兵力，企图复兴燕国。384年垂自称大将军、大都督、燕王，建元立国，史称后燕。遂率军二十万围攻邺，长达年余。击退秦晋援军，夺据邺城。关东诸州背秦降燕。386年慕容垂称帝，定都中山（今河北定县）。394年，消灭同族慕容泓在河东建立的西燕政权。拓跋珪称魏王（386）后，势力逐渐强大。燕魏关系恶化，魏联合西燕进攻后燕。395年，慕容垂派太子宝率军攻魏，大败于参合陂（在今山西阳高境）。次年，亲率军伐魏，无功而还，死于途中，后燕的大部分疆土，以后终于被魏吞并。

宣烈王乞伏国仁

乞伏国仁（？～388）十六国时期西秦的建立者。陇西鲜卑（一说赀虏）人，在位四年。前秦主苻坚在位时，乞伏鲜卑酋长、国仁父乞伏司繁，率部众投附苻坚，镇勇士川（又名苑川，今甘肃榆中东北）。司繁死后，他代镇其地。苻坚肥水战败，国仁召集所部，并征服、合并不附者，众至十余万。385年自称大将军、大单于，领秦、河二州牧，筑勇士城于勇士川居之，史称西秦。387年，苻登封其为苑川王。388年死。弟乾归继立，称河南王，据有凉州黄河以南之地。乾归曾服属于后秦姚兴，409年自称秦王。

后凉太祖懿武皇帝吕光

吕光（338～399）十六国时期后凉的创建者。字世明，略阳郡（今甘肃天水东北）人，氐族。前秦苻坚时大尉吕婆楼之子。在位约十四年。他受王猛知遇，被推荐给苻坚，任步兵校尉、骁骑将军，在多次作战中颇有威名。382年，车师前部王和鄯善王入朝前秦，愿充向导攻打西域诸国。苻坚命吕光率兵七万和铁骑五千，进军西域，383年，秦军越过流沙三百余里，焉耆等国皆降，只有龟兹拒守。384年，吕光大破各方援军十七余万，攻下龟兹。三十余国投降，有的交出汉王朝所给节传，吕光换给苻秦的信物。因贪图龟兹富足，他本打算留居，但将士都希望东归，名僧鸠摩罗什也加劝阻，于385年，以骆驼两万余头满载掠自西域的珍宝奇玩，骏马万余匹，从龟兹回到姑臧，据有凉州。后任其子吕覆为西域大都护，率大姓子弟镇高昌。苻坚死后，386年，吕光自称凉州牧、酒泉公，建国后凉。以后又改称三河王，396年自号天王。晚年昏聩，听信谗言。儿子和外甥贪暴，臣下离叛，政治腐败混乱。399年吕光死。403年后凉为后秦所灭。

南凉烈祖秃发乌孤

秃发乌孤（？～399）十六国时期南凉的创建者。在位约三年。秃发与拓跋部同出一源，是从塞北迁移到河西地方的鲜卑人。乌孤的高祖树机能部众强盛，西晋时雄踞凉州。乌孤的部众从事农桑，以廉川堡（今青海民和西北）为中心，一度服属于后凉吕氏。397年，他与后凉决裂，自称大将军、大单于、西平王，建国南凉。后夺得吕氏所属乐都、湟河，浇河诸郡（今青海乐都至同仁一带），姑臧南面的洪池岭以南的羌胡数万落都归附于秃发部。398年，乌孤称武威王，次年，从西平（今青海西宁）迁都于乐都（今属青海）。他积极规划，准备先消灭后凉吕氏势力，夺取姑臧，然后南向并吞西秦乞伏氏，北向灭北凉段氏，但未及实现。399年乌孤死。弟利鹿孤继立，401年称河西王。次年利鹿孤死，传位于弟秃发傉檀。

南凉景王秃发傉檀

秃发傉檀（365～415）十六国时期南凉王。鲜卑人，秃发乌孤之弟，402年南凉王秃发利鹿孤死，傉檀继位，自号凉王，定都于乐都（今属青海）。在位约十三年。403年，后秦姚兴灭后凉，据有凉州。次年，秃发傉檀诈降姚兴。406年，从后秦接受凉州刺史称号，占

领姑臧。同时保持政治独立，控制武威郡以南诸郡。南凉的东南是后秦姚氏和西秦乞伏氏，东北有赫连夏，西北有北凉沮渠氏。后秦进攻傉檀，谋取姑臧，没有成功。赫连勃勃求婚于傉檀，他不许，勃勃进攻南凉，傉檀大败。与南凉紧邻而不断以兵戎相见的，是北凉和西秦。傉檀屡次败于北凉沮渠蒙逊，410年蒙逊夺取姑臧后，一再南进包围乐都。南凉连年不收，上下饥弊，傉檀为了解决困难，414年率兵向西进攻吐谷浑的乙弗部，获得牛、马、羊四十余万头。但他以为沮渠蒙逊退兵不久，西秦乞伏炽磐"名微众寡"，又是自己的女婿，因而放松了后方的防御。乞伏炽磐乘虚进攻，十天攻下乐都，南凉灭亡。傉檀投降，年余后被炽磐毒死。

北凉武宣王沮渠蒙逊

沮渠蒙逊（368～433）十六国时期北凉的创建者。临松郡（今甘肃张掖南）卢水胡人。在位约三十三年。沮渠氏的祖先曾任匈奴的左沮渠，因而以官为氏，在张掖一带世为酋豪。蒙逊涉猎书史，有谋略。两位伯父沮渠罗仇兄弟在后凉统治者璟光部下被杀后，于397年率众推段业为凉州牧，脱离后凉独立。段业任蒙逊为张掖太守。401年，蒙逊杀段业，自立为凉州牧、张掖公，建国北凉。412年，迁都于两年前从秃发傉檀手中夺取的姑臧，称河西王。421年，攻下敦煌，灭西凉李氏。约在次年占领高昌，版图扩及西域。北凉政权达到极盛时期，与刘宋交聘，输入书籍，继前凉、西凉之后，在河西保存和发扬了汉族封建文化。蒙逊死后，子茂虔（亦作牧犍）继位。439年北魏攻占姑臧，茂虔投降，与士民三万户一起被徙到平城。茂虔

之弟无讳和安周率部向西转移。442年无讳据有原为北凉高昌太守阚爽控制的高昌郡，在那里延续了北凉政权。444年无讳死，安周继位。460年被柔然攻灭。

南燕君主慕容德

慕容德（326~405）十六国时期南燕的创建者。后增一字名备德，字玄明。昌黎棘城（今辽宁义县西北）人，鲜卑族。前燕主慕容皝少子。慕容暐时封范阳王，为征南将军，369年，东晋桓温率军攻前燕，德与兄慕容垂一道大败晋军于襄邑。慕容垂奔投前秦主苻坚后，德连坐免职。前秦灭前燕，他被徙到长安。淝水之战后，慕容垂称王，建后燕，都中山。慕容宝继位，以慕容德为使持节都督冀、兖、青、徐、荆、豫六州诸军事、特进、车骑大将军、冀州牧，镇邺城，总管南境。397年，魏军攻下中山，慕容宝奔龙城，后燕被截为两部分。398年，慕容德率众自邺徙滑台（今河南滑县东），自立为燕王，史称南燕。滑台处于北魏和东晋之间，南北两面受敌，南燕所能控制的不到十城，滑台还一度被魏军占领。于是慕容德东进夺取青州，400年称帝，于广固（今山东益都西北）建都。南燕境内豪门大族荫庇户口，影响政府的财源和兵源。慕容德下令检括，出荫户五万八千。南燕拥有步兵三十七万，铁骑五万三千。德死，兄子超继位，410年为东晋刘裕所灭。

西凉太祖武昭王李暠

李暠（351~417）十六国时期西凉的创建者。字玄盛，小字长生。陇西成纪（今甘肃通渭东北）人。在位约十八年。自汉代移居狄道，世为西州大姓。397年，段业自称凉州牧时，以暠为敦煌太守领护西胡校尉。400年，自称凉公，派兵攻下玉门以西，控制了西域，建国西凉。405年，迁都酒泉。他乘后凉吕氏灭亡之机，为敦煌土著豪右所推，"兵无血刃，坐定千里"，原以为指日可以恢复三十年前前凉张氏政权的版图，但南凉秃发傉檀占有姑臧，北凉沮渠蒙逊雄据张掖，兵力都比较强盛，不断进攻西凉。李暠被迫与他们通和立盟，只能安抚境内，劝课农耕，以经史道德勉励自己的子弟，勉强自保。李暠两度遣使间行到建康，奉表东晋王朝，把安帝比作周天子，而以齐桓、晋文自喻。但江南、凉州相隔悬远，无从呼应支援。417年李暠死。临终前还深憾自己才弱智浅，不能统一河西地方。421年，西凉为北凉所灭。

夏国创立者赫连勃勃

赫连勃勃（？~425）十六国时期夏的创建者。南匈奴后裔，刘渊的同族。在位约十九年。北魏明元帝曾改其名为屈子，意为卑下。原为铁弗部，勃勃称王后，以为帝王"徽赫与天连"，因而改姓为赫连氏。父刘卫辰，率部服属于苻坚，屯驻代来城（今内蒙古杭锦旗东），为北魏所灭。勃勃逃亡到后秦，受到姚兴的宠遇。任为安北将军、五原公，镇朔方（今陕西延安）。407年，勃勃自称天王、大单于，国号大夏。据有河套之地，南境抵三城（今陕西延安）和高平（今宁夏固原）。勃勃体格魁伟，雄略过人，而凶暴好杀。善于用兵，多次向西进攻南凉，向南进攻后秦，俘掠大量人口牲畜。413年，营建首都，蒸土筑城，铁锥如能刺进一寸，即杀工匠一并筑入。他说自己将要统一天下，君临万邦，因而定城名为统万（今陕西靖边北白城子）。东晋将领刘裕灭后秦南归后，勃勃乘机南下，于418年攻克长安，作为南都，自称皇帝，关中郡县都投降。425年赫连勃勃死。子赫连昌继位。427年，北魏攻取统万，次年，赫连昌被擒。431年夏亡。

出污泥而不染的高允

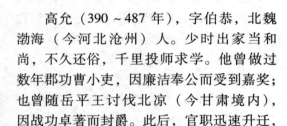

高允（390～487年），字伯恭，北魏渤海（今河北沧州）人。少时出家当和尚，不久还俗，千里投师求学。他曾做过数年郡功曹小吏，因廉洁奉公而受到嘉奖；也曾随岳平王讨伐北凉（今甘肃境内），因战功卓著而封爵。此后，官职迅速升迁，很快便被任命为著作郎、中书令兼太子师。

在北魏官场上，贪污腐化之风盛行。而高允却自奉清廉，出污泥而不染。

在他官拜中书令时，虽蒙皇宠，却依然"家贫布衣"。文成帝曾亲自到他家视察，见其只有草屋数间，布被藏袍，厨房的灶台上仅有一点咸菜而已。不禁感叹道：古代所谓清贫之人岂有此乎！于是赐帛五百匹，粟千斛。但是，高允却坚辞未受。

高允曾多次以年迈为由奏请还乡，文成帝始终没有同意，反而拜他为镇军大将军，领中书监，又迁尚书领散骑常侍。准他乘车入殿，朝贺不拜，给了他许多优惠待遇。

高允享年98岁。这在历代名臣中，也是少有的。

第二节　文化中兴：艺海拾贝　科技撷英

文学上的"太康中兴"

西晋文学最为繁荣的时期是太康（公元 280 年～公元 289 年）、元康（公元 291 年～公元 299 年）年间。钟嵘称："太康中，三张、二陆、两潘、一左，勃尔复兴，踵武前王，风流未沫，亦文章之中兴也。"（《诗品序》）太康间最活跃的诗人正是张载、张协、张亢和陆机、陆云、潘岳、潘

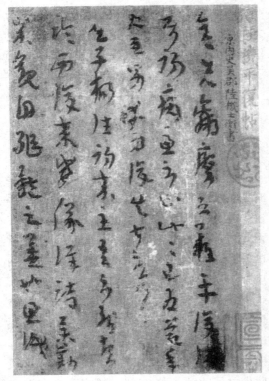

陆机·平复帖

尼与左思。宋人严羽《沧浪诗话·诗体》根据这时作家作品的风格，称之为"太康体"。太康诗风，大致如刘勰所说，"采缛于正始，力柔于建安"（《文心雕龙·明诗》），"体情之制日疏，逐文之篇愈盛"（《文心雕龙·情采》），即诗歌创作多追求形式华美，而内容则比建安、正始时期较为贫弱，显得骨气不足，而形式过于华丽和严整，有本末倒置之感。出现这种情况是由于社会暂时呈繁荣安定景象，许多文人为之欢欣鼓舞，禁不住攀龙附凤，歌功颂德，这就使他们的诗歌内容受到局限。也正是由于社会暂时稳定，文人们才有时间和精力来深入研究文学创作问题。如陆机作《文赋》专论为文之道，对形式技巧问题加以探讨；左思花了十年时间制作《三都赋》，考证名物不遗余力。同时，从曹丕的时代起，文学已开始逐渐从经学的附庸地位中独立出来，进入自觉发展的轨道。建安文人如曹植就已相当重视词采的华茂，讲究形式技巧，太康诗人沿着这一轨迹加以发展，也是文学发展的趋势使然。太康诗人追求形式华美，从积极的角度说，可以说是文学更加自觉的一种表现。其缺点是未能正确地处理好文学形式与内容的关系，这种倾向一直延续到南北朝之末，其教训是值得总结的。尽管如此，这一时期的诗歌创作还是有成就的。就作家而言，陆机、潘岳、张协及左思的成就较高。尤其左思，其"三都赋"名噪当时为传颂。

西晋词赋的发展

辞赋产生于汉代，经过汉末以来的发展，到晋时成为一个极盛时期。

从晋武帝泰始元年（公元265年）到晋恭帝元熙二年（公元420年）刘裕代晋，共155年。这是魏晋南北朝辞赋最发达的时期。这时有作品存留至今的辞赋作家有119人，今存辞赋作品（包括残缺）521篇，占魏晋南北朝辞赋总数的将近一半。这时辞赋的发展又可分为西晋和东晋两段。西晋时期，大赋的数量有所增加，如左思《三都赋》、成公绥《啸赋》、木华《海赋》、郭璞《江赋》，都属于这一类。这些赋，虽各有一定可取之处，但未能脱出汉大赋的规模。西晋的词赋形式过于华丽，善于堆砌词藻、典故，作品数量庞大。这时有成就的赋仍然是咏物抒情之作。而且词采华美，骈偶已成为主要倾向。如同骈文在这时正式形成一样，骈赋也在这时正式形成。陆机、潘岳、左思是西晋著名诗人，也是著名辞赋作家。

陆机赋今存29篇，其中较著名的是《叹逝赋》、《豪士赋》与《文赋》。

顾恺之·女史箴图卷

潘岳赋今存29篇（包括《哀永逝文》与《吊孟尝君文》等赋体文），其赋以长于抒情见称，《秋兴赋》、《西征赋》、《闲居赋》是其颇负盛名的代表作。

左思赋今存者不多，完整的仅《三都赋》、《白发赋》。

左思少年时曾学书法鼓琴不成，后发奋读书。虽出身庶门，其貌不扬，木讷口吃，但其文章华丽，文采飞扬，于西晋太康前后，撰成《三都赋》。

《三都赋》在文学史上被称为千古绝唱。是由蜀都赋、吴都赋、魏都赋等三篇独立而又相联结的赋组成。记述三国时期，成都、建业、邺三名都的山水物产、风俗人情，因左思写作态度严谨精审，所记风俗博物，都以方志、地图等资料作参考，故能详实地反映当时的社会生活状况。书成后，一方面文辞富丽、语言华实，另一方面书中内容涉及许多时人关注之焦点，如平吴、统一大江南北等，于是引起人们极大的兴趣，张华称其可与班固《两都赋》、张衡《两京赋》相媲美。皇甫谧为之作序，张载等作注，卫权作略解。当时洛阳富室传抄《三都赋》，致使城内纸价飞涨，"洛阳纸贵"成为千古佳话。

骈文的发展

骈文作为一种特殊文体，在我国先秦时期就已经产生。骈偶，作为一种修辞手法，几乎是与我国文学同时出现的。但在西汉以前，还未达到作家自觉地刻意经营的阶段。汉代辞赋盛行。辞赋讲求"丽靡"。所谓"丽靡"，指"侈丽宏衍之词"，也就是语言富艳华美。因而骈偶作为一种增加语言对称美的修辞手法，被辞赋家逐渐着意追求，着意雕琢。于是骈偶就在辞赋中被普遍使用，并率先出现骈赋。这股骈偶之风也逐渐影响到一般文章。东汉文章中的骈偶句也逐渐增多，"自扬马张蔡，崇盛丽辞，如宋画吴冶，刻形镂法，丽句

中国通史

最新整理图文珍藏版

与深采并流，偶意共逸韵俱发"（《文心雕龙·丽辞》）。

至魏晋时期，人们进一步认识到文学的重要特点就是词采华丽，骈偶也就更被文人大量地自觉地运用，从而使骈文与散文分道扬镳，各自发展。骈文于是正式形成。不过，魏晋骈文，对偶声律都不甚严格，比较严格的骈文，始自任昉、庾信以后。

晋代的骈文渐趋凝练，散句逐渐少见，对偶追求工整，语言力求典雅，用典日趋繁富，标志着骈文的成熟。这时骈文的代表作家首推陆机、潘岳。

陆机的骈文代表作是《吊魏武帝文》、《豪士赋序》等。他的骈文对偶工整，形式严密，在当时极有影响。

李密也是西晋时一位重要的骈文作家，其代表作为《陈情事表》。

李密，字令伯，原为蜀国的官吏，早年父死母嫁，独与祖母相依为命。他不仅对祖母尽心服侍，以孝闻名；更以知识渊博，文采出众而著称。司马氏一贯以名教为其政治统治的点缀，司马炎本人也深知倡导名教对巩固统治，笼络人心之意义重大，父丧，他曾深衣素服，以示衷敬。于是征召孝、才、名诸方面闻名如李密这样的人物，可以博得宽容纳贤的美名。于是公元 267 年，司马炎下诏征李密来洛阳任太子洗马。

李密上《陈情表》以尽孝为理由，拒绝征召。

在此表中，李密述说了祖母刘氏年迈体弱，"日薄西山，气息奄奄"；"人命危浅，朝不虑夕"的状况，而家中只有自己与祖母相依为命，因而暂时不能应诏。文章中作者将自己的处境和祖孙间深厚真挚的情感写得哀婉凄恻，催人泪下。而文章的语言精妙传神，极具感染力，许多语句流传后世变成成语，如"茕茕子立"、"形

明·张鹏·渊明醉归图轴

影相吊"等等。晋武帝读罢此文，极为感动，下令让郡县供李密祖母奉膳。直到刘氏去世，李密服丧满，他才应征为太子洗马，尚书郎，后出为地方官。由于李密自恃才高，常期望内调升迁，因为难以如愿而心怀怨恨，终被免官。《陈情表》在文学史上具有重要意义。司马炎围绕《陈情表》大做文章，以定时局、安人心，其政治意义也是十分重大的。

志怪小说的兴起

西晋志怪小说盛行，这与当时神仙方士之说盛行、佛道二教广泛流传有密切关系。这时期志怪小说流传至今的便有 30 多种，内容庞杂，大致可分为三类，一是炫

耀地理博物琐闻，二是夸饰正史之外的历史传闻，三是讲说神仙鬼怪故事。地理博物类小说除《博物志》外，还有《神异记》、《十洲记》等。张华编成的这部广征地理博物琐闻的志怪小说《博物志》，分类记载异境奇物、古代琐闻杂事和神仙方术等，既有山川地理知识，又有历史人物传说，奇异花草虫鱼、飞禽走兽的描述，还有怪诞不经的神仙方技故事，大都取材古籍，保存了不少古代神话资料，如书中记载八月有人浮槎至天河见织女的奇闻，成为牛郎织女神话的原始资料。据《隋书·经籍志》杂家类著录，《博物志》共十卷。流传至今内容混杂，文辞疏略，注释极少，可能是原书失传后由后人搜辑而成。

虽然这样，《博物志》在文学史上的地位是不可抹杀的。

"竹林七贤"

竹林七贤为魏末晋初七位贤士的合称，他们是嵇康、阮籍、山涛、向秀、刘伶、王戎以及阮籍的侄儿阮咸。他们共倡老庄之学，崇尚虚无清淡，常聚于一起，开怀畅饮，高谈阔论，悠游于竹林，故称"竹林七贤"。

竹林七贤生活于魏末晋初，时曹氏与司马氏之争尖锐，甚至发生高平陵事变，皇权旁落于司马氏之手，遂有司马氏大肆杀戮正始名士。

竹林之游，自与躲避政治风险相关，然亦属高朗而不降志之表现。清高傲世，阳狂远人，流风余韵，传为佳话。七贤著忘言之契，优游酣畅于一时。但由于他们在志趣、人品、行为等方面相距甚远，其后则各有结局，而受不同之臧贬。

竹林七贤在思想上对后来清谈的影响，亦以嵇康、阮籍为主，虽然向秀已著《庄

山涛像

子注》，然而《庄子注》的流传和发生影响是在西晋惠帝时，即经过郭象述而广之以后。

嵇康、阮籍认为宇宙万物是由元气构成的。他们认为名教和自然是对立的；崇尚自然，反对名教。他们两人崇尚自然，就是主张不溺于名利，不为琐碎礼法所束缚，顺应自然，逍遥自在。他们认为名教是违反人性的，礼教是破坏人们之间和谐关系的，因此他们"非汤武"（商周的开国君主，即成汤和周武王）、"薄周孔"（同公、孔子），以"六经"为糟粕。他们认为当权的门阀贵族口头上维护"名教"，实际上都是一些无耻之徒。阮籍把称道礼法的人比作裤中的虱子，遇火烤便难逃一死。这些君子在世上正如虱处裤中。嵇康、阮籍反对封建礼教，反对名教，实际上是对当权的司马氏不满，采取不合作态度。他们借老庄的放达以及他的社会政治学说以抨击当权的虚伪的名教政治。实际上，他们也不是要否定封建礼教，而是主张"尊卑有分，上下有等"的。他们虽齐名，

中国通史

最新整理图文珍藏版

稽康像

且主张相同，但在处理与外界社会的关系时方式不同。

稽康博学多才，但一直隐居不仕，主张"越名教而自然"，并批评儒家六经。司马氏专权后，山涛荐其为官。稽康拒绝，并愤然写下《与山涛绝交书》，公开反对司马氏。

后来稽康得罪于司马氏集团的心腹谋士钟会，又因好友吕安之事受到牵连，被钟会以"负才乱群惑众"的罪名，把稽康和吕安一同处以死刑。临刑的这一天，洛阳东门外的马市人山人海。其中有与稽康永别的兄弟族人，还有几千名来为稽康请命的太学生。稽康神色自如，低头看了看自己的影子，又抬头望了望来送别的人们，随后便向他哥哥要了一张琴来。回想起聂政除奸的义举，他后悔自己没能像聂政那样除掉弄权的奸臣，今天被奸臣所害。只见他拨动琴弦，弹了最后一曲《广陵散》。

那激昂、悲壮的琴音，感动得围观的人们泣不成声。稽康收住琴，仰天长叹道："我死了倒没什么可惜。《广陵散》，只恨你要从此失传了！"

稽康死时，年仅40岁。后人评断，稽康的思想，为七贤之中最为深刻、最有代表性的一家，稽康的人品也是七贤之中最高一人。阮籍在思想上与稽康齐名，著述颇丰。生在乱世，如履薄冰，阮籍蔑视礼法，旷达不羁，也曾作文讥讽钻营利禄之人。

阮籍的代表作是《达庄论》和《大人先生传》，这两篇著作都是以自设主客问答的形式发挥其思想的。阮籍借这两篇著作以发挥其胸怀本趣，亦为他反对礼法提出理论根据。在这两篇著作中，阮籍均以方外之士自居，而予世俗礼法以严厉的批评。但他又没有勇气脱离官场，一生曾官从事中郎、散骑常侍，后又改任为东平相、步兵校尉等等。在理想与现实的矛盾中，阮籍遂以酩酊大醉来应对人生，司马昭曾为司马炎求阮籍之女，阮籍故意大醉六十日来拒婚。

七贤之中刘伶与阮咸纵欲玩世，放浪形骸。刘伶一味沉醉于酒中，甚至裸体纵

炳灵寺石窟

第二编　秦汉至隋统一时期　最新整理图文珍藏版

酒，有客来家竟不穿衣服，伤风败俗，荒诞至极。阮咸比刘伶更有甚，他一生沉湎于酒，曾以大盆盛酒，甚至与群猪共饮，他们在思想上是不够深刻的。

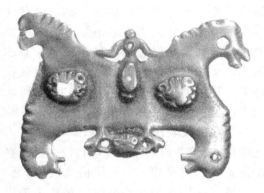

四兽纹金饰件

山涛、王戎、向秀虽口尚虚无，但不反对礼法，他们热衷名利，苟全禄位。山涛官至尚书右仆射，居选职十余年，选用官吏，皆作评论。公元 283 年卒，享年 79 岁。王戎生性吝啬，贪财好利。家有好李，恐买者得其良种，竟钻核而后卖。向秀也在胆怯、恐惧中作了很多年的官，曾官至散骑常侍。

司马彪与《续汉书》

司马彪（约公元 240 年～公元 306 年），字绍统，河内温县（今河南温县西）人，司马懿弟司马敏后代。幼年时勤学好问，孜孜不倦。但由于他好色薄行，遭到他父亲的贬斥，不准他当继承人，所以就专心致志地博览群书，研究学问。曾任骑都尉，秘书郎，秘书丞。著有《庄子注》、《九州春秋》等。司马彪认为："汉氏中兴，讫于建安，忠臣义士亦以昭著，而时无良史，记述繁杂……安、顺以下，亡缺者多。"于是他"讨论众书，缀其所闻，

起于世祖，终于孝献，编年二百，录世十二，通综上下，旁贯庶事，为纪、志、传凡八十篇，号曰《续汉书》"。（《晋书·司马彪传》）这是一部完整的东汉史著作，共八十卷，记载了从世祖光武帝刘秀到孝献帝刘协二百年的东汉史事，包括纪、志、传、后纪、传散亡，仅存八志：律历志三篇，礼仪志三篇，祭祀志三篇，天文志三篇，五行志六篇，郡国志五篇，百官志五篇，舆服制二篇，凡三十篇。从内容上看，百官、舆服二志是《史》、《汉》所没有的。然舆服志的撰写，东汉末年董巴、蔡邕已有创议，百官志则取资于皇家"故簿"。至于郡国志，谢承《后汉书》已立为志目，实由《汉书·地理志》而来，尽管如此，《续汉书》八志还是被誉为"王教之要，国典之源，粲然略备，可得而知矣。"（刘昭《后汉书注补志序》），可见，《续汉书》在继承前人成就的基础上起着无与伦比的巨大作用。

麦积山石窟

《续汉书》八志在撰述思想上有三个特点。第一，是注重考察典章制度的变化。如其《郡国志》序称："《汉书·地理志》记天下郡县本末，及山川奇异，风俗所由，至矣，今但录中兴以来郡县改异，及《春秋》、'三史'会同征伐地名，以为《郡国志》。"一是注意到东汉以来的变化，二是

注意到读史的需要。其《百官志》序称："班固著《百官公卿表》，记汉承秦置官本末，讫于王莽，差有条贯；然皆孝武奢广之事，又职分未悉，世祖节约之制，宜为常宪，故依其官簿，粗注职分，以为《百官制》。"这是指出了《百官公卿表》重在记"置官本末"，而《百官制》重在记百官"职分"，即职务禄位与责任范围。说明"表"与"志"的不同，而后者更详于官制的变化。其《舆服志》因是首创，故不独仅记东汉，而是通记"上古以来"车服制度的演变，"以观古今损益之义"。这确实独具特色，为史节体例又增一笔。

第二，是强调了以"君威"、"臣仪"、"上下有序"为核心的"顺礼"等级秩序。司马彪认为："夫威仪，所以与君臣、序六亲也。若君亡君之威，臣亡臣之仪，上替下陵，此谓大乱。大乱作，则群生受其殃，可不慎哉！故记施行威仪，以为《礼仪志》。"《礼仪志》序这里特别强调君臣之礼，与当时社会现实有关，书中的这个思想，在很大程度上是从东汉末年的历史中总结出来的。他还认为："故礼尊尊贵贵，不得相逾，所以为礼也。非其人不得服其服，所以顺礼也。顺则上下有序，德薄者退，德盛者缛。"（《舆服志》序）这显然是适应正在形成的门阀制度的需要，故"顺礼"是带有鲜明的时代特点的。

第三，是推崇"务从节约"的政治作风。司马彪批评汉武帝在官制上"多所改作，然而奢广，民用匮乏"；推崇东汉光武帝的"中兴"，说他"务从节约，并官省职，费减亿计，所以补复残缺，及身未改，而四海从风，中国安乐者也。"（《百官志》序）他还批评秦始皇、汉武帝的大规模封禅活动，是违背"天道质诚"的，认为："帝王所以能大显于后者，实在其德加于民，不闻其在封矣。"（《祭祀志》后论）。

《续汉书》八志在撰述思想上是把对历史的考察和现实的需要结合起来了，这反映出当时史家的一个共同的思想趋向。此外，谯周认为司马迁的《史记》在记载周秦以上史事时多采用的是俗语，而没有专据正典，所以他作《古史考》二十五篇，凭据旧典，纠正司马迁的错误之处。到司马彪时，又认为谯周的《古史考》也并不完美，所以他对照《汲冢纪年》，稽查考证了其中 120 多条的不当，并刊行于世。该书后来已遗散。

陈寿与《三国志》

《三国志》是唯一保存至今同时又是兼记魏、蜀、吴三国史事的优秀著作，这是中国史学上的一大幸事。

陈寿，字承祚，蜀汉巴西安汉（今四川南充）人，为经学大师谯周的学生。勤奋博学，为人质直，有良史之才。晋平蜀后，陈寿经张华推荐，官至佐著作郎。公元 280 年（太康元年）开始编写《三国志》，以王沈的《魏书》、韦昭的《吴书》、鱼豢的《魏略》等书为参考，并自己搜集蜀汉故事，经五年笔耕，于公元 285 年撰成史学不朽之作《三国志》。《三国志》由魏、蜀、吴三志六十五卷组成，（其中《魏志》三十卷、《蜀志》十五卷、《吴志》二十卷）为纪传体通史，但只有纪传，没有表态。书以取材精良、文笔简约、言辞质直而受好评。

《三国志》书成时"时人称其善叙事，有良史之才"；司空张华"深善之，谓寿曰：'当以晋书相付耳。'"《晋书·陈寿传》中讲：陈寿撰《三国志》与司马彪撰《续汉书》）大致同时，但他比司马彪早卒约十年。他们是西晋最有成就的两位史家。

《三国志》记事，起于东汉灵帝光和末年（公元 184 年）黄巾起义，迄于西晋灭吴（公元 280 年），不仅仅限于三国时期（公元 220 年~公元 280 年）的史事，故与《后汉书》在内容上颇有交叉。从《三国志》看陈寿的史才，首先是他对三国时期的历史有一个认识上的全局考虑和编撰上的恰当处置。三国鼎立局面的形成，三国之间和战的展开，以及蜀灭于魏、魏之为晋所取代和吴灭于晋的斗争结局，都是在纷乱复杂中从容不迫地叙述出来。

在编撰的体例上，陈寿以魏主为帝纪，总揽三国全局史事；以蜀、吴二主史事传名而纪实，既与全书协调，又显示出鼎立

三顾茅庐图

三分的格局。这种体例上的统一和区别，也反映在著者对三国创立者的称谓上：对

曹操，在《魏书》中称太祖（曹操迎献帝至许昌后称公、魏公、魏王），在《蜀书》、《吴书》中称曹公；对刘备，在《蜀书》中称先主，在《魏书》、《吴书》中均称名；对孙权，在全书中一概称名。

此外，在纪年上，著者虽在魏、蜀、吴三书中各以本国年号纪年，但也注意到以魏国纪年贯串三书，如记蜀后主刘禅继位、改元时书曰"是岁魏黄初四年也"（《蜀书·后主传》），记孙亮继位、改元时书曰"是岁于魏嘉平四年也"（《吴书·三嗣主传》）。这些都表明陈寿对于三国史事的总揽全局的器识和在表述上的精心安排。他以一部纪传体史书兼记同时存在的三个皇朝的历史，这是"正史"撰述中的新创造。

陈寿的史才，还在于他善于通过委婉、隐晦的表达方法以贯彻史家的实录精神。他先后作为蜀臣和蜀之敌国魏的取代者晋的史臣，对于汉与曹氏的关系、蜀魏关系、魏与司马氏的关系，在正统观念极盛的历史条件下，都是在历史撰述中很难处理的大问题，但陈寿却于曲折中写出真情。

陈寿的史才还突出表现在叙事简洁。全书以《魏书》三十卷叙魏事兼叙三国时期历史全貌，以《蜀收》十五卷、《吴书》二十卷分叙蜀、吴史事兼三国之间的复杂关系，而无冗杂之感，反映出陈寿对史事取舍的谨慎和文字表述的凝练。有人评论《三国志》"练核事情，每下一字一句，极有斤两。"但记载又过于简洁，对一些重要的历史事件和人物事迹，语而不详，甚至遗漏，由是南朝宋文帝命裴松之作补注。

陈寿在撰述旨趣上推重"清流雅望"之士，"宝身全家"之行的士族风气，所以他对制订"九品官人法"的陈群赞美备至，对太原晋阳王昶长达千余字的戒指侄

书全文收录。

陈寿在历史观上有浓厚的神秘色彩和天命思想，他用符瑞图谶、预言童谣来渲染魏、蜀、吴三国君主的称帝，用"天禄永终，历数在晋"《魏书·三少帝纪》来说明晋之代魏的合理性，他断言"神明不可虚要，天命不可妄冀，必然之验也"（《蜀书·刘二牧传》）。这种推重"清流雅望"和宣扬天人感应的政治观点和历史观点，是陈寿史学中的消极因素，也在一定程度上局限了《三国志》的史学价值。后人以《三国志》、《史记》、《汉书》、《后汉书》合称"前四史"，认为是《二十四史》中的代表性著作，这是充分肯定了《三国志》在史学上的地位。

干宝《搜神记》

东晋年间，根据历代神话传说，干宝编撰了中国第一部志怪小说集《搜神记》。《搜神记》所记多为神怪灵异，但也保存了不少民间传说，如《韩凭夫妇》、《李寄》、《干将莫邪》等篇。《干将莫邪》写楚人干将莫邪为楚王铸剑，三年剑成，却被楚王盛怒杀死。其子子赤立志报仇，不惜自刎，托头于山中客，山中客持头往见楚王。"王大喜，客曰：'此勇士头也，当于汤镬煮之。'王如其言煮头，三日三夕不烂，头踔出汤出，瞋目大怒。客曰：'此儿头不烂，愿王自往监视之，是必烂也。'王即临之，客以剑拟王，王头随堕汤中。客亦自刎己头，头复堕汤中。三首俱烂。"惊心动魄，壮气淋漓。《韩凭夫妇》写宋康王见韩凭的妻子何氏美丽，强加抢夺，并迫令韩凭服劳役，逼得二人先后殉情自尽。何氏留下遗言，请求与韩凭合葬一处。而宋康王却说："尔夫妇相爱不已，若能使家合，则吾弗阻也。"一宿之间，两棵梓木从两冢中长出来，树干相交，根于地下缠绕，树枝也牵连在一起，人称之为"相思树"，树上又有鸳鸯一对，晨夕不肯离去，交颈悲鸣，音声感人。本书篇幅较大，所收内容多有价值，在六朝志怪小说中占重要地位，被当时人刘惔称为"鬼之董狐"，开了我国志怪小说的先河。

刘义庆《世说新语》

刘义庆，宋宗室，袭临川王，曾任丹阳府尹及荆、江、南兖等州刺史。喜欢搜集典故旧闻，并记述下来，《世说新语》为轶事小说，是刘义庆召集鲍照、何长瑜等文士根据东林《语林》、《郭子》等笔记小说增衍而成的。

《世说新语》分语言、政事、文学等36篇，全面地记载了上起汉末，下迄东晋这一时期士大夫的言行，揭示了这些人物的内心世界。

大秦·"大秦龙兴化牟古圣"瓦当

魏（曹魏）晋以来，士大夫崇尚老（子）、庄（子），饮酒吃药（五石散），生活上不修边幅；平时品评人物，玩弄抽象的名词（"淡玄"），十分讲究语言的艺术，提倡用很少的话表达丰富的意思，往往说得意在言外，"言有尽而意无穷"。这便是当时人所说的"清谈"。西晋时，清谈的领袖王戎向阮瞻问孔子和老庄的异同，阮瞻只答了三个字："将无同。"王戎却非常佩服，马上给阮瞻做官。"将"、"无"二字是助词，没有什么意义。对于王戎所提的问题，阮瞻实际上只答了个"同"字，可是在王戎看来，却答得言简而意赅，是清谈的上品。《世说新语》就是这一时期"清谈"的记录，它的文笔也就以简洁著称。其艺术性较高，常通过细节描写展示人物的性格与内心，用对比手法，突出人物的性格；又善于将记言记事结合。语言精炼含蓄，发人深省。《世说新语》为记叙轶闻趣事的笔记小说的先驱，对后世影响深远。

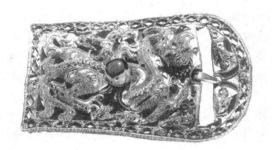

西晋·龙纹金带扣

刘勰《文心雕龙》

刘勰，字彦和，东莞莒（今山东莒县）人，生活在南朝宋、齐、梁三朝，具体生卒年已不可确考。刘勰早年时，因家境贫寒，投依著名的佛僧僧佑，在定林寺整理、编排佛经。十多年的寺庙生活，刘勰不但研读了大量佛经，而且还博览儒书，因此，佛教和儒家的思想对他都有较深的影响。到了梁武帝时，他曾做步兵校尉兼东宫舍人的小官，深受昭明太子萧统的喜爱。晚年，刘勰出家做了和尚，改名慧地，不久死去。《文心雕龙》是他留下来的主要著作。

刘勰是一个学者，精通儒家的经典和佛学，在文学方面有很卓越的见解，超过了前人，他同时的人也没有一个能比得上他的。公元501年，他开始撰写《文心雕龙》，后于梁代成书，成书时不过三十三四岁。

《文心雕龙》是一部总结性的文学评论著作。此书为一部优秀的文学批评专著，全书共五十篇。《原道》、《征圣》、《宗经》、《正纬》、《骚辩》等前五篇为全书总纲领，主要阐述文学创作应该宣扬圣道、裨益风化原则。《明诗》至《书记》等二十篇，主要论述各种文体的源流、演变及其作品的特征、优劣。《神思》、《体性》等二十四篇，主要探讨创作方法及文学批评标准。最后附有《序志》总结全书。

《文心雕龙》几乎涉及了文学中所有的问题，其主要内容有总论、文体论、创作论和批评论，是我国自西周以来文学的大总结。

当佛学和玄学盛行的时候，刘勰坚持了唯物主义的倾向。他强调文学的社会政治作用，认为文学的变化是由于时代的不同，指出建安文学的"雅好慷慨"，是由于"世积乱离，风衰欲怨"，初步建立了用历史眼光来分析、评价文学的观念。在文学上形式主义风靡的时代，他赞成"为情造文"，反对"为文造情"，主张内容决定形式，而不是相反。他不承认有抽象的文学天才，认为一切好作品，莫不是对事物作了仔细的观察，在表现方法上下了苦功的缘故。

《文心雕龙》针对当时片面追求华丽辞藻，不管内容的形式主义文风，提出了自己对文章形式和内容相互关系的正确认识。它认为，文章的好坏，最重要的还是它的内容。它说"夫铅黛（化妆用品）所以饰容，而盼倩分于淑姿；文采所以饰言，而辩丽本乎性情"。翻译成白话就是，铅粉、黛（黑）色（女子描眉用的）能够装饰美容，是因为她原来就长的美丽；文采所以能修饰文章，是因为文章的内容、情感本来很美。所以他认为，只追求辞藻而缺乏内容、情调的文章，是乏味的文章，人们是不会愿意看的。但是同时，刘勰也并不忽视辞藻和形式对文章的重要作用。他说："虎豹无文（纹饰）则鞟同犬羊，犀兕有皮而色资丹漆"，老虎豹子要是没有花纹美丽的皮毛，就和狗羊一样了，犀牛因为有厚厚的皮才会现出独特的外表。所以他又说："质待文也。"肯定了内容还要有好的形式和辞藻才能够表现出来。这是很正确的意见。

西晋·镇南将军金印

刘勰在《文心雕龙》里提出了自己对于文学评论的看法。他反对以"贵古贱今"的标准去批评文艺作品，也反对以"文人相轻"、"会己则嗟讽，异我则沮弃"的单凭主观之见和个人爱好的态度评价文章；而是主张：评论者必须"无私于轻重，不偏于憎爱，然后能平理若衡，照辞如镜也。"为此，他提出了正确观察和批评文章的六个方面，即"六观"。这就是："一观

品位（看作品的思想、主题）；二观置辞（看作品的修辞技巧和用词是否得当）；三观通变（看作品的内容、形式是否推陈出新、独具一格）；四观奇正（看作品的布局是否合乎规格、有无出奇制胜的地方）；五观事义（看作品的取材用典是否确切）；六观宫商（看作品的声律是否和谐优美）。"六个方面，既包括了作品的内容、思想立意，又注意了形式和艺术风格。这在当时来说，确是提出了一个比较全面的文艺评论准则。为后世提供了文学批评标准。

此外，刘勰还提出："凡持千曲而后晓声，观千剑而后识器"。认为文艺批评者必须具有广博的学识，深厚的修养，才能够鉴别作品的好坏。这些看法也都是很有见地的。

《文心雕龙》以前，已有一些人做过文学评论方面的文章，如曹丕的《典论·论文》、陆机的《文赋》，挚虞的《文章流别论》等，但是都不完整，只有《文心雕龙》才第一次比较系统、深入地讨论了文学的各个方面，全面地总结了西周以来的文学，确实是一部文学评论的巨著。

西晋·宣成公金印

刘勰之后，在封建社会，文论的著作很多，但没有一个作家像刘勰那样严肃而系统地探索过那么多的问题。在我国古代

文学理论和批评的著作中，《文心雕龙》不愧为一部体大思精的巨著。

《文心雕龙》对后世的文学创作和文学批评产生了很大影响。唐时的文人，以刘勰的文学主张为武器，一扫六朝时颓废萎靡的文风，使文坛出现了一个空前繁荣昌盛的局面。直到今天，《文心雕龙》和《文选》都还是我们研究先秦至六朝时期文学发展的重要参考资料。

萧统《文选》

《文选》的编纂者萧统（公元501年~公元531年），字德施，小字维摩，是南朝梁武帝萧衍的长子，天监元年（公元502年）立为太子，31岁病死，谥号"昭明"。

萧统从小就聪明、好学。史书说他五岁遍读儒家经典，"读书数行并下，过目皆忆"。这虽是过誉之词，但也可以看出他从小就博览群书，酷爱学习。他不但自己能诗善赋，而且在太子东宫里，延集了一批"才学之士"，经常与他们"讨论坟籍"，"商榷古今"，研究"文章著述"等事。他又收集了梁朝以前的书籍达三万卷之多，放入东宫，这样，就在南朝形成了一个围绕着他的"名才并集"的文学中心。萧统依靠这些优越条件，编纂了《文选》。

关于《文选》的编辑目的和原则，萧统在《文选》序中说得很明白。他说，历代的作家甚多，作品浩如烟海，我们很难尽读，只有去粗取精，加以选择，阅读其中优秀的篇章，才能够收到事半功倍的效果。这正是他编纂《文选》的目的和出发点。

萧统选择诗文的标准极为严格。他认为，经书是神圣的著作，深奥玄妙，不可以随便删选；诸子的书，以立论为主，是哲学著作，因此，也略而不选；史书以纪事为主，不同于文学作品，也不选入。但是，史书中的赞论和序述部分，却都颇有文学辞藻，可以例外选入。最后他说，入"选"的文章必须要"事出于沉思，义归乎翰藻"。也就是说，只有那些内容经过反复推敲，而又文辞流畅华美，文情并茂的文学作品才是《文选》编辑的对象。《文选》起自周代，迄于梁朝，用30卷的篇幅，囊括了这一长时期各种文体的代表作品。

虽然由于种种局限，《文选》过于强调了辞藻华美，而使一些好的诗文未能入选，但是，它还是比较注重文章内容。如当时盛行的内容空虚、义近淫靡的"艳体诗"一类"作品"，《文选》都一概不取。

《文选》成书后，唐朝时出现了李善作注和吕延济、刘良、张铣、吕向、李周翰人作注两种本子。今天我们见到的《文选》本，分60卷，可能就是牵善的本子。

《文选》对后世文学的影响很大。大诗人杜甫就教他的儿子要"熟读文选理"；唐代时更有"《文选》烂（读熟），秀才半"的谚语。至于后人的文学选本，受《文选》启发极为常见。

《玉台新咏》

《玉台新咏》是我国古代一部特殊的诗歌总集。

《玉台新咏》，陈徐陵在梁朝末年撰。梁皇太子萧纲提倡作艳诗（宫体诗），令徐陵搜集汉魏以来涉及妇女的诗篇，成《玉台新咏》10卷。《玉台新咏》流传很广，这是因为专咏妇女，也是编诗集的一种新格局。许多诗篇赖《玉台新咏》得以保存，成为大观，从这里可以了解封建社会妇女的生活状况和士人对妇女的各种态度。著名的叙事诗《孔雀东南飞》就是收在《玉台新咏》里的一首上好之作。

范晔《后汉书》

范晔（公元398年~公元445年），字蔚宗，南朝宋顺阳（今河南淅川）人。出身世族地主家庭。祖父范宁，东晋豫章太守，父范泰，宋侍中。范晔在宋官至左卫将军、太子詹事，专掌禁旅，参与机要。后有人告发他与孔熙先谋立彭城王义康为帝，被处死刑，时年48岁。

范晔约在元嘉九年（公元432年）被贬为宣城太守时开始修史。他的主要蓝本是东汉官修的《东观汉记》，也参考了其他各家，"删众家后汉书为一家之作"。他对自己的书自视甚高，特别是"论赞"和"序"，认为"皆有精意深旨……至于《循吏》以下及《六夷》诸绪论，笔势纵放，实天下之奇作"，"赞是吾文之杰思"。《后汉书》共120卷，其中"本纪"10卷，"列传"80卷，有些传刻画人物很成功。如藏洪意气慷慨，激励人心；大官僚胡广贪位重惧祸。文字简洁，叙事明白，无愧于"四史"之一。范晔还独创一些新的类传，如"党锢"、"文苑"、"独行"、"方术"、"逸民"、"列女"等。通过这些典型的人物，宣扬儒家的封建纲常伦理。《后汉书》问世后，众家所修后汉史书都告废弃，这也证明他的这部史书的确是修得成功的。

范晔本要继续编写十志但未完成，梁刘昭为了弥补范书无志的缺憾，把晋司马彪《续汉书》的志抽出，加以注解，分三十卷以补范书。

左思咏史

太康三年（282），左思所作《三都赋》蜚声文坛，豪家富室竞相购纸传抄，至使洛阳城内纸价飞涨，时人有"洛阳纸贵"之叹。

《三都赋》是由《蜀都赋》、《吴都赋》、《魏都赋》三篇独立而又相联结的赋组成，洋洋万言，体制宏大，文采富丽，记述三国鼎立时期各都城的山水物产、风土人情。此赋的写作方法及风格虽与班固的《两都赋》及张衡的《二京赋》相似，但它的思想主题则不是传统的"劝百讽一"，而是征信求实的文学主张的体现。因此《三都赋》在后期大赋中占有重要地位。

左思是西晋文学家。字太冲。临淄（今山东淄博）人。生卒年不详。《三都赋》、《咏史》为其代表作。他貌丑口讷，不好交游，但文思飞扬，辞藻壮美，名重一时。泰始八年（272）前后，因其妹左棻被选入宫，他随全家迁居洛阳，曾任秘书郎。元康末年，他为之讲《汉书》的贾

晋纸书墓主生活图

谧获罪被诛，于是退居宜春里，专事典籍，辞疾不仕。太安二年（303），为避河间王颙部将张方纵暴而由洛阳移居冀州，几年后病逝。

他的诗歌代表作《咏史》诗8首，借古抒怀，连类引喻，在史实发微中唱出自己的抱负。左思早年颇有雄心，自视亦高；欲"左眄澄江湘，右盼定羌胡"（第1首）但他出身寒微，在门阀制度的压抑下总是郁郁不得志，心中充满不平与愤懑。在《咏史》第2首中，他揭示了"世胄蹑高位，英俊沉下僚"的不合理现象。第7首则借咏古代贤士的坎坷遭遇，痛陈"何世无奇才，遗之在草泽"，尖锐地抨击了压制、扼杀人才的黑暗现实，也表述了自己怀才不遇的苦闷。《咏史》还以高度的自信、高昂的激情，声称："贵者虽自贵，视之若埃尘；贱者虽自贱，重之若千钧。"

西晋索靖月仪帖

这样的诗句，掷地有声，令人激奋，于当时有重大意义。

《咏史》诗语言朴实，感情饱满。虽然抒发了内心的苦闷与忧郁，但并不消沉颓丧。诗中回荡着壮志难酬、雄心不死的悲凉，充盈着慷慨壮烈的阳刚之气，在"文体大坏"的西晋文坛上超然而起，代表西晋诗歌的最高成就，并对后来的陶渊明、范云、王勃等产生过影响。

清谈盛行

整个魏晋南北朝时期，民族矛盾、阶级矛盾交织，政治动荡，朝臣们的命运朝不保夕，文士对功名利禄避之不迭。清谈，作为一种远离时务"谈尚玄远"的风气盛行起来。

清谈亦称"清言"或"玄谈"，始于东汉末年的人物品题。曹魏政权建立以后，为了适应其打击豪强地主的政治需要，推行"九品中正制"，以此吸纳庶族士子入仕，使之成了识别人物，选拔官员的"才性之学"，从而清谈从单纯品题人物变为抽象的才性问题的讨论。刘邵的《人物志》就是关于才性问题的代表作。

正始以后，司马氏把持朝纲进而篡立，政治进入了中国历史的最黑暗时代，为了逃避罗网，文士们绞尽了脑汁，他们认为，躲避政治陷害的最好办法是少讲话，不讲话，或者讲一些无关痛痒的废话和模棱两可的"玄言"，司马昭称阮籍为天下第一谨慎之人，他每次谈话，都言语玄远，从不评论时事，臧否人物。嵇康讲话也意在言中但不留下任何把柄，以此作为全身之道。尽管如此，也难免被猜疑，因而名士们还以酒和药作为护身符，服寒食散和借酒浇愁成为一种时尚。这种怪诞放达行为的思想和理论依据乃是来源于老庄的自然无为思想。从而，在这一时期，清谈融入了《老子》、《庄子》、《周易》所谓"三

中国通史

最新整理图文珍藏版

晋咸宁四年吕氏砖

学，而其中最具代表性的先有何晏、王弼，其中何晏作《道德论》，王弼注《老子》、《周易》，著《老子指略》，《周易略例》，主张天地万物皆以无为为本，提出贵无论，嵇康、阮籍崇尚自然无为，提出"越名教而任自然"。阮籍作《通老论》、《达庄论》和《通易论》。后来向秀、郭象注《老子》，调合贵元和贵有的矛盾，适应了门族贵族的政治需要。

先秦的《易》学属于儒家系统，魏晋玄学则以老庄解析《老子》、《庄子》，原为反儒学礼教系统，魏晋玄学家对《老》、《庄》的阐释则调和儒道，或主张儒道合一。王弼用老子思想解释《论语》，认为名教（儒家社教）是自然的表现，郭象则认为名教即是自然，在郭象所创的"独化"论中，儒家和道家是合二为一的。从而建立了精致的玄学思想体系。

郭象以后，玄学清谈又与佛学合流，影响了整个两晋及南北朝佛教思想的发展。同时，陶渊明在《桃花源记》中运用他丰富的想象力和富有诗韵的笔触，所描绘的桃源乐土式的理想和美好生活画卷，在相当长的一段时期成了名士们的精神寄托，给人们带来了一点人生的向往和欢乐，也为久经战乱和政治动乱的人民带来一些心灵慰藉。这些都影响了玄学清谈的发展，和当时士人的精神风貌。

"玄"的思想，使之玄学化。

"玄"这一概念源于《老子》："玄之又玄，众妙之门"，是奥妙莫测的意思，称《老子》、《庄子》、《周易》为"三玄"乃是在玄学家们看来，它们包含有非常深奥的学问，这一时期的文士无不研究三玄之

《归去来兮图》。"入世"与"出世"是中国知识分子思想中互补的两极。陶渊明《归去来兮辞》，正是"出世"这一极的最好反映。

《归去来
兮·临清流而
赋诗》

陶渊明作《归去来兮辞》

晋孝武帝太元十八年（393）至晋安帝义熙元年（405），即从他的29岁至41岁，是陶渊明的学仕时期。在13年时仕时隐的生活中，陶渊明创作了不少的宦旅诗和散文，反映出他对仕途的厌倦和对田园生活的向往，而《归去来兮辞》则是陶渊明最后与官场诀别的辞赋作品。陶渊明作《归去来兮辞》后，辞去彭泽令，从此走上归田的生活道路。

陶渊明29岁时因"亲老家贫"，起为江州祭酒，不久，因"不堪吏职"，自行解职回家，闲居家中五、六年。晋安帝隆安四年（400），陶渊明到荆州任刺史桓玄属吏，翌年，因母丧辞职归家。桓玄兵败，刘裕入建康任镇军将军，陶渊明离家东下，在其幕下任镇军参军。义熙元年（405），陶渊明转任建威将军江州刺史刘敬宣的参军，八月，出任彭泽令，任官80多天，十一月，辞官归家，结束了13年时仕时隐的生活。

在陶渊明的学仕时期，创作的主要有宦旅诗及一些辞赋、散文如《庚子岁五月中从都还阻风干规林二首》、《辛丑岁七年赴假还江陵夜行涂口》、《癸卯岁始春怀古田舍二首》，就是著名的宦旅诗，抒发其宦海奔波中对家园的思念；《闲情赋》、《归

去来兮辞》则是著名的辞赋作品，《闲情赋》以男女之情寄托自己执着的追求；《晋故征西大将军长史孟府君传》则是散文佳作。

《归去来兮辞》首段描述了辞官归田的原因及想象归途及到家的情景。"归去来兮，田园将芜胡不归！既自以心为形役，奚惆怅而独悲？"又"云无心以出岫，鸟倦飞而知还"，道出了作者对追求利禄和沽名钓誉的厌恶，以及对田园生活的魂牵梦萦。"舟遥遥以轻扬，风飘飘而吹衣，问征夫以前路，恨晨光之熹微。乃瞻衡宇，载欣载奔"，轻松愉快的心情跃然纸上。接着，作者描绘了怡然自得的归田生活。"悦亲戚之情话，乐琴书以消忧"，"善万物之得时，感吾生之行休"，亲情浸濡之下，疲惫的身心也得到休息。最后，作者抒发了归田后畅快的心情。"富贵非吾愿，帝乡不可期"、"聊乘化以归尽，乐夫天命复奚疑"，希望安贫乐道地过自然的生活，直至生命的终结。陶渊明的《归去来兮辞》以生动自然的笔触，描绘出想象中的田园生活的美好，表现了自己不屈服于权贵，不与庸俗之流为伍，"不为五斗米折腰"的耿介品格，行文情真意切，亲近自然，具有极深的艺术感染力，历来受人推崇。欧阳修曾说："晋无文章，惟陶渊明《归去来兮辞》一篇而已！"可见其地位之高、影响之大。

陶渊明在《归去来兮辞》中描绘的

中国通史

最新整理图文珍藏版

"不为五斗米折腰"，辞官归田，陶醉于田园生活的断然抉择，更影响了以后许多文人的生活取向，不少人在政治抱负得不到舒展的时候，都转而投入自然的怀抱，寄情山水，自得其乐。

谢灵运推动山水诗发展

宋元嘉十年（433），谢灵运在广州被杀，终年49岁。

谢灵运（385～433），小字客儿，陈郡阳夏（今河南太康）人，东晋名将谢玄之孙，晋时袭封康乐公，世称谢康乐。谢灵运仕刘宋时为永嘉太守，历任秘书监、侍中、临川内史。他自小好学，博通经史，且胸怀大志。武帝刘裕在位时，灵运与皇子刘义真交往甚密，深得义真赏识，义真扬言，若自己得志，必以谢灵运为相。所以义真被杀、文帝义隆即位后，谢灵运自然得不到重用。但他自恃门第高贵，才气过人，对自己未能参预朝政一直愤愤不平，经常称病不上朝，有时出门游山玩水，十几天不归。文帝爱惜他的才能，不想深究，索性赐灵运长假，让他回家。其后担任临川内史时，因事得罪执政彭城王刘义康，以谋反罪发配广州，不久被下令就地正法。

谢灵运诗大都描写山水名胜，善于刻画自然景物，为山水诗派的创始人。能赋，《山居赋》较有名。与鲍照、颜延之并称为"元嘉三大家"。明人辑有《谢康乐集》。

山水诗的兴盛与玄言诗有因革关系。魏晋以来，士大夫清谈玄学、隐居山水，诗歌中山水描写随之增加，并表现出清逸超俗的意趣，如嵇康的《赠秀才入军》、左思的《招隐》等诗。晋政权南渡以后，士族名士修建园林别墅、游赏江南风景，有更多的机会接近自然山水。如玄言诗人许询、孙绰都好游山水，王羲之有兰亭之游。这时流行的玄言诗，以玄学的意趣来观照山水，又借山水来寄寓玄理，诗中往往出现若干写山水的佳句。一些纪游、登览诗逐渐接近山水诗。刘宋初期，谢灵运大量创作山水诗，并丰富了描写山水的技巧，使山水描写由附庸玄言诗到蔚为大观，演变成山水诗，开拓了中国诗歌史上一个新的题材领域。

谢灵运的山水诗鲜丽清新。鲍照说："谢五言如初发芙蓉，自然可爱。"这一特点主要表现在对山水形象捕捉的准确。"春晚绿野秀"（《入彭蠡湖口》），"青翠杳深沉"（《晚出西射堂》），同样是绿色，却是两幅完全不同的画面，前者是暮春，后者为深秋，意象的选择是非常妥帖的。代表作《登池上楼》描述诗人病愈后突然见到窗外景物："池塘生春草，园柳变鸣禽。"这一联如脱口而出，清新可爱。由于写作的对象是过去的文学作品中少有的，因此，没有多少可资借鉴的技巧，要成功地把奇山异水反映在诗篇里，作家必须自铸新辞，精心刻镂。谢灵运的山水诗之所以超越前人，成一代宗师，关键之处还在于他在山水诗领域的刻意追求，为了准确地捕捉形象，诗人确乎是"经营惨淡，钩深索隐"（沈德潜《古诗源》）调动了多方面的艺术技巧。如他的名句"白云抱幽石，绿筱媚清涟"（《过始宁墅》），利用色彩的深浅、明暗对比显示了自然景物的层次感、丰富性。"鸟鸣识夜栖，木落知风发"（《石门岩上宿》），以有声衬无声，由动而见静，传神地写出了山中夜景的特点。

谢灵运诗中时时可见佳句，但结构成神完气足的整篇山水诗却是他始终都没能达到的。由于致力于追新求奇，一些诗作也流于艰涩险怪。同时，谢灵运的诗作中仍残留着玄言诗的痕迹。谢灵运的山水诗多采用这种结构，即先叙述游历之事，再

北魏山水画像两幅。"魏晋以降，画山水或水不容泛，或人大于山。"（张彦远语）。

写寓目所见的景物，最后借山水证悟玄理。因为玄理部分不能和描摩的景物相融合，也容易形成有句无篇的特点。

总体而言，谢灵运的山水诗已经矫正了理过其辞、淡乎寡味的玄言诗风，确立了山水诗在诗坛的优势地位。

北朝民族的代表作《木兰诗》

木兰诗是北朝长篇叙事民歌，收集在乐府诗集"梁鼓角横吹曲"里，是北歌中最杰出的作品。

木兰诗记述了木兰女扮男装，代父从军的故事。木兰为了保全老父，毅然代他担负起出征的艰苦任务，表现了自我牺牲的精神。她身经百战，历时十年。胜利地完成使命，表现了坚强和勇敢。而凯旋归来，不受官爵，只愿意恢复普通劳动妇女的生活，又表现了纯朴高洁的胸襟。木兰诗不仅反映出北方游牧民族普遍的尚武风气，更主要的是表现了北方人民憎恶长期割据战乱，渴望过和平、安定生活的意愿。木兰这一出色的艺术形象，有力地说明了女子和男人同样有能力做出英雄豪杰的事业。同时也说明了女子有权利受到和男人同样的看待，这是人民的愿望的反映，对

于那个时代的重男轻女的成见是一个重大的冲击。

木兰诗是民间叙事诗，富有色彩，风格也比较刚健古朴，表现了民歌的艺术特点。连续运用复叠和排比的句调，造成姿致和音乐性；用拟问作答来刻画心理活动，细致入微；对偶句子简练工整，包含了丰富的含义；而语言的精练，更增强叙事气氛。木兰诗代表了北朝乐府民歌杰出的成就。

木兰诗的艺术特色和思想内容对后世产生很大的影响。杜甫在草堂诗中就有意模仿了木兰诗中描述全家欢迎木兰时的表现手法。直到现在，木兰仍然是舞台银幕上塑造的女英雄形象。

佛画之祖曹子兴

三国时期，绘画取得了一定成就，出现了一批著名画家和许多著名作品。

三国时最著名的画家当推曹不兴。不兴或名弗兴，吴兴人。以善画，名冠一时，长于人物及衣着。曾在长达五十尺的大幅绢上画人物，因心灵手快，须臾即成。所绘人物，头面手足，胸臆肩背，不失尺度，衣纹皱折，尤别开新样。《三国志·赵达传》（卷六三）注引《吴录》言：孙权使不兴"画屏风，误落笔点素，因就以作蝇。既进御，权以为生蝇，举手弹之。"足见曹不兴写生之妙，已达到以假乱真的程度。曹不兴特擅长画龙。唐人朱景玄《唐朝名画录》记载曹子兴之佛画，后人称其为画史上的"佛画之祖"。

书圣王羲之父子

王羲之（公元303年~公元361年），

中国通史

最新整理图文珍藏版

字逸少，祖籍琅琊（今山东临沂），会稽（今浙江绍兴）人。他是晋司徒王导从子，曾任右军将军会稽内史，故后人称他为"王右军"。王羲之一生喜好游山玩水和结交朋友。相传王羲之7岁学书，12岁开始通读前人笔论。他的主要贡献也集中表现在书法的成就上，与其子献之并称"二王"。他先拜卫夫人为师学习书法，后博采众长，书精诸体，尤其擅长楷书和行草书，风格妍美流畅，一改汉魏以来质朴书风，把书法推向全新的境界，创出流便逸美的新体，人称其字"矫若飞龙，飘若惊鸿"，集前人之大成，开一代新风，为中国书坛之冠，故后人誉其为"书圣"。

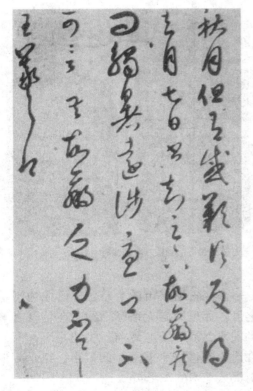

王羲之·七月都下帖

"书圣"，少时沉默寡言，不拘一格，也没什么特异的天才。早期的书法，与其朋辈相较，不但无杰出之处，且还略逊一

筹。但是，他那刻苦学书，坚韧不拔的精神，却是朋辈们无人可以企及的。

相传王羲之学书十分刻苦。他学习、吃饭、走路，无时无刻不在揣摩字体的间架、结构以及笔法，边想就用手在身上边划，久而久之，衣服都被划破了。

王羲之学书往往全神贯注，以致达到忘情的程度。一次，他正在埋头练字，饭也顾不上吃。家人把饭给他送到书房，他不假思索地用馍馍蘸着墨就吃了起来，还说好香好香。当家人发现时，他已弄得满嘴墨黑，自己还不知道。

王羲之经常临池书写，就池洗砚，时间一长，池水尽黑，故称"墨池"。现浙江的永嘉西谷山、绍兴兰亭，江西的临川新城山、庐山归宗寺等地，都有被称作王羲之"墨池"的名胜。这"墨池"传说的可靠性姑且不论，右军学书曾经下过一番苦功夫，那是确真无疑的。

王羲之以锲而不舍的精神，积数十年之功，终于"暮年方妙"，达到了超逸绝伦的书法艺术高峰。

右军书成，朝野视为墨宝。

右军墨迹很多，最著名的当推《兰亭序》。兰亭，是会稽山阴的一处古老名胜，那里有崇山峻岭，茂林修竹，兰亭左右有弯弯的曲水，自古游人颇多。东晋永和九年（公元353年）三月初三，正值"禊节"。这天，王羲之邀集谢安（即后来淝水之战东晋一方的决策者）等四十一人，到兰亭过禊节，饮酒赋诗。彼此相约，以觞盛酒，置于潺潺的曲水之上，任其顺势漂流，各人分列曲水之旁，依石而坐，觞流至谁面前，谁就当即赋诗一首，若作不出，则罚酒三觞。那天，曲水流觞，"一觞一饮"，共得佳作四十余篇，编为一集，王羲之为之作序并书，故称《兰亭序》，又叫《兰亭集序》，或《临河序》、禊序、《禊帖》。该序共28行，384字。这序，王

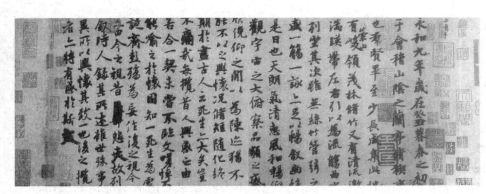

羲之本是信手写来，字体潇洒流畅，气象万千，成为中国行书的绝代佳作。对后者影响极大，被称为"天下第一行书"，王羲之的其他作品还有《丧乱帖》、《快雪时晴帖》等，草书有《初月帖》等。王羲之在书法史上启前承后，是位意义重大的书法家。

王羲之少子王献之，自幼聪颖，受父传法，亦工于书法，并兼备各体，尤其擅长行、草，其草继父书风，又常一气呵成、一泻千里，风格豪迈奔放。因其在书法艺术中的杰出成就，后人将他与父亲并称为"二王"。王献之存世墨迹有《鸭头丸帖》等。

后世，唐太宗李世民珍爱右军书法，从王氏后人手中访得《兰亭序》墨迹，视若神品，当即令书法名手赵模、冯承素等人勾摹数本，分赐亲贵近臣。他生前对《兰亭序》玩之不倦，曾多次题跋，死后又将其随葬。后昭陵被盗，《兰亭序》真迹也就从此失传。

王羲之的行书代表作被李世民毁掉了，但在初唐由于李世民的大力提倡、推崇，遂形成争相临仿王书之风。这样，原只是江南书体正宗的王羲之真书，遂一跃而成为全国书体的正宗，并影响中国书坛一千余年。

清朝康熙至乾隆年间，先后发现晋人王羲之、王献之（羲之子）及王恂的三纸墨迹。王羲之的为《快雪时晴帖》，王献之的为《中秋贴》，王恂的为《伯远贴》。这三纸墨迹被视为稀世之珍，独辟阁室，藏于内府，所藏之室，亦被命名为"三希堂"（今北京故宫西路养心殿）。

西晋·管氏夫人墓碑

浙江省绍兴市的兰亭，现已成为浏览名胜。那里的游人络绎不绝，在兰亭之侧的曲水之滨，鹅池碑前，墨池之畔，人们在讲说着这位"书圣"的故事，纪念着他对民族艺术的杰出贡献。

书法家智永和智果

智永，南朝陈僧人，书法家，名法极，

中国通史

最新整理图文珍藏版

俗姓王氏。据唐李绰《尚书故实》记载：智永，会稽（今浙江绍兴）人。他是王羲之（右军）的七世孙，是王羲之的后代，与兄孝宾俱舍家入佛，俗号永禅师。《述书赋》记载住绍兴永欣寺。今查《湖州府志》卷二十五，住吴兴永福寺。

智永临摹名迹，十分勤奋。曾登楼三十年不下楼，写有真草《千字文》八百本，浙东诸寺各施一本。求书者纷至沓来，户限为穿，不得已而以铁皮裹之，人呼为"铁门限"。他将写坏的毛笔置满了五大筐，后人将它埋葬起来，号称为"退笔冢"。

智永的书法历来极为贵重，流传迄今的有真草《千字文》。

明代《妮古录》卷一亦说："智永写千字文八百本，但有律吕调阳的即其真文。"其诗中又说，智永的高徒是虞世南，故有"颉颃独数永兴公"之句，世称虞永兴即虞世南。诗中还认为明代吴宽（溢文定）所藏的智永真草千字文远远比"智永真草书'归田赋'要好得多"。因为《书史》二集一辑说："智永真草书'归田赋'藏襄阳魏泰处，世人收智永书未有此真也。"

历代书法评论家对智永禅师的书法评价不一，兹录数条：

唐李嗣真《书后品》说："精熟过人，惜无奇态。"

唐张怀瓘书断说："草最优"，"章草入妙"，"隶书入能"。

宋苏轼曰："骨气深稳，体兼众妙，精能之至，返造疏淡。"

米芾说："智永临《集千文》秀润圆劲，八面具备。"

董其昌云："每用笔必曲折，其笔婉转回向，沉着收束。"（见《画禅室随笔》）

何绍基云："智师《千字文》，笔笔从空中落，从空中住，虽屋漏痕犹不足喻

之。"（见《东洲草堂金石跋》）

也有人说："智永真草千字文真迹，气韵飞动，优入神品，为天下法书第一。"（见《四友斋书论》）

中国文字的发展规律是："由简到繁，由繁到简。"从甲骨文、蝌斗文发展到大篆，是由简到繁；由大篆到小篆、到隶书、到楷书、行书，是由繁到简。智永对中国书法史上所作的重大贡献，就是从古代有隶书笔意的方笔逐步使用了楷书的圆笔，弘扬了"永"字八法，把唐代楷书的基本笔画肯定了下来，使当时民间酝酿已久的书法改革迈进了一大步。

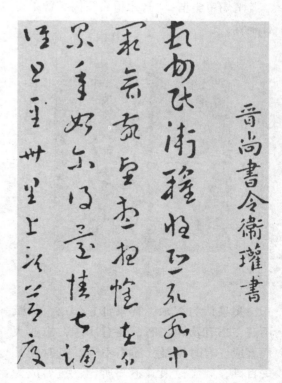

卫瓘·顿册帖

永字八法，是阐述正楷点画用笔的一种方法，其来源旧有张旭说（见《墨池编》）及智永说（见《书苑菁华》）。客观地说，永字八法，应该是智永创始于前，张旭弘扬于后。因为张旭自己说："自智永禅师过江，

楷法随渡。永禅师乃羲、献之孙，得其家法，以授虞世南，虞传陆柬之，陆传其子彦远。彦远，仆之堂舅以授余。"（见《张旭书艺》）《翰林禁经》谓："智永发其旨趣。"由此可见，智永的书法艺术对楷书"永"字八法的奠定，在中国书法发展史的大交响曲中，奏出了不可磨灭的序曲。

智果，会稽（今浙江绍兴）人，书法家，工书，颇爱文学。《中国人名大辞典》谓："炀帝为晋王时，召令写书。智果不从，遂被囚于江都。及为太子，出巡扬越，智果乃上《太子东巡颂》，得释，召居慧日道场。"

隋炀帝尝谓："智永得右军肉，智果得右军骨。"

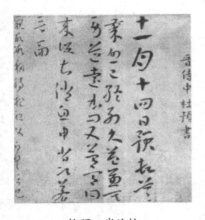

杜预·岁终帖

窦泉认为智永、智果都是僧书，天赋不高，书有软媚之态，强有所求，志业大而事成。有时拘凝，滞溜不通，有时利凡夫百姓，周流惊惧，不知所至，擅名成为僧中之领袖，可为当代的准绳。

黄山谷认为智果是僧笔，有僧气，大概僧是智果的短处。

明丰坊《书诀》指出：智果的《中楷心成颂》，是论楷书结体的最好文章。它是古代论楷书结体的先声。这是说：写字高低长短，一般说是右边高，左边短，右边长，就要上面齐，左边长，右边短，就要下面齐，不然就成单肩。宇的形势，笔画有多有少，右边多就要使左边伸张。右上角一点，要和左上角实的地方相对，使其相称。字的左右，或多或少，须彼此相让，开合得体，轻重平衡。作字笔画有顺逆，有向背，有仰、复，有聚散，有承接，笔画要"无垂不缩，无往不留"，且要变换垂缩，有时左缩右伸，有时下垂而上缩，右往而左收，要有新意，要使起与收能统一起来。字画多太密的地方，要力求其疏朗，如字画太疏的地方，便要写得紧凑些，要求补空填点，减繁以生波。字若有偏侧敧斜，也应审其势而巧为安排，字偏的把它写正，正的把它写偏，有时以侧映斜，以斜附曲，因为重心不失，精神活跃，反觉其妙。单精一字，意谓合而为一亦好，分而为异亦好，其精神就是要写好一个单一的字。这一个单一的字写好了，其他各部分也就都写好，则整个字也写好。要写好单一的字，就需要个人的修养多看碑帖，勤学苦练才能成功。总之写字应该有统一的全局整体的观点，要承前启后，顾盼朝辑，前后联系，情致相生，才臻妙境。

智果传世章书，有《淳化阁帖》中诸家古法帖卷五，有《僧智果书评五则》，其中内容则是梁武帝评书，从汉末至梁有34人，智果书录了28人，有王僧虔、王子敬、羊欣、阮研、王仪同、殷均、徐淮南、陶隐居、吴施、柳产、曹喜、王右军、蔡邕、程旷平、萧思、李镇、桓玄、范怀约、孔琳、李岩、薄绍、崔子玉、师宜官、梁鹄、张伯英、卫恒、索靖、钟繇等人之书。

智果墨迹及其用笔和结体的理论，无疑对后代学书的理论作出了一定的影响。他的书法"利凡夫百姓"，正是继承智永实行"新书体"的变革的继承人，也是古代论楷书结体的第一人。

云冈石窟

魏太延五年（公元439年）北魏灭北凉，将凉州僧众3000多人迁至平城，同时还强行驱使吏民工匠3万户迁居平城，北魏佛教盛行。魏太平真君七年（公元446年），太武帝跖跋焘下令灭佛，但魏兴安元年（公元452年），文成帝跖跋濬即位，恢复佛法。公元453年文成帝召凉州高僧昙曜于平城。公元460年，昙曜在平城（今山西大同）西面的武州塞即云冈开凿石窟。

云冈石窟位于山西大同市西约30里的武州山北崖，大同原是北魏都城平城，云冈石窟开凿于公元460年前后。据《魏书·释老志》记载，北魏文成帝和平年间，沙门统（主管僧寺的人）昙曜经向皇帝上书并得到许可，在京城（今大同）西郊武州塞，开凿石窟五所，各镌造一座大佛像，用以纪念北魏开国的五个皇帝。从这时起直到唐代，陆续有所凿建。统计起来，估计共有大小洞窟40多个，雕刻有约10万个佛、菩萨、飞天和供奉人的石像。其他飞鸟异兽、楼台宝塔、树木花草等浮雕图案就更多了。石佛大的高至数丈，小的只有几寸，疏密不等地排列在洞窟内，宛如一个佛国世界。洞窟所雕的内容，有佛的本像，也有传说中佛的生平。画面有的是想象中的天上幻境，有的则是摹映凡世人间。第六窟刻的就是佛的故事，如"佛的降生"，"佛的成长"等等。佛教艺术和佛教一样，传入中国以后，其外来的痕迹，历历可寻。云冈石窟的中心，也是它的精华所在，是在第五窟。第五窟规制宏大，气势雄伟，是有代表性的杰作。它的洞口筑有四层的高大楼阁，进入洞门，迎面有一尊约55尺高的巨型石佛。它的脚就有14尺长，手的中指7尺长。这座就地凿成的

大石雕像，不仅形象高大，而且显出唯我独尊的样子。其他佛像则分列左右，一个比一个小。另外还有很多手执乐器在飞舞的飞天，身材矮小的供奉人散立在四旁。置身群雕像之中，给人一种感觉，好像大佛象征皇帝，居于至高无上的地位，而周围的各佛则象征服从于皇帝的大小群臣。那些飞天和供奉人，则是替统治阶级服役的民众和奴隶。整个洞窟，实际上构成了一幅封建统治的图像。而这一点正是北魏统治者通过建造石窟，把自己的统治地位加以神化的本意。

继昙曜之后40年左右，云冈又不断有石窟完成，其风格也较前有变化，石窟平面一般呈方形，石窟分为前后二室。北魏迁都平城后，云冈石窟的开凿活动渐趋衰落，石窟多为中小型，但艺术上显得较为成熟。

现存云冈石窟有大窟45个，小窟若干，造像5.1万多尊。与敦煌石窟、龙门石窟并称古代三大窟，是一个著名的石窟艺术胜境。

龙门石窟

公元494年，北魏孝文帝迁都洛阳以后，就在这个新的统治中心，依照云冈的雕造，开凿新的石窟，即龙门石窟，龙门石窟位于洛阳市南25里的伊阙，这里山河秀丽、风景宜人。龙门山、香山双峰对峙，中间伊水北流，犹如开然门阙，古称"伊阙"。又因伊水在两山下像条矫健的游龙，所以又称龙门，石窟主要分布在西岸的峭壁上，长达1公里。

龙门石窟现存佛洞1352个，造像近10万尊。佛龛7855个，数量之多，超过了云岗其中北魏所凿的佛洞石龛约1/3。

龙门石窟中的代表作有占阳洞、宾阳

龙门石窟

龙门石窟造像

洞等。古阳洞开凿于迁都前后，是开凿最早、规模宏大、内容丰富的一个洞窟。也是北魏王室、贵族发愿造像最集中的洞窟。洞高 11.1 米，宽 6.9 米，深 14.5 米。洞内小龛琳琅满目，两壁井然有序地雕琢成三列佛龛。这些小龛都十分精美华丽。龛额装饰细致灵巧，图案花纹丰富多彩，在龙门石窟中堪称集北魏雕刻、绘画、书法、建筑、图案艺术之大成。

宾阳中洞高 8.4 米，进深和宽各 11 米，正面是以释迦牟尼像为中心的五尊雕像。释迦牟尼两足交结坐着，身穿褒衣博带式袈裟，通高 8.4 米。双目垂视，大耳长鼻，相貌庄严。左右侍立二弟子、二菩萨。二菩萨含睐若笑，温雅敦厚。南北二壁各有一佛二菩萨，面相清瘦略长，着褒衣博带袈裟，立于覆莲座上。窟顶做穹隆形，雕有莲花宝盖，周围是八个伎乐天和二个供养天人，洞口两面原有大型浮雕《皇帝礼佛图》、《太后礼佛图》，表现孝文帝与文昭太后及君臣妃嫔们典雅华丽的礼佛场面龙门石窟。

艺术风格和云冈的很相似，有明显的西方佛教艺术的痕迹和北魏的特征。所刻佛像，唇厚、鼻高、目长、颊丰、肩宽、胸部平直，用的都是平刀法，衣服褶纹见棱见角。立型造像，身躯挺直，显得庄严稳重，刚劲有力。宾阳洞中窟的顶部莲花藻井的周围，有一组"飞天"浮雕，手执乐器，翩然飞升，衣带飘扬，姿态非常优美动人。此洞壁上原有两组浮雕，即著名的"帝后礼佛图"，刻画的可能是魏孝文帝和皇后礼拜佛祖的场面。可恨的是，这一无价的艺术瑰宝，在公元 1934 年被帝国主义分子勾结奸商盗挖走了。如今剩下的两个凹坑，已成为帝国主义侵略罪行的历史见证。龙门最大的石雕在奉先寺。这是武则天时期开凿的，也是唐代石雕艺术的重要代表作。奉天寺的雕作，不但吸收了北魏的艺术精华，而且能与汉族固有艺术传统更好地融为一体，创造出唐代佛教艺术的新意境。奉先寺中间的一尊坐佛，高有 51 尺多，气势十分雄伟。从造像上看，既宁静庄严，又很慈祥自然，这与北魏佛像一般都很威严，在形象上已有明显的变化。大佛两旁侍立有迦叶、阿难（都是佛弟子）、菩萨、天王、力士的大型群立像，它们的站立姿态，也更趋向自然，有的微倾稍斜，有的呈 S 形，显得比较舒展。雕刻时是用圆刀法，衣纹像微风吹拂的波纹，真实感更强了，说明了唐代艺术水平的提高。

龙门石窟还保存了历代造像题记和碑刻3600余件，是我国传统的书法艺术珍品。流传已久的"龙门二十品"（十九品在古阳洞中），字形端正大方，气势刚健质朴，结体、用笔在隶、楷之间，是隶书向楷书过渡中一种比较成熟的独特字体，是魏碑体的代表作，是北魏书法艺术的精华。

云冈石窟和龙门石窟，是南北朝和隋唐时佛教兴盛的产物。石窟的开凿，都曾消耗大量人力、物力，龙门古阳洞和宾阳洞中窟，费工80万以上，历时23年。所以，它是劳动人民血汗和智慧的结晶。这两个石窟，本身就是我国的艺术宝库，已被国务院列为全国重点文物保护单位。

中国书法成为独立艺术

汉魏时期，通行的隶书在发展到波磔挑法高度程式化的顶峰时，开始走向衰落。楷书作为一种新体在汉魏书家的逐步探索，特别是钟繇所创楷法的影响下，正走上取代隶书的行程；由隶书的简易发起来的章草日益兴盛时，今草在楷体的兴起发展激励下，已露出取代章书的端倪；行书则在楷书、草书两种势力的夹攻下也在积累孕育。它们都为中国书法艺术在晋代大放异彩准备了内在的条件。

东汉和帝（89～105）时，蔡伦发明了造纸术，用树皮、破布、废网等造纸，纸质坚韧，造价便宜，使纸普遍使用，为书法练习和传播提供了便利条件。东晋王羲之书写《兰亭序》时，用的是"蚕茧纸、鼠须笔"，可知纸在晋代更有所发展，而书写用笔也越发讲究，在兔毫笔、羊青毛笔之外，还有遒媚劲健的鼠须笔、鸡距笔。紧洁光丽的纸，饱满柔健的笔，再加色如点漆的墨，质地精良的砚，也是促进

书法发展的有利条件，在书法工具上提供了保证。

汉魏晋之际，玄、道、佛思想广泛流行，为书法艺术的创作提供了多样化的文化背景。魏晋玄学兴起，崇尚清谈，文风放达，直接影响了当时士大夫们的思想情趣。

晋左芬墓志

表现在书法便开始大胆追求超逸潇洒的艺术风格，这对行书的自由挥洒，丰神潇洒，草风的遒润多波，信手万变，痛快淋漓，一气呵成，准备了心理基础，这个时期战乱频繁、人民颠沛流离的社会背景，为佛学的传入和流行提供了适宜的土壤。也因此引起了开窟造像、凿石刻经、建寺立碑之风的盛行，这在客观上给书法的普及和发展起了催化促进作用。

魏晋时期，书法理论也很盛行，品藻

风气在书法领域一浪紧接一浪，不断由表及里，探及书法本体的核心。这也是促进书法艺术繁荣发展的原因。

这时层出不穷的书法家作为书法艺术的主体，在代代传承，代代创新的艺术积累中，最终使中国的书法在晋代成为一种独立艺术。

平复帖。我国现存的古代书家墨迹，以西晋陆机《平复帖》为最早。此帖颜笔枯锋，运笔古雅，是由隶体变草体过程中所出现的"初草"。

晋代，楷书经王羲之的改进最终独立成新书体，又经王献之的创新，结束了楷书体的衍变过程，使楷书发展成熟；王羲之书天下第一行书——《兰亭序》后，使行书成为士大夫阶层最流行的书体；献之又将其父的草书由"破体"而成"一笔书"，使今草由此定型；行草介在行书和草书之间，也得到深入的发展。

晋代书法作为一种独立的艺术，可与唐诗、宋词、元曲、明清小说相提并论，是中国古代文明史上光辉灿烂的一页。此时的书法名品很多，成为后世学书者的楷模，著名的书家有近二百人，可谓书法艺术的顶峰，对后世产生了深远影响。

青瓷工艺成熟

从商周原始青瓷过渡到成熟瓷器经历了漫长的阶段，但至迟至西晋初年，我国青瓷工艺已经相当成熟了。

青瓷是指施青色高温釉的瓷器，也是中国制瓷业中烧造时间最早的一个品种。青瓷出现于夏商，因制作工艺粗陋，故称原始青瓷。经西周至春秋战国时，原始青瓷取得了长足的进步，不少器物烧结度较

青瓷盆

高，胎釉结合牢固，釉层厚薄均匀，釉色青中泛黄。有人将这种青瓷称为早期青瓷。到了东汉，上虞窑创烧出成熟青瓷，推动了古代青瓷生产的发展。小仙坛、凤凰山的考古发掘为成熟青瓷起源于浙江上虞提供了实物证明。

三国两晋时，烧造青瓷的已有越窑、

西晋青釉香熏

瓯窑、婺州窑、宜兴窑等，青瓷生产进入繁荣期，烧造工艺也全面成熟。主要表现在以下四个方面：

西晋青瓷虎子

1. 器物种类大为增多。常见的产品有碗、钵、罍、罐、虎子、洗、狮形器、灯、槅、杯、砚、尊等20余种，而每一个品种又可分为许多形制。

2. 瓷器的装饰更为丰富。孙吴时期，瓷器的装饰艺术就出现了崭新的面貌。常见的纹饰有压印的网格带纹、云气纹，戳印的联珠纹，帖印的四神、佛像、铺首、

蛙形水注

瑞兽、人物等，雕塑的人物、飞鸟、龟、狗、猪、熊、羊、螃蟹、亭台楼阁、回廊院落，刻画的双鱼纹，范印的鸡首、虎首等。同时，三国西晋时期常常将瓷器的整体或局部做成动物形状，如：狮形器、羊形器、兽形尊、蛙形水丞，虎子的虎形提梁，灯的熊形灯柱等。如此繁缛的装饰纹样，使三国西晋时的青瓷显得富丽而充满朝气。

3. 瓷器的成型工艺明显改进。碗、钵、洗、罐、罍等器型规正，器壁厚薄均匀，大部分器物都经过修坯，一般在器表上看不到拉坯的痕迹。

西晋青瓷狮形器

4. 烧成技术显著提高。三国西晋时，生烧或过烧的器物比例已较小，说明窑工已能较好地控制窑温。西晋的龙窑长达 15 米以上，并在窑壁上设置柴孔，实行分段烧成，以免后段坯件生烧。其次，此期青瓷的釉色比较稳定，以青绿色为主，其他釉色较少，这表明当时已能很好地掌握烧成气氛，使坯件在还原焰中烧成，所以才能呈现出一种青莹如碧的幽雅色调。

青瓷以其素雅、清丽、明净的釉色和多姿多彩的装饰纹样及传神生动的器物造型受到国内外人民的普遍喜爱。以越窑为主的青瓷，历经三国西晋，不断趋于成熟，成为制瓷技术辐射性传播的源泉，并对唐宋青瓷的空前繁荣产生了深远的影响。

楷书发展成熟

魏晋南北朝时期，楷书逐渐衍变成熟，成为一种独立的书体，直接启隋唐正楷。

晋写经残卷

早在汉代，楷书已见雏形，西汉时某些隶书和楷书很难区分，《宣和书谱》说："西汉之末，隶字石刻间杂为正书。"到东汉隶书的波挑的体势不断加工，正式发展成为一代书体。但因隶书程式化带来的书写不便，楷化在书体上逐步成为一种强烈的趋势。东汉建初年间，王次仲"始以隶字作楷法"，喜平元年朱书解殃瓶题字，熹平二年瓦罐题字，都可见隶楷的递变轨迹。

三国吴凤凰元年（272），立于湖南来阳杜公祠的《吴九真太守谷朗碑》（简称《谷朗碑》），字体结构虽仍有隶书痕迹，但笔法已初步具备了楷书的特点，也可以说是最早的楷书碑刻。

魏初钟繇（151～230）工书，兼善各体，尤精楷书。历代评论他的楷书纯朴古雅，刚柔备至，"无晋唐插花美女之态"，"秦汉以来，一人而已"。近人认为钟繇创秦汉以来所未有的楷法，可谓楷体之祖，对汉字的定型有很大贡献。《宣示表》是

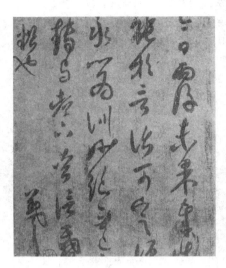

东晋王羲之草书《雨后帖》

钟繇楷书的代表作，字形扁方，笔法厚重古朴，结字茂密，若飞鸿戏海、舞鹤游天，《宣和书谱》称"备尽法度，为正书之祖"。唐人孙过庭《书谱》将他与东汉书家张芝并称。阮元在《南北书派论》中认为，南、北书体两派都以钟繇为师，可见他在中国书法由隶变楷过程中的重要地位。

东晋王羲之《乐毅论》。《乐毅论》字法古劲，不失规矩，实为小楷法帖的精品。

晋代书法在钟繇的楷体影响下，所存碑刻书体都明显体现出楷书从隶体中分离的趋向。传世的《广武将军碑》书以方格为栏，字方正有稚气，带有楷书体势；《好

中国通史

最新整理图文珍藏版

太王碑》字行间坚刻界格，字体端庄纯厚，处于隶楷之间；《爨宝子碑》朴厚古茂，书法正楷，"可以考见变体源流"。这三处碑刻最能反映由隶变楷的轨迹。

前凉李柏文书。《李柏文书》新疆出土，是唯一有史书可证的重要人物的文书遗迹。此文书的出土，对书法发展史的研究具有很高的参考价值。《李柏文书》共有三纸。似是正在修改中的三次手稿。

东晋王羲之（203～361），被书家誉为"书圣"，他年少时跟从卫夫人学书，卫夫人最善钟繇笔法，后来羲之又精研其叔父王导珍藏的钟繇楷书杰作《宣示表》，使楷书形成新的体势，完成了由篆到楷的转变。《乐毅论》是羲之的楷书代表作，它的用笔结体与钟繇的《宣示表》差别很大，钟繇"楷法去古未远"，还有浓厚的隶味，王氏则已完全从隶体中脱略出来，楷味十足。《乐毅论》曾是他的第七子王献之学书的范本，但献之的楷书"穷微入圣，筋骨紧密"，不仅完全摆脱了汉魏波碟的隶法，而且在钟繇、羲之的基础上更有创新，改横势书体成纵势书体，最终完成了今楷书体的衍变。《洛神赋十三行》就是这种新体的杰出体现。

二王之后，又经南北朝学书人的巩固加强，楷书终于发展成熟，并在隋唐取代隶书成为正式的书体，一直沿用到现代。

东晋王羲之《丧乱帖》

行书、今草形成

魏晋时期，随着楷书由隶体的逐步衍变和最终成熟，行书、今草也在此基础上渐渐形成。

行书介于楷书和草书之间，笔势简易流行，灵活多变，既不像篆草书那样草率难认，也不像楷书那样工整而费时费力。因此，早在西汉行书已经产生，但它是对时通行书体隶书笔迹和写法的简省，还不是现代意义上的行书。

"魏初，有钟（繇）、胡（昭）二家行书法，俱学之刘德升，而钟氏小异，然亦各有奇巧，今盛行于世。"（卫恒《四体书势》）行书真正成为一种书体与楷书的产生、发展有密切关系。钟繇（151～230）是魏初中国书法由隶转楷的过程中，上承秦汉篆隶下开魏晋楷法的宗师。他学习东汉刘德升的行书法，但有"小异"，说明他已在自己所创楷法的基础上对行书的发展有所推进。《书史令要》说他的行书如同正书，八分一样为世推崇，与他齐名的胡昭，也继承东汉行书并将它逐渐推广于当世，世称"胡肥钟瘦"。

今草是草书的一种，由汉隶草写而成

的章书演变而来。传说东汉张芝创了今草，使字前后相连，时人称为"草圣"，对魏晋书法学影响很大。魏晋是章草和今草的交替时期，虽然还有许多章草大家，如吴时皇象、晋时索靖、卫凯等，但到西晋时已逐渐起了变化，开始向今草转化。特别是随着隶书的衰颓、楷书的兴起，章草向今草的转化成为一种必然的趋势，并在当时的简牍、纸书中逐步崭露头角，如西晋初泰始五年（269）十二月简中，背面"主簿梁鸾"的"鸾"字已有浓厚的今草意味，而新疆楼兰所出的晋人残纸中，有很多已属于今草的范畴。

经魏晋的发展，行书、今草到东晋王氏父子手中发展成熟，成为流行的书体。

王羲之（303～361）书法先专门后博取，然后"备精诸体，自成一家法"。他在钟繇楷法的基础上，更使楷书的用笔法构完全从隶体中脱略出来，使楷书最终独立成一种新书体，取代隶书成为后代的通行书体。他又在自己楷书新体的基础上把行书和今草推向书法艺术的高峰。

东晋永和九年（353），王羲之在会稽山阴兰亭雅集盛会上，乘兴写了《兰亭序》，成为天下第一行书，为后来历世的楷模。后充分发挥了行书灵活多变的特点，使行书纵逸放旷，"得其自然，而兼具众美"。《快雪时晴帖》也是王羲之行书的代表作，是《三希堂法帖》之一。在王羲之所创俊逸、雄健、流美的书风影响下，行书从此成为中国书法艺术中重要的书体之一，并一直流行至今。他的草书《上虞帖》又名《得书帖》，笔势灵动，遒润多姿，飘如游云，矫若惊龙，信手万变，历来被书家奉为今草的范本。从此使今草"大行于世，章草几将绝矣"。王羲之的行书、草书对后代影响至远。

王羲之的第七子王献之，直接继承王羲之书法体势，但"后改变制度，别创其法"，自成一格。他在变换羲之楷体风格，使今楷书体的衍变过程最终完成的基础上，使行草别创新意。他的今草笔丝上下相连，贯通一气，如火筋画灰，连属无端末，体现了一笔书草书精神，使今草进一步定型，自此今草脱尽了章草的波磔，在楷书转折顿挫的笔势下，自然流动，连绵不绝，达到越来越高的艺术水平。

顾恺之的绘画

义熙元年（405），著名画家顾恺之去世。

顾恺之（344～405）是东晋绘画的卓越代表人物，也是我国历史上著名的大画家、早期的绘画理论家。他出身士族高门，字长康，小名虎头，少年时便当上了大将军恒温的参军，后任散骑常侍。顾恺之多才多艺，名声很大，当时有"画绝、才绝、痴绝"的"三绝"称号。在绘画上，他总结了汉魏以来民间的和士大夫的绘画经验，把传统绘画向前推进了一大步。

顾恺之善画肖像，亦工山水，他认为绘画妙在传神，要以形写神，有"传神写

宋摹本东晋顾恺之《列女仁智图卷》

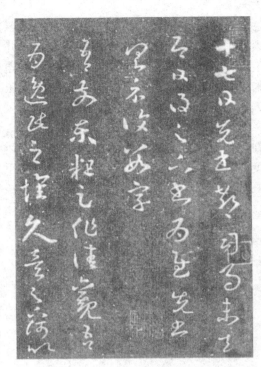

王羲之《十七帖》。王羲之兼师张芝草法，钟繇隶字，又能顺应楷书发展的大势，创造出融会草、隶、楷为一体的新草。

照，尽在阿睹中"的妙语。青年时代，他为江宁瓦官寺作维摩诘壁画，当众为画像点睛，三日间便为寺院募得百万钱，此事轰动一时。他为裴楷画像，在颊上添上三毫，就使画像神采奕奕；画谢鲲则以岩壑为背景，因为谢鲲好游山玩水，故借此以表现其志趣风度。唐代书画评论家张怀瓘的《画断》说："像人之美，张（僧繇）

得其肉，陆（探微）得其骨，顾（恺之）得其神，以顾为最。"一语奠定顾在绘画史上的地位。顾恺之本人在其画论里也说，画"手挥五弦"固然不易，但画"目送飞鸿"更难。此语正体现了他对神形兼具的追求，这一点对后来的中国画创作和绘画美学思想的发展，有很大的影响。

顾恺之的绘画题材涉及道释、人物、山水、禽鸟，无所不包，有文献记载的不下六、七十件，但真迹均已失传。从流传至今的被认为是顾恺之原作摹本的《女史箴图》、《洛神赋图》、《列女仁智图》中可以看出顾恺之艺术的风格和神韵。

《女史箴图》（唐摹本）是依据西晋张华的文学作品《女史箴》而画，从"班婕有辞，割欢同辇"起至"女史司箴，敢告庶姬"止，共分九段。内容是教育宫中妇女如何为人的一些封建道德规范，但图卷中出现的是一系列动人的妇女形象，有冯婕好奋起驱熊的矫健，有班婕婉言辞辇的端庄，有宫女日常梳妆的妩媚。画中的人物"笔彩生动，髭发秀润"，衣带迎风飘举，仪容典雅自然；其创造绘画形象的主要特征是注重用线造型，线条以连绵不断、悠缓舒展的形式体现出节奏感，用线的力度不大，如"春蚕吐丝"一样。顾恺之已将战国以来的"高古游丝描"发展到了完美无缺的境地。

《列女仁智图》（宋摹本）同样表现了传统题材，全卷原分 15 段，现存"楚武邓

宋摹本东晋顾恺之《洛神赋图卷》（局部）

曼"、"卫灵公妻"、"孙叔敖母"等8段，画后题赞。画卷布局方式与形象特征与《女史箴图》相近。虽沿用自汉以来的传统题材，但在情节的表现上则注意到以人物的动态来处理相互之间的关系。

《洛神赋图》（宋摹本）是依据诗人曹植的文学创作而画成的，反映了顾恺之创作题材的扩大。绘画以故事的发展为线索，分段将人物及情节置于自然山川的环境中展开描绘。画中的洛神含情脉脉，若往若还，表达出一种可望而不可及的惆怅情意，体现了顾恺之概括为"悟对通神"的艺术主张。

后人对顾恺之的画法和风格论述颇多。唐人张彦远在《历代名画记》中说："顾恺之之迹，紧劲联绵，循环超忽，调格逸易，风趋电疾"，元人汤垕在《画鉴》中形容顾恺之用笔"如春云浮空，流水行地"，"傅染人物容貌，以浓色微加点缀，不求薄饰"。他在画法上师承卫协精细一体，开创后世"密体"一派，表现了魏晋之际绘画艺术的时代特征。顾恺之的绘画理论和创作实践代表了魏晋南北朝绘画艺术的最高成就。

中国画论兴起

魏晋南北朝时期，绘画艺术高度发展并呈现出全面繁荣的景象，与此同时总结和探索绘画艺术的理论——画论兴起并得以迅速发展，高度发达的画论成了魏晋南北朝时期艺术进入自觉时代的标志。

据画史文献记载，这一时期绘画创作活动十分兴盛，画家人数很多，并有一大批影响很大的画家活动于艺术舞台，最著名的如顾恺之、陆探微、张僧繇等，许多帝王也潜心创作，如南朝宋明帝、南梁文帝等，这些创作实践无疑是画论兴起的一大重要因素。

魏晋玄学的流行，佛、道二教的迅速繁盛，促使人们的思维方式发生变化，并进而深入地探索艺术本体，佛寺壁画和塑像带来的域外艺术的某些气息，也引发了人们对艺术创作技巧的深入思考。

东晋顾恺之是位杰出的人物画画家，在创作上他善长传写人物的神情和气质风度，其流传下来的画论著作有《魏晋名臣画赞》、《论画》、《画云台山记》三篇，核

北魏屏风漆画列女古贤图（局部）

心思想就是以形写神。他认为描绘人物，不仅要求形象真实，而且要能传达人物的性格神态和内心活动。强调通过对人物的关键部位如眼睛等的描绘取神，写神，人物神情特征才能令人妙赏。顾恺之特别重视主体与客体之间的悟对交融，认为"悟

对通神"才能"迁想妙得",只有透彻地了解熟悉了客体的性情心理,才能把握瞬间精神和心理的微妙变化。顾恺之强调的是人物形神论。而刘宋时的宗炳和王微则着重讨论山水画中的形神问题。

宗炳(375～443),字少文,河南南阳人,一生未仕,善书画,好游名山大川。《画山水序》是他流传下来的画论著作,他认为山水和圣人都体现"道",怀道的圣人能适应万物的变化,通过物象来阐明抽象的道,有质有灵的山水是物象的一种,所以也体现道,大自然能给人以畅神的美感享受,山水画表现的自然美给人的审美感受正在于畅神。在中国美术史上,他还第一次明确提出了山水画的观察方式和透视原理,这一创造性的摹写方法对处理山水画的空间关系具有划时代的意义。王微《叙画》除强调山水有形有灵以外,更重视其"怡悦性情"的作用。

南齐谢赫对前人的理论成就加以总结和综合,系统提出了绘画的品评原则六法论:将气韵生动排在六法之首,显然是由神似原则发展而来,气韵即为神韵,气韵生动主旨在于生动地表现对象的气质品格和精神内蕴。

通过这些画论可以明显地看出,魏晋南北朝时期,以神写形和重视气韵的理论已成为中国画的主导精神,在后代的理论

及创作中被长期继承,很显然,其理论源头可追溯至老庄;可以肯定是在魏晋流行的玄学思潮影响下形成的,而"悟对通神","迁想妙得"的思想与佛、道二教思想不无相通之处。南朝陈姚最《续画品录》中所提出的"心师造化"的思想与佛教理论并无二致,毫无疑问,画论的兴起和成熟是魏晋南北朝时期多种因素的合力造就的。

魏晋南北朝画论的兴起,标志着中国绘画理论走向成熟,中国画的主导精神从此形成,谢赫开启了中国品评体美术史之先河,所有这些,都直接影响着后世中国画的理论和创作。

金铜佛像进入全盛时期

迄今发现最早纪年铭的佛像是现藏美国旧金山亚洲美术馆的后赵石虎建武四年(338)雕造的一尊鎏金铜坐佛像,它结跏趺坐,双手作叠压禅定式,长长的杏仁眼,方圆脸形以及规整的垂中平行衣饰,高肉髻,在形式上直承汉末四川陶佛像,形体与衣纹的左右对称,也是西来佛像中国化的具体实例,被认为是中国式佛像的早期形态。

北魏早期,赫连族攻入佛学中心长安,灭佛杀僧,著名高僧鸠摩罗什的高徒白脚禅师来到平城(山西大同)受到魏武帝的礼遇。北魏灭北凉(439)后,把凉州具有高超技艺的工匠掳掠到平城,同时也俘获了大批僧人,平城成了北方的政治文化及佛教中心,金铜佛像从此被大量制造,今存北魏太平真君二年(441)赵通造金铜佛像、太平真君四年(443)金铜佛立像,是太武帝废佛前的代表制品,形式古朴。出土于河北石家庄的鎏金铜造像,分伞、佛像、座三部分,是十六国以后保持

北魏彩绘孝子故事图漆棺残片

铜造像

铭金铜佛造像、从妻刘造弥勒坐像，河间乐成人张卖造弥勒坐造像、李成造像、王上造像等不下十多件，山东博兴县出土的更为繁多。这时期的金铜佛像，以唇厚、鼻隆、目长、颐丰、挺拔而有丈夫气为主要形象特点。

在南方，东晋已开帝王奢竞之风，这种时代风尚成为名士奇匠竞心展力的外在驱动力，出现了以戴逵、戴颙父子为代表的著名佛像匠人。戴逵曾积三年苦思制成丈六无量佛，"巧凝造化"，成为供大量仿制的中国像杰作，这种追求民族化的审美旨趣的创作，开创了中国式佛像的制作范式。所造行像，运用脱胎漆器工艺，发明了既壮崇又轻灵的夹苎佛像，适应了当时抬佛巡行习俗的需要，被世人称为一绝。其子戴颙从小随父参与塑像，相互切磋技艺，以精思神巧为时人称许。

鎏金观世音铜像

最完整的一座。河北省博物馆收藏的另一件金铜坐佛像，造型浑圆，而造于太平真君十一年（450）的金铜坐像，古朴之气息渐失而趋向写实，两手不再拱而置于胸腹间，改为右手施无畏印，左手置于膝上。衣纹下垂作椭圆形线，衣裾下缘下垂到座的上部，这是新的发展。

魏文帝统治时期，一度遭受政治打击和道教冲击的佛教得到迅速恢复，曾遇灭顶之灾的佛教徒也吸取了教训，提出皇帝就是如来的观点，凭借皇权弘扬佛教。兴光元年（454）平城五级大寺铸金铜释迦立像五躯，以太祖以下五帝相貌为依据，高各一丈六尺，共用铜25000斤。公元466年，献文帝在天宫寺造释迦立像，高43尺，用铜10万斤，黄金600斤，金铜佛广泛制造的风气盛极一时，而且形制和规模不但扩大，在太和年间形成了金铜佛像制造的全盛时期，如现存太和二年（478）

刘宋以降，靡费之风大帜，建寺造像所用的铜无以计数，甚至危及国力，孝武

中国通史

最新整理图文珍藏版

金铜释迦立佛像

造的形制和规模。在风格上，南朝金铜佛像崇尚宽大博敞的天衣裙裾衬托出飘逸俊秀的体势，是南朝时尚的秀骨清像人物仪范在佛教造像上的具体表现。二戴的艺术技法也被广泛流传。整个南朝的造像均显示出形体轮廓具有整体感并极富装饰性的特色，与当时竞尚奢靡之风相一致。

无论在南朝还是北朝，金铜造像规模形制都十分宏大，艺术技巧也日臻完善，从而使金铜造像完全中国化并达到其全盛期。

魏碑书法风格劲健

北魏时，佛教盛行，一时庙宇、造像、摩崖、碑林、墓志、刻经等处处林立。在客观上促进了北魏碑刻艺术的迅速发展。北魏碑刻中多用一种楷书，这种楷体直接继承了汉魏末年钟繇、卫瓘等的笔法，结字紧密厚重、端庄劲健。但在具体碑刻中

北魏释迦佛像

帝刘骏一次就为瓦官寺铸金铜佛像32躯。梁武帝出家的同泰寺十方佛为金银像。而光宅寺造丈八无量寿金铜大像，用铜4万斤，陈宣帝所铸铜像多达2万，修治旧像130万躯。这些足以想见当时金铜佛像铸

中岳嵩高灵庙碑。此碑在魏碑书法中属于风格雄强一类。

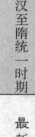

又隶楷错变，无体不备，风格多样，成为南北朝时书法艺术的杰出代表。这种碑刻称为魏碑，书体称为"魏碑体"。

北魏初期，碑体方劲古拙，略带隶书

始平公造像记

孙秋生造像记。魏造像至今存者，盈千累万，其最佳者，为龙门之《始平公造像》、《孙秋生造像》、《杨大眼造像》、《魏灵藏造像》，谓之"龙门四品"。此系其一。

笔意，如《太武帝东巡碑》、《大代华岳庙碑》、《中岳嵩高灵庙碑》等。著名书法家卢湛、崔悦在当时影响最大。孝文帝迁都后，石窟造像的题记与写经书法都是结体紧密，多取斜势，风格雄强，造像书法因刀刻的原因，笔画方截整齐，写经则轻重转折圆润，更体现了用笔原貌。龙门二十品造像题记中，以《始平公造像记》、《孙秋生造像记》、《杨大眼造像记》、《魏灵藏造像记》四品最能代表魏碑体风格。

《始平公》，孟广达文，朱义章书，"极意疏荡，骨格成，体势定，得其势，雄力厚……"（康有为《广艺舟双辑》）。《孙秋生》，孟广达文，肖显庆书，书体方峻宕逸，圭角棱厉。《杨大眼》介于前两者之间，章法较疏朗。《魏灵藏》，书法酷似《杨大眼》。这四品，都"具龙成虎震之规"。

太和（477～499）年间，继承造像书体形成雄伟浑厚的书风，著名的碑刻有

高贞碑。此碑书法方劲峻整，笔势畅达，风格古涩而富新意，为北魏碑版中方笔风格的规范之作。

《光州灵山寺舍利塔下铭》、《晖福寺碑》等。太和后书法风格更加丰富多彩，出现了郑道昭（？～516）等碑刻大家，许多丰碑巨碣纷纷兴起，如《高庆碑》、《霍扬碑》、《刘根造像记》、《曹望憘造像记》等。宣武帝永平四年（511），郑道昭为纪念父亲郑羲刻上、下二碑，称《郑文公

碑》。碑体为四种，雄健宽博，笔法圆转凝重，以篆籀笔力、隶书体势、行草跌宕风姿、楷书端庄之象集于一身，历来被评为北碑正宗，在郑道昭碑刻中流传最广，集中展示了魏碑劲健雄宏的风格。

张猛龙碑。《张猛龙碑》的书法在魏碑中属于风格方整雄健一类。其用笔、结体严谨，笔画斩钉截铁，系纯用方笔所致，但又能在方健的笔法中表现出纵逸的风味。

清末民初，康有为把魏碑的美归纳为十项：魄力雄强、气象浑穆、笔法跳越、点画端厚、意态奇逸、精神飞动、兴趣酣足、骨法洞达、结构天成、组肉丰美，对它推崇备至。魏碑体在东魏得到继承，影响直至隋唐。

杜预改良水磨

西汉时期，作为粮食加工机械的水磨已经得到运用，但都是一轮一磨，水能利用率不高，工效也不大。西晋杜预对其进行了改进。

杜预，字元凯，京兆杜陵人（今陕西西安东南）人。娶司马懿之女为妻，起初曾拜尚书郎，晋泰始年间（公元 265 年 ~ 公元 274 年）历任河南尹、秦州刺史等职，后于度支尚书任上，精心设计建成孟津桥，解决了黄河孟津渡口水流湍急、舟楫不便的交通难题。公元 278 年，司、冀等先有水灾后有虫害，杜预上疏提出具体的赈灾方略。他提出的五十多条措施，均被朝廷采纳，效果不错。

水磨模型

全国统一以后，杜预以为天下虽安而不可忘危，又还镇襄阳，在荆州兴修水利，灌溉田地万余顷，百姓深受其利；又开杨口、通夏水达巴陵千里水道，以便交通漕运。

杜预曾用齿轮互相推动的原理，制成连磨，将原动轮改成一具大型卧式水轮，大水轮的长轴上安装三个齿轮，各联动三台石磨，共九台水磨，称水转连磨。水转连磨的制成，大大提高了水能的利用。根据同样的原理，杜预还创制了"连机碓"，即用一个水轮带动几个或十几个碓，成倍提高了这种碓击式加工机械的效力。水转连磨（包括连机碓）创制后，迅速得到了推广使用，和此前已有的单磨一起，给当时人们的生活带来很大的便利。推动了生产力的大力发展。

王叔和的《脉经》

西晋太医王叔和曾编辑张仲景的《金匮要略》、《伤寒论》等书，并集中了秦汉以来医家切脉的经验，于公元266年至公元282年间写成一部《脉经》，它是我国现存最早的一部系统论述脉学的专著。

脉学是中医诊断学的重要组成部分。《内经》中记载的诊脉方法，主要是"三部九侯"遍身诊法和"人迎寸口"法。《难经》论脉诊较《内经》有所发展，推崇诊脉"独取寸口"，并把寸口脉划分为寸脉和尺脉二部，以分别诊察阳分、浅表病症和阴分、内里病症。由于独取寸口的诊脉方法简便易行，因而逐渐代替了《内经》的脉法而为临床医家所采用。《难经》之后，有不少医家对脉学深有研究，并撰有一些专门著述，可惜均已失传。西晋时期的名医王叔和，摘录《内经》、《难经》、《脉法》及扁鹊、华佗、张仲景等人关于脉学的著述，结合自己的临证诊脉经验，编撰了《脉经》一书。

王叔和，名熙，高平人，约生活于公元三世纪前半期，曾任三国魏太医令。他除撰《脉经》一书外，还对当时已经散乱的张仲景《伤寒杂病论》进行了搜集和整理，使之完整地保存流传下来，为医学的发展作出了重要贡献。他所撰《脉经》共十卷，九十八篇。

《脉经》对各种脉象的诊断意义作了大量的论述，除指出迟则为寒、濇则少血、缓则为虚、洪则为热等等单一脉象的主病之外，还对多种兼脉的主病作了说明，如"脉来细而微者，血气俱虚；沉细滑疾者，热；迟紧为寒"等等。

《脉经》首次把脉象归纳为浮、芤、洪、滑、数、促、弦、紧、沉、伏、革、

引线切脉图

实、微、涩、细、软、弱、虚、散、缓、迟、结、代、动等二十四种，对每种脉象的形象、指下感觉等作了具体的描述，并指出了一些相似脉象的区别，分八组进行了排列比较，初步肯定了左手寸部脉主心与小肠、关部脉主肝与胆，右手寸部脉主肺与大肠、关部脉主脾与胃，两手尺部主肾与膀胱等寸关尺三部的定位诊断。更可贵的是《脉经》并非单纯根据脉象机械地诊断疾病，而是将脉象同其他临床表现及具体病种结合起来，灵活地用于疾病的诊断，指导疾病的治疗，因而同一种脉象，在不同的具体情况下则具有不同的诊断意义，医生必须脉症合参才能认识疾病的本质。这对正确评估脉诊在中医诊断学中的地位而防止对脉诊的神秘化具有重要意义。

王叔和以"脉经"命名其书，是因为脉学是书中的主要内容，而严格说来，《脉

中国通史

最新整理图文珍藏版

经》并不是一部脉学专著，因为该书卷六论五脏六腑病症；卷七论汗、吐、下、刺、灸、水、火等法可用与不可用之证；卷八论内科杂病；卷九论妇科病和小儿杂证，虽然有时十分强调脉象的诊断意义，但也多有只谈诊治、不及脉象之处。即使从诊断学角度而言，书中也不仅论述脉诊一法，而是涉及了望诊、闻诊、问诊多方面的内容。如卷五载有"扁鹊华佗察声色要诀"一篇，着重论述了面、目、耳、唇、甲、齿、脐、发等部位的色泽或形态变化的诊断意义，反映了丰富的望诊知识。闻诊方面，则提到"病人尸臭者不可治"；问诊则涉及汗、大便、疼痛、视力、既往病史等内容，其中提到"病人头目久痛，卒视无所见者，死。"临床上有不少颅内占位性病变的患者，大多先有头痛症状，随着颅内压力的逐渐增高，导致视神经乳头水肿而突然视力丧失，此类危重病证在古代一般没有妙法可施，所以书中断为死证是符合实际的。《脉经》一书从望、闻、问、切多个方面，反映了魏晋时期诊断技术的进步，对后世诊断学的发展起到了重要的奠基作用。为后世中医脉学的发展作出贡献。

地理学

约在秦始四年至七年（公元 268 年～公元 271 年），裴秀主编完成《禹贡地域图》十八篇，它是中国目前有文献可考的最早历史地图集。

裴秀，字秀彦，河东闻喜人（今山西闻喜人），出身官宦世家。祖父裴茂，父亲裴潜先后为汉、魏尚书令。裴秀从小好学，八岁能作文，时人称"后进领袖有裴秀"。年长从政，官至司空，看到当时官藏汉代的舆地、括地杂图，制作粗率，又感到古代山川地点经时世变迁，变化很大。于是

经过一番研究，完成由他主编的《禹贡地域图》十八篇，他曾用简缩技术，按"一分为一里，一寸为百里"的比例尺，把一幅用绢八十匹绘成的西晋地域图绘成《地形方丈图》，此图今已失传。

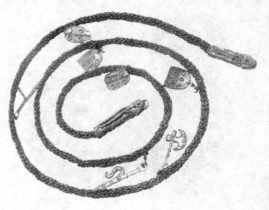

晋·金龙

他在序言中提出了绘制地图的六项原则，即著名的"制图六体"，为中国传统地图（平面测量绘制的地图）奠定了理论基础，裴秀因此被称为中国传统地图学的奠基人。"制图六体"是：一曰分率（分例尺），用于测定地区的大小；二曰准望（方向），用于确定各地物的方位；三曰道里（距离），用于确定道路的里程；四曰高下（高取下，取下为水平直线距离）；五曰方邪（方取斜，取斜为直线距离）；六曰迂直（迂取直，取直为直线距离）。这六项原则归纳起来也就是现代地图学所论述的比例尺、方向和距离三要素，说明绘制地图必须制定比例尺，测出地物之间的方向，并求得各地物间的水平直线距离。裴秀还指出这"六体"的作用和相互关系，他认为，六体必须综合运用，互相参考，否则就不能正确绘制出反映实际地貌的地图来。这样改进后的制图方法更为科学，更为准确，在中国乃至世界地图史上占有重要地位。

博物学

西晋博物学的兴起与西晋统一，士人博学有直接关系。左思《三都赋》、张华

东晋·青瓷羊形烛台

《博物志》都是闻见甚广，取材宏富。不过《三都赋》限于文体，《博物志》多载怪异，总不及郭璞《尔雅注》的广博而切实。《尔雅》十九篇，是儒生多年积累而成的一部字典，自训诂以至鱼鸟兽畜，几乎包括当时所有的知识。郭璞作注，简括确切，不知道的就说"未详"，避免注家强不知以为知的陋习。后儒虽多所补正，终不能超出郭注的范围。郭璞又注《穆天子传》、《山海经》及《楚辞》（《楚辞注》亡佚）。在《山海经注》中发凡说"凡言怪者，皆谓貌状倔奇不常也"。晋元帝留妖人任谷在宫中，郭璞上书请驱逐任谷，说"臣闻为国以礼正，不闻以奇邪，所听唯人，故神降之吉"。郭璞学术属于古文经学派，但也兼今文谶纬之学。《晋书·郭璞传》把他描写成一个术士，是夸大了他的谶纬之学的一面。郭璞死于公元322年，年49岁。他在公元304年刘渊起兵时，向江南避乱，年约30余岁。郭璞《尔雅·序》说，少年时学《尔雅》，钻研二九

（十八）年，才作注文。据此以推，注《尔雅》当在西晋时期。

祖冲之的《大明历》

祖冲之，字文远，范阳遒县（今河北涞水北）人，祖先侨居江南。祖冲之博学多思，曾造指南车、千里船、水碓磨及木牛流马，十分精妙。在数学方面，他在刘徽的基础上，推求出圆周率为3.1415926至3.1415927间，提出圆周率的约率为22/7，密率为355/113，密值的提出比欧洲早了一千多年。

祖冲之在何承天的《元嘉历》颁行后不久，就发现它不够精密。于是在公元462年他编了一部《大明历》，本年成书。祖冲之接受北凉赵歐的影响，修改了闰法，提出了391年144闰月的新闰周。首次运用东晋虞喜发现的"岁差"原理，测定冬至日在斗十五度，并统计得岁差约四十五年差一度。更进一步测定出岁实（回归）的日数为365.24281481，朔策的日数为29.530591，均非常精确。

《大明历》的科学性明显优于《元嘉历》，但上奏皇帝后，孝武帝曾命令群臣讨论，其中戴法兴极力反对，并提出责难，祖冲之据理力争，一一驳斥，并写成著名的《驳义》一书。但《大明历》在宋、齐两朝没有施行。到梁天监九年（公元510年）才正式使用，至隋开皇九年（公元589年）废，前后共用80年。

陶弘景的医学成就

陶弘景不仅在文学、经学等方面成就巨大，而且在医学方面更为突出。

中国医学大致可以分成医学和药学（或药物学）。药学部分，即所谓"本草"，

主要研讨药物和处方。陶弘景，一生遍历名山，寻访仙药，经常出没于山谷溪涧之间，读书万余卷，对阴阳五行、天文地理、医药都有深入研究。著作很多，如《帝代年历》、《古今州郡记》、《效验方》、《集药诀》、《养性延命录》、《肘后百一方》等。

西晋·玛瑙璧

西晋·四叶人物纹铜镜

陶弘景对《神农本草经》中的药物作了仔细的校订和整理，并结合自己的经验，对这些药物新的用途和不同的记载，做了一一的鉴别和补充。同时，他又根据魏晋以来新发现的365种药物，写成《名医别录》一

书，也作为《本草经集注》的一部分。这样，《本草经集注》共有7卷，所收药物由原来365种增加到730种，增加了一倍。

《本草经集注》的主要特点是：首先改进了药物的一般分类。从《神农本草经》中三品分类，改为按药物自然来源和属性来分类，共分七大类，即玉石、草木、虫兽、果、菜、米食、有名无用。最后一类是一些当时未经实际验证的药物。这种分类方法具有一定的科学性，是药物分类的一个进步，对后世影响很大。其次对于药物的性味、产地、采集、形态、鉴别诸方面的论述，有显著提高。《神农本草经》中说药有五味：酸、咸、甘、苦、辛。这是勉强与阴阳五行理论相联系。陶弘景把药性分为八种，即寒、微寒、大寒、平、温、微温、大温、大热。他提出了"甘苦之味可略，有毒无毒易知，唯冷热须明"的说法，表明他对药物的寒热特别重视，

1119

陶弘景像

而对所谓甘苦等"五味"认为关系不大，这种认识很有进步意义。第三总结了诸病通用的药物。在书中提出了一个"诸病通用药"列记表，分别列举了八十多种疾病的通用药物。不仅给临床医生处方用药提供了方便，而且也首创了按药物主治作用进行分类的方法。后世比较大型的本草著作，都把这种办法沿用下来。

郦道元《水经注》

《水经注》是我国古代一部地理名著。

我国地理学的发展，历史悠久。战国秦汉以来，由于生产的发展，政治上的趋向统一，交通的发达和各地经济联系的加强，地理知识大大扩展，于是产生了像《尚书·禹贡》及《汉书·地理志》这样一些重要的地理著作。它们或以名川大山作为自然区划来描述祖国的地理概貌，或以疆域政区为纲来叙述祖国各地的地理情况。形成各种体制和风格。

大约在三国的时候，我国又出现了一部以全国水道为纲的地理著作——《水经》。关于《水经》的作者，旧说是汉朝桑饮，但据清朝学者的考证，认为这部书

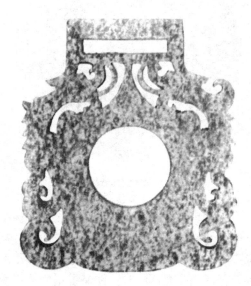

青釉褐彩壶

不是西汉桑饮作的，大概是三国时候的人写的。

《水经》这部书共记述了河道137条，并简明地叙述了河道经过的郡县都会的名称，但《水经》内容过于简单，随着社会经济的发展，需要一部新的地理学著作，能比较全面、系统地反映历史上河道的变迁、地名的更换、城市的兴亡等，让当时和后代都能清楚了解，便于应用，于是一些人开始为《水经》做注。从晋朝以来，为《水经》作注的有两家：一是晋朝郭璞注三卷，已失传；一是北魏郦道元的《水

双龙纹心形玉佩

经注》四十卷，一直流传到现在。

郦道元（公元？～572年）字善长，范阳涿鹿（今河北涿县）人，是我国南北朝时期的著名地理学家。他少年时代，曾随父亲郦范宦游山东，经常和朋友们一道访求名胜古迹，初步培养了"访读搜集"的兴趣。以后他历任河南、冀州鲁阳郡等地的地方官吏。由于职务关系，他的足迹遍于今山东、河北、山西、河南、陕西、内蒙、江苏、安徽、湖北等地。这就为他亲自了解祖国各地情况，特别是北部中国的情况，提供了方便。为他写《水经注》奠定了基础。

郦道元十分热爱祖国的山川河流一草一木，也十分关心我们中华民族的先辈在这块土地上的一切建树。他读过许多古代的地理书籍，如《山海经》、《禹贡》、《周礼·职方》、《汉书·地理志》以及描述名都的辞赋，记载河道的《水经》等。

《水经注》以全国水道为纲，把我国辽阔疆域内的山川河流一一加以介绍；同时还描绘了各地的风土人情、历史古迹；记述了各地的地形矿藏、农田水利设施；考订了城镇的兴废沿革、河道的变迁、名称的改易等。对古书记载有歧义的地方，也加上自己的按语结论。他涉猎的书籍非常广泛。仅注中所引的就有四百多种。他还摘录了不少魏时期的碑刻，这些古籍碑刻大都已经失传，幸赖《水经注》才得以保存下来一部分。此外，他还亲自跋山涉水，追溯源流，寻访古迹，因此在这部书里有许多生动具体、绘形绘色的描写和一些十分难得的第一手资料。例如：他游渭水兹泉时，访问过姜太公的居室和垂钓的地方；在鲍邱水条下记了刘靖开渠引水工程；在易水条下记了燕下都的地址；在谷水条中记了东汉太学的旧址等等。凡是他亲自涉历过的地方，都记得格外详细生动。

《水经注》不仅是一部严密的科学著作，而且在文学上也很地位，它以生动细腻的笔墨，形象地描绘了祖国的壮丽山川，对以后苏东坡、柳宗元、李白等人的游记诗文都产生了影响。

《水经注》的重大成就，使后代许多学者对它进行专门的研究，甚至形成了专门的学问——"郦学"。

贾思勰《齐民要术》

《齐民要术》是我国现存最重要的一部古代农业科学著作，在世界农学史、生物学史上也占有重要地位。

《齐民要术》的作者贾思勰，是山东盖都人。他在北魏永熙二年（公元533年）到东魏武定二年（公元544年）间，写成了著名的农业科学著作《齐民要术》。

《齐民要术》，由序、杂说、正文三大部分组成，共九十二篇，分成十卷。正文约七万字，注释约四万多字，共十一万多字。它主要记载了自西周以来，特别是作者所生活的时代，我国黄河中下游一带的农业生产经验。其中包括谷物、蔬菜、瓜果、林木的栽培（一至五卷）；家畜、家禽、鱼类的饲养（第六卷）；酿酒（第七卷）；制酱、制醋、腌腊（第八卷）；主食品制造、副食烹调（第九卷）；以及黄河流域以外的北方、南方各地，还有国外各处，传入中原的各种作物品种介绍（第十卷）等。它不但集中了古代旱地作物生产经验之大成，而且从中反映了农村生活状况和社会经济情况。贾思勰给这部书起名为《齐民要术》，用现在的话来说，就是谋求提高人民生活水平的重要方法，是有很深的含意的。

《齐民要术》针对北方干旱少雨的特点，强调精耕细作，防旱保墒。贾思勰认为耕地一定要耕得早，耕得深；耕得早一遍抵上二遍，耕得深使庄稼能吸收较多的养料和水分。耕后必须把地耙平，把土糖细，这样才能保墒防旱。在作物生长过程中，还必须中耕除草。这一整套耕——耙——糖的保墒防旱措施，使北方干旱地区的耕作技术基本定型了，这对对北方农业种植很有指导意义。

《齐民要术》十分注意选种。强调要"选好穗纯色者"。留种田要耕得细，多加肥料；收割后要分开窖埋，防止混杂。收取瓜种方面，指出要从最早成熟的"本母子"瓜中留种。留种时，不是取全部瓜子，而是截取瓜中间一段的瓜子。因其贮藏的养料多，这种方法至今我国北方还在采用，书中还记述了水选、溲种（即拌种）、晒种等种子处理方法，并最早记录了我国水稻催芽技术。

贾思勰像

《齐民要术》首次总结了二十多种轮种的方法，它把豆科作物作为绿肥，纳入轮作，以提高地力。又提出在麻里套种芜青等。从休闲（长期抛荒以恢复地力）到轮作，是农业发展史上的一个飞跃。它能提高土地的利用率，欧洲在公元六世纪，农业还处于"三田制"，绿肥轮作制最早是十八世纪三十年代在英国实行，可见，我们祖先发明轮作在世界上处于领先地位。

《齐民要术》完整系统地记载了我国果树的品种，这是历史上第一次果树品种的总汇，同时也是第一次为我国果树分类。书中以树繁殖培育提出了三种方法，即培育实生苗、扦插和嫁接。培育实生苗强调无论桃、梨要"合肉"埋入加粪的土中，第二年春天出苗后再移栽。这样可以利用冬季自然低温来增加种子的出芽力。扦插可使果树提前结实，如李树本来五年才结果，用扦插只需三年，嫁接比扦插更快，而且果实好，嫁接梨最好用棠树（即杜树）做砧木，这样结的梨大而肉细密。这为果树种植提供了宝贵的经验。

《齐民要术》总结了历代家畜饲养的经验，也吸收了北方各游牧民族的畜牧经验。在书中介绍了饲养牲畜的各项方法。贾思勰认为首先要重视选种。如母鸡要形体小、毛色浅、脚细短、生蛋多、守窝的，羊要选腊月、正月生的羊羔留种。在饲养管理上，役使年马，要根据其能力；喂料、饮水、天冷、天热、都要适合其本性。马饥饿时要先喂"恶刍"，吃饭后再喂"善刍"，以引诱其吃饱吃足，书中还论述了相马术、阉割术、兽医药方等知识经验。

在农产品加工方面，当时人们已经熟练地掌握了微生物发酵技术，书中记述了酿酒、造醋、作酱、制豆豉等方法。书中记载的酒有四十多种，醋有三十多种。

总之《齐民要术》是我国古代第一部系统论述农业科学的专门著作，它不仅在当时起过作用，而且对后代的农业生产也留下巨大的影响。公元1020年，北宋政府曾刻印了《齐民要术》发给各地的"劝农使"，一般群众知道后也争相传抄。历史农学家编写的农书，始元朝的《农桑辑要》、王祯的《农书》、明朝徐光启的《农政全书》和清朝的《授时通考》等，无不注意吸取《齐民要术》的精华。直到今天，《齐民要术》仍是我们研究农业科学史的宝贵材料，占有很高的地位。

葛洪《抱朴子·内篇》

东晋（318）时，葛洪撰成《抱朴子·内篇》，这是道教宗教哲学和原始化学炼丹术的重要著作。它在道教史和炼丹史上都有重大影响。

葛洪（284～364），字稚川，自号抱朴子，丹阳句容（今江苏省句容县）人，是东晋著名的道教理论家、炼丹家和医药学家。他学识丰富，著作很多，但大多散佚。其中影响最大的当推《抱朴子》，含内篇20卷，外篇50卷。而《抱朴子·内篇》则是反映他的道教神学的主要代表作。

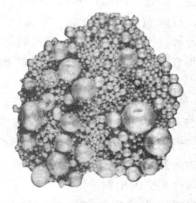

按中国炼丹术著作中的方法重新炼制的"金"

葛洪在书中提出了以"玄"、"道"、"一"为宇宙本体的理论，为长生不死的神仙道教制造理论根据。他认为"玄"是超自然的存在，是宇宙万物的总根源。它不可感知，不可捉摸，神通广大，且无所不在、无所不能。它是孕育元气、铸造天地星宿乃至万物生成的根据和原动力。因此葛洪强调宇宙万物一刻也不能离开"玄"。而且必须"得之于内"，通过内心的冥思苦想去探索。

葛洪又将"玄"称作"道"、"一"，并进一步把"一"神化，提出"守一存真，乃得通神"的宗教神学思想。他把"守一存真"看作是通向神仙之境的根本途径，并且因此可使天、地与人，人与道，主观与客观统一起来，在精神上突破有限个体的束缚，与无限的宇宙合一。而为了达到这一目标，则必须通过宗教禁欲主义的修养。

与其他宗教幻想灵魂入天堂不同，葛洪的道教理论还强调炼形的重要性，为的是使"神"（或"精灵"）不离开其身，从而达到长生不死，肉身成仙。他还提出"有因无而生焉，形须神而立焉"的形神观，把"形"说成要依赖"神"才能确立而不朽，强调精神是第一性的，形体是第二性的。

葛洪还特别强调遵守封建伦理纲常对道教的修炼的重要性，认为"欲求仙者，要当以忠孝和顺仁信为本。若道德不修而但务方术，皆不得长生也。"

与一切有神论者和宗教徒在论证"神"的存在时一样，葛洪也把自己虚构的神仙之美等一切不实之物，都归之于人们有限认识之外的无限世界。他用聋子听不到雷声、瞎子看不见日月星辰之光作比喻，来证明人们虽然看不见神仙和听不到神仙的声音，而神仙世界是存在的。但实际上神仙只是道教徒头脑中虚构的神秘物，客观实际证实这些是不存在的。

东晋时道教从民间宗教向为门阀世族服务的官方宗教转型，葛洪的《抱朴子·内篇》对此起了很大的促进作用，是这一转折阶段的一块里程碑。早期的道教常以符箓、巫祝等宗教仪式为人治病，并以此吸引信徒。后来便有人认为用这种方法可求取长生，葛洪对此作了否定。他赞富贵神仙，斥民间道教，甚至认为王者应以严刑峻法来制止这类巫术活动。他在强调内修的同时，提出了外养兼顾、"籍外物以自坚固"的见解。他从黄金耐腐蚀、高溶点

《抱朴子·内篇》关于硫化汞和汞的化学性质的叙述

的化学稳定性出发，推论金丹具有使人不朽的滋补作用。并为信徒们列出以下修道方法：①积善立功，②草木药饵，③屈伸导引，④宝精行气，⑤金丹大药。

中国古代炼丹家葛洪

《抱朴子·内篇》还总结了魏晋时期炼丹术的成果，收录了大量丹方、经方，其中最重要的是"金液"丹，且是很难破译释读的丹方之一。其主要的原理是使金的溶解度有所增加，然后再被有机物还原

杭州葛岭的葛洪炼丹井，传说葛洪炼丹的水源。

为胶态金，这与国外炼金术的"金液"类似。

"金丹"卷中所涉及的药物有铜青、丹砂、水银、雄黄、矾石、戎盐、牡蛎、赤石脂、滑石、胡粉、赤盐、曾青、慈石、雌黄、石流黄、太乙余粮、黄金、铜、珊瑚、云母、铅丹、丹阳铜、淳苦酒等20多种，明显比《周易参同契》里所提到的要多。

"仙药"卷中提到用硝石、玄胴肠（猪大肠）和松脂炼雄黄，并且在实验中观察到若超过一定温度，便起火爆炸，这是原始火药的萌芽。故"仙药"卷的记载也是前火药史的史料。

葛洪还实验过铁与铜盐的置换反应，如"黄白"卷有"以曾青涂铁，铁赤色如铜"（曾青是硫酸铜矿石）。

葛洪在炼丹实验中已经探索到近似反应可逆性的物质循环的思想。如"金丹"卷中有"丹砂烧之成水银，积变又还成丹砂"（丹砂即硫化汞）。又"黄白"卷中有"铅性白也，而赤之以为丹；丹性赤也，而白之而为铅"。说的是铅经过化学变化成铅白，即胡粉，也即白色的碱式碳酸铅；铅白加热，变化成铅丹，即红色的四氧化三铅，四氧化三铅又可经化学变化成铅白。

葛洪是汉魏以来道教理论的集大成者，他的《抱朴子·内篇》为神仙道教构造了一个比较完整的理论框架。它是向社会不同阶层公开布道的神仙道教典籍，并为道教在南北朝成熟准备了条件。

中国陶器流行于世界

3世纪中后期以来，随着晋代移民不断迁居到朝鲜半岛的大同江流域，中国的制陶技术开始传入朝鲜，并长时期左右着朝鲜陶业的发展。

东晋青釉褐斑羊头壶。西晋盛行的带状印纹已消失，被划于肩部的双弦线代替。

平壤附近高句丽国都故址土城里及其邻近地方，发现数以千计的砖椁和木椁古坟，与同时期朝鲜本土流行的石坟和土坟文化面貌不同。特别是古坟中的许多砖瓦纹饰，明显具有汉魏六朝风格。墓中发现的文字砖共有十多种，具其中年代可考的研究，这些陶砖起自182年至404年，即东汉光和五年至东晋元兴三年，而且有年代的多数标的是东晋年号。南北朝时期，朝鲜半岛的百济和新罗建筑陵墓、寺院和宝塔等所用的瓦当，以及日用缶瓮等陶器等，无论烧制技术和波纹装，都与中国境内同期的陶制品一般无二。中国陶工和制陶技术在朝鲜的传导和影响，从中可见一斑。

463年，中国的制陶技术辗转到达日本，这一年日本雄略天皇派吉备弟君从百济移植陶部，在国内制造出灰质硬陶，而原来由本国土师部制作的红褐色瓦器完全退出了日常生活，仅用在祭祀丧葬等仪式中。

在东南亚各地，中国的陶器从汉代开始便已传入。东晋南朝时期，越南北部陶器有瓮、壶、鼎、甑、灶、碗、杯、盘、匙、烛台、香炉等种类，色泽有赤、灰、白、黄数种，并有釉陶，与中国中原陶器完全一样。而且他们还把学习汉人制陶技术后制作的各种粗精陶器，传播到马来半岛、苏门答腊岛、爪哇岛等地，使中国的陶业流布到东南亚各地。

三世纪以后，中国陶器和制陶技术也曾流行到非洲东部地区，东苏丹境内的麦洛埃，制作部分非埃及式样的陶器中，有许多受到汉晋陶器式样的影响。随后这种式样的陶罐又随麦洛埃陶器继续南传，流布到东非和中非地区，成为赞比亚的邓布韦和津巴布韦等地的一种陶器样品。

中国陶器以其质地优良、制造技术精湛、品种繁多、造型独特美观等特殊的魅力，传往海外，在东亚、东南亚、非洲等地的制陶业上开辟新的天地，对当地的陶业发展起了不可估计的促进作用。

第三节　社会生活：生活百科　民俗缩影

汲冢竹书出土

晋咸宁五年（公元 279 年）十月，汲郡人不准盗掘魏襄王冢，盗得古竹简书十车。不准盗得的一大堆竹简书中，有魏国史书"纪年"十三篇，记叙夏朝以来至魏安釐王二千年事，其中所叙之事与经传所记载的有很大出入，是一笔很值得研究的宝贵历史财富。有《穆天子传》等五篇，记叙周穆王游行四海之事，另外还有其他一些书总共有几十篇，整个竹简书加起来大概有十余万字，竹简上的字都是蝌蚪文，是用漆书写在竹简上的，每片竹简写有四十六个字。因年代久远，加上盗墓者破坏，墓中挖掘出来的竹简多数简札散乱，残缺不齐。竹简出土以后，晋武帝司马炎下令将它收藏起来，由学者荀勖、和峤、杜预等人略加整理，依据竹简提供的材料整理出十五部，八十七卷。在荀勖、和峤之后，卫恒、束皙相继完成最后的整理工作，并把它译成今文。总共花了十年时间，终整理出了《穆天子传》、《竹书纪年》、《汲冢琐语》三部书，为史学研究提供了新的资料。

宗教在西晋的发展

中国宗教以神鬼构成为系统，殷周以来，神鬼世界的大轮廓已经划定，可是在局部问题上的争议还是时有发生。秦汉至魏晋就是变化比较大的时期之一。这场变革主要导源于郑玄与王肃经学上的争议。而理论冲突的背后则是曹氏与司马氏两大士族集团的政治斗争，宗法宗教与政治的紧密关系于此可见一斑。

西林寺古塔

郑玄是宗教的集大成者，郑玄关于宗法宗教的见解的影响是比较大的，他的见解主要表现在"三礼"注疏中。他的观点对汉、魏之际宗教礼仪的修订具有指导性。郑玄对"三礼"的注疏虽然在训诂考据上下了极大功夫，集汉代今、古文经学之大成，但是也带有明显的时代局限性。郑玄受汉代流行的谶纬神学思潮影响，盲目迷信圣人经典和讳书，对经文产生年代和可靠性缺少批判精神。他认为经典一律出于先秦圣人之手，忽略汉儒在收集整顿经典过程中杜撰假冒的可能性。结果郑注在许多地方混淆了汉代的宗教与周代的宗教，导致了宗教理论与实践的混乱。对后代宗

中国通史

最新整理图文珍藏版

后秦鸠摩罗什舍利塔

教的发展产生了不良影响。

曹魏时期，曹氏集团采纳了郑玄之说。魏明帝景初元年始营南委粟山为圆丘，祭昊天曰皇皇帝天。自称曹氏出自帝舜，以帝舜配。于方丘祭皇皇后地，以舜妃伊氏配。南郊祭天曰皇天之神，以太祖武皇帝配，北郊祭皇地之祇，以武宣皇后配。以高祖文皇帝祭于明堂配上帝。这样做是为了借宗教神灵的迷惑性确立皇室的正统统治地位。曹魏政权的这个天神祭祀系统不仅从理论上导致了神权的紊乱，政治上也不利于"神道设教"这个大目标，因而受到王肃及其门徒的猛烈攻击。王肃作《圣证论》，集中批驳郑玄的观点。他认为古代宗教中圆丘与郊同为祭天之处，昊天与上帝不容有二。古代并无感生帝之说，五帝就是五人帝，原是古代五位圣王，五帝非天。王肃之女适司马昭，生晋武帝司马炎，于是随着王朝的变迁，王学与郑学的地位也相应转换。晋武帝希望借政治统一的机会对宗教神学观念进行一番整顿，再反过

来保证政治上的统一。他完全采纳了王肃的主张，认为五帝乃昊天之气在五方的不同表现，实为一神所化，天上只有昊天上帝为最高神，不仅要除汉代五郊祭祀，且于南郊、明堂除五帝之座。这样便简化了祭祀天地的礼仪，将冬至圆丘祭昊天合并于正月上辛（第一个辛日）南郊祭天；夏至万泽祭地祇合于北郊祭地。有时两郊与宗庙还同时进行。

宗法宗教的诸神谱系中，还包括农事崇拜之神。在古代宗教中，孟春祈谷，冬至报享等天地祭祀活动中已包含了农事崇拜的成分。中世纪宗法宗教发展得更为繁琐，单独出现了先农与先蚕两位农神。汉文帝时，每年初春天子亲耕籍田，皇后率后宫佳丽去桑园采桑，并在先农坛、先蚕坛祭祀两位农神，以示国家对农业生产的重视。此外，国家宗法宗教还包括高禖（禖神，帝王把祀以求子）、八腊（先啬、司啬、农、邮表畷、猫虎、坊、水庸、昆虫等农事神）、五祀（门、户、井、灶、中霤）诸神祭祀，得到国家礼典的确认。这样就是宗教活动成为正式的、全国性的活动。其他淫祠杂祀，国家法律明令禁止。

秦汉以后，神仙方术之学盛行，淫祠杂祀甚众，魏文帝，晋武帝都曾严令禁止国家祀典以外的宗教崇拜活动，以防有人借宗教组织聚众起事。

宗庙祭祀活动是国家宗法宗教重要组

潭柘寺

成部分。比起天神崇拜、自然崇拜来，祖先崇拜对社会生活的影响更实在、直接，自周公制礼以来变动也相对较小。魏晋时代，门阀士族势力强大，社会极重门第血缘，因而在庙制问题上也越搞越复杂，最典型的例子便是晋朝的宗庙。晋武受禅，泰始二年（公元266年）命有司议庙制，从王肃义，追封七世先祖，下诏立一庙七室。这样便一直上溯到汉征西将军司马钧。由于汉魏以后帝王多出身于草莽，为了自神其祖，魏自称是舜的后裔，晋自称为高阳氏之孙重黎之后。皆荒诞无稽，无谱系可考。真正的受命之君未必是始祖，故魏晋以降多采取虚太祖位的方法，后进一位，则从上边迁一位远祖。当时门阀贵族垄断了社会政治、经济和法律全部权力。宗庙中每迁一祖，就意味着一批皇亲国戚被划出皇族，失去大量特权。因此随着晋室兄弟相争，骨肉相残，皇族内部各个集团地位、利益也变迁不定。并连累得祖先之灵也不得安定，祖宗牌位在宗庙内进进出出。统治阶级欲以宗教确定其正统统治的合理性，但实际上政权的内乱使宗教的迷惑性、欺骗性明显暴露出来。

十六国墓顶壁画·升天图

从中国文化发展史的角度看，宗法宗教在魏晋时期还发挥了一项极为重要的文化功能，即稳定了华夏文化的基本价值。

东汉末年，道教开始形成，出现了张角领导的太平教和张鲁领导的五斗米教（因其创始人张陵、张脩、张鲁以天师自居，亦称天师道）。早期道教主要以民间宗教的形式活动，在东汉末年政治腐败、社会矛盾激化的情况下，终于导致了张角发动的黄巾起义和张鲁的五斗米教汉中割据，道教思想和组织成了农民反抗的工具。经过三国时期的发展，到西晋时渐趋成熟。

三国、西晋时期，佛教由于受到了统治阶级的重视而加速发展。魏明帝曹叡曾大兴佛寺，陈思王曹植也喜欢读佛经，吴主孙权则在江东大建佛塔。在宫廷奉佛的影响下，民间佛教发展势头方兴未艾。西晋时，仅洛阳、长安两京就有寺院180所，僧尼3700人。

三国西晋时期佛教理论的传播还是以翻译为主。三国时期最著名的经师是支谦，其先世为月氏人，早年受学于支谶，汉献帝末年避乱入吴，为孙权译出大、小乘佛经凡八十八部、一百一十八卷。其中著名的有《维摩诘经》、《大明度无极经》、《太子瑞应本起经》等。他还为自己译的《了本生死经》作注，此为注经之最早者。康僧会也是当时著名的西域经师，译有《小品般若经》、《六度集经》，又注《安般守意》、《法镜》、《道书》三经。这一时期中土沙门开始了西行求法运动，魏时僧人朱世行是其先驱者。他因钻研《般若经》，感到旧译本文不贯，翻译未善，故发誓往西域求取真经。他从雍州（今陕西长安县）出发，越过流沙到了于阗（今新疆和田县），写得《大品般若经》九十章六十多万言，于晋武帝太康元年（公元291年）遣弟子送回洛阳，由竺叔兰译成著名的《放光般若经》。他本人留在于阗，80岁圆寂。西晋译经以竺法护最为著名。

竺法护，原籍月氏，世居敦煌，本姓昙摩罗刹。他年稍长，有感于佛教徒只一

中国通史

最新整理图文珍藏版

味信守重庙图像，而忽略经典传译，致使诸多佛教蕴在西域。于是，竺法护随师到西域，遍游各国，遂能通晓 36 种语言，并携大量经典原本返回中原。其译经手执梵本，口译而成汉文，其弟子为其笔录。在他游历敦煌、长安、洛阳、酒泉等地随处传译，故竺法护译经数量很多。

公元 286 年，竺法护又在洛阳始译《正法华经》，为其译经生涯中又一部译著的问世。他毕生译经二百余部，译本几乎囊括了当时西域所有流行的要籍，为佛教入华以来译经最多的人之一。此外，中印度律学沙门昙柯迦罗，于公元 250 年游学洛阳，译出《僧祇戒心》，在中国首倡受戒度僧制度。从此中国僧人有了戒律、正式剃度出家。后世昙柯迦罗被律宗遵为始祖。

竺法护入白马寺译经

晋泰始二年（266），著名僧人翻译家竺法护在长安（今陕西西安）清门内白马寺中开始翻译佛经。

竺法护，祖籍大月支人，俗姓支。世居敦煌（今属甘肃），也称"敦煌菩萨"、"敦煌开士"，18 岁出家，从师于竺高座，随当地风俗改姓师姓，竺法护的音译是竺昙摩罗刹，意译为"法护"。他博览儒家典籍，涉猎百家之言，后来随师傅游学于西域各国，通晓西域 36 种文字，回中国时，携带回大量梵语典籍。从晋泰始二年开始译经，共译出佛经 154 部，309 卷（实为 322 卷，一说为 175 部，354 卷现存84 部，188 卷）。他译的佛经对后世影响较大的有《光赞般若经》、《正法华经》、《渐备一切智经》、《弥勒成佛经》、《普曜经》等，他所译经论多属大乘经典，为大乘佛教在中国传播开创了局面。其中《弥勒成

洛阳白马寺齐云塔

佛经》是佛教弥勒信仰的"弥勒三部经"之一。晋永安元年（304）后，关中战乱频仍，竺法护携门徒避乱车下。后在渑池（今属河南）卒，年 78 岁。

中国文化开始大规模传入日本

三世纪下半叶到六世纪，中国的先进文化大规模传入日本，促成了日本古坟文化的兴起，并最终代替弥生文化，推进了日本历史文化的进程。在此期间，代表古坟文化的大和政权开始形成，并逐渐成为日本列岛的中心，在四世纪下半叶基本统一日本，使日本进入古代文明的繁盛阶段。

这一时期，日本通过朝鲜半岛继续吸收大陆先进文化，不断从韩国的弁辰获得铁矿和铁制工具、兵器，并开始交结百济。同时日本也同中国直接联系，经常派遣使者，先后和曹魏、东晋、刘宋、南齐、肖梁等政权建立邦交，以获得册封，加强文化的交流，壮大自己的国力。

238 年以后的八、九年间，日本倭女王卑弥呼就向曹魏派出四次使节，并献赠男生口、女生口、斑布等礼品。240 年，魏派使节由带方郡航行到达卑弥呼的都城邪马台国，随带的礼品有绀地句文锦三匹、细斑华罽五张、白绢五十匹、铜镜百枚、珍珠、铅丹各五十斤、金八两、五尺刀二口，并有诏书和册封卑弥呼的金印紫绶，并封卑弥呼为亲魏倭王。247 年，魏使又第二次去卑弥呼。《三国志·魏志·倭人传》记下了魏使从带方郡渡海，经对马海峡到达九州博多湾，再进入濑户内海到达周防的佐婆郡王、祖神社，最后再走 10 天水路、30 天陆路到达大和朝廷所在地邪马台的路程和见闻。大孤黄金冢古坟出土的魏景初三年（239）铭文的三角缘神兽镜，为这次出使的最好见证，成为日本历史上首篇真实的信史。

243 年，日本使节抵达洛阳向魏帝进献礼物，其中有布倭锦、绛青缣、绵衣、帛布。表明在此之前，日本国内至少在北九州等地已学到了中国的养蚕、缉绩缣绵等丝织技术，并已初步学有成效，依靠从中国引进的提花，印染等丝织技工，制造出了国产的丝织品。

日本出土魏景初三年制铜镜

应神天皇（270～309）时代，大批汉人从朝鲜移居日本，到钦明天皇元年（540），秦汉人的户数已达 7053 户，大和国高市郡的居民几乎是清一色的汉人。他们从中国带来了先进的养蚕织丝技术，更

公元 4 世纪高句丽狩猎壁画。是高句丽壁画中杰出的代表作品。

进了织机，改良了蚕种，为日本的丝织业开创了一个新的局面。

雄略天皇（457～497）时代，来自中国北方的新汉人和中国南方的吴人，继续大量进入日本，并受到雄略天皇的重视和鼓励。这些中国移民果然不负众望，织出堆积如山的绢匹绵帛，得到赐姓"秦酒公"、"太秦公"的封号，使日本的蚕桑丝织在各地普及开来，雄略天皇还从扬州、南京等地引进纺织和缝衣工匠。

除佛教东渡外，中国对日本在精神文化的影响还表现在文教、儒学等方面。240 年魏使带回卑弥呼的表文，应是日本第一次正式使用汉字的记录。应神天皇时，汉字正式传入日本宫廷。约在 405 年，百济博士王仁向应神天皇献《论语》十卷，《千字文》一卷，使汉字和儒家经典正式传入日本，结束了日本无文字的历史。此后，日本的文字逐步从汉字中借音、借形产生出来，开始了记录本民族语言的文字历史时代。

马铠传入中国

西汉初年，在伊朗的影响下，中国的铁铠开始在大型甲片的札甲之外，使用中、小型甲片连缀的鱼鳞甲，使军事装备有所增强。东汉末年，袁绍和曹操在官渡大战，双方的军队中都装备有少量马铠，是马铠在中国战场上的初次使用。到四世纪的北方战场上，使用的铠马常多达几万匹。并由中国的发展改进深刻影响了朝鲜半岛和日本的军事装备发展过程。

316年，前燕慕容仁的司马冬寿，在与慕容皝的战争中失败，逃亡到朝鲜半岛，将人马都披铠甲的重装骑兵——甲骑具装传到这里。357年，冬寿死于高句丽，墓葬的壁画上饰有晋代传统的甲骑具装图像。骑士披小型长方形甲片编缀的挂甲，马铠的马面帘额部有三瓣花饰，并有护颊的圆形护板，是中原地区早期所具的形态。

匈奴、鲜卑等北部、西部少数民族军在古波斯的带引下使用人马都披铠甲的重装骑兵。在与东晋王朝相对的十六国时期，这些少数民族大量地进入中原地区，使重装骑兵不仅大量出现在黄河流域，并迅速推广到长江中下游。

南北朝时期重甲骑马俑

古波斯使用的环锁铠，也传到新疆境内的龟兹、焉耆等少数民族。吕光征伐西域时，见到当地军队使用的铠甲一如连锁，

能抵御强弓利箭的射击，感到很惊讶。

五世纪中叶，中国境内无论北朝还是南朝，马铠在战争中都普遍使用，而且马铠的形制已由早期的斜倾额上的三瓣花饰和采用护颊的圆板，变成整套在马头上的面帘，并改用向上竖立装缨的插管。

日本的铁甲、铁铠、马铠等军事装备都传自中国大陆，因此从日本的这些军事装备的发展情况可以推究中国在这方面的发展历程。四世纪初，日本从木甲跳过其他金属甲胄时期，开始使用铁甲，一出现便是短甲，代表了古坟时期铁铠甲的初级阶段，并成为以后日本铠甲的主要类型。五世纪中叶以后，开始出现挂甲，并逐步取代了短甲，代表了古坟时代铁甲发展的第二阶段。同时又突然出现了成套的马具和马铠，这是日军军队在同朝鲜半岛的高句丽的军队作战得来的教训，他们的挂甲无法抵敌高句丽军队使用甲骑具装的重装骑兵，不得不引进重装骑兵的装备和良种战马，组建重装骑兵部队。

《华阳国志》首创中国地方志

《华阳国志》又名《华阳国记》，常璩撰于东晋穆帝永和四年（348）至永和十年（354）之间，它记述巴蜀地区历史、地理、人物的著作，是中国第一部地方志。

常璩，字道将，生卒年不详，蜀郡江原（今四川崇庆东南）人，成汉李势时官任散骑常侍，掌管著作；桓温灭李氏后，任参军，随至建康。常璩著《华阳国志》，一是为桑梓情浓，二是为政治说教。他说史书"历代转久，郡县分建，地名改易，于以居然辨物知方，犹未详备"，又"李氏据蜀，兵连战结，三州倾坠，生民歼尽"，"桑梓之域，旷为长野"，担心乡梓历史被湮没。而且撰书可"防狂狡，杜奸萌，以崇《春秋》贬绝之道也；而显贤能，著治乱，亦以为奖劝也"。

《华阳国志》记述起于远古，迄于东晋穆帝永和三年（347），凡12卷。1～4卷为《巴志》、《汉中志》、《蜀志》、《南中志》，记梁、益、宁三州的历史概况，以地理建置，自然状况为中心，详述各州的山川、交通、风土、物产、民俗、族姓、吏治、文化以及同秦汉、三国、两晋历代皇朝的关系。每卷有总叙，下有33郡分叙。5～9卷是《公孙述刘二牧志》，记公孙述、刘焉、刘璋事；《刘先主志》、《刘后主志》记刘备、刘禅事；《大同志》记三州西晋的史事，起于魏之破蜀，迄于晋愍帝建兴元年（313）三州大部被李雄占据；《李特雄期寿势志》记李氏起事至灭亡。这五卷是三州自东汉末至东晋初的编年史。10～11卷是《先贤士女总赞》（上、中、下）和《后贤志》，前者记蜀郡、巴郡、广汉、犍为、汉中、梓潼士女300余人；后者记两晋三州人物10人。卷12为《序志并士女目录》，收入401人，其中1/3不见于卷10和卷11；《序志》阐明撰述旨趣、所据文献及各卷目录提要。

东晋常璩撰《华阳国志》书影。十二卷，附录一卷，包括巴、汉中、蜀、南中等十二志。记载远古到东晋永和三年（347）间巴蜀史事。

《华阳国志》在编撰上自成体系，它把三州的历史面貌、政治变迁、不同时期的人物传记，由远而近、由广而微编纂成一书，集中记述了东晋初年以前梁、益、宁三州的历史，是本时期地方史的杰作。

它体例上受《史记》、《汉书》影响最大，资料则一是参考皇朝正史，二是参阅地方史志，三是本人考察搜集的素材。

《华阳国志》1～4卷对西南30多个少数民族或部落的名称及分布的记述，特别是一些部族的历史、传说、风俗及与汉族皇朝关系的记载，为研究民族的起源、迁徙历史等，提供了非常有价值的线索和根据。

《华阳国志》编纂内容详尽审慎，体例疏密有致，它的史学成就使其在历1600多年后仍独放异彩，成为今人了解古代西南地区文明发展的重要史料，隋唐以后的史家修史，更以它为重要参据史书。

东晋与拜占廷建交

347年，东晋王朝占领巴蜀以后，通过张氏前凉政权，正式与拜占廷建交。

早在西汉时期，中国就同古罗马帝国有往来。他们称中国为赛里斯国，意思是"丝国"。

随着丝绸之路的开辟与日趋繁盛，中国与罗马的贸易关系越来越密切。三世纪初，三国曹魏增辟了与罗马交往的新北道，由玉门关转向西北，通过横坑（今库鲁克山），经五船以东转西进入车师前部（哈拉和卓），然后，转入天山北麓，穿越乌孙、康居、奄蔡，便可渡黑海或越高加索山脉和罗马帝国相通，最后到达帝国的新都拜占廷。

拜占廷是罗马皇帝君士坦丁（306～337）执政期间建成的新都，拜占廷人通常以拂菻（首都）自称。313年，前凉张轨执政时，经西胡转手，得到拂菻制作的拜占廷金胡瓶两件，式样奇特，高与人齐。这是拂菻的名字首次在中国露面。晋穆帝（345～361）时，拜占廷使者来到长江流域晋王朝统治地区。363年，晋哀帝司马

拜占廷网纹玻璃杯

丕也向拜占廷派出使者，并通过河西汉族政权，使双方在丝绸贸易上达成协议，保证了通往拜占廷的丝绸之路的畅通。

东晋与拜占廷的正式的国家间交往，不仅使丝绸的供求交易更加便利，而且输送交流了其他的文明，影响各自历史的进程。

新疆吐鲁番出土晋代织成履

但是，370年凉州张氏和吐谷浑被迫服从前秦，通往河西的路被阻塞，东晋与拜占廷的来往暂时受到隔绝。

五世纪，拜占廷设法通过和波斯敌对的哒哒，与中国北魏政权重新取得了联系，并建立了定期贸易关系。450年来自地中海东岸安提阿克的颍盾使者沿里海、锡尔河和于阗一道，顺利地到达北魏，向太武帝跖跋焘进献了狮子，受到热烈地欢迎。在这一次罗马商队的成功鼓舞下，456的普岚国（普岚〔From〕是波斯人对拜占廷人的称呼，经中亚突厥语系民族的传译，把〔F〕音变成〔p〕音，成了Purum，汉译成普岚）和哒哒一起遣使到平城会见文成帝，465年普岚国又献宝剑，467年普岚和粟特、于阗等国一起遣使臣与北魏通好，使中西的交往逐步频繁起来。

在陆路沟通的同时，南方的海路也为北魏和拜占廷之间经济文化的交流提供了途径。为摆脱萨珊波斯的困扰，取得与也门的希尔雅尔人和印度人的通好，最后经海路通向黄河中游的蚕丝生产基地，获得中国的丝货，拜占廷皇帝查士丁一世（518~527）付出了极大的努力。他费尽心机恢复地中海沿岸的帝国旧疆，通过基督教会获得阿克苏姆的支持，以求左右也门信奉犹太教的希米雅尔人。531年拜占廷特派使者在阿克苏姆的陪同下，要求希米雅尔人疏通对印度的贸易，转运中国丝绸。不料波斯出来横加阻挠，导致了阿克苏姆和希米雅尔人剑拔弩张的战争，而阿克苏姆也因此于575年被希米雅尔埃米尔祖亚兹逐出也门。拜占廷通过也门希米雅尔人通往中国的海路最终没有打通，不得不另谋出路。

当时从北周、北齐政权年年获取无数昂贵丝绸并在对西方的贸易中大发横财的西突厥人，遭到波斯人对中国丝绢的抵制，正急于寻求销路。拜占廷马上与西突厥人取得联络，从他们手中购求中国的丝绸。

终于拜占廷在六世纪中晚期得了养蚕缫丝技术，使西突厥使者大感惊讶。但中国精美绝伦的丝绸还是源源不断地辗转来到罗马。

坞壁庄园广泛出现

从曹魏末年到西晋，土地兼并现象日益严重；大地主庄园越来越多，越来越大。到了十六国大乱的混战年代里，中原士族及百姓纷纷南迁，留在北方的世族豪强地主为了抵御胡族的铁骑的侵犯，往往聚族合宗而居，筑成很多坞壁，割据方里。族中地位最高，能力最强的人被推举为宗主，

十六国时期采桑与坞壁壁画。此幅采桑与
坞壁是北壁壁画第四层的一部分，位于两马槽
食的左侧。下部绘桑树，树间立五采桑女，均
身着褂衣，系裙，手提篮，采桑姿态各异。坞
旁有鸡架、鸡窝。鸡群或立或卧，神态逼真，
富有田园生活气息。

统领整个宗族。这些广泛出现的北方坞壁
庄园，控制的田庄非一般地主庄园可比拟。
在庄园中聚居的人多则四、五千家，少则
上千家。这些人多是受荫庇的部曲、佃客，
他们的前身则是东汉时一批脱离自己土地
而依附于大地主的宾客，后来由于人身依
附关系的加强，逐渐沦落为半农奴。

坞壁庄园是一种融政治、军事、经济
力量于一身的强大实体。庄园内有自己的
军事武装，以保护自己的田庄。武装起来
的佃客就是部曲，他们接受一定的军事训
练，战时参战，战争一结束，部曲就和其
他的佃客一起从事生产。庄园主往往带领
自己的部曲投奔某一政治力量，以参予政
事，由于北方坞壁庄园有如此雄厚的政治
和军事力量，因此能在动荡的政局中站稳
脚跟，为各代政权所依靠和利用。

坞壁庄园的经济则是典型的封建性质
的自给自足的自然经济，庄园几乎能供应
自己所需的一切生活必需品。有田庄植桑
麻，种庄稼以供衣食，还有生产水果、蔬
菜的果园、菜园，有养殖牛羊鸡鸭的畜牧
场，甚至木材、器械、燃料、脂烛等均能
生产。除了食盐以外，坞壁庄园可以生产
几乎全部日用必需品。

汉族豪强地主所控制的北方坞壁庄园，
是从西晋末年一直到北魏的一段时期内，
封建政权失去控制，乡村基层组织陷于崩
溃的状态下，迅速发展、广泛出现的集军
事、政治、经济三位于一体的社会基层政
权。这些坞壁庄园基本是独立的，在它出
现和发展时具有一定积极的历史意义，它
使自己势力范围内的人民的生活和农业生
产免遭战争的破坏，巩固了世族的经济地
位，也就稳定了他们的政治地位，从而保
护了整个封建经济和封建秩序，使当时的
北方政局在一定程度上得到稳定。同时，
在当时的民族大融合中起了保存汉族文明
母体的重要作用。

在社会秩序逐渐安定的情况下，坞壁庄
园的广泛出现并无限度发展，使得国家经济
利益与坞壁庄园经济利益之间，坞壁庄园内
部庄园主与部曲、佃客之间的矛盾开始产
生，并逐渐扩大。国家须考虑增加编户齐民
的数量，欲从坞壁庄园内挖掘劳力，提高国
家收入。并藉希望以此来缓和阶级矛盾，于
是北魏时期就提出并实施了均田制，自此北
方坞壁庄园经济开始受到抑制。

江南大地主庄园经济形成

三国两晋南北朝时期，江南大地主庄
园经济逐步形成，并在社会生活中占据了
越来越重要的地位。

大地主庄园经济是同这一时期士族政

治紧密相联的。三国时期，孙吴政权依靠拉拢江南大世族，这些大世族是孙吴政权的拥戴者和协助者，并逐渐成为孙吴政权的支柱。江东大世族本来就有大量的田地，并拥众多的部曲（私兵、家兵），而且在协助孙吴割据过程中又增加了部曲的数量。皖北世族渡江时亦带大批财产和部曲佃客，拥有雄厚实力。孙吴政权曾大规模屯田开荒，在政权巩固后又把大量土地和土地上的农民赏赐给世族功臣，江南大地主庄园经济开始初步形成。

西晋永嘉之乱后，晋元帝南逃，这时江南虽已经孙吴政权大力开发，但仍有许多无主的荒地，加上南下人民急需土地生产生活，所以当东晋王朝在江南站稳了脚跟后，随之南下的豪强世族就开始抢占田园，聚集人口，建立起许多跨越州郡、方圆数十甚至数百里的大地主庄园，这些南下的豪强地主与原有的江东、皖北世族一起建立大地主庄园，这些庄园无论是经济力量、军事力量、政治力量，都异常强大，可以与国家比肩，成为东晋及以后南朝各政权的支柱。

江南的大地主庄园具有半奴隶制性质，除与北方坞壁庄园一样拥有大量部曲、佃客外，还有许多称作门生故吏的人。门生故吏本是东汉以来方面大吏的幕僚，随时代的变化，地位逐渐下降，演变为接近部曲和佃客阶层。除此之外，江南大地主庄园内还有大量的奴隶。在庄园内门生故吏地位在所有依附者当中地位最高，其次是部曲、佃客、奴隶婢仆。这些依附者均是大地主庄园内的劳动者、生产者，不同的是前两种还要服兵役，是庄园的武装保护者。

在大地主庄园内，门生故吏、部曲、佃客、奴隶婢仆都从事生产劳动，在庄园的田地里种植庄稼，菜园里种植各种蔬菜，果园里种植各种水果，林场则提供所需的木材和药材，各种牲畜及鱼虾，庄园里还有女客织各季衣物，另有炭窑、陶窑、砖瓦窑等各种窑场。江南大地主庄园里所用生活必需品应有尽有，而且自给自足，是最典型的封建性质的自然经济。

随北方豪强世族的南下，北方先进的农业技术推广到南方，为全国经济重心南移奠定了基础，也为稳定封建王朝的法律秩序和经济秩序起了重要的作用。随着江南大地主庄园经济的发展，与国家利益间的矛盾、冲突日益加大，随后国家则有一次次的土断、户籍检括等手段抑制庄园的进一步扩大，使庄园与国家、依附者与庄园主之间的矛盾趋于平衡。

法显赴北印度取经求佛法

东晋隆安三年（399）三月，法显和尚因深感"经律舛缺"，从长安出发，赴北印度取经求佛法。

法显（约337～约422）俗姓龚，山西平阳（今山西临汾西南）人。公元399年，他偕僧人慧景、道整等从长安出发西行求法，经河西走廊、敦煌以西的广阔沙漠，到达焉夷（今新疆焉耆附近），穿过今塔克拉玛干大沙漠抵于阗（今新疆和田），南越葱岭，取道今印度河流域，经今巴基斯坦入阿富汗，再返巴基斯坦境内，东入恒河流域，到达天竺（印度）境。再横穿尼泊尔南部，至东天竺，在摩揭提国（即摩揭陀）首都巴达弗邑（今巴特那）留住3年，学习梵书佛律。再由海路单身回国，与其同行者或死或留天竺。他从东天竺当时著名的海港多摩梨帝（今加尔各答西南之德姆卢克）起程，乘商船到师子国（今斯里兰卡），停留2年，又得经本。复乘船东归，途经耶婆提（今苏门答腊岛或爪哇岛），换船北航。在青州长广郡牢山（今山东青岛崂山）登陆，改走陆路，于义熙九年（413）到达建康（今南京）。

法显像

中国佛学学派兴起

法显历经 15 年，取回了中土旧日所无的大小乘三藏中的基本梵本要籍十余部，回国后在南京道场寺与佛驮跋陀罗合译《摩诃僧祇律》、《大般泥涅经》等经律论六部、二十四卷。其译文朴素而传真。法显为佛法流通贡献了巨大力量，其勇猛精进、为法忘身的精神为后人取法。

义熙十二年（416），法显撰成《佛国记》（又名《法显传》、《佛游天竺记》、《历游天竺记传》），详述了西行求法经历，为中国古代以亲身经历介绍中亚、印度、南洋三十余国的地理、交通、宗教、文化、物产、风俗、社会、经济等情况的第一部旅行记，对于后来赴印度求法的人起了很大的指导作用。并且是古代最早记录中国和印度间陆、海交通的著作。

法显开创了中国僧人到天竺留学的先例。他的《佛国记》为研究南亚次大陆各国古代史地提供了不可多得的重要资料，在航海史上也占有重要地位。

两晋时期，中国本土的学者以老庄玄学比附从印度传入中国的般若学，对大乘佛教般若空宗的旨义产生不同理解，形成与玄学三派相对应的几个中国化的般若学学派，历史上称为"六家七宗"。它标志着中国佛学学派的兴起。从此，佛学取代玄学，成为中国思想文化的主流，在隋唐时期达到鼎盛。

佛教在东汉时期传入中国时翻译的经典以般若类为主，重点介绍大乘般若空宗的理论。大乘般若学的主旨是从客体的缘起性空和主体智慧能观照性空两方面阐述大乘"空观"理论。这种理论与魏晋玄学本体论接近，又因为当时的学者大都谙熟老庄玄学，他们很自然地以玄学概念比附佛学，形成佛、玄汇合的思潮。佛、玄融合经历了三个阶段：佛学初入汉土之际，玄学为显学与思想主流，佛学依附于玄学发展；到西晋兴起般若思潮，翻译家一方面以玄解佛，另一方面已不满足于名词概念之争，不再拘泥于文字，力图从思想实质把握佛学，他们从不同角度理解般若学，形成"六家七宗"，中国佛学学派在这一期兴起；两晋以后佛学取代玄学在思想领域占据主导地位，玄学依附于佛学。

中国佛学学派的兴起，与玄学内部三派之争有密切关系。"六家七宗"的出现，是玄学三派理论争辩的进一步展开。魏晋玄学重点讨论"有无"、"本末"、"体用"等本体论问题，这些争论在现实中表为名教与自然的关系问题。这场本体论上的争辩使玄学分化为"贵无"、"崇有"和"独化"三派。"贵无"派以何晏、王弼为代表，主张"无"为万物之本，"有"为末，提出"以无为本"的本体论原则，崇尚自然，认为自然可以统御名教；"崇有"派以裴頠为代表，认为"有"不从"无"产生，而是万有"自生"，万有的整体是道，万有化生的规律是理，道与理都只能体现在"有"中，重视礼法名教的作用；"独化"派以郭象为代表，主张万物独化，不从"无"中产生，也不受造物主支配，独自生成变化，提出名教即自然的理论。

魏晋玄学的本体论与印度佛教般若学的性空说在理论上有相通之处，一个探讨本体，一个研究自性，两者可以会通。玄学家带着玄学的理论背景理解般若学，发源于印度的般若空宗经玄学家的不同解释，遂分化为不同学派，形成"六家七宗"的局面。"六家"指本无、心无、即色、识含、幻化、缘会六个学派，"七宗"是在"六家"的基础上，加上由"本无"派发展出来的"本无异"派。"本无"宗以道安为代表，主张各种现象与事物本性是无，实际上用玄学"贵无"派以无为本体的观点解释般若空观，偏重从客体方面论证性空；"本无异"宗认为"有"从"无"中产生，仍带有生成论色彩，与魏晋玄学本体论有异，不久消失；"心无"宗最著名的代表人物是支愍度，这一派侧重从主体的空观论证万物不真，为假相，但不否认物的存在，与玄学"崇有"论的思路接近；"即色"宗以支道林为代表，认为物质现象由于缘起而存在，没有自性，只从缘起的角度论证性空，不辨"有无"、"本末"问题，与玄学"独化"说的思路一脉相承。"识含"、"幻化"、"缘会"三宗与"即色"宗观点大同小异，所以"六家七宗"按其哲学思想可以归纳为"本无"、"心无"、"即色"三家，分别与玄学的"贵无"、"崇有"、"独化"三派相应。"本无"、"心无"、"即色"三家分别从客体、主体和缘起的角度理解般若空宗，在理论上都不够圆融，它们的思想是般若学

与玄学汇合的产物，是中国化的佛学。

两晋之际兴起的般若学思潮，是印度佛学中国化的开端，"六家七宗"的出现，标志着中国化佛学学派形成。"六家七宗"的思想与印度般若空宗相比，不够深刻、圆融，但它毕竟是中国僧人、学者以本土思想消化、融合外来思想的一次大胆尝试，它表明中国本土的学者已不再满足于传译印度佛教典籍的章句之学，而要求结合中国本土思想研究外来佛教，以图有所创新。实际上两晋时期的般若学研究并没有停留在以玄解佛的阶段，而是通过玄学的中介，很快进入独立发展阶段。中国佛学学派的兴起是中国文化史上的一个转折点，从此，佛学研究取代玄学争辩，在思想领域中占主导地位，影响了中国文学、艺术和哲学的发展。

光相桥。位于绍兴西北角，始建于东晋，是绍兴现存较早的一座古桥。桥拱上有莲花座图案和"南无阿弥陀佛"。

中国文化进入佛教影响时代

魏晋南北朝时期，自印度传入的佛教在中国大为兴盛，影响波及各个阶层。随着中国佛教不断吸收和消化印度佛教，并不断与传统文化冲突与调和，中国文化开始进入佛教影响时代。

东晋十六国时期佛教已广泛普及，不

仅有专供僧人居住的僧坊、寺院，士大夫中还有舍宅为寺的风气；南北朝时期佛教更是发展至鼎盛，单佛寺建筑就有壮观场面。北魏兴定元年至太和元年（454～477），平城建寺100所，全境有寺6478所，迁都洛阳至宣武帝延昌年间，寺院达13727所，仅洛阳城就有1367所；当时的高僧都受到君王的恩宠和礼遇，佛教组织也迅速发展，北魏末全国僧人达200万之众；而随着佛教信徒西行求法运动的发展，大规模和系统地翻译介绍佛教学说及经典成为必然，北魏译经高潮时有1900多卷；南北朝的君王帝后都尊崇佛教，除了礼遇高僧，广修佛寺、开窟雕像外，还有自己舍道归佛的，如梁武帝萧衍，曾数次舍身寺院，称自己是"三宝（佛、法、僧）之奴"，然后让朝廷用重金赎回，由此充实了寺院经济。此外他还讲经说法，著书批判范缜的神灭论，佛教在南方的普及离不开他的功劳。

佛本生故事。在各地庙宇、洞窟壁画中，"佛本生故事"是重要的内容，表现释迦降生人世的情形。图为新疆克孜尔佛寺遗址中的"佛本生故事"壁画。

随着佛教的兴盛与发展，作为一种外来文化，它开始以一种融和的姿态进入中国文化主体，对中国的政治、经济、文学、建筑、绘画、雕塑、音乐、民俗等方面产生深远的影响。

佛教迅速传播的魏晋南北朝，却是以道德伦理、经世致用见长的传统儒学衰落的时期。在当时特殊的社会环境里，士大夫们感到传统的读书报国观受"九品中正制"的贬斥，清谈玄风开始盛行，而玄学的以道注儒，提高了士子哲学思辩能力，为佛教哲学奠定了思想基础。另外统治者要填补精神恐慌，劳动人民要从现实苦难

佛足。佛教传入中国后，在中国各地留下了很多关于佛陀的传说和遗迹。这是存于西藏玛拉寺的石脚印，据传是释迦牟尼的足印。

中求解脱希望，这些都使佛教思想因迎合了不同阶级的心理需要而迅速兴起，再加上它自身精深的思辩理论、形象生动的传教方式和缜密的宗教组织，使它急剧发展，并渐渐深入人心。

佛教从"外来方术"变成一支很有影响的意识形态和社会力量，引起了儒、道两教的关注。因为在价值观、人生观、伦理观等方面存在着分歧，儒、释、道三教在历史上有过几次大的理论冲突，在政治上则表现为相应的限佛、灭佛和兴佛运动。儒、释、道三教的理论冲突主要发生在南方。就沙门是否应该跪拜敬王、有无因果报应、佛教有无在中国传播的合理性以及神灭神不灭而展开讨论。东晋时期出现第一次理论冲突，儒佛两家各自的代表人物

庾冰与何充、桓玄与慧远就沙门是否该跪拜王者讨论了两回；刘宋时期出现了第二次理论冲突，佛教的因果报应说受到儒家批判；宋末出现了第三次大的理论冲突，道士顾欢借"夷夏之防"论反对佛教在中国的传播，受到佛教徒反击；梁代则出现第四次大理论冲突，唯物主义思想家范缜著《神灭论》批判佛教的"神不灭论"，受到佞佛的梁武帝所组织的高僧名士著文围攻。矛盾冲突在政治上的表现更为激烈，如北魏太武帝太平真君七年（446）和北周武帝建德三年（574）先后发动灭佛事件。南方主要表现为限制佛教发展规模。事实上佛教学者在改造、创新后，使佛教更迅速发展，社会上又有了兴佛运动。

在不断的冲突中三教相互渗透吸收，它们的冲突过程同时也是它们融合的过程，融合依据了本末内外论、均善均圣论、殊途同归论等理论。如佛教般若学派依玄学而流行；慧远迎合儒家名教，调和儒佛矛盾；道安说"不依国主，法事难立"。可以说三教的冲突与合同塑造着中国文化心理。另外，在文学上，佛教的传入，导致音韵学"四声"的发明和诗词格律"八病"的制定；佛教的宇宙观给了文人新的意境和创作题材；佛教也给了中国文学超越时空的浪漫，为创作提供了新思维、新语汇。

佛教使印度绘画技术传入中国，在传统绘画技巧与印度佛教绘画技术结合后，中国绘画艺术得到高速发展。南北朝时佛画是绘画艺术的主要题材。历代画家著名者大多精于佛画，如三国吴的曹不兴、晋顾恺之和卫协被称为汉地最早的三大佛画家，北齐曹仲达的画后世称为"曹衣出水"。在雕塑方面，由于佛教宣传的需要，使得佛教丰富多彩的宗教想象给了中国雕塑艺术很大推动，在内容上从表现人和动物为主变为佛和众神为主，艺术形式则由

传戒图。释迦牟尼创教后，广传弟子，佛教得以迅速发展，此后传经受戒成为佛教徒的主要活动。清任熊绘的《传戒图》，生动地反映出受戒时的情形。画中戒师端坐于莲座之上，座下分站受戒僧众，皆为中华人物形象。

简朴明直发展为精巧浑熟。敦煌、龙门、云岗三大名窟是传世珍宝。在音乐方面，佛教"呗"的音乐融和宫廷音乐、民间音乐，有着极大的感染力，对中国音乐颇有影响。此外佛事活动与节日给中国人的社会生活带来影响，如忏法活动从晋代道安和慧远后历代相沿；佛陀的诞辰、成道、涅槃日成为重要节日，观音与地藏菩萨在汉地民间颇受信崇，逢其诞辰，都有重大佛事活动。自此佛教成为中国文化重要组成部分，中国成为了佛教国家。

胡人妇女风情入主中原

魏晋南北朝时期，我国历史上出现了第一次民族大融合高潮。北方的游牧民族开始进入中原，汉族和少数民族混杂而居，互相通婚，和睦相处，精神风貌大异于以往，突出的一点是：胡人妇女风情入主中原，故魏晋南北朝时妇女的社会地位与其前代时代相比，是比较高的，她们的精神生活相对丰富而充实。

入主中原的北方游牧民族脱离原始社

北魏广元千佛崖大佛窟南壁胁侍菩萨

北魏屏风漆画列女古贤图（局部）

旧顽强地存在，并且影响了整个北朝的政治。文明太后冯氏是文成帝的皇后，她曾两次临朝听政，并在北魏王朝的太和改制中起了关键性的作用；宣武帝元恪的皇后灵太后胡氏，也曾控制北魏朝政十多年。更有太武帝的保姆惠太后、文成帝的乳母昭太后干预北魏朝政的历史，于此也可说明在北魏王朝的政治生活中，妇女所起的作用是不容忽视的。

北魏屏风漆画列女古贤图（局部）

进入中原的游牧民族妇女，不单在政治生活中，而且在社会交往中以及家庭生活中也都占有比较高的地位，从魏晋到北齐、北周一直如此。经常出现妇女主持家庭，出面打官司，代儿子求官，为丈夫诉屈，甚至拉关系、走后门等现象。这种作风不可避免地影响到汉族的士大夫家庭，致使汉族士大夫之家也是阴盛阳衰者居多，汉族妇女在家庭生活中地位明显提高。

因游牧民族风俗的影响，差不多从三国时代（其时已出现民族大融合的趋势）开始，汉族妇女风情发生了巨大的变化，颇有"胡风"。虽然她们在汉族王朝中登上政治舞台的为数不多，但在社交界中表现得却十分活跃。曹魏陈留太守夏侯惇举荐卫臻为计吏时就曾让妇人出席宴会，是汉族妇女参加社交活动的较早的例子。西晋之际，士族妇女交游之风逐渐盛行，她们往往一群一伙地出游，一路喧哗，无所顾忌地招摇过市；她们不仅在许多公开场

中国通史

最新整理图文珍藏版

1140

会阶段的时间大多较迟，在它们的社会里，母系氏族社会的风俗浓重，如在乌桓族，妇女备受尊宠，氏族内的事务，除战争以外，几乎都由妇女主持和安排；鲜卑族跖跋部也是一个明显的例子，而且它对中原汉族社会影响最大。在建立北魏王朝以前，跖跋部的社会刚刚脱离母系氏族社会不久，母权制的影响还非常明显，妇女经常干预部落联盟议事，部落的最高权力也通常为女子执掌，一直到北魏建立时，仍有开国皇帝道武帝跖跋珪的母亲贺氏干预部落联盟议事的现象。

跖跋部入主中原后，母权制的遗风仍

女史司箴敢告庶姬

東晋顾恺之所绘《女史箴图》中的妇女形象

合抛头露面，在男女间的交际中也可达到交杯咫尺、促膝狭坐的地步。《世说新语》里记载有众女调戏潘安的事，是魏晋南北朝妇女无拘无束进行社会交往的表证。

社交方面的活跃，促使妇女们在爱情和婚姻上也表现得比较放达，热情奔放地追求爱情与婚姻自由的妇女不乏其人。如西晋贾充的女儿贾午，在宴席上相中了仪态潇洒、眉清目秀的韩寿，就坦率追求；其父对她的行动表示出开通和赞许。同一时代徐邈的女儿也是主动追求意中人而终成眷属的。这是和当时达观的爱情婚姻观念分不开的。

河南邓县出土贵妇出游画像砖

魏晋南北朝时期不仅不以少女追求爱情为非，也不以寡妇再嫁为耻。当时帝王如曹丕、刘备、孙权等娶的皇后，都是寡妇。东晋范宁给孝武帝上疏中称："鳏寡不敢妻娶，岂不怨给人鬼、感伤和气。"可见，当时不仅不反对寡妇再嫁，甚至有些

人是抱鼓励态度的。

胡人妇女风情入主中原不仅体现在社交、爱情、婚姻与家庭生活上，更集中体现在当时妇女的精神面貌和文化生活中。东晋顾恺之的名画《女史箴图》为后世留下了当时妇女自然、潇洒、追求理想的风姿。当时知识女性的代表卫铄，也为后代留下了珍贵的书法作品。

胡人妇女风情中，也包括豪放、坚强的尚武精神。妇女习武，魏晋之前，史籍不多见，而在魏晋之时已成一个普遍的社会现象，流传至今的木兰代父从军故事便是一个最好佐证。而且，此时期妇女习武活动不仅是空前的，而且其俗绵延不绝。隋唐之时，妇女仍然尚武以及参加球类、棋类、杂技等体育活动，说明魏晋尚武之俗对后世是有相当影响的。

山水园林大量涌现

魏晋南北朝是中国园林发展的转折阶段，也是山水园林的奠基时期。

晋室南迁，中原人士大量逃亡江南，他们于离乱颠簸之际，在风清物丽的环境之中过着安逸闲适的生活，他们尽情享受大自然的美，以文学艺术讴歌这种美，以园林艺术再现这种美。建康、会稽、吴郡

等士族聚居之地，私家宅园和郊区别墅相继兴起，都城建康兴建苑园之风最甚。帝苑以华林、乐游两园最为著名，大臣私园多靠近秦淮、青溪二水。东晋时，纪瞻在乌衣巷的宅园、谢安的园林都以楼馆林竹而著称；而吴郡顾辟疆的园林则因王献之的遨游而闻名于世。南朝园墅也很兴盛，名士戴颙在吴下聚石引水，植林开涧筑园；齐刘勔在钟山南麓建园以邀友人聚会。与此同时，开始出现园林小型化的倾向。梁徐勉在东田自建小园，并认为"古往今来，……不存广大，唯功德处，小以为好"。北周庾信也建小园，并以《小园赋》闻名后世。自两人始建小园，随之而来便形成一股建小园、小池、小山之风。北朝造园活动不亚于南朝，《洛阳伽蓝记》中就记载了北魏都城洛阳许多贵族官僚的园林，突出的有司农张伦园、清河王元怿园、侍中张钦园、河间王元琛园等。政局的变乱曾使洛阳一些王公贵族的住宅成为佛寺，宅园也成为寺中园林，因此在风格上并无区别。

帝王苑囿受当时思潮影响，欣赏趣味也向自然美转移。东晋简文帝、齐衡阳王萧钧都喜爱自然风格的园林，梁昭明太子萧统更是性爱山水，在泛舟元圃后池时曾咏左思诗"何必丝与竹、山水有清音"以拒绝女乐。可见这时帝王宗室对山水的爱好和欣赏与一般士大夫是一致的，皇帝苑囿风格也追求山水自然之美。

这时期的另一个新发展，就是出现了具有公共游览性质的城郊风景点。南朝刘宋的南兖州刺史徐湛之，在广陵城北结合原有水面建造风亭、月观、吹台、琴室，栽种花木，使这里成为文人雅士游玩聚会的场所。这种风景点的游人可能只限于士大夫阶层，但毕竟不同于一般私人园林和皇家苑囿，具有众人共享的特点，不能不说是一种进步，可谓今天公园的前身。一些城市利用城垣和风景优美的高地建造楼阁，作为眺望游憩之用，既可畅览远山平川之美，又能丰富城市风景，是继承台榭发展而来的风景观赏建筑物。著名的有东晋武昌南楼，是官吏登临赏月之处，南朝建康瓦棺阁，是眺望长江壮丽景色的地方；浙东浦阳江桐亭楼，建在山水奇丽的浦阳江曲。

名士高逸和佛徒僧侣为逃避尘世而寻找清静的安身之地，也促进了山区景点的开发。东晋时以王谢为首的士族聚居建康、会稽，往往选择山水佳妙之处构筑园墅。如谢灵运在始宁立别业，依山傍水，尽幽居之美，和一批隐士放纵游娱。佛教大师慧远，在庐山北麓下创建名刹东林寺，面向香炉峰，前临虎溪水，对庐山的开发起了促进作用。苏州郊外的虎丘，自东晋王珣、王珉兄弟舍宅为寺后，也逐渐成为著名的风景点。

屏风人物（部分）。两幅皆以两株槐树和两组假山作背景，为较早的人造园林绘画。

作为山水园林主题内容的人工堆山，达到了前所未有的兴盛。除摹写神仙海岛的方法仍被帝王苑囿采用外，更多的则采用概括、再现山林意境的写意堆山法。堆山的目的是为了陶冶性情，追求"有若自然"的意趣。南齐宗室萧映宅内土山取名

"栖静"，便是这种意趣追求的例子，园林造山已从汉代的企待神仙和宴游玩乐转变为对自然景色的欣赏。

随着园林小型化、欣赏景物深化入微，松、竹、梅、石成为士大夫喜爱的对象。南朝陶弘景特爱松风，大量种植，欣赏风过之声；晋代嵇康、阮籍、山涛、向秀、刘伶、阮咸、王戎七人好为竹林之游，世称"竹林七贤"；南朝好梅者渐多，鲍照有《梅花落》诗；对奇石的欣赏寻求也成为时尚。

中国园林山水是凝聚了中国文化特质的一种独到艺术，在南北朝时期已形成稳定的创作思想和方法，多向、普遍、小型、精致、高雅和人工山水写意化，是本时期园林发展的主要趋势，并且作为一种基本风格影响着后世园林艺术的发展。

中国丝织技术传入波斯

到公元 5 世纪，中国的养蚕缫丝织造技术已有 3000 年以上的历史，特别是汉以后陆上和海上丝绸之路的开辟和兴盛，更使它成为世界各国钦羡垂涎的秘密，成为中国长期以来联系并影响世界的专利。

东汉初期，葱岭以东的于阗国王为取得中国养蚕的奥秘，特意向东国（于阗以东的鄯善国，今新疆若羌）求婚，得到应

北朝方纹绞缬

允后，便派密使转告东国公主，要她在下嫁时将蚕种带出国境，好在于阗养蚕产丝，制作丝服。当时东国禁止蚕种出境，关卡检查极其严密。东国公主下嫁时将蚕种、桑种藏在帽絮里，靠特殊的身份才逃过查验，把蚕桑的种子带到于阗。于是，从 1 世纪起于阗开始栽桑养蚕，初步建立了自己的丝织业。

至此，中国长期保守的丝织技术终于走出国门。于阗这一佛教在葱岭以东的传导中心，又成了蚕桑的新兴培育基地。后来，葱岭以东的龟兹、疏勒在四、五世纪也有了当地的丝织业，能自己织造华贵的锦缎。在他们的影响下，至迟在 5 世纪中叶，波斯也获得了养蚕丝织技术，能织造华美的锦绮绫纨。《梁书》记载波斯人结婚时，新郎新娘都要穿金线锦袍、师子锦裤、戴天冠。可见南朝梁时，波斯早已是锦绣之国。在获取中国的养蚕丝织技术的过程中，波斯非常频繁地派使节与中国通好。455 年波斯和疏勒的使者一起来到平城，466 年又和于阗使者一起抵达北魏首都，518 年和龟兹使节一同来中国，波斯与已发展了养蚕线织技术的于阗、龟兹、疏勒等国过往甚密。可知在中国丝织技术传入波斯的途中，这些临近中国西北的小国确实起了相当的作用。

中国丝织技术传入波斯，对于主要占据欧洲的罗马帝国是个莫大的刺激，拜占廷也决计要摆脱波斯对进口中国丝绢的操纵，重振本国的丝织业。552 年，在两位印度僧侣的帮助下，从赛林达（新疆）获得了中国本土的蚕子和桑树。于是欧洲的土地上第一次出现了中国家蚕和桑树，使 6 世纪的拜占廷成了"人务蚕田"的农桑国家。中国的养蚕缫丝丝织技术自此在欧亚大陆上繁盛、发展，这无疑是中国对世界的巨大贡献。

北朝树纹锦

道教流派出现

魏晋南北朝是中国道教的成熟和定型期，作为其特征，这一时期道教的主要流派形成，而且出现了大量的理论著作。从而使中国道教走上了独立发展的轨道。

道教的三大主要流派形成于这一时期，并各自建立了独具特色的理论体系。

东汉末年活跃于汉中地区的五斗米道势力很大，曹操收编张鲁以后，为对其加以限制，将汉中数万户居民迁到长安及三辅，使其势力一度因分散而回落，但也得到了一次向全国传播的机会。两晋时期受到世族的崇奉，身价倍增，由于其组织松散，引起了许多复杂的社会问题，并导致了陈瑞天师道起义、流民起义等，对社会震动很大，直接冲击了东晋政权。在这种背景下，北魏寇谦之开展了"清整道教"的宗教改革活动，他在北魏道武帝和重臣崔浩的支持下，从神瑞二年（415）开始，借助政权的力量整顿了道教组织，历经二十多年，形成了"北天师教"或"新天师教"，北方道教组织进一步完善。寇谦之的道教理论著作 80 余卷，包括《老君音诵戒经》等，崇奉太上老君，摒弃了可被农民

起义所利用的教义和制度，主张臣忠子孝、夫信妇贞、兄敬弟顺、安贫乐贱等伦理纲常，而且引入一些佛教理论，宣扬轮回，模仿佛教的某些仪式，其维护伦理名教的态度十分鲜明。泰始元年（465），南朝宗著名道士陆修静受到明帝礼遇，为其在建康北效天印山筑崇壶馆，他着手对南朝天师道加以改造，搜集、整理经籍达 1128 卷，并撰写《三洞经书目录》，这是我国最早的道教经书总目，其理论要点是主张斋戒，为此制定的斋戒科仪达百余卷。经其整顿的天师道称"南天师道"。

在天师道改革的同时，杨羲、许谧等人创立了上清派。葛洪的玄孙葛巢甫创立了灵宝派，上清派奉元始天王为最高神，强调个人修炼，特别是存神服气，辅以诵经修功德，贬斥房中术，对天师道特重的符箓斋醮很轻视，有上清经 50 卷，是其早期经典。灵宝派的经典是葛巢甫在《抱朴子·内篇》的基础上创造的，为了自神其说，融入了一些神话传说，刘宋时著名道士陆修静整理编定，又增加了斋醮科仪100 卷，他们把上清派的元始天王称为元始天尊，天师道的太上老君降到第三位，中间加入太上大道君，被后代道教推尊为"三清"，除存神诵经、修功德外，特别重视斋醮科仪和集体修道、轻外丹和房中术。

除天师、上清、灵宝三派外，陕西有楼观派，演变成元代的全真教，强调道教为中国宗教的正统地位，魏晋和南北朝时期楼观派的著名道士有王浮、严达、王延等。

这一时期，道教理论成熟，东晋葛洪《抱朴子》构造了比较完整的理论体系，上清派《黄庭经》代表了内炼术在当时的最高水平，奠定了内丹派的发展方向，陆修静《三洞经目录》记道了 1090 卷，可见其著作繁荣之大貌，道教主要流派的出现和理论著作的繁荣使道教发展进入成熟期。推动了整民族理论思维和文化水平的进步。

中国通史

最新整理图文珍藏版

北魏推行中国历史上第一次均田制

北魏太和九年（485）十月，北魏行均田制。

北魏王朝建立以前，北方地区经历了长达130余年的战乱，大量的肥田沃土成为无主荒地，因此每一新的王朝手中总握有大量的国有土地，使均田令的出台有了物质基础。

北魏王朝建立后，国有土地的经营除军屯外，还以部落为单位并从新占地上迁劳力到京城附近开荒，使用计口授田的方法，发展农业生产，增加国家粮食收入。这就是均田令出台的实践基础。北魏王朝建立后，政权较稳定，有些荒地的原主人与新主人关于土地所有权的争执，及其他类似问题出现，就更推动了均田令出台。为了限制豪强地主对土地的兼并，恢复小农经济，增加封建国家的财政收入，入主中原的鲜卑族将平均分配耕地的农村公社残余和地主土地所有制结合起来，由李世安首倡，于485年由孝文帝下诏推行均田制。

均田制的原则是计丁授田。具体内容是：一、政府授给均田农民露田。15岁以上的男子授露田40亩，妇人（有夫之妇）20亩，有奴婢及耕牛者另给土地，即奴婢与普通农民一样，人数不限，每头耕牛30亩，以4牛为限。授田时按休耕周期加授一至两倍的倍田。露田只栽种五谷，不栽种树木，授田后不许买卖，年满70岁或身死后归还官府。二、初授田的男子另给桑田20亩作为世业，终身不还，在3年内栽种桑树50株，枣树5株，榆树3株，不宜种桑之地，每名男子给一亩种榆树或枣树。在非桑宜麻之地给予麻田，男子10亩，妇人5亩，奴婢与普通农民一样授田，麻田按露田法还授。三、新定居的农民给予园宅田，每3口1亩，奴婢每5口1亩。四、地方官吏按品级授给公田，刺史15顷，下至县令郡丞6顷，不许买卖。五、全家老小残疾者没有授田资格，年满11岁以上和残疾男子各按半夫授田，年逾70者不还受田，守志的寡妇虽无须课田仍授给妇田。六、每年正月举行授田和还田，如刚受田就死亡或者买卖奴婢和耕牛者，到第二年正月进行还授。对于地广人稀之地，政府鼓励农民开垦耕种，到后来有住户时才依法授田。

均田制是北魏政权在奴隶制残余形态特别严重的特定历史条件下实行的一种土地分配制度，是封建土地所有制的一种补充形式。它肯定了鲜卑贵族和中原地区汉族世家大地主占有大量桑田的合法性，并把均田农民束缚在土地上，使游离的劳动力重新和土地结合起来，扩大自耕农的数量和政府的纳税面，推动了农业生产的发展和北魏政权封建化的进程。

少林寺兴建

少林寺位于河南登封县城西北少室山北麓五乳峰下，印度僧人达摩在此首创禅宗，从此成为中国佛教禅宗祖庭。

少林寺始建于北魏太和十九年（495）。当时，天竺僧人佛陀到达中国，擅长禅法，得到北魏孝文帝礼遇，并且在太和十九年为他敕造寺庙于少皇山中，供给衣食。因寺处于少皇山茂密丛林中，所以名为少林寺。孝昌三年（527），禅宗初祖菩提达摩一苇渡江，来到少林寺中传授佛法，传说他曾于寺内面壁9年，后传法给慧可。此后少林禅法师承不绝，传播海内外。达摩长期打坐修炼，为活动筋骨，创造了后世广为流传的少林奉法。北周建德三年（574），武帝禁佛，寺宇被毁坏，大象年间重建，改名为陟岵寺。隋代又恢复旧名，日渐发展为北方一大禅寺。唐初少林寺十三棍僧救唐王，立下战功，为少林寺博得"天下第一名刹"的名号。

嵩山少林寺

寺内主要建筑有山门、达摩亭、白衣殿、地藏殿、千佛殿等。山门门额书"少林寺"三字。达摩亭又称立雪亭，相传为二祖慧可立雪之处。白衣殿有少林寺奉谱及十三棍僧救唐王壁画。千佛殿内有500罗汉朝毗卢壁画，画面约300余米，是明代作品，寺内保存有唐代以来碑刻300余方，其中珍贵的有《唐太宗赐少林教碑》，以及苏东坡、米芾、赵孟頫、董其昌等人撰写的碑碣。少林寺西有塔林，始建于唐

少林寺校拳图。此为嵩山少林寺白衣殿壁画，描绘寺僧们比拳（校手）的情景，又名"捶谱"。图中的一些招式清晰可辨，体现出少林拳大开大合的特点。此图绘于清初。

贞元七年（791），有塔220余座，型制各异，高低不同，另外还有初祖庵、二祖庵，以及附近的唐法如塔、同光塔、五代法华塔、元代缘公塔等。

北魏盛行校猎

西晋灭亡以后，匈奴、鲜卑等少数民族先后入主中原。这些原以游牧为业的民族，都长于骑射，入主中原后，他们往往通过多种途径来保持其骑射的传统。北魏校猎的兴盛就可以说明这一历史情况。

大规模校猎一直是北魏王公贵族习武的重要形式。《魏书》中有许多校猎活动的记载。除了校猎活动外，较射比赛和马射比赛也非常盛行。当时北魏王公贵族常以较射为娱乐，并给予一定奖励。据《北史·魏诸宗室》记载：孝武帝巡幸洛阳时，曾在华林园举行较射比赛，用银杯盛酒二升左右，挂在百步以外，命十余位射击选手一起射箭，射中的选手便可得到御赐银杯。这一情形还可从当时的浮雕和壁画中看到。山西大同云冈石窟有北魏太子较射浮雕。此图是石窟内东壁佛传故事浮雕中的一幅，画面左侧有三个引弓欲射的射手，右侧有三面铁鼓（箭靶），射手们"引而未发"的形态极为生动。为了推动习射活动，北魏每年还定期举办"九日马射"活动，下令京都附近太守官员都要赴京观看，并命令京都妇女也前往观看助阵，不去者按军法论罪。由此可见当时马射活动之场面和声势了。

由于朝廷重视习射，习武之风便影响到民间，使当时射艺训练更加普遍化、专门化。习射活动频繁，还使北魏射艺得到了较大的发展。当时射击训练主要有定点射和驰马射，还有"左右驰射"、"反射"以及射击运动中的物体等难度较大的技术

北魏漆棺彩画狩猎图

动作。当时有许多人能掌握这些技能，如北魏傅叔伟能拉弯数百斤张力的强弓，而且能"左右驰射"。《魏书·秦明王翰传》说地干能"骑马同射五靶，时人莫及"。

宇文泰创府兵制

西魏大统九年（543），西魏宇文泰正式创建府兵制。

西魏大统八年（542），宇文泰开始创置六军，按相传的周制，每军 12500 人。当时兵源为关陇豪右的亲党和乡人，军队统帅由大小豪右充当。实质上，这是由氏族血缘关系组成的地方军队。这就是最早的"府兵"。这支军队战斗力并不强，在次年的邙山战役中被歼过半。自此以后，宇文泰蓄心创建更完整的"府兵"。

魏初设有"柱国大将军"的官职，此衔位高权重。尔朱氏当权时，尔朱荣曾当此职，地位也随之高过宰相。大统三年（537），西魏文帝封宇文泰为柱国大将军，此后有官显功高的朝廷重臣，也领过这个职衔。任柱国大将军的共有八人，即安定公宇文泰，广陵王元欣，赵郡公李弼，陇西公李虎（唐高祖李渊之祖），河内公独孤信，南阳公赵贵，常山公于谨，彭城公侯莫陈崇。八人中宇文泰权势最重，监督

各军，总揽兵权；元欣因为是宗室，不过挂个空名，过问一下政事，并无实权。其余六个柱国大将军分统六军，每人各统两个大将军，六军中共有 12 个大将军；每个大将军又各统两个开府将军，共 24 个开府将军；而每个开府将军各领一个军，实际上有 24 个军。这支新建的府兵到大统十六年（550）已初具规模，比大统八年"初置六军"时，人员多了四倍，总计达 30 万之众。

河北磁县东魏墓出土之陶风帽俑（左）及陶武士俑

新建六军的最高统帅合称为"八柱国"，取意于八个柱国大将军。24 个官中，每军下设仪同将军，以下团有大都督，旅有帅都督，队有都督等中下级军官。当时，西魏全国共设 100 个"府"，从民间选有才力者为府兵。府兵本身的租税劳役征调，一切免除。府兵平时务农，农闲时操练。他们的马畜粮食，一律由统军的六个柱国大将军统筹，另外每府设一个郎将，郎将负责管理征集、行役、退役等事务。兵士

根据户等高下，丁口多寡，财力强弱进行选拔，户籍属于军府，不属于郡县。由于具有"私兵"性质，府兵的战斗力很强。

这就是由宇文泰创建的西魏府兵制。到了北周时府兵制已有变化，隋唐之际则由发展完备以至于逐渐衰亡。

中国通史

最新整理图文珍藏版

第五章

南北朝时期

420 年，出身低级士族的刘裕取代了名存实亡的东晋，建国称帝，国号为宋。此后半个多世纪中，江南相继出现了齐、梁、陈等三个以建康为都城的政权，历史上将这四个政权称为南朝。而北方各少数民族政权经过吞并战争，北魏道武帝跖跋焘于 439 年统一了北方。历史上将北魏与魏末分裂的东魏、西魏，以及继起的北齐、北周合称北朝。

　　从 420 年刘宋王朝建立，到 589 年陈被隋所灭，南北朝共存在 170 年。581 年，隋王杨坚废黜北周末代皇帝宇文衍，另建隋政权。589 年，隋灭陈，南北朝至此结束。

　　南北朝时期，创造了灿烂的文化，涌现出祖冲之、陶渊明、沈约、贾思勰等永载史册的科学家、文学家，留下了莫高窟、龙门石窟、云冈石窟等精品奇观。

第一节 史海钩沉：重大事件 历史典故

南朝

南朝四朝都建都于建康。其疆土以刘宋时最广，黄河以南，淮水以北以及汉水上游大片地区皆属于宋。大明八年（464年）计有扬、南徐、南兖、南豫、徐、青、冀、兖、豫、东扬、江、郢、荆、湘、雍、梁、南秦、益、宁、广、交二十一州。宋明帝时，淮北的徐、兖、青、冀四州和豫州的淮西诸郡被北魏占领，南朝疆土从此压缩到淮水以南。齐对刘宋的州郡进行了部分调整，据《南齐书·州郡志》，齐世计有二十三州。梁设州转多，最多时达一百零七州。陈朝时，雍州、益州归北周，荆州归后梁，北面与北齐划江为界，疆域最为狭小，全境初分为四十二州，后来又多设新州，史称数倍于前。政区划分的加细，反映土地的开发和生产的发展，同时也是对人民加重剥削的表现。南朝还有双头州或双头郡（即两州或两郡同治一地），大都设在军事要地或边荒区域。

宋

南朝第一个王朝。刘裕创建。都建康，

宋武帝刘裕像

宋初疆域北以秦岭、黄河与北魏为界，西至今四川，西南至今云南，南至今越南横山，东和东南直抵海滨，是东晋南朝时期疆域最大的王朝。历八帝，共59年。

刘裕，京口人，寒门出身。早年曾为北府兵将刘牢之参军。桓玄篡晋后，刘裕联合部分北府旧人举兵攻灭桓玄，从此掌握晋室军政实权。义熙六年（410年），刘裕灭南燕，取得今山东大部地方。镇压卢循起义后，又消灭割据益州（今四川）的

北齐校书图（局部）

谯纵，十三年灭后秦，取得潼关以东、黄河以南大片土地。元熙二年（420年），刘裕代晋称帝，改元永初，国号宋，历史上又称刘宋。

刘裕鉴于东晋门阀专政、王权弱小、方镇割据的积弊，在中央任用寒人掌典机要，地方则多由宗室出任方镇，以求加强专制皇权。宋世士族门阀虽然位遇很高，但军政实权却大为削弱，从而使国内的统一程度和中央权力都大为增强。刘裕还采取了一系列抑制豪强兼并，减轻人民负担和恢复农业生产的措施，使农民的境遇有所改善。

永初三年（422年）刘裕死，长子刘义符继位。两年后，大臣徐羡之等废杀义符，立其三弟刘义隆为帝（宋文帝）。刘义隆继续执行刘裕的政策，在东晋义熙土断的基础上，清理户籍，下令减轻或免除人民积欠政府的"逋租宿债"。劝农、兴学、招贤、开炉铸钱。人民得以休养生息，社会生产有所发展，经济文化日趋繁荣。宋文帝元嘉之世（424～453年）是东晋南朝懋最强盛的时期，史称"元嘉之治"。

刘宋时，黄河以北的北魏日益强大。早在刘裕统治末年（422～423年），北魏已陆续夺去滑台（今河南滑县东）、虎牢（今河南荥阳汜水镇）和洛阳等重镇。北魏统一北方后，又调集60万大军南下。元嘉二十七年（450年），魏太武帝跖跋焘亲率10万大军进攻悬瓠（今河南汝南），被宋军击败。宋军又分数路北进。其中柳元景一路自户氏（今属河南）出发，在当地汉族人民积极支持下，连克弘农、陕县和潼关。但由于宋军主力王玄谟部久攻滑台不下，为北魏主力击溃，宋文帝只得令柳元景部亦撤退。同年冬，跖跋焘率兵号称百万，南下直抵瓜步（今安徽六合东南），准备渡江进攻建康。由于江淮人民坚壁清野，魏军抄掠无所获，人马饥乏；加之宋

军在沿江数百里内建立起坚固的防线，魏军只得北撤。魏军这次南侵，对江、淮、青、济广大地区进行了前所未有的野蛮破坏；所至之处，一片焦土，宋朝国力从此大为削弱。

元嘉三十年，太子刘劭杀文帝自立。同年，文帝第三子江州刺史武陵王刘骏起兵诛劭，即帝位，是为孝武帝。他为了加强对地方军政的控制，无论"长王临藩"或"素族（指皇族以外的士族）出镇"，都派典签分掌实权，严加监视。诸王和镇将因遭疑忌，先后起兵作乱，于是皇室内部，君臣之间，相互残杀，愈演愈烈。孝武帝在位时，杀叔父刘义宣，并杀四个亲弟。宋明帝刘彧时，又杀尽孝武帝诸子，还把尚存的五个亲弟杀掉四个。被疑忌的文臣武将，有的被杀，有的叛国投敌。如幽州刺史刘休宾、兖州刺史毕众敬、徐州刺史薛安都、冀州刺史崔道固、青州刺史沈文秀等，先后投降北魏，刘宋失去了淮河以北大片土地，南朝疆域再次缩小。

东晋以来，门阀士族地主大量占山固泽，政府虽一再禁止，但效果不大。大明年间（457～464年），孝武帝企图改禁为限，规定：地主原占山泽一律归地方所有；此后占山护泽以官品为准，数量由一项至三顷，原占已足此数的不得再占；在此规定以外擅占山水者，按强盗律治罪。从此，占山护泽合法化，而数量的限制仍无法实行。

元嘉以后，宋王朝对人民的剥削亦日益加重。当时实行计资分等纳调，地方官为了提高户等以增加税收，桑长一尺，田进一亩都计在资产之内，甚至连屋上加瓦都要计税，使得农民不敢种树垦荒、泥补房舍，更无意发展生产。沉重的徭役，甚至连儿童也不放过，以致造成"田野百县，路无男人；耕田载租，皆驱女弱"。阶级矛盾十分尖锐，小规模的农民起义不断发生。

泰豫元年（472年）明帝死，子刘昱（后废帝）继位，内乱更加炽热。这时实权已落入中领军萧道成手中。元徽五年（477年）萧道成杀刘昱，立昱弟刘准为帝（即顺帝）。升明三年（479年），萧道成废刘准，称帝建齐朝，宋亡。

齐

南朝第二个王朝。萧道成创建。都建康。疆域北至大巴山脉和淮南，西至四川，西南至云南，南至今越南横山，东南直抵海滨。历七帝，共24年（479～502年）。

萧道成，低级士族出身。领兵30多年，他利用刘宋末年皇室内部、君臣之间相互残杀的混乱局面，以中领军掌握实权，于升明三年（479年）代宋称帝，国号齐，年号建元，历史上又称南齐、萧齐。齐初虽对宋末暴政作过一些改革，注意劝课农桑和学校教育，但人民的负担并未减轻，

青瓷托盏

濒于破产的农民纷纷沦为豪强大族的隐户。齐世寒人兴起的趋势继续发展，中央以寒人掌典机要，地方则重用典签，对皇室和方镇严加控制、监视，门阀士族的实权进一步削弱。齐初，鉴于宋末统治阶级内部相互残杀而失天下的教训，终齐武帝萧赜之世，虽然爆发过唐寓之暴动，尚能维持政局的稳定。齐明帝萧鸾在位五年，皇室间的相互残杀更甚于宋末。高、武子孙，几乎被萧鸾杀绝。萧鸾死后，继位的萧宝卷（东昏侯）更是专事杀戮的暴君，人人

自危，众叛亲离，政局混乱达于极点。永元三年（501年），宗室雍州刺史萧衍自襄阳起兵攻占建康，尽杀明帝后裔，次年称帝，建立梁朝，齐亡。

梁

南朝第三个王朝。萧衍创建。都建康。历四帝，共56年（502～557）。

萧衍（464～549年），字叔达，小字练儿，南兰陵中都里（今江苏常州西北）人，南齐宗室，官至雍州刺史，镇襄阳。永元二年（500年），萧衍之兄萧懿被齐东昏侯萧宝卷杀害，三年，萧衍乘南齐君臣互相残杀，政局极端混乱之际，自襄阳举兵东下，攻占建康，并于次年称帝。国号梁，建元天监，历史上又称萧梁。

梁朝五十六年中，萧衍在位长达四十八年。其统治具有如下特点：①优容士族。如专设谱局，改订士族百家谱；下诏州、郡、县，置州望、郡宗、乡豪各一人，专掌搜荐人物，特别是东晋以来湮没不显的旧族；增设官职，满足士族入仕要求。但梁世士族业已全面腐朽，在实际政务中仍须使用寒人。②宽纵皇族。如削弱典签权势，给诸王以实权，对他们的横征暴敛甚至公开抢掠也不闻不问。结果到了萧衍晚年，皇室间的相互残杀较之宋、齐两代更为残酷。③萧衍博学能文，重视思想意识上的统治。如大力提倡佛教，不顾劳民伤财，大规模兴建佛寺。创立三教同源说，调和释、儒、道三者矛盾。三次舍身同泰寺，公卿等以成亿的钱奉赎。④以虚伪的勤俭、仁慈掩盖其残暴腐朽的统治。梁世徭役较以往更为繁重，甚至役及女丁。赋税由过去的计资改为计丁。规定每年丁男之调，布、绢各二丈，丝三两，绵八两；禄绢八尺，禄绵三两二分；租米五石，禄米二石。丁女减半。此外每亩田还要收税米二升。他责令地方官"上献"，因而莫不竞相聚敛。梁世用法，对皇室、士族分

外宽容，对劳苦大众极其严酷。民众犯法连坐，老幼不免；一人逃亡，举家罚作苦役。人民纷纷逃亡或奋起反抗，各种规模的农民起义接连不断。侯景之乱前夕，更是达到"人人厌苦，家家思乱"的严重地步。

青瓷双流鸡首壶

梁初疆域与齐末略同，北以淮河与北魏为界。此时北魏虽日趋衰落，但由于萧衍昏庸无能，故几次对魏战争均未取得成果，反而给人民带来很大灾难。如天监四年（505 年）北伐，梁军装备精良，但萧衍舍良将韦叡不用，以其贪残昏懦的六弟萧宏为主帅。五年，军至洛口（今安徽怀远内），一夜风雨骤起，萧宏弃师潜逃。大军溃退，损失 5 万多人。十三年，萧衍不顾水工关于淮河沙土不坚，不可筑堰的警告，役使 20 万军民修筑浮山堰（在今安徽凤阳境内），企图蓄淮水淹没北魏军。浮山堰果为洪水冲塌，沿淮军民 10 余万被吞没。当北魏在各族人民起义打击下摇摇欲坠之时，萧衍把希望寄托在南逃的北魏宗室元颢身上，命陈庆之于大通二年（528）率 7000 人送他北归。元颢阴谋叛梁，陈庆之孤立无援而全军覆灭。

太清元年（547 年），东魏大将侯景降梁，萧衍不顾朝臣反对，认为"得景则塞北可清，机会难得"，以侯景为大将军、河南王、都督河南北诸军事、大行台，并派萧渊明率军五万前往支援。结果梁军在寒

北魏·太子校射浮雕

山堰（今江苏徐州市外）被东魏军击败，渊明被俘。不久，侯景军亦被消灭，仅得800人进据寿春。二年八月，侯景自寿春举兵叛梁。十月，叛军在萧衍侄萧正德接应下顺利渡江，占领建康。台城（宫城）被围期间，萧衍的子孙们虽据重镇，拥强兵，均不积极驰援，反而伺机夺取帝位。三年三月，叛军攻占台城，萧衍饿死。四年，侯景立萧纲为帝（简文帝）。大宝二年（551年），侯景杀萧纲，自称汉皇帝。首都建康和三吴地区遭到空前破坏。这时盘踞郢州（镇夏口，今湖北武昌）的萧纶（萧衍第六子）附北齐，盘踞襄阳的萧詧（萧衍之孙、萧统之子）附西魏，盘踞荆州的萧绎（萧衍第七子）则反复于北齐和西魏之间，此外还有盘踞益州的萧纪（萧衍第八子），他们之间展开了殊死的皇位争夺战。同年，萧绎勾结西魏灭萧纶。三年，萧绎攻灭侯景，在江陵称帝（梁元帝）。承圣二年（553年）萧纪举兵东下攻江陵，西魏乘机夺取益州，萧纪亦旋被萧绎消灭。三年，萧詧勾结西魏攻破江陵，杀萧绎。西魏复占有襄阳，并将江陵被俘王公以下男女数万口分给将士作奴婢，仅留一座空城让萧詧作傀儡皇帝，史称后梁。至此，梁朝疆土已丧失大半：长江下游以北沦于北齐，益州、汉中、襄阳沦于西魏，江陵实际亦为西魏控制。次年，王僧辩、陈霸先在建康立萧方智（萧绎之子）为梁王。时北齐派兵送萧渊明至建康，王僧辩畏齐，立萧渊明为帝。陈霸先袭杀王僧辩，复立萧方智为帝（梁敬帝）。太平二年（557年），陈霸先称帝，建立陈朝，梁亡。

陈

南朝最后一个王朝。陈霸先创建。都建康。仅控制江陵以东、长江以南的狭小地区。历五帝，共33年（557～589年）。

陈霸先，出身寒门。以平侯景之乱功，

南北朝形势图

官至司空。太平二年（557年），霸先代梁称帝，建元永定，国号陈。在位三年死。其侄陈蒨即位（陈文帝），清除尚存的萧梁残余势力，削平长江中游的割据势力王琳，击退北齐、北周的军队。宣帝陈顼时，陈朝政权已比较稳固，社会经济也有所恢复，而北齐政局正极度混乱。太建五年（573年），陈宣帝命吴明彻为主帅大举北伐，连战皆捷，尽复淮南失地。九年，北周灭北齐，统一北方。陈宣帝欲夺取徐、兖，再次出兵北伐。十年，吴明彻率水军猛攻彭城（今江苏徐州），但后路被周军截断。陈军撤退到清口（古泗水入淮之口，今江苏淮阴西），被周军击溃，吴明彻和三万将士被俘。淮南之地复为北周占领。十四年，宣帝病死。继位的陈叔宝是历史上有名的荒淫皇帝。在他的统治下，政治腐败不堪，人民生活极为穷困。此时，北方的北周已为隋朝所代。祯明二年（588年），强大的隋朝派大军50余万分八路南下。次年，隋军攻下建康，陈叔宝被俘，陈亡。分裂了200多年的中国再次统一。

宋武帝刘裕

（363～422）南朝宋王朝建立者。字德舆，小名寄奴。原籍彭城（今江苏徐州）。在位三年。曾祖刘混东晋时渡江侨居京口，父刘翘曾为郡功曹，早亡。刘裕少贫困，以樵渔及贩履为生，曾为北府兵将领孙无终冠军府司马。隆安三年（399）任前将军刘牢之参军，随从镇压孙恩起义（见孙恩、卢循起义），累官建武将军，下邳太守。桓玄依仗父祖世资，谋夺朝政，以讨司马道子、元显为名，入建康自立为楚王，并翦除北府兵旧将领刘牢之等，提拔刘裕使镇压东南沿海的孙恩余众。刘裕对桓玄外示恭顺，内则团结北府将士伺机反抗。

桓玄逼安帝退位篡晋后，刘裕于元兴三年（404）与刘毅、何无忌、檀凭之等二十七人自京口起兵，杀镇京口的桓修，次年击溃桓玄。桓玄挟安帝退往江陵（今属湖北），后为刘毅所统率的兆府兵击垮，安帝回建康复位。刘裕以平乱功，加侍中，进号车骑将军、开府仪同三司，镇京口。义熙四年（408），以扬州刺史、录尚书事入京辅政，独揽朝权。

占据山东地区的鲜卑慕容氏南燕政权乘东晋衰乱之际屡次侵扰东晋边境。义熙五年二月，慕容超大掠淮北，刘裕兴兵北伐。四月，率水军从建康北上，过淮河，越大岘（今山东沂水北穆陵关），次年攻破南燕都城广固（今山东益都西北），收复青、兖两州，追获慕容超，斩首建康。七年，镇压卢循起义军。八年，消灭"不能居下，终为异端"的刘毅，以及可能形成威胁的诸葛长民、晋朝宗室司马休之等，清除异己势力，巩固了后方。九年，西攻谯纵，收复巴蜀。十二年，后秦主姚兴病

刘裕

卒，子姚泓继立，兄弟相杀，关中扰乱，刘裕乘机率大军分兵四路北伐后秦，进攻关洛。途经黄河，击败北魏军，翌年进克洛阳，至潼关，命大将王镇恶直趋长安，姚泓投降，后秦亡。晋军收复长安，在少数民族统治下达百年的汉族百姓纷纷向往。这时因留在朝廷坐镇的尚书左仆射刘穆之病故，刘裕怕政权旁落他人之手，便留次子刘义真镇长安，王修、王镇恶等率兵万余辅佐，自己仓猝返回建康。长安留守军内讧，夏主赫连勃勃乘机夺取关中。刘义真虽被迫撤出长安，但自潼关以东、黄河以南直至青州已为南朝版图，江淮流域得到保障，这是祖逖、桓温、谢安经营百年所未能达到的。

刘裕南返后，加相国宋公九锡之命。安帝死，恭帝即位，征其入辅，封为宋王。恭帝元熙二年（420）刘裕代晋称帝，国号宋，改元永初。他在称帝前后，注意节俭，整顿东晋朝纲弛紊的局面，抑制豪强，杀奴客纵横的京口刁逵，把刁氏成万顷土地和大量家财分给贫民；以后又杀隐匿人口的余姚大族虞亮，以图限制兼并。废除一部分屯田池塞以赈百姓，禁止豪强封固山泽，继续依界土断，将定居在江南的北方侨人编户纳税服役，精简了侨州郡县。还减轻刑罚，

亲自听讼，兴学校，策试诸州郡秀才。江南农业生产有所恢复发展，为元嘉年间（424～453）"氓庶繁息，余粮栖亩"的状况奠定了基础。

宋文帝刘义隆

（407～453）南朝宋皇帝。小字车儿。原籍彭城（今江苏徐州），生于京口。宋武帝刘裕第三子。在位三十年。义隆博涉经史，善隶书，深沉有谋略，但体弱多病，好猜忌。永初元年（420）封宜都王。刘裕病死后，太子义符继位（即宋少帝），因他游戏无度，不亲政事，辅政的司空徐羡之、中书令傅亮、领军将军谢晦于景平二年（424）五月废黜刘义符，迎立当时任荆州刺史的刘义隆为帝，改元元嘉。同时由谢晦出任荆州刺史，掌握重兵。但是，义隆不能容忍大臣擅行废立，元嘉三年（426）杀徐羡之、傅亮、谢晦，从此政由己出。六年，因病由其弟彭城王义康执政。义康任司徒、录尚书事，后又加领扬州刺史，进位大将军，专总朝权，势倾天下，曾擅杀名将檀道济。十七年，义隆采取断然措施，收杀拥戴义康的领军将军刘湛等人，罢斥义康，改授为江州刺史，出镇豫章（今江西南昌）。二十二年废为庶人，二十八年，北魏大军南下，隔江威胁建康，义隆怕义康在后方趁机作乱，遂下令将其诛杀。南朝王室的自相残杀由此始。自刘裕放弃关中后，北魏坐大，中原渐遭蚕食。元嘉八年，宋反攻滑台（今河南滑县）受挫。二十七年，魏太武帝拓跋焘调动六十万大军进攻江南，亲率大军克悬瓠（今河南汝南）、项城（今河南沈丘），渡过淮河直趋瓜步（今江苏六合东南），后在宋朝军民抵抗下撤退。江北遭魏军杀掠殆尽，宋朝国力削弱。三十年，义隆为太子刘劭所杀。他在位期间，提倡文化，整顿吏治，清理户籍，重视农业生产。元嘉十七年、二十一年两次下令减轻以至免除农民积欠政府的"诸逋债"。江左自东晋义熙十一年至文帝统治末年（415～453），"役宽务简，氓庶繁息"，三十多年中相对安定，所以旧史常称"元嘉之治"。但元嘉末年，北魏军队在江淮间一进一出，江南地区经过大规模战乱，邑里萧条，版籍大坏，所谓"元嘉之治"从此结束。

梁元帝萧绎

（508～554）南朝梁皇帝。字世诚，小字七符。在位三年。萧衍第七子，初封湘东郡王，后任侍中、丹阳尹。普通七年（526）出任荆州刺史，都督荆、湘、郢、益、宁、南梁六州诸军事，控制长江中上游。太清二年（548）侯景叛梁围建康，梁各路援军集结于建康城外有二三十万之多。而萧绎只派儿子萧方智等率军万人往救，后又派王僧辩率舟师万人增援，次年三月，景攻破台城，王僧辩舟师尽没。不久，又命王僧辩击溃在郢州（今湖北武昌）都督中外诸军事的六兄萧纶；并向西魏称臣，袭杀益州刺史萧纪（萧衍第八子）。萧绎翦除兄弟的目的达到后，便于天正元年（552）在江陵即位称帝。年号承圣。但当时梁州、益州已并于西魏，襄阳也在西魏控制之中。江陵形势十分孤立。承圣三年九月西魏宇文泰派于谨、宇文护率军五万南攻江陵。十一月江陵城陷，萧绎被俘遭害。次年其子萧方智在建康称帝，追尊为元帝。萧绎盲一目，少聪颖，好读书，善五言诗，但性矫饰，多猜忌。藏书十四万卷，于江陵城破时自己烧毁。生平著述甚富，凡二十种，四百余卷，今仅存《金楼子》。

陈高祖陈霸先

（503～559）南朝陈创建者。字兴国，小字法生。在位三年。自称世居颍川（今河南许昌东），先祖在西晋永嘉时南迁吴兴长城（今浙江长兴东）下若里。家世寒微，出身小吏，喜读兵书，长于军事。初随宗室新喻侯萧映至广州刺史任，为中直兵参军，招集兵马。曾镇压土著与少数民族起义，累官西江督护、高要太守、督七郡诸军事。太清二年（548）侯景叛梁，攻陷建康。次年七月霸先消灭与景勾结的广州刺史元景仲，十一月在始兴（今广东韶关）起兵勤王讨侯景。大宝元年（550）出大庾岭，沿赣江而下，军至南康（今江西赣州），受湘东王萧绎节制。至溢城（今江西九江）与王僧辩会师，率甲士三万、强弩五千张、舟船两千乘，东进破建康，讨灭侯景（见侯景之乱），进位司空，领扬州刺史，镇京口。承圣三年（554）十一月，西魏陷江陵，杀梁元帝萧绎，立萧督为梁主。霸先与王僧辩迎立晋安郡王江州刺史萧方智至建康为帝而擅朝政。四年，王僧辩又纳北齐扶植的萧渊明至建康为帝。霸先从京口起兵袭杀王僧辩，废萧渊明，拥萧方智为帝（梁敬帝），并击败北齐军。敬帝太平二年（557）霸先加九锡，进爵为陈王，十月代梁即皇帝位，国号陈，改元永定。

北朝

北朝与南朝相峙并存。一般以魏太武帝跖跋焘统一北方（439年）算起，至杨坚建隋代周（581年）为止，包括北魏、东魏、西魏、北齐、北周五个王朝，历时142年。另一说，起于跖跋珪建国称魏（386年），止于589年隋文帝杨坚灭陈、统一全国。

北方五个王朝的统治者出自塞北的鲜卑族或与鲜卑族有着密切的关系。北魏统治者是鲜卑跖跋部的贵族。东、西魏本来就是从北魏皇室中分裂出来的，它们的实际掌权者高欢、宇文泰，同时又是北齐、北周政权的真正创建人。高欢是生长在北镇的鲜卑化汉人，宇文泰也是徙居代北的鲜卑宇文部酋豪的后裔（一说为役属于鲜

北魏石刻画像

木兰从军图

卑的南匈奴后裔）。因此，一方面在北朝时期，除了编户、田客、牧子、隶户、奴隶与官府、大族豪强、牧王、奴隶主之间的阶级矛盾，士与客、士与庶、地方势力与中央政权之间的统治阶级内部矛盾外，还始终存在着程度不同的鲜卑文化与汉文化之间的矛盾与融合问题。另一方面，鲜卑族的文化传统对北朝的政治、军事、经济以及典章制度都有深刻影响，从而形成了自己的特点，出现了均田制、府兵制和朴素粗犷的民间文学。

北朝时期，统治时间最长、疆域最广的是北魏，其全盛时（太和二十一年，497年），西至焉耆，东到海，北界六镇与柔然接壤，南临淮、沔与南齐为邻。东、西魏时期，其南、北疆界稍有内缩，除西魏之建、泰、义、南汾四州在河东外，大抵以黄河为界划分东、西魏。齐、周时期，北朝的疆界有扩展：北齐南并淮水流域，濒

长江与陈对峙；北周占有梁、益，控制江陵，长江上游、汉水流域全归周有。周武帝建德六年（577年）灭北齐，疆域之大，超过北魏。武帝去世，宣、静相继，大权旁落，杨坚专政，五年即建隋代周，再八年渡江灭陈，统一了全国。

北魏

北朝之一，继十六国分裂局面之后在中国北部重建统一的封建王朝。鲜卑族拓跋珪所建。历十二帝、二王，共149年（386～534年）。

东汉末年鲜卑族的檀石槐政权瓦解后，许多鲜卑及号称鲜卑的部落、氏族在今内蒙古和山西北部一带活动，拓跋部就是其中之一，又称“索头鲜卑”，游牧为生。310年，西晋封拓跋猗卢为代公，314年，晋封为代王。338年拓跋什翼犍在繁畤（今山西浑源西南）北即代王位，建立代国。376年，代国为前秦所灭。淝水之战后，拓跋珪于386年重建代国，称王。同年改国号为魏，建元登国，史称北魏，亦称拓跋魏、元魏、后魏。天兴元年（398年），拓跋珪即皇帝位（道武帝），定都平城（今山西大同东北）。

魏道武帝拓跋珪建国时，拓跋部正处于原始公社组织相继解体，奴隶制还极不成熟的阶段。拓跋珪解散部落组织，使鲜卑部民分土定居，由氏族组织转变为地域组织，从游牧经济转向农业经济。皇始元年（396年），拓跋珪攻占后燕的并州（今山西太原西南）后，始建台省，置百官，封拜公侯将军；中央官尚书郎以下和地方官刺史、太守以下一般都任用儒生。天赐三年（406年）下令诸州置三刺史，郡置三太守，县置三令长，其中一人为拓跋宗室，其余为非宗室的鲜卑人或汉人。北魏政府面对汉族地区宗族强盛、坞堡甚多的局面，依靠那些宗族主作为统治的支柱，建立了宗主督护之制，由各地宗主来督护

地方，负责征收租课和征发兵役徭役，实际上起着地方基层政权的作用。

拓跋珪推行劝课农耕，发展生产的政策。登国九年（394 年）打败匈奴别部刘库仁和刘卫辰两部，占领五原（今内蒙古包头西北）至稒阳塞（今内蒙古包头东）外以后，在此实行大规模屯田，效果很好。拓跋珪破后燕，于天兴元年强迫后燕境内数十万汉族和其他各族劳动人民迁往平城附近，计口授田，分给他们耕牛农具，发展农业生产，使经济力量不断增强。

魏道武帝拓跋珪

1. 前期政治

天赐六年拓跋珪死，子拓跋嗣（明元帝）继位。明元帝在位时对南朝刘宋发动进攻，夺取了黄河以南的司、兖、豫等州的大部分地区。泰常八年（423 年），明元帝死，其子拓跋焘（即魏太武帝拓跋焘）继位，他先后灭夏、北燕，于延和元年（439 年）灭北凉，完成黄河流域的统一，结束了一百多年北方十六国分裂割据的局面，北朝从此开始。太平真君十年（449

年），太武帝又亲率大军击败北方的柔然，使其北徙，消除了长期以来对北魏的严重威胁。接着挥师南下，兵锋直抵瓜步（今江苏六合东南）。此时北魏疆域北至大漠，西至今新疆东部，东北至辽河，南至江淮。

北魏建国后，其社会跃入封建制，生产力逐步发展。但在统治方式上，北魏前期仍然保留着浓厚的奴隶制残余，特别是在统一北方以前，继续将战争中掳掠的人口没为奴婢，赏赐给诸王贵族和有战功者，从事农业和手工业的生产劳动。赋税方面，在推行宗主督护制的地区，平均每户每年的户调是帛 2 匹，絮 2 斤，丝 1 斤，粟 20 石，外加地方征收的调外之费帛一匹二丈。且任意增加临时征调，动辄每户要交 30、50 石粟。当时官吏没有正式的俸禄，贪污、贿赂、高利贷公行。太武帝统治期间，大将公孙轨到上党（今山西长治北），去时单马执鞭，回来则从车百辆。拓跋统治者推行民族歧视政策。在战争中，被驱迫当兵的各族人民在前冲锋，鲜卑骑兵在后驱逼。十二年，太武帝围攻盱眙（今安徽

谢灵运像

中国通史

最新整理图文珍藏版

南朝名将檀道济像

盱眙东北）时，写信给刘宋守将臧质说，攻城的都不是我鲜卑人，你杀了他们，免得他们将来造反。北魏为了镇压其他民族的反抗，在氐、羌、卢水胡等族聚居的地区设置军镇，严厉统治。魏律规定犯谋反大逆者，亲族男女不论少长全部处死。甚至还在实行原始的车裂法。

北魏前期落后的统治，引起各族人民连绵不断的反抗斗争。其中规模最大的，是太平真君六年九月，杂居在今陕西、山西等地的汉、氐、羌、屠各等族人民在卢水胡人盖吴领导下于杏城（今陕西黄陵西南）爆发的起义。诸少数族和汉族被压迫人民争相响应，起义军很快发展到 10 余万人，东起潼关，西至汧陇（今陕西、甘肃交界处）。盖吴派使者要求刘宋出兵声援。一年后，起义军虽被太武帝亲自率军镇压而失败，但各族人民的共同斗争促进了民族的融合。

2. 冯太后、孝文帝改革

为了缓和阶级矛盾，北魏统治者力求限制地方豪强势力，加强中央集权，使鲜卑贵族进一步封建化，并与汉族地主紧密结合，更有效地共同统治各族人民。因此冯太后和魏孝文帝元宏进行了一系列的改革：①首先整顿吏治。延兴二年（472年），政府规定，地方牧守治绩好的可以久任，满一年升迁一级；治绩不好的即使就任不久，也要受到处罚，甚至降级。②延兴五年，为改变过去州、郡、县争收租调的混乱局面，政府确定只能由县一级征收，征收时禁止使用大斗、长尺、重秤。③太和八年（484年）颁布俸禄制，申明俸禄以外贪赃满一匹绢布的处死。次年颁行的均田令中，又规定地方守宰可以按官职高低给一定数量的俸田。所授公田不准买卖，离职时移交下任。④九年十月，颁布了均田令，对不同性别的成年百姓和奴婢、耕牛都作了详尽的受田规定。授田有露田、桑田之别。露田种植谷物，不得买卖，70岁时交还国家，桑田种植桑、榆、枣树，不需交还国家，可以出卖多余的部分，买进不足的部分。还授土地时对老少残疾鳏寡都给予适当的照顾。⑤九年或十年初，以三长制取代宗主督护制，采用邻、里、党的乡官组织，抑制地方豪强荫庇大量户口。⑥十年，孝文帝对租调制度也进行了相应的改革。新租调规定以一夫一妇为征收单位，每年交纳帛一匹，粟二石。十五岁以上的未婚男女，从事耕织的奴婢每 8人，耕牛每 20 头的租调，分别相当于一夫一妇的数量。⑦十八年，孝文帝排除穆泰、元丕及太子恂等鲜卑旧贵族和保守势力的反对，把都城从平城迁至洛阳。⑧孝文帝改革鲜卑旧俗，主要是禁着胡服，改穿汉人服装；朝廷上禁鲜卑语，改说汉话；规定鲜卑贵族在洛阳死后，不得归葬平城，并改他们的籍贯为河南洛阳，改鲜卑姓为

辩法图（西秦·炳灵寺第169窟）

汉姓；鲜卑贵族门阀化，提倡他们与汉族高门通婚。⑨太和中，议定百官秩品，分九品，每品又分正、从。从品为北魏之首创。十九年，又按照家世、官爵等标准，将代北以来的鲜卑贵族定为姓、族，姓为高，族次之，其中穆、陆、贺、刘、楼、于、嵇、尉八姓，"皆太祖已降，勋著当世，位尽王公，灼然可知者，且下司州、吏部，勿充猥言，一同四姓。"所谓四姓，一说为中原汉族高门崔、卢、李、郑，一说为汉族甲、乙、丙、丁四种郡姓，后者似为确。班定姓族，使鲜卑贵族与汉士族得以进一步结合。

3. 社会经济的发展

在北魏王朝一个半世纪的历史发展过程中，社会生产力逐步得到恢复和发展，中国北方自西晋永嘉之乱（310年）以后，经过十六国时期的战争破坏，百姓死于兵革，毙于饥馑，幸存的人口不足50%。中原地区一派凋敝景象。北魏统一北方后，经过各族人民长期的辛勤劳动和共同斗争，生产关系得到了调整，生产有明显的发展。特别是孝文帝改革后，自耕农民显著增加，孝明帝正光以前，全国户数已达500余万，比西晋太康年间增加一倍多。农业、手工业都有显著的发展。《洛阳伽蓝记》称北魏后期百姓殷富，年登俗乐，衣食初得保障。在手工业方面，北魏后期炼钢技术有新的成就，相州牵口冶（在今河南安阳）制成锐利的钢刀。商业也逐渐活跃起来，太和以前，北方商业几乎处于停顿状态，钱货无所周流。孝文帝时，元淑为河东太守，当地许多百姓弃农经商。随着商业的发展，货币恢复流通，太和十九年，又重新铸造"太和五铢"钱，规定此钱在京师及全国诸州镇都可通行。宣武帝时，洛阳的商业相当繁荣，成为国际性的商业大城市。

4. 北魏的衰亡

随着生产的发展和鲜卑贵族汉化的加

深，北魏统治者日趋腐化，吏治逐步败坏。高阳王元雍富兼山海，其住宅、园圃像皇宫一样豪华，僮仆多达 6000，婢女 500，一餐费数万钱。他与河间王元琛斗富，奢侈豪华程度超过西晋的石崇、王恺。被称为饿虎将军的元晖作吏部尚书时，卖官鬻职都有定价，人们称吏部为卖官的市场，称这些官吏为白昼的劫贼。地方州郡的刺史、太守也聚敛无已。他们征收租调时，恢复长尺、大斗、重秤。繁重的兵役和徭役使大批农民家破人亡。破产农民纷纷投靠豪强，重新沦为依附农民，或逃避赋役，入寺为僧尼。

北魏控制的编户日益减少，影响了政府的收入。北魏统治者除加重剥削未逃亡的农民外，多次检括逃户，搜捕逃亡的农民。因而引起农民的反抗。延昌四年（515 年）冀州僧人法庆领导的大乘教起义，公开宣称"新佛出世，除去旧魔"。北魏政府动员了 10 万军队才镇压下去。

北魏初年，为了阻止柔然南下的威胁，东起赤城（今属河北），西至五原修筑长城；在沿边要害处设置军事据点，即沃野等六镇。六镇镇将由鲜卑贵族担任，镇兵多是跖跋族成员或中原的强宗子弟。他们被视为"国之肺腑"，享有特殊地位。但

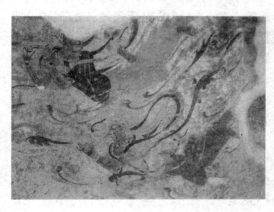

飞天壁画

高句丽歌舞壁画

迁都洛阳后，北方防务逐渐不被重视，镇将地位大大下降，被排斥在"清流"之外，升迁困难。因而他们对北魏政府严重不满，镇兵的地位更是日趋低贱，与谪配的罪犯和俘虏为伍，受到镇将、豪强残酷的奴役和剥削，名为府户。镇兵对镇将、豪强和北魏政府怀有强烈的阶级仇恨。加之塞外的柔然不时进扰掠夺，也加深了士卒生活的困难。正光四年（523 年），终于爆发了六镇起义。关陇、河北等地各族人民也陆续起义。激烈的阶级斗争使北魏政权摇摇欲坠。边镇豪强集团利用当时的混乱局面，各自发展势力。肆州秀容（山西朔县北）的尔朱荣，聚集了北镇豪强和流民，势力发展最快。武泰元年（528 年），胡太后毒死孝明帝，自居摄政，尔朱荣以给孝明帝报仇为借口，进军洛阳，在河阴将胡太后及大臣两千余人杀死，控制朝政。此后，内乱不止。永熙三年（534 年），北魏分裂成由高欢控制的东魏和宇文泰掌握的西魏。

5. 科技文化的发展

北魏时期，科学文化取得了新的成就。北魏末年贾思勰所著《齐民要术》，是中国现存最古、最完整的农书，包括农艺、园艺、林木、畜牧、养鱼和农产品加工等许多方面。它对从西周以来古代农业、手工业等方面取得的知识技术，都作了总结性的叙述。

魏末郦道元以《水经》为纲，写成地理名著《水经注》，分量二十倍于原书。

它详尽地介绍了中国 1252 条河流，阐明了水道的变迁，疆域的沿革，又以优美的文字记叙了各地的自然风光和民间故事，还记录了矿藏、盐井、温泉、火山等情况，有重要的史料价值。

文学方面，北朝民歌充分体现了北方民族大融合的特征，风格刚健，语言质朴，感情真挚。《敕勒歌》、《折杨柳歌》、《木兰诗》就是当时民歌的代表，杨衒之的《洛阳伽蓝记》，既是一部地理名著，又是一部文学作品，《水经注》从文学角度看，也不愧为一本文字优美的游记。

北魏雕塑艺术，集中表现在当时的石窟寺中。它继承了秦汉以来中国的艺术传统，也受到国外，特别是古代印度艺术的影响。摩崖石窟分布很广，西起今甘肃，东至今辽宁，保存至今的著名的有大同云冈石窟，河南洛阳龙门石窟，甘肃敦煌石窟，以及甘肃天水的麦积山石窟、永靖的炳灵寺石窟，山西太原的天龙山万佛洞，河南巩县的石窟寺等。在这些石窟寺中有古代艺术工匠所塑造出来的数以万计的佛像，代表了当时中国雕塑艺术的最高水平，至今仍是驰名世界的艺术宝库。

东　魏

北朝之一，从北魏分裂出来的割据政权。都邺，有今河南汝南、江苏徐州以北，河南洛阳以东的原北魏统治的东部地区。历一帝，约 17 年（534～550 年）。北魏政权在魏末各族人民大起义打击下摇摇欲坠，统治阶级内部展开了激烈的权利争夺。尔朱荣发动河阴之变，控制了北魏中央政权。

永安三年（530 年），孝庄帝利用朝见机会杀尔朱荣。荣侄尔朱兆起兵赴洛阳，杀死孝庄帝，立元恭为帝（节闵帝）。太昌元年（532 年），原尔朱荣部将高欢在河北大族的支持下，消灭潼关以东的尔朱氏势力，杀节闵帝，立元修为帝，即孝武帝。

北魏·刺绣佛像供养人

北魏政权落入高欢手中。

永熙三年（534 年），孝武帝不愿作高欢控制的傀儡皇帝，逃往长安，投靠宇文泰。高欢随即立元善见为帝（孝静帝），从洛阳迁都于邺，史称东魏。次年，宇文泰在长安立元宝炬为西魏文帝，北魏正式分裂为东、西魏。高欢以原六镇流民为主，建立强大武装，自己住在晋阳（今山西太原西南），使之成为东魏政治中心。

高欢所控制的东魏政权，实质上是北魏将领和河北大族相结合的产物。他为了获得鲜卑贵族的支持，竭力推行鲜卑化的政策；为了得到汉族豪强地主的拥护，听任他们贪污聚敛，为非作歹，吏治日趋腐化。

东魏与西魏相较，东魏地域广、人口多，经济发达。高欢屡次发兵进攻西魏，企图吞并对方。天平四年（537 年），东魏军西征，在潼关左边的小关遭西魏军袭击大败，大都督窦泰自杀，高欢被迫撤军。此后，在沙苑之战（537 年）、河桥之战（538 年）、邙山之战（543 年）中双方互有胜负。武定四年（546 年），高欢亲率大军10余万人围攻西魏据守的玉璧（今山西稷山西南），苦战50余天，他病倒军中被迫退兵，次年年初，死在晋阳。其子高澄、高洋相继掌握东魏政权。武定八年，高洋废孝静帝，代东魏自立，建立北齐。

西 魏

北朝之一，由北魏分裂出来的割据政权。历三帝，共22年（535～557年）。都长安。管辖今湖北襄樊以北、河南洛阳以西，原北魏统治的西部地区。北魏永熙三年（534年），孝武帝元修脱离高欢，从洛阳逃至长安，投靠北魏将领、鲜卑化的匈奴人宇文泰。次年宇文泰杀孝武帝，立元宝炬为帝（文帝），史称西魏，政权实由宇文泰掌握。

西魏政权建立后，宇文泰于大统元年（535年），颁布24条新制，后又增加至36条，称为"中兴永式"。其主要内容是：严禁贪污、裁减官员、置立正长（正即闾正、族正，长指保长。保、闾、族为地方基层组织名称）、实行屯田、制定计账（预计次年赋役的概数）和户籍等制度。七年，关中大族出身的苏绰把汉族封建统治的经验总结为六条：①清心；②敦教化；③尽地利；④擢贤良；⑤恤狱讼；⑥均赋役。宇文泰对这些统治经验非常重视，颁行为"六条诏书"，作为施政纲领。并专门组织中下级官吏学习，规定不通晓这六条及计账的人，不能当官。十六年，又正式建立由八柱国分掌禁旅的府兵制。府兵共有兵力约5万，除宇文泰和宗室元欣外，分别由六个柱国大将军统领。此制的建立，对军队进行统一指挥和训练，有利于中央政权的加强。继续推行均田制。根据敦煌文书《西魏大统十三年计账》可知，均田制下的授受虽已实行，但授田不足额却是普遍的现象。当时最普遍的一种力役为"六丁兵"，即每个丁男在六个月内为政府服役一个月，一年内要服役两个月。

五百强盗成佛、作战壁画

西魏期间，社会较为安定，国力日趋强盛，有效地抗击了东魏的多次进攻，而且于废帝二年（553年）取得南朝梁的蜀地，次年又夺得江陵。557年初，宇文觉废西魏恭帝自立为帝，即孝闵帝，建立北周。

北 齐

北朝之一。高洋所建。历六帝，共28年（550～577年）。武定五年（547年），实际掌握东魏政权的高欢死后，长子高澄继续掌政。不久高澄遇刺身亡，弟高洋继承。八年，高洋代东魏称帝（即齐文宣帝高洋），国号齐，建元天保，建都于邺，史称北齐。

北齐继承东魏所控制的地盘，占有今黄河下游流域的河北、河南、山东、山西及苏北、皖北的广阔地区。有户300万、人口2000万。天保三年（552年）以后，齐文宣帝高洋北击库莫奚、东北逐契丹、西北破柔然，西平山胡（属匈奴族），南取淮南，势力一直伸展到长江边。他在位期间是北齐国力鼎盛的时期。当时，农业、盐铁业、瓷器制造业都相当发达，是同陈、

赵窑莲蓬纹瓷盘

北周鼎立的三个国家中最富庶者。

北齐继续推行均田制。按照北齐武成帝河清三年（564年）令的规定：京师邺城周围30里内的土地，全部作为公田，按照级别授给"代迁户"（北魏迁都洛阳时，原代京旧户随之迁入洛阳，称代迁户）中的各级官吏和羽林虎贲；30里外百里以内的公田，则授给与"代迁户"相应级别的汉族官吏和汉人充当的羽林虎贲；百里以外的州郡推行均田制。北齐的均田制大体与北魏相同而略有变化：北齐取消了受倍田的规定，但一夫一妇的实际受田数，仍相当于倍田；北魏奴婢受田没有限制，北齐则按官品限制在300人至60人之间。还规定了赋税：田租、户调以床（一夫一妇为一床）为计算单位。一床调绢1匹，绵8两；凡10斤绵中，折1斤作丝；垦租2石，义租5斗。奴婢准良人的一半；牛调2尺，垦租1斗，义租5升。未娶妻者，输半床租调。百姓为了减轻负担，多报未娶，如阳翟（今河南禹县）一郡有户数万，户籍册上多无妻子。

北齐特别是其后期的统治者，自皇帝至各级官吏，多昏庸残暴，狗马鹰亦得加封官号。齐后主高纬不理政事，整天弹唱作乐，挥霍浪费，不惜民力。政治腐败，贪污成风。后主甚至把地方官职分赐宠臣，让他们出卖。赋敛日重，徭役日繁，造成人力竭尽，府库空虚。广大农民在苛重的赋役下，逃亡者十之六七。阶级矛盾日趋尖锐，小规模的农民反抗斗争不断发生，统治阶级内部矛盾更加表面化。当北齐政权日趋腐朽之时，关中的北周政权通过一系列的改革措施，国力日益强盛。承光元年（577年），北齐为北周所灭。

北周

北朝之一。宇文觉创建。历五帝，共25年（557～581年）。西魏恭帝三年（556年），实际掌握西魏政权的宇文泰死后，子宇文觉继任大冢宰，自称周公。次年初，他废西魏恭帝自立（孝闵帝），国号周，都长安（今西安），史称北周。

孝闵帝年幼，大权掌握在堂兄宇文护手中。九月，宇文护杀孝闵帝，立宇文毓为帝（明帝）。武成二年（560年），宇文护又毒死明帝，立宇文邕为帝，是为北周武帝。建德元年（572年），周武帝宇文邕杀宇文护，亲掌朝政，进行了多方面的改革。

北魏·骑马武士俑

在兵制方面，周武帝于建德三年，改称府兵制下的"军士"为"侍官"，表示府兵是从属于皇帝的侍从，由皇帝亲自领带。在长安设置统领府兵宿卫的机构，原来的六柱国、十二大将军，除被任命带兵出征或充当宿卫将军外，不再直接掌握兵权，从而松弛了军士对主将的从属关系，削弱了过去府兵部落化的倾向。同时，进一步将府兵征募范围扩大到汉人，打破鲜卑人当兵、汉人种地的胡汉分治界限。此举符合民族融合、国家统一的趋势，也为吞灭北齐，统一北中国提供了军事力量。

在经济方面，周武帝修改均田和租调等制度，规定已娶妻的男子受田 140 亩，未娶的男子受田 100 亩。自十八岁至六十四岁的百姓都要交纳租调，已娶妻的男子每年纳绢一匹、绵八两、粟五斛，未娶妻的丁男减半。十八岁至五十九岁的百姓都要服役，丰年服役 30 天，中等年景 20 天，下等年景 10 天，凶年可免力役。并注意兴修水利，增辟农田。如保定二年（562年），在蒲州（今山西永济西）开河渠，在同州（今陕西大荔）开龙首渠，以广灌溉，增辟农田。还数次下诏，把西魏时江陵俘虏沦为官私奴婢的人放免为民或部曲。自己也比较注意节俭，停修华丽的宫殿，以省民力。

周武帝下令禁断佛、道二教，销毁佛经、佛像，勒令僧道还俗。建德三年五月，下诏废佛，把关、陇、梁、益、荆、襄等地区几百年来僧侣地主的寺庙、土地、铜像、资产全部没收，使近百万僧侣和僧祇户、佛图户还俗，编入国家户籍，以增加国家直接控制的劳动力，从而相应减轻了一般劳动人民的赋役负担。

四年，周武帝亲率六军，向北齐发起大规模的进攻，攻下河阴外城后，又围攻金墉城，后因病班师。次年攻下汾北重镇晋州平阳（今山西临汾），齐后主全军溃败，逃回晋阳（今山西太原西南），又从晋阳逃到邺。周军乘胜追击，攻破晋阳，再向邺城进发。六年，齐后主让位给八岁的儿子（幼主恒），自己

企图经山东投奔陈朝，中途被俘。周军顺利进入邺城，消灭了北齐政权，统一了中国北方。

灭北齐后，周武帝继续进行改革。建德六年先后下诏：黄河以南诸州凡在齐武平三年（572 年）以后被齐掠为奴婢的一律免为平民。永熙三年（534 年）以来东魏、北齐人民被掠为奴婢及江陵百姓没为奴婢者放免为平民，如果旧主人要求共居，听留为部曲或客女；并宣布放免杂户。在原北齐统治地区，继续禁断佛、道。他还颁布《刑书要制》，严惩贪污，规定全国实行统一的度量衡。

宣政元年（578 年）武帝死，子宇文赟（宣帝）继位，在位二年，荒淫而死。宇文阐（静帝）继位，外戚杨坚辅政，宣布恢复奉行佛、道。大定元年（581 年）二月，杨坚迫周静帝禅位，自立为帝，北周灭亡。

清正廉洁的苏琼

苏琼，字珍之，北朝时期长乐郡武强（今河北武强县）人。历仕东魏、北齐、北周，先后当过荆州刺史府的长流参军、并州刑狱参军、南清河郡太守、行台左丞和大理寺卿等，是我国历史上颇负盛名的清官之一。

《北齐书》上说："琼清慎，不发私书"。意思是，他一向清廉谨慎，对那些托他办私事的请托信，他连拆都不拆。至于请客送礼，更是一概不沾边。破例的只有一次，就是他曾收下了别人送来的两个瓜。而收瓜的事，又一直流传到现在。

那是在他担任南清河郡太守之初，南清河郡的赵颖刚退休回家不久。赵颖曾做过乐陵郡太守，退休时已经 80 岁了。五月初，他得到了两个新成熟的甜瓜，亲自拿

去送苏琼。苏琼一再谢而不收，但赵颖倚老卖老，非要他收下不可。苏琼无奈，只好将瓜留了下来。然而，他没有吃，而是把它吊在了大厅的房梁上面。没过几天，人们听说苏太守接受了赵老先生赠送的瓜，竟以为他爱吃新鲜水果，便一个个"竞送新果"。到了大厅，一看赵老先生送的瓜还高高悬在大厅之上，才明白了怎么回事，也就"相顾而去"。从此，再也没有一个人敢给他赠送任何东西。

按照当时的习惯，谁家的长辈去世，亲朋好友都送些钱物之类。再就是地方官离任时，当地同僚、下属也往往予以馈赠。在苏琼任清河郡太守的第六个年头，他的父亲病逝；为办理丧事和守孝，他也从此离任。可想而知，这时各类人物以各种方式赠他钱物的大有人在。而史书上记载的，却是四个字：他"一无所受"。

苏琼在担任大理寺卿时，北齐被北周灭亡。北周鉴于他的才干和威望，又起用他担任了博陵郡太守。隋朝开皇（581～600年）初年，苏琼去世。

北周六官

北周王朝中央政府的主要组织形式。六官，指天官、地官、春官、夏官、秋官、冬官六府机构。

西魏大丞相宇文泰接受苏绰、卢辩的建议，于恭帝三年（556）开始仿照《周礼》官制，实行带有复古色彩的六官制度，借以取得中原地区汉族大地主的拥护和归向。次年北周代魏，宇文泰子宇文觉（孝闵帝）即位后继续行用，直到隋文帝杨坚代周称帝，开皇元年（581）恢复魏晋以来发展形成的三省制度（见三省六部），六官之制才废除。

六官府的主要官吏与职责如下：

天官府　设大冢宰卿一人为长，小冢宰上大夫二人为副。其权力大小，视皇帝之命而定。北周初，宇文护任太师、大冢宰，集军政大权于一身。周武帝宇文邕令"五府总于天官"，地官、春官、夏官、秋官、冬官五府都要受天官府的节制，大冢宰成为百官之长，相当于宰相之职。权臣宇文护被杀后，武帝亲掌军政大权，继任的大冢宰不再受此命，无权统辖五府，便成为有虚名而无实权的宫廷事务总管。杨坚以大丞相加大冢宰辅政，五府又受命总于天官。大冢宰属官中，地位最重要的是御正大夫和纳言大夫。御正有代言之责，参与军政大事决策，地位与三省制的中书监、令相类；纳言出入侍从，参与机要，相当于门下侍中之职。主要属官还有司会大夫，其职责随大冢宰权力之大小而异，五府总于天官，则司会有副总六府之权；五府不总于天官，则司会只管本府会计簿书之常职，仅为一般宫内大臣。此外还有宗师大夫专司训导宗室子弟；左右宫伯大夫专司宫禁侍卫；太府大夫专司财政收支；计部大夫专司财政计划；膳部大夫专司宫廷饮食；太医大夫专司宫廷医疗。

地官府　设大司徒卿一人为长，小司徒上大夫二人为副。负责土地、户籍、赋役等事务。主要属官有：总管户籍人口的民部大夫，专司农牧业生产、均田赋役、移民、赈济等事务的载师大夫，专司粮仓的司仓大夫，专司贵族子弟教育的师氏大夫，专司规谏的保氏大夫，专司都城门禁与出入税务的司门大夫，专司市场管理的司市大夫，专司山泽、草木、鸟兽事务的虞部大夫，以及按距离都城远近分片划区而设立的专司地方行政事务的乡伯、遂伯、稍伯、县伯、畿伯等大夫。

春官府　设大宗伯卿一人为长，小宗

伯上大夫二人为副。负责礼仪、祭祀、历法、乐舞等事务。属官中地位最重要的是内史大夫，拟写皇帝诏令，参议刑罚爵赏、军国大事，相当于中书侍郎之职。此外，主要属官还有：总管贵族官吏等级仪礼与佛道宗教事务的礼部大夫，专司国家大小典礼仪式的司宗大夫；宗庙守护与祭祀的守庙大夫，郊社祭典的典祀大夫，历法星相的太史大夫，乐舞的乐部大夫，记载皇帝言行的外史大夫，教授太学生的太学博士大夫，占卜吉凶的太卜大夫，祈祝鬼神的太祝大夫，执掌车辂仪典的司车辂大夫，丧葬事务的夏采大夫等。

夏官府　设大司马卿一人为长，小司马上大夫二人为副。负责军政、军备、宿卫等事务。主要属官有：专掌各地地理、人情、财赋状况的职方大夫，选举官吏的吏部大夫，考核官吏的司士大夫，军功爵禄的司勋大夫，警卫皇帝的左右武伯大夫和司右大夫，驾驭皇帝车辂的大驭大夫，弓矢箭射的司射大夫，牧养军马的驾部大夫，武器装备的武藏大夫，以及其职务无从查考的军司马大夫、兵部大夫等。

秋官府　设大司寇卿一人为长，小司寇上大夫二人为副。负责刑法狱讼及诸侯、少数民族、外交等事务。主要属官有：总管执法的司宪大夫，专司量刑的刑部大夫，专司社会治安的布宪大夫，专司调解民事纠纷的司调大夫，专司朝仪的掌朝大夫，专司官奴婢与刑徒的司隶大夫，扑杀田兽虫害的田正大夫，专司诸侯朝见仪式的蕃部大夫，以及专司少数民族与对外事务的宾部大夫等。

冬官府　设大司空卿一人为长，小司空上大夫二人为副。负责各种工程制作事务。主要属官有：总管百工的工部大夫，专司城郭宫室营造制度及度量衡的匠师大夫，专司木工的司木大夫，土工的司土大夫，矿冶铸造的司金大夫，水利交通的司水大夫，玉石制作的司玉大夫，皮革制作的司皮大夫，染色、油漆的司色大夫，丝麻纺织的司织大夫，以及草竹制品的司卉大夫等。

总管府

北周开始设置的区域性军事管理机构。魏晋以来，逐渐形成一些军事指挥区域，即都督区。其长官称都督，都督例兼所驻某州的刺史，兼治军民。大区都督常兼管数州，称为"都督诸州军事"。东晋王敦为江州刺史，镇武昌，都督江、扬、荆、襄、交、广六州军事，即以长江中游为中心，直至岭南地区均归其指挥。南北朝承魏晋之制，均有都督之设。如北魏有都督中外军事、都督府州诸军事、都督三州诸军事等。北周明帝武成元年（559），始改都督诸州军事（疑为都督州诸军事）为总管，总管兼任所驻州刺史，并统辖邻近各州。诸州都督府改称总管府。偶有以一般总管身份辖数州总管之例。北周总管府大部分置于武帝时。建德六年（577）北周灭北齐，于北齐旧地增置一批总管府。总管府的设置，或在都会之地，或处守御之要。北周总管府中，洛州、并州、相州最重要。北周武帝平齐后，于相、并两州总管府各置行宫及六府官，即冢宰、司徒、宗伯、司马、司寇、司空府，取代北齐之大行台（见行台）。后废并州六府。大象元年（579），移相州六府于洛州，称东京六府。河阳、幽、相、豫、兖、青、徐七总管，皆受东京六府统辖。

隋代总管府分上、中、下三等置于诸州。其中统辖数州及至数十州的俗称大总管，如秦王杨俊为并州总管，管二十四州诸军事，后改授汉王杨谅。杨俊转任扬州总管，镇广陵，管四十四州军事。蜀王杨秀为益州总管，管二十四州诸军事。大业元年（605），鉴于汉王杨谅以并州总管起兵，炀帝下诏废除诸州总管。唐初于缘边及襟要地区的一些州治置总管府，领军出征者为行军总管或大总管。武德七年（624）改称都督府，而行军总管及大总管不变。

第二节　文化中兴：艺海拾贝　科技撷英

南北朝陵墓雕刻艺术复兴

南北朝时期雕刻艺术盛行，其中一个重要方面是陵墓雕刻艺术复兴。

偏安江南的宋、齐、梁、陈四代帝王，着力恢复汉代陵寝制度，帝王陵墓以石兽、石碑、神道石柱（又称华表）列置于神道两侧，构成特定的纪念性氛围。

宋、齐石刻限于帝陵，地面雕刻仅存石兽，碑与华表都因年代久远而荡然无存。宋武帝刘裕初宁陵今存一对石麒麟，座落在南京麒麟门外，虽有不同程度的残损，但仍保留了基本特征：头顶生角、昂首张嘴，胸颈斜突向前，身躯平正，鼻短而朵颐方正，腿膊生双翼，气概高昂豪迈。这是初创期石兽雕刻的形态特点。

齐代石兽雕刻发生了很大变化，兽身

在今南京市存留的南朝石刻

陈文帝永宁陵麒麟

向高大发展，雕刻也更加精巧，石兽颈长腰细，胸部鼓圆前突，身躯扭动起伏有腾躔之势。齐武帝景安陵石麒麟，鹅颈裂嘴作吼啸之状，体躯起跃有奔行之势，双翼线刻流畅，鬣须纷披，翼端有长翎，更加强石兽的轻灵感。

梁朝陵墓石刻最盛，封陵刻石范围广及王侯。陵墓制度排列严格对称。大到总体对称布局，小到石兽体态动势呼应，即使神道柱额文字也相对而为正书顺读和反书逆读。石兽的雕刻更突出宏伟豪迈的气势。如武帝陵石麒麟，昂首天边，雄踞一世；肖宏墓石辟邪，雄视阔步，浑身充满力量，风格从装饰趋向写实，增加了真实感。肖正立墓前一对石辟邪，注意到两只石兽间的联系和情感交融，雄性英俊，吐舌扬长而来；雌性略作蹲态，似有所等待，并着意刻画它丰满、温柔的母性特点，艺术风格在统一中有变化。梁代陵墓石刻尚

齐景帝肖道生修安陵麒麟

存有碑刻和神道石柱，反映了当时吸收国外文化因素，融汇佛教与汉代文化传统所形成的艺术风格。

南朝神柱石刻

南朝陵墓雕刻整体气势可与汉代石刻相比，既吸收外来营养又有创新，样式风格之中既有印度、希腊、波斯艺术因素，又仍具汉代石刻遗风，品类更加丰富。

北朝陵墓地面石刻不如南朝风行，今存实物仅有十六国夏的石马，作伫立状，前肢直立，后肢微曲，类似西汉霍去病墓前石马而造型更显骏逸。北朝墓葬石刻还有石棺床、石雕柱础等。北魏敬宗孝庄帝跖跋子攸的静陵中有"石翁仲"一具，高3.14米，头戴笼冠，褒衣博带，两手拱于胸前，持长剑，姿态神情肃穆庄严，全身比例适度，是魏晋南北朝时期唯一留存至今的陵墓石刻人物造像，上承东汉石人造像，下启唐陵石人造像以至宋陵石雕，具有里程碑的重要意义。

齐武帝肖赜景安陵麒麟

西魏文帝永康陵有翼虎形石兽，造型质朴矫健；北固有石刻蹲狮，造型趋于写实，这一形式的石狮为唐宋陵墓继承发展，直至明清，用以作坟墓以至宫室、石桥雕饰，影响十分深远。

对比南北朝陵墓石刻，可以看到它们的不同特色在于南朝重视墓前石刻以壮观瞻，承接汉文化传统，北朝则将佛教观念更多地反映到墓饰和随葬品中。南方地下

中国通史

最新整理图文珍藏版

潮湿，故多砖墓，画像砖是主要墓饰；北朝则重视石棺雕饰。从艺术风格来看，南朝秀丽、玲珑、活泼，北朝庄重、厚实、质朴。它们的共同特点是上继汉代、下启唐宋，受佛教影响很大。

新疆石窟形成龟兹风格

新疆石窟是除敦煌、云冈、龙门三大石窟之外的中国古代文明的又一珍品。

佛教在公元一世纪末传入中国后，很快在西域（今新疆境内）盛行，而当时的西域大国龟兹国（即今新疆库车及其周围地区）则是当时西域的佛教中心。到公元五、六世纪，龟兹佛教达到鼎盛时期，这一时期大量开凿的佛教石窟集中体现了龟兹这一地区的风格特色，这些地域特色又主要表现在洞窟形制、壁画题材和艺术风格等方面。

在佛教石窟中，根据不同的功能区分有佛堂、讲堂、说戒堂、禅房、骨灰堂、僧房等洞窟，龟兹风格的石窟形制主要以构造独特的佛堂为代表。佛堂，是佛教寺院中礼拜和供奉佛的主要场所，龟兹一带的佛堂以方柱式为主。这种佛堂自前向后有三进，即前室、主室和甬道（行道），其中主室是佛堂的正殿。正殿的四壁和窟顶均画满壁画，而以位置显要的正壁布置最为突出。正壁正中有泥塑佛像，这是佛堂的主尊像，在各塑像中形体最大，是僧徒礼拜的主要对象。一般说来，在佛教石窟中主尊像的姿势和被安置的方式有四种：龛柱式、像柱式、浅龛像柱式和立像代柱式。而龛柱式佛堂则是龟兹系佛堂的主要形式。这种形式是在正壁中开一个龛，主尊像置于龛中。像大多数是结跏趺坐姿，也就是盘腿而坐。少数是倚坐姿，即垂足坐。龛外通堂画出或塑出按菱形格排列的

新疆克孜尔龟兹国王托提卡及王后像

山峦，山峦间还有菩萨和天人。正壁的这种以塑像和壁画相结合的构图，主要显示出释迦牟尼在群山间的帝释窟中说法，诸菩萨和天人正在礼拜和供奉的场面。主室顶部是纵向的拱券形。最高处的纵向中脊，通常画出日神、月神、风神和金翅鸟等，以表示天空。拱券左右两侧是菱形格壁画。画面被分割成许多菱形小格，每个小格内是一幅画，题材是佛前世救度众生的故事，或是与信徒有关的因缘故事。主室正壁的左右下方是绕佛像礼拜的通道口，向后扩展成空间高大的后室，里面多设置床台，床台上有塑制的卧佛像，表示佛已去世，进入佛教所称的涅槃境界。

龟兹佛教鼎盛时期占优势的是小乘佛教，"唯礼释迦"，所以龟兹风格洞窟中的壁画，多以表现释迦牟尼的佛传、因缘、本生之类的故事为主。在龟兹石窟中，佛本生故事壁画绝大部分画在固定的位置，幅面形状和大小相同，各幅之间在内容上没有什么联系。佛传故事（或称本行）类壁画则不然，它的幅面

大小有显著区别，其中一些位置也比较游移。所有这些壁画从内容上总括起来大体有这样几类：①佛传故事：描绘佛从生到死的、各幅依次连续的成套画。②游化说传：描绘佛成道后至涅槃期间在各地对不同的人讲说佛法、传播佛教的事迹。③因缘故事：描绘佛涅或殷佛的故事、有关的"因果报应"的故事。④涅槃故事：描绘佛涅槃后的有关事迹及其环境的画。总之，龟兹石窟中的壁画题材绝大多数是释迦牟尼的事迹。

在艺术风格方面，龟兹石窟中的壁画也有自己鲜明的特点。首先是壁画布局规范对称。其次是在突出画面人物的前提下画有大量的图案、纹饰和装饰画，使壁画具有丰富多彩的表现力，又填补了墙壁、洞顶的空白，装饰了环境。再次，龟兹石窟中的壁画能够根据画面内容，较为合理地使用调和色和对比色。调和色多用于人物活动的描绘，显示出庄严、沉稳的效果；而对比色则多用于环境的渲染，突出宗教气氛。

新疆石窟中的龟兹风格出现在公元 4

新疆克孜尔第一四窟菱格本生故事画局部

至 6 世纪之间，早于以后依次出现的汉代风格和回鹘风格。它表现了龟兹这个当时的西域大国对外来文化相当大的改造力和融和力。

佛寺壁画艺术达到高峰

佛教东传内地，在统治者的提倡下佛事大兴。东晋 100 多年间，建寺院达 1700 多所，入梁以后，寺院更增至 2800 多所，南朝佛教进入全盛时期。北朝自北魏政权建立后，佛教虽一度遭到太武帝跖跋焘"灭法"打击，但文成帝即位后，佛教重新兴起，建寺开窟，雕造佛像，图绘壁画，盛极一时。北魏迁都洛阳后，全国佛寺达 30000 余所，与佛教空前的流行相应，佛学艺术特别是佛寺石窟壁画艺术，随着日益发展的北朝佛窟和愈趋精湛的南朝寺观，提高更大，并渐渐达到高潮。

北朝开凿了大量的佛窟，其中甘肃敦煌、麦积山、炳灵寺、新疆若羌拜城、库车等石窟寺院绘画，代表了这一时期佛教绘画的最辉煌成就。和平初（460～465），云冈石窟开凿。至孝文帝迁都洛阳为止的 35 年中，其他主要石窟也陆续建成，石窟群的壁画中有构图复杂、优美精致的装饰纹样，有神态各异，手持排箫、筚篌琵琶等古乐器凌空飘舞的飞天，有风格古朴，形制各样的仿木构佛塔、屋宇等建筑物……雕刻艺术很高。北魏孝文帝迁都洛阳后，宣武帝元恪景明元年（500）开始营建龙门石窟。古阳洞历时 80 年完成，是龙门石窟中开凿最早、规模也最大的一个洞，佛像琳琅满壁。北朝书法"龙门二十品"素负盛名，此洞即占了十九品。此外还有开凿于北魏经北齐至唐初方完成的药方洞，刻满了北齐及唐代的名医或民间验方。

敦煌二六三窟北壁说法图

此一时期最著名最具代表性的敦煌莫高窟北朝石窟，它上起北凉，下至北周，前后历200年，现存36窟。窟内壁画基本保存完好，所画题材主要为佛说法图、佛传故事、佛本生故事、各类因缘故事及供养人像。北周绘作的428窟萨埵那太子本生，采用连环画式的构图，将整个故事情节按顺序分上、中、下三层排列，画面巧妙地利用山野树木将故事情节隔开，人物与自然景致有机地结合在一起，全部的故事情节在一种平缓的逻辑序列中展示出来，这类表现手法是莫高窟壁画所独有的形式。无论是造像绘画和雕塑等，都是在中国土地上发育成长的，具有中国的民族风格。初期虽曾受有印度的影响，但同一题材、同一内容，其表现方法已有很大不同。印度的佛教壁画在阿旃陀石窟中，表现不少娱乐场面，饮酒宴谈，神通游戏，菩萨人物装饰华艳，婉变多姿，色彩鲜明，即使降魔这样的题材，也带有表演气息，并无畏怖之感。但在敦煌北魏壁画中，常常阴森可怖，画出的苦行僧故事，如舍身饲虎、强盗挖目等，均表现得很直观，营造出一种恐怖气氛。西魏大统四年（538）开造彩绘的285窟，属元魏后期壁画中汉地艺术风格最有代表性的石窟之一。窟顶作覆斗形，顶部四帔画佛教飞天力士和传统题材的伏羲女娲、风神雨师等上天诸神，间以莲花华盖，窟内四壁画有说法图以及得眼林、沙弥守戒等度化因缘故事。画面以白粉涂底，线条勾勒，赋色单纯明快，人物形象文雅清秀，造型和技法已完全脱略西域样式，呈现典型的中原风格。

莫高窟北朝壁画全面真实地记录了佛

敦煌二八五窟西壁南龛上诸天

教传入中国以及与中国传统文化溶合的历史进程。这一发展过程在炳灵寺、麦积山等北朝石窟壁画遗迹中表现得也比较充分。这一时代的画人工匠在遵循佛教图本绘饰壁面的同时，不断加入个人的理解和想象，时代生活与审美情趣渗透其中，使得外来的佛教艺术逐渐地走向中国化，最终汇入中原文化的母体之中，成为传统文化的延续和补充。

炳灵寺石窟开建

东晋十六国时，割据甘肃西南一带的鲜卑西秦（385～431）政权，于西秦建弘元年（420）开建了炳灵寺石窟，成为当时与麦积山石窟齐名的佛教胜地，续至唐代，明以后逐渐湮没。

炳灵寺石窟位于甘肃省永靖县西南35公里的小积石山中。原称唐述窟，唐称灵岩寺，宋改称炳灵寺，是藏语音译，取十万弥勒佛洲之意。从西秦开建以来，到明代为止历有续建、修复活动。现存窟龛共196个，主要集中在下寺沟西侧南北长350米、高30米的壁面上，其余的零星分布在附近的上寺、洞沟、佛爷台等地，方圆约7公里。

建弘元年（420）建造的第169窟第6号龛，侧面有墨书题记："建弘元年岁在玄枵三月廿四日造"，是迄今所发现的中国石窟建筑的最早纪年题记。它为东晋十六国晚期的石窟断代提供了重要标尺。此窟是西秦时代的代表窟，位于窟群的北端，距地面约45米，是个进深19米、高14米、深27米的自然洞穴。第6号龛是一个高1.7米、深0.76米、宽1.5米的摩崖小龛，塑有无量寿佛和观世音、大势至二菩萨。佛体端庄健硕、刚毅，佛背光上有伎乐飞天。其他龛的年代较第6龛的或稍有早晚，还间有北魏至隋代的作品。最早的龛像都是单身佛像，风格古朴，代表了中国石窟造像最早水平。它们的布局因地制宜，没有统一的格局。窟内的壁画，是现存最早有确切年代的壁画，是仅存的西秦壁画。属于西秦时期的还有第一龛，称摩崖大龛，在窟群南端，曾经明代妆銮、重塑。北魏延昌（512～515）年间前后，炳灵寺石窟群中段又有大规模开窟活动。

炳灵寺佛龛。西秦时期作品。

炳灵寺石窟北魏时期石雕佛像

露天的摩崖小龛，在造像组合和雕塑风格上都具有明显的时代特色。宋代以后，建设不足，破坏有余，一些洞窟中的若干密宗题材壁画只在元代得以重绘。

北周洞窟的遗存数量较少，洞窟形制和北魏的较相近，造像风格却趋于写实。隋代的部分壁画保存较好，展现了由魏晋南北朝向唐转变的特点。唐代窟龛的数量占总数的 2/3 以上，保存有 134 处，多是

范缜著《神灭论》

齐永明七年（489），范缜著《神灭论》，提出形灭神灭的观点，引起全国轰动。

范缜（450～515），字子真，南阳舞阳（今河南泌阳县西北）人。自小家贫而孤，他刻苦学习，精通经术，尤其精研三礼，曾任县主簿、太守，后来累官至尚书殿中郎。他性格刚直，素来不信鬼神，反对迷信，在任宜都太守时，下令禁止当地人民祭祀神庙。在南齐武帝永明七年（489）和丞相肖子良论证"因果报应"问题后，开始著述《神灭论》。这本书继承了我国古代唯物主义思想家反对鬼神迷信的优良传统，坚持唯物主义和无神论观点。

南朝出行画像砖

范缜在《神灭论》中，首先以朴素唯物主义的形神一元论作为自己"神灭"论的出发点，提出"形神相即"的思想理论，他说明了形和神的关系是统一而不可分的，人的精神不能离开人的形体而单独存在。形体是基础，精神的"生"和"灭"取决于形体的生存和死亡，所以他说"形存则神存，形谢则神灭"。

为了论证"形神相即"，形体与精神名称不同而实际是一体的观念，范缜继而提出"形质神用"的观点。"质"是物质实体，"用"指作用，他说形是神赖以产生的实体，是第一性的，神只是形体派生出来的作用，是第二性的，二者不可分割。范缜深刻地阐明了人的形体与精神关系的特点，把形神看作是一个统一体的两个方面。

范缜扬弃了桓谭、王充用薪火关系比喻形神关系的不够确切的说法，提出以刀的"刃"和"利"的关系比喻形与神的关系。他说没有刀刃的存在就没有锋利可用，人的形体死亡，精神作用也就不复存在。围绕"形神相即"这一主旨，范缜进一步阐述"形质神用"的观点，批驳了"神不灭"论者的"形神相异"的谬误。

范缜从形神一元论出发，进一步指出精神现象只是人体的感觉器官和思维器官的作用。人们的看东西、听声音要靠眼睛和耳朵这两种器官，要进行判断是非则要靠主管思维的器官"心"。人的精神作用可分为"知"和"虑"两个阶段，感性上的"痛痒之知"的认识作用较浅，理性上的"是非之虑"则比较深刻。人们通过眼、耳、手等感官接触，再以"心"思考和判断，就可以明辨是非，人的认识都是来源于感官对外物的反映的。这就驳斥了佛教宣扬的"神不灭"论以及佛教"般若"空宗所说的人的内心有神秘先验的认识能力的唯心主义观点。这也正是范缜形

神观高于前人之处，这说明范缜的"形神相即"的唯物主义形神一元论思想已经达到了古代朴素唯物主义所能达到的最高水平。

范缜在解释社会现象时，不可避免地带有古代唯物主义的局限性。他误认为"心"是思维的器官，认为"圣人"和一般人有不同的智慧和道德是因为他们的体质构成不相同，他对传统儒家经典中提到的鬼神不敢公开怀疑，在反对"神不灭"论时，又承认神道设教的社会作用。这些反映了范缜思想中的矛盾性和局限性。

范缜的《神灭论》是继王充的《论衡》以后，我国又一部具有重大历史意义的唯物主义哲学论著。范缜继承了我国古代唯物主义思想家反对鬼神迷信的优良传统，尤其是继承了荀子、桓谭、王充以及当时反佛斗争的先驱者何承天等人的朴素唯物主义和无神论思想，以《神灭论》针对佛教展开批判，从而把反佛斗争推向一个高潮。范缜一生对佛教神学迷信作了坚决而勇敢的斗争，是我国历史上生出的战斗无神论者和唯物主义者。

祖冲之推算圆周率

齐永元二年（500），祖冲之卒。

祖冲之（409～500），中国历史上一位伟大的科学家，在数学、天文历法、机械制造等方面都有突出的成就。他生活于南朝宋、齐间，祖籍范阳郡遒县（今河北涞源县），由于战乱，先世由河北迁往江南。祖冲之在青年时代进入专门研究学术的华林学省，从事学术活动。曾先后在刘宋朝和南齐朝担任过南徐州（今镇江市）从事史、公府参军、娄县（今昆山县东北）令、偈者仆射、长水

校尉等官职。

　　祖冲之是一位博学多才的科学家。在天文历法方面，他创制了《大明历》，最早把岁差引进历法，并采用391年加144个闰月的精密的新闰周，这些都是中国古代历法的重大进步。在机械制造方面，他曾设计制造过水碓磨，铜制机件转动的指南车、一天能行百里的"千里船"，以及一些陆上运输工具。他还设计制造过计时器——漏壶和巧妙的欹器。不过，祖冲之对后世影响最大的科学成就则是关于圆周率的推算。

祖冲之儿子祖暅之在开立圆术中设计的立体模型

　　在圆周率的计算上，我国很早就采用周三径一的方法，但得出的数字不准确。西汉末年的刘歆、东汉的张衡、三国孙吴的王蕃，都曾算出圆周率的数据，比周三径一较细致一些，但还不够。曹魏末年的刘徽不仅注过《九章算术》，而且他的割圆术计算圆周率奠定了可靠的科学基础。刘徽用圆内接正多边形的各边之和，来逐渐接近圆周的长度。他从圆内接正六边形开始，计算内接正十二边形、正二十四边形等一直计算到圆内接正一百九十二边形。假定圆半径为一尺，得圆内接正一百九十二边形的面积是在 $314\frac{64}{625}$ 方寸和 $314\frac{169}{625}$ 方寸之间。他由此确定圆周率值为 3.14，

　　后世称为"徽率"。刘徽认为还可以用这个办法继续推算，直到与圆周合体，便确切无疑了。

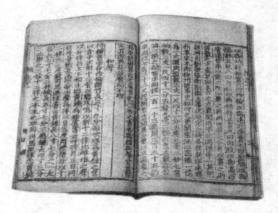

《隋书·律历志》关于祖冲之圆周率的记载

　　刘徽的方法无疑启发了祖冲之。在前人的基础上，他进一步算出更精确的圆周率数据。《隋书·律历志》记载了这一计算成果："祖冲之更开密法，以圆径一亿为一丈，圆周盈数三丈一尺四分五厘九毫二秒七忽，朒数三丈一尺四寸一分五厘九毫二秒六忽，正数在盈朒二限之间。密率圆径一百一十三，圆周三百五十五；约率圆径七，周二十二。"由此可见，祖冲之得出的圆周率，其盈数为3.1415927，不足数为3.1415926，亦即π的数字，小于盈数而大于朒数。同时，祖冲之还确定了π的两个分数值，其约率为：π=22/7，密率为π=355/113，祖冲之计算圆周率准确到小数点后第六位，这是当时世界上最先进的成就，直到15世纪，阿拉伯数学家卡西和16世纪法国数学家 F. 韦达才得到更精确的结果。祖冲之所确定的两个分数形式的π值，也是直到16世纪才被德国人 V. 奥托和荷兰人 A. 安托尼斯重新发现。就分子分母不超过百位数的分数而言，密率355/113是圆周率值的最佳近似分数，因而是当时的最高成就。为了纪念他的贡献，人

们把密率称为"祖率"。

　　祖冲之在数学方面的成就还体现为他与儿子祖暅共同探究的关于球体积的计算方法以及《缀术》一书的著述，后者在唐代被列为重要教科书，学生需研习四年，可惜此书已失传。

中国通史

最新整理图文珍藏版

第三节 社会生活：生活百科 民俗缩影

陶弘景创建茅山道宗教教理

南北朝时期，各种宗教都得到了突飞猛进的发展，道教流派也逐渐形成并定型，各派代表人物无一不致力宗教教理的建构。陶弘景就是在这一背景下，创建了道教茅山道宗教的教理。

陶弘景（456～536），字通明，自号华阳隐君，丹阳秣陵（江苏南京）人，是南北朝时期著名的道教理论家和医学家，酷好读书，学问广博，永明十年（492）上表辞官后，隐居句曲山（茅山）习道传道。10岁时，他得到葛洪《神仙传》，昼夜研读，开始对道教产生了浓厚的兴趣，齐武帝永明二年（484）从陆修静的弟子孙游岳学道教符图经法。隐居茅山时得到杨羲、许谧、许翙的手迹，成为上清系的重要传人。因他长期在茅山炼丹传道，并对上清经系的传授有系统的记述，茅山成了全国的上清系中心，从此，上清系也被称为茅山系。

陶弘景在道教理论方面的建树主要表现在对"道"的解释上，他认为"道"是天地万物生成的根本，它超越元气，又先于元气而存在，是神秘的精神本体，这种宗教唯心主义的世界观，成了陶弘景道教的理论基础。在这一理论基础上，陶弘景总结了早期道教的成就，编制了神仙谱系、宗教在本质上乃是对超自然神灵的信仰，神仙谱系反映了其宗教神灵观念。由于道教是民间长期流传的产物，魏晋以后，派系纷争，无法形成统一的神仙谱系，从而导致神灵观念的紊乱，有鉴于此，陶弘景写成了《真灵位业图》，把能够搜集到的道教传说中的诸神以及地上的圣王、帝君、名人、道士统统排入七个等级，每一级有一位主仙，左右两位配仙，最高级皇位为元始天尊，左为得上道君，右为元皇道君，道教史上的著名人物如魏华存、杨羲、许谧、许翙、张陵、葛洪、陆修静等，儒家尊奉的圣贤黄帝、尧、禹、孔丘、颜回，以及秦始皇、汉高祖、李广、何晏等，都名列其中，共四五百位。他认为天上也是等级森严的圣殿，以人的理想的秩序观念为出发点，建构了天上的秩序，为当时门阀等级制度的存在提供了理论依据，对道教理论走向成熟产生了极大的影响。

陶弘景十分重视修真养生的问题，主张形神双修，养神与炼形并重，认为人贵在形、神兼备，只有通过主观努力，炼形、养神才可以延长寿命，获得长生，而七情六欲是伤神损形的物质，如果不加以节制以保持心灵清静，就会对人的健康造成损害，要做到这些，就必须饭食有节，起居有度，实施行气、导引。

由于其对儒、佛二教也颇有心得，因而在陶弘景的道教理论中，不时融儒援佛，力求促使三教合同，并提出三教均善论，认为儒、道、释三教都是天下的最好的宗教，应使他们发挥各自的长处，三教的社会功用各有不同，但只有将其完美地融合起来，才能成为形、神、道德兼具的真正悟道的真人。

裤褶流行

魏晋南北朝时期的服饰与当时的政治与社会风尚有密切的关系。在当时玄学清谈之风的影响下，形成了文人的魏晋风度，这种风度在服饰上的反映就是文人多穿大袖宽衫，服装式样较为简朴；受这种风气的影响，魏晋时期的贵族妇女也崇尚褒衣博带，广袖翩翩。但是，北朝由于受胡服的影响，一般妇女喜穿窄袖紧身的衫襦，服装式样是"上俭下丰"。两种风气互相影响和交融，形成了裤褶流行之风。

裤褶是胡服的一种，汉代就开始传入中原。到东汉末年，裤子已由紧窄的长裤变成两只裤管做得十分肥大的"大口裤"，在上流社会流行。到南北朝时，和大口裤配套穿在一起的上衣，俗称"褶"，两者一起就叫"裤褶"。

裤褶最初为军旅之服，不论官兵，都可穿着。《晋书·舆服志》中载："袴褶之制，未详所起，近世凡车驾亲戎，中外戒严服之。"魏晋南北朝之后，裤褶服开始广泛流传于南、北方汉族官宦庶民中，连妇女也喜穿此服。如《太平御览》卷695引《西河记》："西河无蚕桑，妇女以外国异色锦为袴褶。"

在一般裤褶的基础上，官员们的朝服

将裤口放大，将褶的袖口加宽，朝当时流行的广袖宽衫靠拢。北朝为了方便，还将右衽改为左衽。由于裤管过于宽松博大，给骑马行走带来不便，因此人们又以锦缎丝带截为三尺一段，在裤管的膝盖处紧紧系缚，以免松散，叫做"缚袴"。凡穿裤褶的人，一般都喜欢在腰间束皮带，有钱的便镂金银镶珠玉为装饰。

穿裤褶服时，一般要穿裲裆。裲裆也被叫作"两当"，类似于今的马甲、坎肩、背心的一种服式。这种服式由前后两片组成，肩上两旁用带连结，长至臀以下，腰用大带或革带扎紧，《释名·释衣服》载："裲裆，其一当胸，其一当背也。"裲裆一般有单、夹、绵之别。不同阶层的人所穿裲裆的质地材料不同，士大夫多用罗绢及织绵等，庶民用布葛制作。而武士的柄裆多用皮革或铁片做成，称"裲裆铠"或"两当甲"。北朝时期的士庶男子还流行在裤褶外加套衣风帽。上穿短衣，下著宽裤，头戴风帽，外加套衣，套衣就是披风，整体效果颇为潇洒大方，对防寒、抵挡风沙也有一定作用。

总体说来，裤褶的特点是宽松、方便又有一定的束缚，不致于显得松垮和拖沓，穿上使人体显得修长、飘逸，颇有着"杂裾垂髾"之风，而且男女通用，故得以广泛流行，也在一定程度上反映了当时的审美趋向。

第一部楷书字典《玉篇》编成

梁武帝大同九年（543），太学博士顾野王奉命撰成楷书字书《玉篇》，成为这一时期以通行的楷书为对象，并打破《说文解字》体例，只释音义，不用六书条例分析字形的字书中的代表之作，成为中国现存的第一部楷书字典。

南朝仪仗画像砖上画有裤褶

南北朝时期，楷书经过魏晋的衍变发展，已经走向成熟，成为当时通行的书体。而且在由隶而楷的文字形体演变过程中有大量的新字产生，这都为编撰新的字书以辑录新体新字提出了迫切的要求。

顾野王（519～581），字希冯，吴郡吴人（今江苏吴县）。据《陈书》和《南史》的本传记载，他五岁读五经，九岁能写文章，博学多才，精通经史，尤其是天文、地理、文字音义，是南朝梁陈间著名的文字训诂学家。他曾在梁朝担任临贺王肖正德府记实。梁亡后，做陈的国学博士、黄门侍郎。编成《玉篇》时，年仅24岁。

他著的《玉篇》分30卷，卷首有野王自序和进呈梁武帝之子肖绎的启。《隋书经籍志》和《日本见在书目》都著录《玉篇》是31卷，可能序文跟表启曾是一卷。从残留的部分原书来看，《玉篇》比晋吕忱的《字林》完全遵照《说文解字》540个部首编次的体例，突破更大。首先，与《说文》相较，所分部首有增有减，少哭、廷、画、敖、眉、白、㚸、饮、后、介、弦11部，但增父、云、枭、尤、处、兆、磬、索、书、床、单、弋、丈13部，共542部，比《说文》多两部。其次，《玉篇》重在实用，析字时先注明读音，后说解字义，释义时又划分义项，义项之下又往往附有书证，先经传，后子史文集，最后是字书、训诂书等，极其详备。因此在编排上主要是按照义类相近与否来确定先后次序，而不像《说文》重在"以形系连"，按六书条例，分析字形结构，探讨字的本义。最后也是最显著的一点是，《说文》收的是能表现原始构形意图的小篆，而《玉篇》收了当时通行的16917个楷体字，比《字林》多4000多字，是我国历史上第一部以楷书为对象，以注意释义为主的实用性字典。

《玉篇》在我国字典编纂史上占有重要地位，是部承前启后的重要著作，它以综合众书，辨别形义的异同，网罗各家训释，最后成一家之言为宗旨，有集大成的性质；而且选择的对象，开辟的体例直接影响了后代汉学字典的编撰。宋代的《类篇》，明代的《字汇》、《正字通》和清代的《康熙字典》等几部重要字典，都是继承《玉篇》的传统进行编写的。

梁大同十一年（545），南朝最著名的经学家皇侃去世。

皇侃（488～545）是吴郡（今江苏苏州）人，东吴书法家皇象的后代。他小时候很好学，拜会稽经学家贺场为师。得名师指点，进步很大，他很快就通习《三礼》、《孝经》、《论语》等典籍。皇侃很孝敬父母，据传他每日都要把《孝经》诵读20遍。后来皇侃做了国子助教，专门从事讲学。大同四年（538）十二月，皇侃写成《礼记讲疏》一书，献给皇帝过目。梁武帝很欣赏他的经学才华，曾招他进寿光殿，请他给自己讲解《礼记义疏》，后又封他为员外散骑侍郎，宠信有加。

皇侃是南朝最著名的经学家，死时年仅58岁，但他著述勤奋，一生作诸经义疏多达180多卷，主要有：《丧服文句义疏》10卷、《丧服问答目》13卷、《礼记讲疏》99卷、《礼记义疏》48卷、《孝经义疏》3卷、《论语义疏》10卷。其中《礼记义疏》、《论语义疏》最受学者重视，对后世的经学研究影响很大。

五岳胜地逐渐开发

南北朝时期，佛教和道教盛极一时，啸傲山林的隐逸之风在士大夫中极为盛行，人们的审美情趣发生了显著的变化，自然界中美的事物受到人们极大关注。高险峻拔的五岳以其独特的自然风姿引起了人们的极大兴趣，人文意蕴开始被贯注于这些风貌别致的自然景观之上，使其作为佛、道重地和观览胜地的价值得以逐渐开发并由此闻名遐迩。

华山莲花峰

五岳的"岳"字本指高峻的山，在中国古代人的心目中，"峻极于天"的高山是天的支撑点，关乎国祚兴衰，地位十分神圣。位于中原地区东、南、西、北方和中央的五座高山即东岳泰山，南岳衡山，西岳华山，北岳恒山，中岳嵩山被命名为五岳，自古就备受重视。号称天子的皇帝无不或亲临或派人到五岳祭祀，泰山封禅乃是历朝的旷世大典。

魏晋南北朝时期，五岳诸山成了大肆修建佛寺、道观的场所，每"岳"都尊奉一位岳神作为掌管该山的最高神祇，使这些山上的优美的自然景观被赋予兼具佛、道等宗教意义的人文意蕴，成了风景名胜区，吸收了大批信徒前来朝山游览。

东岳泰山横亘于山东省长清、历城、泰安之间，处于中国古代文化最发达的齐鲁平原，因而备受崇奉，成为"五岳"之首，有"天下第一名山"的美誉。秦始皇、汉武帝都曾在此举行封禅大典，魏晋南北朝以后成为佛教和道教活动的重要场所，隋唐时已有20多所佛寺，以岱庙和山顶的碧霞元君祠最为著名。岱庙之北有历代皇帝登山的御路，贯穿了许多重要景点。泰山西路一带以飞瀑深潭而引人入胜，山上还有"日观峰"、"月观峰"等。

南岳衡山位于湖南省中部的湘江河畔，从衡阳至长沙绵延800余里，主峰72座，其外观像一只展翅的大鸟。这里的佛寺建造始于南北朝，道观也很多，历代是南方道教中心，而且书院众多，从而又构成南方的文化中心之一。衡山供奉的主神为

泰山碧霞祠。东岳泰山被誉为五岳之首。

"南岳真君"。

西岳华山位于陕西省华明县境内，主峰落雁峰、朝阳峰、莲花峰鼎足而三，危崖峭壁，深谷幽涧密布，地貌景观以险峻奇突为特色。南北朝时期，就有人在此修建道观，后来一直是道教圣地之一。

北岳恒山在山西省浑源县内，其山势险雄，也是道观居多，建构绝妙的悬空寺位于山的入口处"石门峪"的悬崖峭壁上，近40座殿宇全部由悬挑的大梁支承，可谓世界建筑构造的奇观。而且，这是一座佛寺和道观的混合建筑群，甚至把释迦、老子、孔子供奉在同一殿堂之内，这在中国宗教建筑中是罕见的，它是北魏后期开始兴建的，现存建筑群的主体建于明清时期。

中岳嵩山在河南登封县，山上的佛寺和道观很古老，大法王寺是中国最早的佛寺之一，它兴建于东汉，少林寺是中国佛教禅宗的发祥地，而建于北魏正光年间的嵩岳寺塔又是我国现存最古的密檐砖塔，北魏宣武帝曾在此奉佛讲经，可见在这时期，嵩山的佛教活动已十分兴盛。

冼夫人像

冼夫人治岭南

冼夫人，高凉（今广东阳江西）人，高凉冼氏，世世代代为南越首领，其部落下属有十余万家。冼氏自幼贤明大义，在邻里乡居中有很高的威信，并且能行军用师，抚循部众，高凉太守冯宝与之结为夫妻，冯宝原本是北燕的后裔，后投奔宋，留居在新会，冯宝祖父冯业至宝四代为守牧，但他乡羁旅，号令不行，冯宝娶了冼夫人后，冼夫人颁布诫约，约束本宗的行为，使跟从的百姓形成有礼貌的习惯。每次与夫君在一起参与审理有关诉讼案件，首领有犯法的人，即使是与自己有关的亲族，也不会轻松地包庇。自此以后，政令有序，人莫敢违，陈永定二年（558），冯宝死了，岭南于是开始大乱。

冼夫人在岭南动乱中代掌岭南诸事，怀集百越，数州晏然，维持了一个好的社会秩序，当时他的儿子冯仆才九岁，冼夫人派遣冯仆率领诸酋长入朝，后拜阳春郡守。太建二年（570），广州刺史欧阳纥在岭南谋反，诱使冯仆与之一起作乱，冼夫人发兵拒守，率领诸酋长迎接陈官军章昭达，欧阳纥未能抵抗，于是溃败，朝廷派使者册封任命冼夫人为高凉郡太夫人，一如刺史之仪，自陈代到隋文帝杨坚初平江南之际，冼夫人一直是稳定珠江流域政治局面的重要支持力量。

三公九卿向三省六部制过渡

中国封建社会的政治体制从秦汉时的三公九卿到魏晋南北朝的三省六部制的发展和演变，使职能和分工趋向合理，皇权不断加强。

秦汉设三公九卿执掌政务，统管百事。秦有御史大夫和太尉、丞相辅佐皇帝，汉武帝时并称三公。汉武帝为削弱丞相权力，设大司马，位居丞相之上，汉成帝绥和元年（前8）将御史大夫改为大司空，又把大司马、大司空的俸禄提高到与丞相相等，从而确立鼎足而立的三公制。哀帝元寿二年（前1）又改丞相为大司徒。东汉初仍设三公，改大司马为太尉大司徒；大司空为司徒、司空，其中太尉位居首位。九卿是三公之下的官吏，东汉把太常、光禄勋、卫尉、太仆、廷尉、大鸿胪、宗正、大司农、少府定为九卿。

三省是魏晋南北朝的中央最高政府机关，称尚书省（台）、中书省、门下省，其中尚书省下设吏、户、礼、兵、刑、工六部。

尚书省，始名尚书台，它由汉代皇帝的秘书机关发展起来的。汉初，尚书是九卿中少府的属官，因其在宫中主管收发文书并保管图籍，而称尚书。汉武帝刘彻时，皇权强化，政事不专任丞相和御史大夫，尚书因主管文书，省阅奏章，传达圣旨，地位逐渐重要。汉光武帝刘秀鉴于西汉末年的重臣专权，有意削弱三公高位，实权逐渐移于尚书，其时尚书机构称台，主管文书起草，成为政府的中枢，号称中台，人说"天下枢要，在于尚书"。但终汉之时，尚书台仍然是少府的下属机构。三国时，尚书台正式脱离少府，成为全国政务的总枢，随着尚书台地位的上升和权力的加强，引起皇帝的猜疑，因而其权力开始

受到限制。曹操称魏王时置秘书令，典尚书奏事，其子魏文帝曹丕改秘书令为中书令，又置中书监，主管机密，下统中书郎若干人，组成中书省。于是在尚书台之外复有中书省，而原来作为皇帝侍从的侍中逐渐成为参预机密的要职，尚书台失去独占机枢的地位。但由于全国政务首先集中到尚书台，因此它作为全国行政中枢机构的趋势仍在发展，执政重臣也要加上录尚书事的头衔，才能过问机密。东吴仿曹魏，尚书、中书并置，蜀汉则沿袭东汉，尚书权倾朝野。西晋因袭曹魏，以尚书台总掌朝政，另置中书、门下二省分其权。到南朝时中书舍人专任机密，尚书省的实际地位更为下降，中书省主要负责政策、诏书的起草，门下省负责审核朝臣奏章，中书、门下二省都设在宫内。尚书省设在宫外，主要负责政策的执行，下设六二十四司，户部负责财政，吏部掌握官吏的考核、升迁，礼部掌礼仪及贡举，兵部主管军队和武器，刑部负责狱辞诉讼，工部管理工程建设，全部政务，各归所司；而原来的九卿则成为具体办事的职能机构。贯彻尚书省下达的政令，地方州、县禀承尚书等令施政，并定期向尚书省汇报政绩，故尚书省仍是国家政事的枢纽，是最高行政机构。

在三省六部制确立之时，三公的权限大为削弱。汉光武帝刘秀为了集权，只承西汉名义上的三公，其权则由尚书台掌握，后来外戚、宦官专权，又设大将军。大将军开府设官，位在三公之上，三公不仅受制于尚书台，还必须俯首听命于外戚、宦官，皇帝常把罪责推向三公，三公被免职是常事。东汉末，曹操罢去三公而置丞相、御史大夫，曹自做丞相。西汉时的三公制至此终结，魏晋南北朝虽恢复三台制，且开府置幕僚，但实权进一步向尚书台转移，至隋代，三公不再开府，幕僚全部撤销，完全成为虚衔成"优崇之位"。

隋唐五代时期

公元 581 年，北周的外戚杨坚篡周夺取政权，建立了隋朝，杨坚就是隋文帝。到公元 589 年，隋灭掉南朝的陈国，结束了长期分裂的局面，统一了全国。以到公元 618 年灭亡算，隋朝共存在了 37 年，比较短命，但其在中国历史上却占有相当重要的地位，它结束了西晋末年以来近 300 年的军阀混战、南北分裂的状态，创建了继秦汉以后的第三次大统一局面。此外，隋朝制定《开皇律》，继续推行均田制等发展措施，使社会经济和文化出现短暂的繁荣，隋王朝和琉球等周围各族的联系加强，并和日本、朝鲜等国家开展友好往来。但是，这种美好的开局未能持久，穷兵黩武的隋炀帝杨广大肆搜刮民财、大兴土木，发动大规模战争，加剧了社会矛盾的激化，各地纷纷起义。最终，在公元 618 年，李渊废黜隋恭帝杨侑，称帝建唐，隋朝宣告灭亡。

公元 617 年，李渊乘隋末大乱，带兵攻占长安，次年自称皇帝，李唐王朝自此开始。此后又经 10 年战乱，李渊之子李世民最终削平群雄，完成统一大业。李世民继位后，吸取隋亡教训，重用贤能、虚心纳谏、轻徭薄赋，并进一步推行均田制、府兵制和科举制等，使唐朝社会走向安定，经济迅速得到恢复，出现了"贞观之治"的兴旺局面。唐太宗李世民以后到唐玄宗开元时期，唐朝的农业、手工业和商业贸易进一步发展，诗歌、绘画以及医学、天文学等方面也都有巨大的进步，国内一片繁荣发达景象，史称"开元盛世"。到唐后期，统治者昏庸腐败，各种矛盾不断激化，尤其是长达 8 年之久的"安史之乱"给社会造成极大动荡。公元 875 年的黄巢起义再次给唐朝致命打击。公元 907 年，朱全忠逼唐哀帝李祝禅位，建立后梁。唐朝就此灭亡。

公元 907 年，从朱全忠灭唐建后梁开始，中国历史进入五代十国时期。五代指的是先后在北方出现的后梁、后唐、后晋、后汉、后周等小朝廷。十国指的是前蜀、吴、楚、闽、南唐、南平、南汉、吴越、后蜀、北汉等十个割据势力。后周世宗（柴荣）开始进行统一战争，不幸早亡。公元 960 年周为宋代所取代，五代十国时期宣告结束。

中国通史　最新整理图文珍藏版

隋唐五代时期历史纪年表

隋朝	文帝（杨坚）	辛丑 581	开皇	581～618
		辛酉 601	仁寿	
	炀帝（广）	乙丑 605	大业	
	恭帝（侑）	丁丑 617	义宁	
唐朝	高祖（李渊）	戊寅 618	武德	618～907
	太宗（世民）	丁亥 627	贞观	
	高宗（治）	庚戌 650	永徽	
		丙辰 656	显庆	
		辛酉 661	龙朔	
		甲子 664	麟德	
		丙寅 666	乾封	
		戊辰 668	总章	
		庚午 670	咸亨	
		甲戌 674	上元	
		丙子 676	仪凤	
		己卯 679	调露	
		庚辰 680	永隆	
		辛巳 681	开耀	
		壬午 682	永淳	
		癸未 683	弘道	
	中宗（显又名哲）	甲申 684	嗣圣	
	睿宗（旦）	甲申 684	文明	
	武后（武曌）	甲申 684	光宅	
		乙酉 685	垂拱	
		己丑 689	永昌	
		庚寅 690	载初	
	武后改国号为周	庚寅 690	天授	
		壬辰 692	如意	
		壬辰 692	长寿	
		甲午 694	延载	
		乙未 695	证圣	
		乙未 695	天册万岁	
		丙申（腊）696	万岁登封	
		丙申 696	万岁通天	
		丁酉 697	神功	
		戊戌 698	圣历	
		庚子 700	久视	
		辛丑 701	大足	
		辛丑 701	长安	

中宗李显又名	乙巳 705	神龙	
哲复唐号	丁未 707	景龙	
睿宗（旦）	庚戌 710	景云	
	壬子 712	延和	
玄宗（隆基）	壬子 712	先天	
	癸丑 713	开元	
	壬午 742	天宝	
肃宗（亨）	丙申 756	至德	
	戊戌 758	乾元	
	庚子（闰）760	上元	
	辛丑 761	上元	
代宗（豫）	壬寅 762	宝应	
	癸卯 763	广德	
	乙巳 765	永泰	
	丙午 766	大历	
德宗（适）	庚申 780	建中	
	甲子 784	兴元	
	乙丑 785	贞元	
顺宗（诵）	乙酉 805	永贞	
宪宗（纯）	丙戌 806	元和	
穆宗（恒）	辛丑 821	长庆	
敬宗（湛）	乙巳 825	宝历	
义宗（昂）	丙午 826	宝历	
	丁未 827	大（太）和	
	丙辰 836	开成	
武宗（炎）	辛酉 841	会昌	
宣宗（忱）	丁卯 847	大中	
懿宗（漼）	己卯 859	大中	
	庚辰 860	咸通	
僖宗（儇）	癸巳 873	咸通	
	甲午 874	乾符	
	庚子 880	广明	
	辛丑 881	中和	
	乙巳 885	光启	
	戊申 888	文德	
昭宗（晔）	己酉 889	龙纪	
	庚戌 890	大顺	
	壬子 892	景福	
	甲寅 894	乾宁	

			戊午 898	光化	
			辛酉 901	天复	
			甲子（闰）904	天祐	
		哀帝（柷）	甲子 904	天祐	
五代十国	后梁	太祖（朱晃又名温、全忠）	丁卯 907	开平	907～923
			辛未 911	乾化	
		末帝（瑱）	癸酉 913	乾化	
			乙亥 915	贞明	
			辛巳 921	龙德	
	后唐	庄宗（李存勖）	癸未 923	同光	923～936
		明宗（亶）	丙戌 926	天成	
			庚寅 930	长兴	
		闵帝（从厚）	甲午 934	应顺	
		末帝（从珂）	甲午 934	清泰	
	后晋	高祖（石敬瑭）	丙申 936	天福	936～946
		出帝（重贵）	壬寅 942	天福	
			甲辰 944	开运	
	后汉	高祖（刘暠、本名知远）	丁未 947	天福	947～950
			戊申 948	乾祐	
		隐帝（承祐）	戊申 948	乾祐	
	后周	太祖（郭威）	辛亥 951	广顺	951～960
			甲寅 954	显德	
		世宗（柴荣）	甲寅 954	显德	
		恭宗（宗诵）	己未 959	显德	
	十国				902～979，存在的王朝：吴、前蜀、吴越、楚、闽、南汉、荆南（南平）、后蜀、南唐、北汉等国。

第一章

隋朝时期

第三编　隋唐五代时期

最新整理图文珍藏版

公元581年，北周大丞相、都督内外诸军事隋王杨坚废掉周静帝，自称皇帝，改国号隋，他就是隋文帝。紧接着，隋文帝实行了一系列措施来加强中央集权，在中央设置五省六部，分散宰相之权，使之相互制约；在地方精简州县数目，实行州县两级制。又颁行《开皇律》，加强中央权力，维护社会秩序。以科举制取代九品中正制，清理门阀政治的影响。

在巩固政权的同时，顺应历史潮流，隋朝进行了统一全国的战争，并于589年击败南方最后一个政权陈朝，统一南北，自西晋永嘉之乱后近300年的分裂局面就此结束。隋政权统治的疆域东南至海，西达且末（今属新疆），北抵五原（今内蒙古杭锦后旗西），东西9300里，南北14815里，形成了一个强大的帝国王朝。隋炀帝即位后，以强大的经济实力为后盾，营造东京，开凿运河。如果东京的精致奢华纯为满足帝王个人欲望的话，那么长达4800里的大运河的开通，则大大促进了大江南北经济文化的交流，巩固了国家的统一。另外，隋文帝开创的制度也得到隋炀帝的发展和完善，成为隋初之制走向唐代制度的一个必要中介。隋炀帝还加强了与西域以及东南亚邻国的联系，在炀帝末年，隋朝的疆域达到了极盛。但是隋朝很快衰落了。文帝时积累的财富迅速被挥霍掉，文帝时奠定的政局在炀帝时急剧地动荡起来。隋炀帝好大喜功，穷兵黩武，在他短暂的一生之中，三次南巡江都，几次出征高丽，致使举国就役，扫地为兵，田亩荒芜，于是全国反隋起义蜂起，统治集团内部分化，隋统治迅速瓦解。

618年，李渊废黜隋恭帝杨侑，称帝建唐，隋王朝至此灭亡。

第一节　史海钩沉：重大事件　历史典故

杨坚受禅建隋

隋室代周，是以禅让方式实现的新旧更替。隋以前的北周，是鲜卑贵族宇文氏统治的政权。宇文氏汉化较深，武帝宇文邕统治时期相继采取了一些汉化措施。北周国力日渐强大，同时汉人势力在北方也在扩大。武帝灭北齐，中国北部基本统一。

杨坚

公元 578 年，周武帝死。他的继位者周宣帝是个荒淫狂乱的人。公元 579 年，周宣帝传位给儿子周静帝，自称天元皇帝。此时的静帝，年龄还不满 6 岁。宣政元年（578 年），北周军政大权逐步落到外戚杨坚手中。杨坚是宣帝的岳丈，静帝的外祖。周宣帝时，杨坚以国丈资格拜为上柱国大司马。静帝时，辅佐朝政。大象二年（580 年）杨坚自居大丞相总知中外兵马事，部

署力量，作灭周的准备。尉迟迥、司马消难、王谦等人相继发动声势浩大的兵变，反对杨坚，但是很快都被杨坚镇压了。

隋朝战船

杨坚以皇帝的名义讨伐兵变，也是自己势力更加壮大的过程。尉迟迥原为代人。其先属魏之别种，号尉迟部，因以为姓。尉迟迥从西魏到北周，历仕两朝，很有军功。孝闵帝及周宣帝两朝，他的官职很大。直到宣帝死了，静帝幼弱，杨坚辅政，有篡夺之意，尉迟迥才开始结合各方面的势力向中央进逼。但结果反为杨坚所击破，尉迟迥终于被迫自杀。

王谦的讨杨运动和尉迟迥的讨杨运动一样，没有成功。王谦字㢛万，其父名雄，颇有军功，为周讨齐，死于军中，谦以父功，为柱国大将军。后闻杨坚把持政权，宇文氏的政权将为杨家夺去，乃合益、潼等十八州之师，进讨杨氏。结果被杨坚击败。后被杀。司马消难举兵勤王，也没能成功。消难出身官宦之家。其父名子如，

齐神武（北齐）时，曾为尚书令。消难官亦至光禄卿，初为北豫州刺史。后附北周，入朝，授大将军荥阳公，迁大后丞，纳女为周静帝后。当时中央的政权，快要被杨坚夺了去了，尉迟迥正因此发难讨杨。消难闻之，也举兵发难，与迥一致行动。其势力遍布于今之河南、湖北等地。但很快为杨坚的兵击败，投奔南陈，隋灭陈后，仅免一死。

杨坚先后灭掉北周各讨杨运动。此后，杨坚又乘静帝年幼，大肆杀戮周宗室子孙。大象三年（581年）二月，杨坚迫使周静帝下了一道禅让诏书，至此杨坚基本上以和平的方式获得帝位。

隋统一全国

杨坚建立隋朝之后，又接连平定氐族各部和宇文氏诸王的反抗，接着便把目标指向南陈。这时南方的陈朝衰朽没落，荒淫无道的陈后主（陈叔宝）专门跟妃嫔文臣游宴赋诗，任用施文庆、沈客卿等苛剥百姓，把长江当做不可逾越的天堑，在建康（今江苏南京）过着醉生梦死的生活。

开皇七年（587年），隋文帝派兵灭掉建都江陵的后梁后，于次年派次子晋王杨

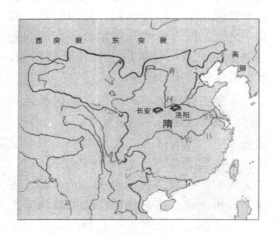

隋朝疆域图

广为统帅，率兵51万，发动对陈的总进攻。公元589年，大将韩擒虎从横江（今安徽和县东南）夜渡采石；大将贺若弼从广陵渡京口（今江苏镇江）。两路并进，直逼金陵城下。当时"江南父老，来谒军门，昼夜不绝"。隋军在江南人民的配合和支持下，轻而易举地攻下金陵，荒淫无度的陈后主和张贵妃、孔贵嫔被俘，陈亡。

隋灭陈统一中国，使得中国长达400年的分裂局面结束了。这是隋朝对历史做出的一大贡献。

隋文帝巩固统一的措施

隋文帝感到自己得国太容易，怕人心不服，常存警戒心，寻求保国之法。他得出两条保国法，主要的一条是节俭。他教训太子杨勇说：从古帝王没有好奢侈而能长久的。你当太子，应该首先崇尚节俭。其次的一条是诛杀。他假托年幼时，相面人赵昭曾秘密告诉他说：你将来该做皇帝，必须大诛杀才得稳定。他实行节俭，因而对民众的剥削大为减轻。他实行诛杀，因而豪强官吏不敢过分作恶，也就有助于节俭政治的施行。隋文帝在位二十四年，这两条贯穿着他的全部行政。《隋书》说他"躬节俭，平徭赋，仓廪实，法令行，君子咸乐其生，小人各安其业，强无凌弱，众不暴寡，人物殷阜，朝野欢娱，二十年间天下无事，区宇之内宴如也。"

皇帝躬行节俭，是改善政治的一个根本条件，隋文帝具备这个条件，在行政上得以有力地推行下列三个政策：

奖励良吏。公元581年，隋文帝下诏褒扬岐州刺史梁彦光。后来又褒扬相州刺史樊叔略，新丰令房恭懿。公元591年，临颍令刘旷考绩为天下第一，擢升莒州刺史。公元596年，汴州刺史令狐熙考绩第

一，赐帛300匹，布告天下。公元594年，下诏公卿以下各官按品级分给职田，停止放债扰民（旧制，京内外长官都有公廨钱，放债取利息）。州县官直接治民，隋文帝采取奖励良吏，给田养廉等措施，虽然官吏未必就此向善称职，但朝廷既明示改善吏治的方向，对民众还是有益的。

隋文帝祈雨图

严惩不法官吏。隋文帝对待臣下极严，经常派人侦察京内外百官，发现罪状便加以重罚。他痛恨官吏的贪污行为，甚至秘密使人给官吏送贿赂，一受贿赂，立即处死刑。他的儿子秦王杨俊，因生活奢侈，多造宫室，被他发觉，勒令归第（禁闭）。大臣杨素劝谏，说罚得过重。他说，天子犯法，与民同罪，照你说来，为什么不别造皇子律？任何人犯罪，都得按法律惩罚。公元600年，他发觉太子杨勇奢侈好色，废黜杨勇，立杨广（隋炀帝）为太子。他依靠一些左右亲信，当作发觉臣下罪过的耳目，这就使得他不能不信谗言、受蒙蔽。杨广奢侈好色，至少同杨勇一样，只因善于伪装，独孤皇后、杨素都替杨广说好话，终于夺得了太子的地位。杨素广营资产，京城和京外大都会，到处有他的邸店、磨坊、田宅，家里有成千的上等妓妾，又有成千的奴仆，住宅华侈，式样模拟皇宫，隋文帝还以为杨素诚孝，信任有加。隋文帝凭个人权术，以暗察为名，功臣旧人，

多因罪小罚重，杀逐略尽，剩下一个最凶狡的杨素。吏部尚书韦世康请求退休，对子弟说，禄不可太多，多就得早退，年不待衰老，有病就得辞官。这说明当时朝官，有些不愿冒险作官，有些不敢进忠言怕招祸，能作大官并取得信任的人自然只能是杨素一类的奸人。隋文帝考核官吏，严惩贪污是必要的，但考核流为猜忌，严惩流为苛刻，那就无益而反有害了。不过，由于他执法严明，一般的官吏有所畏惧，贪污行为确是减少些，对民众还是有益的。

改良统治术。隋文帝对待民众比较宽平。公元581年，制定隋律，废除前朝酷刑。民众有枉屈，本县官不理，允许向州郡上告，最后可上告到朝廷。穷苦人虽未必能到朝廷上告，但在对待官吏极严的当时，也多少起些保护民众的作用。公元583年，又删削刑条，务求简要。公元592年，下诏：诸州死罪囚，不得在当地处决，须送大理寺（最高司法机关）复按，按毕，送尚书省奏请皇帝裁定。公元596年，下诏：死罪囚要经过三次奏请才行刑。《隋书》说他留意民间疾苦。公元594年，关中饥荒，他派人去看百姓所用食品，是豆粉拌糠。他拿食品给群臣看，流涕责备自己无德，命撤消常膳，不吃酒肉。他率领饥民到洛阳就食，令卫士不得驱迫民人，遇见扶老携幼的人群，自己引马避路，好言抚慰。道路难走处，令左右扶助挑担的人。他这些表现，在帝王中确是罕见，因为他深知要巩固政权，首先必须取得民众对自己的好感。

隋文帝的政治改革

三省六部制

隋文帝代周之后，在政治经济诸方面进行了一系列改革。在政治上，最主要的

便是中央确立了三省六部制。北周仿《周礼》设六卿，分管庶务。隋文帝废北周六官，综合汉魏官制，在中央设三师、三公，以及内史、门下、尚书、秘书、内侍五省；其中以尚书、门下、中书三省职权最重，同为最高政务机构。三省互相牵制，由中书省取旨，门下省审议，尚书省执行。三省长官同为宰相，共议国政。

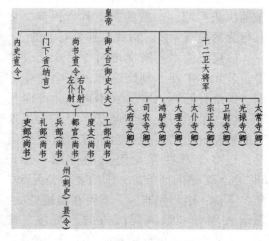

三省六部制简表

尚书省是朝廷执行政务的总机构。尚书之名，自秦有之。当时，少府遣四史在殿中，主发书事宜，故称尚书。尚书省的雏形产生于东汉。光武年间，在少府下设尚书台，其下设六部，分掌各种政事。尚书台总领纲纪，无所不统。因之，三公之权渐轻，尚书台职权渐重。南北朝时始称尚书省。隋唐成为定制。尚书省与中书省、门下省合称三省。尚书省下设吏、礼、户、兵、刑、工六部，处理各种政务。

吏部是六部之首，掌管全国官吏的任免、考课、黜陟、调动之政务。其长官为吏部尚书，副职为吏部侍郎。下辖吏部（一称司列）、司封、司勋、考功（一称司绩）四司。各司长官为郎中（一称大夫），副官为员外郎。

礼部集前朝客部及祠部等机构之职能于一身，掌礼仪、祭享、贡举之政务。其长官为礼部尚书，副职为礼部侍郎。下辖礼部（一称司礼）、祠部（一称司）、主客（一称司蕃）、膳部（一称司膳）四司。各司长官为郎中（一称大夫），副官为员外郎。

户部掌管全国土地、户籍、赋税、财政收支等政务。其长官为户部尚书，副职为户部侍郎。下辖户部（一称司元）、度支（一称司度）、金部（一称司珍）、仓部（一称司庚）等四司。各司长官为郎中（一称大夫），副官为员外郎。

兵部掌管全国武官选用、兵籍、军械、地图、军令之政务。其长官为兵部尚书，副职为兵部侍郎（改称司戎少常伯）。下辖兵部（一称司戎）、职方（一称司城）、驾部（一称司舆或司驾）、库部（一称司库）四司。各司长官为郎中（一称大夫），副官为员外郎。

刑部掌邦国律令、刑法、徒隶、按复谳禁之政。其长官为刑部尚书，副职为刑部侍郎。各司长官为郎中（一称大夫），副官为员外郎。

工部掌全国各项工程、屯田、水利、山泽、交通之政务。其长官为工部尚书，副职为工部侍郎。下辖工部（一称司平）、屯田（一称司田）、虞部（一称司虞）、水部（一称司川或司长）四司。各司长官为郎中（一称大夫），副官为员外郎。

门下省与中书省同掌机要，共议国政，负责审查诏令，签署章奏，有封驳之权。门下省长官为侍中，又曾称纳言、左相、黄门监等，因时而异。侍中即为宰相。

内史省为隋代最高政务机构。其长官为内史监、令。

三省六部制的实行，一方面使宰相分工明确，一方面削弱了相权，避免了权臣独揽大权，而有利于加强皇权。三省六部制，是中央集权强化的体现，它对唐以后的封建统治体制有重大影响，尤其是六部制，沿用至清末。

州县二级制

隋代还简化地方官制，"罢郡为州"，即将原来的州、郡、县三级制改为州、县两级制，合并一些州县，裁汰一批冗官。又将地方官吏的任免权限收归中央，地方长官及其主要佐属需每年"朝集"朝廷，由吏部考核优劣，予以黜陟。以后又规定州县佐官三年一换，不得连任，不得选用当地人，以免地主豪强把持本地政治。

为加强中央对地方的控制，隋王朝常以巡省、巡抚或观察风俗为名，派遣中央官出使地方，督察行政工作。此外，隋代又收地方的用人之权，规定各州郡不得自行辟置僚属，凡九品以上州县官一律由中央任免。各级官吏政绩好坏，由吏部每年进行考核。此后，又规定州县佐官每三年更换，不得长期担任，还规定本籍人不得担任本地官员。这些措施，都是针对南北朝以来官制之弊，集权于中央的有力措施，它对于巩固新成立的统一国家起着积极的作用。

改革府兵制

在军事制度方面，隋朝统治者对沿袭西魏以来的府兵制进行了重要改革。原先的府兵制一般是家属随营，列于兵户，不属州县，因此家属随军征战，不事农桑。公元590年，隋文帝下诏说，六坊军人，都由州县官管理，垦种田地与民人同样待遇。原有统领坊兵的军府，照旧不废，仅废山东、河南（与陈接境地）及北方边境的新置军府。隋文帝取消坊兵制，也就是扩大府兵制，统领坊兵的军府改为统领府兵，也是较为顺便的办法。全国通用府兵制，对久负军费重担的民众有很大的利益。

修订隋礼

礼乐是皇帝祭天地众神、祭祖先以及朝廷吉凶等大事必须遵循的规则。自孔子以来，儒家以议礼乐为专掌，积累起繁缛的学说，朝廷采用它，与实际政治并无关系，背弃了它，却不成其为中国皇帝。非汉族人做中国皇帝，对汉族传统礼乐，只能加入一些本族的旧惯例，不敢有较大的改变，如果改变较大，就会更显著地被看做"异类"而遭受反对。所以，礼乐有精神上的作用，任何封建朝代都得加以重视，隋文帝从来不喜欢儒学，但对礼乐的重视并不能例外。

东晋和南朝，虽然偏安在长江流域，北方占据者却不得不承认南方是华夏正统。南齐高级士族王肃逃奔到北魏，魏孝文帝极为敬重，请王肃为魏兴礼乐，定制度，尽量模仿南朝。北齐后主高纬，令薛道衡与诸儒修订五礼，按当时儒学水平来说，大概齐礼仅次于梁礼。至于苏绰、卢辩为宇文泰所造的周礼，在南朝和山东儒生心目中，只是一些陋儒的杜撰，距离正统礼乐甚远。隋文帝以恢复华夏正统为号召，当然要废弃周礼，依照梁礼及齐礼来修订隋礼。

公元581年，隋文帝下诏：祭天祭祖时冕服必须依照《礼经》。所谓依照《礼经》，就是采用北齐冕服。公元585年，命礼部尚书牛弘修五礼（吉、凶、军、宾、嘉），成书100卷，下诏行新礼。牛弘等人不懂音乐，议定雅乐，积年不成。公元589年，灭陈，得南朝旧乐器及乐工。隋文帝听南朝乐，赞叹说："此华夏正声也。"牛弘奏称中国旧音多在江南，梁、陈乐合于古乐，请修补以备雅乐。魏、周乐杂有塞外声音，请停止演奏。公元593年，雅乐成。公元602年，命杨素、苏威、牛弘等修订五礼，参加修订的有许善心、虞世基、明克让、裴政、袁朗等人，原来都是南方士族，显然，隋礼大量采用了梁礼。隋文帝并不懂得礼乐，这样做，目的在于从南朝接收华夏正统的地位。

《开皇律》

隋文帝于开皇元年针对北周刑罚苛滥的情况，令高颎等制定刑律，公元583年又令苏威、牛弘修订，制成《开皇律》。《开皇律》共12篇，条目精简，刑律较轻。它废除了前代枭首、㭊裂、孥戮等酷刑，减死罪81条，流罪154条，徒、杖等千余条。只保留律令500条。刑名分死、流、徒、杖、笞五种。死刑分绞、斩二等；流刑分1000里、1500里、2000里三等；徒刑分一年、一年半、二年、二年半、三年五等；杖刑自60杖到100杖五等；笞刑分笞10到笞50五等。又规定凡有冤案"县不为理者，听以次经郡及州，仍不理乃指阙申诉"。还取消了州刺史对死刑的处决权，死刑执行必须经皇帝批准。总之，《开皇律》与前代刑律相比是宽缓清简的，这是法律史上的一个进步。

《开皇律》继承和扩大了秦汉以后贵族、官僚享有的特权，沿袭了曹魏以后的"八议"。规定凡是在议亲、议故、议贤、议能、议功、议贵、议勤、议宾"八议"之科者和七品以上官吏，犯罪皆减一等治罪，九品以上官吏犯罪者，可以铜赎罪。隋文帝定新律是有进步意义的，但律外施刑，却大大损害了新律的进步作用。

创立科举制

在选拔官吏的制度方面，隋文帝在开皇之初就废除了魏晋以来长期实行的只重门资的九品中正制，实行科举制度。曹魏创立"九品中正制"，即由"贤有识鉴"的官员任各郡的"中正"，负责评审本郡读书人的才能、德行，将他们分为九品（等级），评议的结论是任官的依据。九品中正制实行日久，流弊百出。为改变这种情况，隋文帝设立科举制，即以不同科目对学有专长的读书人进行考试的制度。经考试合格者，就取得做官的资格。高官子弟可以通过"门荫"做官，而非高官子弟取得做官资格后，仍须再通过吏部考试，合格者方得任官。

隋朝的科举制，主要是分科。隋文帝开皇十八年（公元598年）七月，设立"志行修谨（有德行）"、"清平干济（有才能）"二科。隋文帝令京官五品以上和地方官总管、刺史以上述二科"举人"（推荐人才）。这被看做是科举制的开始。以后科举名目繁多。由于科目较具体，标准较明确，比原先的"九品"评定，易于将真正学有专长的人选拔出来。

在上述一些临时性的特科之外，隋朝还设立了比较固定的举科，如秀才、明经、进士三科，为后世所沿用。隋朝所设秀才、明经、进士三科，以秀才为尊。隋有天下近40年，而所取秀才总共不过十余名。正因如此，《旧唐书·杜正伦传》："隋代举秀才止十余人，正伦一家有三秀才，甚为当时称美。"秀才科考文辞秀美。明经科考儒家经典。进士科，在唐代考文辞和策问，隋代大概也是如此。

科举及第，只获得明经、进士出身，即取得了当官的资格。获得明经、进士出身之后，还要赴吏部，通过"身、言、书、判"的考试内容，合格者，依据当年各个部门、各个州县缺官的情况，任命为官员。不过，最初只能做县尉、功曹等九品小官。

科举制的创立，打破了门阀世族把持政权的局面，为庶族地主开辟了入仕的途径，扩大了封建统治的阶级基础，同时也有利于选拔人才，增强政治效率，对巩固和加强封建专制主义中央集权起着很大的作用。所以，科举制代替九品中正制是我国古代选官制度的一次重大改革，自隋首创，历唐、宋至清末，施行了1300年之久。

统一度量衡、货币

顾炎武的《日知录》说，"三代以来权量之制，自隋文帝一变。"开皇元年，隋王朝即统一了度量衡。规定一尺等于古尺一尺二寸八分（约合今九市寸），等于南朝尺一尺二寸，一斗等于古斗三斗（约合今六升），一斤等于古秤三斤（约合今一市斤三两）。

同年，统一货币，更铸五铢钱，重五铢，解决了周齐以来货币名品甚众，轻重不等的问题，便利了商品的流通。

隋文帝的经济改革

继续推行均田制

隋朝在经济上继续推行北魏以来的均田制，农民授田依北齐田令，一夫受田80亩，妇人40亩，称为露田，丁男另受桑田或麻田20亩，叫永业田。露田死后要归还，永业田可以传子孙。地主官僚的奴婢受田，按其地位高低，限制在60人到300人之间，奴婢受田的数量与农民同。丁牛

青釉莲瓣盘口尊

一头受田60亩，限4牛。隋制规定，自亲王至都督皆给永业田，多者百顷，少者30

顷。京官从一品至九品都给职分田，多者5顷，少者1顷。各级官府给公廨田，以供公用。这种制度是在不触动地主土地私有的基础上推行的，对官僚地主有利。官僚受田较多，官位越高受田越多，而农民受田实际不足，有些狭乡的农民受田更少。同时，官僚地主兼并土地的情况依然存在，无地少地的农民，在整个隋代始终是存在的。

均田制是政府将所能支配的土地与一些无主荒地分配给农民耕种，使他们固定在土地上，以利于统治者剥削的制度；但另一方面实行均田制，农民多少得到一点土地，土地兼并多少受到一些限制，这就有利于提高农民的生产积极性和扩大耕地的面积。

实行租调徭役

隋朝规定了与均田制相适应的租调徭役制度。开皇二年（582年），隋政府以北齐、北周旧制为基础，制定了户籍赋役方面的新法令。法令规定：男女3岁以下为黄，10岁以下为小，17岁以下为中，18岁到60岁为丁，60以上为老。丁男一床（夫妇）纳租粟3石，调绢1匹，绵3两（种麻者调布一端即相当于6丈，麻3斤）。无妻室的单丁及奴婢缴纳一半租调。力役规定丁男每年服役1个月。开皇三年（583年），隋采纳宰相苏威的建议，对赋役、户籍法令作了较大的修改。规定把成丁的年岁由18岁改为21岁，使丁男少服三年的徭役和兵役。丁男每年服役期限，由一月改为二十日，调绢1匹（4丈）改为2丈。开皇十年（590年），又补充规定"民年五十，免役输庸"。这就是说，丁男所服的劳役，部分实行了以布帛代替力役的办法，称为"庸"。

隋代的赋役制度，对地主贵族是有利的，奴婢出半赋就是对地主贵族的优待。但与前代相比，隋朝大幅度减少徭役和绢

布征收额，并在一定情况下允许纳绢代役，是一种符合社会发展的进步措施，使农民负担有所减轻，有较多的时间从事生产，收入有所增加。这样，就使政府在与豪强地主争夺"浮客"的斗争中，处于有利地位。

"大索貌阅"和"输籍法"

针对南北朝以来户籍混乱的状况，隋文帝于开皇五年（585年）实行"大索貌阅"。令州县官吏按照户籍上登记的年龄，和本人的体貌核对，检验是否谎报年龄，诈老诈小；查出户口不实，保长、里正和党长要发配远方；鼓励百姓互相检举，以防户口不实。这次检括，查实壮丁44万多人，新编入户籍的有164万多人。接着，又根据高颎的建议，实行了输籍法。由中央根据资财情况定出划分户等和交纳租调的标准，称为"输籍定样"，发到州县，每年正月五日，由县令派人出查，以300家或500家为一团，依定样确定各户的户等和税额，写成定簿。输籍法的实行，使地方官不能任意舞弊，人民也无法逃税。由于政府所定税额轻于世家大族，因此，使许多私家的属民和隐漏、逃亡的农民乐意成为国家的编户。政府的编户多了，收入自然也随之增加。

置仓积谷

赋役对象与耕地面积的扩大，使隋王朝有可能从民间征得更多的实物。大量谷物和绢帛从诸州输送到西京长安和东京洛阳。为便于征集物的集中和搬运，隋朝沿着漕运水道在今陕西、河南境内设置了广通（今陕西华阴）、常平（今河南三门峡市东南）、河阳（今河南孟县南、黄河北岸）、黎阳（今河南浚县）、含嘉（今河南洛阳）、洛口（即兴洛仓，今河南巩县东北）、回洛（今河南洛阳）诸仓。

开皇五年，文帝采纳长孙平建议，令诸州以民间的传统组织——社为单位，劝募当社成员捐助谷物，设置义仓，以备水旱赈济，由当社为首的人负责管理。由于这是社办的仓，所以又称为"社仓"。开皇十五年和十六年，文帝命令西北诸州（大致为今甘肃、宁夏和陕北地区）的义仓改归州或县管理；劝募的形式也改为按户等定额征税；上户不过1石，中户不过7斗，下户不过4斗。其他诸州的义仓大概以后也照此办理。义仓于是成为国家可随意支用的官仓。

经过多年搜括蓄积，西京太仓、东京含嘉仓和诸转运仓所储谷物，多者曾至千万石，少者也有几百万石，各地义仓无不充盈。两京、太原国库存储的绢帛各有数千万匹。隋朝仓库的富实是历史上罕见的。它反映了户口增长与社会生产的上升，同时也说明受田农民辛勤劳动的生产成果大部分为封建统治者所掠夺。

开凿大运河

为了巩固统治，加强对河北、江南等地的控制；也为了获取东南的财富，并能源源不断地运往洛阳和长安，隋统治者利用天然河流和旧有的渠道，开通了以洛阳为中心，沟通南北的大运河。其工程分为四段：通济渠、山阳渎、江南河和永济渠。

通济渠：大业元年（605年）三月，隋炀帝命尚书左丞皇甫议征发河南、淮北各郡民百余万开通济渠。通济渠的渠首是在汜水县（今汜水镇）东北35里的板渚（黄河南岸），这样，黄河遂成为通济渠的水源。从板渚至浚仪（今开封市）之间，则利用两汉时开的汴渠（又称蒗荡渠）。自浚仪起，通济渠就与一直东去与泗水会合的汴渠分离，而折向东南方向。此后，通济渠经陈留（今陈留镇）、雍丘（今杞县）、襄邑（今睢县）、宁陵、宋城（今商丘）、谷熟（今商丘东南）、永城、临涣（今永城东南）、埇桥（今宿州）、虹县（今泗县）至泗州（今盱眙北洪泽湖中）

中国通史

最新整理图文珍藏版

而注入淮河。通济渠连接了黄河与淮河，是南北大运河的关键一段。

山阳渎：从山阳（今江苏淮安）引淮水至扬子（今江苏仪征）入长江，这条水道为春秋时吴王夫差所开，原称邗沟。开皇七年（587年），隋文帝为伐陈，下令对这条水道进行疏浚。大业元年（605年）炀帝又征淮南民夫十余万，对山阳渎加以加深扩大。

江南河：大业六年隋炀帝下诏开凿江南河。自京口（今镇江）至余杭全长800余里。要求河面"广十余丈"，"使可通龙舟"。这次开凿江南运河，是对六朝以来原有江南运河的一次加宽、疏浚。

永济渠：南起黄河与沁水的汇合口，沿沁水北上，在今河南武陟县沿沁水支流（今孟姜女河）折向东北达于汲县，再循洪水（白沟）、屯氏河、清河（其路线略同今卫河），经今滑县、浚县、馆陶、清河、德州、沧州等地，北至天津，又折向西北，经沽水、桑干水（即今天津武清以下的白河与武清以上至北京西南郊的永定河故道），直达涿郡（今北京）。运河全长二千余里，河道较广，可通龙舟。该渠将黄河、海河两大水系连结起来，有利于中原地区与河北、辽东地区的经济、文化交流，也有助于中原王朝对北方地区的管理和控制。

大运河南起余杭，北达涿郡（北京），纵贯冀、豫、皖、苏、浙、鲁六省，连接海河、黄河、淮河、长江、钱塘江五大水系，全长5000华里，是举世闻名的伟大工程。大运河的开通，加强了南北的联系，成为南北交通的大动脉。对于巩固国家的统一，促进经济文化的交流，起了重大的作用。

营建东都

仁寿四年（604年）隋炀帝下令营建洛阳，指出洛阳"水陆通，贡赋等"，便利各地运送贡赋；又指出，"南服遐远，东夏殷大"，"关河悬远，兵不赴急"，以洛阳为中心，最便于控制全国。第二年，他命令宰相杨素和著名建筑家宇文恺设计营建洛阳，每月征发丁男200万人修建，经过10个月修成。新的洛阳城位于旧城之西，规模宏壮，周围55里。隋炀帝把原洛阳城的居民和各地的富商大贾，迁徙到那里居住。为了贮藏各地运来的粮食，供应洛阳众多的人口和庞大的官僚机关、军队，隋炀帝又下令在巩县置洛口仓，穿3000窖，每窖可容8000石；在洛阳北置迴洛仓，穿300窖。隋炀帝时候，京城虽然还在长安，但是他常住洛阳。洛阳成了政治、军事和漕运的中心。

开皇之治

隋文帝杨坚，原是北周的勋戚重臣，被封为隋国公。他的女儿杨丽华，是北周宣帝的皇后，性情柔婉，举止端雅，颇得宫妃的敬重。妻子独孤氏出身于鲜卑贵族。杨氏和独孤氏这两大家族都是北周王朝的顶梁柱。这种联姻，当然是为了政治的需要。

宣帝的父亲周武帝历史上以灭佛而闻名，是位英俊的君主，儿子宣帝却是个庸碌的昏君。宣帝二十二岁做皇帝，还不到一年，就传位给八岁的儿子周静帝，自己当起太上皇，自称天元皇帝。这个昏君喜怒无常，看不中那位淑娴端庄的皇后，经常无故地责骂她，杨后却从容不迫，辞理不屈。一天，昏君暴怒，强令杨后自杀，并扬言要族灭杨氏全家。

后母独孤氏闻讯，仓皇进宫磕头求情，直磕得头破血流。

后父杨坚也奉召入宫。坦然而入，神色自若，打乱了昏君事先要谋杀他的计划。

最新整理图文珍藏版

一场统治集团内部的冲突暂时避免了。

这场冲突的内在原因，要比帝后不睦的表面现象深刻得多。这是因为隋国公的潜在势力日增，对皇权构成了威胁。宣帝虽然昏庸，也已朦胧地感觉到了。同时，隋国公也在收揽人心，私下放风说：天元昏聩，又自剪羽翼，容颜憔悴，寿命不会很长了……

果如杨坚所料，大约未出一月，宣帝就颓然死去。朝廷重臣刘昉、郑译等，有些原本就是杨坚的心腹，乘机假传遗旨，召杨坚入朝辅政。杨后得知此事，大为惊愕，转念又想，皇帝幼小，家父辅政，总比大权旁落为好。

杨坚辅政不到两年，就剪除了异己势力，将政权紧紧控制在自己手中。于是，由隋国公晋封隋王，由隋王而受禅称帝。公元581年二月，建国号隋，改元开皇。

隋文帝开国，一改先朝弊政，励精图治，然后，北逐强胡，南灭残陈，结束了近四百年的大分裂局面，建立起一个强大的统一的隋帝国。

隋文帝治国有方。他首先建立起强大的中央政府机构，又简化了地方行政层次；改革选吏制度，废除了300多年以来为世家豪族所把持的九品中正制，设科举士（此为科举制的创始），使中、小地主也有参政的机会，扩大了统治基础；经济上，采取轻徭薄赋，鼓励农桑的政策，遂使生产蒸蒸日上，国势日渐强盛。

隋文帝初始亦倡导节俭，平日顿饭不过一肉，宫廷用物，残坏了的经过修补再用。皇后不尚丽服艳饰。宫人的衣服也是穿了再穿，少有新制。达官贵人也以节俭朴素为荣，便服多用布帛，不以金玉为饰。这样，久而久之，形成了隋初崇尚节俭的社会风气。

隋文帝对官吏贪污，总是严惩不贷，甚或失之苛酷。

隋文帝如此治国，二十几年后，国家安定，经济繁荣，百姓乐业，一片兴旺景象。开皇十二年（592年），财政官员呈报说："府藏皆满，粮食布帛无处容纳，已堆积在走廊和房下了。"文帝诏令再造新库。后来，又奏呈说："新库落成，亦堆积无余。"文帝只好下令说："告知郡县，寓富于民，不藏于府，免除今岁租赋，赏赐百姓。"早在平陈之后，就宣布免除江南十年租赋。这样富庶的景况在历史上也是罕见的。七百年前，曾一度见于西汉初的文景之治，今再见于开皇之时。

这时，朝廷府库中储积了多少财物，史无确数。但见有这样的记述，粮食布帛足够朝廷支用五六十年。即至后来隋末洛阳被围困，城内布帛山积，以致用布帛做柴烧，用绢代绳汲水。唐朝代隋之后，堆积的布帛还用了20多年。

伴随着社会的安定，经济的繁荣，户口也迅然猛增。隋初北朝半壁河山有约360万户，南朝有户约50余万，合计不过400多万。二十九年后，全国已有890余万户，4600余万人。户数比南北朝时约增加一倍，比西晋时约增长两倍，接近了东汉时的户口水准，即1000万户，5000万人。当然，这是些相当粗略的统计数字，但从中也可窥见东汉以后人口的起伏变化，以及隋文帝时期人丁兴旺的景象。

隋盛时，中国的版图东起大海，西到新疆，南抵云广，北至大漠，东西4600余公里，南北7400余公里。

隋文帝，作为封建帝王，当然有其阶级的、历史的局限性，以及种种弊政，但他顺应历史的发展，统一了中国，又使国家迅速地富强起来，达到上述如此繁荣的程度，这在中国漫长的封建历史上是少见的。隋文帝的历史功绩，以往很少为人们所称道。

隋文帝善于治国，却不善于治家。仁

寿四年（604 年），他卧病在仁寿宫（今陕西扶风北），竟被太子杨广派人杀害，据载：当时"血溅屏风，冤痛之声闻于外"。从此，隋朝治世的局面就逆转了。

隋征高丽

隋第一次征高丽之战发生于隋大业八年（612 年）正月，止于同年九月。隋炀帝亲率 100 多万大军，分成左右 24 军，水陆并进，直逼高丽王都平壤。高丽军以诈降之计，诱使隋军东进，于萨水对隋军半渡而击，隋军惨败。

据传说高丽原为周朝初年殷宗室箕子的封地，当时即称作朝鲜。由于自春秋战国以来燕齐地区不断移居朝鲜，朝鲜及朝鲜半岛南部的真番均臣服于燕。西汉初期，燕人卫满率众攻灭了朝鲜，占据了王险城（今朝鲜平壤），接着降服了真番等小国，但仍称臣于汉。汉武帝时，朝鲜阻止附近小国向汉王朝进贡，欲与汉分庭抗礼，汉武帝派水陆两路大军征讨，朝鲜复降于汉，汉将朝鲜等地，划分为乐浪、玄菟、真番、临屯四郡。

汉元帝时，扶余人朱蒙率众南下，占据朝鲜旧地，建立高句丽国，不断侵占汉王朝边境郡县，以后，其势力逐渐扩展至辽河沿岸地区。西晋时高句丽为前燕征服。南北朝时期，高句丽乘诸国纷争战乱之机，再次复国。

隋开皇十八年（598 年）二月，高丽王高元率靺鞨士卒 1 万多人，入侵辽西，被隋营州总管韦冲击退。隋文帝恼恨高丽的侵袭，遂任命汉王杨谅、大将王世积同为行军元帅，率水陆两军 30 万人征伐高丽。并以尚书左仆射为汉王长史，以周罗睺为水军总管。

六月，隋文帝下诏废黜高丽王高元的官爵。与此同时，杨广的军队已从临渝关（今河北山海关）出动，但恰遇水灾，军粮运输中断，军中缺粮，且又流行疾疫。周罗睺所率之水军，从东来（今山东茎县、来阳以东地区）起渡后，遭遇大风，许多舰只被吹散沉没，人员损失十之八九。九月，只好退回。此时，高丽王高元已得知隋大军进击的消息，十分惶恐，急派使者入朝谢罪，称自己是"辽东粪土臣元"。隋文帝见此，遂下诏罢征高丽之军。这样，隋王朝于第一次征高丽之战前的初次进军，便半途而废。

隋大业八年正月初二，隋炀帝已将征高丽诸路兵马除一部分水军之外，均调集于涿郡，于是下诏，令左右 24 军开始向高丽进军。从初三起，每日出动 1 军，各军相隔 40 里，"连营渐进，终四十日，发乃尽。首尾相继，鼓角相闻，旌旗亘 960 里。"各军准备会师于平壤城（今朝鲜平壤）。

隋大军刚刚进发不久，兵部尚书左侯卫大将军段文振便身患重病，病死军中。隋军未曾交战，便损失一员大将，炀帝甚为痛惜。

三月十四日，隋炀帝进至辽水（今辽宁辽阳东北），隋大军齐集辽水岸边列阵，高丽兵隔岸防守，隋军难以渡河。此时，左屯卫大将军麦铁杖自请为前锋，并告诉他三个儿子说："我蒙受国家的恩惠，今天正是报效而死的机会，我死的有意义，你们就能永享富贵。"说罢便率部渡河进攻。由于隋军所架桥梁距对岸尚差 1 丈多远，使隋军无法直接登岸，只能跳入水中，涉水上岸，高丽兵居高临了，斩杀了众多隋军。麦铁杖跃上河岸后，与虎贲郎将钱士雄、孟叉等皆战死。两天后，隋军将桥梁架通，诸军才相继过河，大战于河东岸，高丽兵惨败，死者以万计，隋军乘胜进围辽东城（今辽宁辽阳市老城区），隋炀帝随之渡河。

五月，隋炀帝下诏告诫诸将说："各军不得暗中偷袭敌人。凡向敌进攻，应兵分三路，要三路互相联系，不可孤军深入，以免招致失败。凡进攻和停止进攻均须奏报，不得擅自自动。"辽东城在隋军的攻击之下，危急万分，几次要求投降，但诸将不敢擅自作主，而派人奏报隋主，待奏报的人返回，高丽军又获得喘息机会，重新加固守备，又与隋军交战，如此反复几次，辽东城仍未攻克。隋炀帝对此非但不改变自己上述规定，反而责备众将怕死，扬言要诛杀他们。然而，高丽各城仍屡攻不下。

隋右翊卫大将军来护儿统率的江、淮水军舰船于海中首尾相接数百里。六月，从　水驶进离平壤60里时，与高丽兵相遇，将高丽兵大败。副总管周法尚建议待各军齐集后再攻平壤城，来护儿不听，挑选了4万锐卒，进达平壤城下。高丽军出兵与来护儿军交战，佯装败退，来护儿率军追入城内，被高丽兵大败，来护儿只率数千人逃回，高丽军追至隋军停泊舰船处，周法尚已严阵以待，高丽兵才未敢攻击，撤军而回。

左翊卫大将军宇文述从扶余道进兵，右翊卫大将军于仲文从乐浪道进兵，左骁卫大将军荆元恒从辽东道进兵，右翊卫将军薛世雄从沃沮道进兵，左屯卫将军薛世雄从玄菟道进兵，右御卫将军张瑾从襄平道进兵，右武侯将军赵孝才从碣石道进兵，左武卫将军崔弘昇从遂城道进兵，左御卫虎贲郎将卫文升从增地道进兵，各军都进至鸭绿水（今鸭绿江）西岸。

宇文述等军，人马都分给100天的粮食，并携带排甲、抢稍以及衣物、战具、帐幕、炊具等等，士卒不堪重负。但宇文述却下令："士卒有遗弃米粟者斩！"士卒虽不敢明里丢弃，暗中则把米粟埋于宿营地下。这样，宇文述等军行至中途，便已

隋·淮南起照神兽铜镜

断粮。

高丽王派大臣乙支文德至宇文述军宫诈降，以观宇文述军的虚实。右翊卫大将军于仲文原先曾奉隋主的密旨，令其凡遇高丽王及文德来使，一律擒获。于是，于仲文欲下令捕获乙支文德。尚书右承刘士龙为慰抚使，坚决反对，于仲文动摇，放文德回归。于仲文与宇文述放走了文德这个合法的"间谍"之后，追悔莫及，宇文述便以军中粮尽为由，欲率军退回。于仲文欲派精锐追捕乙支文德，宇文述坚决阻止。于仲文怒道："将军统10万之众，不能打败小小贼兵，有何面目去见皇上？"宇文述等人不得已而听从了于仲文的意见，率领部将去追赶乙支文德。乙支文德早已看到宇文述士卒面带饥饿之色，为进一步疲惫隋军，他每次一与隋军交战，便佯装败退。这样，宇文述等军一日之内，七战皆胜。宇文述既受这些胜利的鼓舞，又迫于于仲文等的压力，只得勉强率军继续东进，渡过萨水（今朝鲜清川江），进至距平壤30里处，依山扎营。此时，乙支文德又派使者假装投降，并向宇文述请求说："如果隋军撤回，高丽王便去朝见隋帝。"宇文述等见士卒疲惫，不宜再战，加之平壤城险固，难以在短期内攻拔，遂利用敌

诈降之计，撤军而还。宇文述等军结成方阵而走，高丽军从四面包抄攻击，宇文述军且战且走。七月二十四日，到达萨水，全军渡过萨水一半时，高丽军从后面攻击隋军的后军，右屯卫将军辛世雄战败身亡，各军随之溃败，无法制止，一天一夜急退450里，退至鸭绿水。将军王仁恭率部担任殿后，奋力抗击高丽军，才将高丽军击退。宇文述等九军当初渡过辽水东进时，共30.5万人；回至辽东城，仅剩2700人。数以亿计的军资器具也丢弃殆尽。隋右翊卫大将军来护儿等所统江、淮等地水军，听到宇文述等兵败，也带兵退回。隋军唯有将军卫文昇所统之军全军而归。隋炀帝对宇文述等军的战败十分恼怒，欲将宇文述等治罪。但由于隋炀帝平时宠信宇文述，并将自己的女儿南阳公主嫁与了宇文述之子，不忍心诛杀，将宇文述、于仲文等除去爵位，贬为平民。杀刘士龙，以向天下谢罪。

隋太子爬树喊冤

炀帝的继位

　　隋代许多改革是文帝和炀帝两朝完成的。文帝有五个儿子。长子杨勇在文帝代周前夕，内领禁卫，外统故齐之地，后立为太子，参决军政大事，曾经获得文帝的宠任，但他奢侈好色，使得文帝和独孤皇后逐渐失去对他的信任。次子杨广同样奢侈好色，但却善于矫饰，貌为节俭孝顺，博得父母宠爱。他与大臣杨素勾结，向文帝揭发杨勇的过失。文帝和杨勇间的感情日益恶化，文帝甚至怀疑杨勇有篡夺皇位的意图。开皇二十年（600年）十月，文帝废杨勇，十一月，立杨广为太子。仁寿四年（604年），杨广继位，是为炀帝。传说文帝是被杨广暗害的。

　　炀帝即位时，文帝第五子汉王杨谅身居并州总管重任，统辖今山西、河北、山东境内52州，手握强兵。他早就觊觎皇位。七月，炀帝即位，八月，杨谅就以讨杨素为名，起兵反叛。杨谅虽然拥有可观的兵力，但改变不了关中的军事优势；他用兵又举棋不定，忽攻忽守，所以很快就被杨素领兵镇压了。

繁重的劳役征发

　　导致人民反抗的直接原因是漫无限止的劳役征发。炀帝营建东京、修长城、开运河，虽有一定的积极意义，但却滥用了民力；至于纯为个人享乐而征发的劳役，只能给人民带来灾难。

　　从炀帝即位开始，几乎每年都有重役。仁寿四年十一月，他发丁男数十万，在今山西、河南境内夹黄河两岸掘了两道长堑。大业元年三月营建东京，月役丁200万（次年正月告成，历时十个月）。同时炀帝征发河南、淮北丁男前后百余万开凿通济渠，又发淮南民10余万开邗沟，不到半年便完成了这两项工程。这一年还在江南采伐木材，建筑东京和其他各地宫殿；为了巡游江都而在江南造作龙舟和数以万计的各色大小船只。八月巡游江都，征发挽船士数万人。粗略估计，从仁寿四年十月到大业元年十月的一年间，被征发的丁男不少于400万。大业二年统计的户数为8907536，就是说，平均每两户征发一丁，而且征发地域集中在河南至淮南之间，这一地区被征发的丁男所占的比例当然更高。营建东京的200万丁，由于苦役，死亡率殆半，其他劳役的死亡率大概也差不多。可见这一年征发丁男的比例和死亡率都是高得惊人的。此外，该年被诛戮和流配的所谓杨谅"叛党"还有几十万人。

随后是大规模地修筑长城，开凿永济渠。早在开皇六年和七年，文帝曾两次修建长城，一次征发丁男11万（一作15万），另一次征发10万余，都是按制度"二旬而罢"。大业三年炀帝到榆林，七月发丁男百余万筑长城，虽仍按制度"二旬而罢"，但死者过半。次年正月，征发河北诸郡男女百余万开永济渠，丁男不足，以妇人供役。七月，炀帝北巡五原（今内蒙古五原南），又发丁男20余万筑长城。此外，大业三年，还征发河北10余郡丁男凿太行山，开一条通往并州的驰道，虽没有具体的征发数字，但征发范围达十余郡，人数当不会少。从大业三年五月到四年七月一年多的时间内，所发丁男以至妇女，大约在300万人次左右，征发地区包括今内蒙古、山西和河北，当时这些地区的户数，大致为350万左右，可见征发比例也非常高。

炀帝在十四年统治期间，几乎没有一年不出去巡游。他曾三巡江都，三到涿郡，两至榆林，一游河右，还有长安与洛阳间的频繁往还。伴随着巡游，到处建筑宫殿；每次出巡，宫人、侍卫和各色随从人员多达10万人，沿路供需都由所经地方承办。这笔费用最后都落在人民的头上。

这些劳役征发超出了人民所能承担的限度。大业六年就已有人民起义发生。次年，炀帝发动对高丽的战争，更大规模地征发兵役和劳役，终于点燃隋末农民起义的燎原大火。

炀帝三征高丽

隋朝时，朝鲜半岛上有高丽、百济、新罗三国，其中，高丽最强。东晋时，高丽入据辽东，奚、契丹、靺鞨等族受其控制。开皇十八年（598年），高丽王高元联合靺鞨进攻辽西，被隋朝地方军击退。文帝发兵30万进击，高元遣使谢罪，罢兵修好。

炀帝即位后，要求高元入朝未成，便决心大举东征。大业四年（608年）开永济渠，就是要为东征作交通运输准备。同时，炀帝命令山东（今河北、山东地区）广置军府，充实军马，整备武器。运输之役更是繁重：七年二月，炀帝命令在东莱（今山东掖县）海口造船300艘，官吏督役严急，死者达30%；五月，命令河南、淮南、江南造戎车5万辆，装载衣甲帐幕，由兵士自己牵挽，送往高阳；七月，发江淮以南民夫和船，运黎阳及洛口诸仓米到涿郡，船舶连接达千余里。运输兵民交错往还，昼夜不绝，死的就抛在路旁，臭秽满路。又发民夫自办车牛运粮械到泸河（今辽宁锦州）、怀远（今辽宁辽阳西北）两镇，车牛都一去不返。又发鹿车（即独轮车）夫60余万，每两人推米三石，路途遥远，三石米还不够路上吃的，车夫到镇无米可交，只好逃亡。

大业八年，隋军云集涿郡，共1133800人，分左右各12军，运输人员加

杨广像

倍。当年二月，炀帝和大军渡过辽水，围攻辽宽城（今辽宁辽阳）。这次声势浩大的东征本来不得人心，高丽又顽强抵抗，隋军遭到失败，士兵役丁死亡大半，物资装备几乎全部丢失。宇文述进攻平壤（今朝鲜平壤）的九军共 30.5 万人，只 2700 人生还辽东。七月，炀帝被迫退兵。

失败并没有使炀帝接受教训，他在退兵时就下令继续搬运黎阳、洛口、太原诸仓谷物北上。九年正月再次在全国征发兵士集中涿郡。四月，炀帝再渡辽水，和上次一样攻围辽东城，一个多月仍没有攻下。六月，在黎阳督运兵粮的杨玄感起兵攻东都（东京改称）。消息传到前线，炀帝有后顾之忧，只好退兵。

同年八月，杨玄感败亡。但农民起义军却风起云涌，隋王朝处于崩溃前夕。炀帝妄想以对外的胜利来扭转危亡的命运，于大业十年二月发动了第三次东征。三月

炀帝又到涿郡，七月到达怀远镇。高丽虽两败隋军，却因连年战争，所受损失也非常严重，所以立即遣使请和，并办送隋的叛将斛斯政。这次战争是在义军遍地的形势下发动的，征集的士兵多因道路阻隔，不能如期到达，有的根本没有来，来的又因沿途多有逃亡，以致兵员不足，实是凑合成军。炀帝也感到无法把战争进行下去，只好应高丽请和，乘势收兵。

隋末农民大起义

炀帝三次东征，给人民造成一场非常严重的灾祸。大业八年云集涿郡的兵士和民夫大致为 350 万人，如果再加上造船之类的就地征役、或逃或死的兵民，数字就更大了。以后连年东征，都是在全国征发，人数也不会少。除了劳役以外，军需的征发也非常严重，常规租调已预支数年。这样扰动全国，弄得盛强的隋王朝"黄河之北则千里无烟，江淮之间则鞠为茂草"（杨玄感的檄文），社会生产力遭到严重的破坏，人民受到无边的苦难。

河北、山东是筹备东征的基地，兵役、力役最为严重。大业七年，这一地区遭到特大水灾，次年又发生旱灾，人民走投无路，起义的战鼓首先就在这里敲响。最早见于记载的是大业七年邹平县民王薄于长白山（在今山东邹平南）起义，自称"知世郎"，作《毋向辽东浪死歌》号召反抗。这一年还有刘霸道起义于平原东豆䄂（今山东商河、惠民间），孙安祖、窦建德起义于高鸡泊（今河北故城西），鄃县（今山东夏津）人张金称、蓚县（今河北景县）人高士达各在境内起义。后来发展壮大的翟让领导的瓦岗（在今河南滑县南）军和以后南渡长江由杜伏威、辅公祏领导的起义军，也都在这一二年间组织起来。从此

直到隋亡，见于史籍的武装反隋力量北至今山西、河北北部，南达岭南，东至山东、江浙、福建沿海，西达河西走廊，大大小小数以百计，其中在今河北、山东、河南的约占半数，起义时间也较早。这些起义队伍经过激烈的搏斗，分并离合，最后大致形成三大起义力量：一是威震全国、据有河南的李密领导的瓦岗军；二是雄踞河北的窦建德领导的夏军；三是自淮南转移到江南由杜伏威领导的吴军。

关陇贵族统治集团的分裂

农民起义军的发展，促使统治阶级内部分化。有的反隋武装力量，本来就是乘乱起兵的地方豪强，如据有朔方的本郡豪族梁师都，据有江南吴兴等郡的江东豪族沈法兴，据有江陵的萧梁后裔萧铣等；也有拥有兵力的军府将领，如据有陇右的金城府校尉薛举，马邑（今山西朔县）的鹰扬府校尉刘武周、涿郡的虎贲郎将罗艺等。他们大都志在乘乱割据。更有不少地主豪强参加了起义军，比如瓦岗军中的徐世勣、王伯当等。此时，关陇军事贵族集团也发生了分化。尤其是大业九年杨玄感的起兵，对隋朝的崩溃有很大影响。

杨玄感是大贵族、权臣杨素的儿子。第二次东征时，他以礼部尚书在黎阳督运粮食，六月，聚众起兵，攻围东都。炀帝派来救援东都的辽东还军将到，玄感撤围西入关中，八月为追兵所及，败死。杨玄感声称"为天下（百姓）解倒悬之急"，具有很大的号召力，一呼而集就有 10 万人。他的好友和参谋李密，家世也是西魏以来的关陇世袭大贵族。和玄感通谋的斛斯政、投奔玄感的李子雄及隋宗室观王杨雄的儿子恭道、大将韩擒虎的儿子世谔，也都是关陇世袭贵族。杨玄感虽然很快失败，但却促使了作为隋朝统治核心的关陇集团的迅速分裂，进一步孤立了隋炀帝。

大业十一年八月，炀帝第三次巡视北境。突厥始毕可汗（启民子）眼见隋朝大势已去，就发兵围炀帝于雁门，也企图乘机称霸。炀帝下诏各地募兵救援，九月解围，炀帝还东都。从此，突厥经常攻扰并州，威胁太原。

韦冲大战高元

并州地区的起义力量在大业十一至十二年间日益壮大，汾水两岸义旗竞举。在此背景下，隋太原留守李渊乘机而起。李渊（即唐高祖李渊）是西魏六柱国之一李虎之孙，既是关陇世袭贵族，又是炀帝的姨表兄，一向为炀帝所信任。大业十一年他以山西河东慰抚大使领兵解雁门之围有功，被留在并州防御突厥和镇压农民军。大致在大业十二、十三年之间，炀帝命李渊为太原留守。当时，隋朝的危亡形势已很明显。李渊既害怕无功被罪，又怀有政治野心，加之次子李世民等的劝说，经过密谋部署，于大业十三年五月起事，七月进军关中，十一月攻占长安。李渊立炀帝孙代王侑为帝，改元义宁，尊炀帝为太上皇，自为大丞相，掌握大权。次年五月，李渊代隋称帝，国号唐，改元武德。

大业十三年，瓦岗军推李密为魏公，先后攻占洛口、回洛、黎阳诸仓，散粮聚众数十万，进逼东都。河北起义军领袖窦建德也在这年称长乐王于乐寿（今河北献县）。

隋炀帝的穷途末路

自大业七年农民起义爆发时起，隋炀帝就力图用严刑酷法镇压人民的反抗怒火。文帝时就经常超越法律、任意加刑，这时更甚。大业七年，炀帝命令窃盗以上，不分轻重，随获随杀。九年又下诏凡为盗者抄没全家。杨玄感被镇压后，朝廷追究党羽胁从，死者达3万多人，凡取过黎阳仓粟者，不管多少，一律处死。秉承炀帝意旨，统兵镇压起义军的将领任意屠杀人民。如樊子盖镇压汾、晋间起义军时，大肆烧杀；王世充镇压刘元进领导的起义军时，一次坑杀3万人。但是屠杀只能激起人民更大的愤怒，起义队伍愈加壮大。大业九年以后，隋军只能据守一些城镇，已不能控制广大农村。炀帝命令百姓尽数迁入城内，就近给田，就反映了这一事实。大业十二年炀帝第三次到江都。面对着土崩瓦解的形势，他已经感到处境的危险。但为了逃避现实，他整天饮酒作乐，不准人说"盗贼"众多，如有人这样报告，轻则免官，重则处死。那时炀帝所能控制的地域已非常狭小，粮仓被占，租调不入，江都粮食供应越发感到困难。一些江南出身的官僚建议炀帝南渡。炀帝便在十三年下令修筑丹阳宫，准备渡江。

大业九年第二次征辽时，炀帝为了扩充军队，除征发府兵外，又曾募人从军，称为骁果。这次到江都，天下大乱，府兵

上番宿卫制度难以维持，只能以骁果代替。骁果中多数是关中人，一向不愿久留南方，往往逃亡。为了安定骁果，炀帝竟然搜括

隋炀帝巡游江都

江都寡妇和未嫁女子强配给他们。此举并没有收到什么效果。当骁果们知道炀帝方谋南渡，就决定劫掠马匹财物，集体西返。十四年三月，在炀帝宠臣宇文述之子宇文智及的鼓动下，骁果发动兵变，杀死炀帝，立炀帝侄孙秦王浩为帝，推宇文智及兄化及为大丞相掌握大权，率众自运河西返，他们来到徐州时，路已不通，就又掠夺百姓的车牛，改从陆道进向东都。

炀帝死讯到达东都，群臣立炀帝的又一个孙儿越王侗为帝，改元皇泰，史称皇泰主。这年六月宇文化及兵到黎阳，黎阳早由瓦岗军占领。那时，李密已接受东都官爵，便与化及在黎阳的仓城相拒。化及粮尽北走魏县（今河北大名西），九月杀秦王浩，称帝，国号许。唐武德二年（619年）宇文化及于聊城为窦建德所擒杀。李密击走宇文化及后，想应命到东都去"辅政"。当时，东都发生内讧，反对召李密的

王世充专政，发兵攻李密。武德元年九月，李密于偃师战败，降唐。王世充击败李密后，声势很大，遂于次年四月，废皇泰主，称帝，国号郑，改元开明。到此，三个象征性的隋政权残余全部灭亡。

王薄起义

暴君隋炀帝即位以来，进行无休止的横征暴敛，早已叫百姓透不过气来。三次征高丽的战争，全国规模的大征调，更使永济渠沿岸的村落，几乎找不到男丁。劳力缺乏，田园荒芜，再加上一场洪水，粮价涨了几百倍，人民靠树皮野菜充饥。他们忍受不了兵役、徭役和饥饿的折磨，纷纷揭竿而起。

大业七年（611年），齐郡邹平（今山东邹平）人王薄，首先在长白山（今山东章邱）起义。这座山在邹平、长山、淄川诸县交界，山势险峻，周围六十里，号称第二泰山。这个地方历来是起义农民隐身的场所，早在北魏时期，就"多有盗贼"（《魏书》卷45《辛绍先传》）。由于山里产铁，过去有人在山里制造兵器。传说王薄是个铁匠，很会打造枪头。正因为长白山具有各种优越条件，因此隋末农民起义的领袖，不少人都在这里首义。

王薄自称"知世郎"，他以先知先觉自居，借以树立自己的威望。他作了《无向辽东浪死歌》，号召人民起来反对隋炀帝，从而得到人民的拥护。歌辞道：

"长白山前知世郎，纯着红罗锦背裆。长矟侵天半，轮刀耀日光。上山吃獐鹿，下山吃牛羊。忽闻官军至，提刀向前荡。譬如辽东死，斩头何所伤！"（《类说》卷621《河洛记知世郎》条）

王薄起义好像星星之火，点燃了全国农民战争的序幕，农民大起义的熊熊烈火，便在全国各地燃烧起来。

同年，孙安祖、窦建德在高鸡泊（今山东恩县）、张金称在鄃县（今山东夏津）、高士达在蓨县（今河北景县）、刘霸道在豆子䇲（今山东惠民）等处起义。翟让与单雄信、徐世勣据瓦岗，外黄王当仁、济阳王伯当、雍丘李公逸、韦城周文举及不知名者纷纷起义。

大业九年（613年），孟海公据济阳周桥（今山东曹县）、孟让在齐郡（今山东济南）、郭方预在北海（今山东益都）、郝孝德在平原（今山东德县）相继起义。

大业九年（613年）六月，礼部尚书杨玄感，乘炀帝第二次东征高丽之机，在黎阳（今河南濬县）起兵。在刘元进、朱燮、管崇等人的领导下，江南农民在余杭（今浙江杭州）、吴郡（今江苏苏州）一带发动了起义；在白瑜娑等人的领导下，西北农民在灵武（今宁夏宁武）等地起义。十二月，章丘杜伏威、临济辅公祏起义，与下邳苗海潮、海陵赵破陈等部会合。这时仅见于记载的起义军就达百余支，参加人数数百万。起义军"大则跨州连郡，称帝称王，小则千百为群，攻剽城邑"（《隋书·炀帝纪》）。大业十年以后，各地起义队伍切断了长安、洛阳、江都隋朝三大据点的联系，隋统治集团陷入农民起义的大包围中。大业十二年，农民军经过五年多的奋战，由分散到集中，逐渐形成了以窦建德为首的河北起义军，翟让、李密领导的瓦岗军，杜伏威、辅公祏领导的江淮起义军等几支强大的农民起义队伍。

瓦岗寨起义

风起云涌、星罗棋布的隋末农民大起义，自大业七年到大业十二年（616年），经过五年的奋战，逐渐形成三大支队伍，一支是窦建德领导的河北起义军，一支是杜伏威、辅公祏领导的江淮起义军，一支就是翟让、李密的瓦岗军。

大业七年，东都法曹翟让犯了死罪，狱吏黄君汉惊佩翟让骁勇，以为他能拯救百姓，就暗中打死牢门，将他放了。在东郡（治所今河南南滑县）边界，有一处山势特别险要，峰回坡陡，莽林环抱。山上结着一个寨子，栅高垒固，称瓦岗寨，寨中正聚集着起义的农民。翟让亡命到瓦岗，被拥戴做了寨主。翟让的同乡单雄信骁健勇猛，善用马槊，还有年仅17的徐世勣，先后率部投奔翟让，队伍很快发展到万余人。因为聚义瓦岗，所以称为瓦岗军。

杨玄感兵败，谋主李密被捕，和其余十多名钦犯一起被押送东都。途中，李密把身上带的金子全部交给押解他们的使者，并请求为他们代办棺椁，使押解使者放松了戒备。当押解到魏郡石梁驿时，李密等十余钦犯乘防守的人醉卧梦乡之机，凿墙穿洞，逃了出去。李密脱险后，为了躲避官府缉捕，变姓易名，辗转山村，四处亡命。后来他往来于外黄王当仁、济阴王伯当、韦城周文举、雍丘李公逸等结寨聚义的群雄之间，鼓动他们下山取天下。

李密经过观察，认为翟让最强，就在大业十二年约了王伯当，投奔瓦岗寨。李密上山初，翟让因听说他是杨玄感的亡命将军而不信任他，把他软禁在营外。李密靠了王伯当的帮助，去见翟让献策说："如今昏君巡游江都，精兵集于辽东，这个形势如同过去项羽、刘邦奋起夺取天下的时机一样。足下雄才大略，瓦岗士马精勇，正可以席卷二京（长安、洛阳），诛灭暴虐，成就灭隋大业。"翟让因此对李密刮目相看。

李密见瓦岗人马愈来愈多，而粮草不敷供应，感到如果旷日持久，势必人马困疲，一旦强敌降临，就会涣然离散，于是向翟让又献一计，劝翟让下山夺取荥阳，养精蓄锐，然后大干一场。翟让称好。

十月，秋高马肥，瓦岗军浩浩荡荡下山，神速进军，攻破金隄关，攻克荥阳诸县。荥阳历来是兵家必争之地，要隘虎牢关在郡境内。因此隋炀帝特派河南道讨捕大使张须陀为荥阳通守，全力对付瓦岗军。张须陀是镇压义军的老手，带着两万精兵，杀气腾腾从东南方扑来。

瓦岗军开仓散粮

翟让曾多次被张须陀战败，心有余悸，想避其锋芒，退回瓦岗。李密阻止说："张须陀有勇无谋，骄傲轻敌，一战可擒。翟公只要列阵以待，密保能大胜。"部署翟让率兵从正面迎战诱敌，李密率精兵千余埋伏在荥阳北面的大海寺北密林中。张须陀一向藐视翟让，翟让且战且退，往北退了十多里，把张须陀的两万人马引到大海寺。瓦岗伏兵杀出，翟让回马杀回，和李密、徐世勣、王伯当一起围杀隋军。张须陀战死，隋军被歼1.5万余人。

大海寺一仗，瓦岗军大获全胜，初振

最新整理图文珍藏版

军威。河南郡县闻风丧胆，登封（今河南临汝）、密县（今河南密县）等地，未动一刀一枪都被瓦岗军占领。翟让高兴得让李密建立军旗，别统所部，号蒲山公营。李密加以整顿，严格训练，使它很快成为瓦岗军中一支生气勃勃的劲旅。

紧接着，瓦岗军部署新战役。李密对翟让说："洛口仓大米囤积。翟公亲去，定能攻克。然后开仓济贫，招兵买马，号召四方。"翟让说："这需雄才大略，我不行，还是请你指挥吧，我殿后。"于是决定夺取洛口仓。洛口仓又名兴洛仓，在巩义（今河南荥阳西）东北部，伊、洛两水会合处。仓城周围有二十多里，是当时最大的粮仓。二月的一天，李密、翟让带领7000轻骑，兼程疾驰，一举攻克了洛口仓。进城后，立即打开粮仓，赈济百姓。消息传开，瓦岗义军声誉传四方。以文辞著名海内的祖君彦也来投奔李密，李密把军中书檄全委托了他。

瓦岗军夺取洛口仓的消息传到江都以后，隋炀帝吓得魂飞魄散，不敢再回东都。驻守东都的越王杨侗，任命裴仁基为河南讨捕大使，与虎贲郎刘长恭各自领兵，夹击瓦岗军。刘长恭领的是少爷兵，拖拖拉拉，走了十一天，渡过洛水，在巩义东南石沙子河西岸列阵，南北长达十余里。李密、翟让早有部署、陈兵于石子河东岸，另有一部埋伏横岭下。翟让先接战，不利。李密即指挥后队蒲山公营横冲官兵队阵，隋兵大败，刘长恭在混乱中换上士兵衣服，逃回了东都。裴仁基失期未到，等听到刘长恭失败，吓得不敢前进，屯兵于巩义东南的百花谷，固垒自守。后来还屯虎牢关。

瓦岗军威震中原，翟让感到自己能力已不足继续领导，就让位给李密，奉李密为魏公。李密设坛场，即位，组织行军元帅府，改元永平；拜翟让为上柱国、司徒、东郡公，单雄信为左武卫大将军，徐世勣

为右武卫大将军，其余都拜授官职，令他们各领本部，李密建立了独立政权，号令天下。孟让、郝孝德、秦叔宝、程咬金等各路英雄都络绎不绝地投奔瓦岗。隋朝的官员裴仁基、柴孝和、郑颋等也闻风纷纷献城投降。著名骁将罗士信等也率众归顺了李密。因裴仁基献出虎牢关，李密封他为上柱国、河东公。当时"道路降者不绝如流，众至数十万"。瓦岗军声威大张，成为隋末农民起义中最大的一支义军。

为了巩固基地，李密令护田茂广筑洛口城，方四十里，同时派房彦藻向东扩展，攻克了安陆（今湖北安陆）、汝南（今河南汝南）、淮安（今河南泌阳）、济阳（今山东曹县）。李密又从瓦岗军中选出骁勇善战的8000精兵建立骠骑营，号内军，拨归秦叔宝、程咬金两人统带。

经过几次反复的激烈的战斗，瓦岗军又夺隋朝另一大粮仓回洛仓，大修营堑，部署攻打东都。李密召集元帅府幕僚，命记室祖君彦草就了一篇讨伐昏君檄文，传檄天下。檄文中声讨炀帝有十大罪状，并说："罄南山之竹，书罪未穷；决东海之波，流恶难尽。"这后来成了千古传诵的名句。

这时李渊还未入关，炀帝命监门将军庞玉，虎贲郎将霍世举率关内兵救援东都。柴孝和劝李密避其锋芒，自率精锐，乘虚入关，西取长安。李密认为这是他当年为杨玄感所出的上策，但顾虑到他的部下将士都是山东人，见洛阳还未攻下，就没人愿随从西进，未能依从柴孝和的计策。柴孝和非常惋惜，只得另献一计说，大军既然不能西进，就由他先入关中联络群雄，看机会吧。李密同意了。柴孝和率数十骑入关，说动了关中群雄万余人，准备响应李密。不久，李密在作战中，中流矢负伤。官兵气焰大张，庞玉、段达乘胜夜袭瓦岗军大营。李密箭伤未愈，与裴仁基仓猝应

战，大败，弃了回洛仓，撤奔洛口。柴孝和联络的关中群雄听到李密兵败，统统变卦散去了。柴孝和只得轻骑归返瓦岗军。

可李密这时却自以为兵强，想做天下盟主起来，叫祖君彦写了封信给李渊说明此意。李渊这时正一心经略关中，倒不图虚名，写了封回信假意表示拥戴。李密把李渊的信展示给诸将看，说："唐公拥戴我，天下肯定是我的了。"从此他不再考虑西进了。

八月，武阳郡丞元宝藏派门客魏征见李密上降表。魏征字玄成，落拓有大志，出家做道士，学识丰富，很有文名。李密高兴得立即召魏征为元帅府参军，掌记室，并任元宝藏为魏州总管。

这时，河南、山东发大水，饿殍遍野。炀帝诏命开黎阳仓（今河南浚县西南）赈济灾民，吏不按时赈给，结果每天饿死的达数万人。徐世勣向李密建议说："天下大乱，本是由于饥饿。如今若能夺得黎阳仓，大事就可成功了。"李密当即就派徐世勣领本部5000人马，会合元宝藏、郝孝德、李文相等一举攻破了黎阳仓，开仓济贫，远近农民纷纷投奔瓦岗军，十多天时间就得兵20余万。武安（今河南涉县）、永安（今山西霍县）、义阳（今河南桐柏）、弋阳（今河南横川）相继投降。窦建德、朱粲也派使者来表示拥护。

自七月炀帝派江都通守王世充率江淮劲旅北上，同时命将军王隆、河北大使韦霁、河南大使王辩等同赴卫东都，讨捕瓦岗军。这时他们多已在东都会合，与庞玉、刘长恭合兵10余万，与瓦岗军夹洛水相持。十月末，王世充仗着兵多势众，摸黑渡过洛水，抢占黑石关，然后兵分两路，准备夹攻瓦岗军。李密发觉后，率精骑渡到洛水北岸去抄袭王世充的后路，被打败。柴孝和落水而亡。李密又返回洛水之南，分兵。一路东走月城，王世充尾随而至，包围了月城。另一路直奔黑石关，官兵连

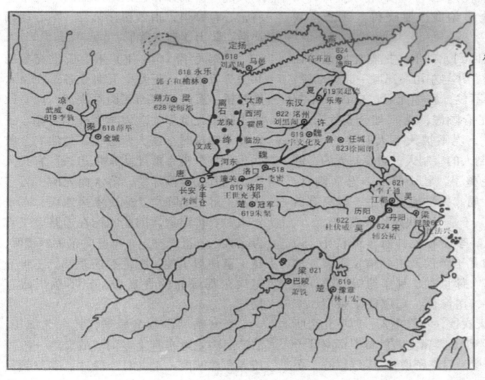

隋末群雄割据图

举六座烽火告急。王世充赶快从月城撤兵，援救黑石关。在途中遭到李密迎头痛击，杀得大败。李密反败为胜，消灭敌人3000多。

王世充大败后，坚壁不出。越王派使者慰劳他，叫他继续出战。王世充又是惭愧，又是害怕，再次率军到石子河与李密对阵。几天后，瓦岗军大军出动，王世充大败，向西逃回东都。瓦岗军重新振作起来，但东都始终未能攻取。

虽然这时李渊已经取了长安，但群雄中，瓦岗军仍最具备与李渊逐鹿中原的力量。可瓦岗军没有一鼓作气去攻洛阳，却发生了内讧。

石子河一仗刚结束，翟让的司马王儒信就劝翟让自任大冢宰，总领众务，夺李密的权，翟让没听从。话传到李密耳中，李密心生厌恶。总管崔世枢亲近李密，翟让无端将他私禁。翟让又以细故杖了元帅府记室邢义期。李、翟关系日渐恶化。翟让还作色责备房彦藻说："你得了宝货，只给魏公，全不给我！要晓得，魏公是我立的。"

房彦藻回到元帅府，把翟让所说的话告诉了李密，并与左司马郑颋一起煽动说："翟让贪愎不仁，心中无君，应该早作打算。"李密心存顾虑，说："如今安危未定，就自相残杀，岂不被天下人耻笑。"郑颋说："先发制人的，制人；后发制人的，制于人。毒蛇螫手，壮士解腕。忍痛割臂，为了存全大局。一旦他先动手，就只有后悔的份了。"于是李密决定除掉翟让。

第二天，李密在元帅府宴请翟让，请翟让和他的儿子摩侯及王儒信，还有王伯当、裴仁基、徐世勣、郝孝德等作陪，单雄信等立侍，房彦藻、郑颋往来张罗。李密说："今天欢饮，不需多人，留下几个听使唤行了。"于是李密左右的侍卫都离开了宴会厅。房彦藻对李密说："天气很冷，翟

司徒的左右该赏赐酒食。"李密说："听司徒的吩咐。"翟让说："很好。"于是翟让的卫队也离开了宴会厅，厅上只剩下李密帐下蔡建德一个卫士。

还未进食，李密先取出一张良弓，请翟让习射。翟让刚刚把弓拉满，蔡建德突然跃身，从背后斫倒了翟让。接着，伏兵四出，翟让、摩侯、王儒信都被杀害。徐世勣想夺门逃走，被守门卫士斫伤头颈，幸王伯当及时呵止，才免丧命。单雄信叩头求饶，李密才放了他。裴仁基等惊得不知所措。李密大声说："与大家同起义兵，本为扫除暴乱。翟司徒专行暴虐，凌辱群僚，图谋不轨，我才忍痛除去。今只除他一家，与旁人无关。"又命人将徐世勣扶进内室，亲自为他敷药，竭力抚慰。

接着，李密怕事态扩大，命单雄信、王伯当等，随后又独骑，赶到司徒营一一安抚，反复说明杀翟让的道理，并让徐世勣、王伯当、单雄信分统其众，防止了一场大乱。但火并翟让以后，瓦岗军的不少将士心存疑惧，怕做翟让第二，军心逐渐涣散，势力逐渐衰落了。

武德元年（618 年）春，王世充集结兵力 7 万余人，正月十五命令各军在洛水造浮桥，渡过洛水与瓦岗军决战。虎贲郎将王辩最先登岸，攻破李密外围营栅。王世充不知这时李密大营惊慌，忽然鸣金收兵，于是李密率敢死队乘机追杀。官兵大败，几万人抢渡浮桥，落水而死的 1 万多人。王辩当场阵亡。这夜疾风寒雨，军士涉水时衣裤湿透，因此冻死在道路上又有万余人。王世充逃走，自己向越王侗请罪，越王遣使赦了他，把他召还东都。王世充屯兵东都城北的含嘉城，但不敢出战瓦岗军。

李密乘胜占领金墉城，扎营北邙山，浩浩荡荡逼近东都上春门。战鼓声一阵阵传入东都城内。十九日，段达、韦津领兵

出战，望见密密麻麻的瓦岗军，不战自慌，返身而逃。段达在后逃进了城。韦津冲在前面，被瓦岗军杀了。

东都城门四闭，拒不出战。瓦岗军打了四五个月，毫无进展。这时宇文化及弑了炀帝，以皇后令立秦王浩为帝，自称大丞相，率领10万官兵，离江都北上，要踏平瓦岗寨。瓦岗军处于宇文化及与王世充的东西夹攻之中，形势险恶。房彦藻为另支义军王德仁所杀，瓦岗大将王君廓又投降唐朝，李渊称帝长安，一个又一个的坏消息打击着李密。

六月，宇文化及率军直扑黎阳，企图夺仓抢粮。瓦岗守将徐世勣在黎阳西新筑仓城，集中精兵把守。宇文化及赶到，受濠堑所阻。李密率步骑2万增援，抄宇文化及的后路。徐世勣挖地道出奇兵袭击，宇文化及大败，溃逃而去。

隋炀帝墓

这时已经接了帝位的杨侗想利用瓦岗军来抵挡宇文化及，决定招安瓦岗军，派使者盖琮去见李密。李密虽然黎阳胜利，但仍担忧腹背受敌，见盖琮来招安，大喜，以为可解除西顾之忧，避免作战了。他向隋皇泰主上了降表，被册拜为太尉、尚书令、东南道大行台行军元帅、魏国公，奉令先平宇文化及，然后入朝。

七月，李密因已无西顾之虑，率全部精兵东击宇文化及，大获全胜，斩敌4万。宇文化及元气大伤，无力西进，带着两万

多残兵败将，逃往河北去了。李密准备入朝，走到半途，获报东都兵变，王世充杀了主张招安的大臣，选了两万精兵来攻瓦岗军。李密因为久战，损失了很多劲兵良马，士卒疲病，只得放弃了进占东都的计划。

九月，李密留王伯当守金墉，邴元真守洛口仓，自率精兵，到偃师北邙山驻营。他召集诸将会议。裴仁基建议分兵扼守各交通要道，阻堵王世充东进，再选3万精兵，绕道河西，直趋东都，让王世充来回奔命，然后一战决胜。李密认为说得有理，避其锋芒，以逸待劳，养精蓄锐，确是上策。单雄信等武将们不服从，纷纷要求大战一场。李密又改变了主意。裴仁基苦争没用，顿脚叹息说："魏公将来一定要后悔的！"

接着在偃师大战，结果失利，裴仁基等十余大将重伤。但李密却并不在意，夜不设防。不料这夜王世充遣200多轻骑携带火种，潜伏在北邙山黟谷中。天一亮，王世充率江淮劲兵攻袭北邙山瓦岗军大营。李密来不及列队布阵，仓促应战。这时，王世充的伏兵乘虚爬上山顶，居高下冲，纵火烧营。王世充命士兵把预先绳捆索绑的貌似李密的人牵过阵前，连声鼓噪："捉到李密了！"声音传遍北邙山。瓦岗军以为李密真的被俘，失了斗志，向山下溃败。在溃败中，一些将领相继倒戈。李密集拢了1万多瓦岗军，驰奔洛口仓。

途中，获报镇守洛口仓的邴元真叛变。邴元真是翟让的老部下，翟让被杀，他一直怨恨在心，听说李密兵败，不等王世充来攻，就投降了。接着，单雄信叛变。偃师失陷，裴仁基、郑颋、祖君彦被俘。于是，李密投奔王伯当。

王伯当这时已放弃金墉，退保河阳。李密赶到河阳，召集诸将商议，想再图进取。可自从下山以来，瓦岗军从未遭受过

如此惨败，因此诸将情绪低落，都说难以成功。李密沮丧极了，说："我举大事，依靠的，就是众家弟兄，如今众家弟兄不愿再干，我没法了。"拔剑想自杀。王伯当急忙抱住李密，号咷相劝，大家都伤感悲泣。李密说："大伙儿如不相弃，请一共投归关中。"并对王伯当说："将军家室重大，不必与我同行了。"王伯当慨然说："我难道是顾利忘义的人吗？愿终身相随，死也甘心！"说得大家感奋起来，表示愿同进关。

冬十月，李密带着 2 万瓦岗军残部与魏征等文官，进长安投降了唐朝。唐高祖李渊封他为光禄卿、上柱国，赐爵邢国公。消息传开，徐世勣、贾润甫等将领也相继降唐，秦叔宝、程咬金等多数将领投降了隋朝。瓦岗军瓦解了！

不久，李密感到在唐朝只有虚位，郁郁不乐。他和王伯当两人密议离唐出关，招集瓦岗旧部，重举义旗，东山再起。接着，李密假意向李渊献策，愿亲往山东招收旧部，讨灭王世充。李渊同意。李密又要求贾润甫、王伯当同去，李渊也准许了。

十一月，李密与王伯当、贾润甫三人出了长安城，马不停蹄，直奔黎阳。三人到稠桑时，李渊反悔，敕追李密返回。李密估计返回必无生理，决意反叛。贾润甫哭谏说："自翟让被杀，天下都说明公忘恩负义，如今归唐复叛，还有谁肯相助！"李密大怒，要杀贾润甫，被王伯当劝住。贾润甫不别而行。李密撕毁敕书，杀了使者，和王伯当两人继续东驰。

一路上，两人招集到几十名旧部，把他们装扮成妇女，裙下藏刀，进入桃林县（今河南灵宝），突然变服，抢占了县城。他们夺取粮械后，聚集了 1000 多人，直趋南山，乘险东行，准备去襄城依归瓦岗旧将张善相。

不料走进熊耳山，唐朝行军总管盛彦师的伏兵齐起。李密、王伯当等 1000 多人

被冲作两截，首尾不能相顾，全部遭害。鲜血溅染熊耳山，瓦岗寨起义至此彻底失败了。

隋文帝与独孤后

隋唐的时代，是中国历史上辉煌发展的时代。从西晋灭吴（280 年）结束三国时代，以至隋之灭陈（589）结束南北朝统一中国，为时达 310 年之久，是中国历史上一段纷乱割裂和暗淡的时期。其时不但有两晋的糜败不振，而且有北方五胡之乱华，前后扰攘达 135 年，接着是南北朝的对峙之局，重叠涵盖达 150 年。是北朝篡周的隋文帝，把南朝只知吟诗赋词玩美女的陈后主覆灭了，才重现了中国的统一。而且还开启了以后 289 年唐代的盛局。隋代的传国最短，才传二世 38 年而亡，但却是唐代盛局的前奏。一若秦代，为时也短，却是两汉盛世的前奏。我们谈隋唐人物，必以隋文帝开其端。隋之短祚，文帝之后独孤氏妒而好用事，不能辞其咎，所以一并来谈谈。

胡化汉人

隋文帝姓杨名坚，《隋书》上只说他是弘农华阴（陕西华阴）人，东汉太尉杨震八世孙杨铉之后。据近世史学家陈寅恪的研究：杨铉已是五胡乱华时代的人，其本人曾仕燕，其后人在西魏、北齐、北周任官，可能是胡化汉人。母系方面杨坚的祖母盖氏即匈奴羯族人，母吕氏出身寒微，可能是胡化汉女。杨坚娶的独孤氏便是胡族，杨氏多胡族混血儿，应无疑义。因为北朝魏时，孝文帝极力提倡胡汉通婚，汉人娶胡女是非常流行的事，而且胡人当政，娶胡妇还有高攀作用。杨坚生于西魏大统七年（541 年），西魏是鲜卑族宇文氏的天下，那时坚父杨忠在丞相宇文泰手下做军

官。杨坚生于长安冯翊畿辅之地般若寺内。据传说生时紫气充庭，不久就有一个尼姑自河东来，对吕氏说："此儿不同凡人，生来高贵，不宜养在俗间。"吕氏就让带去尼姑精舍抚养。长大后，生有异相，额上有五柱骨入顶，目露精光，闪闪外射，手上有纹似"王"字。而且躯体长得上体比下体长一些，性格深沉严肃。初入太学，和同学相处，虽最亲近的，也总保持一段距离。不像汉光武刘秀和严光，相处得如兄如弟，常常同榻而眠，了无隔膜。刘秀具真性情，器局恢弘，所以功业比杨坚大。杨坚矜持自宥，原来少时就是这般性格。

父荫妻贵

杨坚的父亲杨忠帮助宇文泰夺取西魏政权立功，被赐鲜卑姓"普六茹"。北周立国，忠被任柱国、大司空，封隋国公。所以杨坚15岁就受父荫被封成纪县公。到17岁时北周明帝即位，又被晋封为大兴郡公。有人在明帝前说杨郡公长得一副帝王相，明帝要一位善相的大臣赵昭往视之，赵昭暗中对杨坚说："明公日后当为天下君，但必经大诛杀而后定，盼善记鄙言。"但对明帝却说："杨坚的相，最多做到柱国（国家军队司令）耳。"周高祖武帝接位时，杨坚21岁，被进位大将军，外放隋州刺史。后来召还长安，恰巧坚母吕氏卧疾，杨坚侍疾3年，昼夜不离左右，被称纯孝。周武帝聘杨坚之女为太子妃，此时杨坚不但已袭父爵为隋国公，而且成为周太子的丈人，而他的年纪才33岁，事实上他早已是皇亲国戚，他的妻姊是周明帝之后，明帝是武帝之兄，所以杨坚进入壮年，无赫赫功业，已成北周重臣。北周掌实权的太师大冢宰宇文护很忌他，幸有大将军侯伏侯寿处处匡护。有一位王弟齐王宪对武帝说："普六茹坚（指杨坚）相貌非凡，臣每见他，不觉自失。恐怕他终非人下，不如早除之。"武帝说："他不过能带兵为将

耳。"乌丸将王轨对帝说："皇太子恐非守社稷之主，杨坚却有反相。"武帝不悦说："天命倘真如此，亦莫奈乎？"杨坚知道了，颇为恐惧，更加小心谨慎。

黄釉舞女俑

天假良机

周武帝杀太师宇文护后，始亲掌国柄。他雄才大略，颇有作为，而且性尚节俭，行阵与士卒同甘苦。乃屡兴伐齐之师，杨坚从征，方建军功。历出任定州、亳州总管（州牧），后来周灭北齐，坚进位柱国。周武帝以36岁壮年，于征突厥时得病，赶返长安而死。传位太子，是为宣帝，才21岁，是一位荒唐君主。武帝生前曾杖责过他，留有杖伤痕，父王一死，他抚视杖痕说："死得太晚了。"即位一年中，一反父风，荒淫无道，诛杀宗室及忠臣，还建洛阳为东都，大治宫室。一年后禅位给子静帝，自号天元皇帝。静帝幼冲，天元帝仍问政。那时杨坚特别礼贤下士，位望甚隆，

天元帝亦颇忌之。天元帝在杨后外另立三后，四后争宠，互相试销毁，天元帝尝怒对杨后说："必诛杀你全家。"有一次果然召杨坚往见，先命左右侍卫说："倘见隋国公脸上有怒气，你们就给我推出斩了。"杨坚进谒，任由君王责恼，容色自若，恭敬以对，竟不让抓到把柄，天元帝也只得罢了。一年后天元帝暴卒。那时杨坚正好因足疾，以扬州总管留京未行，用事大夫郑译刘昉，原是杨坚倾心相结之人，乃矫诏杨坚以国丈之亲，令入朝柄政，都督内外诸军事。那时杨坚40岁，正当盛年，幼帝才8岁，太后是自己的女儿，百官总以己听。算来杨坚得到这机会，说他相貌好，不如说他运气好。如果英明的周武帝不以36岁壮年而死，怎会有那荒唐君主宣帝登位的机会？假如那改号天元的宣帝不以精壮之年（22岁）暴卒，杨坚说不定还得有一番厄运。谁知老天帮了他的忙，让阻挡他好运的一英主，一昏君，都及时而死，杨坚不费吹灰之力，乃有窃篡人家帝位的大好机会，比历代权臣都幸运。王莽、曹氏父子、司马氏祖孙为这机会，都曾煞费经营，应愧不如。

受禅北周

杨坚入朝柄政后，得谋臣高颎、李德林，大将韦孝宽、贺若谊、梁睿等之助，不但先后讨平相州总管尉迟迥、郧州总管司马消难、蜀州总管王谦的叛乱，而且立刻大施惠政，清简法令，蠲灭赋役，躬行节俭，使天下悦服。那时周室宗亲，早有惶惑不安之状，杨坚乃以千金公主将迁嫁突厥为辞，征宗室五王入朝，准他们履剑上殿，入朝不趋。又任汉王赞为右大丞相，但只进以美妓而不予实权。这些亲王都是些无能之辈，欲谋刺杨坚，而却泄谋，反被坚执杀。太史大夫庾季才以"天象已定"劝进，并州刺史李穆以熨斗为赠，劝以"愿执威柄以慰安天下"。连他的独孤

夫人也私下鼓励他说："大事已看得清楚，骑虎之势，必不得下，好自为之吧！"于是周大象二年（581年）杨坚于晋爵隋王后五个月受周禅位于长安而称隋帝，改年号"开皇"元年。

杨坚篡周而定中国北方，第九年又驱师灭南方的陈国，于是一统天下，使汉族衣冠文化重光于宇内。他在位24年，死后称文帝，勤政养民，躬自省俭，又外服突厥，拓展疆土，重振华夏声威，"开皇之治"，史家所称。如果他不是因为性格上矜持自囿，以致"有刻薄之资，无宽仁之度"，兼以"素无术学，不能尽下"，"雅好符瑞，暗于大道"，又要"听哲妇之言（指独孤后）惑邪臣之说"，"灭父子之道，开昆弟之隙"，弄到"坟土未干，子孙屠戮……天下已非隋有。"（以上所引皆《隋书·高祖纪》评语），就不致只创立了一个中国历史上最短暂的王朝。

诛灭宇文

隋文帝登基后，第一考虑到的是稳固自己的帝位。他有五个儿子，皆独孤后所生，长子勇立为皇太子，其次广为晋王，俊为秦王，秀为越王，谅为蜀王，分镇山西、陕西、江南和四川诸重地。其他如幽州、楚州、庐州、定州，皆派猛将驻守。然而周室的苗裔还在，那静帝虽已降为介国公，年纪尚幼，但其他年长的宇文氏王公尚多，使他放心不下。因为杨氏世受周室厚恩，今在孤儿寡妇手中夺人天下，岂得人心之平，连自己的女儿周室杨后，本性素来柔婉，也愤怨不平。隋文帝心中有愧，把杨后迎回娘家，改封为乐安公主，还想把她改嫁，因她尚很年轻，谁知她誓死不从。这和王莽女嫁西汉平帝，曹操女嫁东汉献帝，同样发挥了中国儒教传统从一而终的妇德，让当时的须眉愧对。文帝后来果然尽诛宇文氏王公，使鲜卑拓跋族

的宇文氏为之灭族。

民阜物丰

隋文帝用高颎、苏威、牛弘等辅政，刑政度支大小，无不与谋，鼎革数年间，天下晏安。帝性严肃，勤于政事，每天上朝，自晨至暮，忘其疲劳，五品以上朝臣随时传见论事，当侍卫的"传飧而食"。有一位御史柳或看不过上谏道："比见陛下留心治道，无辞疲劳，皆因群臣惧罪，不敢自决，乃一唯取判天旨，以至营造细小之事，进出轻微之物，均以奏闻，一日之内，酬答百司，日暮忘食，入夜未寝，动以文簿忧劳圣躬，诚非所宜。伏愿少减烦劳，但决国之大事，其余细务，责成有司。"可见隋文帝奋励为政，达于苛细，勤则勤焉，导致群臣都不敢负责任，失其法度。又本性俭啬，布衣粗食，宫中器御车驾，一任蔽旧，非宴会，食只一肉，后宫所服，都浣洗之衣，既非绮罗，又无金玉之饰，带扣帽簪之类，都只用铜铁角骨。如此提倡俭德，乃使国家仓廪丰溢，户口滋蕃。受禅之初，全国民户不满四百万，到仁寿末年（604年）时，却已超越890万。以五口之家计，那时中国的人口是4450万，可称民阜物丰。

混一宇内

隋文帝另一大功业，就是征伐南朝陈国成功，使宇内混一，重现秦汉统一之局。他伐陈用高颎之计，早在沿江一带用疑兵及劫粮游击战略，时动而时退，使陈人生惰心，疏于防备。开皇八年（588年）乘陈后主（陈叔宝）遣使聘隋之际，文帝发水陆大军51.8万人，以晋王广、秦王俊及清河公杨素为三行军元帅，从六合、襄阳、永安、江陵、蕲春、庐江、广陵、东海分八路进军，皆受晋王杨广节制。一面发玺书30万张，历数陈后主荒淫无道20大罪状，遍谕江南，先作宣传攻势。冬十一月誓师，至次年正月初四，新年方过，陈后

主宿酒未醒，隋师贺若弼、韩擒虎的精兵，已分别从蒋山（即钟山）和采石矶攻入建康城，一从北掖门入，一从朱雀门进，韩擒虎在陈宫景阳井中取出躲藏的陈后主和其爱妃张丽华及孔贵嫔，陈主投降，江南乃定。

建树良多

隋文帝在全国境内推行均田制，使全国成年男丁及丁妇皆有地可耕，又实行兵农合一的府兵制，使全国纳入严密组织。为此他推行"大索貌阅"不许隐报人丁。他喜欢亲审囚犯，并规定天下死罪，诸州不得案决，必送大理覆判，而且要奏闻三次，方可行刑，可算顾恤民命。但对官吏贪污舞弊，不稍宽贷，小罪常用重典。他脾气峻急，大怒之下，往往在朝廷上亲自杀廷臣。他在建设方面开通长安到潼关的广通渠，在各地建粮仓，又修筑自灵武到榆林的长城以御外。他又废三国曹魏以来九品中正的取士制度，创后世科举制的雏形，令每州岁贡三人以考试取秀才，这些都是他的长处。他的短处，只是过分信赖了他的皇后独孤氏，乃至一着错，全盘败。

帝失内惧

独孤后是北周大司马独孤信之女，14岁就嫁给杨坚，那时杨坚26岁，已袭父爵为隋国公。独孤后的姐姐是周明帝之后，论身份，独孤家是帝姻，而且又是胡族，要比杨氏尊贵些。后因早失双亲，初时尚柔顺恭敬，不失妇道，与杨坚相爱甚笃，坚曾与后相誓，不与他女生子。后生子五人，勇为长，其次广、俊、秀与谅，有女嫁周宣帝为后。后颇有决断，杨坚在受禅前，迟疑难决，得后的鼓励，认为"大势所趋，骑虎难下"才横下心篡夺周室江山。其实独孤后当初因周宣帝欲杀其女杨后，曾诣殿乞情，叩头流血始免，可见她对周室亦有恨意。杨坚登帝位后，对后信赖有加，文帝每临朝，后常并辇而进，至殿角

而止，然后使宦官通消息，随时为帝出主意。其性情峻刻与帝相似，所进言往往被采纳。后的表弟大都督崔长仁犯法当死，帝欲免其罪，后说"国家之事，焉可顾私"，长仁竟处死，由是文帝对她既宠又惧。

后性奇妒，后宫莫敢进御。尉迟迥有孙女在后宫具美色，文帝见而私幸之，被后知道，伺帝听朝时，阴令人加以酖杀。帝因此生气，单骑出御苑，入山乱奔二十余里，高颍、杨素追及扣马苦谏。帝长叹说："吾贵为天子，不得自由。"高颍说："陛下岂可以一妇人而轻天下。"独孤后得知高颍以一妇人视己，因此不顾高和她娘家是世交而衔恨，对高加以潜毁。她不但不许自己丈夫有妾生子，而且也嫉恨朝臣有妾生子。连自己太子杨勇多内宠，也因此忌恶，而喜欢假装正经的次子杨广。后来促成文帝废立嫡子而改立杨广，都有独孤后之谋。独孤后以五十岁而死，死后两年，隋文帝也被亲子杨广设谋毒死。昏君杨广登位，隋祚乃短促而断。

杨素与夺宗之谋

秦始皇如果传子扶苏，而不传胡亥，秦祚不至于二传而终；隋文帝如果传子杨勇，而不传杨广，隋祚亦不至于38年而烟消云散。扶苏是嫡子，杨勇既为嫡子复已立为太子，而均不得受传，皆受夺宗之祸而遭诛戮，实因受权臣之播弄，乃成为贪恋权位者的牺牲品。扶苏之遭祸，赵高、李斯为祸首；杨勇之被夺，杨素、杨约兄弟为主谋。推源究始，皆由赵、李、二杨视个人权位重于社稷，智诈自谋，不由仁义，致国家于倾危而不顾，自私到绝顶的，就是这种人。

杨素像

红拂之主

读过唐人传奇小说中《虬髯客传》的，对杨素这个人不会陌生。传中有下面一段描写：

隋炀帝之幸江都也，命司空杨素守西京（长安）。素骄贵，又以时乱，天下之权重望崇者莫我若也，奢贵自奉，礼异人臣。每公卿入言，宾客上谒，来尝不踞床而见，令美人棒出，侍婢罗列，颇僭于上，末年愈甚。……一日卫公李靖以布衣上谒，献奇策，素亦踞见。公前揖曰："天下方乱，英雄竞起，公为帝室重臣，须以收罗豪杰为心，不宜踞见宾客。"素敛容而起，谢公，与语，大悦，收策而退。当公之骋辩也，一妓有殊色，执红拂，立于前，独目之。公既去，而执拂者临轩指吏曰："问去者处士第几？住何处？"公具以对，妓诵而去。公归逆旅，其夜五更初，忽闻叩门而声低者，公起问焉，乃紫衣戴帽人，杖揭一囊。公问谁？曰："妾，杨家之红拂妓

中国通史

最新整理图文珍藏版

1222

也。"公遽延入，脱衣去帽，乃十八九佳丽人也，素面划衣而拜。公惊答拜。曰："妾侍杨司空久，阅天下之人多矣，无如公者，丝萝非独生，愿托乔木，故来奔耳。"公曰："杨司空权重京师，如何？"曰："彼尸居余气，不足畏，诸妓知其无成，去者众，彼亦不甚逐也。计之详矣，幸无疑焉。"

这是隋末风尘三侠中红拂女张出尘私奔英雄李靖（唐代开国元勋之一，封卫公）的一幕。其中所提到的那位杨司空，就是我们要谈的杨素，他虽权重一时，对骄贵人，常箕踞见客，很有点刘邦当初见郦食其的那股气派。但在红拂女的眼里，只是尸居余气、颠顸不足畏的人。

少时落拓

事实上的杨素确是权倾满朝，谁见了都害怕的人。他是隋文帝杨坚的同乡，弘农华阴（陕西华阴）人，他的祖先仕官北朝西魏，家庭的汉胡血统很杂。他年少时落拓有大志，不拘小节，与牛弘同学，涉猎经史，工书法，善属文，被北周大冢宰宇文护赏识，引为秘书。周武帝亲政，他因父杨敷为汾州刺史时，与齐人战而死事，未得封赏，他上表申理，武帝不许，乃再三上表，帝怒欲斩之，他却岸然说："臣事无道天子，只有死路一条。"帝壮其言，不但追赠其父大将军而且拜素为车骑大将军。由是渐见礼遇。一次武帝命他起草诏书，他下笔立成，词义兼美，武帝大为嘉许，对他说："擅自勉之，勿忧不富贵。"他应声答道："臣但恐富贵来相逼，实无心图谋富贵。"看他话说得漂亮，以后的事实恰相反。

清河江神　灭陈立功

杨坚为北周丞相时，杨素深自结纳，杨坚亦甚器重他。尉迟迥作乱，杨坚拜素大将军，平乱有功。杨坚篡周开隋祚，加封杨素上柱国，后又拜御史大夫。杨素之妻郑氏性悍，夫妻吵架时，素愤然说："倘若我做天子，一定不封你做皇后。"郑氏竟把他讲的，向隋文帝杨坚告了一状，杨素落得一个说话无状免官。后来隋文帝伐陈，又起用他当信州（川东）总管，命他在永安（四川奉节）造五牙大舰，高百余尺，起楼五层，容战士八百人，其次黄龙舰，容百人，再其次平乘舴艋小艇，作散攻之用。开皇八年（588年）文帝任杨素为三行军元帅之一，出八路大军全面伐陈。杨素率师水陆并进，自川东引师掩袭三峡。素亲领黄龙舰千艘，扬帆直下。一面又令步卒与甲骑从长江南北岸水陆夹击陈师，夜晚下攻击令，平明得手，悉掳陈师，一律资遣归乡，秋毫无犯，陈人大悦，于是斗志尽失，各郡归降者众。杨素坐大船，相貌雄伟，那时舰橹浮江，旌甲曜日，陈人望见他都呼："清河公是江神。"于是冲破锁江铁索，直下巴东，定荆州，抵汉口。灭陈后拜荆州总管，文帝赏他金宝绢帛无数，又将陈后主之妹赐素为妾。封越国公。后拜纳言，岁余又转任内史令。

善固权位

杨素后来又平江南诸反侧，斩浙江贼帅高智慧，安定吴郡、永嘉、临海，乃至闽越一带地区。文帝又赏赐有加，子杨玄感等皆受封爵。后入朝与高颎分任尚书省左右仆射，而专日常政务之权。他本性疏慢，骄奢而有私心，在朝除对高颎、牛弘、薛道衡看得起外，余皆不在他眼下，朝臣常被倾轧。他担任仁寿宫（在陕西岐山）营造监督时，开山凿谷，征调财贸，徭役百姓，民不堪命，道途以死者甚多。宫成，富丽堂皇，雕金嵌玉，大失隋文帝提倡俭德本意，文帝不悦。杨素连忙请托独孤皇后向文帝求情说："帝王筑离宫别馆，法有定制，今天下太平，造此一宫，亦不算浪费。"文帝后来也就罢了。独孤后好弄权，杨素投其所好，常和她内外勾结干政，原来他早和皇后建立上良好关系，成为他固位的内线。杨素好自吹不图谋富贵，但他却最知道如何巩固他的既得权位。

夜半逾城

用兵酷烈

杨素用兵多权略，驭军纪律严酷，每临兵阵，好以细故杀人以立威，常一次杀百余人，血流到他脚跟，他都不眨一下眼，与人谈笑自若。与敌对阵时，他常先遣一二百人冲进敌阵，必有去无回。倘有回者，不问多少，一律处斩。然后再遣二百人再冲敌阵，被遣者知有死无回，乃抱必死之心，勇不可当，于是战无不胜，攻无不克。他这用的也是韩信将兵置之死地而后生的原理，但韩信与兵士同阵，不若他驱兵卒如遣野兽，不把人命看重，未免失之酷烈。杨素后再出塞与突厥作战，尽废以车阵阻敌突骑之法，认为鹿角车阵乃自固之道，

非取胜之方。他以突骑对敌人突骑，硬碰硬，由于他的战士有必死之心，故仍能克敌。因此他被隋文帝倚为长城，出朝为大将，入朝为宰辅，言听计从。他麾下将士微功必录，升迁特别快，所以跟随他的，也都乐为他用命。连文帝的次子晋王杨广，都要卑词和他结交，并为夺宗之谋，密结他为死党。

后生五子

隋文帝杨坚因皇后独孤氏性妒，不许帝亲近宫中其他姬侍，子女皆独孤后一人所生。杨坚篡周为隋开国之君时42岁，独孤后30岁，他们结婚已逾15年。那时长子杨勇15岁，次子杨广13岁，三子杨俊，四子杨秀，五子杨谅，皆幼冲，有一个女儿嫁给北周宣帝为后，年龄应介于勇与广之间。文帝于篡位后的开皇元年，除分封诸功臣外，立即就策立世子杨勇为皇太子，可见杨坚是很尊重中国帝皇家立嫡传统的。

杨勇宽仁

杨勇颇好学，性宽仁，雅好词赋，率真而不好虚饰，虽生在富贵之家，亦颇知民间疾苦。开皇之初，文帝见山东脱田流民甚多，欲实行强迫移民以实北方边塞政策。杨勇本仁爱之心上奏说："民之本情，恋土怀旧，所以流离，乃因前朝苛政与战乱，实出于不得已。目下海内肃清，百姓沐浴皇风，流民必自归于乡，毋庸驱以实边，重启烦扰。"文帝览奏嘉许，遂罢其事。文帝令太子参与尚书断狱，以洲练他熟习政事。每有损益，也多蒙采纳。一次文帝很得意地对群臣说："前世帝王，溺于嬖幸，废立之事所由生。朕傍无姬侍，五子同母，可谓真兄弟。岂若前代诸多内宠，嫡子忿争，导人亡国之途邪！"文帝话是这样说过，然以后仍不免蹈前世覆辙者，推波助澜有其奸谋之徒，规过劝善乏其忠鲠之臣罢了。

太子失欢

杨勇的废立，是开皇二十年的事，他当皇太子当了二十年才被废。《隋书·杨勇传》上叙说他之失宠，起因于好奢和乖礼。这好奢的故事，也不过是他把蜀制的铠甲加以文饰，弄得看起来花巧些，让本性俭啬的文帝看了不愉快，乃警戒他知俭，说是"历代帝王，未有奢华而长保国祚的。"那乖礼的事，是冬至节百官到东宫拜节，太子大排场面张乐设礼受贺，确是有些悖于礼制，文帝不满，下诏禁止也就没事了。又《杨勇传》上说他多内宠，嫡配元妃是母后为他娶的，并不为他所喜，此外有昭训云氏，良娣高氏，良媛王氏，姬人成氏等等，尤其云昭训专宠东宫。那云氏乃云定兴之女，云定兴是一位工艺和兵器制造家，专好在公卿家走动，以博名利官职是务，并非高贵门第，所以不为翁姑文帝独孤后所喜。后来太子妃元氏得急病两天就死，独孤皇后就怀疑是被人使了毒。独孤后本性善妒，不但不喜欢文帝别有宠，自己儿子如此多宠，当然也大不喜欢。但太子可纳妾，这也是制度上合法的，并不能构成废立罪状。

杨广机诈

杨勇的二弟晋王杨广，是一个非常有心机且野心勃勃的人。他比长兄勇年轻两岁，但是却比兄成熟得多。他自幼长得好看，而且伶牙俐齿，被文帝和独孤后所喜欢，昵呼其小名为阿麼。杨广知道父亲崇尚节俭，他就做得节俭，知道母亲讨厌长兄多内宠，他就只守着自己的萧妃。而且礼贤下士，声名冠于诸王。杨广任扬州总管来朝时与母相见，备致孺慕与不忍远离之情。并还透露自己不得长兄太子欢心，见嫂氏暴卒，不免心存危惧，言罢泪流满面。母后被他一激，就直说长子"一定下药毒毙元妃，但因事已如此，亦不能穷治，不过东宫无嫡妻，将来如令阿云（指云昭

训）扶正，则皇上千秋后汝等兄弟都要向阿云跪讨颜色，想到了就心绞难忍。"独孤后这番话，只能说是妇人们一般心胸狭窄的想法，说过也就算了。究竟太子也是自己亲生儿子，不过因为不喜欢云昭训，对儿子迁怒而已。但杨广另有蓄意，既已了然于母后这般的意向，他就把手下的智多星张衡请来定计谋了。

策划驰驱

这张衡和东汉时的天文家兼文学家张衡同名，是河南河内人，心思缜密，素为晋王所喜，一直做晋王的僚属。张衡既知杨广的心意，他认为夺宗大计，关键人物不在皇后，而在杨素。杨素当时权倾朝廷，最得文帝信任，只有他一句话，才举足轻重。因为事由皇帝与后主动，究碍于亲子之情，难以下手。张衡之一番分析，令杨广茅塞顿开，于是就定计派另一亲信褒国公宇文述（代郡胡族）带了大量金珠宝玉去长安，先会见杨素之弟杨约。那杨约是杨素的异母弟，儿童时爬树坠伤阳具，变成阉人，性格谲诈多谋。说句现代话，具有变态心理，好出歪主意损人。杨素非常信任他，凡有谋划必先商于约。宇文述到长安时，杨约任职宗正少卿，那是管理皇室事务的副主管。

夺宗定谋

宇文述约他相见时，盛陈玉石器玩，使杨约看了啧啧称奇。两人酣饮，然后又博弈为戏，宇文述佯做输家，把所带去的金珠宝器全输给了杨约。这套手法，后世的政界和商场上是结缘的不二法门，麻将桌上行之尤多。杨约收受后称谢。宇文述就明白地说："要谢应谢晋王。"杨约大惊问故，宇文述就把夺宗之谋明告，并说："公之兄弟，功名盖世，执政有年，树敌固多，为东宫所切齿，其欲图危公一家者不知凡几。主上一旦弃群臣，公将何以取庇？好在皇太子失爱于皇后，主上亦有罢废之

意，此公之所知。倘预为晋王请立，言出贤兄之口，此拥立之功，晋王必刻骨铭记，则累卵之危既去，泰山之安可成，何乐而不为？"宇文述这番道理和秦二世时，赵高讽劝李斯拥立胡亥欲去除扶苏的一模一样。李斯听了动心，杨素听了自然也会动心。果然杨约和兄杨素一番密谈之下，杨素似李斯乃是有才无德的人，听了之后抚掌大喜说："我智虑不及此，赖汝启导。"于是兄弟二人就定下步骤，一面在文帝前进谗，一面布置情报人员，专把东宫内幕，太子一举一动，都绘影绘声，添油加酱，作成不利情报上奏，使文帝觉得太子等待做皇帝，等得不耐烦而蠢蠢欲有夺位逆谋了。

废勇立广

到了开皇二十年，一切布置构陷太子的事都成熟，文帝命杨素勘查太子罪状，杨素乃舞文巧诋，锻炼成狱。废立之日，宣太子杨勇与诸子列站武德殿，杨素又将东宫服饰器玩之稍事雕饰，悉陈于庭。文帝戎服陈兵，命内史侍郎薛道衡宣读废太子诏书。太子勇闻废涕泣，心有不服，佯狂舞蹈而去。文帝乃立晋王广为太子，赐杨素帛三千段，杨约千段。杨约被进位太子左庶子，杨氏兄弟二人固位目的达到，但社稷安危非其所计了。

隋炀帝欲壑难填

中国历史上有两位大暴君，可说家喻户晓，一是秦始皇，一是隋炀帝。秦始皇的万里长城迄今留有遗迹，成为世界七大奇迹之一。我们现在还能看到八达岭那一段雄伟的气势，平添了国人一份骄傲之感，因此对秦始皇不免产生一些敬畏之意。对于隋炀帝就大大不同，虽然他也留下了贯通南北四千余里的世界上最长运河，但国人们只觉得他是一个荒淫无道的昏暴君主

而已。这"炀"字谥法，说明了一切。

自负天命

隋炀帝杨广是文帝杨坚的第二子，原不该他继承帝位的，是他用手段把长兄杨勇的太子职位夺了，才轮到他做皇帝。他和杨勇只差两岁，生来敏慧好学，美姿仪，最得母后独孤氏的欢心。文帝杨坚曾密令善相的来和遍相诸子（文帝有五子），来和说："晋王（指杨广）眉上双骨隆起，贵不可言。"这位来和在北周武帝时曾相隋公杨坚"当为天子"，后果称帝。来和之言，在文帝来说是可信性非常大的。来和是何等人，他又何尝不会偷偷地把他的相法，透露给晋王杨广知道。在杨广的下意识中，恐怕早就认为自己会做皇帝，似乎这是老天早已派定的，所谓"真命天子"就是这个意思。不说杨广已是隋皇室的次子，继承帝位已属第二顺位，其觊觎大位，蠢蠢欲动，可以想象。像前汉末年的王莽，不过以后族当大司马执政，都会动篡位之心，所不同的，杨广已有自负"天命"的假定，而王莽只能无中生有地以伪作真罢了。

伪装仁俭

杨广为要博得父皇和母后的欢心，足足花了十五六年的压制工夫，把自己的本性掩饰，在外表上塑造一个仁、孝、恭、俭、贤德的典型，时时展示在父母之前，而且处处要和长兄太子杨勇造成一个对比。杨勇是一个比较率真而任性的人，喜欢什么就是什么，他们兄弟都是生长在富贵之中，从小锦衣玉食，在呵护周至的环境下长大。父亲得天下，是从自己的女儿和稚龄的外孙儿手中篡夺的，又没经过群雄斗争，也未经历妻违子散颠沛流离，像汉高祖刘邦和光武帝刘秀般的艰苦。后来天下底定，杨坚却是一位宵旰勤政的君主，不数年间奠定国家物阜民丰强盛的基业。富室子弟处此景况，都不免玉帛女子声伎，

隋·敦煌壁画·乘象入胎

何况帝皇之家呢？太子杨勇比较喜欢弦歌鹰犬之娱，杨广偏装着不喜欢这些。晋王府内陈列的琴瑟乐器上积尘不除，弦断不理，让父皇见了，显然觉得太子尚奢，晋王崇俭。太子杨勇依制在妃子外又纳妾侍昭训良娣等数人，这原无不可。但因母后独孤氏奇妒，既禁制文帝另幸宫人，亦厌恶儿子好色。晋王杨广就专守一个萧妃以示不二色。但在伐陈得手之际，杨广以行军大元帅，驰令元帅府长史高颍留下陈后主的宠妃张丽华，这瓜田李下嫌疑可大，要不是高长史把张丽华杀了，杨广这出不二色的假戏，说不定就此演不下去。

原形毕露

杨广自得杨素、杨约兄弟之助，夺宗之谋才进入行动的阶段。杨素、杨约在太子东宫满布耳目，而且搜寻到似是而非的证据：如说太子马厩养马千匹，如说太子仓库火炬木数千枝用途不明等等，因之，攀附罗织太子谋叛罪名。杨广所扮演的只是在母后前哭哭啼啼，一个处处受兄长欺凌的弱者角色。杨素兄弟布置好一个风声鹤唳的紧张场面，让文帝时时提防变生肘腋。到了开皇二十年（600年）十月文帝终于宣诏废太子勇，改立晋王为太子，还把废太子交给新太子囚在东宫管束。杨勇屡欲自辩申冤，均被杨广所阻，逼得杨勇只好爬升树上呼叫，声闻帝殿，希望获得召见。杨素诬称废太子神思狂乱，为魔鬼所附，卒不得见。杨广受立之日，京师大风雪，且有地震，人民死者百余，天象对杨广似有预警。过了一年，杨广听到四弟益州总管蜀王杨秀，对废立之事有不平之语，就令杨素在文帝前进谗说蜀王习尚奢僭，文帝就征召杨秀进京。仁寿二年八月，独孤皇后病死，太子杨广在文帝和宫人前装得哀恸欲绝，那知回到私室，竟谈笑自若，而且本应食斋尽哀，他却偷偷令人在衣袍内囊肉食鱼脯以进，杨广的原形开始暴露了。

兄弟不容

是年十月蜀王杨秀抵达长安，文帝怒加切责，要以君道治之，杨广还假惺惺地当庭涕泣为弟请命，但背后却令人密埋木偶于华山之下，唆使杨素往挖，布置的木偶缚手钉心，上写皇帝及汉王杨谅（杨广第五弟）姓名，诬为蜀王所为，文帝知道后大怒，废杨秀为庶人。文帝五子，除杨广外，长子勇已废为庶人在东宫看管中，三子秦王杨俊早在三年前就因好奢被免并州总管，召回京郁郁病死。四子蜀王杨秀现又被废，只剩幼弟汉王杨谅尚在并州为总管。杨广以蛇蝎之心，对自己的亲兄弟个个都放不下心，但碍于父王还在，对幼弟尚下不了手。到仁寿四年文帝病了，起病的原因是否与暮年接近女色有关，无直接考证。不过两年前独孤后死后，文帝宠幸宣华陈夫人和容华蔡夫人却是事实。两女皆江南佳丽，陈夫人而且还是陈后主之妹。杨广为了多了解文帝宫中近事，也曾在两位夫人身上下过工夫，两夫人对太子的谦恭和风度原也有好感。

辣手杀父

文帝在仁寿宫（有说宫在岐山，属陕西凤翔县，有说在陕西麟游县，均距长安约二百余里）避暑时得了病，病得很重。立刻召尚书左仆射杨素，兵部尚书柳述和黄门侍郎元岩去仁寿宫内殿侍疾。皇太子杨广也入居仁寿宫大宝殿。杨素那时因为过分倾权，已被夺去每日通判之权，国家机要权集吏部尚书兼兵部尚书柳述。那柳述是帝婿，娶兰陵公主。太子杨广仍引杨素为心腹，常和他以密札交通。一次杨素的密札被宫人误送到文帝寝殿，文帝看了大不高兴。又见陈夫人晨出更衣，匆匆奔回，文帝诘询，陈夫人流泪说："太子无礼!"原来杨广看见陈夫人走出内寝时，以通问消息为由，竟对陈夫人加以轻薄。文帝气极拍着床沿说："畜生何足托大事，独孤（指亡后）误我!"立刻传呼柳述元岩要他们召废太子杨勇。两人正在写敕书时，杨素知道了，就和杨广密商以矫诏迅雷不及掩耳逮禁述岩于狱，又马上调东宫卫士代替御林卫士，宫门出入俱付亲信宇文述和郭衍指挥。还召太子右庶子张衡进入寝殿侍疾，把后宫宫人全部遣闭别室。片刻间，文帝就死了。有说是张衡以毒药强帝喝了死的，也有说张衡搥帝前胸使喷血而死，惨呼之声，尚达户外。杨广弒父乃成为永久疑案。

悖逆伦常

隋炀帝的欲望包天，从他害死亲父文帝那天又玷污父王的爱妃宣华陈夫人这件事上，更得证明。仁寿四年（604年）七月文帝被张衡弄死时，宣华陈夫人及其他

白釉武士俑

宫人们都被遣闭在别室。帝崩消息传出后，各宫人相顾战栗，宣华陈夫人更是哀痛欲绝。但是傍晚的时候，太子杨广忽遣使者送来小金盒一个，盒上贴封，太子亲签封条，使者说是太子赐给陈夫人的，陈夫人见了惶惧不敢开启，以为盒内必藏鸩毒。在使者催促下，陈夫人启封开盒，盒中置同心结数枚，宫人们看了都说："可以免死了。"陈夫人心中恼恨跌坐一边，众宫人催她赶快申谢，她只好委屈地向使者下拜致谢。那天晚上，太子杨广就宣召陈夫人，加以淫辱了。另一位容华蔡夫人，后来也一并被杨广淫辱。中国传统的伦常观念，在隋炀帝难填的欲壑中，早成为火山口的玉石，灰飞烟灭，踪迹全无。

杀兄废弟

隋文帝既死，杨广在仁寿宫即帝位，他第一件急着要办的事，是令杨约（杨素之弟）矫称奉文帝诏，驰赴长安赐废太子杨勇死。杨约把那因在东宫的杨勇缢杀后，才在长安为文帝发丧，立刻又以新皇帝之诏令，进封杨勇为房陵王，不予立嗣，既

推杀兄之责，又收仁厚之名。杨约心狠手辣，做事层次分明，干净利落，博得炀帝称赞说："杨素老大之弟，果然才堪大任。"此外把那曾被文帝重用的妹婿吏部尚书柳述和其他文帝亲信都免官发配南疆，嫁柳述的亲妹兰陵公主被迫与夫离异改嫁，公主誓死不从，还要与夫同徙，炀帝大怒不许，后来公主忧愤而死，炀帝一点眼泪都未掉。他的幼弟汉王杨谅，对二哥的作为心有不平，就在并州（山西太原）发兵造反，响应的凡十九州郡，声势相当浩大。炀帝令杨素讨伐，没多久杨谅兵败投降，被废为庶民，在幽禁中死去。炀帝五兄弟，三弟秦王俊，四弟蜀王秀都已被父王幽废而死，长兄废太子勇，幼弟汉王谅均在炀帝手中杀的杀，废死的废死，隋王朝足以觊觎帝位的全除灭了。在炀帝当"真命天子"的前程上，阻碍尽除，就炀帝的心理状况来说，他就此可以为所欲为了。

极尽奢侈

隋炀帝即位时37岁，那是仁寿四年七月，第二年改为大业元年（605年）。据《隋书·五行志》，这业字拆开来是"大"、"苦"、"未"，识者以为大苦难未可限量。事实上那时"国家殷富，府库盈溢"（《隋书·食货志》语）"赤仄之泉流溢于都内，红腐之粟（积谷太久已经发霉腐）委积于

塞下"。全国开垦的田有5585万余顷，人口才4602万左右，比起汉末时，垦田才689.6万余顷，人口倒有4915万人。这当然是隋文帝轻徭薄赋，提倡节俭，二十多年累积起来的佳果，让我们这位心傲志大，自负才智过人，而且欲壑无底的隋炀帝把持了这份基业，自以为可以取之不尽用之不竭了。他第一件大事就是大业元年三月下诏建洛阳为东都。这洛阳原是东汉以来的帝都，但迭经破坏，到北朝齐、周时，已归废败。当时南北统一，在经济上也需要在河洛水陆交通缩毂之地，建立一个政治经济的中心。既然理由充分，而且国力正雄，所以他马上任尚书令杨素为总监，将作大匠宇文凯为副监，以长安大兴城（隋文帝所建的新都城）为蓝本，还参考南朝建康城的繁华，建造洛阳东都。在东都西郊河南新安县境方圆二百里内又筑西苑，苑内凿土为内海，周十余里，海内筑蓬莱方丈、瀛洲诸山，高出水面百余尺，又广征宇内奇禽异兽珍卉稀草以实园圃。还筑殿阁楼台十六院，所役民工，盛暑严寒，强迫工作，十人中死四五，载尸之车，相望于道。

开辟运河

同年三月又征发河南男女民工百余万人，延长文帝时期开的永济渠（自长安沿

隋·敦煌壁画·牛车马、山林

渭水至潼关入黄河）的效用，引导穀洛二水自洛阳接通黄河，复从板渚（河南汜水）开通莨荡渠故道以达淮河流域的盱眙，这道运河称通济渠。接着又从山阳（江苏淮安）浚通吴王夫差所开的邗沟以达江都（扬州），运河全程分3段共2000余里，在不到6个月之内，全部完成。运河宽120尺，两岸筑御道，植以杨柳。自长安以至江都，沿途造离宫40余所，又遣人到江南督造龙舟及大小舟船数万艘。

民不堪命

大业元年八月，隋炀帝等不及洛阳工程完竣，就从洛阳出发乘坐二百尺长四层楼高装金饰玉、殿阁齐备的龙舟沿新开运河，偕同皇后萧氏及宫嫔、诸王、百官、僧尼、道士、蕃客一干人乘千余艘舟船，巡幸江都了。龙舟与宫嫔贵族百官的船都用挽夫，穿了锦彩之袍牵船，沿途轮班更替，凡8万余人。舟上拱卫的兵士则自载兵器帐幕，自挽船舰相随。两岸复有骑兵翊护而行。因此舳舻相接200余里，采耀水陆，旌旗蔽野。所过州县，五百里内供应食用，水陆珍奇罗列，各县竞丰。吃不完的，都弃埋两岸。到了江都，乃是炀帝旧游之地，流连忘返，直住到第二年的三月才自江都起驾北归。沿途为了增饰仪仗，需用大量羽毛，向州县征索，凡水陆禽兽之有氅羽的，都被网罗捕捉殆尽。湖州乌程县有一棵百尺高大树上有鹤巢，民夫难于升木捕鹤，欲伐其干，鹤似通灵，竟自拔氅毛投之于地，人称祥瑞，说是"天子造羽仪，鸟兽自献毛"。大业二年四月时洛阳东都已完工，炀帝以千乘万骑的浩荡法驾进入洛阳，于是下令大赦，并免天下当年租赋，其实州县百姓对皇帝的供应，早已罗掘俱穷了。

好大喜功

其后隋炀帝无年不出巡，无年不大兴土木，不是兴修行宫，就是开筑驰道，又要增修长城。到了大业四年（608年），又开通自沁水的武陟经内黄、大名、沧州、清县，而北达于河北涿郡的永济渠（又名卫河），全长2000余里，动用民工男女又是百万余人，这是北段运河。大业六年（610年）又从京口（江苏镇江）至余杭（浙江杭州）开凿江南河，全长800余里，6年之中，凿通了长达4800里纵贯南北的大运河。根据唐代《开河纪》所记全部所役民工和执役兵卒共543万人，其中罹疾疫而死的，受伤或灌江淹死的，总数达200多万人，几乎死了一半出工的人。运河在当时自有其政治和经济上的需用价值，但只是满足了隋炀帝好大喜功和游幸便利的欲望，代价未免太大了。

末日来临

隋炀帝以秦始皇和汉武帝的功业自许，在对外关系上，他曾运用和亲和讨伐，暂时平定突厥的侵扰，对土谷浑还能加以讨平，因此他要在番邦前夸耀功业，做大皇帝。东方的高丽国王，竟一再地不肯应召朝见，他就三次发兵征伐，劳师动众，都无功而归，引发了天下的骚乱。他索性躲在江南行宫里，在酒色中求其满足，哪知这是无底的欲壑，越填越不足，他终于末日来临，为其亲信所杀，隋王朝也跟着瓦解。

李密与瓦岗军

隋炀帝末年，天下大乱，群雄并起，光景有些像秦二世之时。其中有一位带领瓦岗寨落草英雄们起事的头领李密，在他落难时曾赋诗，有上面的句子，颇写出当时群雄们的一般心理状态。所谓"秦俗犹未平"，是借秦以影射当时的苛政未已，举樊哙、萧何以鼓励布衣群众起事，共逐此已失方向之鹿。从炀帝大业七年（611年）

中国通史

最新整理图文珍藏版

起，陆续而起变乱者大小一百余起，其中有纯民间的，有官吏叛变的。像李密所领导的，其队伍是民间的，领导人曾为官吏，可称双方的结合。李密后来失败，败在他个性，并非败在他出身。

志气不凡

李密字玄邃，又号法主，京兆长安（陕西西安）人。其祖先一直在北朝西魏和北周做高级将领。到隋时父李宽，被封蒲山郡公，父死李密袭爵，所以大家也称李密为蒲山公，其为贵族无疑。中国历史上叫李密的还有人，六朝文《陈情表》的作者，也叫李密（字令伯），那是三国蜀汉时四川人，入晋后不受征召，乃有气节的文士。两人相隔三百多年，不可混为一谈。李玄邃青年时曾以贵胄，值皇帝宿卫，他长得并不魁梧，皮肤黝黑，顺盼之间，却异于常人。隋炀帝见了不顾眼，对他的亲信翊卫大将军宇文述说："那左边值卫的黑脸小子，瞻视异常，勿令值宿卫。"宇文述就暗示李密称病自退，李密无缘无故被绝了前程，就摆脱一切，潜心向学。自幼和权臣杨素之子杨玄感交友，两人相处常不拘形迹，有时杨玄感言语间有侵犯，李密慨然说："咱背后不骂人，宁当面说中听的话。说到在军阵之间喑呜咄嗟，使敌人恐惧，密不如老兄；至于罗致天下贤俊，使各得其用，老兄不如密。"杨玄感听了笑而心服，由此也可知李密志气不小。人之心志由眸子中可见，难怪炀帝见而生戒心。

失败落草

杨玄感自父杨素死后，心知隋炀帝并不怀念其父拥立之功，反有心诛灭其族，乃心怀异志。后乘炀帝第二次征高丽失利之时，举黎阳（河南汲县）造反，并急召李密自长安赶来相助。两人见面后李密献三策：上策断炀帝远征军后路；中策攻长安；下策攻洛阳。杨玄感目光短浅，贪近利，竟采下策攻洛阳，哪知旷时废日，坐失机先。等炀帝远征军回师来攻，不敌溃败，杨玄感被杀，李密亦在亡命中被捉。在解送途中脱逃，乃隐姓埋名，在一小乡村中授徒谋生。篇首那几句诗，就是他最不得意时发抒心志写下的。谁知露了形迹，被人告发，不得不再亡命。后经山东济阳王伯当的介绍投靠翟让。那翟让原是东郡（山东濮阳河南滑县一带）的法曹（司法吏），坐事有罪当死，蒙狱吏舍命相救，乃在古韦氏县（滑县南）三不管之地瓦岗寨落草为盗。和他一起干那劫富济贫勾当的，尚有山东曹州人单雄信、济阴人徐世勣和王伯当等等，都是些民间的豪杰，因不满隋炀帝的虐政而落草的。李密入伙后，初因贵胄身份关系，且是杨玄感之党，颇受排挤。后来经他灌输刘项起义推翻暴秦的道理，大家才有夺天下之心，而且也接受了他。

隋·青瓷印花瓷罐

瓦岗首领

那时民间早有"李氏当为天子"的传说，隋炀帝因此讨厌姓李的，还无端杀了一个李浑（字全才），对骁卫将军唐公李渊（以后成为唐开国之主）也不放心。很有些像王莽时代怕姓刘的一样。洛阳又有"桃李子（逃亡姓李的）……勿浪语（守密之意）"的民谣，李密以为应在自己身上，更有自负之心。李密曾是蒲山郡公，乃利用蒲草非泽不生（泽翟同音，应在翟让身上）的附会，使翟让对他深信不疑。翟乃令他别统部队成立蒲山公营。李密有了自己的部队，与士卒同甘苦，共分赏，所以纪律严明，战斗力强，在荥阳一带大获战果。后来占巩县的兴洛仓，开仓济民，远近来归，不绝于道。翟让于是不得不自退，而让李密为瓦岗革命队伍的首领，后又拥立李密为魏公，自退居司徒，以单雄信、徐世勣为左右大将军。翟让退居第二位，在瓦岗草泽兄弟间引起不满。翟让之兄，甚至时出怨言，吵闹着散伙回瓦岗老巢。

杀害翟让

李密没有汉高祖刘邦的大度，更没有汉光武刘秀的深沉坚韧。那时革命形势大好，隋炀帝已局促江都，一筹莫展，唐公李渊已在长安另立隋新主，而四处革命队伍又已蜂起，他竟沉不住气，听信了隋降臣之言，不顾情义，不能宽容翟让部下的贪货与异志，竟定下诈计，设宴召饮翟让而加以杀害，连翟的草泽弟兄徐世勣都误吃了项间一刀，所幸未死，单雄信、王伯当等也都为之惊愕不安，从此瓦岗阵营中，人人自危，心志不一。虽然他以后又占了洛口仓，占了虎牢、偃师等城，收降了隋将裴仁基等，勇士如秦琼、程咬金，智士如魏征都归他麾下效力，但他犯了杨玄感同样的毛病，贪恋着东都附近的米仓，方自立为魏公，就筑洛口城以自居，把战事胶着在洛阳附近。既受困于杀隋炀帝后从江都回师的宇文化及饶果部队，又屡被洛阳隋东都军统帅王世充所攻击。因为人家是饿军，都要抢李密掌握中的米仓，而李密又不知爱惜，让仓米散漫道路，洛水两

岸十里之间，散米积道，望之如白沙。这米仓原是他的资财，反成为他的累赘。后来他终因不听裴仁基、魏征等坚守阵地以情敌志的忠言，与王世充饿虎一般猛扑的饥军仓促决战而一败涂地，连单雄信都降了王世充，瓦岗军就此瓦解。李密想自刎，被王伯当劝阻，乃一同奔长安投李渊。那时李渊已在长安开创唐祚，成为第一代的唐帝。

自取灭亡

唐高祖李渊给李密官不过光禄卿、上柱国、邢国公，接待上也有疏慢，李密心中悒悒不乐。后来唐高祖又要利用李密与山东方面豪杰的关系，派他去做联络工作，以对付洛阳的王世充。途中唐高祖忽变主意，召李密单人返长安，李密恐遭不测，乃袭据桃林县而反。他对同伴说："谶文之应，彼我所共，唐以绛、灌视吾，情何以堪？"可见他迷信天命，器量不足，而犹野心不戢。杀翟让绝恩忘本，已失天下豪杰之心，乃又妄图再起，终在河南熊耳山麓被唐将盛师彦追杀，王伯当俱死。李密败在不自量力，而且明于为人策划，而昧于设身处地，咎由自取，败不足惜。

欺诈小人王世充

隋末蜂起的群雄中，打败魏公李密的王世充，后来在洛阳自称郑帝。另外在河北河间郡乐寿的窦建德也建号称夏王。这两股势力，和崛起太原雄踞长安建号称唐帝的李渊，一时有鼎足之势。如果不是李渊有一位文武才略兼备的儿子李世民，说不定另一个三国鼎峙之局会在中国出现。郑帝王世充和夏王窦建德都是唐李世民的手下败将，一称小人，一称英雄。让我们先谈王世充。

师称小人

王世充被史家们称为欺诈小人，原有所本。原来王世充有一位老师徐文远，是隋国子祭酒，王世充是小人，原来出诸他老师之口。徐文远也是魏公李密的老师，当李密在洛口（河南巩县境）兵困洛阳隋朝残余政权时，城内百物短缺，徐老师不得不亲往城外去采薪，不料落入了李密侦骑之手，解送到大营时，李密认出是老师，马上扶之南面而坐，李密肃衣北面而拜，以尽弟子之礼。那时李密正和洛阳朝廷搭线，预备入朝辅政，以便夹击宇文化及残军。王世充却在洛阳夺权，把和李密搭线的内史令元文都一伙杀了，朝权落在王世充之手。李密向徐老师询问进止，徐老师勉励他匡济国难，迷途知返，不失为忠义之臣。但戒密非破世充，不可入朝。后来李密被王世充战败，徐文远逃归洛阳，那时王世充自任太尉，专恣威权，徐文远见了这位弟子，每次说话都先伏地叩首。有人私底下问他："先生何以见了李密端老师架子，见了王太尉又如此恭敬？"文远说："魏公，君子也，能客贤士；太尉，小人也，能杀故人。吾何敢不拜？"从这段故事，读者对王世充这个人大概也有一个印象了。

取媚邀宠

王世充字行满，姓支氏，西域胡人，可能是土耳其种，因为他生来卷发。其父幼从母归王氏，就冒姓王。父亲曾做怀汴二州的长史，所以王世充幼亦受良好教育，读过一些经史，还好兵法，熟悉律令。私底下又喜欢卜筮推占之术，唯秘不告人。他性格深沉多疑，而诡诈有辩才。隋文帝时以左翊卫做到兵部员外。炀帝时先任江都郡丞，后因知炀帝想除去曾参与夺宗机密的御史大夫张衡，乃阿谀顺旨，在炀帝前说张衡的坏话，终使张衡免官废为庶民，王世充就升官兼江都宫监。于是雕饰宫内

阿弥陀佛法像

池台馆阁，又征远方珍奇宝物以邀帝宠。知道炀帝喜欢女色，他又征江淮良家美女以进，由是常得亲近帝侧，君臣之间，甚见亲昵。

阴结豪俊

大业八年（612年）各地乱起后，王世充一面阴结豪杰，多收人心，见百姓犯禁，往往帮助他们脱罪，以树立私恩；一面也率官兵平乱。他很会做作，平乱有功，总推动部下，掳获战利品也一概发给士卒，自己一毫不取。由是颇获军心，出战时常建功。他有一次破贼军孟让十万之众于盱眙（安徽境）而被炀帝赏识，认有将帅才略。大业十一年炀帝在雁门（山西代县），被东突厥始毕可汗围困，炀帝急得日夜哭泣，发书各地勤王。王世充得此机会立刻

第三编　隋唐五代时期

最新整理图文珍藏版

1233

发江都民兵赴难，而且故意垢首号泣，终日不解甲，夜卧草荐，以示帝难在身。后来炀帝回朝，认为世充爱己逾常人，乃益加信赖。大业十二年世充在豆子坑（河北河间）及南阳分别破贼归来江都，炀帝亲执酒杯赐饮，以嘉其凯旋。

会师洛阳

当李密在洛阳一带聚势越来越大时，隋炀帝在江都命王世充率江淮劲旅，与其他各路军会师洛阳，与李密战于洛口。炀帝并诏示诸军务受世充指挥，王世充真的当起统帅来了。世充与李密作战，互有胜负。后来隋炀帝在江都被杀，起兵太原的李渊在长安也废隋恭帝而篡夺帝位。洛阳隋东都朝廷马上奉炀帝孙越王杨侗为皇泰主。王世充被任纳言，封郑国公，和段达元文都等七大臣共辅朝政。那杨侗二十岁不到，全由七大臣摆布。那时因为杀炀帝的宇文化及率饶果残军自江都北归，宇文手中有其所立的隋主杨浩（炀帝弟秦王杨俊之子），还有炀帝的萧后。皇泰朝中人不愿东都出现二主，所以主张招降李密，令李密消灭宇文。王世充不愿李密入朝，联段达杀元文都等夺权而任太尉。王世充又以洛阳乏食而和李密作战。当时李密正和宇文化及打过一仗，虽胜而疲，李密又未采用裴仁基、魏征等之谋，与王世充打持久战，因此轻敌而不设重防，竟被王世充打得大败而溃，造就王世充的机会，让他在洛阳称郑王，不久又迫隋主杨侗让皇位。

夺位称帝

王世充在洛阳夺位时，曾在隋皇泰主杨侗前面被发立誓："候海内澄清，乃复隋主帝位。"但夺位不久就逼杨侗饮鸩毒，杨侗请与母刘太后诀别不许，乃布席焚香礼佛发愿："自今以后，不再投生帝王家。"然后仰药，未绝，左右以帛缢杀之。那杨广的长孙，父早死，长得眉目如画，性又宽仁，因生末代帝王家，与祖同命，死得

凄惨。王世充自立为郑开明帝，大封宗族。他性好虚名，认为做天子必须亲接民情，于是在殿门外设坐听朝，一任百姓上书。常轻骑出巡街市，随时接受民间诉愿。但是数日下来，民间上书山积，他未能一一省览，感觉厌烦，从此不出朝也不出巡亲民了。当他初专朝政时，也曾在太尉府立三牌：一求文学才识之士；二求武勇智谋之士；三求民间上书申冤。初时世充一一亲接，躬自批览，殷勤谕慰，人人以为言听计从，而事实上都不见付诸实行。

隋·陶磨与执箕女俑

遇赦被杀

王世充在洛阳危城中自过其皇帝瘾，作威作福了三年。后来他的诈术破露，麾下勇将如徐世勣、秦琼、程知节等纷纷降唐。唐帝又派李世民以大军迫近洛阳，他就向河北窦建德请救兵，窦方消灭宇文化及，声势颇浩大，一面答应王世充驰援，一面向唐军作调人，到兵临武牢时，与世民大战被擒。世民囚窦洛阳城下以示王世充，王世充乃举洛阳降。唐帝在长安诛窦建德而赦王世充，但在雍州（河南沁阳境）公舍，王世充与兄世恽却被仇人独孤德修所杀，结束了他欺诈的一生。

"真英雄"窦建德

窦建德是隋末争天下的群雄之一。他起于田间，讲义气，重言诺，勇敢善战。

而生活朴质，食蔬吃脱粟饭，不好女色，与士卒共甘苦，故能以二百人起家，而称雄河朔之地，一时有问鼎中原之势。倘非遇到了勇略才智高人一等的李世民，像窦建德那样称得上一位英雄的人物，何至兵败身擒，戮首长安，为天下人叹息？最令读史者扼腕的，他所出兵驰救的洛阳郑帝王世充，见他被擒，立即厚颜向李世民乞降，而竟受到赦释。历史上事之不平者，往往如此，天地间由是常弥漫一股不祥之气。

重义好侠

窦建德原是贝州漳南（山东恩县）的自耕农，生来力大过人，而且重义好侠。一次看到乡里有人贫不能葬亲，他马上解下正在耕种中的牛，送给丧家，令其换钱治丧。一次强盗夜劫其家，他隐伏以候盗人，击杀三人，余盗不敢进，而索盗尸，建德说："把绳子丢过来。"盗果投绳，建德自系绳一端，令盗曳之出，方出立刻跃起抢盗手中刀，又杀数人，盗由此惊走，所以乡里间都称他英雄，推为里长。后来因犯法一度亡命，遇赦才归乡。过一段时间父死，乡里送葬者千余人，凡有赠赙，一概退还不受。隋炀帝大业七年（611年）山东一带闹水灾，百姓流离失所，炀帝不恤民命，还要强迫百姓当兵征高丽，建德也被征召，担任后备部队的二百人长。同县乡人孙安祖素骁勇，也被征入伍，正好家被水淹，妻子饿死，孙要求归家葬妻，县令不许，孙逃亡被捕，县令怒加鞭笞，孙就杀令而逃亡，躲藏建德家。

被迫落草

窦建德看清天下情势，对孙安祖说："丈夫不死，当立大功，岂可为逃亡汉以终身？我知高鸡泊，广大数百里，芦蒲深阻，可以聚众，以观时变，机会来时，可有大功于天下。"安祖拍手称善，建德就召逃兵及无业者数百人，令安祖率领，入泊中为

盗。那时群盗四处劫掠，独不入建德乡里。官府认为建德与贼勾结，乃把建德一家老小都捉去杀了，建德愤极而率麾下二百人逃到清河依附盗高士达。高士达自称东海公，任建德为军司马。后来孙安祖在高鸡泊中被另一股盗张金称所杀，其部队亦归建德。建德与士卒同执勤役，待人诚恳，大家出战用命，兼以建德善用计，所以屡败隋进剿部队。高士达遇小胜轻敌，被隋将杨义臣所击杀。建德率百余骑窜往河北河间，攻陷饶阳得其众，引饶阳县长宋正本为上客，令参军谋。建德和群盗不同者，每获隋官及士人，必加安抚恩遇，故所过郡县，归附者众，四五年间得兵十余万人。

诛灭宇文

大业十三年（617年）正月窦建德在乐寿（河北献县）自称长乐王，置百官，等于是宣布独立。六月隋将薛世雄来讨，窦军先南遁，乘薛军不设备时，建德率敢死队千人在大雾中奇袭薛军，薛军溃败，窦师遂进围河间。隋郡丞王琮拒守，不能下者岁余，后来炀帝被弑凶闻传至，王琮在城内为炀帝发丧，城楼上有哭泣声，建德听了，遣使往吊，王琮乃请降。窦营诸将因王琮久拒战，力尽乃降，都主张加以烹杀，建德说："琮乃忠臣，其事君应足为吾人榜样，奈何杀之？往者在高鸡泊为盗，容可以妄杀人，今欲安百姓定天下，岂得害忠良？"于是任琮为刺史，严戒军中有对王琮报怨者，必夷三族。窦军早先陷河北景县时，亦曾赦爱民官吏张玄素，且任为黄门侍郎。其次年（618年），建德在乐寿改称夏王，并略冀州而克之。后攻幽州，遇罗艺顽抗，不克而归乐寿。又次年（619年）建德发兵攻宇文化及于山东聊城而克之，并生擒化及，尽得其资财，悉分将士，自己一无所取。隋宫人千数，悉予资遣，隋饶果部队近万人，亦各听其志愿遣归。隋官属有崔君肃、裴矩、何稠、虞世南、

欧阳询，亦悉随才授职。并遣送炀帝萧后至突厥以归义成公主。后来斩宇文化及及诸逆臣后，又以化及之首级送义成公主。同时命裴矩等为其立朝仪，定律令，和洛阳方面的政权皇泰主太尉王世充辈也结好，一切做法都非常得其大体。

隋·嵌珍珠宝石金花蝶头饰

兵败被擒

建德后又占洺州（河北永年）相州（河南临漳）卫州（河南汲县），与长安称帝的唐高祖李渊势力发生冲突。他又迁都洺州。那时洛阳王世充废隋主自立为郑帝，建德乃与王绝交。但是他没有采用国子祭酒凌敬之言："舍洛阳而经略山西和关中。"结果受王世充利用而在成皋板渚（河南汜水）和据虎牢为阵的唐秦王李世民军对峙。因才识所限，他那时用兵的章法紊乱。先是在征幽州罗艺无功时，因不能调处将领间的争功妒才而冤杀大将王伏宝，那好直谏的纳言宋正本，建德也听谗把他杀了，于是自己阵营中猜忌丛生。那时王世充因唐军攻洛阳急，乃又遣使见夏王卑辞乞援，还用财宝贿建德左右，大施银弹攻势，光景颇像楚汉时陈平入项羽营之所为。正好中书舍人刘斌献唐、郑、夏三鼎足常保之策，认为救郑乃为自保。诸将得赂金，也

怂恿救世充，所以凌敬建议转攻河东（山西）之策，就不被采纳。虽然建德之妻曹氏也劝纳凌敬之计，建德说凌敬书生不足与谈军事，说曹氏女子更不懂军事，就一意在诸将鼓动下以援洛阳为得计，乃贸然以远师和李世民对阵。但在汜水一战，建德中枪，负创窜牛口渚被唐军生擒，当时军中有童谣："豆（指窦）入牛口，势不得久"，竟验。

被斩长安

建德所领兵众一时溃败，其妻曹氏与左仆射（宰相）齐善行率数百骑逃归洺州。余党欲立建德养子以图再起，善行、裴矩、曹旦（窦妻之兄）与窦妻曹氏，认为天命已有所归，不忍再令生灵涂炭，乃奉传国玺降唐。窦众各取夏王宫府库财物散去，那已是唐武德四年（621年）。是年七月李世民班师，并解建德至长安，唐帝李渊，以为建德之众已散，竟不顾建德于占黎阳时俘其妹同安公主及堂弟淮安王李神通，均曾厚待予以全命之情，悍然斩之于长安东市。建德死时年49岁。洛阳王世充见建德被擒，立即开城降唐，竟得赦释。散处各地建德旧部闻之不平，乃拥建德旧将刘黑闼起事，为建德复仇，一时响应者众，扰攘者又两年方平。唐李渊父子处理窦建德，可说未得天下之平，其嫉窦为英雄而畏之耶？视汉光武当初在宜阳处理赤眉樊崇辈，许其放归再战，樊等感愧而服，得无愧恶？

宇文恺与大兴城

宇文恺（556～612）字安乐，祖籍昌黎，后徙夏州，是宇文鲜卑之裔。父贵，仕魏封许国公；兄忻，仕周封杞国公。恺以功臣子，三岁封双泉伯，七岁进为安平郡公，在周仕至御正中大夫、仪同三司，

中国通史 最新整理图文珍藏版

加上开府中大夫。隋文帝篡周,大诛宇文氏,恺亦在被杀之列。文帝以忻有开国功,且非周室本支,特诏赦之。恺家世尚武,诸兄皆以弓马取功名,独恺好学博览,工文章,擅技艺。文帝思用其长,开皇元年(581),初营杨氏宗庙,命为副监。二年,营大兴城,诏领营新都副监。四年,开凿广通渠,总督其事。后拜莱州刺史,颇有能名。六年,兄忻以谋反伏诛,被祸除名,久不得补。十三年,文帝将营仁寿宫,杨素荐恺有巧思,始命检校将作大匠。功成,拜仁寿宫监,授仪同三司,旋真除将作少监。仁寿二年(602),独孤后死,奉命与杨素营山陵。事竣,文帝称善,复爵安平郡公,食邑千户。炀帝即位,迁都洛阳,以为营东都副监,升将作大匠。功成,进位开府,拜工部尚书。此后迭为炀帝修长城,制大帐,造观风行殿。时朝议欲复明堂而失其旧制,恺因博考群籍,奏上《明堂议表》数千言,炀帝可其议,适征辽之役兴,遂不果行。大业八年(612),征辽还,病卒,年五十八。撰有《东都图记》二十卷、《明堂图议》二卷、《释疑》一卷,当时俱行于世,今佚,唯《明堂议表》略载《隋书》本传。

根据宇文恺的毕生经历,可以知道他确系土木工程专家,擅长都市建筑设计,以及一般营造和水利开发,在这方面,他的声誉较同时建造赵州安济桥的李春高出甚多。他还工于机械制作,在这方面,他与同时的何稠、阎毗各有所长,而且成果甚多。

今天西安与咸阳二市之间渭水流经的大片土地上,从西周起,就是历代建都筑城的好处所。由于朝代不同,城址不同,名称不同,至少可以划出六个不同的都城遗址,即:(一)周文王的丰京城,约在沣水西岸。(二)周武王的镐京城,约在沣水东岸。(三)秦咸阳城,在今咸阳市东北(不包括渭水南岸的阿房宫)。(四)西汉长安城,在今西安市西北数里外。(五)隋大兴城和唐长安城(名称不同,实为一城),都在今西安市区内。(六)明清西安城,基本只占唐长安城的皇城旧址。

隋文帝即位之初,仍以北周沿用的汉长安旧城为都城。他本嫌该城制度狭小,庾季才更以为"汉营此城将八百岁,水皆咸卤,不甚宜人"。于是苏威、高颎、李穆等皆请迁都。开皇二年(582)六月,乃诏高颎等于汉长安城东南龙首山的"川原秀丽"处"创造新都",至次年三月初步竣工。文帝在周曾封"大兴郡公",尝云"吾以大兴公成帝业",所以名新都为"大兴城"。可知隋朝都城是大兴城而不是长安城,说隋朝建都长安是习惯上的误会。

根据历史记载和考古实测,今已概知大兴城的轮廓:全城大致呈方形,南北长8651米,东西长9721米,周长37.6公里,总面积约84平方公里。比明清西安城大7.5倍,比北京旧城也大得多。周围城墙平均宽约5米,高约6米;共有12座城门,每面3门。城北大片土地辟为园囿,称为"禁苑"。

隋·仙山并照四神镜

城内分为宫城、皇城和外郭城三部分,都是按其性质、作用分别设计的。宫城在全城最北正中,南半为皇帝处理政务之所,北半为皇帝、后妃寝息之所（即所谓"前朝后寝"）；中央大殿名大兴宫，是全国政治决策中心。宫城南的中门叫承天门，是皇帝宴见群臣，接待外宾之所。承天门外有一条东西长3千米，南北宽450米的大街或广场。大街之南即皇城（又叫"子城"），是百官衙署所在。除宫城、皇城外，全城其余部分都属于外郭城。

外郭城是官民的住宅区和集市区。街道互相平行垂直，整齐划一。共计南北大街11条，东西大街14条，纵横相交成110个方块。1个方块为1"里"（唐改称"坊"），小里约占2.5万平方米，大里相当小里的2～4倍。"里"是官民住宅和生活单位，内有商店、作坊以及庙宇、游乐等附属设施，周围有墙环绕，有门可以启闭。另有东西二市，各占地约十万平方米，是纯粹的商场，其设计方位改变了"前朝后市"的古老传统。

全城水源有三：一是龙首渠，引自浐水；二是永安渠，引自交水；三是清明渠，引自满水（又作"沉水"）。水入城后，或随流排灌，或开为航道，或汇成池塘，或点缀风景，是城市的人造动脉。

当时营建新都，名义上是由左仆射高颎负责，28岁的宇文恺只是"副监"，但本传说："颎虽总大纲，凡所规划，皆出于恺。"可见恺的专业才能自营宗庙后，就已得到朝廷公认。所谓"规划"，是指在实地勘察后，设计总体建筑方案，绘制具体施工图样。平地建筑施工，较之拆修改造反倒容易，因而十个月左右，便已竣事。以后唐朝仍都于此，除改"大兴城"为"长安城"外，二百多年内，对原大兴城只作了一些小的增补或改动。如：（一）唐高祖改"大兴宫"为"太极宫"，太宗在宫城东北禁苑中增建"大明宫"（又叫蓬莱宫），玄宗将"兴庆坊"改建为"兴庆宫"。这样就完成了唐代长安城的三大宫，亦即所谓"西内"（太极宫）、"东内"（大明宫）和"南内"（兴庆宫）。（二）高宗时，为十二城门加盖了城门楼；有了大明宫，原城北各门也相应有所变动；有了兴庆宫，就增筑了"夹城"。等等。

由于隋朝祚短，文帝晚年多住仁寿宫，炀帝常居洛阳，所以新营的大兴城和大兴宫反而受到冷落。直到改名长安城，增修了大明宫，高其城墙，崇其城楼，才显出大唐气象。然而历史学家决不致数典忘祖，夸大唐代的增修，而忽视隋初宇文恺的全面规划。宋人吕大防说："隋氏设都，虽不能尽循先王之法，然畦分棋布，闾巷皆中绳墨。坊有墉（墙），墉有门，逼亡奸伪，无所容足。而朝廷、宫寺、门居、市区，不复相参，亦一代之精制也。"虽有感于宋之汴京，然作为古代帝都，吕氏之前，实无有超过大兴城者。

昔秦亡而咸阳、阿房随之俱亡。唐袭隋制，连都城也全盘照搬，这就有幸使隋亡而大兴城不亡。以后，长安城不幸毁于朱温，而言古代都城布局者，无论全部或局部，仍多袭大兴城之遗意。东亚邻国如日本也一向视隋大兴城、唐长安城为日本古代都城的初源之一。

贺、韩争功

当年晋武帝灭吴，曾经惹出"浑、濬争功"一段故事。"浑"是王浑，"濬"是王濬，都是奉命伐吴的大将。王浑都督扬州诸军事，坐镇寿春，距东吴甚近。武帝下诏伐吴，吴主孙皓先派人送印信向浑乞降，浑不敢进。王濬是益州刺史，距东吴虽远，却早就作好伐吴准备，所以一接到武帝水陆俱进的命令，就立即由巴蜀率战舰东下。吴人一路竖锥横锁阻截，王濬也一路拔锥烧锁推进。真个是千帆齐发，昼夜兼行，哪里来得及给王浑打招呼。等到兵临石头城下，孙皓措手不及，只得先向王濬叩头纳降。正如刘禹锡《西塞山怀古》所说："王浚楼船下益州，金陵王气黯然收。千寻铁锁沉江底，一片降幡出石头。"但这样一来，惹恼了迟一天渡江的王浑。浑与武帝是儿女亲家，便上奏王濬不受节制，擅自受降；濬自然也上表抗争。于是满朝议论纷纷，对王浑颇有微词。武帝只好做个和事佬，让两人都当大将军。

彩绘女俑

不料三百年后，隋文帝灭陈，也同样惹出了"贺、韩争功"一段故事。

且说开皇九年（589）正月，贺若弼、韩擒虎二路大军分头渡江，南北夹击建康。韩擒虎先至台城，俘陈叔宝。贺若弼至夜才焚台城北门而入。《隋书·贺若弼传》说："弼恚恨不获叔宝，功在韩擒虎之后，于是与擒虎相诟，挺刃而出。"据同书《韩擒虎传》，回到京师，二人还在文帝面前争功。弼曰："臣在蒋山死战，破其锐卒，擒其骁将，震扬威武，遂平陈国。韩擒虎略不交阵，岂臣之比！"擒虎则说："本奉明旨，令臣与弼同时合势，以取伪都。弼乃敢先期，逢敌即战，致令将士伤死甚多。臣以轻骑五百，兵不血刃，直取金陵，降任蛮奴（忠），执陈叔宝，据其府库，倾其巢穴。弼夕至，方扣北掖门，臣启关而纳之。斯乃救罪不暇，安得与臣相比！"

事实大致如二人所言。先是贺若弼自正月初七即进据蒋山（今钟山）白土冈之东，与陈兵由对峙到血战共历十余日。至二十日，以八千兵破陈军十余万人。陈军死逾万，隋兵亦死数百。俘陈军主将萧摩诃、鲁广达，唯任忠（蛮奴）逃回台城。适韩擒虎自新林进至石子冈与贺军相会，任忠所部原屯朱雀门，至此乃叛降擒虎，引隋军入。因而擒虎得率轻骑五百不血刃而先进台城，俘陈叔宝，贺若弼反而迟到半日。当时文帝和晋王对贺、韩二人的功过也有不同的看法。主帅晋王广以弼先期决战，有违军令，命将弼付吏查劾。文帝却诏广说："平定江表乃弼与韩擒虎之功。"命二人乘驿入京，进上柱国，赐物八千段。擒虎因有司劾其放纵士卒，淫污陈宫，未加爵邑。弼则另晋爵宋国公，真食襄邑三千户，拜右领军大将军。由此看来，文帝并未因弼违令先战之过而没其死战破敌之功，也未因擒虎有先俘叔宝之功而恕其纵放士卒之罪，较晋武帝一味当和事佬而不分是非要贤明得多。但历来舆论大都右（褒）韩而左（贬）贺，其实质已不在于论功，而在于论德。这就要了解二人的身世和为人。

韩擒虎（538～592）字文豹，又字子通，河南东垣（新安）人。父雄，周大将军。擒虎少慷慨有胆略，性好书，通经史。周时已因军功，官都督、刺史，进仪同三司，并袭父爵为新义郡公。与陈人战，屡挫其锋，陈人畏之。隋大举灭陈时，晋王以擒虎为先锋，率五百骑乘夜渡江，袭采石，取姑孰，进屯新林，受陈人降，俟杜彦至而合军，与贺若弼同时取金陵。弼违令先期以邀功，擒虎斥之，晋王罪之，原因在此。平陈后，擒虎以行军总管屯金城（在今兰州境），旋拜凉州总管。开皇十二年（592）征还长安，病卒。本传载江东《黄斑青骢马》歌谣以证其平陈之功，又载其"死作阎罗王"以见其精灵不灭。其母弟僧寿，季弟洪皆为当时名将，子世谔亦有父风，甥李靖兵法亦得之于舅氏。故知韩氏本武略世家，擒虎以五百骑轻取台城，绝非因人成事可比。

韩擒虎

贺若弼（544～607）字辅伯，系出鲜卑，故亦随魏南迁为洛阳人。父敦，仕周为骠骑大将军，因恃功负气，每怀怨愤，宇文护逼令自杀。临死对弼说："吾欲平江南，今不果，汝当成吾志。"又抽锥刺弼舌出血，说："吾因口舌死，汝当引以为戒。"弼慷慨骁勇，博涉书史。每忆父言，辄谨言慎行，故在周仕宦无过失。入隋，首献平陈十策。既平陈，自谓功大，每以宰相自许，不得，则怨形于言色。后以此下狱。文帝问弼："我以高颎、杨素为宰相，汝每倡言，云此二人唯堪啖饭耳，是何意也？"弼答："颎，臣之故人；素，臣之舅子。臣并知其为人，诚有此语。"公卿皆知弼乃高颎所荐，素之才决不在弼之下，因奏弼怨望，罪当死。文帝惜其功，已除名而又复其爵位，然不再任用。开皇十九年（599），弼又作五言怨诗，文帝读而恕之。二十年（600），又坐事下狱，文帝责备说："公有三太猛：嫉妒心太猛，自是非人心太猛，无上（目无君上）心太猛。"不久又释出。炀帝为太子时，曾问弼："杨素、韩擒虎、史万岁三人皆良将，优劣如何？"弼答："素是猛将，不是谋将；擒虎是斗将，不是领将；史万岁是骑将，不是大将。"太子问："大将为谁？"弼拜谢说："全凭殿下选择。"意思是："大将舍我其谁。"炀帝因此忌之。大业三年（607），弼官光禄卿，隋炀帝北巡突厥。时屡召宴启民可汗，弼以为太侈，与高颎、宇文撒等私议炀帝过失，被人揭发，三人都被诛死。《隋书》颎、弼二传各有"天下冤之"之语，独弼传无、唯史臣论曰："贺若弼功成名立，矜伐不已，竟颠殒于非命。若念父临终之言，必不及于斯祸矣。"

按史臣之论甚是。人臣不患无功，而患伐功。伐功者必争，争而不得必怨，怨望之臣，当然没有好下场。故贺若弼之死，人不以为冤。东汉冯异乃云台功臣，方其助光武争天下时，诸将并坐论功，异常独立大树下，口不言功，军中号为"大树将军"。弼博涉书史，岂有不知之埋？况文帝曾从容命高颎与弼论平陈功，文帝右颎，

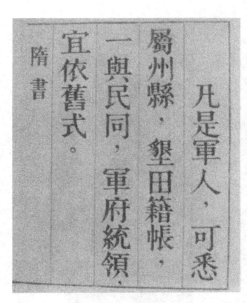

凡是軍人，可悉屬州縣，墾田籍帳，一與民同，軍府統領，宜依舊式。

隋書

《隋书·高祖纪》有关隋文帝改进府兵制的诏令

颎说："贺若弼先献十策，后于蒋山苦战破贼。臣文吏耳，焉敢与大将论功。"帝大笑，嘉其有让。时弼在座，当已亲闻其言。知其理，闻其言，而仍"矜伐不已"，故其死亦不足惜。

"突厥通"长孙晟

唐太宗李世民的长孙皇后是历代著名的贤后，后兄长孙无忌是唐朝开国第一功臣，后父长孙晟（551～609）是隋朝专理突厥事务的将军，太宗正是长孙晟有意挑选的女婿。

两《唐书·长孙皇后传》记载了长孙晟挑选太宗做女婿的原因。原来太宗生母窦氏本是北周武帝的外甥女，武帝以突厥女为妃而无宠，窦氏力劝武帝善待之以安抚突厥。晟兄炽闻其言以告晟，说："窦女明智，将来必生奇子，不可不与之联姻。"其后窦氏以"雀屏中目"嫁为李渊妻，生子世民，晟因以女妻之。此事颇曲折可笑。因为晟看中的并非世民本人，而是预知窦

女必生"奇子"；至于婿将来是否出奇，岳父却无法预知，因为女儿13岁（大业十年，614）出嫁时，长孙晟已病卒5年了。但太宗爱屋及乌，在后来编修《隋书》时，毕竟为长孙晟写了一篇有褒无贬的长传。

长孙晟的远祖本是鲜卑拓跋氏，魏孝文时改鲜卑姓为汉姓，拓跋的皇族大宗部改姓"元"，小宗乃皇枝之"长"（上声），故改姓"长孙"，当时都由代北南迁为洛阳人。晟的曾祖长孙稚是北魏太师，封上党王。父兕，周武帝时累迁骠骑大将军。长孙氏世代尚武，爵禄不绝。

晟与兄炽都兼文武才，晟尤善弹、工射，勇捷过人。周宣帝时，突厥摄图请婚于周，周以赵王招女为"千金公主"妻之，而遣晟为副使送公主至其牙。摄图留晟一载，使教其子弟贵人弹射。摄图之弟处罗侯初为其兄所忌，与晟私下订盟，托以腹心，凡突厥山川形势，部众强弱，都密告晟，晟遂成为"突厥通"。

隋开皇元年（581），突厥佗钵可汗死，侄摄图继为沙钵略可汗。沙钵略以弟处罗侯为东方可汗，堂弟庵罗为第二可汗，大逻便为阿波可汗，分守东、北、西三方；又立贪汗等小可汗。隋因沙钵略婚于周，待之甚薄。沙钵略怒，说："我与周家结亲，今隋代周，我当为可贺敦（此指千金公主）复仇。"乃先后邀原北齐营州（治今辽宁朝阳）刺史高宝宁、西突厥达头及本部诸可汗大举南侵，文帝大惧。长孙晟于是上书称："臣于周末，忝充外使，突厥虚实，莫不具知。"然后分析达头、大逻便、处罗侯等与沙钵略之间的矛盾，提出"远交近攻，离强合弱"的八字策略，建议文帝一方面团结处罗侯及奚、霫、契丹，使沙钵略不得不预防左翼；一方面与达头、大逻便联络，使沙钵略不得不自防右翼，如此则突厥互相牵制，彼此猜疑，不待进

讨而自削弱。文帝本不欲对突厥用兵，遂采纳长孙晟意见。果然不出几年，沙钵略只得奉诏称臣，连千金公主也自请改姓杨氏，易封为"大义公主"。晟因此得授仪同三司、左勋卫车骑将军。

开皇七年（587），沙钵略死，处罗侯继位为莫何可汗。莫何与晟乃夙交，忠于隋。莫何西征，擒大逻便献于隋，晟以为大逻便罪不至死，与高颎奏而赦之。八年（588），莫何又西征，中流矢死，国人立沙钵略子雍虞闾为都蓝可汗。都蓝以莫何子染干为突利可汗，即北方可汗。

都蓝仍尚大义公主，文帝不喜；染干未为大汗，晟亦引为憾。根据"远交近攻，离强合弱"的八字策略，在都蓝当政十二年中，晟受命专理突厥事务，进行分化突厥、削弱都蓝的工作。他首先挑拨都蓝与大义公主的关系，促使都蓝亲自杀死公主。接着挑拨都蓝与染干的关系，许婚染干而不许婚都蓝，促使二人火并，隋乘机大败都蓝，以致都蓝被麾下杀死。

开皇十九年（599），染干先被都蓝、达头逼得穷无可归，晟遂诱其入朝。文帝大喜，进晟为左勋卫骠骑将军，立染干为启民可汗。启民在位十一年，是隋与突厥最亲密的年代。仁寿元年（601），晟乃表奏："欲灭突厥，宜在今日。"文帝乃以杨素为行军元帅，晟为受降使者，送启民北伐。此后一连三年，击灭突厥叛部，驱走西突厥达头，铁勒所部及奚、霤诸部纷纷内徙或降附，终于将突厥统一在启民麾下。而启民明是突厥大汗，实如隋之臣仆，替隋守边保塞，使北方十余年没有外患。晟与启民都卒于大业五年（609）。此后，炀帝被始毕可汗围于雁门，尚叹道："向使长孙晟在，不令匈奴有此！"

晟不仅是"突厥通"，而且文能草檄，武能弹射，行军攻战，未曾败北。文帝时，染干来朝，帝选善射者十二人，分为两朋

白瓷双系鸡首壶

（群）比赛。染干说："臣由长孙大使得见天子，愿入其朋。"晟六发六中，染干之朋遂大胜。适有载群飞，文帝说："闻公善弹，为我取之。"晟十发十中，载皆应丸而落。当时传说突厥人甚畏晟，"闻其弓声，谓为霹雳；见其走马，称为闪电"。晟威行域外，由此可见：裴矩也熟悉边事，对突厥、西突厥、高丽、吐谷浑事务都曾献言，然大抵逢君之恶，无端启衅，纵欲劳民。晟专事突厥，洞察敌情，所陈八字策略，谋多于战，故能削而不灭，使夷夏俱安。《隋唐》传论说他"因机制变，怀彼戎夷"，"塞垣绝鸣镝之旅，渭桥有单于之拜"，正是赞他施展"奇略"的效果。

唐初编修《隋书》，执笔者不乏隋官子弟或姻戚，故所撰"列传"难免溢美、隐恶之辞。晟传亦甚详，所叙事迹均与突厥有关，但可与突厥、裴矩等传互证，实事求是，并未溢美。且晟虽功大，勋不过

中国通史

最新整理图文珍藏版

上开府仪同三司，官不过右骁卫将军，显系炀帝吝于爵赏之过。本传唯云："贞观中，追赠司空、上柱国、齐国公，谥曰献。少子无忌嗣。"而不言晟以女妻太宗事，盖不欲以淑房之贵掩其功业也。

书不释手的牛弘

《隋书·牛弘传》是全书篇幅最长的独传，然叙牛弘生平事迹，仅占全传十之一二，余皆录其论典籍、礼、乐之文。如此立传，可以略窥传主之学识，却不易对传主作出全面的评价。

牛弘（545～610）字里仁，安定鹑觚（今甘肃灵台东北）人。本姓"寮"，可能出自西北少数民族。父允，仕北魏，封临泾公，由于陇西原有牛姓，故赐姓"牛"。弘在北周，起家中外府记室，专掌纹翰，修起居注；后袭父爵，进大将军、仪同三司。入隋，始授散骑常侍。开皇初，迁秘书监。三年（583）三月，上表请开献书之路，晋爵奇章郡公。同年冬，拜礼部尚书，撰《五礼》百卷，上书请依古制修立明堂。六年（586），除太常卿。九年（589），文帝诏改定稚乐，弘数上乐议。十三年（593），再拜礼部尚书。十七年（597），再任太常卿。仁寿初（601），为吏部尚书，任内有所进用，均先德行而后文才，并多称职。二年（602），主持独孤后丧礼，为诸儒所钦服。炀帝在东宫时，甚敬礼弘，大业二年（606）进位上大将军，三年（607）改右光禄大夫，备受礼遇。六年（610），从炀帝幸江都，十二月卒，年66。赠文安侯，谥曰"宪"，归葬安定。有文集行世，今不传。

以上即牛弘简历。弘仕隋整整30年，所任职官（秘书监、太常卿、礼尚、吏尚）皆回翔于正三品，所受散官（右光禄大夫）、勋爵（上大将军、奇章郡公）已至一、二品。弘无军功，无勋绩，而能久任；不结党，不逢君，而能见容。故传云："隋室旧臣，始终信任，悔吝不及，唯弘一人而已。"这是少有的述赞。又"史臣"论曰："牛弘笃好坟籍，学优而仕，有淡雅之风，怀旷远之度，绸缪省闼三十余年，澄之不清，混之不浊，可谓大雅君子矣！"这是少有的好评。传载三事可为印证：

当时杨素恃才矜贵，轻侮朝臣，只有见到牛弘才改容正色。一次，素将出击突厥，亲至太常寺向时官太常卿的牛弘辞行，弘送至中门便不再送。素对弘说："大将出征，故来叙别，何相送之近也？"弘闻言，竟一揖而退。素笑曰："奇章公可谓'其智可及，其愚不可及'也。"但也并不在意。

史称弘事上尽礼，待下以仁，车服卑俭而拙于言辞。一次，文帝请他口宣敕令，弘走到殿阶之下，正要口宣，一时竟说不出口，只得走回向文帝请罪，说："并忘之。"文帝反而更称赏弘的质朴，说："传语小辩，故非宰臣任也。"

弘弟名弼，好酗酒。一日酒醉，竟射死弘的驾车牛。弘归，妻迎告之，说："叔射杀牛矣。"弘听后，毫不在意，只说："作脯。"坐定，妻又提醒说："叔忽射杀牛，大是异事。"弘点头道："已知之矣。"面色如常，读书不辍。

弘的为人和性格就是如此。传称："性宽厚，笃志于学，虽职务繁杂，书不释手。"看来，弘的最大特点就是"书不释手"。他的学问、人品，乃至能使杨坚父子不忌，悔吝不及，恐都与"书不释手"有关。唯有"书不释手"，所以对书籍必然爱惜，必然关注。他的《请开献书之路表》是他爱书思想的反映，也是"书学史"上的一篇大文章。

该文有三项内容：（一）隋以前历代

1243

青瓷武士俑

藏书情况；（二）隋以前中国书的五厄；（三）建议发诏购求天下遗书。他将"藏书"和"书厄"分为五个阶段来写：第一阶段自上古至秦。其时外史掌三皇五帝之书，以《诗》、《书》为教。周末旧经紊弃，孔子制《礼》，刊《诗》，修《春秋》，阐《十翼》，经典复存。秦始皇统一六国，事不师古，遂下焚书之令，此乃书之第一厄。第二阶段自西汉至新莽。汉兴，藏书与校书并重，外有太常、太史之藏，内有延阁、秘书之府，并遣陈农求遗书于天下，诏刘向父子雠校篇籍于天禄，于是典文大盛。王莽之末，长安兵乱，图书焚烬，此乃书之二厄。第三阶段即东汉。光、明、章、和诸帝皆重儒术，其兰台、石室、鸿

都、东观典籍充实，倍胜于前。及董卓逼迁，图书缣帛，兵民恣取为帷囊，能西迁者仅七十余车；而此七十余车至长安乱时，亦付一炬，此乃书之三厄。第四阶段即曹魏、西晋。魏文好典籍，皆藏之秘书、内外三阁，更遣郑默删定旧文，朱紫有别。晋秘书监更著《新簿》，纠集益多。洎刘曜、石勒之乱，京华覆灭，朝章国典，从而失坠，此乃书之四厄。第五阶段自东晋南渡迄于梁末。其时中国图籍多归江东。刘裕平后秦，收其图籍，仅四千卷。北魏起自北方，后虽迁洛，日不暇给，经籍皆付阙如。北周创基关右，武帝之末，书止万卷；北齐据有山东，虽四部重杂得三万卷，实增新书仅五千。幸南朝斯文不坠，宋秘书丞王俭撰《七志》，梁阮孝绪亦为《七录》，总其书数三万余卷。及侯景之乱，建康文德殿内书史宛然犹存，萧绎（梁元帝）收文德之书及公私典籍，重本七万余卷。及周师将陷江陵，绎悉焚之于外城，此乃书之五厄。

谈到隋朝，弘作为秘书监，知当时（开皇三年）藏书仅一万五千卷（即齐、周二国图书之和），比梁时旧目三万卷仅得其半，显见天下遗书尚多。弘认为"不可王府所无，私家乃有"。因而建议"勒之以天威，引之以微利"，速发明诏，购求遗书。文帝见表，立即颁诏："献书一卷，赏缣一匹。"一二年间，篇籍稍备。后来灭陈，又获南朝全部图书，这就使唐编《经籍志》有了丰富的内容。

按自《汉书》创立《艺文志》以来，经过五百余年，还没有哪一朝编过续志。"五代史志"虽然分属各朝，但《经籍志》却是隋朝所独有。据序云："今考见存，分为（经、史、子、集）四部，合条为一万四千四百六十六部，有八万九千六百六十六卷。"可见全部图书都是隋朝的遗留。文帝本不好儒，亦不好文，然而藏书之富，

自汉以来所未曾有，这就不得不归功于牛弘。弘制礼作乐，颇受当时赞赏，然究其价值，不过是粉饰太平，保存儒家遗产而已。唯其以历史眼光，探讨周秦以来中国图书的集散因果，奖励藏书，批评书厄，不仅为隋朝集书、藏书开辟了先路，也为以后历朝的图书集藏工作提供了借鉴。从文化史的角度看，牛弘之功确不可没。

杨玄感的悲剧

　　大业九年（613）三月，炀帝决定亲赴辽东，二征高丽。以刑部尚书卫文升辅代王侑仍留守京师长安，命民部尚书樊子盖辅越王侗留守东都洛阳。四月，车驾渡过辽河，遣宇文述、杨义臣率兵越鸭渌水，又命来护儿以舟师自东莱入海登陆，合击平壤。即将得手之际，开国功臣、两朝宰辅杨素之子杨玄感在黎阳发动了隋末首次直接声讨炀帝的兵变。

　　玄感，杨素长子。与乃父相同，美须髯，体貌雄伟。少时较群儿晚成，不知者谓之痴。唯乃父常谓亲朋曰："此儿不痴。"及长，果然好读书，善骑射，有文武资。后以父军功，积勋至上柱国；父死，袭爵楚国公，官礼部尚书。性笃于亲族，尤喜宾客，爱重文学，海内知名之士多与之游，最著者有李密、王胄、虞绰等。

　　玄感亲见炀帝荒淫黩武，朝纲日坏，自以累世尊显，不欲隋杨之亡，遂与诸弟密谋废帝，另立秦王浩（秦王杨俊嫡长子，炀帝亲侄）。大业五年（609）六月，玄感随炀帝出征吐谷浑，返至大斗拔谷（今甘肃武威西），风雪大作，从官狼狈，他就想趁机袭击行宫，劫持炀帝。其叔杨慎以为时机尚未成熟，沮之乃止。四年以后，炀帝二征高丽，命玄感在黎阳督运军粮。原来黎阳本有开皇三年所置河北粮仓（即

"黎阳仓"，址在今河南濬县西南），平时可漕运以济京师；穿永济渠后，又可漕运军粮至涿郡以济征辽之师。此时天下百姓都苦于征役，人心思乱。玄感欲激发兵变，便故意不按时输送军粮，炀帝使人催促，玄感扬言："水路多盗，漕船难以并发。"暗中却邀李密及弟玄挺自长安至黎阳举兵；又从辽东召还二弟玄纵与万石，并谎称来护儿因误军期，惧而造反。于是进据黎阳县城，以讨伐来护儿为名，移书邻郡，令皆发兵到黎阳仓集合。玄感从其运夫中选五千余人，从江南船夫中选三千人，询之曰："主上无道，不以百姓为念，今与诸君起兵共救兆民，何如？"众皆踊跃愿从。适李密自长安至，玄感问义旗所当指，密献三计：上计长驱入蓟，断天子归路，其众自降；中计径取关中，天子虽还，据险与抗，亦可平分天下；下计先向东都，引兵攻战，只恐拖延几月，胜负尚未可知。玄感以为百官家口皆在东都，取之足动征辽军心。遂以密之下计为上计，直取洛阳。

　　时越王侗与樊子盖已闻报勒兵备御。玄感从汲郡南渡河，使弟积善率三千兵自偃师沿洛水西进，弟玄挺率一千兵越邙山南进；东都遣河南令达奚善意将精兵五千拒积善，河南赞治（官名）裴弘策将八千人拒玄挺，东都兵皆溃降，甲仗尽归玄感军所有。玄感亲率兵至洛阳东北门外，誓众曰："我身为上柱国，家累巨万金，至于富贵，无所求也。今者不顾破家灭族者，但为天下解倒悬之急，救黎元之命耳。"众皆悦，宋辕门投效者，日有数千。达官韩擒虎、虞世基、来护儿、裴蕴、郑善果、周罗睺以及观王杨雄诸人之子四十余人皆降玄感，共收兵将五万余人。于是玄感令人遗书樊子盖，数炀帝罪恶，告以将废昏立明，救黔黎、存社稷之意。子盖不从。俄而代王侑遣卫文升率兵四万自长安来救，路过华阴，掘杨素冢，焚其骸骨，示士卒

石守门俑

以必死。既至东都城北，玄感亲运长矛，身先士卒与之战，喑呜叱咤，当者莫不震慑，论者比之项羽。文升兵大溃。时玄感兵已积至十万，前民部尚书李子雄劝其速称帝号，玄感以问李密，密曰："东都守御尚强，天下救兵益至，当早定关中，不宜自崇，以示不广。"玄感笑而止。

炀帝攻辽东城久不拔，忽闻玄感兵变，大惧，连夜密召诸将，使引军还，军资器械皆委弃。行驻高阳（在今河北），急命宇文述、屈突通、来护儿兼程南下。通先渡河，卫文升整军再战。玄感东西拒敌，屡败。遂遵李密中计，奔关中。宇文述诸军蹑其后。华阴诸杨劝玄感先取弘农宫（在今河南陕县），李密认为不妥，应先入关自守，玄感不从，攻三日不拔，始引而西。行至阌乡，（在今河南灵宝），追兵大至，玄感一日三败。欲奔上洛，追骑至，玄感叱走之。独与弟积善徒步行，自知不免，谓弟曰："我不能受人戮辱，汝可杀我！"积善抽刀斫杀之。因自刺，不死，为追兵所执，遂与玄感首俱送高阳。炀帝命砾玄感尸于东都市；三日后，复脔（碎割）而焚之。时在大业九年八月，自兵变至败死，历时不足三月。玄感弟玄纵、玄挺、玄奖、积善、万石、仁行等皆死，杨素一门遂无噍类。诏更其姓为"枭氏"。

炀帝至东都，命穷治玄感亲党，并说："玄感一呼而从者十万，益知天下人不欲多，多即相聚为盗。不尽加诛，无以惩后。"于是杀三万余人，均籍没其家；流徙者亦六千余人。玄感围东都时，曾开仓赈济百姓，凡受米者，炀帝均阬之于都城之南。

以上所叙乃杨玄感兵变的基本史实。第一手资料出自《隋书》的炀帝纪及杨玄感、李密、李子雄等相关诸人传记；第二手资料系《资治通鉴》据《隋书》的综合，司马光虽有所取舍，却并无特殊"考异"。可见史实就只如此。然而史评不尽相同。大致都责难玄感不应想当皇帝。为此，先要澄清二点史实：（一）玄感有两次表示要"废昏立明"，却从未说自己想当皇帝。（二）仅《李密传》为了证明密见识高超，才提到李子雄劝玄感"称尊号"，为密所阻事。但玄感也只"笑而止"。说明劝称者有人，劝不称者有人，至于玄感本人，并不曾赞一辞，不过一笑了之而已。具体观点可分二类：

一类是旧正统的，以《隋书·杨玄感传论》为代表，如云："玄感，宰相之子，荷国重恩，君之失德，当竭股肱。未议致身，先图问鼎，遂假伊、霍之事，将肆莽、卓之心。人神同疾，败不旋踵。"意思是身为宰相之子，对于荒暴之君，也只该鞠躬尽瘁，死而后已。玄感提出废昏立明，就是企图篡位，想当王莽、董卓，所以天怒人怨，顷刻而败。

一类是新正统的，如说："大贵族杨玄感是个凡庸的野心家，并不真正想到民众的痛苦，只是认为有机可乘，起兵一试，夺取洛阳，称些时皇帝，就算满足了。"（《中国通史简编》）这是丢开史实而大发诛心之论。

中国旧正统历史学家习惯于"以成败论人"。如果杨玄感兵变成功，大焉者奉之如唐宗、宋祖，小焉者颂之为伊尹、霍光。既然失败了，不是莽、卓也是莽、卓。新正统历史学家习惯于"以成分论人"。成分者，出身也。同一反隋，出身好的便是起义，出身不好的便是投机。其实，杨玄感发动兵变，对独夫民贼杨广震动最大，对社会各阶层影响最广，论首义之功，决不在陈胜、吴广之下。只因出身不好，又没成功，便遭到新旧正统历史学家的双重否定。要说杨玄感演的是悲剧，其可悲处正在于此。

宇文兄弟

古代，父祖有功勋，子孙推恩获得官爵，称为"资荫"。《大唐新语》记载：唐初任官，兼顾隋朝资荫。宇文化及子孙多人，吵吵嚷嚷，逼尚书速理父祖资荫，以便尽快得官。左丞杨防被纠缠不过，立批曰："父杀隋主，子诉隋资，生者犹配远方，死者无宜更叙。"意思说：父亲杀了隋朝的皇帝，儿子又想凭隋朝的资荫做官，这样的父子，活着的都应发配远方，死了的更不可能有什么资荫。据说此批"时人

深赏之"。而我们却由子孙之无耻，想到其父祖之为人。

隋·青瓷鸡首螭把壶

隋左翊卫大将军、许国公宇文述，生有三子，长化及，次智及，幼士及，父子四人都是隋唐之际的著名反面人物。述是文帝的开国功臣，炀帝的忠实鹰犬。据《隋书》本传，可算是奸臣。士及在隋为公主婿，入唐亦富且贵，俯仰随时，佞而无耻。据《唐书》本传，自然是贰臣。化及贪而愚，智及险而诈。二人既是一丘之貉，又是难兄难弟。《隋书》将二人与王世充等置于全书及列传之末，斥为禽兽不如，犬豕不食。窥作者之意，当列为逆臣。"逆臣"就是弑逆之臣，名声当然难听。但"弑"一暴君而结束一个可怕的时代，论其影响之大，是任何一路"反王"都无法比拟的，故有必要勾画其一生。

本传说化及少时就不遵法度，经常乘肥挟弹，奔驰过市，长安人称之为"轻薄公子"。以后当了太子广的侍从，贪利纳贿，多次免官。炀帝即位，以藩邸旧恩，拜太仆少卿。恃恩贪冒，较前尤甚。智及幼年就好与人斗狠，所交游多是斗鸡逐狗之流。后以父功，赐爵濮阳郡公。蒸淫丑秽，无所不为。父述恶之，弟士及轻之，只有兄化及每事袒护，父虽再三欲杀，都被化及救免。因此，智及与化及患难与共，情好甚笃。大业初，炀帝幸榆林，化及与智及皆从。既至，二人皆违禁与突厥私下互市，炀帝大怒，囚之数月。述将罪责都推给智及，只为化及请命。回到长安，炀帝欲斩二人然后入城，已将二人"解衣辫发"，由于南阳公主（炀帝女，士及妻）求情，才将二人免罪开释，赐给父述为奴八九年。

大业十二年（616）七月，炀帝三幸江都，宇文述率三子从。十月，述卒于江都，临终上表说："臣长子化及，早年事帝于东宫，恳请陛下哀怜之。"又说："臣次子智及，生性凶悖，必将破臣家。"述死，炀帝怀念述的功绩，赦化及罪，擢为右屯卫将军。不久，又免智及奴籍，以为将作少监。没料到一年以后，炀帝的"好头颈"，就斫在这两个被赦免的罪奴之手。

大业十四年（618）的江都兵变实际上经过了三个阶段：第一阶段是北方招募来的兵士不愿久留南方，谋欲逃回关中，本无造反打算。第二阶段是中下级军官和宫官企图利用这些兵士，大掠江都，乘机结党西归，但也不曾预谋叛君、弑君。第三阶段是宇文智及阴谋利用以上官兵，弑君立兄，成其帝业。始主其事者是武贲郎将司马德戡。他当时奉命总领骁果，屯于江都东城，风闻兵士将要叛逃，就与另一武贲郎将元礼和监门直阁裴虔通相商，说："骁果人人思归，陛下恶闻逃兵事，我欲言之，必先见杀；如若不言，一旦事发，又当族诛，奈之何！"三人商定：骁果若走，将与俱去。又辗转邀约鹰扬郎将孟秉，城门郎唐奉义，符玺郎牛方裕、李覆，直长许弘仁、薛世良，医正张恺，内史舍人元敏等，共为刎颈之交，谋于三月望日同时举兵，劫十二卫武马，掳居民财物，结伙西归。宇文智及因虎牙郎将赵行枢和外甥勋侍杨士览之介，力劝德戡乘机行大事，创王业，德戡以为然。行枢、世良请拥化及为主；化及性本驽怯，初闻大谋，色动流汗，久之乃许。

三月一日，德戡使医正张恺造谣，说炀帝知骁果将叛，已多酿毒酒，将在享会之日皆赐毒死，独与南人留江都。又命许弘仁于军中散布此谣，骁果闻之，莫不愤怨，谋反日急。德戡乃提前于十日召集党羽及骁果军吏，分别告以兵变计划。其夜，唐奉义与裴虔通互约，宫城及内阁诸门都不下锁；德戡于江都东城集兵数万人，智及与孟秉于宫城外集千余人，举火相应。智及又劫候卫军（掌昼夜巡逻）武贲郎将冯普乐，令布兵分守郭下街巷。十一日黎明，德戡授兵虔通，尽换宫门卫士。虔通自将数百骑至成象殿，杀右屯卫大将军独孤盛。德戡等亦引兵自玄武门人。炀帝闻乱，易服逃入。虔通与元礼进兵登阁扶炀帝下，出宫门，还至寝殿，缢杀之。

天既明，孟秉率骑迎化及，化及未知事之究竟，低头据鞍，战栗不能言。至城门，德戡来谒，遂自称大丞相，总百揆。炀帝死，化及矫萧后令，立秦王浩（秦王俊嫡长子，炀帝侄）为帝，居别宫，令画诏书敕而已，仍以兵监守之。事发前，士及尚在公主第，智及不使知。及事成，智及憾弟，遣家僮庄桃树就第杀之。桃树不忍，执见智及，久而开释。于是化及以智及为左仆射，裴矩为右仆射，士及为内史令。

宇文化及像

化及、德戡及骁果兵将均思北归，遂以左武卫将军陈棱为江都太守领留守事。三月二十七日，夺江都民舟楫，劫萧后、南阳公主及六宫，从水路西进。至显福宫（江都北），虎贲郎将麦孟才（父铁杖，征辽殉国）、折冲郎将沈光（二征高丽时，以骁果冲城立功者）欲为炀帝报仇，谋击化及，反为所害。化及于是入据六宫，蒸淫奉养一如炀帝。然愚不知书，人来白事，竟不知所答；人去后，始与奉义、方裕、世良、张恺等参决。四月，行至彭城，水路不通，乃留裴虔通镇徐州（后降唐，徙岭表死），化及自夺牛车载宫女珍宝，而令军士负戈甲戎器随行，三军皆怨。司马德戡悔，欲率后军袭杀化及，谋泄，与其党皆死。行至巩洛，为李密所阻，乃北至东郡（治今河南滑县），通守王轨以城降。六月，化及乏粮，渡河欲取黎阳仓，李密拒之，且数其罪说："卿本匈奴皂隶破野头耳！父子兄弟世受隋恩。主上失德，不追诸葛瞻（亮子，蜀亡战死）之忠诚，乃为霍禹（光子，父死谋反被诛）之恶逆。天地之所不容，将欲何之！"化及嘿然，俯视良久，忽瞠目大声道："与尔只论相杀，何须作书语邪！"密对从者说："化及庸愚如此，忽欲图为帝王，吾当折杖驱之耳！"密

与化及战，获其凶党令狐行达（缢杀炀帝者），献给越王侗，戮之于东都。七月，化及余部皆叛，不得已，北奔魏县（今河北大名），兵势日蹙。兄弟无计可施，唯互相责难。化及怒智及，说："我初不知，由汝为计，强来立我。今将族灭，岂非由汝！"持其二子而泣。智及怒，说："事捷之日，并未责我；及其将败，乃欲归罪！"九月，化及自知必死，叹曰："人生故当死，岂不一日为帝乎？"于是鸩杀秦王浩，自称帝于魏县，国号许，建元为天寿。

武德二年（619）正月，唐将李神通击化及于魏县，化及东奔聊城（在今山东）。二月，王薄闻化及多宝物，来诈降。闰二月，窦建德围聊城，王薄开门纳之。建德入城，生擒化及。先斩智及、杨士览、许弘仁、孟秉等，然后以囚车载化及往襄国（今河北邢台），数其弑君之罪，并其二子承基、承趾皆斩之。献其首于突厥义成公主，公主令枭之于庭。

士及在黎阳时，即与唐暗通消息。及至聊城，乃求赴济北征军粮以观变。闻化及死，遂与封德彝自济北降唐，由东都至长安，皆得美官。

化及、智及之死距炀帝被杀，不过一年。孟子说："燕可伐，而齐非伐燕之人。"论者谓宇文兄弟之于杨广亦然。

直言不讳的高颎

高颎（？～607），字玄昭，又名敏。自称是渤海县（今河北省景县）人，他家族这一支很可能是北齐皇族中的一脉，是汉化了的鲜卑族。父亲高宾时从北齐叛投归北周，作了北周大司马独孤信的幕僚，赐姓为独孤氏。

北周宰相杨坚与高颎早就相互熟悉，因为高颎是独孤信的家客，而独孤信的女

第三编 隋唐五代时期 最新整理图文珍藏版

儿又是杨坚的妻子。不过杨坚之所以看重高颎，并不仅仅是因为他与自己私人关系密切，更重要的是看中了他的才华、及其胆识，看中了他的文武全才。高颎自小聪明能干，十七岁开始做官，参与了平定北齐的战争，立过战功，受过爵赏。杨坚赏识他，在密谋取代北周帝位之前曾派心腹人与他面谈，他欣然接受杨坚的招纳，并对杨坚说："我很愿意听从你的指使，即便你的事业不能成功，我高颎全家为之遭害，也是心甘情愿的。"于是杨坚让他在丞相府中担任司录之职，官虽不大，却很被重用。高颎这为何如此死心踏地地追随杨坚冒风险呢？其原因有两条：一是杨坚的地位虽然还不巩固，但已开始得势，很有成功的希望。二是高颎虽任职在北周，但他不是北周皇族宇文氏家族的嫡系，而是与北周的敌国北齐高氏皇族同宗，亦即为北周宇文氏的世代仇敌；不管如何有能耐，他在北周不可能有重大发展。

北周一部分官员激烈地反对杨坚。首先举兵反叛的有尉迟迥。接下来还有司马消难、王迥的叛乱，影响特别大。高颎见到这种危急情势，于是自告奋勇，甘负重任。杨坚欣然同意。高颎当即带命出发；来不及回家，只派人去向他的母亲告别。他到达军中，赏罚严明，对将官有升有黜，由此军心大振，人人欢呼。原先韦孝宽的

军队停顿在沁水的西边，在大敌面前表现出一种胆怯、观望的架势。高颎到达后，为了改变形势，他命令立即造桥渡河。他估计到敌人会从上游以火烧，于是就预先防备，使敌人的破坏未能得逞。大军既渡，他仍沿用古人破釜沉舟、背水列阵的做法，烧掉新造的桥，以示决一死战。随即深入敌境，与宇文忻、李询等人谋议，设策以破敌军。尉迟迥据守邺城，军威尚盛。那时，两军对阵打仗，旁边往往有许多老百姓观看。这次宇文忻征得高颎的同意，先带军攻入旁观者人群，由此引起旁观者人群大乱，宇文忻乘机大呼："敌人被打败了！"于是尉迟迥大军受到四万逃散人群的冲击，队伍大乱，高颎、宇文忻等挥军乘势攻入邺城，把尉迟迥打得大败。

杨坚登上皇位，正式建立隋王朝。高颎任尚书左仆射兼纳言，这一职位，就是宰相的职位。隋朝建国之初，他与苏威同心协力，大小政事，文帝都是先与他们商量而后施行。

炀帝杨广即位后起用高颎为太常卿。当然，他对炀帝也是恪尽臣道，见有不正确的地方，就直言不讳。这又很快地招致炀帝对他的不满。大业三年，他以诽谤朝政罪被杀。同时被杀的还有宇文弼、贺若弼。苏威被免官。

第二节　文化中兴：艺海拾贝　科技撷英

裴矩与《西域图记》

曾是隋朝六大仆射之一的苏威，先仕周，后仕隋，隋亡迭仕宇文化及、李密、王世充。唐秦王李世民平东都，威又请谒，自称老病不能拜起。秦王使人数之曰："公隋朝宰辅，政乱不能匡救，见李密、王世充皆拜伏舞蹈。今既老病，无劳相见也。"秦王虽然没给苏威留点面子，但说的话却句句不差。可怪的是，秦王拒不见五朝元老苏威，却同时让另一位五朝元老当上了六朝元老，此老便是以撰《西域图记》著称的裴矩。

裴矩（547～627）字宏大，河东闻喜（今属山西）人。初仕齐，任州从事，转高平王文学。齐亡仕周，补定州总管杨坚记室。杨坚拜相，进参相府记室事。隋代周，迁给事郎。伐陈之役，领元帅记室，与长史高颎共收陈图籍。矩时年已逾四十，所任皆经史文翰，未尝用智术。

开皇十年（590），番禺俚（黎族）帅王仲宣起兵反隋，围广州，岭南大乱，广州道行军总管韦洸中流矢卒。文帝命矩巡抚岭南。矩疾行至南康（今江西赣州），召三千兵逾大庾岭，进击东衡州（今广东始兴一带），迭破俚兵，仲宣溃散，遂解广州围，绥靖二十余州。及还，文帝大喜，说："韦洸将二万兵，不能早度岭，朕每患其兵少。裴矩以三千弊卒，径至南海，有臣若此，朕亦何忧！"以功拜开府，赐爵闻

喜县公，除民部侍郎，迁内史诗郎。从此，矩任事渐用智术。十三年（593），文帝恶大义公主，欲诛之而无术。长孙晟探知公主与侍从胡人私通，矩遂自请出使突厥，劝说都蓝杀公主。适突利向隋求婚，矩因替文帝传话："杀大义主者，方许婚。"突利乃谮于都蓝，都蓝遂杀公主于帐。

唐·舞伎八棱金杯

矩习知边事，文帝不欲启边衅，故其智术多不用。炀帝即位，好挥霍，喜功利，大业二年（606），命矩至张掖，掌西域诸胡互市。矩揣帝意欲耀武开边，遂诱令胡商言其国俗及山川险易，撰《西域图记》三卷入朝奏之。帝大喜，每日引矩至御座，亲问西方之事。矩夸说："胡中多诸宝物，吐谷浑易可并吞。"帝于是慨然慕秦皇汉武之功，决心通西域，因迁矩黄门侍郎，委以经略四夷之任。三年（607），复使矩至张掖，引致诸胡，贿以厚利，诱令入朝。自后诸胡往来相继，所经郡县，免费送迎，年耗隋帑以万万计。四年（608）春，矩

第三编　隋唐五代时期

最新整理图文珍藏版

1251

探知西突厥处罗可汗思其母，因请帝遣使召之，处罗受诏，贡汗血马。同年七月，矩又说铁勒，使击吐谷浑，炀帝乘机遣宇文述迎斩三千级，掳获吐谷浑男女及王公四千余口。八月，帝祭恒岳，裴矩果招致西域十余国来助祭。五年（609）夏，帝亲击吐谷浑，尽得其地，因巡河西，令矩先往敦煌，说西域诸国来朝。及帝至燕支山（今甘肃永昌西），矩果说高昌王麴伯雅及伊吾吐屯设（官名）、西域二三十国使者伏谒道左，焚香奏乐，歌舞喧噪，盛况空前。帝谓矩有绥近来远之略，进位银青光禄大夫。其冬，帝返东都，矩以蛮夷朝贡日多，奏帝令都下演大戏匝月。六年（610）正月十五，矩又请盛陈百戏，勒官民纵观，戏场周围五千步，声闻数十里（后世"闹元宵"本此）。诸蕃人丰都（洛阳东市）交易，命盛设酒食，邀蛮夷醉饱，不取其值，且吹嘘说："中国丰饶，酒食例不取值。"胡客皆惊叹。于是帝称矩至诚，对群臣说："裴矩大识朕意，苟非奉国尽心，孰能若是！"时矩与纳言苏威、右翊卫大将军宇文述、内史诗郎虞世基、御史大夫裴蕴，俱以阿谀得掌朝政，人称之为"五贵"。

后来，逼西突厥处罗可汗失国入朝，以及三征高丽，也都与裴矩有关。事毕以功进位右光禄大夫，兼掌北方军事。时东突厥始毕可汗部众渐盛，矩又献策以宗女嫁其弟叱吉设，拜为南面可汗以分裂其国。叱吉不敢受，始毕闻而渐怨。矩谓突厥本可离间，只因始毕宠臣史蜀胡悉奸诈，故所施智术不效。于是诡称天子出珍物在马邑互市，胡悉贪，遂不告始毕，私率部众前来互市，矩伏兵马邑，诱而斩之。反报始毕，谓胡悉欲背汝而投我，故为汝斩之。始毕明知其诈，由是不朝。十一年（615），帝北巡，遂有雁门之围。

十二年（616）七月，矩随炀帝幸江都。时郡县屡奏盗贼，帝皆恶闻，矩亦言之，帝怒，遣矩回长安仍主接蕃事，因病不及行。矩虽以智术逢君之恶，然勤谨清廉，未尝与人忤。既见天下已乱，恐祸及身，待人尤宽厚。十三年（617），扬州从驾军士多逃散，帝忧之。矩建议为将士就地娶妻，将士大悦，皆感其惠。次年，宇文化及杀炀帝时，同党或欲犯矩，众人皆云："不关裴黄门。"化及至，矩迎拜。化及推秦王浩为帝，以矩为侍中，随至河北。化及杀浩称帝，以矩为尚书右仆射。及窦建德擒杀化及，自称帝，矩仍官右仆射，为建德定朝仪制度颇备，建德待之甚厚。唐武德四年（621），建德为李世民所俘，矩与建德属下举山东之地降于唐，时年七十五岁。

女服穿戴展示图

矩入唐，官太子詹事，检校侍中，判黄门侍郎，终民部尚书。卒于太宗贞观元年（627），活了八十一岁。矩历事六朝，《隋书》及新、旧《唐书》皆有传，后之"长乐老"（冯道）应愧弗如。矩能受各朝重视，恩宠不衰，与他熟悉外国事务，曾撰《西域图记》有关。

《隋书·经籍志》始载裴矩撰"《隋西域图》三卷"。周书矩本传作"《西域图记》三卷"。其书今虽不存，但据本传所保存的序言，可以知其大概。（一）材料来源：序称："臣既因抚纳，监知关市，寻讨书传，访采胡人，或有所疑，即详众口。"这与本传所说"诸商胡至者，矩诱令言其国俗、山川险易"相符。不过矩深通经史，自己查对了书传，有所疑还采访求证，所以和一般的道听途说、轻听轻信不同。（二）全书内容：序称："依其本国服饰仪形，王及庶人，各显容止，即丹青模写，为《西域图记》，共成三卷，合四十四国。仍别造地图，穷其要害。"可知全书以"图"为主。图分二种：一是各国人物图像，一是西域地图。只有所附说明，才是所谓"记"。（三）西域范围：序称："从西顷（山名，在今青海东、甘肃南）以去，北海（贝加尔湖）之南，纵横所亘，将二万里。"这是说，从北海南下为"纵"，从西顷西去为"横"，一纵一横将近二万里组成的四边形，即西域范围。过此以外，幽远者付阙，部落小者不载。（四）西域通道：序谓当时由敦煌至西海共有三道：北道始于伊吾（今哈密），中道始于高昌（今吐鲁番），南道始于鄯善（今若羌），均达于西海。因称："故知伊吾、高昌、鄯善，并西域之门户也。总凑敦煌，是其咽喉之地。"这是一条有关中西交通和丝绸之路演变的极有价值的资料。

裴书虽已失传，但据史籍所保存的佚文，确有很高价值。中国疆土，东南止于海，没有发展余地，唯西北辽阔，大有可为。因而历代王朝，只要国力允许，或多或少都有经营西域的欲望。这也正是裴矩这位"西域通"受各朝重视的原因。

隋代开始凿运河

隋大业元年（605），开始凿运河。

隋朝为了巩固政权和统一的局面，在政治上要进一步控制新统一的东南地区，加强对南方的统治；在军事上在东北部涿郡（今北京）建立据点，要把军需物资输送到北方；在经济上，隋朝在

杭州古运河的第一桥——拱辰桥

长安和洛阳等地区集中了大量的官吏和军队，需要充足的粮食供应。如何解决南粮北运，是隋王朝急待解决的问题。利用天然河流和旧有渠道，开凿横贯诸水、贯通南北的运河，是当时解决上述问题的好办法。当然隋炀帝开运河还有他怀恋江都（今江苏扬州）的繁华，想去巡游享乐的个人动机。

隋朝大运河的开凿始于隋文帝时代，当时引渭水从大兴城（即长安城）到达潼关，长达300里，名广通渠。隋炀帝修建的大运河，工程分4段进行。大业元年（605），隋炀帝征发江南、淮北100多万民工，在北方修通济渠，从洛阳西苑通到淮河边的山阳（今江苏淮安）。同年，又征发淮南十几万劳动力，把山阳邗沟加以疏通扩大。大约用了半年的时间，一条宽40步的运河——邗沟修成了。河的两岸修筑成御道，沿路榆柳夹道，又是陆路交

古运河上石柱

达太湖流域，通航的范围大大超过以往。这条大运河长达4.8千里，是世界上伟大的工程之一。

隋炀帝开运河给人民带来了沉重的负担和巨大的灾难。大量民工死在工地上，千百万人民妻离子散，家破人亡。但是，大运河修成后，南北交通有显著的改进，它成了南北交通的大动脉，加强了南北的联系，对于我国经济文化的发展起了很大作用。

扬州段运河

通线。接着，从通济渠向北延伸。大业四年（608），征发河北民工100多万人开永济渠。这条河主要利用沁水的河道，南接黄河，北通涿郡。大业六年（610），在长江以南开了一条江南河，从京口（今江苏镇江）引江水穿过太湖流域，直达钱塘江边的余杭（今浙江杭州）。前后用了不到6年的时间，大运河的全线工程告成。

隋朝大运河沟通了海河、黄河、淮河、长江、钱塘江5大河流。它以东京洛阳为中心，西通关中盆地，北抵华北平原，南

至今仍在发挥作用的无锡运河穿城而过，河上舟楫往来，一片繁荣景象。

赵州桥建成

在中国古代桥梁建筑中，拱桥是最坚固耐久的，也是各种桥梁中历史较为悠久的一类。隋代出现了著名的赵州桥，显示了桥梁修建技术已日臻完善。

赵州桥横跨在河北省赵县洨河之上，又名安济桥。此桥建于隋朝大业年间（605~617），是在李春等匠师主持下建造的。赵州桥是世界上现存最古老的单孔敞肩式石拱桥，比欧洲早了整整十个世纪，至今一千三百多年，经受了多次大地震的考验，依然挺立，被誉为"天下之雄胜"。

赵州桥为单孔敞肩式，拱券为半圆弧

赵州桥的雕刻艺术。赵州桥作为世界上第一座大跨度敞肩拱石桥，不仅在科学技术上有很高的成就，而且具有高超的艺术特色。它的整体结构，寓雄伟于秀逸之中，桥两旁石栏望柱的精美雕刻，栏板上的蟠龙以及石兽面、卷叶、花苞饰等细部雕刻，刀法苍劲，线条流畅，造型古朴，是隋代石雕艺术的精品。图为双龙戏珠。龙为万物灵长，桥栏板上雕龙意在镇压风涛。龙与珠的配合由来已久，"双龙戏珠"亦是常见的传统吉祥题材。

李春塑像。隋代匠师李春因赵州桥杰出的建筑艺术和技术成就而流芳千古。

赵州桥。位于河北赵县城南2.5公里处的安济桥，因赵县古称赵州，又名赵州桥，当地俗称大石桥。建于隋大业年间，是我国现存的最古桥梁。

的一部分，净跨度是37.37米，矢高7.23米，坡势平缓，利于车马通行。在大拱的两边，对称嵌有四个小拱，可使山洪急流通行无阻，既减轻洪流对桥的压力，也减轻了桥自身的重量。四个小拱的设置可称得上是空前创举。

我国石拱桥有厚壁和薄壁之分，赵州桥属于前者，厚壁长于载重，适合北方使用车马运物载重较大的特点。赵州桥是由平行并列的二十八道拱圈构成，对于桥台和桥墩之间略有的不同升降有着较大的适应能力。而且每个拱合拢后就可以单独承受重力，便于施工和维修。李春等匠师在此基础上，又在拱圈面上放置了一层横向石板做护拱石，各个圈面之间安放了铁腰，还在护拱石和拱背间加置了九根铁拉杆和六块钩石，并将桥的宽度自两端向中部递

1255

赵州桥栏干望柱

减，使两侧各道拱圈微微向内收后，将整座桥联成一体，较好地解决了并列拱圈间横向联系不紧密，易于向侧面倾散，缺乏整体性的问题。

其主拱宏大，弧度平缓，四个小拱具有对称美。桥身造型空灵，六条弧线恰到好处，给人以古朴、苍劲的艺术美感。桥上两侧有四十二块石栏板，栏板上雕有龙兽、花草等图案，刻工精丽，形态逼真，更增加了赵州桥轻盈秀美的风韵。

赵州桥开创了敞肩式拱桥形式以及四个小拱独特的设计等巨大成就，极大地推

赵州桥雕刻兽面

进了我国建筑技术的发展。它的手法为后代普遍继承。到明清时候，形成了一套完整的造桥制度，建桥技艺也更高超。直到现在，赵州桥的技术也为现代钢筋混凝土桥梁广泛应用。

赵州桥雕刻奔龙

隋唐书法

隋代，书法艺术上出现了南北书风融合的形势。《龙藏寺碑》、《董美人墓志》等就是其代表。文人书家主要是王羲之的后裔智永和尚。在书法理论方面开始重视书写的技法规律的总结，出现了第一篇专谈"法"的文章——智果和尚的《心成颂》。唐代是中国封建社会的盛世，书法上也出现了以"重法"为特征的全盛时期。先后出现了欧（阳询）、虞（世南）、褚（遂良）、薛（稷）等唐初四大书家和李邕、颜真卿、柳公权等楷书大家。草书方面，前有孙过庭，后有张旭、怀素。特别是张旭和怀素，在前代草书基础上创造了全新的"狂草"，并达到了相当完美的境地，对后世产生了极其深远的影响。篆书和隶书也有一定发展，并形成了自己的特点，但从整个书法史上来看，唐篆、唐隶成就都不算高，影响也不大。篆书的代表是李阳冰，隶书方面则有韩择木、蔡有邻、史维则、梁升卿以及唐玄宗等人。

《龙藏寺碑》立于隋开皇六年（586）。现存河北正定龙兴寺。此碑兼有南北、古今之长，结字、用笔带有若干古意，而总的风格又具新的体态。其风神之冲和典雅，在书法史上也是少见的。清人袁枚评此碑说："上承汉魏、下启三唐，为书法把纽"。康有为更对此碑作了全面肯定和崇高评价。他说："《龙藏寺》秀韵芳情，馨香溢时"，"观此碑足当今古之变"。又说它是"六朝集成之碑，非独为隋碑第一"。此碑至今仍有不少师承者。

《董美人墓志》，隋开皇十七年刻。蜀王杨秀撰文。小楷书。清嘉庆、道光（1796～1850）年间出土。原石已毁。此志字形工稳秀丽，堪为小字模范。

中国通史

最新整理图文珍藏版

《龙藏寺碑》

《真草千字文》 智永

《九成宫醴泉铭》 欧阳询

智永（约511～608前后），名法极，俗姓王，是王羲之的七代孙，为羲之第五子徽之之后，活动于陈、隋年间。其生卒年代，据他的弟子尚杲和尚《瀑布山展墓记》所记情况推算，当卒于隋大业四年（608）前后，有材料说他活了近百岁，当生于梁天监十年（511）前后。他是一位十分勤奋的书家。据说他为了写字，30年不下楼，求书之人如市，门限为之磨穿。他曾书写真草千字文800本，分送浙东各寺。李嗣真评智永的字说："精熟过人，惜无奇态。"苏轼则反驳说："永禅师欲存王氏典型，……非不能出新意求变态也。然其意已逸于绳墨之外矣。"又说："永禅师书，骨气深稳，体兼众妙，精能之至，及造疏淡。"智永之不求奇质异态，除了保持王氏典型以外，也是恪守佛教教义的表现，沉静淡薄不求奇怪，是佛家的基本要求。智永的代表作是《真草千字文》。日本存有墨迹本，陕西西安碑林有刻本。其中草书字迹规范，字也较大，是良好的草书范本。

欧阳询（557～641），字信本，潭州临湘（今湖南长沙）人。在隋为太常博士，入唐为太子率更令，弘文馆学士。封渤海县男。为唐初著名书法家，列四大书家之首，又同虞世南合称"欧虞"。《唐书》本传上说他"初仿王羲之书，后险劲过之，因自名其体。尺牍所传，人以为法"。他善讲结构，有《三十六法》等论文传世。他的字体结构十分精严，并以"险峭"为人所称道。后人学书，多从临他的字开始。代表作是《九成宫醴泉铭》，刻于贞观六年（632）。另有《化度寺碑》、

《皇甫诞碑》等。传世墨迹有《梦奠帖》、《卜商帖》、《张翰帖》等。

虞世南（558～638），字伯施，越州余姚（今浙江余姚）人。官秘书监，封永兴县公。唐初四大书家之一。他的字曾得智永和尚亲授，深得王派书法神韵。他性格沉静，字也以沉静安详著称。《宣和书谱》说："虞则内含刚柔，欧则外露筋骨。君子藏器，以虞为优。"可见从中国传统观念出发，虞世南字的品格在欧阳询之上。虞世南的书法代表作是《孔子庙堂碑》。原碑已毁，翻刻本有陕本（存西安碑林）和城武本（存山东成武）。现在流行的影印本传为唐拓本，缺少的字由陕本补入。

褚遂良（596～659），字登善，河南阳翟（今禹县）人。官至中书令，封河南郡公，唐初四大家之一。相传虞世南死后，唐太宗感叹无人谈书了。魏徵推荐说："遂良下笔遒劲，甚得王逸少体。"于是召为侍书。褚遂良很讲求笔法，著名的"锥画沙"就是他提出来的。他善于提笔作字，有人形容他的字是"离纸一寸"。他的字丰艳流畅，和欧、虞比较，甚有媚趣。然而其字还是很有骨力。其代表作是《雁塔圣教序》。此碑刻出后，一时从者如流，对后世产生了很大影响。他的墨迹有大字《阴符经》等。

李邕（678～747），字泰和，扬州江都（今江苏扬州）人。曾官北海太守，人称李北海。他才情横溢，性格耿直，不拘细节，故仕途坎坷，后为李林甫所杀。李邕的字初师二王，后自创一格。结字茂密、奇伟倜傥。他的字不仅和唐代诸家不同，在整个书法史上也很特殊。他还常以行书入碑。据传，他所撰写的碑有800多通，有些碑是他自己撰文、自己书写，有的还是自己刻字，故人称"书中仙手"。他的传世碑刻中，著名的有《麓山寺碑》、《云麾将军李秀碑》、《云麾将军李思训碑》等。

颜真卿（709～785），学清臣，祖籍琅琊，迁居京兆万年（今陕西西安）。曾任平原太守、吏部尚书、太子太师等。晋封鲁郡公。颜真卿在平定安、史之乱过程中起过突出作用，到中央任职后，立朝刚正，大义凛然，最后为卢杞所陷，被派去说服叛将李希烈，英勇不屈，壮烈殉职。他的忠烈行为赢得人们的赞誉，他的性格也一定程度上影响了他的书法风格。

麻姑山仙坛记　颜真卿

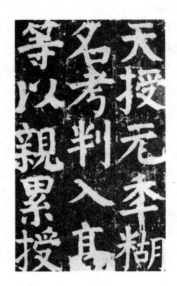

《颜氏家庙碑》　　颜真卿

颜真卿是书史上王羲之之后最有影响的书法家。苏东坡曾给予崇高评价。谓："书至颜鲁公……天下之能事毕矣。"颜真卿的字以篆、隶笔法入楷，方严正大、拙朴雄浑、气势磅礴。他所创的风格，人称"颜体"。

颜真卿的作品甚多，代表作品，草稿书有《祭侄文稿》、《争座位帖》、《刘中使帖》；楷书有《多宝塔碑》、《颜勤礼碑》、《麻姑仙坛记》、《颜氏家庙碑》等。其中《祭侄文稿》为墨迹，被称为"天下行书第二"（第一为王羲之《兰亭序》）。《颜氏家庙碑》书于建中元年（780），是他最后的大型碑刻。由于系为祖宗树碑，故字特庄严厚重，年高笔老，有"泰山岩岩气象"，代表了其楷书的最高成就。

柳公权（778～865），字诚悬。京兆华原（今陕西耀县）人。官至太子少师。书法与颜真卿齐名，人称"颜筋柳骨"。柳公权善楷书，其字笔画劲健，结字精严，故便于初学。代表作品有《神策军碑》、《玄秘塔碑》等。《神策军碑》书于会昌三年（843）。原石早佚，仅存宋拓本上册。墨迹本《蒙诏帖》书于长庆元年（821），传为他的作品，写得亦极精彩，黄山谷等曾受其影响。

孙过庭，字虔礼，生卒年不详。活动在武后时期。曾官率府录事参军。《书谱序》是他的代表作，书于垂拱三年（687），3500余字。它既是一篇杰出的书法理论文章，在书法史上占有重要地位，又是优秀的书法作品，代表了唐初草书的最高水准，被认为是二王草书的嫡系传派。张怀瓘说他"草书宪章二王，工于用笔，儁拔刚断"。也有人批评他"伤于急速"和"千纸一类，一字万同"，短于变化不足。

张旭，生卒年不详，活动于唐玄宗时期。字伯高，吴郡（今苏州）人。初为常

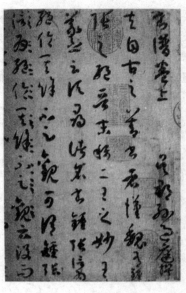

《书谱序》　孙过庭

熟尉，后官金吾长史（一作率府长史），人称张长史。张旭嗜酒，性颠逸，号"张颠"，是"饮中八仙"之一。他的草书和李白的诗、裴旻的剑合称"三绝"。唐人不仅创造了法度森严、艺术性极高的楷书，也创造了新的草书。这种草书笔势连绵、如龙飞凤舞，同时又极有规矩，后人谓之"狂草"。张旭就是这种新草书的创始人。狂草和晋人草书的区别，除了字势连绵、动感极强以外，笔法上也有不同，即主要使用中锋，逆入平出，多是圆笔，与晋人圆侧兼用、字势峻峭者不同。张旭也能写很规矩的楷书，所书《郎官石记序》曾被黄山谷誉为"唐人正书，无能出其右者"。颜真卿称其楷法精详，特为真正。可见他的楷书也达到了当时的高峰。可惜的是，他没有绝对可靠的草书作品流传下来。但可以从受他影响而风格相近的怀素作品中想见其书的大致面貌。传世《古诗四帖》传为他的作品，虽然还有不同看法，但此书确具有他那个时代的特点。另外，《肚痛帖》是他的作品，但不是其代表作。

怀素，生卒年不确。一说生于开元十三年（725），卒于元和九年（785）。字藏

真，俗姓钱，后出家为僧。永州零陵（今湖南长沙）人。后徙京兆。好饮酒，时人称醉僧，和张旭合称“颠张醉素”。怀素和张旭比较，张书肥，素书瘦。人们形容

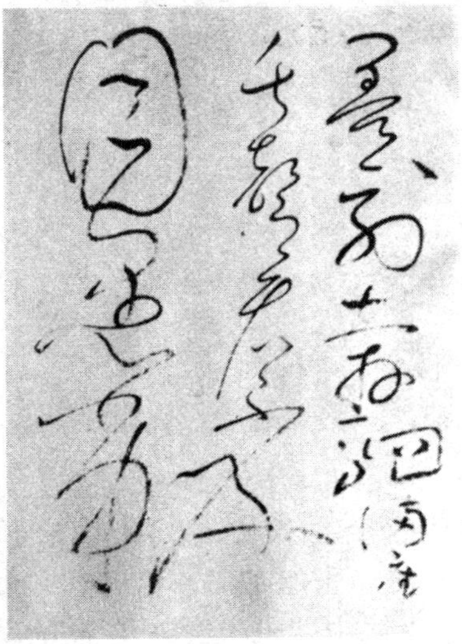

《自叙帖》　怀素

他的草书如“奔蛇走虺”、“骤雨旋风”。

怀素的传世作品较多，以《自叙帖》最有代表性。其他还有《食鱼帖》、《论书帖》、《苦笋帖》、《小草千字文》等。《自叙帖》书于大历十二年（777 年），写得极其精彩。《食鱼帖》亦是精品，帖中自云“老僧”，应是晚年作品。

李阳冰，生卒年不详，活动于唐玄宗开元（713 ~ 741）年间，字少温，赵郡（今河北涿县）人。是诗人李白的族叔。官至将作少监。他是唐代最著名的篆书家，其篆书作品有《三坟记》、《般若台铭》、《城隍庙记》等。另外，颜真卿的《家庙碑》等碑刻都由他来篆额。

隋宫殿建筑

隋代的建筑在追求享乐的隋炀帝时代又达到了一个高潮。为了达到享乐的目的，隋炀帝不惜奴役万千黔首，造宫殿，掘运河，其中最著名的建筑就是“迷楼”。韩偓所著《迷楼记》中说：“近侍高昌秦曰：臣有友项升，浙人也，自言能构宫室。翌日召而问之，升曰：臣乞先进图本。后数日进图，帝览大悦。即日诏有司，供其材

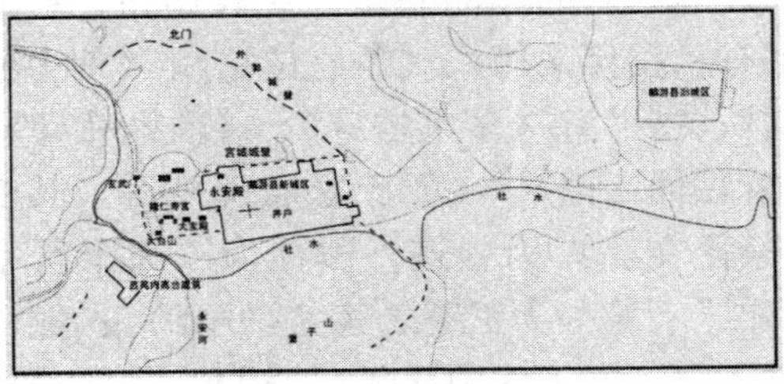

隋仁寿宫平面图

木，凡役夫数万，经岁而成。楼阁高下，轩窗掩映，幽居曲室，玉栏朱阆，互通联属。四环四合，曲屋自通，千门万户，上下金碧；金虬伏于栋下，玉兽蹲于户旁；壁仞生光，琐通射日，工巧之极，自古无也。……人深入者，终日不能出。召以五品官赐升……”可惜这座为享乐而构筑的楼阁宫室，遭到与阿房宫同样的命运。唐太宗进驻长安，见迷楼后，说这都是以民脂民膏建造起来的，于是下令将它焚烧了。

隋唐乐舞

经过300 年的战乱纷争，杨坚终于在公元581 年统一中国，建立了隋朝，实现了和平统一，歌舞升平的景象自然而然地提到了日程。为了显示一统国家的功绩和空前的国力，隋文帝于开皇初年（581 ~ 585）集中当时流传各地的汉族传统舞蹈、兄弟民族和外国传入的各类乐舞，共七部，称《七部乐》或《七部伎》，计有《西凉伎》、《清商伎》、《高丽伎》、《天竺伎》、《安国伎》、《龟兹伎》、《文康伎》（汉族面具舞）。至隋大业（605 ~ 618）年间又

增加《康国乐》和《疏勒乐》，成为《九部乐》。为了充实宫廷内庞大的乐舞队伍，自然要从各地调集大批艺人，充实官办的乐舞机构，应付日常的宫宴演出。除此之外，为了显示中原文化的发达，一统大国的富强，每年还要调集各地的歌舞百戏和少数民族乐舞到京城长安演出，形成分裂的南北朝时代难有的空前盛况。

敦煌壁画乐舞

隋炀帝大业二年，为招待来京的突厥客人，曾征集四方散乐，各类舞蹈，进行盛大精彩的表演。以后形成惯例，于每年正月演出，表演人数多至 3 万。

隋代薛道衡曾在诗中描绘当时长安、洛阳元宵之夜的乐舞百戏活动："万方皆集会，百戏尽来前：……羌笛陇头吟，胡舞龟兹曲，假面饰金银，盛装摇珠玉"。这里描绘的显然是少数民族的乐舞，同时还进行惊险的马术表演和奇巧的杂技、幻术与各种鸟兽舞："抑扬百兽舞，盘跚五禽戏，狻猊弄斑足，巨象垂长鼻，青羊跪复跳，白马回旋骑。忽睹罗浮起，俄看郁昌至，峰岭既崔嵬，林丛亦青翠，麋鹿下腾倚，猴猿或蹲跂"。这种广场布景变幻，大有两汉百戏演出的盛况，而种种象人表演，或蒙盖兽形，或以动作特色显示动物特点，表现了东方人体文化象形取意的特色。

值得注意的是在薛道衡这首题为《和许给事善心戏场转韵诗》中提到"盘跚五禽戏"的表演，这就是东汉华佗创造的五禽戏。显然这套导引保健体操，至隋代已成为人们表演和喜闻乐见的节目。这也反映了东方人体文化综合性的健体养生性和艺术表演性融于一体的特色。

隋炀帝穷奢极欲的享乐生活，耗费了大量财富，加重了对人民的残酷剥削，这自然激起了社会的反抗，建国不到四十年的隋朝，被李唐王朝取代。

唐朝 200 多年的历史，是中国文明蓬勃发展时期。唐代舞蹈文化灿烂辉煌，达到了峰巅时代。唐代继承隋代的设置进一步完善和丰富宫廷的各种乐舞机构，如教坊、梨园、太常寺，集中了大批各民族的民间艺人，使唐代舞蹈成为吸收异域优秀文化和传播东方文明精华的博大载体，为亚洲各国东方人体文化的交流和丰富发展，起到了奠基建业的作用，它的影响之深远，超过了任何时代。

唐人自尊自信而又宽怀的恢宏气量，可以说前无古人，后无来者。体脑并重，人体文化修养的普遍重视，既反映在文武兼修、爱剑成风，也反映到舞蹈活动渗透在社会生活的各个方面。社会各个阶层，上至宫廷，下至市庶百姓，在节庆和宴饮中，能歌善舞成为受人尊敬的修养，舞蹈既是人们乐于欣赏的表演艺术，也是人们抒情自娱的最好方式，正是在这种普遍的舞蹈文化修养的沃土上，才产生了当时在世界艺术史上都享有盛誉的名舞佳乐。技艺高超，精美绝伦的表演性舞蹈及宫廷燕乐舞蹈，不只节目内容丰富，而且影响深远。由于广泛的普及和精湛的提高，两者相辅相成，构成了辉煌灿烂的空前绝后的唐舞盛况。

唐舞的普及首先表现在"自舞成风"这一点上。唐人把舞蹈视为抒情自娱和展示才华，表示礼节的一种手段，这与宋明以后视舞蹈为低贱，成了鲜明的对照。能文能武，能歌善舞，成为上至天子，下至

最新整理图文珍藏版

庶民都欣赏和自豪的文化修养。唐太宗李世民亲自排练声势辉赫的《破阵乐》，成为这位开国之君，文治武功中彪炳千古的一项；素被视为"中兴之主"的唐玄宗李隆基，更是一位善作曲、能伴舞，多才多艺的风雅皇帝。唐代的后妃中善舞者更多。杨贵妃就是位造诣高超的古代舞蹈家，她所以受到唐玄宗的宠爱，除了她的丰姿美艳外，还在于她的能舞善歌。据传说，她以善舞《霓裳羽衣》称绝一时，被历代诗人墨客吟哦，已名传千古。她还善舞《胡旋》之类少数民族舞蹈。

唐代不少皇室成员都能歌善舞。高宗女太平公主，曾在皇帝面前起舞求嫁的故事（事见《新唐书·太平公主传》），说明这位公主的即兴舞蹈，以舞传情表意的技巧已经甚高。舞蹈可以是表述心愿的工具，也可以是致敬的礼仪。唐中宗女安乐公主再婚时，太平公主就曾与武攸暨起舞向皇帝致敬。（见《新唐书·安乐公主传》）。

有时候高超舞蹈修养还会得到皇帝的特别青睐，安禄山就是因善舞《胡旋》而受到唐太宗和杨贵妃的喜赏。贵戚武延秀因善为突厥歌和《胡旋舞》而获得公主喜爱，得为驸马。

《全唐文》记载的郑万钧所撰《代国长公主碑》上，记录武后寿宴时，皇子皇孙以舞娱亲的情况："圣上年六岁，为楚王（指玄宗），舞《长命》，□□□年十二，为皇孙，作《安公子》（歌舞大曲），岐王年五岁，为卫王，弄《兰陵王》：'卫王入场，咒愿神圣，神皇万岁，孙子成行'。公主年四岁，与寿昌公主对舞《西凉》"。这些年幼的皇子皇孙，诸王公主，已能在宴会上表演名盛一时的舞蹈，一方面可看出当时舞风的普及，另一方面也说明皇室子弟受到优良的乐舞教育。

公卿大臣在宴席上起舞的事例在唐史中亦多有记载：贞观十六年唐太宗宴功臣士女于庆善宫南门。李世民忆起往事，感慨系之，父老们就争相起舞向皇帝祝酒（事见《旧唐书·太宗纪》）。唐中宗与近臣学士们宴饮时也有令他们各逞艺能，作即兴表演的故事。据记载有工部尚书张锡舞《谈容娘》，将作大匠宗晋卿舞《浑脱》，左卫将军张洽舞《黄獐》（事见《旧唐书·郭山恽传》）。僖宗的宰相李蔚，为向韦昭度请罪，也曾亲舞《杨柳枝》，引韦入席。这些高官显宦，如果不是有着熟练的舞蹈修养，怎么能在皇帝面前即兴起舞呢？从唐代诗歌中保留了那么多诗人吟咏乐舞的诗篇，也可以看出唐代社会对乐舞艺术的普遍喜尚和极高明的艺术鉴赏能力。

唐代最伟大的诗人李白就是一位即兴舞蹈家。他善于剑舞，在诗中上百次提到他"起舞莲花剑，行歌明月弓"，"三杯拂剑舞秋月，忽然高咏涕泗涟"，以剑舞抒情言诗，寄托壮怀的情景。诗圣杜甫的《观公孙大娘弟子舞剑器行》的千古绝唱，更成为中华艺术史上一篇重要的诗证。

唐代舞蹈文化深入人心的第二方面就是节日歌舞成为全民参加的重要游乐。自从隋代统一，国家出现安定局面，正月元宵节之夜，盛装走向街头歌舞百戏官民共乐的传统就开始了，至唐代，更为发达。唐代皇帝为示与民同乐的升平盛世，曾年年组织元宵节的歌舞活动，历史上有名的群众歌舞《踏歌》被提倡推广起来。唐玄宗开元元年（713）宫廷组织了几千女子的《踏歌》队伍，除了上千名宫女外，又从长安（西安）、万年（今临潼）两地选了上千名良家妇女，金饰银钗、罗绮锦绣、珠翠满头地在宫门外的灯轮灯树下，手袖相连、踏地为节地舞蹈了三日三夜，成为千古盛况（见《朝野佥载》）。

除节日的《踏歌》外，日常民间也常有即兴的《踏歌》活动，是民众男女都喜好的自娱歌舞，这从唐代诗人的诗中可以窥见一斑。刘禹锡有题为《踏歌行》的诗作："春江月出大堤平，堤上女郎连袂行……新词宛转递相传，振袖倾鬟风露前。月落乌啼云雨散，游童陌上拾花钿……"。储光羲的诗中亦有"连袂踏歌从此去，风吹香气逐人归"的佳句。最有名的则是李白那首《赠汪伦》："李白乘舟将欲行，忽闻岸上踏歌声……"可见这踏歌之舞在大唐之世，朝野南北，皆为民风民俗之习尚。

唐舞深入民众的第三个特点是歌舞艺人的表演普遍，或街头、广场，或酒肆庭堂，都有艺人献艺的记载。杜甫的《观公孙大娘弟子舞剑器行》序中就记载公孙大娘与其弟子李十四娘在相隔近五十年的两次舞《剑器》的盛况，一次是在河南郾城看公孙氏的广场表演，观众闻讯从四面八方赶来，团团围住表演场地，有的还登高而望，故使杜甫有"观者如山"的感觉。常非月的《咏谈容娘》诗，也描写了这种街头表演的场景："马围行处匝，人压看场圆。"

唐舞的深入民众还表现在宗教祭祀乐舞的发达上。敦煌遗书中就有寺院佛事活动中表演舞蹈的记载：董保德等建造《兰若功德颂文》有："白鹤沐玉毫之舞，果唇凝笑，演花勾于花台"的文字，从中可以看是运用传统的象形舞蹈《鹤舞》与《花舞》礼佛、娱人的情况。

自古即兴盛不衰的祭祀巫舞，至唐仍极兴盛，从巫舞成风的巴楚之地到西北荒村都有此风。这从唐诗中可见端倪。裴谞《储潭庙》诗中，描绘了农民临潭祈神降雨的祭祀活动，内有"女巫纷纷堂下舞，色以授兮意似与"。李约的《观祈雨》诗亦有迎龙歌舞的记叙："桑条无叶土生烟，箫管迎龙水庙前。朱门几处看歌舞，犹恐春阴咽管弦。"王睿《祠神歌》"迎神诗"有"蒲草头花椰叶裙，蒲葵树下舞蛮云"，

显然描绘的是南方巫舞之情。两次被贬南国的诗人刘禹锡在《阳山庙观赛神》中描写了荆楚自古流传的巫舞之风："荆楚脉脉传神语，野老婆婆起醉颜。"王维《凉州郊外游望》一诗则描绘的是西北边陲凉州城外的巫舞之风："野老才三户，边村少四邻，婆婆依里社，箫鼓赛田神……女巫纷屡舞，罗袜自生尘。"

唐代宫廷的《驱傩》（即面具神舞）沿续汉代宫仪，规模亦极盛大。正是这种全民族的，普遍的人体文化的修养和自舞成风的基础，才创造了在中华文明史上缤纷闪烁的唐代高超的舞蹈艺术，并远播东亚与西域，成为中华民族对人类文明宝库奉献的明珠玉圭。一个有教养的中国人在熟悉《史记》、唐诗、宋词、元曲和明清小说四大名著之外，亦应当熟悉唐代舞蹈的辉煌成就。

唐代除了渗透在社会各个层面的自娱与民俗舞蹈，最能代表唐代舞蹈艺术水平的是大量的技艺高超的表演性舞蹈。这类舞蹈品种、名目的繁多，堪称古代之最，有记载可考的舞名就有100多个。尤其可贵的是，唐代舞蹈较前代有了更为细致的分类法。有按风格、特点区分的"健舞"与"软舞"类别；有以结构的严谨和统一归类的"歌舞大曲"；有一定故事情节的歌舞戏；有以用途和表演方式归类的用于宫廷朝会、宴享的《九部乐》、《十部乐》、《坐部伎》、《立部伎》等。这里的每一类都包括着丰富多彩，名传千古的舞蹈节目。

除了"健舞"、"软舞"、"大曲"、"歌舞戏"外，唐代还有不少不能归类，然而亦极有影响的名舞。如表现仙女的舞蹈，自然以归类为"大曲"的《霓裳羽衣舞》最为著名，但亦有类似的舞蹈名盛一时，像赞美龙女的《凌波曲》，就曾由盛唐著名舞人谢阿蛮依曲编舞表演，体态轻盈，如龙女凌碧波而呈妙舞，甚得唐明皇

与杨贵妃喜爱。另外还有唐懿宗宠爱的伶官李可及编创的《菩萨蛮舞》（又称《四方菩萨蛮队》），是表现佛国仙女的美音妙舞的。从敦煌写卷保存有不少《菩萨蛮词》来看，当时这类舞蹈也是很兴盛。其他不在归类的名舞，如《何满子》、《叹百年》等，都留下了深远的影响。

综观盛唐各类舞蹈，大体可有以下几部分：

一是继承前代传统舞蹈，并加以发展的，如《九部乐》、《十部乐》中的"清商乐"，《立部伎》中的《安乐》、《太平乐》，"软舞"类的《乌夜啼（起于南朝宋代），"歌舞大曲"中的《玉树后庭花》（起于南朝陈代），"歌舞戏"中的《踏摇娘》、《兰陵王入阵曲》（以上皆起于北齐）。

二是以国名、地名、族名为乐部或舞名的乐舞，如《十部乐》中的《西凉乐》、《高丽乐》、《龟兹乐》等。这里不少乐舞是吸收西域各地的民族乐舞加以改编或直接移植的。

第三类即是众多的唐代新创的乐舞，如吸收传统武舞的《破阵乐》、《大定乐》，以及有名的《圣寿乐》等。唐代新创的大曲，是音乐、舞蹈、诗歌三者结合的大型多段体乐舞套曲，很多是唐代新创节目。唐人崔令钦《教坊记》就列有唐大曲46种之多。

盛唐乐舞确实可称熔南北技艺于一炉，集中外文化于一体。当时的长安城已经成为世界性的文化名城，五方杂处，诸艺交汇，成为世界文化的中心，而以乐舞为主导的人体文化则成为最博大的文化载体。

容纳外国乐舞，共祈庙堂，自古使然，早在周代宫廷即有四夷乐的设置，但隋唐时代的吸收却是空前规模的。隋、唐宫廷的燕乐，由七部乐、九部乐，至盛唐增至十部乐，以中原乐舞为主体，而大多数的乐舞都是外国和少数民族的异域文化。据《新唐书·礼乐志》，这十部乐为燕乐、清商、西凉、龟兹、疏勒、康国、安国、扶南、高丽、高昌等伎。十部乐舞中，除了燕乐、清商为中原乐舞，西凉为这种结合的产物，其他七部都是外来乐舞，南至印度支那，北到今天与兹别克斯坦境内的撒马尔罕。值得注意的是除了钦定为宫廷燕乐的伎乐外，还有四方献来的乐舞。唐朝的剑南节度使韦皋就是位善于运用乐舞文化，促进唐帝国与兄弟民族和睦相处的人物。贞观十六年他带来以《南韶奉圣乐》为主的云南八个城国的乐舞到首都长安献乐演出，影响深远。随后，骠国又来献乐，骠国即今缅甸中部，由于与天竺国近，又崇信佛教，其乐舞则有不少表现佛经的内容。根据舞蹈史学家王克芬先生在其《中国舞蹈史·隋唐五代部分》对《骠国乐》的研究，我们可以看出十二首乐舞中，除了《佛曲》、《笙舞》、《宴乐》外，多数都是象形取意，拟鸟摹兽的舞蹈，如《白鸽》、《白鹤》、《孔雀王》、《野鹅》、《斗羊胜》等等，这无疑对东方人体文化的形成丰富起了一定作用。

盛唐不只宫廷选用异域乐舞，民间也极喜爱，如传自康国的胡旋舞，得自石国的胡腾舞，和源于怛罗斯的柘枝舞，都曾经是贵戚富豪和市庶百姓同喜共悦的节目。汉唐时代的中国人不只喜爱汉赋、唐诗，也是人体文化修养极高的人民。不只李白等艺术家动辄"三杯拂剑舞秋月，忽然高咏涕泗涟"，一般百姓和兵士也都是爱"起舞莲花（剑）、行歌明月（弓）"的。

率兵出征的将军或执节通好的使臣，除了带回异域的珍宝、友谊，还总是以学来异域的乐舞为荣。天宝年间封常清西征，就从今天新疆的轮台县学会一种乐舞，加工后即名轮台舞，在长安流传一时。后被

中国通史

最新整理图文珍藏版

日本的遣唐使学会，移植东瀛，亦名轮台舞，深受日本贵庶喜爱。中华乐舞对紧邻的朝鲜和越南的传播更为直接。

汉唐灿烂的乐舞艺术，成为中国艺术史上光辉的篇章，而她作为吸收异域优秀文化和传播中华乐舞文明的博大载体，也在亚洲人民友好交流史上，写下了不朽的一页。

文帝的刑法观念

我佛慈悲，决不尚刑。把佛法与刑法拉扯在一起，既佞佛，又尚刑的，大概只有皇帝才能如此。佛法可以约民，刑法可以制敌，都是保卫江山的法宝。一手软，一手硬，软硬兼施，实质并不矛盾。隋文帝就是这样做的。

鎏金铜马饰

文帝似乎前生就与佛祖结下因缘。西魏大统七年（541）六月十三日，他出生于冯翊（今陕西大荔）般若寺。据说他生时颇有瑞象，寺中法号智山（一作智仙）的主持尼说："此儿所从来甚异，不可于俗间处之。"乃另辟密室，亲自抚养，并常常预言："我儿"来日必得天下！文帝在尼寺长到十三岁才回到父母身边，从此对智山尊礼备至。周武帝灭佛，智山就藏在杨家。圆寂后，文帝为之建金浮屠，葬之般若寺，还经常临幸冯翊，"亲祠故社"。

由于文帝生于佛寺，养自神尼，所以

屡次对群臣宣称："我兴由佛法。"他给智颐和尚诏书说："往者周武毁弃佛法，朕曾发心立愿，必许护持。及受命于天，遂即兴复。"可见他早已将隋朝之兴与佛法之兴结合在一起了。因此，他在篡周前夕，即许被迫返俗的僧尼重新入寺修行，并鼓励人民自由出家。以后又诏天下大量修经、写经、译经，雕塑佛像，营建庙宇，使佛教迅速成为国教。其时高僧辈出，如创华严宗的杜顺和智俨，创天台宗的智颐，创三阶教的信行，还有三论宗的吉藏，禅宗的三祖僧璨，刻石板经的静琬，译经大师彦琮等，都生长在这个时代。文帝除禁止三阶教外，对其他教派都敬礼有加。其子炀帝虽然拜智颐为师，智颐称他为"总持"，但他只是取悦父母，凑热闹，并非真信。只有文帝才是上承梁武、下开武周的佛门大护法。

清人袁枚说："信佛为愚，辟佛为迂。"其实，"辟佛为迂"的只有韩愈，愈是为了捍卫孔孟之道才大发迂劲的。至于"三武一宗"（北魏太武帝、北周武帝、唐武宗、后周世宗）灭佛，却是认真捍卫政权，丝毫不带一点迂劲。"信佛为愚"的只有梁武帝，他晚年一味慈悲，放弃刑罚，有罪用钱赎，甚至对造反谋逆者也涕泣赦之。侯景逼他饿死台城，就是"愚"的报应。武周金轮则天皇帝则不然。她虽自称是弥勒佛转世，可杀起人来从不眨眼，这正是僧怀义的《大云经》和来俊臣的"罗织经"的双重妙用。

隋文帝是武则天的前驱，但早年还没

有走向如此极端。他一即位，就命高颎、杨素、裴政等，花了两年多时间，修订刑律五百条，凡十二卷，名为《大隋律》。此律上采魏晋，下及齐梁，更参以北周《刑书要制》，斟酌损益，务求平允，总的倾向是从宽而非从严。刑分五种，即笞、杖、徒、流、死。死刑废除前代"枭首"（斩后悬首于木）、"辑身"（车裂其身）等酷刑，只分斩、绞二等。流刑（放逐异地服役）不出两千里，期限不超过五年。徒刑（本地监狱服役）最多三年。杖刑（用木棍、荆条击人臀、背、腿）自六十起至一百止，共分五等。笞刑（用竹鞭、竹板击）自十起至五十止，亦分五等。另外规定除谋反大逆之罪，一概不许灭族。民有冤屈，可依次上告到朝廷。既有"十恶不赦"之条，又有"八议减等"之科。开皇六年（586），废商鞅以来的"孥戮法"（连坐法）；十六年（596），又规定死罪必须三奏而后决。这些立法皆所谓"以轻代重，化死为生"，实较以前各朝刑法宽大而进步。炀帝时的《大业律》及稍后的《唐律》，都是在此基础上进一步订正的。

然而在任何独裁专制政体下，都是制法易而守法难。在古代社会，有权破坏法律的首先是皇帝。《隋书·刑法志》先用五分之二篇幅赞序文帝制法，后用五分之三篇幅专论文帝违法、乱法。如此强烈对照，在历代《刑法志》上是仅见的。

《隋书·刑法志》首先说："高祖性猜忌，素不悦学，既任智而获大位，因以文法自矜。"这就点明了他喜欢耍小聪明玩弄法律。他常派人暗中监视内外官员，稍有过失就加以重罪，如怀疑官吏贪污，便使人故意赂以金钱，受之者立斩。《刑法志》又说："帝既喜怒不恒，不复依准科律。"这是指他自己制法，自己不依，全凭一时喜怒。有一次，某边县粮仓少粟七千石，据查是主管官所盗，立即问斩。自后规定，盗边粮一升以上皆死。又命盗一钱以上弃市。甚至四人共盗一桶，三人同窃一瓜，彼此知而不告者，皆连坐死。文帝晚年尤崇佛道，相信鬼神，严禁僧尼坏佛像，道士坏天尊像，百姓坏山川神像，犯者均处死。

《刑法志》又指出："帝意每尚惨急。"意思是帝用刑不论时间场所，只讲重判速决。殿廷刑人最方便，所以他经常在殿廷杖人、杀人，一日之间，多至数四。后赖高额力谏，乃令殿廷去杖。不久又欲杖楚州参军李君才，因殿内无杖，改用马鞭鞭死。某年六月，帝欲棒杀犯人，大理少卿说："按律，季夏乃万物生长之月，不可杀人。"（按：历代均规定秋后决囚）帝怒曰："六月必有雷霆，朕即雷霆，杀之有何不可！"遂杀之。《刑法志》还强调："帝猜忌，二朝臣僚，用法尤峻。"这是说，文帝对朝臣用法更严。某年元日早朝，武臣衣剑不整，御史某没有弹劾，遂杀御史。谏议大夫某谏阻，又杀大夫。蕃客馆（外宾招待所）庭中有马屎，掌固（工作人员）在官毯上玩樗蒲（赌博游戏），杀其主管官。至于武库令因衙署荒芜，独孤师因受蕃客鹦鹉，罪行虽轻，但都是文帝亲自处死的。文帝还赞赏酷吏，大理寺丞杨远、刘子通等都以深文重判得幸。同书《酷吏传》所载七人，均廉洁而执法苛酷，颇与文帝相亚。

本文开头已指出，皇帝既佞佛，又尚刑，并不矛盾。同样，皇帝既制法，又违法，也不矛盾。自古法出自上而行于下，皇帝制法，百姓守法，皇帝是不受法律约束的。我们不能因为古代出现过较为宽大的刑律，就以为那时已有"民主"和"法制"，否则我们也是"信法为愚"了。

文帝不好儒

历史上以治绩见称的皇帝很少不好学，独唐人撰《隋书》，多次在《高祖纪》、《刑法志》、《礼仪志》、《儒林传》及有关列传中，指责文帝"素无学术"，"素不悦学"。《隋书》是不是有意责备贤者呢？答曰"否"。

隋·嵌玛瑙蓝晶金项链

什么叫做"学"？严格说，自汉武帝以后，占统治地位的学只有"儒学"。《隋书》所谓"无学术"和"不悦学"，实质是指无儒学和不好儒。儒作为一家学派，在历史上可与法家、道家等对言。但儒从来不是宗教，不应与佛教、道教并列。然而当时情况并非如此。魏晋南北朝三百多年，正是韩愈所说的"二氏行乎中土"（《昌黎集·重答张籍书》）的时期，佛、道二教交炽，儒家与之抗争，也常被视作

一种宗教。如北周武帝曾升高座辨释"三教"先后，"以儒教为先，道教次之，佛教为后"。但视儒为三教之一，不仅混淆了学派与宗教的界限，而且给儒学树立了两方面的敌手。文帝在宗教方面佞佛，在学派方面崇法，故不可能真正好儒。

秦始皇焚书坑儒，汉高祖溺儒冠、晋儒生，二人不好儒的恶行十分昭著，当然为读书人所共晓。文帝并没有此类恶行，而且在统一初期，还对儒学、儒生有所利用。例如，他曾依靠儒生制礼、正乐，虽然庙堂礼乐不代表真正的文化，却能显示皇威，粉饰太平。当年叔孙通定朝仪，就曾使刘邦尝到当皇帝的乐趣，证明儒生并非毫无用处。此外，文帝还做了一些属于统一之君应该做到的事。如颁布新历，俾天下共奉大隋正朔；还征集天下图书藏之朝廷，统一天下文字声韵等。以上措施往往掩盖了文帝无儒学和不好儒的消极影响，即文帝在位二十四年，政绩可观，而文化成就却不相称。

中国传统文化与儒学不容分割，无儒学和不好儒，就不可能发展传统文化，尤其是经学、史学和文学。

经学是最典型的儒学，经儒是最受尊敬的儒生。但《隋书·儒林传》仅录儒生十四人，多是前朝遗老，庸碌而不知名，堪称博学通儒者，唯刘焯、刘炫二人，时号"二刘"。二刘的里贯、履历、学养、成就以至穷乏潦倒都很相同。《儒林传序》谓"今之学者，困于贫贱"，故"儒罕通人，学多鄙俗"。连二刘也不例外。焯"啬于财，不行束脩者，未尝有所教诲"。炫趁朝廷购求天下逸书，"遂伪造书百余卷"，"录上送官，取赏而去"。二人先后都不愿事蜀王秀（文帝第四子），王怒，遣人枷送至蜀，都被配充门卫。老皇帝使儒生穷得不能免费收徒，甚至不得不伪造古书骗钱；小王爷对儒学老师竟如此无礼，

中国通史

最新整理图文珍藏版

这在末代乱世也是罕见的。至于隋代经学著作，据记载，仅存二刘、何妥等数部，而当时民间流传之佛经，竟比儒经多数十百倍。

中国史学尤在经学之前，自孔子作《春秋》后，才打上儒家的印记。儒家是首创私家修史的，故隋以前编修的所谓"正史"，多是先由私撰，后经政府认定。而文帝不好儒，极恶庶人褒贬朝政，掌握史权，于开皇十三年（593）五月，特诏"民间有撰集国史，臧否人物者，皆令禁绝"。当年秦始皇尽焚诸国史，独留《秦记》，用心已够刻毒；文帝既禁民间修史，官家又不抢修，遂使前代诸史几告断绝。唐初天下尚未平定，高祖，太宗父子就诏修"五代史"，实际是补完隋朝应该完成而未完成的任务。但自此以后，前朝国史都改由新朝集体"官修"，以致每逢两朝易代之际，史实作伪，史笔不公，看不得也信不得。

文学能否昌盛，不决定于国家之治乱和国力之强弱。魏晋并非治世，南朝偏安积弱，但文学家代不乏人。隋朝统一了南北，集中了原来北齐、北周和江南的文学之士，理应在文学上推陈出新，别开生面，但真正属于隋朝的文学家几成空白。如李德林，颜之推，卢思道、薛道衡、虞世基等都已分别驰名于齐、周及陈，而李百药、虞世南，薛收等实皆焕发于唐朝。《隋书·文学传》所列十九人，除杜正藏（著《文章体式》）、王胄（有"庭草无人随意绿"名句）尚可阑入文学之林外，余人则鲜为后世所知。隋朝文坛如此寂寞，有人认为是李谔上书，攻击"属文之家，体尚轻薄"所致。但不知李谔上书之前的开皇四年（584），文帝就已"普诏天下公私文翰并宜实录"。同年九月，泗州刺史司马幼之还因"文表华艳"，被交付所司治罪。而文帝自制的家人诏谕尤其粗率无文。另有

人认为是南北学风不同所致，文帝是北人，所以讲究质朴实用。但不知太子勇、炀帝广也是北人。却喜爱南朝颓靡之风。故知文帝"不喜词华"，压制文学，乃其自身原因。文帝崇法，自然不喜欢"儒以文乱法"；文帝佞佛，而佛是以无文字语言为不二法门。《文学传序》说："高祖初统万机，每念靳雕为朴，发号施令，咸去浮华。"可知文帝认为文学的价值只在实用，讲究声律词藻都是多余的。因此，文帝绝不可能提倡文学。历代皇帝以"文"为谥的有十来个，只有隋朝的文帝最不配。

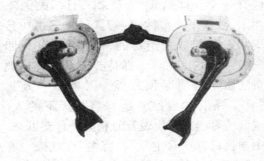

马衔

以上只就经学、史学和文学来看文帝如何对待传统文化。文化来自教育，教育的基地是学校，文帝既不重视文化，自然也不重视教育，因而到了晚年，甚至连学校也不要了。

《儒林传序》说："及高祖暮年，精华稍竭，不悦儒术，专尚刑名。"至仁寿元年（601），终于"废天下之学"。当时全国本有五种学校，设在京师长安的为国子学（高级官员子弟学校）、太学（中级官员子弟学校）、四门学（一般官员及平民子弟学校）和书算学（专科学校），设在地方的为州县学。《高祖纪》载同年六月废学诏书认为，京师学生多达千人，州县学生亦复不少，都"空度岁时"，"多而未精"，实在应该"简省"。于是只许保留国子学（一月后改称太学），限收学生70人（一

作72人），其余京师，地方学校一律废止。当时全国人口已逾四千多万，而在校学生仅70人，即使在殷周奴隶社会，其辟雍、庠、序人数谅亦不止此。这种局面坚持了四年多，直到文帝死后第二年——大业元年（605）闰七月，炀帝才下诏恢复学校。

隋代的官制

在君主专制政体下，人际关系只有君——官——民三层。"君"在同一时期只许有一个，即所谓"天无二日，民无二主"，故天子又自称"一人"（见《书·吕刑》），其权威是绝对的。"民"分为四（士、农、工、商），都是芸芸众生，是载舟之水，必须摩顶放踵，以事"一人"。"官"是君的股肱，是与君共天下的人，应该辅君治民，代表君的利益。自秦以来，中国就只有"君主"、"官主"，从来没有"民主"。民既不能自己做主，只得靠介乎君、民之间的官"为民做主"。因此，君主专制时代的官对调节君民关系能起一定的作用。既要保证"君临"，就要依靠"官治"，历代官制正是当时各种制度的纽带和核心。例如礼乐律历，兵刑食货都有制度，一旦建成，就得命官执行，所以委托周制的《周礼》，原名就叫《周官》。从最初的天、地、春、夏、秋、冬六官，演变为吏、户、礼、兵、刑、工六部，虽嫌过于简单，但无非表示天下大事经过这"六分"，就可以因事设官，分官理事。按照"循名责实"的道理，这种"官"就叫"职官"，这种"事"就叫"官事"，这种制度就是"官制"。对照现代制度，则近似人事制度，乃至于公务员制度。

古今官制，除了古有今无（如宦官）和今有古无（如党官），难以比较外，一般都是可以对照的。如古今的官都有编制，都有来源任免，都有工资级别，都有文、武及中央、地方之分。说明古今官制从纵的方面看，都是在继承和改革的基础上逐渐形成的，都有一定的渊源和影响；从横的方面看，又都与其他制度，如学校、选举、军事及地方区划等，有不同程度的联系，并发挥其纽带和核心作用。隋朝官制当然也不能例外。

隋中央最高官是所谓"三师"（太师、太傅，太保）和"三公。（太尉、司徒、司空），都是正一品。但三师不主事，属坐而论道之官；三公名义上可参议国家大事，实际上也只是虚衔。故"朝之众务，总归于台阁"。台阁就是尚书省，该省犹如总理衙门，"事无不总"，只有该省首长才是真宰相。尚书省最高首长是尚书令（正二品），品高权重，君主舍不得授人，而以副职左、右仆射（从二品）代之。其下分吏部、礼部、兵部、都官（刑部）、度支（户部）、工部六大曹，曹设尚书（正三品）一人，与二仆射共称"八座"，是中央掌握行政实权的八大高官。再下又分吏部、主爵、司勋、考功、礼部、祠部、主客、膳部、兵部、职方、驾部、库部、都官、刑部、比部、司门、度支、户部、金部、仓部、工部、屯田、虞部，水部二十四小曹，曹设侍郎（正四品至正六品）一至二人。如果说六大曹相当今国务院的部，那么此二十四小曹就相当今部直属司。另有太常、光禄、卫尉、宗正、太仆、大理、鸿胪、司农、太府九寺，寺设卿（正三品）一人。九寺大约相当今国家直属局。尚书省的六大曹、二十四小曹及九寺，分掌国家具体行政事务。

隋中央还有内史省（即中书省），代皇帝发布诏令，首长为内史令（正三品），二人；门下省，代皇帝审查诏令，首长为纳言（即侍中，亦正三品），亦二人。此二省当时虽与尚书省已有明显分工，但由于仍属御用机构，尚未与尚书省组成正式的"三省制"。又有秘书省，首长为秘书监（正三品）；内侍省（宦官机关），首长为内侍（从四品）。此二省亦属御用机构。另有二台：一是御史台，掌监察，首长为御史大夫（从三品）；一是都水台，掌津河，首长为都水使者（从五品）。二寺：一是国子寺，管学校，首长为国子祭酒（从三品）；一是将作寺，管建筑，首长为将作大匠（从三品）。此二台、二寺所掌也与行政有关。

隋·白釉象首壶

隋地方官编制与地方区划联系紧密。隋初实行州、郡、县三级制，除京师所在雍州置牧（从二品）、京兆郡置尹（正三品）、大兴和长安二县置令（从五品），品位较高外，一般州置刺史（正三品至正四品）、郡置太守（从三品至正六品）、县置令（从六品至正八品），品位相对较低。开皇三年（583）罢郡，改行州、县二级制。炀帝时易州名郡，仍是二级制。州或郡及县长官名称不变，仅品位较隋初有所不同。

武官编制与军事制度联系紧密。隋朝军事制度沿袭西魏、北周的府兵制。西魏府兵最高为八柱国，其中二柱国为正、副统帅，另六柱国分统十二大将军，十二大将军分统二十四开府，也就是二十四军。北周府兵另有军籍，不入地方户籍，武官无中央与地方之分。隋文帝开皇十年（590），将士兵改属州县，实行兵农合一的府兵制。当时府兵有内府，外府（亦即内军、外军）之分。外府长官为骠骑将军（正四品），因而府名"骠骑府"；副官为车骑将军（正五品），有时也设置与前者平行的"车骑府"。炀帝大业三年（607），改名"鹰扬府"，骠骑将军为鹰扬郎将，车骑将军为鹰扬副郎将。府兵番上宿卫，由内府统领。隋初仅有左右卫、左右武卫、左右武侯六内府。炀帝改革，变成左右翊卫、左右骁卫，左右武卫，左右屯卫、左右御卫、左右候卫十二卫府。各置大将军（正三品）、将军（从三品）等员。

以上所举是隋朝中央与地方文武职官的大致编制。此外还有太子官、行台官、散官、散实官、散号将军等，不详述。以下补说官员来源问题。

官员来源属于选举制度。汉代选举分征辟与察举二途。皇帝直接选人叫做"征"，官府自选僚属叫做"辟"。察举具有"他荐"性质，分二类：定期由中央官府出题选拔叫做"常举"；不定期由皇帝亲自出题选拔叫做"制举"。这都属于仕进正途。非正途有买官及凭父祖功德荫官。魏晋南北朝实行九品中正制，官位可以世袭，影响更坏。隋朝改革，首废九品中正制，继变"他荐"性质的察举为"自荐"性质的科举，扩大了官员来源，其中进士科，一直沿用到清末，影响尤大。

总之，凡是较好的官制，必须具备三条：首先是官源要正。靠门荫，靠裙带，靠阿谀，甚至靠金钱，都不是正道。其次是官不在多。唐太宗时，中央文官编制不过六百余人，而曰："吾以此待天下士足矣。"果然创造了"贞观之治"。第三是官风要正。清末官谣云："不怕买官，只怕卖官；不怕冗官，只怕贪官。"宋代官箴曰："尔俸尔禄，民膏民脂。下民易虐，上苍难欺。"闻之读之，不胜忧然悚然。

后梁的末路

明洪武二十五年（1392），太子朱标死，老皇帝鉴于梁武帝违背大宗继承制，未立太孙，而立第三子，以致引起兄弟之间、叔侄之间一场混战，终于亡国，于是就坚持立皇太孙允炆。不料允炆即位仅仅四年，仍被四叔朱棣篡了位，以"成祖"代替了"惠帝"。从历史角度定优劣，显然，成祖比惠帝强得多。可见不论什么继承制，总得接班人自己有能耐。梁武帝子孙没有一个是帝王之材，无论谁接班，都只能给国家带来耻辱，萧詧就是其中一个。

萧詧是梁武帝嫡孙，昭明太子萧统的第三子。统死，武帝舍詧兄弟而立第三子纲为太子，詧心怀不平。后封岳阳王，官雍州刺史，驻襄阳。549 年，侯景作乱，破台城，逼死梁武帝，太子纲嗣立，是为简文帝。从此诸萧均以讨景复国为名，自相残杀。首先是驻在江陵的湘东王萧绎（武帝第七子）攻河东王萧誉，詧助兄誉反攻绎，不胜，遂附西魏；绎亦送质西魏，请为附庸。绎又攻邵陵王萧纶（武帝第六子），纶遂附于北齐，不久灭于西魏。551 年，侯景弑简文帝自立，诸萧也纷纷称帝。萧纪（武帝第八子）首先称帝于成都。萧绎发兵讨平侯景，也称帝于江陵，是为梁元帝。553 年，元帝乞西魏助攻萧纪，灭之。554 年，詧引西魏兵攻江陵，破其城，元帝降，被杀。于是，西魏封萧詧为"梁王"，以江陵周围约三百里的荆州境为梁国国土，以江陵东城为国都；西城仍为西魏兵所驻，置"江陵总管"以监督之。自555 年起，西魏允许萧詧在江陵称"皇帝"，奉西魏正朔，建元"大定"，上疏称"臣"。557 年，江东统一为陈朝，西魏亦为北周所篡。詧惧陈来伐，又向北周称臣，执礼甚恭，终生不贰。詧称帝八年（555～562），他和他的子孙都自认是萧梁的继承者，所以死后庙号"中宗"，而不称什么"祖"。唐代历史学家为区别南朝的梁起见，称此梁为"后梁。"

但这样又出现一个问题，即：此"后梁"既不算南北朝诸王朝中的一员，那么怎样记录和安排它的历史呢？唐人编南北朝后期诸王朝史，对这一问题曾煞费苦心。最后是在《周书》列传中以萧詧个人名字标题，叙其子岿、孙琮三代及其宗室、臣僚二十余人行事；但又在《隋书》外戚列传中为萧岿立专传，为萧琮等作附传。这种不伦不类的重复处理，比宋、辽、金三史对"西夏"的处理更荒谬可笑。然而这也不全是史臣之责。试想，一个如此卑微的傀儡政权，先由西魏批准建立，继蒙北周庇护，终由隋朝撤销，三十三年中，一奴三易其主，既无人格，也无国格，史臣奉命分朝编史，的确难以处理。不得已，只好把"中宗皇帝"詧算做北周人，把"世宗皇帝"岿算做隋朝人。真不如《北史》把他们统一归入"僭伪附庸"列传省事。

被算做隋朝人的萧岿是萧詧的第三子，詧死，岿嗣位，年号"天保"。岿好文学，娴内典，颇有祖（昭明太子）风。但事周甚恭。周武帝灭北齐，岿往贺，武帝亲弹琵琶，令岿起舞，岿说："陛下亲御五弦，臣敢不同百兽！"以兽自比，谄态可掬。隋文帝代周，岿事隋尤谨，文帝亦恩礼之，诏岿位在王公之上。开皇二年，文帝备礼

中国通史

最新整理图文珍藏版

纳岿女为晋王妃（即炀帝萧后），益见亲侍，为之罢设"江陵总管"。岿当"皇帝"二十三年（562～585），开皇五年卒。临终上表文帝说："臣以庸暗，曲荷天慈，宠冠外藩，恩逾连山。……伏愿圣躬与山岳同固，皇基等天日俱永，臣虽九泉，实无遗恨。"可谓感激涕零，善颂善祷。

鎏金铜马镫

后梁第三主萧琮，岿子，父死继位，年号"广运"。时隋文帝预谋灭陈，欲自据江陵，故复置"江陵总管"以示监督。此犹不足，开皇七年，索性征琮入朝，拜为柱国，封"莒国公"。国既不存，王与皇帝也就当不成了。炀帝嗣位，以皇后故，对琮颇亲重，改封为"梁公"，官内史令。琮性淡雅知机，不以职务为重，退朝纵酒而已。后有童谣云："萧萧亦复起。"炀帝疑之，遂废之于家，卒。"梁公"世爵命琮弟子钜袭之。

钜虽袭爵，仍官千牛（禁卫官），与宇文晶出入宫禁，伺察内外。炀帝以外戚之故，甚见亲昵，每有游宴，未尝不从。江都兵变，为宇文化及所杀。

"后梁"由王而帝，由帝而公，共历萧詧（言字辈）、萧岿（山字辈）、萧琮（玉字辈）、萧钜（金字辈）四代而不再传。詧、岿二代均为大国附庸，琮、钜二代均为隋朝外戚，四代都是兢兢业业，屈己下人，故能苟全宗祀，保其门阀，繁衍子孙，真可谓"虽免而无耻"者。唯萧岩与萧瓛二人稍能例外。岩乃琮叔，瓛乃琮

弟。当隋文帝征琮入朝时，仍遣大将崔弘度帅兵戍江陵，岩与瓛不欲降隋，乃率僚属奔陈。陈以瓛为吴州刺史，岩为东扬州刺史。开皇九年（589），隋灭陈，吴地人以瓛乃梁后，因推瓛为主。瓛自以梁武、简文、祖詧、父岩皆以第三子称帝，己亦第三子，故颇以此为号召。但与隋将宇文述甫战于太湖，即大败，逃匿民家，为人所执。岩不得已，亦以会稽降。送至长安，皆被杀。二人以抗隋死，与其父兄略异，可谓"有耻且格"者。

后梁子孙比较像样的只有萧铣。

铣乃岩之孙。少贫，佣书养母。炀帝擢为罗川（在今湖南平江）令。大业十三年（617）十月，巴陵郡（治今岳阳）校尉董景珍等谋叛隋，以铣乃梁室之后，率众奉之。铣遂自罗川入巴陵，称"梁王"，建元"鸣凤"。

唐武德元年（618）四月，铣即皇帝位，徙都江陵。江陵乃后梁旧都，铣既复国，乃修葺梁氏陵庙，谥其叔萧琮为孝靖皇帝，祖岩为忠烈王，父璇为文宪王。置百官，以岑文本为中书侍郎，功臣董景珍，张绣等七人均封王。时李密、王世充，窦建德、宇文化及，李渊等皆争中原、河北，铣独经营江表、岭南，故不及一年，东至九江，西抵三峡，南至交趾，北界汉水，皆为梁有，胜兵且至四十余万，在诸路"反王"中最称庞大。武德二年（619），铣始规取巴蜀，先攻峡州（今宜昌），唐刺史许绍屡挫之，遂不得西。三年（620），铣患诸将嗜杀难制，乃宣言"罢兵营农"，实欲夺诸将之权。董景珍、张绣先后叛，既平，渚将离心，兵势遂弱。四年（621）二月，唐李靖陈"取萧铣十策"，唐遂以靖为行军总管兼赵王李孝恭府长史。十月，二李统十二总管，帅二千余舰，自夔州东下，拔荆门、宜都，进至夷陵。铣既罢兵营农，仅留宿卫数千人，靖

最新整理图文珍藏版

1273

击破之，直抵江陵外郊。铣猝不及防，内外阻绝，救兵不至。岑文本劝其降，铣乃谓其臣："天不佑梁，若待力战而屈，则百姓蒙患，奈何以我一人之故而陷百姓！"于是以太牢告于太庙，下令开城出降，守城者皆哭。铣率群臣丧服见赵王，说："该死者唯铣，百姓无罪，愿不杀掠。"赵王允之。及入城，唐将欲大掠，岑文本对赵王说："萧氏君臣为保江陵父老而归命，今若纵掠，恐自此以南，无复降者。"赵王称善，于是江陵安堵。铣降后数日，援军至者十余万，闻铣已降，亦降。赵王送铣至长安，李渊责之，铣慨然说："隋失其鹿，天下共逐之。铣无天命，故至此。若以为罪，无所逃死！"李渊竟杀之。铣自起事至被杀，历时五载，可视为"后梁"之续，而"国格"则过之。

陈后主的命运

魏文帝将伐吴，行至长江，望见波涛汹涌，叹道："此天之所以限隔南北也！"于是撤兵北还。但苻坚将伐晋，却大言道："以吾之众，投鞭于江，足断其流。"然则怎样看待长江之险？回答是既要正视，又要藐视。徒恃险而不设守，则长江殊不足恃，如陈后主；知其险而预为战备，则长江一夕可渡，如隋文帝。

隋文帝于开皇元年（581）就立下并吞江南之志。他用高颎之荐，以贺若弼为吴州总管，镇守广陵（今江苏扬州）；以韩擒虎为庐州总管，镇守庐江（今安徽合肥）。两员大将即在江北、淮南积极备战。此时，江南在位的正是荒淫昏聩的陈后主。此人名叔宝，字元秀，小字黄奴，陈宣帝嫡长子。他一即位（583），就建起临春、结绮、望仙三阁，日与张贵妃，孔贵嫔及江总、孔范诸"狎客"游宴其中，饮酒赋诗，不理政事。到了开皇七年（587），突厥沙钵略可汗死，隋无后顾之忧，决心改备战为临战。正愁没有南征借口，恰巧后梁老臣萧岩叛隋奔陈，陈后主纳之，于是，隋文帝立即宣布陈叔宝二十大罪，说："我为民父母，岂可限一衣带水（状长江狭小）不拯之乎！"开皇八年（588）三月，正式下诏伐陈，另写诏三十万份遍谕江南。十月，文帝用崔仲才之策，命晋王杨广、秦王杨俊、清河郡公杨素皆为行军元帅，广出六合至瓜步，俊出襄阳至汉口，素出永安（今四川奉节）至信州（今巴东）。其他大将如贺若弼出广陵，自瓜洲渡江攻京口（今镇江）；韩擒虎出庐江，自和州渡江攻姑孰（今当涂）；燕荣出海州，绕海玫南沙（今常熟西北）；王世积出蕲春，渡江取九江；刘仁恩出江陵，会杨素东下。于是西自巴蜀，东接沧海，沿江数千里遍布旌旗舟楫，凡总管九十员，兵士五十一万，皆受晋王节度。开皇九年（589）正月，贺、韩大军先后渡江，贺自北，韩自南，南北夹攻，建康陷。韩擒虎先至台城，俘陈叔宝。晋王遂命叔宝为手书诏部下降附。不久江南全部归隋。总计平陈之役，隋备战八年，用兵仅五个月。

自晋东渡至隋平陈，中国以长江为界，南北分裂了二百七十余年。有时南方主动北伐（如祖逖、桓温、刘裕），有时北方主动南征（如苻坚、拓跋焘），但决战都不在长江，谁也无法吃掉谁。唯有隋文帝平陈，很像当年西晋武帝灭吴，长江并没有帮南方的忙，倒是孙皓的残暴和陈叔宝的昏聩给了北方以机会。

隋军已经临江，陈叔宝还对侍臣说："王气在此。齐兵三来，周师再来，无不摧败。彼何为者邪！"都官尚书孔范接道："长江天堑，古以为限隔南北，今日虏军岂能飞渡！"还大言道："臣每患官卑，虏若渡江，臣定（能立功）作太尉！"有人讹传江北虏马多死，范还假装叹惜，道："此是我马，何为而死！"意思说，此马一过江就成为我马，为何任它死掉。于是君臣大笑，依旧纵酒赋诗，不为设备。开皇九年（陈祯明三年）正月初一，江面大雾，叔宝照常朝会群臣，痛饮大醉，醉则熟睡，睡到天黑才醒。就在这天，贺若弼乘雾渡江取京口，韩擒虎乘夜渡江取采石，晋王广也移兵桃叶山（在瓜步镇）驻扎。次日，有人逃到建康报警，叔宝才召集公卿商议对策，虽然宣布戒严，却仍不甚在意，下诏大言："犬羊陵纵，侵窃郊畿，蜂虿有毒，宜时扫定。朕当亲御六师，廓清八表。"七日，贺若弼已据钟山，屯兵白土冈之东；韩擒虎也进军新林，距建康仅二十里。叔宝这才吓得紧闭台城，终日哭泣。其时建康甲兵尚有十余万，可以一战。但大将萧摩诃先请速战，叔宝不懂军事，恐战败，不许。等到战机既失，他才嚷道："兵久不决，令人腹烦，可呼萧郎（摩诃）一出击之。"摩诃之妻先为叔宝所淫，此时已无战意，既战而败，遂降隋。

二十日，韩擒虎军入台城，叔宝惶恐欲逃，尚书仆射袁宪劝他正衣冠，御正殿，效梁武帝接见侯景故事。叔宝不从，说："锋刃之下，未可交当，吾自有计！"立即携后宫十余人奔出后堂景阳殿，径欲投井。后阁舍人夏某以身蔽井，叔宝与之争，乃得入。不久，韩擒虎军入宫搜索，对井大呼，不应；假说将投石，始闻井底有叫声。乃垂绳引之，惊其太重，及出，原来一束绳吊了三个人，除叔宝外，还有张贵妃和孔贵嫔。擒虎生获叔宝后，贺若弼才入城。叔宝见弼，恐惧得直发抖，向弼再拜。四月，叔宝等君臣均被押到长安。文帝召见叔宝及太子诸王大臣二百余人，责以君臣不能相辅，以至灭亡。叔宝愧惧伏地，不敢回答。

隋文帝以忌刻出名，对陈叔宝却很放

隋·双龙双瓶白瓷尊

心。平时赏赐甚厚，屡得召见。每预宴，恐其伤心，为不奏吴音。叔宝却嫌每次上朝，没有秩位，乞赐一官号。监守者以告，文帝叹曰："叔宝全无心肝！"监者又言叔宝常醉，醒时不多。文帝问其饮酒几何，监者回答："与其子弟日饮一石。"文帝大惊，命监者予以节制，既而说："任其性，不尔，何以过日！"

叔宝工诗文，擅音乐，亡国前所谱《玉树后庭花》和《临春乐》等宫体词曲，均传世。开皇十四年（594），文帝登洛阳邙山，叔宝侍饮，献诗云："日月光天德，山河壮帝居；太平无以报，愿上东封书。"诗甚佳而意近谄。一次侍宴出，文帝望其背影，追述往事，道："此败岂不由酒！以做诗之功，何如思安时事！"又道："当贺若弼渡京口，彼人密启告急，叔宝饮酒，遂不之省。高颎至日，犹见启在床下，未开封。此诚可笑，盖天亡之也。"叔宝亡国时36岁，入隋后，又活了15年，仁寿四年（604）十一月（文帝死后四个月）才死。作为亡国之君，他和刘阿斗（禅）一样幸运。隋炀帝追赠他为大将军、长城县公，谥曰"炀"。按照《逸周书·谥法解》，去礼远众，好内远礼，好内怠政，都曰炀。看来三种涵义都对叔宝十分切合。

猫鬼之狱

《礼记·祭义》说："众生必死，死必归土，此之谓鬼。"众生"，古兼指人、物而言，所以先秦时期的"鬼"并不是人的专类，一切有生命之物，死了都可以变成鬼。殷人好鬼，楚人事鬼，所好所事的范围非常广泛，殷墟卜辞的对象决不止于王考祖妣，《楚辞》中的"山鬼"也并不仅仅限于人。只是大约到东汉时期，学者认为人既是万物之灵，就得与芸芸众生有些区别，才硬性规定"鬼"为人的专类。如许慎《说文》说："人所归为鬼。"郑玄《论语注》说："人神曰鬼。"至于其他生物，死后"异化"，只能称之为"妖"、为"精"、为"魔"、为"怪"。但这种硬性规定，不合道理，可以行之于士大夫阶层，却不能行之于民间。隋时就有所谓"猫鬼"，以及由此引发的所谓"猫鬼之狱"。

猫如何变成鬼，情况不详，但"猫鬼之狱"却实有其事。此狱主犯是独孤陀。陀是文帝独孤皇后的异母弟，出事前正由郢州刺史累转延州刺史，人还住在长安。此狱时间不甚准确。《隋书·独孤陀传》系于开皇十一年（591），《资治通鉴》据《文帝纪》颁"禁畜猫鬼"诏系于开皇十八年（598）。各书所叙案情也不免颠倒错落。经过整理，始末大致如下：

独孤陀性好左道，其妻母或者外祖母曾奉事猫鬼，故此术得随母婢徐阿尼带至陀家。文帝早有所闻，但不相信。开皇十一年初，文帝由并州回长安不久，杨素妻郑氏和独孤后相继患病，经医者会诊，断

定是"猫鬼疾"。文帝因陀是皇后的异母弟，陀妻杨氏是杨素的异母妹，陀家又奉事猫鬼，故疑此疾是陀所为。于是暗嘱陀兄独孤穆前往晓谕，自己还亲自暗示陀最好主动坦白，但陀却坚决否认。文帝不悦，将陀降为迁州刺史。陀口出怨言，文帝始怒，命左仆射高颎、纳言苏威、大理正皇甫孝绪、大理丞杨远等彻底调查此案。后来据陀婢徐阿尼供认：她从陀母家学会畜猫鬼之术，每逢"子日"（即鼠日）之夜必祭猫鬼。猫鬼能杀人，能使被害之家的财物暗中转移到畜猫鬼之家。阿尼还供出，前不久，陀向妻索酒，妻说"无钱可沽"，陀就吩咐自己："可令猫鬼往越国公杨素家，使我有钱足用。"自己遵嘱咒告猫鬼，几天后，猫鬼果然到了素家。最近，陀又对自己说："可令猫鬼往皇后处，使皇后多赐物给我。"自己再咒猫鬼，猫鬼果然进入宫中。杨远不信，就在门下外省命阿尼召回猫鬼。阿尼于当夜备香粥一盆，以匙扣盆而呼曰："猫女可来，无住宫中。"过了许久，阿尼脸色发青，似被一物牵扯，嚷道："猫鬼已至！"文帝得知实情，大怒，立将此案交公卿讨论。奇章公牛弘说："妖由人兴，诛其人则妖自绝。"文帝便下令将陀夫妇赐死。独孤后闻知，三日不食，为陀请命，说："陀若蠹政害民，妾不敢言；今坐为妾身，敢请其命。"陀弟司勋侍郎独孤整也为之求哀。文帝这才免陀死罪，除名为民；其妻杨氏也出籍为尼。陀不久便死。

在此之前，有人曾上告其母被猫鬼害死，文帝还以为是妖言惑众，怒而逐之。经过独孤陀"猫鬼之狱"后，才知确有其事，便诏诛当年被告畜猫鬼之家。后来又接连发现蛊毒、厌魅等害人妖术，就于开皇十八年（589）四月下诏："凡畜猫鬼、蛊毒、厌魅野道之家，投于四裔。"

由于文帝诏把猫鬼与蛊毒、厌魅并列，人们常将蛊毒、厌魅与猫鬼相混。其实，

它们是有区别的。

将蛊毒与猫鬼相混，见于《隋书·独孤皇后传》，云："后异母弟陁，以猫鬼、巫蛊，诅咒于后。"于是有人将隋"猫鬼之狱"和汉"巫蛊之狱"视为一脉相承的宫廷丑闻。其实，二者在性质上首先就不相同。汉代的江充为陷害太子据，利用武帝患病，谎称病乃巫蛊为祟，因诬告太子诅咒。太子惧，起兵捕斩江充，兵败，蒙冤自缢，酿成武帝父子间一场悲剧。显然，巫蛊之狱是政治性的，被告太子据并无巫蛊之实，是冤案；猫鬼之狱是诈财而非政治性，被告独孤陁实有其事，并不冤枉。另外，二者在概念上也不相同。巫蛊本是两个概念。史称江充在太子宫中掘出许多祭祀木偶，这是巫。至于蛊，《隋书·地理志》曾据顾野王《舆地志》详加介绍，大致情况是：江南诸郡好畜蛊，而宜春（今属江西）尤甚。其法为：每逢五月五日端阳，收集百种毒虫，大者如蛇，小者如虱，合置一器，令其相食，直到食剩一种，即将此种妥为畜养，是蛇则名"蛇蛊"，是虱则名"虱蛊"。用时投入饮食中，钻入腹内，食其五脏，人死则其家财物将潜移至投蛊之家。如果三年中蛊家不杀他人，则将自中其毒。蛊家皆子孙相传，亦有随女子嫁出者。所说虽与猫鬼颇多相似，但猫并非毒虫，蛊中也无"猫蛊"。因此，在未有确证之前，还是不应将蛊毒与猫鬼相混。

将厌魅与猫鬼相混，见于张鷟《朝野佥载》，原文为："隋大业之季，猫鬼事起，家养老猫为厌魅，颇有神灵，递相诬告，京都及郡县被诛戮者，数千余家，蜀王秀皆坐之。隋室既亡，其事亦寝。"除开厌魅、猫鬼相混不谈，其中还有不少别的错误。如：（一）时间错误。蜀王秀坐罪被废，在文帝仁寿二年（602），而不在"大业之季"。（二）性质错误。蜀王秀坐

释迦像

罪带有政治性，而非单纯的妖妄野道。（三）人数错误。蜀王秀坐罪牵连仅百余人，而不是"数千余家"。据秀本传，其事大致经过是：太子勇被废，秀意不平。新太子广恐日久为患，阴令杨素设计陷害。秀一向奢侈，车马被服，拟于天子。仁寿二年，文帝特征秀还京师，令大臣多人穷治其事。新太子见有机可乘，便暗造木偶，书文帝及汉王名，缚手钉心，埋于华山之下；又暗写讨文帝及汉王檄文，藏于秀的文集中，均令杨素检举奏闻。于是，秀被废为庶人，其党百余人均遭连坐。厌魅本是一种诅咒之术。从新太子广陷害蜀王秀的办法看，显然是厌魅，而不是猫鬼。

"猫鬼"之术，历史上似仅见于隋朝，因而对其具体情况了解并不很多。这也许可以作为历史学家今后研究的一个课题。

隋与突厥

这里所说的突厥，史学家称之为东突厥。

自古以来，中国北方草原就是游牧民族成长的渊薮。历史上，出身于北方草原的游牧民族，不下数十种之多。他们此兴彼衰，你来我往，代谢之迅速，令人眼花缭乱，目不暇接，以至于他们的渊源和彼此的关系，至今也难以说清楚。但知他们的语言多属阿尔泰语系，他们的信仰都不出萨满教范围。另外，他们都强悍善战，对中原汉政权经常构成威胁。对隋王朝构成威胁的是突厥。

突厥的种族，凡有匈奴别种、平凉杂胡、索国后裔和西海塞种等多说。而其中西海塞种，本身也存在希腊种、伊朗种、斯拉夫种及突厥种等多说。因而突厥的种族本是一个说不清楚的问题。人们笼统认为，所谓突厥种，应是欧洲人种和蒙古利亚人种混合的一种特殊的人种。但古代的突厥，却以狼为图腾，自称狼种。他们的勇猛凶残，也确实引起了中原大地强烈的震撼。

突厥作为中国历史上的一个民族，始见于《周书》。其族有十个氏族（姓），以阿史那氏最为贵显。阿史那氏曾居北山。据说北魏太武帝时，阿史那氏酋长率五百家投奔柔然，为之当铁工，始定居金山（今阿尔泰山）。金山形如兜鍪，俗呼兜鍪为"突厥"，因以为号。552年，酋长阿史那土门大破柔然，自称伊利可汗，始正式建国，汗庭（牙帐）设在於都斤山（今蒙古杭爱山）。同时派其弟室点密西征，扩张势力。553年，伊利死，子科罗立，号乙息记可汗（一作逸可汗），再败柔然。乙息记临卒，舍子摄图而立弟俟斤，即木杆可汗，自此汗位传承实行兄终弟及制。555年，木杆灭柔然，辖地东起辽海（渤海），西至西海（里海），北抵北海（贝加尔湖），南迄漠北，成为继柔然后的北方唯一大国，并开始实行四可汗分管领土制。四可汗由一大可汗和三小可汗组成。大可汗为最高统帅，兼管南方事务。三小可汗分管其余三方：东方可汗为大可汗继承人，地位最重，北方可汗次之，西方可汗最轻。木杆临卒，亦舍子大逻便而立弟为佗钵可汗。其时周、

展子
虔·游春图

齐相争，都想结突厥为强援，不仅与佗钵和亲，还竭财力以事佗钵，故佗钵常自夸曰："我在南两儿常孝顺，何患贫也！"

隋文帝即位元年（581），突厥内部出现权力之争。原来兄终弟及制传至佗钵，已到尽头，需要改传下一代。下一代摄图最长，且为东方可汗，理应为第一继承人。然而佗钵只记得自己的汗位系木杆所传，临卒舍子庵罗而立木杆之子大逻便。此举违背旧制，摄图不从。于是国人改立摄图，号沙钵略可汗。沙钵略以弟处罗侯为东方可汗，庵罗为第二可汗即北方可汗，大逻便为阿波可汗即西方可汗。大逻便排位本在庵罗之上，仅为西方可汗，有怨言，族人亦多不服。沙钵略为了安抚，遂破四可汗之制，又立贪汗等小可汗。但内部矛盾并未消除。

文帝初即位，待突厥甚薄。沙钵略怒。其妻千金公主为北周宗女，恨文帝篡灭其国，又煽动之。开皇二年（582），沙钵略遂率第二、阿波、贪汗及西突厥达头，合五可汗兵四十万，大举攻入长城，大掠武威、金城、天水、上郡、弘化、延安等郡，六畜皆尽。但此役达头、阿波违令先退，使突厥内部矛盾进一步加深。文帝有鉴于此，乃采长孙晟离强扶弱的分化之策。先以沙钵略为主敌，命卫王杨爽等分八道出朔州击之，大败沙钵略于白道。再派秦州总管窦荣定率步骑三万出凉州，破阿波，因劝附隋，阿波遂遣使入朝。沙钵略怒，袭取阿波北牙，杀其母。阿波西奔达头，达头助其破沙钵略，收复故地。贪汗因党于阿波，被沙钵略废黜，亦奔达头。从此东、西连年征战不已。沙钵略西困于达头、阿波，东恐为奚、契丹所袭，处境艰难。千金公主不得已，上书请改姓杨氏，为文帝女。文帝同意，改封为大义公主。此后，沙钵略向隋称臣称藩，岁时贡献不绝。分化之策已初见成效。

开皇七年（587），沙钵略死，弟处罗侯立，号莫何可汗。莫何勇而有谋，以隋所赐旗鼓西征阿波，敌帐以为莫何得隋之助，纷纷降附，遂生擒阿波。翌年，莫何再西征，中流矢死，沙钵略子雍虞闾立，号都蓝可汗。时大义公主已按胡俗再嫁都蓝，心中郁悒。文帝平陈，将陈叔宝屏风赐给公主。公主由陈亡想到周亡，由周亡想到自己身世，因题诗于屏风，以抒发哀怨。文帝知其事，又听说公主与西突厥泥利可汗联结，恶之。时都蓝以处罗侯子染干为突利可汗即北方可汗，突利不平，私自向隋求婚。文帝称："杀大义主者，方许婚。"突利进谗，都蓝遂杀公主。文帝欲进一步分化突厥，以宗女安乐公主嫁突利，礼遇甚厚。都蓝怒曰："我，大可汗也，反不如染干。"十九年（599），约达头合击突利，突利大败。文帝遣高颎、杨素等趁机出塞反击，大败都蓝、达头，都蓝为麾下所杀，达头遁走，突厥大乱。分化之策再见成效。

突利本是文帝培养的傀儡，既败无所归，遂投隋。文帝改封为启民可汗，使居朔州大利城。时安乐公主已卒，文帝又以宗女义成公主妻之。另遣晋王广出灵州，为之收复故地。启民感激涕零，表称："染干譬如枯木重起枝叶，枯骨重生皮肉，千万世长与大隋典羊马也。"炀帝即位，多次北巡，启民均执礼甚恭，曾表称："臣今非昔日突厥可汗，乃是至尊臣民。愿率部落改变衣服，一如华夏。"炀帝大悦，曾写下有名的《云中受突厥主朝宴赋诗》。很长一段时间，北边安宁，没有外患。

中国历代王朝，对付边境强悍少数民族，除武力征服外，均有二策：一为和亲，一为分化。单纯和亲有示弱之嫌，杜甫有诗讥之，谓："汉家青史上，计拙是和亲。社稷依明主，安危托妇人。"单纯分化虽能暂收"以夷制夷"之效，但并不能使彼为我所用。文帝先分化，后和亲，使突厥为隋守边十余年，效果最佳。可惜这一成果，炀帝不会享受。大业五年（609），启民卒，隋立其子咄吉世为始毕可汗。始毕事隋甚谨，十一年（615）正月，还入朝东都。裴矩知炀帝素有耀武之心，遂离间始毕兄弟，并诱杀其宠臣。始毕怒，同年八月，率兵十数万围炀帝于雁门。矢及御前，炀帝惧而泣，目尽肿。后因义成公主谎告始毕"北边有急"，诸郡援兵亦将至，始毕才解围去。从此朝贡遂绝，以迄隋亡。炀帝本无治边之能，却好轻启边衅，如此结局，亦在意料之中。

炀帝营东都

仁寿四年（604），炀帝弑父（文帝）、杀兄（废太子勇）、囚弟（汉王谅）之后，十一月便离开西京大兴，幸洛阳，诏"于伊、洛营建东京（后改称"东都"），便即设官分职，以为民疾"。这就是说，他要由大兴迁都洛阳。大业元年（605），开始按计划实施。三月，诏尚书令杨素、纳言杨达、将作大匠宇文恺负责营建工程，每月役丁200万人，徙洛州郭内居民及诸州富商大贾数万户以实之。

炀帝一即位就营建东都，确是一件异事，因为：第一，他是迁都而不是重修陪都。第二，不是在汉魏洛阳故基上再建，而是向西移十余里新建（与文帝离开汉长安故址新建大兴城相同）。第三，从此恢复两汉以洛阳、长安为东、西二京的格局。说到这里，有必要追溯一下洛阳建都的历史。

中国以洛阳为中心的河、洛、伊水之间，自夏朝起就是历代建都之地。由于朝代不同，城址不同，名称不同，目前至少已经发现五个都城遗址，即：（一）商西

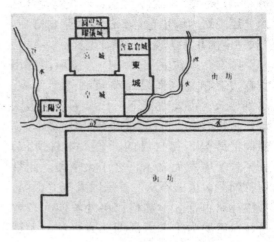

隋唐洛阳城示意图

亳城，在今河南偃师尸乡沟，是商朝早期都城之一。（二）周王城，即西周陪都王城和东周都城洛邑。它西跨涧水，背邙面洛，在今河南洛阳市内。（三）汉洛阳城，在今洛阳市郊白马寺东三里。魏晋北朝续有修补。（四）隋唐东都城，在今洛阳市区东部，背邙面阙，洛水贯中，面积至少比汉洛阳城大四倍。（五）金洛阳城，在隋唐东都城内，东临泸水，西靠隋唐东都宫城，面积不到隋唐东都城的十分之一。元、明、清续有修补，俗称"老城"。

隋文帝尚俭，初时只以汉洛阳城为陪都，置行台，而专营新都大兴。当时宇文恺以副监主掌大兴规划，知文帝秉性，似乎未敢逾制。如今炀帝营东都，宇文恺仍以副监主掌规划，本传说："恺揣帝心在宏侈，于是东京制度穷极壮丽。"似乎逾制之责全在于恺。但《食货志》云："炀帝嗣守鸿基，国家殷富，初造东都，穷诸巨丽。帝昔居藩翰，亲平江左，兼以梁、陈曲折，以就规摹。"可见东都宏侈，还有炀帝摹仿江左梁、陈的因素。宇文恺是北人，尚"宏"；炀帝好江左，尚"侈"，所以隋东都城和大兴城的风格必有差异。宇文恺所撰

《东都图记》二十卷已经失传；唐之东都虽承隋址，但其城始毁于安史之乱，终毁于金元兵燹，原貌已不可尽忆。幸而史籍尚有记载，考古发掘亦可参证。

粗知隋东都城占地"四至"为："前直伊阙，后据邙山，左泸右涧，洛水贯其中。"（《新唐书·地理志》）考古实测，全城东壁长 7312 米，西壁 6776 米，南壁 7290 米，北壁 6138 米，《元河南志》说"周回五十二里"，大致相当。看来是个南宽北窄、东宽西窄的并不规则的方形，且被洛水中分为南北两大部分。洛北是政治中心，洛南是住宅区和商业区。全城也分宫城、皇城和外郭城（亦称"大城"或"罗城"），但因受邙山和泸、涧、洛等水流向的影响，远不如大兴城之整齐对称。宫城偏在全城西北，略呈方形，地势最高。宫城墙宽达 15 米，东、南、西三面都套在皇城内，亦即三面被皇城包围。宫城内有乾阳、大业、文成、武安等殿，以乾阳殿最壮观。皇城最南临洛水，是天然屏障，但东、西、北三面仅有一层外郭城墙，似乎不够安全，所以皇城、宫城的周围又附建一些小城作为堡垒，造成"城中有城"的复杂现象。如宫城北有曜仪城，曜仪城北有圆壁城；宫城东有东城，东城北有含嘉仓城，等等。

特别充满生活气息并能促进都市繁华的是外郭城的街坊与集市。据《隋书·地理志》，东都共有"里（坊）一百三，市三"。但据实际勘察，洛南有东西向街六条，南北向街十二条，共织成五十五坊（里）；洛北有东西向街三条，南北向街四条，共织成九坊（里）。全城仅有 25 条街，64 个坊（里）。可见自隋至唐，街坊亦有变化。最长最宽的街是从南城中门（定鼎门）直通北城皇城南面端门的"定鼎门大街"。此街跨过洛水浮桥，也就是著名的"天津桥"。沿洛水南北两岸交错设

立"三市"，即丰都市、大同市、通远市，是洛阳最繁华的去处。

一佛二菩萨

历朝均视迁都为大事，早如盘庚迁殷，近如魏孝文迁洛，都曾引起轩然大波。独炀帝迁都未闻有任何异动。原来他的两次迁洛诏书都能言之成理。他认为：军事上，西京"关河悬远，兵不赴急"。政治上，西京"关河重阻，（民意）无由自达"。经济上，东都"水陆通，贡赋等"。东西对比，显然迁都为好。为了不示人以奢，他还一再声称："今所营构，务从节俭。无令雕墙峻宇，复起于当今；欲使卑宫疏食，将贻于后世。"而且东都规制确实小于大兴，城内营构亦不为逾制。所谓"梁、陈，曲折"，"穷诸巨丽"，受人诟病的并非东都城本身，而是炀帝借口迁都而营建的"显仁宫"和"西苑"。

就在诏营东都城的同时，炀帝又敕宇文恺和封德彝营显仁宫。原来古代皇帝为

最新整理图文珍藏版

了避暑，都有特建的夏宫。文帝以仁寿宫为夏宫，此宫是炀帝弑父之所，炀帝当然不愿再住。而且，他的夏宫应建于新都附近。封德彝有营仁寿宫的经验，可为宇文恺之副。宫址选在当时的寿安县（在今宜阳东南），北跨洛滨，南接阜涧，地势较高，气候凉爽。此次不许就地取材，命征发大江以南，五岭以北的奇木异石，输之洛阳；还要搜寻海内嘉树琼草，珍禽异兽，充实园苑。由于炀帝正准备游江都，要同时开通济渠、造龙舟、建离宫，所以东都官吏督役十分严急，民侠死者十之四五。但显仁宫毕竟提前建成了。炀帝第一次游江都，就是从显仁宫出发的。

　　同年五月，筑芳华苑。此苑东傍都城，西至谷水，北抵邙山，南临洛滨，周围约二百里，因在都城之西，故俗称"西苑"。苑内凿海，周亦十余里。北引涧谷之水为龙鳞渠，蜿蜒注入海内。海中有山，名蓬莱、方丈、瀛洲，像海中三神山，各高出海面百余尺，亭台楼榭，奇花异木，点缀其上。龙鳞渠水甚曲折，沿渠造十六院，院名甚雅（如飞英、丽景之类），各以一名四品夫人主之，另配若干美人及绣女、宫女。院中宫观殿阁皆极华丽。苑树遇冬凋谢，则剪彩为花叶，缀枝条上，色褪又换上新的。池水遇冬亦剪彩为菱荷，炀帝游苑，则去冰而布之水面，使苑内景物常如阳春。炀帝每携宫人数千乘月骑马夜游，自作《清夜游曲》，命于马上奏之。有时于苑中盛设酒馔，敕燕王倓（帝孙）与宠臣萧钜、宇文皛及文帝遗嫔为一席，僧尼、道士、女官为一席，己与诸宠姬为一席，罢朝后即男女杂坐，相从饮宴。酒酣调笑，无所不至；丑声外扬，帝亦不以为怪。

　　显仁宫和西苑是东都城的外围建筑，又是"大洛阳"的豪华禁区，炀帝在位十四年，在此也只断断续续住过三年。但东都城作为国都，西苑作为"禁苑"，显仁

宫作为夏宫，却有幸被大周皇帝武则天全部继承下来，而且有所扩充。如都城内增修了壮丽的上阳宫；西苑之外，又在龙门北增辟了上林苑；显仁宫外，还在缑山扩修了王子晋祠。这都是女皇帝的佳话。

隋朝三渠

　　隋文帝开皇四年（584）开"广通渠"，炀帝大业元年（605）开"通济渠"，大业四年（608）开"永济渠"，是为隋朝三渠。三渠互相沟通，就是隋朝大运河的基础。

　　北宋以前，中国无"运河"之名。宋都开封，靠当时"漕运四河"以运粮，才有"运河"的省称。故凡由人力开凿或疏浚，并以漕运为主的人工河都可叫做运河。宋以前各朝实际上各开有大小不同的运河，有的因较狭窄而名之曰"沟"，如邗沟、鸿沟；有的因较宽广也呼之为"河"，如江南河、五丈河；有的因其出自人工，与自然河有异，所以称之为"渠"。但渠有两种：一种主供灌溉，如郑国渠、白渠；一种主供运输，如灵渠、漕渠。只有主供运输的"渠"才能视为"运河"，隋朝三渠正是如此。

　　三渠中的"广通渠"不甚受后人注意，原因是修浚时较少劳民，唐以后渠又埋废。但在隋朝三十余年中，对关中的运输及灌溉却起到重要作用；甚至唐初能够继续在长安建都，多少也有赖于此渠。渠的前身乃是汉武帝时郑当时和徐伯等负责开凿的"漕渠"。漕渠最初以灞水为源，傍南山（秦岭）东行，自长安至黄河，长约三百余里。北魏以后，渠水干涸，东粮西运，全靠渭水。但渭水多沙，流有深浅，漕者苦之。开皇四年六月，文帝乃命水利专家宇文恺率水工略循旧漕渠故道，重新

浚凿。引渭水为源，西起大兴城，东至潼关达于黄河，仍长三百余里。因渠道经过"广通仓"（在华州），故名"广通渠"。

隋·嵌蓝白琉璃珠金镯

文帝是个爱惜民力的皇帝，为了浚复漕渠并得到人民支持，他在诏书中作了合情合理的解释。如在叙述京师交通不便、粮运艰难之后，才提出最佳解决方案："故东发潼关，西引渭水，因藉人力，开通漕渠，量事计功，易可成就。"并指出修渠之利："一得开凿，万代尤毁。可使官及私家，方舟巨舫，晨昏漕运，沿诉不停。旬日之功，堪省亿万。"由于是六月动工，又不得不坦诚说明："诚知时当炎暑，动致疲勤，然不有暂劳，安能永逸？宣告民庶，知朕意焉。"渠成后，沿渠人民尤受其惠，故亦称"富民渠"。大凡人工运渠，必须经常浚修，才能"一得开凿，万代无毁"。此渠在唐朝也时通时塞，经过玄宗、文宗二次大修，都能复隋之旧。唐亡以后，长安不复建都，渠才渐渐埋废。

相反，"通济"、"永济"二渠，最受后人注意。并非因为工程较大，而是因为过度劳民。历代筑长城、开运河的帝王很多，何独秦始皇与隋炀帝最为出名？无非因这两个暴君残民以逞，最为遗臭而已。

通济渠开于大业元年，但全渠的分段和各段起讫，以及当时实际名称等，诸书记载并不尽同。《隋书·炀帝纪》谓"自西苑引谷、洛水达于河（西段）。自板渚引河通于淮（东段）"。同书《食货志》谓"引谷、洛水，自苑西入而东注于河（西

段），又自板渚引河，达于淮海（东段），谓之御河"。《资治通鉴》谓"自西苑引谷、洛水达于河（西段）。复自板渚引河历荥泽入汴；又自大梁之东引汴入于泗，达于淮（东段）"。由此可知：（一）广义的通济渠应分东、西二段，唐宋时称西段为"漕渠"，东段为"汴渠"，是有道理的。后人谈通济渠，往往弃东西；向的西段不论，而专取南北向的东段，显然不够全面。（二）东段起点在板渚（即板城渚口，故址在今河南荥阳氾水镇东北），终点是入淮，三说实际相同。（三）狭义的通济渠只指板渚至淮一段，"御河"是当时这一段的俗称，与永济渠亦称"御河"同。唐朝不必讳"广"字，故将此渠改名"广济渠"。

史载大业元年三月辛亥（二十一日），发河南诸郡民百余万开通济渠，又发淮南民十余万疏通吴王夫差所开邗沟（自山阳经扬子达于长江），至同年八月壬寅（十五日），炀帝就"御龙舟，幸江都"，不过一百七十天（其间闰七月）便完成了两千里的河道工程。如此迅速，原因不外两个：一是全工程半属自然河，半浚旧河道，而非全面新开、新创。二是"督役严急，役丁死者十四五"，所谓"皮鞭之下出效率"。这也是《开河记》中"麻叔谋食小儿"、"皇甫君击大鼠"等离奇故事能够一代一代流传下来的原因。

永济渠开于大业四年正月，何时竣工不详。《隋书》纪、志及《通鉴》于其开浚过程，都只载"引沁水，南达于河，北通涿郡"十一字，因而引起许多不同的解说。有人以为沁水本黄河支流，当时由北南流，于武陟（在今河南）入河，应不待"引"；"引"是指凿通其上游，使与东北淇、清二水相接，分流入渠。也有人认为，"引沁水"乃指疏浚其下游，使入河处水量增大，而非分其上游。今多从后说。此

渠长逾两千里，沿途如何流向，最后如何"北通涿郡"，皆因黄河改道频繁，历代开漕亦各异，而不易确考。据现存水道看，此渠由武陟至汲县一段，尚留"引沁"遗迹。自汲县至临清，紧接今南运河至天津，皆用清、淇二水为源。到了天津，则可以引白河与永定河为源而"北通涿郡"了。

炀帝开通济渠是为乘龙舟，幸江都；开永济渠是为了征高丽，通军运。而且各发河南、河北诸郡军民百余万，丁男不供，役及妇人。此犹不足，又于大业六年（610）敕穿江南河，自京口至余杭八百余里，宽十余丈，目的是通龙舟，巡游会稽。至此，南起余杭，北抵涿郡，西至洛阳、长安，蜿蜒曲折六七千里的隋代运河才告完成。于是有人评曰："炀帝此举，为其国促数年之祚，而为后世开万世之利，可谓不仁而有功。"（《天下郡国利病书》引《谷山笔尘》）所谓"不仁而有功"，意思是"罪在一时，功在万世"；功罪相抵，也还值得。其实，此言差矣！"不仁"与"有功"怎能平衡相抵？如果允许平衡相抵，则无异鼓励暴君肆行"不仁"之政，因为用"不仁"换"有功"，对于各色暴君都是极其易行的。故当我们说到秦长城和隋运河时，千万不要忘记长城脚下的枯骨和运河底下的冤魂！

大索貌阅和输籍定样

今天各国政府要做的工作，大都"古已有之"，只不过名称和方法有所不同。例如今天普查人口，用电脑操作；隋朝叫作"大索"，用人工核算。从结果看，电脑当然迅速而精确，但人工虽慢，大业五年（609）查出全国有户八百九十万零七千五百四十六、口四千六百零一万九千九百五十六，精确度也都到了"个位"，二者相

差似不太远。再如今天确定身份，只需将"护照"及"身份证"上的照片与真人一对，便知结果。隋朝叫作"貌阅"，具体手续虽不甚清楚，但绝非简单的"看相"。对此古代大致有三种方法：一是"图形"，即画像。但这种方法虽较准确，却颇费时费工，只能偶尔用于通缉人犯，不能广泛用于确定身份。二是"定貌"，即在有关档案上注明相貌特征。这种方法较为简便，吐鲁番出土有唐代的"貌定簿"，证明可以广泛用于确定身份。三是"取样"，即找一个年貌相近的人作为"样人"。但这种方法带有取巧性质，难以大范围推广。据吐鲁番所出唐代"样人"文书，确实也仅用于征役等特殊情况。因此，隋朝"貌阅"，用的应是第二种亦即"定貌"的方法。

据史书记载，隋开皇三年（583）、五年（585）及大业五年（609）都进行过"大索貌阅"。但据学者研究，实际上，开皇年间仅进行过一次"大索"，大业五年才进行过全面的"大索貌阅"。这二次行动，背景和目的均不相同。开皇年间的"大索"仅针对山东北齐故地。史称"是时山东尚承齐俗，户口奸伪，避役惰游者十六七"。实际上，这种现象并非仅承北齐，而是远承北魏而来。北魏之初，征收赋税以"户"为单位，人们已"五十或三十家为一户"以求冒漏。后来实行租调制，虽然改以"一夫一妇"为交纳租调的单位，但民间仍"百室合户，千丁共籍"，想方设法进行逃避。对此文帝只好下令"大索"，并规定："大功（堂兄弟辈）以下均析籍，各为户头。"结果：令狐熙为沧州刺史，索得一万户。乞伏慧为曹州刺史，索得数万户；继为齐州刺史，又索得数千户。山东其他州所索虽然较少，但也应差不了太远。国家财政收入为之改观。大业五年的"大索貌阅"则是针对全国。当时

舍利塔

承平日久，禁网疏阔，不仅户口多漏，还有人诈老诈小，以避赋役。原来当时规定：三岁以下为"黄"，十岁以下为"小"，十七以下为"中"，十八以上为"丁"，六十为"老"。只有"丁"才纳赋服役。这样，人们为避赋役，自然要谎报年龄，冒老充小了。古代没有"出生登记"制度，无法查清人的真实年龄。在这种情况下，炀帝只好下令，不仅"大索"，还要"貌阅。"并开相纠之科，规定：若一人不实，里正和党长远流配；民纠得一丁，被纠之家代输赋役。结果，索得隐瞒人口六十四万一千五百，阅得"丁口"（纳税人）二十四

万三千。炀帝自然大喜。但实际上，取得如此成绩，并不全是炀帝的功劳。

隋朝"大索貌阅"的目的，本来就是为了确保国家拥有足够的可供纳赋服役的人丁。但开皇年间的"大索"，并未完全解决这一问题。当时民间虽有纳赋簿帐，但地方官吏可以随意徇私舞弊，以致每年征赋时，所见纳赋簿账上尽是特许免赋的标记。宰相高颎认为，没有准确的簿帐，难以进行查对工作。经过调查研究，他建议实行"输籍定样"制度。关于"输籍"，据《资治通鉴》胡三省注云："凡民间课输，皆籍（登记）其数，使州县长吏不得以走弄出没。"应指政府主持的征赋登记。至于"定样"，指确定标准的征赋簿帐范本。根据细则，知道这项制度要求：（一）由中央制作格式统一的征赋簿帐范本，颁布于全国各州，再由州颁布于所属各县。（二）每年正月五日，县令巡视辖区，将邻近的五党或三党（一党一百家）组为一团，根据范本决定征赋的户等。史称此制实行，"奸无所容"，对国家好处无穷。炀帝"大索貌阅"取得成绩，与其先已有"输籍定样"制度不无关系。

隋朝的"大索貌阅"和"输籍定样"，对后世影响极大，唐朝的"团貌"制度便是综合此二者而来。唐初规定，每年由县令亲自主持一次"团貌"活动。所谓"团貌"，指以三党或五党为一团，调查记录老百姓的年貌。目的有二：一是通过记录人体特征，如肤色、身高、面部表记等，确定所报黄、小、中、丁、老是否属实。一是通过记录"三疾"（部分丧失劳动力为"残疾"，全部丧失劳动力为"废疾"，不仅全部丧失劳动力而且丧失生活自理能力为"笃疾"）情况，确定哪些人可以免除赋役，哪些人还可享受政府提供"侍丁"的待遇。稍后，唐朝的"团貌"制度又为日本所效法。日本正仓院所藏天平七年

1285

（735）太隅国郡计账，在户主及家内成员名下不仅注记"正丁"、"少丁"，还记录每人头及面部特征，如"颈黑子"、"右颊黑子"、"右目尻黑子"等。

"大索貌阅"和"输籍定样"虽然影响深远，但在当时恐怕并不是一项好制度。因为掌握丁口越多，财政收入越多，统治者也就越贪得无厌。他们都爱提"取之于民，用之于民"，实际却都是用之于己多，还之于民少。

高昌政变之谜

中国历史上有很多难解之谜。明末梃击、红丸、移宫三案，清初太后下嫁、顺治出家、雍正夺嫡三案，为近世之最著名者。当时史料丰富，公私史乘汗牛充栋，尚无法解释清楚。而在此之前的谜案，由于史料贫乏，就更加难以澄清了。高昌政变之谜，即是其中之一。

高昌国位于今新疆吐鲁番地区。这里旧为姑师亦即车师人居地。公元前48年，西汉在此置高昌壁，设戊己校尉负责屯戍。东汉以后，一度称为高昌垒。327年，前凉在此置高昌郡。十六国动乱，河西及中原人民纷纷向高昌迁徙。439年，北凉为北魏所灭，其残余势力向西域逃窜，442年，占据高昌，仍称大凉国。460年，柔然灭大凉国，立阚伯周为高昌王，此为高昌正式建国之始。以后又经历了张氏高昌和马氏高昌两个政权。501年，麹嘉被立为高昌王，开始了比较稳定的麹氏高昌时代。

麹氏高昌的历史，只有中原的几部正史曾附传简略介绍，留下的疑难甚多，纪年问题为其中之一。结合新出吐鲁番文书，人们发现：（一）自麹嘉建国（501），至麹智盛为唐所灭（640），麹氏高昌共存在

神兽镜

140年，而两《唐书·高昌传》均称只存在134年，其中少算六年。（二）按照麹氏高昌的惯例，一王只建一个年号，而麹伯雅为王时期，却存在延和（602～613）、义和（614～619）、重光（620～623）三个年号，其中义和年号，在新出吐鲁番文书中多被涂改为延和，如将义和五年涂改为延和十七年，义和共六年，即麹氏高昌自身也认为，确有六年历史值得争议。（三）恰恰自延和十二年（613），至义和五年（618），共六年时间，高昌与中原的隋朝中断了联系，伯雅也下落不明。于是人们揣测，在这六年内，高昌一定发生了什么不寻常的事件；但直到1973年，考古工作者从吐鲁番阿斯塔那二〇六号墓发现高昌大族张雄及其妻麹氏墓志，才找到弄清这一事件的线索。志云："属奸臣作祸，伪祚将颠。公出乾侯，兵缠绛邑。君执羁鞚，经始艰难。功冠却燕，勋隆复郓。伪王返国，宠命偏优。"该志勒于唐灭高昌之后，故称高昌王、祚均前加"伪"字。志文则借用春秋、战国时期的几个历史典故，含蓄披露高昌曾发生过一起政变。人们结合史实进行研究，终于对这起政变的来龙去脉有了一定程度的了解。这起政变的发生，说起来虽与高昌自身外交政策出现偏

中国通史

最新整理图文珍藏版

差颇有关系，但隋炀帝好大喜功也须承担一定责任。

高昌是一个以汉族为主的移民小国。建国伊始，就有自己明确的外交政策。文化源于中原，自然真心诚意想与中原王朝处好关系；地理属于西域，也愿意同周围强大少数民族政权虚与委蛇。但事情并非如此简单。因为中原王朝与这些少数民族政权关系总是时好时坏，与中原王朝交往过密，难免会引起这些少数民族政权的猜忌。所以，尽管真心诚意想与中原王朝处好关系，却又不得不竭力控制与中原王朝交往的节奏。一旦打乱这个交往节奏，就有可能带来意想不到的灾难。麹氏高昌建立后，与北魏交往最多，33 年中，大约遣使朝贡近 20 次。这是因为，当时柔然、高车势力渐衰，吠哒的主要精力用于经营中亚，高昌顾虑较少。高昌与西魏、北周交往较少，北周四十六年中只彼此遣使四次。而隋文帝二十四年中，一次交往也没有。这是因为，当时突厥势力强大，高昌已成为突厥的附庸，不敢与中原王朝过于亲密。也正由于交往节奏控制得当，高昌没有发生大的变故。隋炀帝即位后情况就不同了。

隋文帝仁寿二年（602），麹伯雅继位为高昌王，改元延和。依突厥俗，伯雅应娶大母突厥可汗女为妻。伯雅为汉人，对此悖乱人伦之事自然抵触，久不从命，突厥逼之，才不得已就范。此后，伯雅对突厥愈益反感。炀帝大业元年（605），西突厥处罗可汗治国无方，引起所属铁勒诸部暴动。铁勒大败处罗，自立契弊歌楞为莫何可汗。高昌脱离突厥的控制，成为铁勒的附庸。铁勒虽在高昌派驻大臣，但仅征收商税，对其他事务似较少过问。伯雅以为从此可以自由行动，便于大业三年（鯛）六月和大业五年（609）四月，连续二次向隋遣使朝贡。而此时的炀帝，好大

喜功，对仅遣使者来朝尚不满意。他派裴矩去敦煌，令游说高昌、伊吾及西域诸王，"啖以厚利，导使入朝"。大业五年六月，炀帝西巡至燕支山（今甘肃永昌西），高昌王麹伯雅携子麹文泰，与伊吾吐屯设及西域二三十国使者，果然均焚香奏乐，伏谒道左以候圣驾。于是圣心大悦，亲御观风行殿，大备文物，并宴饮麹伯雅等西域诸王。这次伯雅入中原时间超过八个月，不仅随炀帝游历了东、西二京，还参加了来年正月在洛阳举行的元宵大戏，中原的灿烂文明给伯雅留下了很深的印象。

高昌国遗址（新疆吐鲁番）

大业七年（611），西突厥内乱，处罗可汗失位，逃到高昌附近避难。麹伯雅上状，当时炀帝正准备讨伐高丽，驻跸涿郡临朔宫，闻讯大喜，急令裴矩挟处罗母向氏前往招安；又令民部尚书樊子盖检校武威太守，负责接待及护送来涿工作。十二月，伯雅携子文泰，陪处罗来到临朔宫。伯雅等先后从炀帝征高丽及游代、汾、晋等地，直到大业八年（612）九月，才折返洛阳。十一月，炀帝以戚属宇文氏为华容公主，嫁于伯雅，并令两朝元老苏威之子鸿胪少卿苏夔主婚。大概十二月底，伯雅偕妻及子返回高昌。这次伯雅入中原时间超过一年，游览的地方更多，对中原文

明更生眷恋之情。

麴伯雅回国第二年，正是高昌延和十二年（613）。伯雅做的第一件事，就是下令"解辫削衽"，废除北方少数民族辫发左衽的习俗。此举炀帝甚为欣赏，特下诏褒奖，称："袭缨解辫，削衽曳裾，变夷从夏，义光前载。"却不料遭到守旧势力的反对，麴氏宗室趁机发动政变，把伯雅赶下了台。翌年，僭位者改年号为"义和"，推测有"举义共和"的意思。伯雅携家属投奔西突厥，在那里流亡了六年。义和六年（619）冬季以前，伯雅在西突厥的支持下，杀回了高昌。张雄本为伯雅张妃之侄，与伯雅子文泰属姑表兄弟，此时自然站在伯雅、文泰父子一边。由于他率兵协助，终于完成光复大业。次年（620），伯雅改元"重光"，推测有"重新光复"的意思。于是，此前僭位者统治过的义和六年历史，成为了有争议的问题。当时的高昌官民和后世的历史学家都不承认它，遂出现前面谈到的涂改义和为延和及统计麴氏高昌存在时间有意少算六年等怪现象。

以上是这起政变的来龙去脉。但其中仍有不少问题弄不清楚。譬如政变者究竟是谁，他发动政变是否还有别的原因，他的结局如何，等等。所以说，高昌政变仍有许多未解之谜。

隋与西突厥

西突厥的开国史，从来就弄不清楚。原因很多，距中原遥远，历史记录贫乏，当为其中之一。目前，其开国可汗，大致存在室点密、达头、阿波、泥利四说。由于突厥文《阙特勤碑》云："人类子孙之上，有吾祖先土门可汗及室点密可汗既立后，彼等即统治及整顿民众之国家及政制。"明确将室点密与土门并列，室点密为西突厥开国可汗说较为流行。但西突厥可汗，也确实并非全出室点密一系，其中曾揉有土门的后裔。土门的后裔篡夺西突厥领导权，恰恰发生在隋代，且由隋的外交政策所导致。

室点密与土门均系大叶护吐务之子。552年，土门大破柔然，自称伊利可汗，正式建国。同时，室点密奉命西征。翌年，土门死，子科罗继位，为乙息记可汗。此后汗位传承实行兄终弟及制，总之为土门一系所垄断。而此时，室点密已联合波斯消灭了哒哒，又与拜占庭结盟，为控制丝路贸易，大举进攻波斯，把边界从铁门关推进到乌浒水（今中亚阿姆河）。地广兵强，自然不愿再向东面的黄口小儿俯首称臣。因此，室点密也在龟兹北鹰娑川（今新疆开都河上游）建立牙帐，自称可汗。史书称之为"西面可汗"。而东面土门亲建的汗国，突厥文碑称为"蓝突厥"。萨满教以蓝、白、红、黑四色分配东、西、南、北四方，蓝配东，"蓝突厥"即"东突厥"。可见东、西突厥的划分由来已久。

576年，室点密死，子玷厥继位，号达头可汗。开皇二年（582），东突厥沙钵略大举侵隋，达头受邀参战，未待结果，便引兵先返。沙钵略虽然生气，却无可奈何，也说明"西面可汗"具有相当的独立性。不久，因文帝采用离强扶弱的分化之策，东突厥发生内讧，阿波、贪汗先后投奔达头。达头助阿波收复故地，并直接向东突厥宣战。从此东、西突厥彻底决裂。

在东、西突厥对抗时期，文帝表现得十分高明，先是坐山观虎斗，迫使他们都向自己俯首称臣，然后再充当调停人。开皇三年（583），对抗双方各遣使请和求援，文帝摆架子，皆不许。翌年二月，达头忍不住干脆"请降于隋"。九月，沙钵略也拐弯抹角做了文帝的女婿。此后，但

中国通史

最新整理图文珍藏版

凡双方争斗，都请文帝评判是非曲直。历史仿佛回到了南北朝后期，只不过角色作了调换，达头、沙钵略变成竞相向突厥讨好的周、齐之君，文帝却成了高高在上的佗钵可汗。

隋代牵马胡俑

开皇七年（587），东突厥莫何西征阿波。此时阿波势力虽强，但由于侵占了达头的地盘，达头袖手旁观，隋也不明确支持，反而一战被擒。国人立阿波弟鞅素特勤子为泥利可汗。达头趁机收编阿波余众，并使泥利成为自己属下的小可汗。十九年（599），由于隋的离间，东突厥内讧，都蓝约达头合击突利。隋出兵干预，都蓝为麾下所杀。达头自封为步迦可汗，欲趁机统一突厥。隋担心出现一个统一强大的突厥，遂支持突利，封之为启民可汗，不仅助其收复东突厥故地，还助其分化西突厥部众。仁寿三年（603），西突厥铁勒、思结等十余部叛降启民，达头逃到吐谷浑后下落不明。其时泥利已死，子达漫立为泥撅处罗可汗。泥撅处罗与启民议和，并迫使达头之子都六向己称臣。就这样，西突厥汗位暂时落到土门一系手中。

泥撅处罗年轻有个性，对隋态度强硬。炀帝初即位，每欲惩治，因其常住乌孙故地（今伊犁河流域），路途遥远，无计可施。大业元年（605），处罗治国无方，引

起铁勒暴动，此后连年征战，使处罗国势日蹙。时裴矩正在敦煌为隋引致西域诸国，听说其事，急向炀帝献计，谓可趁机以处罗母为饵，招抚处罗。原来处罗母姓向，本是中国人，嫁泥利，生处罗。泥利卒，又嫁泥利弟婆实特勤。仁寿中，向氏随婆实入朝，适逢达头之乱，道路阻隔，遂留居长安不得归。炀帝大喜，四年（608），派司朝谒者崔君肃携诏往见处罗，进行威胁利诱。处罗恐母被祸，流涕受诏，并遣使贡汗血马于朝。六年（610），炀帝亲击吐谷浑，命处罗会师于大斗拔谷，处罗不从，托辞以谢。炀帝大怒。适逢处罗麾下酋长射匮遣使向隋求婚，裴矩知射匮乃达头之孙，都六之子，对处罗篡夺西突厥汗位素来不满，因奏封射匮为可汗，以分处罗之势。炀帝悦而从之，且命射匮诛处罗，然后许婚。射匮大喜，七年（611），兴兵往袭，处罗大败，弃妻子，率数千骑遁于高昌东，保时罗漫山（今哈密西）。高昌王麴伯雅奏其事，炀帝命裴矩携向氏及其亲要，驰至玉门关晋昌城（今甘肃安西东），使向氏往召处罗，处罗遵母命入朝。射匮继为大可汗，从此西突厥汗位复归室点密一系。

射匮雄才大略，统一了西突厥，疆土东起金山，西至西海，玉门以西诸国均奉其号令。恭帝义宁二年（618），射匮死，弟继位为统叶护可汗。统叶护把汗庭由龟兹北面的三弥山迁到石国（今乌兹别克塔什干）北面的千泉。西域各国均须接受他赐给的颉利发称号，每年向他交纳赋税。这是西突厥最强盛的时期。

炀帝分化西突厥，未使其弱，反使其强，效果之不佳，人所共知，毋庸赘言。值得炀帝欣慰的是，处罗活该倒霉，终究未能逃脱自己的控制。处罗入朝后，因失国快快不乐。炀帝分其旧部为三：其弟阙度设领赢弱口居会宁（今甘肃靖远），特

最新整理图文珍藏版

勒（官名）大奈率余众居楼烦（今山西神池、五寨间），处罗自带五百骑隋炀帝巡幸。大业八年（612），从征高丽，赐号曷萨那可汗。十年（614），以信义公主妻之。炀帝被杀于江都，处罗随宇文化及至河北，后奔长安，为东突厥使者所杀。一代大汗就这样不明不白做了异国的冤鬼。

隋唐宰相制形成

581年，隋文帝即位之后，立即废除了北周模仿《周官》所置的六官体制，建立了以三省六部为核心的中央政府新体制。

在隋唐时期的官僚机构中，官品最高的是所谓"三师"与"三公"。三师即太师、太傅、太保，正一品，三公即太尉、司徒、司空，也都是正一品，三师与三公都是名位高而无实权的虚职，不置僚属。这是皇帝对权重的功臣的一种巧妙安排，或是皇帝选拔最有经验的亲信充当辅佐的荣誉职称。

隋文帝代周以后，分割宰相的权力，确立三省长官并为宰相的体制。尚书省的令、仆射，门下省的纳言，内史省的监、令，都称为宰相。唐初，沿袭隋制。高祖武德三年（620），改纳言为侍中，改内史省曰中书省，内史令曰中书令，以左、右仆射为尚书省长官，与侍中、中书令并宰相。唐代相府机构变易之繁，宰相名称之多，为前代所少有。唐初，三省机关为相府，其后则屡经变易，名称繁多。不过，变化虽多，仍以中书、门下、尚书三省为常制。

唐代宰相选拔制度的基本特点是任人唯贤。唐初，主要通过战功来选拔宰相。立军功之后，又表现出经国治世之才，有较高的政治威望，方可选入宰相集团。从武则天统治直到终唐之世，则以科举制特别是进士科作为选拔宰相的主要途径。宰相享有很大的权力，主要是参与军国大事及决定官吏任免甚至是皇位继承人选的人事权力。参决军国大政方针，是唐代宰相最重要的职权。皇帝的一切诏、敕、制书，均需在政事堂会议讨论研究，然后决定是否颁布，如果同意颁布，也需要宰相副署，并盖上"中书门下之印"才能生效。

隋白釉官人抚剑俑

唐代宰相制度实行集体负责制。唐朝的宰相不同于秦汉，多是他官兼职，或者是宰相兼领他职，所以没有独立的办公机构——相府；它是集体负责制。肃宗时，宰相办公采取轮流值班的制度，宰相们在政事堂轮流值班执事，一般公务，值班宰相代表宰相集体处理，可以代签诸宰相的名字，盖上政事堂印；凡遇军国大事，则历抵诸相府第，约集大家集体议决平章。

政事堂制度是宰相制度的一项重要内容。政事堂创设于隋朝（《唐会要·中书侍郎》），最初并不是一个权力机关，而是宰相们议事决策，拟订重大诏令的地方。经过100年左右的漫长岁月，政事堂议事发展为一项重要的政治内容。

唐太宗第一次提高了政事堂的地位。武德年间，政事堂设在门下省，纯粹为宰相议政场所，贞观以后，中书省职权逐步提高，中书令在拟定诏旨之前，多提前于政事堂进行讨论，于是政事堂的地位日渐提高。

以上这些特点，使唐代宰相制度能够发挥重要的历史作用。宰相是中央政府的首脑，是国家最高行政管理人。大多数君主如唐太宗，唐玄宗甚至包括武则天等都能主动就教于宰相；而宰相亦能充分发挥自己的智慧和才能，保证工作高效率，在一定程度上限制了君主的独断专行。

隋建十二卫

隋文帝即位后，为了加强自己对中央军事机构的直接领导和指挥，便对西魏、北周以来的十二大将军之制进行重大改革，建立十二卫。

所谓"十二卫"，即左右卫、左右武卫、左右武侯、左右领左右、左右监门、左右领军。

"十二卫"系统既有府兵，又有各种类型的禁兵，所以通称为"禁卫兵"，与西魏、北周时期府兵、禁军自成体系不同；十二卫实际担负宿卫和征战双重任务。宿卫又分为内卫和外卫。左右卫之直阁、直寝、直斋、直后及其所统三卫（亲卫、勋卫、翊卫）属内卫；左右领之中备身、备身左右，左右武侯所掌车驾护从、道路营禁等主要也是内卫。其他则为外卫。担任内卫任务的将士统称内军，担任外卫任务的别称外军。府兵中充任内卫的少，作外卫的占多数。

每卫统率一军，设置大将军一人，将军二人，下辖骠骑府、车骑府，分别设骠骑将军、车骑将军；再下面又设大都督、

帅都督、都督，这样形成了统一的指挥管理系统。而十二卫大将军、将军及骠骑将军、车骑将军在编制数额上比北周时期相对增多，但品级降低了，各将军的权力也削弱了、分散了。另外，又将北周时期掌握军队实权的上柱国、柱国等职务改为荣誉称号，授予有功之人，剥夺其实际权力。这样十二卫的统率指挥完全由皇帝掌握。

持盾武士俑

十二卫的职责各有所掌，主要分工如下：左右卫是皇帝的内卫，主要负责宫廷禁御，督率仗卫；左右武卫负责外军宿卫；左右武侯，则主要负责皇帝护从，掌车驾出，先驱后殿，昼夜巡察，执捕奸非，烽侯道路，水草所置，巡狩师田，则掌其营禁；左右领左右主要负责侍卫左右，供御兵仗；左右监门负责宫廷门禁、警卫；左右领军则分别管理十二军籍帐、差料、辞讼事务。

战时，则由皇帝任命行军元帅或行军总管为最高指挥官，组成相应的机构，实施统一指挥。一旦战争结束，即行解散。

十二卫的建立加强了皇帝对军队的控制，也促进了中央集权国家的稳固。

麦积山石窟群鼎盛

麦积山石窟在北魏北周时全面兴建，到隋唐五代便进入鼎盛时期。581年，隋文帝杨坚建立隋王朝，统一中国。从这一年开始，隋文帝就大力提倡佛教，诏令天下，鼓励出家修行，按人口摊派出钱营造经象，民间佛经数量超过六经数十倍。在其统治的二十年内，全国制作的佛像达十余万尊，修饰的佛像约一百五十万尊。在这股风气下，麦积山石窟也开始进入其鼎盛期。

石窟艺术是由建筑、绘画和雕塑组成的综合体，麦积山石窟因石质不是十分坚硬的砂岩，因此，大多石窟内以绘塑相结合，其中壁画作为重要组成部分，有着它自身的特殊作用和魅力。隋代时在麦积山石窟绘制的壁画数量相对来讲不是很多，但是绘制都很精巧，技法也十分纯熟，尤其是在佛和菩萨以及供养人的描绘上，更多地注意到人物情韵的刻画，飞天翱翔于碧空之中，健美潇洒，宛若游龙；显得活泼自然，富有生活气息；奔马驰骋于天际流云中，气氛热烈而紧张。用线熟练，色彩绚丽，显示出高超的水平。同雕塑绘画一样上承南北朝时期的成就而同时又发展到一个更具有中华民族特色的新阶段，开启了隋唐文化新风，为唐时期佛教艺术更进一步民族化奠定了坚实的基础。

唐代在我国封建社会是一个伟大而辉煌的时代。随着国家政权的巩固，经济的发展，文化艺术进入了一个光辉灿烂的时代，佛教绘画雕塑，也进入了一个非常繁盛的时期。无论是寺塔、道观，还是石窟祠庙，大多以精美的雕塑、绘画为装饰。这时麦积山石窟壁画虽然没有辉煌庄严的经变画，也缺乏引人入胜的佛教故事画，

麦积山东崖上的隋代泥塑大佛

然而它们以小巧玲珑、自然活泼、富有情趣的民间风貌出现，从而为人们所喜爱。壁画中女供养人身躯颀长，秀丽端庄，风姿绰约，雍容华贵，一派"柔姿绰态尽幽闲之雅容"的气概。菩萨健美丰满，曲眉秀目。这种"曲眉丰颊""肌胜于骨"的优美形象，体现了唐代生活中美感的要求。在雕塑中，唐代也出现了世俗化倾向。佛与菩萨庄重含蓄，肌体丰满，落落大方。尤其是"菩萨如宫娃"，雕刻得很写实，很优美。身体起伏丰富，丝纹流畅，动势刻画入微，风格柔和。这种把神佛菩萨形象进一步民族化和世俗化的特点，反映了唐代雕塑、绘画艺术的发展和演进。

五代十国时期，地处沙西的瓜、沙二州相对稳定，佛教雕塑和绘画仍继续发展。这一时期麦积山石窟数量虽不多，但仍继承了唐代优秀的雕塑、绘画传统，并又有创新，在对人物性格的刻画上，还是取得了比较突出的成就。

由上来看，唐代麦积山石窟进入了一个新时期，但是它以隋代为序，以五代为

中国通史

最新整理图文珍藏版

余波，可以相对地将这一段划归一个时期。它是麦积山石窟的第二个高潮期，也是麦积山石窟的鼎盛期。当时佛教雕塑和绘画数量很多，内容十分丰富，从一个侧面反映了唐代石窟绘画艺术的高超水平。麦积山石窟中的隋唐五代壁画和雕塑在我国石窟艺术的发展进程中占有非常重要的地位，它对中原地区石窟艺术的发展也曾经起过巨大的不可磨灭的作用，对研究那一段的社会史、宗教和艺术的发展史及中外经济、文化交流史等方面，都具有重要的价值。

科举制形成

大业二年（606），隋炀帝杨广开进士科，确立科举制度。

科举制度作为封建统治阶级选拔人才的方法，萌芽于南北朝，开始于隋，而成型于唐。南北朝时期，举孝廉，举秀才等察举方式代替了按门第选官的方式。隋朝隋文帝正式取消了九品中正制。使官吏的任用不再受门第的限制。606年，隋炀帝杨广开进士科，确立科举制度。

科举制度在唐代继续实行并得到很大发展。唐代的科举分为常科和制科。

常科包括秀才、明经、进士、明法、明书、明算等六科。秀才为最高科等，所试方略策，要求应举者熟悉经史，精通经世治国的方略。这对于缺少经史知识、醉心词华的唐初士子来说，是很难达到的，因此他们往往不敢投考秀才科。明经主要考两部儒家经典，唐初，明经是按照经的章疏试策，这使许多举子不读正经，只是把与对策有关的章疏义条抄录下来进行背诵，高宗调露二年（680）开始加试帖经，即取经书中的一行，把其中几个字蒙住，让考试者填充。这样儒家经典的背诵就成为明经录取的先决条件，这样一来，应举

明经者死记硬背，不求义理的情况更为严重。进士在唐初考试时务策五道。当时衡量策文的标准是看词华。进士科主要走文学取士的道路，成为选拔政治人才的主要来源。明法科试律、令各一部。明书科试《说文》、《字林》，帖试、口试并通，然后试策，要求通训诂，兼会杂体。明算科考试以《九章算术》《周髀算经》等十部算经为基础，要求明数造术，辨明术理。

常科的应举者主要是生徒和乡员。前者是国子监所统国子学、太学、四门学、律学、书学和算学的学生，以及在弘文馆、崇文馆学习的皇亲、亲贵子孙。后者是指不在馆学的举子，自己在州、县报名，经县、州逐级考试合格，由州府举送到尚书省参加常科考试，特别值得注意的是，武则天长安二年（702）创立武举，亦是常举，由兵部主持，主要是选拔一般武官，而不是选拔将帅之才。

制科是由皇帝临时确定科目下制举行的，名目很多。如高宗时先后有词赡文学科、词殚文律科、文学优赡科，武则天时先后有超拔群类、绝伦科，玄宗时有文史兼优、博学通艺以及武足安边、智谋将帅、军谋越众等科，但基本上没有重复的。科目的变化，反映了随着政治经济形势的发展，统治阶级对人才的不同要求。参加制考试者可以有出身、有官职，也可以既无出身，也无官职，并且可以连续应举。制举是统治者收买人心的重要手段，它对于发现卓有才能的官吏，也发挥了很大的作用。

随着科举录取人数的不断增加，科举出身者担任高级官吏的比重不断提高，唐朝的科举制度日益重要起来。唐初每年科举录取的人数很少，40年间才有290人，科举入仕者在官员中的比重很小，但从高宗时起，在高级官吏特别是宰相中的比例却在不断增加，到玄宗二十二年（734）前已经占2/3，但以后这一情况一度发生

科举考试图

逆转，直到宪宗（806～820）起，科举出身者才重新在宰相和其他高级官吏中占据多数，并且稳定地持续下去，从而奠定了中国封建社会后期高级官吏由科举出身者担任这种格局的基础。

科举制历经宋元明清各代，只在元代前期稍有中断。各朝统治者根据各自的政治要求改革科举制，使之日益复杂严密，在封建政治生活中发挥着举足轻重的作用。

国子监体制的形成和发展

国子监，又称"国学"、"国子学"，是中国封建社会的教育管理机构和最高学府。汉代以来，政府主办的学校称为"太学"，实行汉武帝的"罢黜百家，表章六经"的文教政策。至西晋武帝咸宁四年（278），为适应门阀世族专权的需要，除太学外，政府特别设立了国子学。隋朝文帝时改为国子寺，属我国最早设立的专门从事教育管理的机构，下设国子学、太学、

四门学、书学、算学等五学。隋炀帝大业三年（607）改国子寺为国子监，国子监体制最后形成。

唐宋时期，国子监作为国家教育管理机构，总辖国子学、太学、四门学、广文馆、律学、书学、算学，统称"七学"或"七馆"。元代的国子监下辖国子学、蒙古国子学和回回国子学。到了明清时期，国子监同时具有国家教育管理机构和最高学府的两重性质。明朝是国子监的鼎盛时期，分别在北京和南京设立了两大国子监。南监建于洪武十五年（1382），规模庞大，"延十里，灯火相辉。规制之备，人文之盛，自有成均，未之尝闻也"。清朝国子监完全采用明制，文化专制主义进一步加强，"设六堂为讲肆之所"，"师徒济济，皆奋自镞砺，研求实学"。但不久国子监开始衰落，形同虚设。1905年，清政府废除国产监改设学部。至此，国子监不复存在。

国子监设立以来，历代政府对教官人数的设置及称呼都有所不同。总管监务的头目称国子祭酒或判监事；唐代设博士、助教和直讲；宋朝设直讲担任讲学工作；明代设司业、监丞、博士、助教，学正等；清朝延用明制。各朝政府均规定，国子监祭酒、司业、博士要由"当代学行卓异之名儒"担任，如一代名儒韩愈、孔颖达、宋讷、孔尚任等都曾在国子监执教任职，并给予他们优厚的待遇。以明洪武四年（1371）为例，单官禄一项，即规定国子祭酒270石，司业180石，博士80石，助教65石等。此外还有其他封赐。待遇之高，足以说明政府对教育的重视。

在生员方面，历代政府对学生的资格、来源和名额都有不同的规定。在监读书的学生称监生、太学生或国子生。唐代"国子学生三百人，以文武三品以上子孙、若从二品以上曾孙、及勋官二品县公、京官

中国通史

最新整理图文珍藏版

四品带三品勋封之子为之"，并规定监生入学时要举行献礼仪式，赠绢给博士及助教。监生可在监内寄宿，并可免除劳役。明朝"凡国学生员，一至九品文武官子孙弟侄，年一十二岁以上者充补，以一百名为额。民间俊秀年一十五岁以上，能通四书大义，愿入国学者，中书省闻奏入学，以五十名额"。监生的来源有两类：官生和民生。官生又分品官子弟和土司子弟及海外留学生，由皇帝指派分定，民生由各地文官保送。明朝监生的生活待遇较好，政府"广为号舍以居之，厚其衣食而养之"，并允许监生带家眷入学。清朝监生分为贡、监两大类。贡生分6种名目：岁贡、恩贡、拔贡、优贡、副贡、例贡。每种贡生的来源、名额等均有不同的规定。监生地位略低于贡，分例监、荫监（又分恩荫、难荫两种）。贡监生除上述名目外，尚有外国肄业生，主要是琉球、俄罗斯所遣之官生。

在教学内容方面，历代统治者都将五经或四书作为国子监的主要教材，以培养封建社会的"文武之材"，"能出入将相，安定社稷"。

除此之外，唐代监生兼修"大经"《礼纪》、《春秋左氏传》、"中经"（《诗》、《周礼》、《仪礼》）和"小经"（《易》、《尚书》、《春秋公羊传》、《春秋谷梁传》）及《论语》和《孝经》。明代学习《御制大诰》、《大明律令》等，最重要的是明太祖朱元璋亲写的《大诰》，主要内容是列举他所杀人的罪状，使人警戒，教人守本分，纳田租，出夫役等训词。清朝则设立性理、习字等课程。

在管理方面，各朝政府都建立了严格

的规章制度。唐代明确规定了博士、助教的职责以及监生的考试和放假制度。明朝按照监生文化程度的高低，把国子监分为率性、诚心、修道、广业、崇志、正义等六堂，以率性程度最高。每季考核3次，一年内积满8分为合格，一年半后分别升堂。据《明会典》记载，监生自洪武五年实行历事制度，即肄业后分配到政府各衙门实习。历事时间有3月、半年、1年不等，建文时定考核品级，上等选用，中下等仍历一年再考，如再考仍下等者回监读书。

奸诈、懒散者则发配充吏。清代国子监的肄业之所除按明分六堂外，六堂又分内班、外班。内班总人数为150人，外班总人数110人，不久增至总数300人，可见招生数量远不及明代的规模。监生实行坐监肄业，时间长短依其类别不同而有所差异，如恩贡6个月，岁贡8个月等。虽为坐监，实际上监生只在释奠、堂期、季考时暂时集中，平时均散居家中学习，其教学、考试制度大体继承明制。监生坐堂期间，管理制度也相当严格。明朝政府制订颁发了56条监规，严禁监生闹事，轻者记过打板子，重者发配充军或杀头。清政府于建国初颁布了18条监规，禁止监生"立盟结社，把持官府，武断乡曲"，"违者听提调官治罪"。这是封建专制政治在文化教育上的具体表现所在。

国子监自建立到衰亡经历了近2000年的时间，培养和造就出一大批适应社会需要的文武官员和管理人才，对社会兴旺，文化繁荣，促进中外文化的广泛交流，起到了积极的、重要的作用。

第二章

唐朝时期

第三编 隋唐五代时期

最新整理图文珍藏版

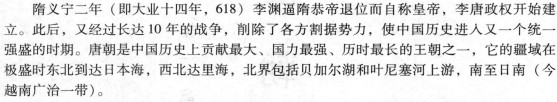

　　隋义宁二年（即大业十四年，618）李渊逼隋恭帝退位而自称皇帝，李唐政权开始建立。此后，又经过长达10年的战争，削除了各方割据势力，使中国历史进入又一个统一强盛的时期。唐朝是中国历史上贡献最大、国力最强、历时最长的王朝之一，它的疆域在极盛时东北到达日本海，西北达里海，北界包括贝加尔湖和叶尼塞河上游，南至日南（今越南广治一带）。

　　唐朝自建国之初就十分注重社会的安定和政治的开明，太宗李世民一代，出现了五谷丰登、百姓安乐的"贞观之治"，玄宗李隆基时期达到国力强盛的"开元盛世"，经济的发达、社会的繁荣使唐朝成为中国历史上封建社会最为繁荣的鼎盛时期。在政治上，唐朝打破魏晋以来的九品中正制度，进一步完善科举制，建立起良好有序的政府管理机制。在经济上，推行均田制，实现租庸调法，奖励垦荒，劝课农桑，使农业和手工业都得到了前所未有的发展。军事上继续实行府兵制，实现中央高度集权。唐朝的文化和科学事业也得到了空前的繁荣，尤其是诗歌发展到了中国古典诗歌的顶峰。唐朝作为当时全世界最强盛的国家之一，与周围邻国都保持着密切的联系，进行过经济文化的频繁交流。当然，在唐朝繁荣强盛的背后也潜伏着深重的内忧外患，李隆基执政后期唐朝已开始由盛而衰。

　　755年爆发的长达八年之久的"安史之乱"使唐朝元气大伤，从此一蹶不振。后来虽有宪宗中兴，但颓波难挽。875年爆发的黄巢起义给唐朝以致命的打击，唐朝由此进入军阀混战、名存实亡时期。907年，朱温逼迫唐末帝禅位，另立新政，宣告唐朝灭亡。

第一节　史海钩沉：重大事件　历史典故

李渊建唐

大业十三年（617年），农民军进入全盛时期，以瓦岗军为中坚，河北和江淮起义军为两翼，对隋王朝展开了毁灭性的攻击。农民军在河北、河南、山东和江淮地区，取得了决定性的胜利，从根本上动摇了隋王朝的统治。大业十三年（617年）底，隋所控制的地区，在北方只有东都洛阳以及其他几座孤城，在东南只有江都一隅之地，而这些地区都被起义军切断了联系，成为几个孤立的城市据点。

唐高祖李渊像

这时，一些官僚和豪强，看到隋朝的大势已去，为了保存自己的势力，或拥兵割据，或起兵反隋。其中著名的有涿郡的罗艺，朔方（今内蒙杭锦旗北）的梁师都，马邑（今山西朔县）的刘武周，金城（今甘肃兰州）的薛举，武威的李轨，先在巴陵（今湖南岳阳），后迁江陵的肖铣，太原的李渊等。其中以李渊集团实力最强，影响最大。公元617年秋，李渊打着尊隋的旗号，从太原起兵，进军关中。沿途收编了一些地主官僚的武装，队伍由3万人迅速发展到20余万。十一月，李渊攻克长安，控制了关中地区。

三支农民起义军的胜利发展，使隋王朝受到沉重打击，隋炀帝在扬州已预感到自己末日的来临，但他仍在城内寻欢作乐，昼夜昏醉。在农民起义的冲击下，隋统治集团的核心已发生分裂。

大业十四年（618年）三月，禁军头目司马德勘和贵族宇文化及在江都发动兵变，缢杀了隋炀帝，立秦王浩为傀儡皇帝。接着，王世充拥立留守东都的越王侗为帝，称为皇泰帝。但秦王浩不久就被宇文化及杀掉，皇泰帝也被王世充杀死。李渊在隋炀帝被杀后，正式称帝，建立唐朝。从此，唐王朝取代了隋朝。

唐朝的政治制度

唐高祖武德七年（624年）是朝廷宣布国家大政的一个重要年代，很多制度和法令都在这一年正式颁行，厘定官制也是其中的主要内容之一。到唐太宗、唐高宗和武则天时期，这些制度和法令又有所发展。

唐因隋旧，中央仍实行三省六部制。唐朝的三省为中书省、门下省和尚书省。中书省的正副长官是中书令和侍郎，下设中书舍人，负责起草诏制。门下省的正副长官是侍中和侍郎，下设给事中，负责审核中书省起草的诏旨，驳正违失，并审批尚书省的奏钞。尚书省的正副长官是尚书令和左右仆射，下设左右丞；该省统辖吏、户、礼、兵、刑、工六部，负责贯彻执行中央拟定的政令。因唐太宗曾任尚书令，以后臣下避居该职，形同虚设，故左右仆射实际上成为尚书省的最高长官。唐初，三省的最高长官都是宰相。当时在门下省还设政事堂，为三省宰相共议军国大事的场所。后来，凡参加政事堂会议的其他官员也是宰相，他们均加有"参知机务"、"参知政事"等衔；再后逐渐确定为"同中书门下三品"或"同中书门下平章事"。六部的正副长官是尚书和侍郎，左右仆射与六部尚书合称"八座"。每部分设四司，各司的正副长官是郎中和员外郎，合称"郎官"。

李靖像

秉承六部政令加以贯彻执行的事务机构有九寺五监。九寺是：太常寺、光禄寺、卫尉寺、宗正寺、太仆寺、大理寺、鸿胪寺、司农寺和太府寺。五监是：国子监、少府监、将作监、军器监和都水监。九寺五监也是中央的重要机构。

中央的监察机构是御史台，以御史大夫、御史中丞为长官，主要掌纠察百官和监督府库出纳，可以说是"天子耳目"。御史大夫下分设台院、殿院和察院。台院置侍御史，掌弹劾中央的百官；殿院置殿中侍御史，掌纠察朝仪、朝会、郊祀及巡视京师，以维护皇帝的尊严；察院置监察御史，掌监察地方官吏。

中央的司法机构有：大理寺，是最高的审判机构；刑部，是司法行政机构；御史台，负责监督大理寺和刑部的司法审判活动。每遇重大案件，大理寺卿会同刑部尚书和御史中丞共同审理，称"三司推事"，即后世"三法司"的前身。

地方行政亦沿袭隋制，为州县二级。州设刺史；有时称郡，则设郡守。县设县令。刺史（郡守）、县令掌本级地方政府的政令。县以下在农村实行乡里制，百户为里，设里正；五里为乡，设耆老（贞观九年，每乡置乡长，后废）。城市的居民区以坊为单位，设坊正。乡、里、坊是最基层的政权，对城乡人民进行直接统治，催督课役，镇压反抗。在沿边及内地紧要之处，州（郡）之上还设有都督府，长官是都督，原来只管军事，因都督例兼所在州刺史，故亦兼管该州民政。

唐太宗李世民

武德九年（626年）六月初四，唐高祖李渊次子秦王李世民伏兵玄武门，诛杀其兄太子建成、弟齐王元吉。李世民即皇帝位，是为唐太宗，尊李渊为太上皇。

李渊原配窦后生四子，长子建成，次子世民，三子元霸（早夭），四子元吉。

唐太宗像

晋阳起兵主要是世民之谋，唐朝建立后，世民先后平定王世充、窦建德割据势力，为全国统一奠定基础，从而功名日盛。李建成的地位受到威胁，遂与四弟齐王李元吉密谋倾覆李世民。

在李建成、李元吉和李世民周围各形成一个政治集团。在宰相中，裴寂、封德彝支持李建成；萧瑀、陈督达则倾向李世民。在文臣、武将中，如长孙无忌、房玄龄、杜如晦、温大雅、尉迟敬德、秦叔宝等人都拥戴李世民。两个集团都拥有武装，太子有东宫兵，秦、齐二王各有王府兵。除了这些合法武装力量，各自还招募私人拥有的卫士、勇士数百以至上千人。

武德七年（624年），双方斗争激化。李元吉企图刺杀李世民未遂，彼此揭发，斗争表面化。武德九年（626年），突厥进犯北边，建成向高祖推荐元吉为帅，企图乘机把秦王府兵和骁将尉迟敬德、程知节、段志玄、秦叔宝等拢到自己手中，以孤立秦王，然后一举灭掉李世民。这一机密消息，被太子率更丞王晊透露给李世民。因此，李世民便同长孙无忌等人密谋策划，为防意外，便先发制人，阴谋伏杀李建成。六月初四，常何当值玄武门。此前一天，李世民曾告密李建成、李元吉淫乱后宫。李渊决定次日召见、鞫问。李建成以为常何是自己人，控制了玄武门，所以这天早晨放心入朝。而李世民已在常何的协助下，伏兵玄武门。李建成、李元吉入宫行至临湖殿觉变，便拨马归东宫，李世民大呼追赶，射死李建成，李元吉张弓射李世民不中，这时尉迟敬德率七十骑助战，李元吉兵力不支，结果被杀。史称"玄武门之变"。随后，李世民逼李渊让位，自己登上王位。

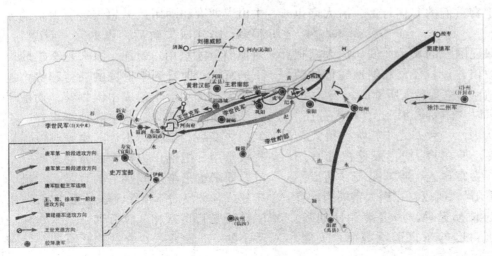

洛阳虎牢之战要图

李世民即位后，次年（627年）改年号为贞观。李世民在位的二十三年（627—649年）中，不断总结历代王朝兴衰的经验教训，虚心听取臣下意见，减轻赋税和徭役，减轻刑罚，使百姓在战乱后能够休养生息，从而使社会经济得以恢复和发展，为唐朝的繁荣昌盛奠定了基础。人们把唐太宗在位时的斐然治绩，誉之为"贞观之治"。

唐太宗亲眼看到，强盛富庶的隋王朝，仅是粮食储备就可供全国五十年之用，但隋炀帝即位后不到十三年便分崩离析，短命而亡，这给他留下极其深刻的印象。因此他时时注意以隋朝的灭亡为诫，重视人民的力量。他常说："人君好比舟，人民好比水，水能载舟，也能覆舟"。他采取了许多轻徭薄赋，与民休养生息的政策，促进农业生产的迅速恢复和发展。

唐太宗还大力提倡节俭，并以身作则，以减轻国家和人民的负担。他即位以后，没有大兴土木，建造新的宫殿，而是住在隋朝时建造的且已破旧的宫殿。为了减少宫中的费用，唐太宗下诏释放宫女，其中一次就释放3000人。唐太宗还严厉禁止厚葬，规定五品以上的官员和勋亲贵族都要严格遵照执行。他在安排自己的陵寝时，亲自制定规格：以山为陵，能放得下棺木就行。对于官员们的奢侈行为，唐太宗也明令禁止。

为了保证国家的长治久安，唐太宗很重视抓好政治建设，任贤和纳谏是他的两项重要政绩，历来为后人所称道。

唐太宗以"求贤若渴"，"知人善任"著称。他认为，"致安之本，唯在得人"，"为政之要，唯在得人"，很重视选官用人。主张"为官择人，唯才是与，苟或不才，虽亲不用"。所以，在唐太宗周围，有出身士族的长孙无忌、房玄龄和杜如晦，有参与谋害自己的东宫旧臣魏征、王珪，

有出身寒微的马周、张亮和刘洎，还有少数民族的首领。他对这些人，都能"量才授职"，"各取所长"，委以重任。由于唐太宗善于举贤任能，多方面精选人才，所以，贞观时期人才济济，一批有才干的文臣武将，尽为其所用。

唐太宗任用贤才，还能够不计较个人恩怨，不讲究资历地位兼收并用，充分发挥他们的才能。

李靖，隋朝末年在马邑当副长官，他发觉李渊有反隋的可疑迹象，亲自前往江都向炀帝告密。后来在长安，他被李渊抓住，判了斩刑。李靖能文能武，有很高的志向和非凡的军事才能。李世民知道李靖的才干，几次向李渊请求，免除李靖的死罪，结果释放了他，还把他安排在自己指挥的军队里当官，李靖后来成了唐太宗的宰相，是唐太宗时期最有才干的军事统帅。

青瓷乐俑

玄武门之变前后，李建成的东宫集团中出谋划策和动用武力想谋害唐太宗的人很多，李建成失败后，唐太宗不计恩怨，对他们量才重用。魏征，原来是李建成属下的官员，他看到李世民的功劳和势力越来越大，常常给李建成出谋划策，劝他尽量培植自己的势力，及早除掉李世民。玄武门之变后，李世民不计前嫌，对他加以提拔重用，把他作为自己的重要助手。王珪，原来也是李建成手下的官员，积极为李建成献策反对李世民，李世民不咎既往，王珪后来官至宰相。薛万彻，原是李建成手下的一员骁将，在玄武门之变时，曾带

兵攻打李世民的秦王府，失败后逃亡终南山，唐太宗派人将他请回来，任命他为自己手下的大将。

对于自己的亲属、旧部下和亲信，唐太宗也不滥加任用，而是坚持任人唯贤的原则，量才授官。由于唐太宗重视选拔贤才，因此，他手下人才济济。贞观年代人才之盛，为历朝所少见。唐太宗在位期间，共用宰相 27 人，绝大多数都是当时的杰出人才，这就为改善吏治，促进政治的清明提供了保证。

渭水之盟

由于太宗虚心求谏，纳谏，当时朝廷中敢于犯颜直谏的大臣很多，如魏征、王珪、马周、刘泊等人，其中最突出的是魏征。

魏征为人正直，敢于直言，很得太宗的重用，先后担任谏议大夫、给事中、尚书右丞、秘书监等要职，位列宰相，他前后共向太宗进谏了 200 多件事，大多数都被太宗采纳。太宗誉魏征为"知得失"的"人鉴"，在他死后，痛心地说："以铜为镜，可以正衣冠；以古为镜，可以知兴替；以人为镜，可以知得失。魏征没，朕亡一

魏征像

镜矣！"唐太宗还任用敢于直言的房玄龄和杜如晦为宰相。房玄龄有谋，杜如晦敢决断，史称"房谋杜断"。贞观时期，由于一大批大臣"直言极谏"，太宗"从谏如流"，开拓了君臣共商国是的开明政局，使一些流弊得到及时纠正，使一些好的政令措施，得以贯彻。谏净之风是"贞观之治"的重要体现。

贞观之治

唐太宗在位二十三年，他的作为奠定了新的统一王朝强大昌盛的基础。这个成就是在隋末农民战争的推动下取得的。

房玄龄像

隋末农民战争的威力迫使唐初君臣时时刻刻要考虑一个问题：怎样才能不蹈亡隋的覆辙？他们的答案是：剥削须有节制，特别是徭役不可太重。

太宗曾说："往昔初平京师，宫中美女珍玩，无院不满。炀帝意犹不足，征求无已；兼东西征讨，穷兵黩武，百姓不堪，遂致灭亡。此皆朕所目见，故凤夜孜孜，唯欲清静，使天下无事，遂得徭役不兴，年谷丰稔，百姓安乐。"历史上没有过不兴徭役的皇帝，但是唐太宗毕竟懂得徭役不可太重，太重了，农民一起来，地主阶级的统治就会垮台。

魏征对他说：君主似舟，人民似水，水能载舟，也能覆舟。这个比喻，唐太宗记得很牢，曾用以训诫太子。他听得进这话，因为它完全符合自己的生活经验。从隋末的事实，他深深感觉到人民反抗的烈火是可怕的，不是武力镇压得了的。

于是他决心不采取"竭泽而渔"的政策。这有利于社会经济的恢复发展，但是它完完全全是地主阶级的政策，是根据地主阶级的阶级利益制定的，不是从好心肠产生的。

唐太宗懂得：要执行这条政策，必须注意"纳谏"，否则一不小心，就会反其道而行之。这也是从隋亡得来的教训。隋炀帝不愿意听到农民起义的消息，虞世基投其所好，隐匿军报，结果国破家亡，君臣俱死。魏征举此为例，告诉唐太宗一条重要的道理，叫做"兼听则明，偏信则暗"。唐太宗很赞赏他的意见，始终比较注意纳谏，这是他能够成为一个杰出封建帝王的重要原因。

唐太宗注意纳谏，注意节制徭役，都是事实，然而封建地主阶级对"贞观之治"的美化，却完全是着意的夸大。《旧唐书·太宗本纪》、《资治通鉴》都说贞观四年（630年）天下判死刑的只

李世勣像

有29人，东至于海，南至五岭，都夜不闭户，出门的人不必带粮食，可以"取给予道路"。《贞观政要》说得更具体，"商旅野次，无复盗贼，囹圄常空，马牛布野，外户不闭"，至于旅行者的粮食问题，"入山东村落，行客经过者，必厚加供待，或发时有赠遗，此皆古昔未有也"。这真是好得不能再好的乌托邦了！

其实历史上根本没有过这样的事实。

贞观元年（627年），关中饥荒；二年天下蝗灾；三年又发了大水。这几年中间，老百姓穷得卖儿卖女，流亡道路。贞观四年，天下大熟，流亡的农民才得还家。这是喘息方定的时候，怎么会一下子便富庶得不得了呢？

两年之后，魏征还描绘过中原萧条的景象。他说：从伊水、洛水往东，直到泰山、黄海，烟火零落，极目望去，到处都是荒原野草。贞观六年是这副样子，四年的情形就可想而知了。

我们还需要注意，唐太宗的节制徭役，是勉强地去做的，因此他常常会有违反这条政策的举动。这里按照年代次序，举几

个例子。武德九年（626年）初即位时，要点身材壮大的未成年人当兵，经魏征力争而止。贞观四年，修洛阳宫，张玄素谏阻，说："今日财力，何如隋世？陛下役疮痍之人，袭亡隋之弊，恐又甚于炀帝矣！"当时，他听了不免心惊，暂时停役。然而到了明年，不仅修了洛阳宫，还修了仁寿宫（九成宫）。六年，魏征指出："比来营缮渐多"，可知那时的徭役并不算轻。十一年，马周上疏，说当时多营不急之务，百姓怨嗟，批评太宗不像贞观初年那样"俭以息人"了。贞观十三年，魏征上《十渐不克终疏》，引太宗本人的话，"百姓无事则骄逸，劳役则易使"，并指出"顷年以来轻用民力"。十六年，太宗下令：今后有自己伤残手脚以避劳役的，"据法加罪，仍从赋役"。据说此风起自隋末，贞观中遗习尚存，所以下令禁止。以上两条，一言一行，最能暴露唐太宗的阶级本性，并且说明常有徭役较重的情况，只不过不像隋末那样严重而已。

贞观末年，人民的赋役负担还有继续加重的趋势。二十二年（648年）修玉华宫，"所费以巨亿计"。充容徐惠见连年用兵，营缮相继，宫廷习俗也颇奢华，上疏

谏劝，说"人劳乃易乱之源"，尽管雇人做工，也"不无烦扰之弊"。至于剑南（四川）百姓，因为造侵略高丽用的船只，负担沉重，那年已经发展到无法忍受的地步了。

从以上的叙述，我们可以知道，贞观时的实际情况是：农民的赋役特别是徭役负担，有时比较轻，有时比较重，但重的时候也没有达到使再生产无从进行的程度；唐太宗怕农民造反，执行不竭泽而渔的政策，但由于封建统治者的本性，有时不免要加重剥削，他的好处是肯接受意见，注意改正。

封建时代能够这样，就算是政治清明的"治世"了；肯这样做的皇帝就算是"明君"了。历史上有过许多这类的皇帝，唐太宗是比较突出的一个。我们肯定他是有所作为的封建统治者，但不必歌颂他，因为他终究只是地主阶级的政治代表人物。

没有隋末农民群众轰轰烈烈的斗争，就不会产生这样一个局面，不会产生具有太宗、魏征等的观点的人物。

太宗处理政事之余，对学术文化也很注意。他使颜师古、孔颖达等编撰《九经正义》，对过去的经学作了总结。他关心史

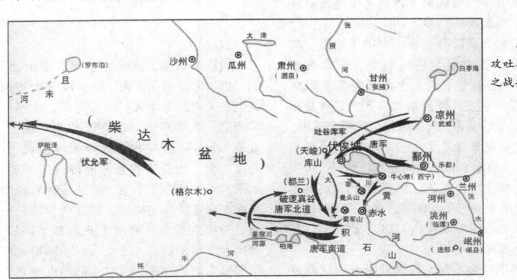

李靖攻吐谷浑之战要图

书的修订，设立史馆，命群臣编撰晋、梁、陈、北齐、周、隋六部史书。《晋书》、《隋书》的编撰都发挥了专家的特长，让星历专家李淳风写天文、律历、五行等志，让博通古今的颜师古、孔颖达等担任纪、传。政府开史馆、集合众手编写前代史书的制度，就是这时开始的。

太宗见书心喜，自己动手写了晋宣帝纪、武帝纪、陆机传、王羲之传的后论。他选择王羲之，是因为他热爱书法，视王氏《兰亭序》的墨迹如珍宝，他自己也写得一手好字，特别会写"飞白"。

唐高宗李治

李治（628~683），唐朝第三代皇帝。唐太宗李世民第九子，字为善。贞观五年（631）封晋王。七年，遥授并州都督。太宗晚年，太子李承乾和魏王李泰间发生了争夺皇位继承权的斗争。十七年，承乾谋杀泰未遂。事发，太宗废太子承乾，黜魏王泰，改立晋王李治为太子。二十三年五月，太宗去世，李治即位，是为唐高宗，时年二十二岁。次年（650）改元永徽。起初四五年间由顾命大臣长孙无忌及褚遂良等掌握朝政。

太宗女高阳公主嫁房玄龄子遗爱。高宗即位，贬遗爱为房州刺史。永徽四年（653），房遗爱、荆王李元景及吴王李恪等谋反。事发，遗爱被杀，元景、恪及高阳公主等均赐死，高宗帝位由此得到巩固。

当时朝鲜半岛分成三国：高丽、百济和新罗。六年，高丽与百济联军攻新罗，新罗遣使乞援于唐，高宗遂先后派兵出击高丽和百济。至龙朔三年（663），唐大将刘仁轨大败援助百济的倭国军于白江口，破百济，其国王奔高丽。

高宗即位不久，西突厥阿史那贺鲁破乙毗射匮可汗，自号沙钵罗可汗。永徽六年，唐遣程知节西击沙钵罗可汗，从此连年用兵西域。至显庆二年（657），唐大将苏定方等大破西突厥，沙钵罗奔石国（今乌兹别克斯坦塔什干一带），被擒。西突厥亡。高宗以其地分置昆陵、蒙池二都护府。次年，徙安西都护府于龟兹（今新疆库车）。唐代的版图，以高宗时为最大。

高宗即位后纳武则天入宫为昭仪，不久欲废王皇后，改立武氏为后。对此，长孙无忌及褚遂良等元老重臣表示反对。李义府、许敬宗等却迎合帝意，表示赞成；宿将李勣则奏称："此陛下家事，何必更问外人。"高宗在李义府等人的支持下，终于在永徽六年废王皇后，立武氏为皇后。长孙无忌及褚遂良等均遭贬斥，不久，无忌被迫自缢。显庆（656~661）末年，高宗患风眩头重，目不能视，难于操持政务，皇后武则天得以逐渐掌握朝政，朝廷内外称他们为"二圣"。从此武则天成为掌握实权的统治者，高宗处于大权旁落的地位。

弘道元年（683）十二月，高宗去世。葬于乾陵。

武后称制

概况

武则天名曌，并州文水（今属山西）人，唐工部尚书武士彟之女，14岁时被唐太宗选入宫，为才人。太宗死后，入感业寺为尼。高宗李治即位，于感业寺见之，复召入宫，拜为昭仪。武则天素多智计，兼涉文史，巧慧多权数，遂得高宗宠爱。永徽六年（655年），在庶族出身的官僚李义府、许敬宗等支持下，被立为皇后，王皇后被废为庶人，武则天开始参与朝政。武则天参与朝政后，王皇后以图谋毒死高宗罪被武则天残杀。反对立武的贞观老臣褚遂良、长孙无忌被贬官流放，长孙无忌自杀。支持武则天的李义府、许敬宗等人皆升任高官。显庆（656～661 年）以后，高宗多苦风疾，脑昏头重，目不能视，故百司表奏，多委武则天处理。初预国事，武则天尚能屈身忍辱，奉顺上意。及其得志，武断专权，高宗颇有怨恨。麟德元年（664 年），高宗密召西台侍郎、同东西台三品上官仪写好诏书，欲废武后。但当武则天到高宗面前申诉之时，高宗却反悔初衷，将上官仪等处死，待武则天如初。史称此次事变为"麟德之变"。此后，高宗每视朝事，武则天垂帘于后，参与一切政务。时并称武后与高宗为二圣。

长孙无忌

武后性明敏，涉猎文史，外事得兼，高宗时实际已手操人主之权。上元二年（675 年）四月，年仅 24 岁的皇太子李弘病死，武则天所生次子李贤继为皇太子。上元三年，病重在身的高宗欲传帝位于则天，被宰相郝处俊谏后作罢。武则天以李贤企图造反的莫须有"罪名"，将其废为庶人，并幽禁，后被武则天派人暗杀。其后，武则天立其第三子李显为皇太子。

弘道元年（683 年）十二月，高宗病死。太子李显即位，即唐中宗，尊武则天为皇太后。中宗年轻气盛，欲让其岳父韦玄贞当宰相，武则天诬陷中宗想把天下交给韦玄贞。遂立其第四子李旦为皇帝，是为唐睿宗，但一切大政均由她以太后身份裁决，独断专行，使"宗室人人自危，众人愤惋"。

皇泽寺则天殿武后石像

率先起来反叛武则天的是李敬业（？～648 年），即徐敬业，曹州离狐（山东东明东南）人，参与反叛的还有李敬猷、骆宾王等。光宅元年（684 年）九月，他们在扬州起兵，有众 10 万人。武则天迅速调集 30 万大军，派李孝逸统率，仅用 44 天，就压平了叛乱，李敬业、李敬猷、骆宾王等被部下杀死，余党皆平。垂拱四年（688 年），唐宗室又起兵反对武则天，亦很快被武则天发兵平定。

武则天在压平扬州、宗室起兵的同时，还采取了其他一些政治措施。公元684年，改东都洛阳为神都，改唐百官名，如尚书省改称为文昌台，左、右仆射为左、右相；门下省改称鸾台，侍中改称纳言；中书省改称凤阁，中书令改称内史。宰相称同凤阁鸾台三品。御史台分为左肃政、右肃政两台，左台纠察朝廷，右台纠察郡县。公元690年，僧法明等十人献《大云经》四卷，说武则天是弥勒佛转生，当代唐作天子。武则天颁布《大云经》，令诸州都建大云寺。

接着唐睿宗等六万余人上表请改国号，武则天算是顺从众议，宣布改唐为周，立称号为圣神皇帝。经过三十六年的经营，武则天终于得到皇帝的称号。武周天授元年（690年）九月初九，武则天宣布改国号为周，改年号为天授，自称圣神皇帝，正式建立大周王朝。

武则天从公元690年当皇帝，到公元705年病重退位，一共当了十五年的女皇。

如果从公元655年她以皇后身份参与朝政算起，到705年病逝为止，前后执政50年。在这半个世纪中，武则天的统治措施，对唐代封建社会经济、政治、文化的发展，产生了很大的影响。

武则天称帝后，厉行残酷的镇压来防止唐臣的继续反抗。她在朝堂放四个铜匦，其中一个收受告密文书。有些告密人，她还亲自召见。她用索元礼、周兴、来俊臣为首的23个酷吏，先后杀唐宗室贵戚数百人，大臣数百家，刺史、郎将以下官不计其数。索元礼、周兴、来俊臣所杀各数千人，其余诸人所杀人数多少不等。酷吏滥杀无辜，到了群情激愤的时候，她也陆续杀一些酷吏来缓和形势，最大的酷吏也不得免。公元690年，她达到称帝的目的，次年，杀索元礼，流放周兴到岭南，表示滥杀之罪在二人。公元697年，杀来俊臣。

狄仁杰像

她能控制好亲信，使这些小人的恶行还有一定的限度，基本上不甚损坏当时的政治。

《通鉴》说武则天"虽滥以禄位收天下人心，然不称职者，寻亦黜之，或加刑诛。挟刑赏之柄以驾御天下，政由己出，明察善断，故当时英贤亦竞为之用"。《通鉴》这个评语是恰当的。武则天的长处，就在于善于选拔人才，委以重任。在她的统治时期，朝中有才能的文武大臣，几乎不比贞观时少，她能听谏，也多少有一些唐太宗的风度。她前后任用的主要宰相，如李昭德、魏元忠、杜景俭、狄仁杰、姚崇、张柬之等，边将如唐休璟、娄师德、郭元振等，都是一时人杰。这些人用作将相，使得国家能够保持正常状态，免于内乱外患。她经常留心人才，如张循宪为河东采访使，有疑难事不能解决，请当地一个免了职的小官张嘉贞办理。张循宪回朝，保荐张嘉贞。她召见张嘉贞，任用为监察御史。凭她的明察善断，朝廷上便拥有一批愿为她效力的能臣，所以成为成功的皇帝。

武则天统治时期，封建经济得到一定的发展，政治上能重视提拔一些有才干的人，广泛扩大封建统治阶级的社会基础，国防也得到加强。唐太宗贞观年间所取得的统一与强盛的成就，在武则天统治的半个世纪里，得到切实的巩固。

但是，武则天在当政时期，用人太滥。她放手招官，固然可以发现、提拔一些人才，但也使官僚机构急剧膨胀，增加了国家和人民的负担。她重用武氏家族和一些谄媚小人，让他们长期担任宰相、尚书、总管等要职，这些人不学无术，贪赃枉法，鱼肉百姓，影响极坏。

武则天崇信佛教，大造佛寺佛像，度人做和尚尼姑，浪费了大量钱财。她造一个"明堂"，高294尺。又兴建天枢，高105尺，基地周围170尺，用铜铁200万斤。铜铁不够用，竟征调民间农具充用，这些巨大的浪费，加重了人民的负担。她曾命天下断屠、禁止捕捉鱼虾。禁令实行了七八年，很多百姓的生计断绝。

武则天晚年放纵武氏亲族集团。侄儿

梁王武三思把持朝政，和武则天的男宠张易之、张昌宗等勾结，把朝政搞得混浊不堪。神龙元年（705年）正月二十二日，宰相张柬之、崔玄暐，中台御史敬晖、司刑少卿桓彦范、相王府司马袁恕己，五人合谋，诛灭二张，逼武则天交出政权，让中宗复位。正月二十五日，武则天徙居洛阳宫城西南的上阳宫。翌日，唐中宗亲率百官至上阳宫问安，为其母帝上尊号"则天大圣皇帝"。当年十一月初二，即公元705年12月11日，虚岁八十二的武则天死于上阳宫的仙居殿。

乾陵

武则天死后，灵柩在唐中宗李显护送下运回长安，与唐高宗合葬在乾陵。临终遗嘱儿子李显为她立一块大石碑，上面不书一字。一生功过，让后人评说。如今这块"无字碑"仍巍然耸立在陕西乾陵，留给后人许多遐想。

称制历程

永徽（650年）初期，君臣兢兢业业，朝廷大体上相安无事，就是后宫王皇后与萧淑妃相互争宠，高宗两面为难。

原来，太宗生前曾有一小宠姬，生得妖媚艳丽，十四岁进宫，被封为才人。她就是武则天，名曌。高宗做太子时，乘入侍太宗之机，与她偷过情。太宗去世，武才人和许多太宗嫔御一起被安置在感业寺中为尼。高宗到感业寺等烧过了香，便携了武氏进云房叙旧，两人久别重逢，悲喜交集，不由情不自禁，相对哭泣。

无字碑

这事给王皇后知道了。但王皇后正因妒忌萧淑妃，一想正好可给萧淑妃树一敌手，所以非但不责怪，反而劝高宗把武才人接回宫来，还暗中叫武氏蓄发。武氏蓄发不久，又是一头乌云，便随了内侍回到唐宫。这时她二十六岁。武氏十分乖觉，见了王皇后，就恭恭敬敬地叩下头去，还说了许多恭维话，王皇后十分高兴。以后，武氏极力巴结王皇后，把王皇后哄得喜欢不尽。王皇后也就常在高宗面前说武氏的好话。不久，高宗封武氏为昭仪。

从此，萧淑妃和王皇后都日益失宠。王皇后见弄巧成拙，十分懊悔，就与萧淑妃联手，与武昭仪争宠。可高宗根本不理她们，只相信武昭仪的话。武昭仪见自己名位已定，又愈来愈受高宗宠爱，就开始了陷害王皇后、争夺后位的阴谋。

武昭仪先百般笼络宫女、女官，每次得到赏赐就全分给她们。这些宫人因为王皇后平时脾气大，不尊重她们，对王皇后素有怨言，如今见武昭仪对她们倾心相交，自然很感激，都乐意为她所用。然后，武昭仪就命受她笼络的宫人暗中监视王皇后，把王皇后的一举一动报告给她。她再添油加醋说给高宗听。可谁知高宗虽然不常与王皇后同房，却也没有废后之意。武昭仪只好另想良计。

机会终于来了。永徽五年（654）十月，武昭仪生了个女孩，王皇后很喜欢，到昭仪宫中看玩。武昭仪心中盘算定当，等王皇后一走，就残忍无情，扼死了亲生女儿，然后再给死婴盖上被子。高宗来了，武昭仪承欢言笑了一会，就揭开被子，装作突然发现死婴，假意啼哭起来，并问左右有谁来过。左右都说：“皇后刚刚来过。”高宗听了，勃然大怒，说：“皇后杀了我的女儿！”武昭仪乘机大进谗言，于是高宗决意废王皇后。

废立皇后，在中国各朝代，可是国家

瑞兽

大事，必须通过大臣。高宗感到首先要取得执政的舅舅长孙无忌的支持，当夜就带了武昭仪，御驾来到太尉府。君臣在厅上畅饮，饮到高兴处，高宗忽然授长孙无忌的三个儿子为朝散大夫。长孙无忌推辞不过，接受了。这时高宗装作随便的样子，说皇后无子还要妒忌别人。长孙无忌方知高宗此来用意，但他假痴假呆，不接口，旁顾左右而言他。高宗与武昭仪见长孙无忌有意回避，心中不悦，罢席而归。

但高宗还不死心，暗中派内侍送去金银宝器各一车，绫锦十车，讨好长孙无忌。武昭仪又多次支使母亲杨氏到太尉府，祈请长孙无忌立武昭仪为后，长孙无忌不应许。卫尉卿许敬宗也屡去见长孙无忌，劝长孙无忌依允，给长孙无忌狠狠训了一顿。

这时武昭仪又生了个儿子。叫李弘。她得意非凡，非要取王皇后而代之。她命心腹宫女准备了一个木偶，上写高宗姓名与年庚八字，悄悄埋在王皇后宫中，然后便去报告高宗，高宗气冲冲来到王皇后宫中，命内侍挖掘，果然得一木偶，不由大骂王皇后。他不听王皇后分辩，也不顾大臣反对，准备一意孤行，要废王皇后。永

中国通史

最新整理图文珍藏版

徽六年（655 年）六月，高宗在武昭仪撺掇下，下敕禁止皇后母柳氏入宫，把吏部尚书柳奭贬到外州去做刺史。武昭仪又引许敬宗、御史大夫崔义玄、中丞袁公瑜、中书侍郎李义府为腹心，在朝臣中为她活动。瓦岗名将裴仁基之子长安令裴行俭获知高宗执意要立武昭仪为后，认为国家之祸将从开始，十分焦虑，与长孙无忌、褚遂良商议怎么办。此事被袁公瑜侦知，告发，裴行俭也被贬为外任。

就这样，废立皇后事被长孙无忌等大臣顶了半年多，君臣冲突终于爆发了。

九月，高宗升许敬宗为礼部尚书，表明了要立武昭仪为后的意向。退朝后，召长孙无忌、李世𪟝、于志宁、褚遂良入内殿议事。褚遂良看出了高宗的意向，说："今日召我们，多半为了中宫的事。皇上心意已决。太尉是元舅，司空（李世𪟝）是功臣，不能让皇上背上杀元舅功臣的恶名。我起自草莽，无汗马功劳，得居高位，又受先帝顾托，不以死争，有什么面孔去见先帝！"表示由他去力争，阻止高宗废王皇后。于是李世𪟝称病不入。

长孙无忌、褚遂良、于志宁三人进了

内人双陆图

内殿，高宗劈面就问："皇后不生儿子，武昭仪有儿子，今朕欲立武昭仪为皇后，怎么样？"褚遂良挺身反对，说："皇后出身名门，是先帝为陛下所娶。先帝临崩时，拉着臣手说：'朕佳儿佳妇，托付给卿。'这话陛下也听到。如今言犹在耳。皇后没有过失，岂可轻废！臣不敢曲从陛下，违背先帝遗命！"君臣不欢而散。

第二天，高宗临朝，正式提废立皇后的事。褚遂良跪奏说："陛下一定要另立皇后，也应慎重从名族中选择，何必立武氏？武氏侍奉过先帝，天下人都知道，实在不妥，后世也要议论陛下！"说完，把朝笏放在殿阶上，脱帽叩头，说："笏还给陛下，放臣归田里。"血都叩了出来。这番话无疑是揭了高宗的丑，高宗恼羞成怒，命令左右将褚遂良撵出去。武昭仪在帘内火上浇油，大声尖叫："何不扑杀此獠！"长孙无忌闻言，急忙出班保奏："遂良是顾命大臣，就是有罪，也不可加刑。"褚遂良才得免难。侍中、太子宾客韩瑗和中书令、检校吏部尚书来济也都涕泣谏阻废王皇后，弄得高宗无法可想。

可就在这时，李世𪟝背叛了长孙无忌、褚遂良，在另一天，单独去见高宗。高宗向他问计："朕想立武昭仪为后，褚遂良坚持反对，他又是顾命大臣。难道这事就这样算了吗？"李世𪟝说："这是陛下家事，何必还去问外人。"为高宗解决了难题，高宗主意打定了。许敬宗受到讽示，就在朝房中，肆无忌惮地宣扬："田舍翁多收了十斛麦子，还想换个老婆，何况天子呢！天子要另立皇后，关别人什么事，要妄生异议！"

于是，高宗放开了手脚，贬褚遂良到离长安 2400 多里的潭州（治所今湖南长沙）做都督，来儆戒反对另立皇后的朝臣。韩瑗悲泣不已，上疏再谏，说褚遂良是社稷忠臣、大唐的微子，不能远放。影射武昭仪是亡殷的妲己，一旦立为皇后，大唐易姓就不远了。高宗根本听不进去。

十月，高宗下诏说：王皇后，萧淑妃谋行鸩毒，废为庶人。她们的母亲及其兄弟都除名，流放岭南。第七天诏立武昭仪为皇后。十一月初一，举行册立仪式，由李世勣把皇后玺绶授武后，百官在肃仪门朝见新皇后。武后从此走向了中国的历史舞台。

唐·彩绘涂金着明光铠武士俑

武后生性凶悍残虐，有一个故事很能说明她的这种性格。那还是太宗朝时，她还在做才人。太宗有一匹马名叫狮子骢，性情暴烈，没人能制服它。武才人说："我只要有三件东西，就能制服它。"太宗问："哪三件东西？"武才人说："一条铁鞭，一把铁锤，一支匕首。马不听话，我就用铁鞭抽它；再不听说，就用铁锤锤它；还不听话，就用匕首刺死它。"她是要用这种凶悍残虐的方法来治御臣下，首先遭殃的

是废后王氏和废妃萧氏。

高宗内外政事，多与武后商议。武后原有政治野心，又有政治才干，渐渐地骄恣自擅，跟高宗争起权来。高宗被弄得很不高兴，转而想起废后王氏和废妃萧氏的好处来。王皇后、淑妃被废后，因在冷宫别院。高宗找了一个机会，瞒着武后，去看望王皇后和萧淑妃。只见囚室严密封闭，只留一个壁洞供递送食物，高宗不觉恻然伤心，在室外呼喊："皇后、淑妃在哪儿？"听得高宗声音，王皇后哭泣起来，回答说："妾等得罪，贬为宫婢，哪能还有尊称！"又哀求说："陛下如果还念旧情，使妾等重见天日，乞求名此院为回心院。"高宗应允说："朕自有处置。"

唐代宫乐图

谁知消息走漏，武后知道了，勃然大怒，跟高宗大吵一场，还想了一个狠毒残忍的惩罚王、萧两人的办法，说："叫这两个婆子骨醉！"她矫旨派人将王、萧两人各杖100，然后斩断了两人手足，叫做"人彘"，塞进了酒甕。王、萧两人晓得是武后之谋，萧淑妃大骂："阿武妖猾，到这个地步！我愿下世投生做猫，叫阿武做鼠，扼她的喉！"浸了数日，两人就死了。

来人把萧淑妃的话回了武后。武后又恨又怕，命将已死的王、萧两人的首级割下泄恨，又下令宫中不许养猫。可是她仍

经常梦见王、萧两人披发沥血来找她算账，吓得她一再迁居，最后不敢再住在长安，徙居到洛阳。

杀害了王皇后、萧淑妃，武后巩固了在后宫的地位，进一步挟持高宗。高宗昏庸，政事多听她取决，重用武后心腹许敬宗、李义府。许、李两人是唐初出名的奸臣，都在立武后中立了大功。许敬宗出身江东士族，隋末投奔李密。他为人无行，但写得一手好文章，被秦王召补秦府学士。高宗即位，就重用他，代于志宁为礼部尚书；后因嫁女纳贿，被弹劾降职，但很快召入为卫尉卿、加弘文馆学士，兼修国史，不久复职礼部尚书。许敬宗修国史，歪曲事实，凡恨的人，就写得坏，谁贿赂他，就隐去恶事。处理政事更是顺风阿旨，阴附武后。李义府也以善文章著名，也为人阴险奸猾，平时逢人先笑，但一肚皮坏水，只要稍有嫌隙就要暗中陷害。当时人都说他笑中有刀，因他阴柔而能害人，背后给他起了绰号，叫"李猫"。高宗拜他为中书侍郎、同中书门下三品，监修国史。

许敬宗为了进一步投靠武后，就在王皇后被害后，立即上奏说太子李忠是庶出的，应废庶立嫡。也就是要改立武后的儿子为太子。李忠是高宗长子，永徽三年立为太子，但是后宫刘氏所生，没有坚强的靠山，他很知趣地主动提出让位。显庆元年（656年），高宗改封李忠为梁王，立武后的长子李弘为太子。从此，武后没有了后宫之忧，集中心思，用驯马法，来对付不合己意的元老勋臣，控制朝臣了。许敬宗、李义府是她的最好帮手。

李义府是个好色之徒。显庆元年，大理寺狱中关进了一个女犯人淳于氏，李义府听说淳于氏很美，就嘱使大理寺丞毕正义枉法放了她，被他收作了小妾。大理卿察觉此事可疑，上奏高宗。高宗诏令给事中刘仁轨覆查。李义府怕毕正义供出他来，

就逼毕正义在狱中上吊自杀。侍御史王义方查出了李义府的奸事，就整理了李义府拍马屁发迹史和奸事，详细报告给高宗。高宗竟大怒，说王义方毁辱大臣，言辞不逊，把王义方撵出京城，贬到莱州做小官，对李义府的罪则不闻不问。如此忠奸不分的高宗正好做了武后剪除异己，揽权专擅的驯服工具。

武后撺掇高宗，升许敬宗为侍中，李义府参知政事兼中书令。许、李两人就迎合武后旨意，诬奏侍中韩瑗、中书令来济勾结褚遂良潜谋不轨。高宗准奏，将褚遂良一贬再贬，韩瑗、来济也被贬为外州刺史。不久，褚遂良、韩瑗忧愤而死。武后在通向执政的道路上，又清除了一个重要障碍。

接着，武后指使许敬宗伺隙构陷长孙无忌。恰巧这时有人告发太子洗马韦季方结党，高宗命许敬宗审理。许敬宗严刑逼讯，要韦季方攀诬长孙无忌。韦季方被逼不过，自杀，没有死成。

许敬宗竟抓住这个机会，诬奏韦季方想与长孙无忌勾结，陷害忠良，伺机谋反，如今事情败露，畏罪自杀。高宗不信，说："舅舅怎么会谋反！"许敬宗说："臣审得详细，反状已清楚，陛下还要怀疑，恐非社稷之福。"高宗不禁哭泣起来，说："我家不幸，亲戚间屡有异志，往年高阳公主与房遗爱谋反，如今我舅舅又是这样！如果事情真是这样，该怎么办啊？"许敬宗说："房遗爱是个乳臭小儿，成得了什么气候。可无忌与先帝谋取天下，做了三十年宰相，如果一旦谋发，谁能当得了他。请陛下速作决定。"

高宗仍下不了决心，命许敬宗再去详细审问。次日，许敬宗奏说："昨夜季方已承认与无忌同反。季方供说柳奭曾劝无忌立梁王为大子，如今梁王被废，无忌忧恐，为自安之计，才日夜与季方商议谋反。"高

宗相信了，又哭泣起来，说："舅舅果真如此，朕决不忍杀他。杀了他，天下人一定要骂朕，后世一定要骂朕！"许敬宗催促说："古人说：'当断不断，反受其乱。'安危之机，间不容发。陛下若不早决，臣恐变生肘腋，后悔无及！"

唐·橐驼俑

高宗于是不再犹豫，也不召问长孙无忌核实，就下诏削去长孙无忌官职及封邑，押送到黔州安置。又废梁王为庶人，贬柳奭到象州，贬于志宁到荣州。不久，又派人到黔州逼长孙无忌自杀，到象州杀死柳奭。长孙无忌的子孙近亲也被杀的被杀，流放的流放。大唐一代勋臣，在君主专制制度和武后驯马精神下，就这样落得个身死家破的下场。

杀了长孙无忌，还有谁敢违忤武后的旨意。于是武后肆无忌惮，揽权行威。显庆五年（660年）十月，高宗可能患了次小中风，头痛，目不能视，百官奏事，只得都委武后批决。武后人聪明敏锐，涉猎文史，因此所处理的事都能符合高宗意思。于是政权渐渐移归武后，威势与皇帝一样。高宗称天皇，武后称天后，中外称之为"二圣"。

可是武后因此愈来愈骄横，不再奉顺高宗旨意，渐渐不把高宗放在眼里。高宗一举一动都受制于武后，不能自做一点事，他对此愤愤不平，偷偷地召来西台侍郎上官仪商议对策。上官仪说："皇后专恣，天下人都不赞成，废了她。"高宗认为不错，就命上官仪起草了废后诏。

谁知宫中早就布满武后心腹，奔告武后。武后急忙赶来，大吵大闹，吓得高宗畏首畏尾，不敢发出诏书，还说："我初无此心，都是上官仪教我的。"于是武后立即唆使许敬宗诬告上官仪一状，说他串通废太子李忠，阴谋叛逆。高宗这时已毫无主意，一切听任武后。结果，李忠赐死，上官仪处死，凡平时与上官仪有过来往的朝臣士大夫统统贬官流放。

海船模型

从此，高宗临朝，武后垂帘听政。政事不论大小，官员要升要降，要斩要杀，都由她说了算。天下大权，全归中宫，高宗不过傀儡一个，拱手而已。武后正式登上了中国的历史舞台。

可武后意犹未足，想进一步独揽朝政。上元元年（674年），她引用了一批文学之士，随侍左右。平时，命他们撰写《列女

中国通史

最新整理图文珍藏版

传》、《臣轨》、《百僚新戒》等书，借以从思想上控制和督责臣民；朝廷奏议、百官奏疏，就命他们阅议参决，以分宰相之权。这些学士不经设在皇城的朝官衙门（"南衙"），出入宫城北门，时人称他们为"北门学士"。

武后正在得意逞志时，与亲生儿子发生了冲突。武后生了四个儿子，长子李弘，次子李贤，三子李哲，四子李旦。太子李弘与母亲性情迥异，仁孝谦谨，敬礼大臣朝士，所以很得人心。他多次奏请，违忤武后意旨。武后对他很恼火。李弘有两位异母姊姊义阳、宣城二公主，都是萧淑妃所生，被武后长期幽禁在掖庭，年过三十，还未能出嫁。一次，李弘在掖庭见到了二位公主，又惊，又可怜，立即奏请高宗，让她们出嫁。高宗应允了。武后得知后，怀恨在心。

当时高宗病发得很厉害，一班逢迎钻营的朝臣提议让武后摄知国政。可高宗接受了中书侍郎郝处俊、李义琰的谏议，要让太子监国。这样，武后要独揽朝政，李弘就成了她的障碍，她再也容不得这个亲子了。

上元二年（675 年）四月，武后在合璧宫鸩杀了李弘。高宗正想禅让给太子，得了凶讯，很悲痛，下诏谥李弘为孝敬皇帝。帝子谥皇帝，这是中国史上的第一次。

六月，立李贤为太子，随即又命他监国。不料李贤也与武后性情不合。正议大夫明崇俨以符咒奇术得武后宠信，他揣知武后不喜李贤，就经常密告武后，说李贤长相不好，不能即位，还是英王李哲貌像太宗，相王李旦相贵。宫中还有人议论，说太子是皇后姊韩国夫人生的。这些话传到李贤耳中，李贤心中又疑又怕。武后又命北门学士撰写了《少阳正范》和《孝子传》等书，不断送给李贤，暗寓训斥，还多次自写书信责备李贤。李贤愈加不安，日益消沉下去，沉湎酒色。

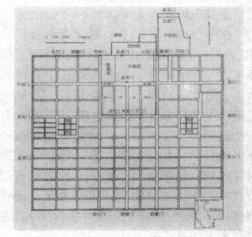

唐长安城平面复原图

高宗调露元年（679 年）五月，明崇俨奉武后命到长安办事，途中逢盗被杀。武后怀疑是李贤指使的，只是一时查不出证据。永隆元年（680 年）八月，东宫司仪郎韦承庆向武后报告，说太子与户奴赵道生等狎戏。武后正苦于找不到太子的岔子，这下就抓住机会召李贤到洛阳训斥，

长安
城遗址

第三编　隋唐五代时期

最新整理图文珍藏版

1315

又遣中书令薛元超，裴炎和御史大夫高智周三人负责案查东宫。临行时，又向三人面授旨意。三人带人在东宫搜来搜去，竟在马坊里搜出了数百件黑色甲胄，取为谋反的证据。他们又抓了赵道生，逼他招供受太子指使杀了明崇俨。

三人大功告成，回报武后。武后说："做儿子的心怀逆谋，天地不容，罪不可赦！"要"大义灭亲"，处死李贤。幸亏高宗代子求情，废为庶人，得免一死。第二天，立英王李哲为太子。

次年（681年）十一月，李贤被流放到巴州（今四川重庆）。李贤在徙所，郁郁不欢，写了一首《黄台瓜词》："种瓜黄台下，瓜熟子离离。一摘使瓜好，再摘使瓜稀，三摘犹为可，四摘抱蔓归。"后来有人把这词抄给了武后。武后越看越觉这是在讽怨自己，就暗中派左金吾将军丘神勣潜往巴州，逼李贤自杀而死，死时只有三十二岁。李贤处事明审，很有才干。他曾招集很多学者集体注范晔《后汉书》，在史学史上很有价值。

徐敬业讨武失败

就在武则天一步一步走近皇位的时候，英国公徐敬业在江南起兵反武。

诸武用事，原唐室官吏多受排挤，因此唐宗室人人自危，人情愤怨。不久，在扬州聚集了一批贬官，其中有李勣孙英国公敬业，唐初四杰之一的骆宾王等。他们在扬州碰聚，同病相怜，怨恨大发。大家共推敬业为统帅，称匡复府上将，领扬州大都督；故御史魏思温为军师，骆宾王为记室，以匡复庐陵王为名，杀了扬州长史陈敬之，起兵反武。不过十天，聚兵十余万。

接着，由骆宾王起草了《讨武曌檄》。檄文列数武则天"秽乱春宫"、"残害忠良"等罪状，揭示她"窃窥神器"的野心。

这是篇千古名檄，精彩生动，气韵盎然。武则天边读边微笑，读到"一抔之土未干"，不由惊叹，问侍臣："这是谁写的？"侍臣答："是骆宾王。"武则天说："让这样的人才，流落在外，真是宰相的过失。"

武则天召裴炎问计。裴炎因匡复军右司马薛仲璋是他的外甥，不希望兴兵征讨，就对武则天说："皇帝年长，不亲主政事，所以敬业这小子才有了借口。如果太后返政给皇帝，叛众便可不讨自平。"

武则天听了很不高兴，等裴炎走后，又召武承嗣商议。武承嗣认为叛军都是乌合之众，一扫就平。武则天将裴炎的意见告诉武承嗣。武承嗣说："裴炎的外甥薛仲璋参加叛党，所以才说这个话。监察御史崔察说裴炎也参与谋反。"武则天马上召崔察讯问。崔察早受了武承嗣的密嘱，添油加醋说裴炎如果不反，为什么要太后返政呢。武则天深信了，立即逮捕了裴炎。不久，便斩了裴炎，把为裴炎说话的几位朝臣凤阁舍人刘景先、侍郎胡元范、太仆寺丞仳先全都流放到边州。

与此同时，武则天命削去敬业祖、父官爵，劈坟斫棺，复本姓徐；并命左钤卫大将军李孝逸为扬州道大总管，侍御史魏元忠为监军，统率10万大军，日夜兼程，开赴江淮前线，征讨徐敬业。

徐敬业起兵后，犯了方向性错误，被武则天赢得了时间。起先，魏思温建议："明公以匡复为名，应该率领大军鼓行进，直捣洛阳，这样天下义士都知道明公是志在勤王，自然四面响应。"薛仲璋反对，主张南取金陵，说："金陵有王气，又有长江天险可凭，不如先取常、润州，作为基地。然后北图中原，进无不利，退有所归，这才是良策！"魏思温坚持说："山东豪杰都因为武氏专制，愤愤不平，听说明公举事，都自蒸麦饭为粮，举锄作兵器，等待南军

中国通史

最新整理图文珍藏版

北进。不乘这个情势建立大功，反而畏缩，自谋巢穴，远近闻知，谁不解体！"但徐敬业采取薛仲璋的意见，派左长史唐之奇守江都，自率主力南渡长江，攻占了润州（今江苏镇江）。兵发时，魏思温对右长史杜求仁说："兵势合则强，分则弱。敬业不并力渡淮，收聚山东之众以取洛阳，失败就在眼前了。"等攻破润州、捉住润州刺史李思文，魏思温提议将李思文斩首示众，可徐敬业因思文是他的叔父，不肯听从，只将思文改姓武，关在狱中。魏思温叹说："不顾大义，专徇私情，哪有不失败的，我辈死无葬身之地了！"

虞世南像

就在这时，李孝逸率军进抵泗州（今安徽盱眙对岸）。徐敬业闻报回师北上，暂屯高邮境内的下阿溪，派弟敬猷北上据守淮阴，别将韦超、尉迟恭屯兵都梁山（今盱眙南）。

官军前锋发动进攻，被南军杀得大败。李孝逸首战失利，不敢前进。魏元忠说："天下安危，在此一举。如今大军逗留不进，万一朝廷另派大将军替代将军，将军怎么办？"于是李孝逸引军向前，与南军再战，阵斩尉迟恭。

支度使薛克杨建议一举攻下都梁，说："都梁地形虽险，但兵少，一举攻下，淮阴、高邮必望风瓦解。"行军司马罗艺认为还是改道直趋江都，活捉徐敬业，那时树倒猢狲散，定获全胜。诸将纷纷附和。魏元忠力排众议，说："贼的精兵，都在下阿，这里都是乌合之众，利在一决。敬猷是赌徒出身，不懂军事，一攻即克。乘胜前进，就是韩信、白起再生，也抵挡不住。"

彩绘骑马武士木俑

李孝逸听从魏元忠之计，进击都梁。韦超星夜逃窜，不战自溃。官军进攻淮阴，徐敬猷望风而逃。李孝逸沿运河南下，直扑下阿溪，徐敬业沿溪列营迎战，连战连胜，连斩数将。李孝逸害怕了，想退兵。魏元忠不同意，建议火攻。正好这时南军疲弊，顾望不振。李孝逸因风纵火，大败南军，斩首7000余，溺死者不可胜计。

徐敬业兄弟两人，轻骑逃进江都，带了妻子，奔到润州，弃马登舟，顺流出海，准备去高丽避难。船行到海陵（今江苏泰州），被风所阻。部将王那相突然叛变，杀了徐敬业、敬猷、骆宾王，及敬业妻子等二十五人，携首级投降了李孝逸。其余魏思温、唐之奇等余党也全被肃清。徐敬业讨武，只因为有了点私心，希求金陵王气，不过50多天，就失败了。

则天皇帝

武则天利用酷吏苛刑，大开杀戒，有部署地翦除李唐宗室，准备最后登上皇位，垂拱四年四月，武承嗣暗中指使人在一块白石上凿了"圣母临人，永为帝业"八个字，又指使雍州人唐同泰奉表贡献，说是在洛水中得到的。武则天大喜，把这块白石命名为"宝图"。五月，她亲拜洛水，接受"宝图"。又在南郊，告谢昊天，登明堂，受百官朝贺，自称"圣母神皇"。七月，更名"宝图"为"天授圣图"，洛水为永昌洛水，洛水神为显圣侯。吹吹打打，兴致勃勃，要做她的"真命天子"。

唐宗室诸王对此很不安，感到武则天要尽诛宗室，要把李家社稷移授武氏，都内怀匡复之志。八月，琅琊王冲起兵。原来约定同时响应，结果只有冲父越王贞响应，其余诸王不敢发动。武则天派左金吾将军丘神勣率兵征讨。不过七日，消灭李冲。接着，平定越王，李贞自杀。武则天命周兴逮捕了韩王、鲁王、常乐公主等，逼他们自杀，还牵连了许多大臣遭贬，连魏元忠也被流放。

永昌元年（689年）十一月，武则天诏改用周历，就是以十一月为正月。十一月八日，自名为曌，改诏为制。一月，升武承嗣为文昌左相，武攸宁为纳言。通向皇位的道路已经铺平，一个武氏皇朝呼之欲出。

八月，又大杀唐宗室，连二个亲孙子也没放过，诛杀他们的亲党数百家，把宗室几乎全部杀光，幼弱的流放岭南。

同时，武则天组织朝野，为她制造登基舆论。和尚法明等编了一部《大云经疏》，宣称太后是弥勒佛下世，应该替代唐朝做人主。武则天下令全国各州都要建立大云寺，藏一部《大云经》，由高僧向百姓宣讲，为她夺取皇位大造舆论。酷吏傅游艺承旨纠合关中900多人，请愿"劝进"，改国号，赐皇帝姓武。武则天假意不许，但提升傅游艺为给事中。于是，太后之意，路人皆知。文武百官、远近百姓、和尚、道士等6万多人按傅游艺请愿内容上书。声势浩大，连皇帝李旦也吃不住压力，上表自请赐姓武。喧喧嚷嚷，闹了一个多月。

九月九日，武则天登则天楼，宣布大赦天下，改国号为周，改元天授，自称圣神皇帝，做了中国历史上第一个女皇帝。后来，中宗复位，尊她为则天大圣皇帝。但是，武则天宠佞臣，信谗言，朝廷气氛日益败坏。

广延人才

武则天镇压了旧朝廷的势力，同时急需培植新朝廷的势力，因此，不拘一格，放手招官，广延人才。

蛇骨塔

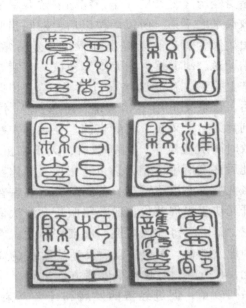

唐安西都护府西州、高昌、天山、蒲昌、柳中等地官印印模

武则天很重视科举。科举的考生，一是来自学馆，叫"生徒"，一是来自州县的推荐，叫乡贡，或贡生。以往，州县的奏呈，总是把贡物开列在前面，而贡生则写在后边。武则天把贡物与人才的关系倒置过来，把贡生放在首位，以示朝廷更重视人才。她做了皇帝，亲自考问举人，破格录用，称为"殿试"。原来，只开文科选士，武则天又增开武科，扩大选官的范围。武则天广开科举，仍恐埋没人才，又诏令臣民皆可"自举"，有所专长，均可录用。这样还不放心，又派出使者四处网罗，使得确有才能的一些落第举子、有能之士，也被选拔来做官了。

当时，朝廷上下，人才济济。武则天，凭借自己的明察善断，在大批贤才志士中遴选出许多出色的将相，委以国任。如宰相李昭德、魏元忠、杜景俭、狄仁杰、姚崇、宋璟、张柬之，以及边将唐休景、娄师德、郭元振等，都是一时的人选。故而即使在群奸、酷吏出入宫廷的不正常情况下，整个国家仍然保

持正常状态，不但免于内忧外患，而且经济、文化都有较大发展。这同武则天的政略不是没有关系的。

武则天重视和发掘人才的故事很多。

安西都护府前治所交河（今新疆吐鲁番）故城遗址

相传，武则天看到一篇叛乱者的文告，叫《讨武曌檄》。曌，音照，是武则天造的十九个怪字之一。曌是会意字，意为日月当空。武则天取以为名，喻意自己称帝，犹如日月经天。檄文气势磅礴，文词犀利，数其罪行，揭其隐私，淋漓尽致。武则天从容悦色地读着，当读到"一抔之土未干，六尺之孤安在"（意指高宗新死，中宗即被废黜幽禁），"试看今日之域中，竟是谁家之天下！"她问道："何人所为？"左右答曰："骆宾王。"骆宾王是位难得的才子，时与王勃、杨炯、卢照邻以诗文齐名，同为初唐四杰。他一生仕途坎坷，郁郁不得志。其诗文亦多悲愤之词。武则天感慨地说："这样的人才，怎能使之流为叛逆！这是宰相的过错啊！"

武则天广延人才，不分贤愚，均予位置，故正员数额不足，又广置员外官，以致出现了这样的政治笑话：

御史台（府），有个令史骑着毛驴到府里去办公。令史是个地位低下的小吏。府门内正中几位御史聚立着，他没有下驴，就一冲而过。御史们大怒，齐声喝着要打

他。令史忙说："各位大人息怒，今日的过错都怪这愚蠢的驴子。且先让我责备它的过错，然后大人们再打我也不迟。"御史们答应了。令史就责骂那驴子说："蠢驴！蠢驴！你有何能？你有何技？你神志昏昏，你行动迟迟，如此伎俩，怎敢混入御史行里！"这些御史们本来都是滥竽充数的，遂羞愧而散。

唐玄宗李隆基

李隆基（685～762），唐朝第七代皇帝。唐睿宗李旦第三子。隆基善骑射，通音律、历象之学，擅长八分书，多才多艺。垂拱三年（687）封楚王。长寿二年（693）改封临淄郡王。武周长安（701～704）中历官右卫郎将、尚辇奉御。神龙元年（705）迁卫尉少卿。景龙二年（708）兼潞州别驾，加银青光禄大夫。四年入朝，遂留京师。神龙元年正月武则天被迫退位后，中宗李显即位，恢复了唐朝国号，但政柄却旁落在皇后韦氏手中。景龙四年六月中宗去世，韦后立温王李重茂为帝，是为少帝。隆基与其姑母太平公主发动政变，诛杀韦后；武后、韦后余党略尽。少帝被迫逊位，相王李旦即位，是为睿宗。隆基以除韦后功，被立为太子。延和元年（712）八月睿宗传位太子，退为太上皇。隆基即位，改元先天，是为玄宗。不久太平公主又阴谋发动宫廷政变以废玄宗，隆基密知之，乃与郭元振、王毛仲、高力士等人于先天二年（713）先发制人，赐太平公主死，尽诛其余党。改元开元。武、韦二后以来的动乱政局至此告终，唐朝进入了开元（713～741）至天宝（742～755）长达四十余年政局比较稳定的鼎盛阶段。

玄宗早年是一个英明果断的封建皇帝，亲身经历过复杂的斗争，深知安定升平的政局来之不易，所以即位以后，擢同州刺史姚崇为相。姚崇提出抑权幸、爱爵赏、纳谏诤、却贡献、礼大臣等建议，玄宗基本上采纳。开元四年（716）姚崇罢相以后，玄宗又重用宰相宋璟。璟善择人才，刑赏无私，又敢于犯颜直谏。在姚、宋执政时期赋役宽平，刑罚清省，天下富庶。此后玄宗所用诸相张嘉贞、张说、韩休及张九龄等亦堪称贤良，各有所长。玄宗在开元初年提倡节俭、毁乘舆服玩，沙汰僧尼，禁民间铸佛像写经，选京官有才识者为地方都督、刺史；以后又适应时代的变化，在行政、财政、军事诸方面进行了一系列改革，促进经济的发展和社会繁荣。时在籍人户达到一千余万，生产获得发展，民间出现粮食丰溢、布帛充盈的景象（见开元之治）。但与此同时，土地兼并盛行，农民逃亡日多，社会政治危机也已经伏下。

从开元末年起，玄宗在长期升平殷富的盛世中逐渐发生变化。在政治上，他以为天下无复可忧，便深居禁中，怠问政事。自开元二十二年起，奸臣李林甫专权达十九年之久，宦官高力士亦日见重用；在对待周边各族方面，玄宗热衷于开边，对吐蕃、南诏、契丹不断发动战争，不仅恶化

李隆基

了民族关系，而且财政上也发生了用度不足的问题，故而又任用王𫓧等聚敛之臣，对人民加紧搜括；同时大量扩充边军，导致了军事布局上的外重内轻，中央集权被削弱；在个人生活上，他专以声色为娱，天宝二年后宠幸杨贵妃，放纵杨氏姐妹穷奢极欲，浊乱朝政，而李林甫死后杨贵妃从祖兄杨钊（即杨国忠）又成了专权的朝臣。玄宗在腐化的道路上越走越远，政治上一再受李林甫、杨国忠、安禄山等野心家的蒙蔽，终于在天宝十四载酿成了安史之乱。

安禄山发动叛乱之后，不到两个月就占领洛阳，大约半年就攻破潼关，直逼长安。唐玄宗于天宝十五载六月急忙率从官及杨贵妃等离长安西逃，行至马嵬驿（今陕西兴平西），禁军哗变，杀杨国忠，玄宗被逼缢杀杨贵妃，军情始定。此后，太子李亨率一部分禁军北趋灵武（今宁夏灵武西南），七月即位，改元至德，是为肃宗。隆基率另一部分禁军南逃成都，后被尊为上皇天帝。至德二载，唐军在回纥援助下收复长安，玄宗由成都还长安，居兴庆宫（南内），由陈玄礼、高力士等侍卫。

宦官李辅国曾因劝肃宗即位之功而深受肃宗宠信。安史之乱平定后，他自以出身微贱，为玄宗左右所轻视，乃离间玄宗与肃宗的关系，后竟迫使玄宗迁居太极宫（西内）甘露殿，流高力士于巫州（今湖南黔阳西南），勒迫陈玄礼致仕。玄宗晚年忧郁寡欢，于宝应元年（762）建巳月（即四月）甲寅于神龙殿去世。葬于泰陵。

开元盛世

自神龙元年（705 年）唐中宗即位至先天二年（713 年）唐玄宗初即位的八年中，更替了四个皇帝，政局紊乱。这八年是从武则天退位至唐玄宗"开元之治"的过渡阶段。

唐中宗名显（656～710 年），是武则天第三子。长安四年（704 年）武则天被迫退位，李显重新即位，韦氏再为皇后，干预朝政，如同武则天为皇后时的作为。中宗每次临朝，韦后都垂帘听政。桓彦范上表劝阻，被中宗拒绝。韦后为扩大权势，以她为首形成了一个韦武集团。韦武集团的骨干分子是上官婉儿和武三思。中宗复位后，晋封上官婉儿为昭容（女官名），叫她负责起草诏书，参与朝政。武三思，武则天之侄，被拔擢为春官尚书。韦武集团是由武氏集团和韦后的亲属、亲信构成。他们掌握大权，中宗被韦武集团包围。韦武集团将发动政变逼迫武则天退位的张柬之、敬晖、桓彦范等人视为仇敌。

大明宫遗址

神龙元年（705 年），武三思与韦后反复对中宗进谗言，以敬晖为平阳王，桓颜范为扶阳王，张柬之为汉阳王，袁恕己为南阳王，崔玄暐为博陵王。翌年五月，又将五人的王位削除，分别贬为崖州司马、泷州司马、新州司马、窦州司马、白州司马。当年八月，又削除五人之官位，分别流放至琼州、瀼州、泷州、环州、古州。五人之子弟凡年十六岁以上者，皆流岭外。接着武三思又派人至贬所杀害他们。其时，张柬之、崔玄姬已死，其他三人惨遭折磨致死。安乐公主为中宗、韦后所宠爱，她凭借这点卖官鬻狱，无所不为。为了卖官和为罪犯开脱，甚至自己写好皇帝的诏旨，将文字掩盖，让中宗在上签署，中宗"笑而从之，竟不视也"。

莲花纹地砖

皇太子李重俊，中宗第三子，是后宫宫人所生，韦后恶之，阴谋废黜太子。景龙元年（707年）七月太子李重俊与左羽林大将军李多祚和将军李思冲、李承况、独孤祎之、沙吒忠义等，冒皇帝命发羽林军骑兵300余人，杀死武三思、武崇训及其党羽十余人。接着，攻入太极宫，中宗、韦后、安乐公主、上官婉儿登上玄武门楼，令右羽林大将军刘景仁率飞骑百余人屯于楼下护卫。中宗在门楼上对李多祚所率羽林军说："汝辈皆朕宿卫之士，何为从多祚反，若能斩反者，勿患不富贵。"于是，李多祚的部下斩李多祚、李承况、独孤祎之、沙吒忠义等。太子李重俊逃往终南山，至鄠县西，被其左右杀死。

景龙四年（710年）六月，散骑常侍马秦客、光禄少卿杨均与韦后、安乐公主合谋毒死中宗。中宗死后，韦后封锁消息，总管朝政；调集各地士兵5万人守卫京城，命令自己的亲属韦捷、韦灌、韦烜、韦锜、韦播等分别统领；任命亲信张嘉福、岑羲、崔湜任宰相。太平公主（唐高宗女）和上官婉儿起草遗诏，立中宗第四子李重茂为皇太子，韦后临朝称制。准备效法她的婆婆武则天做历史上的第二个女皇。这时，武则天的第四子李旦还有一定的势力。李旦的第三子李隆基英武多谋，十分痛恨韦党专权，暗中招集智勇之士，广结左右羽林军将士，图谋除韦，振兴唐室。李隆基联合姑母太平公主发动政变，率羽林军万骑，抢在韦后准备对自己动手之前，攻入皇宫，将韦后及其党羽一网打尽。接着，由太平公主出面，恢复了睿宗李旦的帝位，李隆基也因功被立为太子。

公元712年，睿宗让位给太子，李隆基即帝位，这就是唐玄宗。改元先天，尊睿宗为太上皇。但三品以上官员的任命以及重大军国行政仍由睿宗决定。当时，太平公主的势力十分强大，可以左右朝政。宰相7人，有5人是她的亲信，文武大臣大半依附她。太平公主对李隆基占据皇位非常不满，便同宰相窦怀贞、萧至忠等人密谋策划，另立新君。

唐先天二年（713年）七月三日，玄宗得知太平公主及其党羽将于第二天发动政变的密报，马上采取紧急对策，派兵杀太平公主及党羽数十人，依附太平公主的官吏尽被黜逐。至此，唐朝政局才稳定下来，唐玄宗掌握了全部权力。十二月，改元开元。

唐玄宗在位四十四年，分前后两个时期，前期为先天（712～713年）和开元（713～741年），后期指天宝（742～755年）时期。在武则天统治的晚年和唐中宗、唐睿宗时期，政治昏暗，弊端丛生。针对这种情况，唐玄宗在开元年间任用改革家

李承乾像

姚崇、宋璟等人，进行了整顿和改革，并取得了显著的效果。

首先是裁汰冗官，整顿吏治。武则天以来，放手招官，唐中宗、韦后、安乐公主等更是公开卖官，滥置的员外、同正、摄、检校、判、知等官，多达数千人，这大大增加了国家开支，加重了人民负担，使吏治败坏。玄宗即位，"大革奸滥，十去其九"。裁减冗官数千人，停废闲散诸司、监、署十余所，精简了庞大的官僚机构，节省了开支，提高了行政效率、澄清了吏治。在此基础上，唐玄宗注重职官的铨选，强调以功、以才授官。他尤其重视直接监民的县令的选任，开元四年（716年），唐玄宗对吏部选用的县令，亲加复试，有45人因不合格而被淘汰。唐玄宗还加强了对官吏的考核，规定每年十月，各道按察使对地方官吏循名责实，进行政绩考核，作为黜逐的根据。这些做法，对澄清吏治起到了很好的作用。

其次，抑制食封贵族。唐初，规定食实封的贵族，国家按食实封的户数将课户拨给封家，租调由食实封贵族派人征收。

唐初食实封的贵族不过20家至30家，封户多的也不过千余户。但是，到唐中宗时，封家增至140家以上，封户多的达万户。国家大部分租调为封家所侵吞。而且，封家的官吏、奴仆到地方征收租调，往往对封户进行勒索、多取财物，有的以租调做买卖、放高利贷，增加剥削量。这又大大加重了封户的负担，使许多封户破产逃亡。唐玄宗于开元三年（715年）规定，封家租调由政府统一征收，送于京师，封家在京城领取，禁止封家直接到封户催索，禁止放高利贷。这缓和了社会矛盾，增加了国家收入。以后，唐玄宗又规定，凡子孙承袭实封的，户数减2/10，这项规定与由政府征收封户租调，对食实封贵族的势力起了抑制作用。

尉迟恭像

第三，压抑佛教。武则天统治时期，大力提倡佛教，兴建了众多佛寺，不少人削发出家。唐中宗、唐睿宗时，佛教势力继续发展，使僧尼人数大增，全国约有10万人。僧尼不服役纳税，建寺造像耗费巨大，影响了国家财政收入，也给人民造成很大痛苦。开元二年（714年），唐玄宗接受姚崇建议，"命有司沙汰天下僧尼，以伪亡还俗者万二千余人"。并下令"自今所在毋得创建佛寺"。禁止民间铸佛像、抄写佛经。还没收各地寺观法外多占田地，给欠田农户耕种。

第四，发展农业生产。唐玄宗开元年间在发展农业生产方面采取了一些措施，首先，针对三辅地区"诸王公权要之家，皆缘渠立硙，以害水田"的情况，唐玄宗"诏令（李）元纮便"令吏人一切毁之，百姓大获其利"。其次，灭蝗止灾。在开元三年、四年，山东、河南、河北等地连年发生蝗灾，而一些官吏认为杀蝗有祸，"民或于田旁焚香、膜拜，设祭而不敢"。唐玄宗接受了姚崇的建议"遣御史督州县捕而瘗之"大大减轻了蝗灾。再次，为发展农业生产，又在河东道、关内道、河南道、河西道、陇右道、河北道、剑南道等地，大兴屯田，是时全国有992屯军屯，垦田面积有500万亩左右。从武则天以来，均田制逐渐被破坏，土地兼并、农民逃亡现象日益严重，为此，唐玄宗于开元九年（721年）派宇文融为劝农使到全国各地检括逃户和隐田，括出80余万客户和不少田地。唐政府对这些客户每丁税钱一千五百，免六年租调徭役，由各州安插于均田土地上。这多少改变了占田不均的情况，有缓和阶级矛盾、促进农业生产发展的积极作用。

第五，整顿财政，提倡节俭。自唐高宗以后，官僚机构日益膨胀，军队增多，统治者生活奢侈，使国用日益不足。唐玄宗即位后，三令五申，提倡节俭。他销毁金银器玩，规定后妃不许服珠玉锦绣。在节用的同时，唐玄宗十分重视开源，增加财政收入。括田括户，增加了国家的财赋收入。开元初年，规定地税每亩纳粟二升，

并使户税成为定制，这增加了富户的税额。至开元中，将部分编户负担的杂徭，普遍改为纳钱代役，这不仅使劳动者的人身依附进一步松弛，而且也增加了国家的收入。

经过开元年间的改革，唐玄宗统治下的唐王朝进入了全盛的时期。

唐玄宗开元年间，出现了经济繁荣，社会比较安定，文化昌盛，国力强大的局面，达到了唐朝繁荣的高峰。

社会生产经过从唐高祖、唐太宗至唐玄宗100年的恢复发展，达到了新的高峰，粮食布帛产量丰多，是时"四方丰稔，百姓殷富"，国家仓储盈满，以至"左右藏库，财物山积，不可胜较"。诗人杜甫在《忆昔》诗中描写开元时期繁盛情况说道：忆昔开元全盛日，小邑犹藏万家室。稻米流脂粟米白，公私仓廪俱丰实。九州道路无豺虎，远行不劳吉日出。齐纨鲁缟车班班，男耕女桑不相失"。此诗虽有些夸张，但它在一定程度上反映了当时的社会状况。

在生产恢复发展的基础上，开元年间物价较为低廉平稳。开元十三年（725年）"东都斗米十五钱，青、齐五钱，粟三钱"。此后，直至天宝末年，物价长期稳定，"两京斗米不至二十文，面三十二文，绢一匹二百一十二文"。物价低廉平衡对社会的安定有着积极的作用。

唐朝户口亦逐渐增长。在武德年间，全国有户200万，贞观时增至300万，唐高宗永徽三年（652年）上升至380万户，武则天末年神龙元年（705年），全国有户615万，有口3714万。而到开元、天宝年间，人口增加更快，在天宝十四年（755年），全国户增至891万，口达5291万，这是唐朝人口统计的最高数字，由于有相当数量的逃户不在簿籍，所以政府统计的户口数比实际户口数要低。据杜佑估计，天宝年间全国实际户数至少有1300万至1400万，按一户五口计算，唐朝全国约有

通往中亚的道路重新打开了，唐朝对西域的主权恢复了，唐朝的声威远播西亚。日本、朝鲜半岛同唐朝的联系频繁。

"开元盛世"，是唐朝百余年社会经济发展的结果，是广大劳动人民辛勤劳动所创造的。它的出现，与唐皇朝统治者有关，但是随着唐玄宗的统治趋向腐败，各种社会危机也就进一步暴露出来了。

安史之乱

概况

唐朝前期，军事方面上承隋及北周，实行府兵之制。为了保卫唐朝中央政府所在地的长治久安，府兵的军府多数设于关中，"举天下兵不敌关中"，形成了居重驭轻的形势。府兵由百姓中简点，轮番服役，担任宿卫及征防。有事出兵则由朝廷命将统率征行，战争结束则兵散于府，将归于朝，这样，就不会有边将拥兵自重的情况。睿宗时期，始于边境设置节度使，统领边防军镇，逐渐成为常设的地方军事长官。玄宗时期，边烽日警，为控制和防御周边少数民族，节度使数目增加到十人。此时府兵制已逐渐瓦解，朝廷宿卫不给，用招募的"彍骑"（长从宿卫）以代替番上的府兵。边军也由自愿长留戍边的"长征健儿"充当，不再由内地调发。节度使统领"健儿"组成的长驻边军，对外作战，对内镇抚，军权越来越重。不仅如此，节度使还往往兼管区内的支度、营田等使，集军、政、财等大权于一身。此外，节度使最初的胡族将领来担任。天宝中，宰相李林甫为了巩固自己的地位职权，"志欲杜出将入相之源"，进一步造成胡族武人长期专兵的情况。天宝后期，朝廷政治日益腐败，中央军备日益松弛，外重内轻、尾大不掉的局面也因此形成。安禄山便在这样的形

唐将军俑

6000 万至 7000 万人。垦田面积据其估计约有 800 万至 850 万顷左右，稍多于西流的最高垦田数字。

开元年间，一大批文学家、史学家、艺术家、科学家涌现出来了，著名的有诗人李白、杜甫、王维、孟浩然、崔颢、王昌龄，书法家颜真卿，画家吴道子、李思训，音乐家李龟年，史学家刘知己、吴兢，科学家一行等，使开元年间文化呈现出空前繁荣昌盛的景况。

开元年间，唐朝国势强盛。开元五年（717 年），唐朝从契丹手中收复辽西二十一州，重置营州都督府，漠北拔也古、新罗、回纥等都重新归顺唐朝。在西北，唐朝收复了碎叶城；并打败了吐蕃、小勃律，

势下起兵叛唐。

安禄山和史思明都是营州（治今辽宁朝阳）一带的杂种胡人。均通晓边境少数民族语言，而且骁勇多机智。做过互市牙郎，后都成为幽州节度张守张珪手下的捉生将。安禄山升任平卢兵马使时，以贿赂结交唐廷派往河北的使臣，博得玄宗的称许。以后又因善于谄媚逢迎，骗得玄宗和杨贵妃等人对他的信任支持。唐朝河朔一带由于贞观以后东突厥的败亡迁徙，在开元天宝年间逐渐成为一个诸种民族杂居的复杂"胡化"区域。出身胡人，熟悉民族风俗习惯而又多权术智计的安禄山，便被唐朝廷看做羁縻统治这一复杂地区和抚绥周围少数民族，安顿边境的最合适人选。为此安禄山于天宝元年（742年）从营州都督被升为平卢（今辽宁朝阳）节度使；天宝三年，兼范阳（今北京）节度使，河北采访使；十年，又兼河东（今山西太原西南）节度使。一人而身兼三镇，掌握了今河北、辽宁西部、山西一带的军事、民政及财政大权。天宝十一年，史思明也由于他的推荐被任命为平卢兵马使。

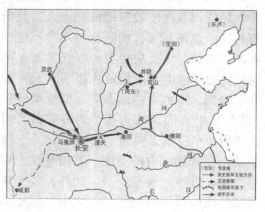

安史之乱形势图

安禄山利用唐朝廷对他的信任，不断扩充实力。他曾利用征战和欺诈的手法镇压契丹、奚等少数民族，并借此机会将同

罗、奚、契丹降人八千收至麾下，养为假子，称"曳落河"（胡语，意为壮士），皆骁勇善战。又贮备战以数万匹，多聚兵仗，分遣胡商至各处经商致财。天宝十四年，又请以蕃将32人代汉将，组成一个以少数族武人为骨干有汉族失意文人参加，并为其出谋划策的武装军事集团。

安禄山在经过长期的准备之后，兵力雄厚。他深知长安朝廷腐朽、兵力虚弱的内情，又因与宰相杨国忠争权，于是在天宝十四年（755年）十一月，以讨杨国忠为借口，发所部兵汉、同罗、奚、契丹、室韦共15万众，号称20万人，在范阳起兵。

安禄山起兵后，河北州县，望风瓦解，守令或逃或降，或被擒杀，没有敢抵抗的。叛军军锋迅速指向洛阳（今河南洛阳东）。消息传到朝廷，唐玄宗相信杨国忠的话，以为叛乱很快就会平息。于是派大将封常清至洛阳，开府库募兵，旬日间即募得六万人。但常清所募兵皆市井白徒，没经过训练，在与安禄山的军队激战中，很快就被打败，洛阳失陷。安禄山纵兵杀掠，封常清与驻屯陕州（今河南三门峡西）的大将高仙芝一起退守潼关（今陕西潼关东北）。玄宗听信监军宦官边令诚的诬告，杀死高、封两人，起用病废在家的大将哥舒翰统兵赴潼关。第二年（756年）正月，安禄山在洛阳称大燕皇帝，命令部将史思明经略河北。

洛阳失陷后，常山（今河北正定）太守颜杲卿与平原（今山东陵县）太守颜真卿起兵征讨安禄山，并号召诸郡响应。河北人民不堪忍受叛军的残暴行为。纷纷自发组织队伍，多则二万，少则万人，抗敌自保。这时玄宗已下诏欲亲征，令朔方、河西、陇石等镇节度使率兵勤王。于是唐朝大将郭子仪、李光弼率朔方军步骑一万东征河北。李光弼分兵先出井陉（今河北

唐明皇幸蜀闻铃处

陉北），与史思明的军队在常山相持不下。后与郭子仪合兵，趁史思明军疲惫懈怠之机，大破之于嘉山（在常山郡东），斩首4万级，捕虏千余人，史思明狼狈逃奔于博陵（今河北高阳西南）。战争的胜利鼓舞了唐军的士气，河北民众也参加到郭、李军中，河北十余郡多杀叛军守将，重归朝廷，切断了安禄山军队前后方的联络，使家在范阳的叛军将士军心动摇，安禄山甚至想放弃洛阳逃还老巢，唐朝很有讨平叛乱的希望。但杨国忠疑心驻防潼关的哥舒翰，不采纳他据险坚守以待敌内变和由郭子仪、李光弼引兵北取范阳，覆敌巢穴的建议，怂恿玄宗促令哥舒翰出兵收复陕洛。是年六月，哥舒翰被迫出兵，与敌将崔乾祐战于灵宝（在今河南省西部）西原，结果被打得大败，唐20万大军一战覆没，潼关失守，哥舒翰也被擒，投降了安禄山。

潼关陷落后，长安震动，玄宗仓皇逃

往成都，行至马嵬驿（今陕西兴平西），军士兵变，杀杨国忠，玄宗被迫缢杀宠幸的杨贵妃。马嵬民众遮道留玄宗，玄宗没答应。太子李亨留下，遂即奔往朔方节度使所在的灵武（今宁夏灵武西南），依倚朔方军。同年七月，太子即皇帝位于灵武，这就是肃宗，改元至德，遥尊在成都的玄宗为上皇天帝。

安禄山派部将孙孝哲进入长安自己仍留洛阳。叛军在长安，搜捕、屠杀皇亲国戚，百官扈从都的家属及安禄山的政敌等，对投降的官僚则授以官爵，送至洛阳。又大肆搜括坊市民财，搞得民间怨愤不安。百姓日夜盼望唐军的到来。他们时常杀叛军官吏，使叛军穷于应付，连长安西门以外都控制不住。叛军此时声势虽炽，"西胁河陇，南侵江汉，北割河东这半"，几乎占领了北半部中国。但安史将领都粗猛没有远略。只知道日夜饮酒，且专以声色财赂为事，已无再进取之意，使唐军得到了重新整备、调集兵力的机会。

玉飞天佩

在此前后，唐将领鲁炅守南阳，与叛军相持一年之久（至德元年五月到二年五月），后退守襄阳，阻挡了叛军向江汉地区侵扰的道路。填源（今河南鹿邑）县令张巡在吏民支持下，转到雍丘（今河南杞县）坚守十个月，最后到睢阳与太守许远合兵，在矢尽粮绝与朝廷音讯不通的情况下仍苦守十个月（至德元年十二月到二年十月），保卫了江淮地区。睢阳失陷后，张巡等壮烈牺牲。鲁炅、张巡等的抗敌斗争，牵制了安史的兵力，使他们无法向南方发展，也使唐军赢得了时间，并保障了江南财赋对唐朝廷的源源不断的补给。

长安失陷后，郭子仪、李光弼奉命率步骑5万自河北至灵武，壮大了朝廷的声势。河西、北庭、安西等道的兵也前来会合。唐廷又得到回纥、于阗及西域各族的援助。至德二年（757）正月，安禄山被他的儿子安庆绪杀死。李光弼坚守太原（今山西太原），史思明攻之不克，屡为所败。郭子仪也收复了河东（今山西记济蒲州镇）郡。这时大臣李泌提出了先取范阳，覆叛军巢穴，以免叛军势焰复帜的建议。但肃宗急于收复两京，未能接受他的意见。这年九月，肃宗使广平王李俶（后为唐代宗）与郭子仪统朔方军及借来的回纥、西域兵共15万自凤翔（今陕西凤翔）出发，攻克长安，十月收复洛阳，安庆绪逃往邺郡（相州，今河南安阳）。留在范阳的史思明收复残兵，为安庆绪所忌，率领所统十三郡及兵八万降唐，唐封他为归义王，任范阳节度使。但唐廷对他不放心，策划消灭他。事泄，史思明遂反，与安庆绪遥相呼应，战事又起。

乾元元年（758年）九月，唐朝派郭子仪、李光弼等九节度使统兵20余万（后增至60万）讨伐安庆绪，声势虽大，但无统一指挥，肃宗以宦官鱼朝恩为观军容宣慰处置使以统辖之。初期还有进展，包围了邺城，次年三月，史思明率兵来援，焚夺唐军粮草，唐军缺乏粮草。不久接战，唐军60万众溃于城下，各归还本镇。史思明杀安庆绪，因到范阳，称大燕皇帝，九月复攻占洛阳，上元二年（761年）二月，李光弼攻洛阳失败，三月，史思明为其子史朝义所杀，反叛将士离心，多次为唐军

唐·釉陶加彩镇墓兽

所败。宝应元年（762年）十月，唐使仆固怀恩再借回纥兵收复洛阳，并乘胜追击。史朝义奔莫州（今河北任丘北），次年正月，史朝义想亲自到幽州发兵救援，至范阳，为部下所拒，欲北奔奚、契丹，为部将李怀仙追及，穷迫自杀，历时七年零两个月的安史之乱，此时才宣告结束。

安史之乱是唐朝由盛而衰的转折点。在这次动乱中，中国北方地区的人民遭受了一场空前浩劫，社会经济也受到严重破坏。同时战乱虽然平定，但安史降将田承嗣、薛嵩、李怀仙等却均被朝廷安置于河朔一带任节度使，藩镇割据的局面开始形成。此后内地也相继设立节度使，与中央相抗衡，造成中央与藩镇及藩镇及藩镇之间连绵不断的战争。此外由于战乱中，朝廷曾内调河西、陇右的边防军队以讨安史，因此边备空虚，吐蕃趁机入侵，唐朝不仅丧失了西域的势力，连关中也不能保证安全，使唐朝中央政府日益陷入困境。

贵妃墓的外景与坟冢

战乱背景及过程

唐玄宗后期政治的腐败，导致了安史之乱的爆发。

开元后期，玄宗陶醉于已经取得的成就和经济的表面繁荣，不思进取，怠于国事。他委政于口蜜腹剑的李林甫和贪权纳贿的杨国忠，自己迷恋于声色，过着安逸淫乐的生活。

李林甫是历史上有名的奸相，他任宰相十九年（734—752 年），嫉贤妒能，玩弄权术，他通过勾结玄宗宠爱的武惠妃和

大宦官高力士，刺探玄宗的动静而投其所好，取得宠信。他为了防止文臣"出将入相"，威胁自己的权势，向玄宗建议用胡人蕃族为节度使。所以，安禄山、高仙芝、哥舒翰等均相继被提拔为节度使，使他们掌握兵权，为安史之乱埋下了隐患。

武惠妃死后，唐玄宗将其子寿王李瑁的妃子杨玉环召入宫中，封为贵妃，宠爱无比。从此，玄宗更加沉溺于酒色之中，过着奢侈糜烂的生活。宫中有七百织锦刺绣的工匠和数百雕刻熔造的工匠专为杨贵妃制作异服奇器，并为她在骊山华清池专辟温泉浴池。天宝十一年（752 年）李林甫病死，杨国忠继任为相。他是杨贵妃的堂兄，系流氓无赖出身，依裙带关系起家。他与李林甫一样，最大的本事是献媚唐玄宗。他身兼 40 余职，专横跋扈，贿赂公行。为了供唐玄宗享乐挥霍，他大肆搜括全国钱财，把各地征调的粟帛，统统运到京师，积储于中央的左藏库。当唐玄宗率领百官看到堆积如山的粟帛时，以为王朝富庶无比，已经到了取之不尽、用之不竭的程度，更加视金帛如粪土，赏赐无限度。曾把全国一年的贡物全部赏给李林甫，杨氏家族得的赏赐也不计其数，仅杨贵妃的三个姐姐每年得到的脂粉钱就有上百万。

唐玄宗天宝十四年（公元 755 年）兼领范阳、平卢、河东三镇节度使的胡人安禄山，与其部将史思明发动叛乱，一度攻陷洛阳、长安。这次动乱，史称"安史之乱"。经过八年，叛乱才被平息。安史之乱标志着唐朝在政治、军事上由盛转衰。

安禄山是营州柳城（今辽宁锦州）杂胡，曾为幽州节度使张守珪的捉生将。安禄山"性巧黠"，善揣人意。由于残酷镇压奚、丹等族的反抗斗争，受到唐玄宗的赏识。天宝元年（724 年）擢为平卢节度使，天宝三年（744 年）兼范阳节度使，至天宝十年（751 年）又兼河东节度使。

他身兼三镇，"赏刑己出，日益骄恣"，又见唐朝"武备堕弛，有轻中国之心"。便招兵买马，笼络众心，阴谋起兵推翻唐朝的统治。

彩绘贴金天王俑

安禄山的同伙史思明，也是杂胡，早与安禄山为密友，安禄山起兵时，史思明已官至平卢兵马使。

天宝十四年十一月，安禄山以诛杨国忠为名，率兵 15 万从范阳南下。是时，唐朝军备废弛，叛军所过州县，官兵望风瓦解。安禄山军迅速渡过黄河，又连败唐军，攻陷陈留、荥阳；十二月陷洛阳，直叩潼关。天宝十五年（756 年）正月，安禄山在洛阳即皇帝位，国号大燕。

叛军过河北之后，常山（今河北正定）太守颜杲卿、平原（今山东德州）太守颜真卿等十七郡地方官起而讨伐叛军，兵力达 20 万人，使安禄山在河北控制地只剩下六郡。马嵬之变后，史思明率叛军攻破常山，杀颜杲卿，许多州县，又被攻陷。不久，唐朝大将郭子仪、李光弼率军由山西出井陉，在河北大败史思明，河北 10 余郡复归唐朝，断绝了叛军返回范阳的道路。但是，腐败的唐朝廷，逼迫防守潼关的哥舒翰出战，结果大败。六月，潼关失守，哥舒翰被俘，叛军西攻长安。在长安失陷之前，唐玄宗仓皇出逃。至马嵬驿（今陕西兴平西），将士兵变，杀杨国忠，逼唐玄宗缢杀杨贵妃。马嵬之变后，唐玄宗逃至成都，太子李亨则去朔方，在灵武即皇帝位，尊唐玄宗为太上皇，改元至德，是为唐肃宗。郭子仪、李光弼在潼关失守后，收兵退入井陉，河北郡县又尽为史思明所占。

叛军取得了军事上的胜利，但并未得到人民的拥护，内部又矛盾重重。坐镇洛阳的安禄山及其部将，"日夜纵酒，专以声色，宝贿为事，无复西出之意"。安禄山恣行暴虐，导致众叛亲离。至德二年（755 年）正月，安禄山之子安庆绪杀父自立，屯驻范阳的史思明拥重兵不听调遣，叛乱集团分裂了。趁此机会，郭子仪率唐军在回纥军的帮助下，于九月收复了长安，十月攻下洛阳，安庆绪败守邺城（今河南安阳），十二月，史思明迫于形势，以所部十三郡及 8 万兵

李光弼像

降唐，叛军势力进一步削弱。

乾元元年（758年），唐肃宗和李光弼怕史思明再反，密谋杀死史思明，事泄。十月，史思明起兵再反，并与安庆绪遥为声援。郭子仪、李光弼等九节度使率20万唐军围攻邺城，史思明将精兵5万救援，大败唐军。乾元二年（759年）三月，史思明杀安庆绪，四月，史思明在范阳称大燕皇帝。上元元年（公元760年）叛军再次攻陷洛阳，并企图西入潼关，内部又发生分裂，史思明被其子史朝义杀死。

宝应元年（762年），唐肃宗死，太子李豫即位，是为唐代宗，他再次借兵回纥，讨伐史朝义。唐军收复了洛阳、郑州等地，史朝义节节败退，逃往河北。河北叛将见大势已去，不听史朝义指挥，纷纷降唐。广德元年（763年）正月，穷途末路的史朝义自缢而死。这样，历时八年之久的安史叛乱终于平息。

安史之乱对唐朝影响极大。持续八年的叛乱，使社会经济遭到了严重的破坏，户口大减。战斗最激烈的河南地区，"人烟断绝，千里萧条"，"洛阳四面数百村县，皆为丘墟"。"汝、郑等州，比屋荡尽，人悉以纸为衣"。唐玄宗天宝末年，全国有户约900万，至唐肃宗上元元年（公元760年），仅剩130万，唐朝元气大伤。

安史之乱，破坏了唐朝的统一局面，中央集权遭到削弱。安、史降将被任命为节度使，内地军将、地方长官亦被委任为节度使，形成了地方的藩镇割据。安史之乱，不仅暴露了唐朝衰弱的国力，同时又进一步削弱了唐朝的力量，使唐朝在以后的民族冲突中，处于被动局面。唐朝中央政权再也无力改变和扭转地方分裂趋势了。

安史之乱，激化了唐朝社会的各种矛盾，成为唐朝社会生产由发展到停滞、进而衰落的转折点，是唐朝国家从中央集权、统一到地方分裂割据的转折点，它也是唐朝社会阶级矛盾从比较缓和到逐渐激化的转折点，它还是唐朝在民族关系中从主动到被动、退守的转折点。总之，以安史之乱为分界线，唐朝从前期进入了后期，它由盛转衰了。

唐朝自安史之乱后，河朔三镇形成半独立状态，内地节度使亦多仿效。宪宗时一度打败藩镇的反抗，但并没有真正统一。穆宗时卢龙镇朱克融之乱，河朔三镇故态复萌。黄巢起义后，唐廷为了镇压起义，利用各地藩镇的兵力，致使各地藩镇的力量日益加强。黄巢起义虽然被镇压下去，唐朝的力量也大为削弱。旧藩镇未去，在镇压黄巢起义过程中壮大起来的武将，又成为新藩镇。这些新藩镇分布在南北各地：李昌符据凤翔府（今陕西凤翔）；李茂贞据兴元府（今陕西汉中）；李克用据太原府（今山西太原）、上党；王重荣据蒲州（今山西永济）、陕州；孟方立据邢州（今

河北邢台）、洺州；诸葛爽据河阳（今河南孟县）、洛阳；朱温据汴州（今河南开封）、滑州；秦宗权据许州（今河南许昌）、蔡州；朱瑄据郓州（今山东郓城）、曹州、濮州、齐州；王敬武据淄州（今山东淄博）、青州；杨行密据庐州（今安徽合肥）；秦彦据宣州（今安徽宣城）、歙州；时溥据徐州（今江苏徐州）、泗州；高骈据淮南（今江苏扬州）；刘汉宏、钱镠先后据浙东（今浙江绍兴）。这些新藩镇加上旧藩镇，唐朝境内，已经四分五裂。新、老藩镇不仅自擅一方，职贡不入，赏罚由己，而且叠相吞噬，朝廷不能制。在四分五裂的局面下，唐王朝王室日卑，号令不出国门。唐朝小朝廷只能收取京畿、同、华、凤翔府等数州租税。

张巡像

这些新、老藩镇都怀有更大的野心，藉甲兵雄盛，凌弱王室，颇有问鼎之志。在这种情况下，藩镇间混战不已，互相吞噬，形成若干特别强大的藩镇。这些藩镇，从北至南，分别为：卢龙镇（今河北蓟县），刘仁恭所据。镇冀镇（今河北正定），王镕所据。魏博镇（今河北大名以北），罗绍威所据。宣武镇（今河南开封），朱全忠所据。河东镇（今山西太原），李克用所据。凤翔镇（今陕西凤翔），李茂贞所据。西川镇（今四川成都），王建所据。淮南镇（今江苏扬州），杨行密所据。湖南武安军（今湖南长沙），马殷所据。镇海、镇东镇（今浙江绍兴），钱镠所据。福建威武军（今福建福州），王审知所据。岭南镇（今广东广州），刘隐所据。及至朱全忠建立后梁，这些藩镇节度使，也纷纷称王称帝，形成了五代十国分裂的局面。这种分裂局面的形成，实即唐末藩镇割据的继续和进一步的发展。

德宗即位之初，建中二年（781年）正月，成德节度使李宝臣死，子李唯岳向朝廷请求袭其父位，魏博节度使田悦亦代为之请。唐德宗坚决拒绝这种无理要求，李、田遂联结淄青节度使李正己、山南东道节度使梁崇义等起兵反唐。七月李正己死，八月子李纳亦请袭父位，德宗不允，李纳遂反。战事日益扩大，卷进来的藩镇越来越多，其中有四人称王，两人称帝，即朱滔称冀王，王武俊称赵王，田悦称魏王，李纳称齐王，朱泚称秦帝，李希烈称楚帝。德宗一度逃往奉天（今陕西乾县），后又奔梁州（今陕西汉中）。是为"二帝四王"之乱。这次战争持续了五年之久，朱泚和李希烈等虽先后败死，唐朝却与其余藩镇妥协，条件是藩帅取消王号，朝廷承认他们在当地的统治权。德宗对藩镇的态度由坚决讨伐转变为姑息妥协。从此，有些节度使父死子继、兄终弟立成为惯例，割据局面进一步深化。

唐朝后期，藩镇战争连年不断，朝廷每次镇压藩镇的战争都意味着一批新的割据势力又在酝酿之中。藩帅割据不能消除的重要原因之一，是他们得到本镇骄兵的支持。这种兵士全家老小随身，兵饷衣粮

唐代箭簇与铁甲片

只供本人消费，家属妻子多赖赏赉为生。节度使对他们厚赏丰赐，他们就拥护爱戴，成为其进行割据叛乱的工具；节度使对他们刻薄衣粮，骄兵就起而逐帅杀将，因而形成了"兵骄则逐帅，帅强则叛上"的现象。

连绵不断的、此起彼伏的藩镇战争给社会经济和人民生活带来了严重的后果。一次大的战乱之后，黄河流域往往出现人烟断绝、千里萧条的惨状。唐代后期朝廷与藩镇各自扩大自己的兵力。唐宪宗元和中，朝廷直接控制的地区平均以两户资一兵，大大加重了人民的负担。节度使在本镇勾结豪强地主对人民进行横暴的统治，战争和重敛使生产遭到了严重破坏。

天宝十节度

天宝十节度，是天宝年间于边境设立的十大军区的军政长官。唐初沿北周及隋旧制，于沿边及重要地区的州治设置总管府，以州刺史兼任，总揽周围数州军事。武德七年（624年）改称都督府。贞观中，有征伐行军则置大总管。督统所征道的军事，戍守本州则仍称都督。节度使本为都督带使持节之意，睿宗景云中，以薛讷为幽州镇守经略大使，贺拔延嗣为凉州都督充河西节度使，始有正式的经略使及节度使称号。节度使有一定辖区。并"得以军事专杀，行则建节，府树六纛"，成为常设的地方军事长官。开元中，唐边烽日警。为了镇戍边防、对外作战及抚绥周边少数民族的需要，遂遍设节度使于边区。至天宝初，沿边共设九节度使、一经略使，合称为十节度使或十节度。其名称、布防及兵力设置如下：

安西节度使，又称四镇节度使，安西四镇节度使。开元六年（718年）始设。职务是抚宁西域。治龟兹城（今新疆库车）。统辖龟兹、焉耆、于阗、疏勒四镇，统兵2.4万人。天宝时节度使为夫蒙灵詧、高仙芝、王正见、封常清。

北庭节度使，开元十五年（727年）自伊西节度使分置，或合称伊西、北庭节度使。职务是防御游牧在北方的突骑施和

唐三彩骆驼载乐俑

坚昆。治北庭都护府（治庭州，今新疆吉木萨尔北破城子）。统辖瀚海军、天山军、伊吾军，屯伊州（今新疆哈密）、西州（今新疆吐鲁番东南），统兵2万人。天宝时节度使为来曜、王安见、程千里、封常清。

以上两镇内外相连，主要防御对象是西域天山南北两路的诸国。

河西节度使，景云二年（711年）始设，是设立最早的节度使。职务是隔绝吐蕃与突厥的交通。治凉州（武威郡，今甘肃武威）。统辖赤水军、大斗军、建康军、宁冠军、玉门军、墨离军、豆贞军、新泉军（后改守捉）、张掖守捉、交城守捉、白亭守捉（后改为军）统兵7.3万人。天宝时节度使为王绁、皇甫唯明、王忠嗣、安思顺、哥舒翰。

以上一镇兼顾西方与北方两强敌，主要是防御吐蕃，守护河西走廊。

朔方节度使，开元九年（721年）始改朔方行军大总管为之。职务是防御突厥。治灵州（灵武郡，今宁夏灵武西南）。统辖经略军、定远军、丰安军、东中西三受降城、安北单于两都护府，乃至丰、胜、灵、夏、银、匡、长等州均受其节度。统兵6.4万人。天宝时节度为王忠嗣、张齐邱、安思顺。

河东节度使，开元十一年（723年）以前称天兵军节度使，其年改为太原已北诸军节度使，开元十八年，又改称河东节度使。职务是御突厥。治太原府（今山西太原西南晋源镇）。统辖天兵军、大同军、横野军、苛岚军、清塞军及忻、代、岚三州郡兵，管兵5.5万人。天宝时节度使为田仁琬、王忠嗣、韩休琳、安禄山。

以上两镇相互应援，专备突厥。

范阳节度使，先天二年（713年）始置，称幽州节度经略镇守使。天宝元年（742年）改名范阳节度使。主要是压制奚、契丹。治幽州（范阳郡，今北京）。统辖经略军、静塞军、威武军、清姨军、横海军、高阳军、北平军、唐兴军、怀柔军、恒阳军、怀远军、镇安军，统兵9.14万人。天宝时节度使为裴宽、安禄山。

平贞节度使，开元七年（719年）始置。职务是招抚室韦、靺鞨，治营州（柳城郡，今辽宁朝阳），统辖平卢军、卢龙军、榆关守捉、安东都护府，统兵3.75万人。天宝时节度使为安禄山。

以上两镇专门备御、镇抚东北诸国，

郭子仪说服回纥反戈图

主要是对付奚、契丹。

陇右节度使，开元元年（713年）始置。职务是防御吐蕃。治鄯州（西平郡，今青海东都）。统辖临洮军、河源军、白水军、安人军、积石军、莫门军、振武军（后改神武军）、威戎军、镇西军、绥和守捉、合川守捉、平夷守捉，管兵7.5万人。天宝十三年（754年）又于鄯、廓、洮河四州两境增置宁边、神策等八军。天宝时节度使为皇甫唯明、王忠嗣、哥舒翰。

剑南节度使，开元五年（717年）始置，职务为西备吐蕃，南抚蛮僚。治益州（蜀郡，今四川成都）。统辖天宝军、昆明军、洪源军、宁远军、南江军、澄川守捉及翼、茂、维、柘、松、当、雅、黎、姚、悉等州州郡兵，统兵3.09万人，天宝时节度使为章仇兼琼、郭虚已、鲜于仲通、杨国忠。

以上两镇主要为备御吐蕃，防范西南。

岭南五府经略使。开元中置，以兼领广、桂、容邕、镇南（亦称安南）五管经略府而得名。职务为抚绥境内各少数民族。治广州（南海郡，今广东广州）。统辖经略军、清海军、直辖广管诸州，并兼其余四管诸州郡兵，统兵1.54万人。天宝时裴敦复为五府经略使。至德元年（756年），改为节度使。

十节度相继设立之后，统领常驻边军，对外作战，对内镇抚，代替以前的府兵，成为主要的军事力量。与此同时作为坐镇边陲的统兵官，他们的权力也日益扩大。开元天宝时期，节度使往往不仅拥有军权，亦且兼及统辖区内的民政、财政。如幽州（后称范阳）节度使于开元十五年（727年）兼河北支度营田使，二十年兼河北采访处置使，二十七年又增领河北海运使。河西节度使开元二年兼陇右群牧都使、赤水九隆本道支度营田等使，十二年又加长行转运使。朔方节度使的职务中也有"兼

关内道支度兼管内营田、盐池、押诸蕃部落副大使、兼采访处置使"等众多名目，至天宝年间，节度使已大都完全兼领边州军、政、财及监察大权。不仅如此，节度使由于联防的需要，还常常一人兼摄数镇。如天宝中王忠嗣兼领河西、陇右、朔方、河东四节度使，"控制万里，天下劲兵重镇，皆在掌握。"天宝末安禄山也以身兼范阳、卢龙、河东三镇而起兵反唐。

三彩钱柜

唐代在最初任命节度使时，多用名臣，而且不久任，不遥领，不兼统，功名卓著者往往入知政事，升任宰相。开元中，张嘉贞、王晙、张说、萧嵩、杜暹都以节度使而入朝为宰，但天宝以后，一方面由于科举制兴盛，宰相逐渐多用进士出身的文臣，而将帅中，勇敢善战的胡族武人愈来愈多；另一方面，朝廷出于蕃族内附、羁縻统治的需要，兼之李林甫为宰相，欲巩固自己的地位，"志欲杜出将入相之源"，奏言"文臣为将，怯当矢石"，不如用"寒族蕃人"，为玄宗所接受，故节度使多用胡人，安禄山、史思明、哥舒翰、高仙芝等人，都以胡人相继任节度使。由于节度使的权势日重，而中央军备空虚，故逐渐形成外重内轻、尾大不掉之势。

彩绘骑猎俑

彩绘女乐骑俑

至德以后（756年），天下用兵，故内地也逐渐遍设节度使，他们往往拥兵自重，不奉朝命，成为与中央相抗衡的藩镇。

安史之乱发生

天宝元年（742年）正月，玄宗任命安禄山为平卢节度使，种下了"安史之乱"的祸根，标志着开元盛世的结束。

安禄山是营州（治所今辽宁朝阳）杂胡，原是幽州节度使张守珪帐下捉生将，骁勇好战，屡立战功。开元末，他巴结御史中丞张守贞，被破格为营州都督，充平卢军使。唐建国以来，边帅都用忠厚名臣，而且不久任，不遥领，不兼任；功名卓著，往往入朝为相。如是"蕃将"，即使忠勇双全，功劳很大，也不能专一方军政。李林甫专权，想杜绝边帅入相之路。他认为胡人不知书，不会入相，就向玄宗建议用胡人为将，镇守边域。

玄宗晚年，日渐昏聩，特别是夺了儿子寿王李瑁之妃杨太真，宠为贵妃后，更是沉湎酒色。为了能专事游乐，他把宫事交给高力士，把政事交给李林甫，对李林甫言听计从，于是打破唐朝成例，用安禄山镇边。天宝三年（744年）又任安禄山兼范阳节度使，天宝九年（750年）爵东平郡王，天宝十年（751年）兼领河东节度使，拥兵18.3万，超过中央禁卫军（12万），超过全国镇兵（45.1万）的三分之一。一人兼领三镇，有军政，有财政，能行政，赏罚自专，威权日重，声势显赫，实力雄厚，逐渐滋生了取唐朝而代之的政治野心。安禄山有同乡史窣干，从小要好，也是张守珪麾下，以骁勇闻名，以功累迁将军，玄宗赐名思明。安禄山为三镇节度使，史思明也升为平卢兵马使兼北平太守、充卢龙军使。两人狼狈为奸，终于酿成了延续八年的"安史之乱"。

安禄山奸诈狡猾，善于揣度别人的心思，却装得很憨直。一次入朝，玄宗叫太子李亨与他相见，安禄山故意不拜。殿前侍监责问他为何不拜太子，他却假装糊涂，问："臣不失朝廷礼仪，不知皇太子是什么官？"玄宗还真以为他不懂，爱他愚直，在勤政殿设宴招待，并要杨贵妃一同参加。席间，安禄山凑趣，亲自跳了一个胡旋舞，惹得玄宗连声叫好。散席以后，玄宗独留安禄山跟随入宫，并一口一声呼他为禄儿。安禄山趁势走到杨贵妃面前，跪下便拜："儿臣愿母妃千岁！"玄宗笑问："禄儿，天下哪有先母后父的道理！"安禄山说："胡人的礼节是先母后父，我只照习惯，却把天朝的礼节忘记了。"玄宗不以为怪，反而对杨贵妃夸赞不止。

安禄山在朝中耳闻目睹，知玄宗年老昏庸，朝政腐败，军备松弛，就有轻视中原之心。孔目官严庄、掌书记高尚，多次怂恿他造反。于是安禄山便以高尚、严庄、张通儒及孙孝哲为腹心，史思明、安守忠、李归仁、崔乾祐、尹子奇、田承嗣、阿史那承庆为爪牙，秣马厉兵，积聚力量，伺机叛乱。

李林甫活着时，安禄山以为李林甫狡猾胜过自己，尚有畏惧。杨国忠继任宰相，安禄山根本不把他放在眼里。杨国忠因此怀恨在心，屡次奏请玄宗要提防安禄山，玄宗正宠着安禄山，哪里听得进去。

杨国忠为了排挤安禄山，便拉拢哥舒翰，奏请任哥舒翰为河西节度使，晋爵西平郡王，并拉哥舒翰一同向玄宗进言："安禄山必反，陛下如果不相信，不妨试召安禄山入朝，看他来与不来？"玄宗果然下敕，征安禄山入朝。

杨国忠为了要取信玄宗，证实安禄山必反，日夜收集安禄山谋反的事实，指使京兆尹围住安禄山在京城的府第，逮捕了安禄山的门客李超等，交御史台审讯，接着又把他们都秘密处死。安禄山的儿子安庆宗娶的是唐宗室女荣义郡主，一直住在京师，马上把这消息密报给安禄山。安禄山虽野心勃勃，因玄宗待他甚厚，本打算等玄宗死后再举反旗，现在被杨国忠一逼，

便顾不得这许多了，立即与严庄、高尚、阿史那承庆密谋起兵。

洛阳陷落

这时，正好有一个派往京师的奏事官员回到范阳。安禄山便伪称接到玄宗手敕，令他入朝诛杨国忠，还装模作样，取出伪造的御敕给众将看。

天宝十四年（755年）十一月初九，安禄山发所部兵，及同罗、奚、契丹、室韦等部兵15万，号称20万，以讨杨国忠为名，引兵南下，浩浩荡荡，杀向京城。

唐律残片

当时，天下太平日久，武备松弛，百姓都不懂战争，突然听到范阳起兵，远近震惊。河北原是安禄山统治的地方，安军所过，势如破竹，各地官吏，望风瓦解，不是开门迎接，就是弃城逃窜。

这时，安禄山已渡过黄河，长驱直入，连陷灵昌（今河南开封以北）、陈留（开封以南）、荥阳，其前锋田承嗣、安忠志、张孝忠等已领兵到武牢，与封常清率领的官军对垒。封常清部下多是新募士卒，未经战阵，被叛军骑兵一冲，立即溃退，逃进洛阳。封常清收拾残部，连战皆败，最后只好凿坏城墙，逃往陕州。于是，洛阳陷落。

封常清到了陕州，对高仙芝说："贼势锐不可当，陕州已不可守，不如引兵先据

潼关，以保长安。"于是高仙芝急忙率所部兵西退潼关，据险固守。

唐沉香亭

高仙芝领军出镇陕州时，监军边令诚有事请托，高仙芝没有给他办。边令诚一直记恨在心，趁入朝奏事，便加油添醋地奏说高仙芝、封常清撤离陕州时的狼狈情状，又说："常清以贼势动摇军心，而仙芝无故弃地数百里，又克扣军士口粮和赏赐给他们的东西。"玄宗听了一面之词，也不调查，立即写了一道手敕，命边令诚往军中将封常清、高仙芝就地正法。

边令诚到了潼关，先向封常清宣敕，将他斩首。接着向高仙芝说："大夫也有恩命。"宣敕已罢，高仙芝说："我遇敌而退，该当死罪！但说我克扣军粮，上有天，下有地，这是毫无根据的事情！"一旁的将士们也帮着高仙芝喊冤，边令诚只当没有听见，命刀斧手将高仙芝斩了。

玄宗杀了封、高二将，但派谁代替他们领兵守潼关呢？恰好河西、陇右节度使哥舒翰因病在京休养，玄宗想借重他的威名，且他一向与安禄山不和，便拜他为副元帅，领兵征讨安禄山。哥舒翰因病固辞，不肯受职，玄宗不许。以田良丘为御史中

丞，充行司马，起居郎肖听为判官，蕃将火拔归仁等部兵8万，加上高仙芝的兵马，号称20万，出镇潼关。一面传檄四方，命各道进兵，会攻洛阳。

哥舒翰到了潼关，因病不能理事，把军政大事都委托给田良丘。田良丘一个人不敢做主，便请王思礼主管骑兵，李承光主管步兵。王、李二人又互不服气，争长论短，内部不能统一，士卒懈怠，纪律松弛，缺乏斗志。幸亏安禄山进洛阳，忙着筹备称帝，而且他的后方河北，常山太守颜杲卿和平原太守颜真卿连兵讨伐安禄山，诸郡纷纷响应，拖住了安禄山，使他不能乘势西进，潼关暂无激烈的战斗。

常山太守颜杲卿，当安禄山引兵南下抵达藁城时，估计自己无力抵拒，便与长史袁履谦出城迎接，安禄山很高兴，仍命他守常山，只派了一个部将李钦凑领兵数千守井陉口，以防河东。

颜杲卿回到城中，便与长史袁履谦、参军冯虔、前真定令贾深、藁城尉崔安石、内丘丞张通幽等密谋起兵，以拒安军，并遣人与太原尹王承业联系，要他接应。正在这时，杲卿族弟、平原太守颜真卿派外甥卢逖来常山，说真卿在平原联络附近州郡，招募勇士，修城浚濠，积草屯粮，杀了安禄山的海运使刘道玄，夺得甲丈50余船，要与杲卿连兵合力断安禄山的归路，拖住安军，阻止他西进。

至德元年（756年）正月初一，安禄山在洛阳自称大燕皇帝，以达奚珣为侍中，张通儒为中书令，严庄、高尚为中书侍郎，其余文武都有升赏。颜杲卿就以安禄山的名义，召驻守井陉的安将李钦凑领兵来常山领赏。第二天黄昏时分，李钦凑带了人冒冒失失地来了，杲卿派袁履谦、冯虔等带了酒肉妓乐去慰劳，把他们灌醉了，杀了李钦凑，遣散了守井陉的安军。

次日，有探马来报：安禄山派往幽州

唐·女胸像

征兵的金吾将军高邈，从幽州回洛阳，快要到藁城了。杲卿立刻叫冯虔带兵去捉了高邈。接着，南边又来探报，安禄山的大将何千年从东京去范阳，已经入境。杲卿派崔安石和翟万德赶往醴泉驿，装作迎接，把何千年也捉了。

崔安石、翟万德押何千年到常山，何千年向杲卿献计说："太守欲为朝廷出力，只宜深沟高垒，坚守城池，待等朔方军到，方可合力齐进。今应传檄赵、魏，只说李光弼引步骑1万，已出井陉，以解饶阳之围。"杲卿试用其计，围困饶阳的安禄山部将张献诚果然解围而去。

颜杲卿派人入饶阳，慰劳将士，又命崔安石等到各郡宣传，说官军已经攻克井陉，朝夕将至，号召河北诸郡驱杀安禄山派来的官吏，举郡反正。诸郡纷纷响应，河北24郡，有17郡宣布效忠朝廷，只有

范阳、卢龙、密云、渔阳、汲、邺六郡仍依附于安禄山。

颜杲卿又派人去范阳，招降范阳节度副使贾循。贾循犹疑不决，郏城（今河南郏县）人马燧劝贾循说："禄山负恩悖逆，必然失败，公若以范阳归国，倾其巢穴，此不世之大功！"贾循心理活动了，便与马燧商议具体行动，不料被安禄山亲信将领牛润容听到了，急忙报告安禄山。安禄山立刻派他的亲信党羽韩朝阳去范阳杀了范循，一面命史思明、蔡希德领兵袭击博陵、常山。

颜杲卿昼夜守城，粮尽矢竭，终于被敌攻破。史思明、蔡希德挥兵入城，捉住了颜杲卿和袁履谦等，把他们押送洛阳，交安禄山发落。

颜杲卿被解了洛阳，安禄山见了，大骂颜杲卿："你本是范阳户曹，我保荐你为判官，不过几年，便升任太守，我有什么地方亏待了你，你竟敢反对我？"杲卿瞪着双眼大骂："你本是营州牧羊羯奴，天子任你为三镇节度使，恩幸无比，何负于你，而你竟反！我世为唐臣，虽经你保举，岂肯跟你造反！我为国讨贼，恨不能斩了你，臊羯狗，要杀便杀，不必多言！"安禄山大怒，命人将颜杲卿、袁履谦等绑在洛阳中桥柱上，一同剐死。杲卿、履谦一直到死，骂不绝口。颜氏一门死难的，有30余人。

玄宗西逃

潼关失守，京城内外，一片惊慌。六月初十，玄宗召宰相议事。杨国忠因兼领剑南节度使，当安禄山起兵时，便命副使崔圆做好准备，一旦危急，可以奔蜀，当下便建议玄宗暂往蜀中避难。玄宗认为是个办法。

十一日，杨国忠召集百官，问他们有何妙策可解眼前之危，百官"嗯嗯""啊啊"都说不出一个办法。杨国忠便说："安禄山谋反事，我们已经提了十年了，无

大唐平定百济塔

奈皇上只是不信。今日之事，不是我做宰相的过失。”散会后，杨国忠便叫韩、虢二夫人进宫去劝玄宗入蜀。

六月十二日，玄宗登勤政楼，声言要御驾亲征，听到的人都不大相信。果然到了这天晚上，玄宗便命龙武大将军陈玄礼整顿大军，挑选良马900匹，待到十三日黎明，便带了贵妃姐妹、皇子、皇孙、公主、妃嫔、以及杨国忠、韦见素、魏方进、陈玄礼和亲信宦官、宫人，偷偷地出了禁苑西门，逃出长安。匆匆中连住在宫外的诸王、公主都没有去通知。

这天清晨，仍有一些官员来上朝。他们到了宫门外，只见侍卫仪仗依旧，宫中的更漏声依然清晰地传到大家的耳朵里，但到宫门开后，只见宫女们到处乱跑，说是不知皇上跑到哪里去了。于是王公大臣、士民百姓四出逃窜，有些人就趁机闯进宫来，抢夺金宝，也无人干涉，有的竟赶着毛驴到金銮殿上来装金银财物，一片混乱。

玄宗一行一路西行，派宦官王洛卿打前站，以便通知沿途各郡县准备接驾。走到中午过后，到了咸阳，县令早已逃走了，寻王洛卿时，也不见了。玄宗等走了大半天，还没有吃到一点东西，杨国忠亲自去买了胡饼献给玄宗。大家都没有吃饭，地方官又找不到，玄宗只好命百姓献食。百姓送来了糙米做的饭，中间还掺了许多麦片和黑豆，皇子皇孙早已饿坏了，也不论好坏，抓来就吃，不一会就吃光了。玄宗吩咐按值给价，好言抚慰。

玄宗一行风餐露宿，忍饥挨饿，一路西行。六月十四日，队伍到马嵬坡，暂息在马嵬驿（在今陕西兴平西）。这时，将士们都憋着一肚子火，陈玄礼认为，这次祸乱都是杨国忠造成的，要想杀了他出气，便叫东宫宦官李辅国去请示太子李亨，李亨不敢做主。刚巧有吐蕃使者20余人拦住杨国忠的马头，向他要饮食，杨国忠还来不及回答，军士们忽然大叫起来：“杨国忠与胡虏谋反！”一箭向杨国忠射去，没有射中。

杨国忠一看苗头不对，急忙拍马逃进西门，军士们追上去把他杀了，屠割肢解了他的尸体，把他的头挑在枪尖上。来到驿门外，又杀了他的儿子户部侍郎杨暄及韩国、秦国夫人。

玄宗听到驿外喧哗，问发生了什么事，左右说是杨国忠谋反。玄宗挂杖走到驿门外，慰劳军士，叫大家散开，军士不睬。玄宗叫高力士去问，陈玄礼说：“杨国忠谋反，贵妃不宜再留，请陛下割恩正法。”玄宗听说，退入驿门，倚杖低头，暗暗流泪。京兆司录韦谔提醒玄宗：“众怒难犯，安危就在顷刻，愿陛下从速决断！”说罢，叩头不止。玄宗说：“贵妃住在深宫，怎么会知道杨国忠谋反？”高力士从旁劝道：“贵妃果真无罪，但将士们已杀了杨国忠，而贵妃仍在陛下左右，叫他们怎么能安心呢？请陛下仔细想想这个道理，目前只有使将士安心，陛下才可没有危险。"于是，玄宗命高力士把贵妃带进佛堂，用帛勒死。

乾陵翼马

高力士把贵妃尸体抬到庭院中，叫陈玄礼等进来验看。陈玄礼等一看贵妃真的死了，这才脱去甲胄，向玄宗叩头请罪，玄宗抚慰了几句，叫他们晓谕军士。陈玄礼等高呼万岁，再拜而去。整顿队伍，准备出发。

六月十五日，玄宗将从马嵬驿出发，将士们都说："杨国忠的将吏都在蜀，不可去蜀。"玄宗本意想入蜀，但恐违众心，不敢说出来，只好问众人去哪里是好？韦谔说："不如先去扶风，慢慢再商议去处。"众人以为有理。

安禄山没有料到玄宗会急急忙忙西逃，派人叫崔乾祐暂住潼关，不要前进。过了十多天，才遣孙孝哲领兵进驻长安，以张通儒为西京留守，崔光远为京兆尹；命安守忠领兵进驻苑中，镇守长安。

孙孝哲是安禄山的亲信爪牙，常与严庄争权，安禄山命他监督关中诸将。他骄横跋扈，嗜杀成性，他到长安后，一面纵兵烧杀抢掠，一面屠杀唐朝宗室，凡王侯、将、相跟了玄宗跑的，在长安的家属都被杀尽，连怀里的婴儿也不放过。

安禄山下令搜捕百官、太监、宫女，每捉到几百人，便押送洛阳。陈希烈因晚年失宠，怨恨玄宗，便与张垍、张均等都投降了安禄山。安禄山封陈希烈、张垍为宰相，其余唐朝官吏都授原职。于是安禄山的势焰更盛，西面威胁汧、陇，南侵江、汉，北割河东之半。不过安禄山部下的将领，虽然勇猛，但都是些没有远见的粗人，自从进入长安，只知掳掠财宝美女，日夜纵酒，再没有西进的心思，所以使玄宗得以从从容容去成都，太子李亨也能在没有追兵的情况下从容北上。

肃宗灵武即位

太子李亨被留下以后，想到自己名义上曾担任过朔方节度使，也知道几个朔方将士的姓名，便决定去朔方节度使的治所灵武（今宁夏灵武以西）。他们经由新平（今陕西彬县）、安定（今陕西宁县）、平凉（今甘肃平凉），七月初九，到达灵武。河西行军司马裴冕、朔方留后杜鸿渐上书太子，请即皇帝位，太子起先不同意，后经一再劝说，方才应允。

七月十二日，太子在灵武城南楼即位，史称肃宗。尊玄宗为上皇天帝，改这一年为至德元年。以杜鸿渐、崔漪为中书舍人，裴冕为中书侍郎、同平章事。一面遣使入蜀，向玄宗报告即位经过，一面派人去召请故人李泌入朝辅政。

肃宗即位的消息传到敌后，颜真卿写了一份祝贺的奏表，藏在蜡丸内，派人送到灵武。肃宗大喜，授颜真卿为工部尚书兼御史大夫，仍为河北招讨使，并致敕书，也藏在蜡丸中带去。颜真卿将敕书颁发河北、河南、江淮各郡，各道都知道肃宗即位，大受鼓舞。

郭子仪留河东节度使李光弼守井陉，

1341

自己领兵 5 万，赶往灵武，于是灵武军威稍振，大家对恢复唐室有了信心。八月初一，肃宗以郭子仪为兵部尚书、灵武长史，以李光弼为户部尚书、北都（太原）留守，并同平章事。

肃宗听了李泌的意见，任命广平王李俶为天下兵马元帅；又委任李泌为元帅府行军长史，李泌固辞，肃宗说："朕本不敢相屈，只因天下艰难，全仗大才匡济，一待乱事平定，当听从尊便。"李泌无奈，只得接受任命。

九月二十五日，玄宗从成都派了韦见素、房琯等来到灵武，奉上宝册，正式传位。肃宗久闻房琯之名，对他特别器重。房琯专好清谈，言词慷慨，自以为除他以外，没人能担当平定天下的重任，因此上疏肃宗，愿领兵恢复两京。肃宗同意了，房琯自选将佐，以户部侍郎李揖为行军司马，给事中刘秩为参谋。李揖、刘秩都是书生，不懂军事，房琯却把军务都委托二人。

十月二十一日，中军、北军到达咸阳以东的陈涛斜，与叛将安守忠的部队相遇。房琯要效法古代的车战，以牛车 2000 乘，两旁配以步骑，一声令下，驱车冲向敌阵。哪知这些牛没有经过训练，叛军顺风鼓噪，纵火焚烧，便四散奔逃，反而冲倒了步军，一霎时，人喊马嘶，乱作一团。叛军趁机掩杀过来，官军大败，死伤十之八九。杨希文、刘贵哲都投降了叛军。

肃宗听到房琯败报，不禁大怒，要惩处他，亏得李泌一力营救，才赦免了他。

这时，河北也传来败报，河间、景城、平原、饶阳诸郡，相继陷落。肃宗急坏了，对李泌说："今敌强如此，何时可定！"李泌设想了一个避其锋，乘其疲，不攻城，不遏路，分三路轮番出击，拖垮敌人的战斗计划。肃宗转忧为喜，立即任命建宁王李倓为范阳节度使，只待来春与郭子仪、

武后行从图

李光弼分三路东征范阳。

郭李出兵

史思明攻下常山，复引兵进击诸郡，诸郡都不能守，独有饶阳太守卢全诚据城固守，屡挫叛军。史思明见一时难破饶阳，便将饶阳团团围困，只待饶阳粮尽矢绝，一举破城。河间司法李奂领 7000 人、景城（今河北沧州市以西）长史李姷派儿子领兵八千往救，都被史思明杀败。

这时，朔方节度使郭子仪正围攻云中，玄宗命他进军东京，并选一良将，分兵出井陉，略定河北。郭子仪荐举李光弼有大将之才，于是玄宗授李光弼为河东节度使，加魏郡太守、河北道采访使，率蕃、汉步骑万余，太原弩手三千出井陉，进军河北。

李光弼兵到常山，常山团练兵捉了安军守将安思义出降。李光弼向安思义问计，安思义说："大夫远来，兵马疲劳，不如趁早入城，据城固守。安军虽锐，但不能持久，稍一失利，就气馁心离，那时便可图了。思明在饶阳，距此不过 200 里，明晨其前锋必到，不可大意。"光弼听他说得有理，亲解其缚，随即移军入城。

史思明听到常山失守,立刻放弃围困饶阳,亲率 2 万余骑,果然于第二天早上到达常山,马上指挥攻城。李光弼据城拒敌,待敌军少懈,遣兵出击,屡有斩获。过了几天,有村民来报告,说有贼兵五千,自饶阳来到九门(今河北藁城以西),光弼即遣步骑各 2000,偃旗息鼓,趁敌不备,掩杀过去,杀得贼兵一个不留。史思明闻讯失色,退入九门。

李光弼与史思明在常山相拒 40 余日,城中粮食渐乏,遣人向郭子仪告急。郭子仪引兵出井陉至常山与李光弼合兵,蕃、汉步骑共十余万,会攻九门。史思明出城迎战,被郭、李军杀得大败,大将李立节也被官军中郎将浑瑊射死。史思明收拾余众,逃往赵郡,蔡希德奔钜鹿。于是河北各郡纷纷杀了安军守将向官军投诚。

安禄山在洛阳接到河北败报,又急又怕,大骂严庄、高尚:"都是你们劝我造反,如今潼关未破,进不能进,退路又断,官军从四面合拢过来,我所有的不过汴、郑几州而已。你们从今以后不要再来见我了!"严庄、高尚害怕了,好几天不敢去见安禄山。

潼关失守

正当安禄山处境困难的时候,朝廷内部将相间又发生了新的摩擦,使安禄山摆脱了困境。原来对于安禄山的叛乱,朝廷内外都一致认为是杨国忠一手造成的。而安禄山又是打着清除杨国忠的旗号,潼关守将王思礼,秘密建议哥舒翰,请他上表玄宗,请诛杨国忠,哥舒翰没有回答。王思礼又请哥舒翰准许他带 30 骑到长安,把杨国忠捉来潼关除掉,哥舒翰连忙摇头:"这样做,倒不是安禄山造反,而是我哥舒翰造反了!"

这次密议,不久便传到杨国忠的耳中,他又怕又恨。恰巧有探马来报,说叛将崔乾祐在陕州兵不满四千,而且都是老弱残

兵,杨国忠趁机奏请玄宗,下令促哥舒翰速进兵恢复陕州和洛阳。哥舒翰上表奏称:"安禄山久习用兵,岂肯无备!他这是诱兵之计,如果前往,必落入他的圈套。况贼军远来,利在速战;官军据险,利在固守。且贼兵残虐,已失人心,兵势日衰,将有内变,那时乘机出击,可不战而擒。只要天贼有期,何必急于求成!"郭子仪、李光弼也送来奏表:"请引兵北取范阳,直捣贼巢,捉住贼党妻子,招降叛将,贼必内乱。潼关大军,只宜固守,不可轻出。"杨国忠怀疑是哥舒翰要谋害自己,又奏玄宗,说什么贼军现在无备,正是机会,哥舒翰逗留不进,坐失良机。于是玄宗便一个接一个派中使去潼关,促哥舒翰急速出兵,不得有误。哥舒翰迫不得已,只好领兵出关。

至德元年(756 年)六月初七,官军于灵宝西原与崔乾祐军相遇。崔乾祐据险以待,南依山,北控河,道路狭窄,延绵 70 里。哥舒翰不敢轻进,下令部队暂停前进。初八,哥舒翰与田良丘登舟至中流观察敌阵,见崔乾祐兵少,急令诸军进兵。王思礼等领精兵 5 万在前,庞忠等将领兵 10 万随后,哥舒翰亲自领兵 3 万登河北岸观阵,擂鼓助威。

不一会,崔乾祐领兵出来,大约不过万人。敌兵东一群,西一伙,零零落落,忽前忽后,毫无纪律。官军看了,不禁发笑。既交兵,叛军便偃旗息鼓,望后便退,官军更无戒备,随后紧追。忽听一声炮响,两边山上,擂木滚石,从空而下,官军一下子被打死打伤了许多。道路又狭,士卒拥挤着,刀枪施展不开。哥舒翰用毡车驾马为前驱,企图冲开敌阵。崔乾祐用数十乘草车来堵毡车,纵火焚烧,顷刻间浓烟滚滚,烈焰腾腾。官军被烟焰迷住眼睛,自相厮杀,只道贼军在烟中,又聚集弓弩手来射,直到黄昏矢尽,方才知道里面根本没有敌军。

彩绘骑马拍腰鼓女俑

这时，崔乾祐遣同罗精骑绕过南山，来到官军背后，出其不意地发起攻击，官军首尾不能相顾，于是大败，有的弃甲丢盔逃进山谷躲藏，有的被挤入河中淹死，哭喊声震天动地。

后军见前军已败，不战自溃，驻在河北的官军看见了，也望风而逃。哥舒翰只带了麾下数百骑，自首阳山渡过黄河，逃进潼关，检点士卒，18万大军，只有8000余人逃进关来，不禁仰天大哭。

六月初九，崔乾祐率军进攻潼关，官军已亡魂丧胆，哪里还有斗志，潼关很快就被攻破了。哥舒翰逃到关西驿，招集逃散的士卒，想要收复潼关。蕃将火拔归仁等百余骑围住关西驿，对哥舒翰说："贼兵到了，请公快上马。"哥舒翰出驿上马，火拔归仁领着众人跪在地下叩头说："公率20万众出征，一战覆没，还有什么面目去见天子！且公不见高仙芝、封常清吗？为今之计，只有东投安禄山，尚可自全。"哥

舒翰不答应，要想下马，火拔归仁忙用绳索把哥舒翰的两只脚绑在马腹上，簇拥着往东而去。

哥舒翰被押送到洛阳，安禄山说："你平时一直看不起我，如今怎样？"哥舒翰拜伏在地上说："臣肉眼不识圣人。天下未定，李光弼在常山，李祇在东平，鲁昊在南阳，陛下留臣性命，臣即军信去招降他们，不日便可来归。"安禄山大喜，授哥舒翰为司空、同平章事。又对火拔归仁说："你卖主求荣，不忠不义。"叫左右绑出去杀了。

哥舒翰果然写了几封信招降诸将，诸将复信都斥责他投降叛军。安禄山知道不会有什么效果，便把哥舒翰囚禁在洛阳内苑中，后来被安庆绪杀害。

安庆绪弑父

新春到来之际，意外的事变打乱了肃宗与李泌商定的东征计划。原来安禄山盘踞洛阳以后，纵情酒色，荒淫无度，弄得满身病痛，双目失明，性情更加暴戾，大臣、侍从稍不如意，重则杀头，轻则鞭打。侍监李猪儿经常被打得死去活来。

安禄山的宠姜段氏，估计安禄山活不长了，要想让自己的亲生儿子安庆恩代安庆绪为嗣。安庆绪听到风声，惊恐万状，求严庄给他想个办法。严庄也受过安禄山的鞭打，一直怀恨在心，便劝安庆绪杀了安禄山自立，并要他赶快行动，免得错过时机。安庆绪欣然同意，只是派谁去行刺呢，严庄说可以找李猪儿。

安庆绪马上把李猪儿秘密叫来，严庄先问："你前后挨打，还记得清次数吗？"李猪儿回答："已记不清了。"严庄又说："照你这么说，不死还是侥幸的。"李猪儿连连点头。严庄见火候已到，便把自己的计划告诉了他，并说："不行大事，死期就不远了！"李猪儿满口应承。

这一天夜里，严庄和安庆绪手执刀剑

来到安禄山的寝所，侍卫见安庆绪、严庄满脸杀气，不敢阻挡。李猪儿手持利刃，直入账中，先把安禄山枕边的宝刀抽出来，狠命朝安禄山肚皮上砍去。安禄山伸手摸枕边的宝刀，没有摸到，摇着帐竿说："一定是家贼谋逆！"话刚说完，肚肠已经流出来，就在床上滚了几滚，气绝身亡。严庄命左右抬开卧床，掘地数尺，用毡把安禄山的尸体裹好，埋在床下，告诫宫中不准泄漏。

次日早晨，严庄向百官宣布，安禄山病危，立安庆绪为太子；隔了几天，又宣布安禄山把帝位传给安庆绪，自己做了太上皇；再过几天，又宣布安禄山死了，然后发丧。从地下掘出来的尸体，已经腐烂，只好草草成殓了事。

血战睢阳

至德二年（757年）正月二十五日，尹子奇率妫、檀及同罗、奚兵13万攻睢阳（今河南商丘），以便南取江、淮。睢阳太守许远向河南节度副使张巡告急，张巡自宁陵引兵入睢阳。

张巡，进士出身，博览群书，精通战阵，在守雍丘时，以千余兵力与敌数万作战，常常出其不意袭击敌人，几个月中歼敌万余，因功授为河南节度副使。

张巡带到睢阳的兵马，只有3000人，与睢阳原有守军加在一起，也不过6800人。这一点人马要敌13万叛军，在数量上处于绝对劣势，但因他指挥得当，经过十六昼夜苦战，擒敌将90余人，杀敌2万余。许远对张巡的指挥才能非常钦佩，便请张巡负责指挥作战，自己愿作后备，张巡爽快地答应了。

三月，尹子奇又调集大军再攻睢阳。张巡激励将士们说："我受国恩，为国守城，是完全应该的。但诸君为国捐躯，我却不能加赏你们，深感痛心。"将士们很受感动，纷纷请求出战。张巡便杀牛宰羊，大飨士卒。食毕，尽数出城作战。张巡亲执大旗，身先士卒，直冲敌阵。敌军毫无准备，望后溃退，官军奋勇厮杀，斩叛30余，杀敌3000余，叛军溃退数十里。

白釉连托把杯

张巡守睢阳，将近十个月，城中食尽，众议弃城东走，张巡与许远商议，以为睢阳是江淮保障，若弃之而去，贼必乘胜而进，且士卒都饥疲羸弱，也冲不出去，不如坐守待援。这时，城里连茶纸也吃尽了，便杀马吃；马吃尽了，又捉鸟雀和老鼠吃；鼠雀没有了，张巡将爱妾杀了给士卒吃，许远也杀了家奴给士卒吃。城中人自知必死，但没有一个叛变投降的。

至德二年十月初九，贼军登城，将士

茶罗子

们都饥饿病弱得动也不能动了，张巡与许远等都被叛军捉住。尹子奇问张巡："听说你每战皆裂齿碎，是什么原因？"张巡说："我志吞逆贼，但恨力不从心！"尹子奇被张巡的气节所感动，不想杀他，部下都说："他是个守节之士，终不为我用。且他深得人心，还是杀了的好，免得后患。"于是把张巡与南霁云、雷万春等36人都杀害了。张巡临刑，颜色不变，神情如常。

收复两京

在张巡苦战的同时，肃宗接受李泌的意见，在至德二年（757年）二月，移驾凤翔（旧址在今陕西雍县），以示进取。肃宗到了凤翔，果然前方士气大振，陇右、河西、安西、西域之兵都陆续到达凤翔，江淮漕运也经汉水通到洋州（今陕西西乡）、汉中（今汉中），长安人听说肃宗到凤翔，纷纷逃来，昼夜不绝。

李泌请派安西及西域之兵按原定计划取范阳，肃宗坚持要先收复两京。于是各路兵马奉命进战，结果几路人马出战都不顺利，郭子仪派子郭旴攻潼关，得而复失，败退河东；王思礼出战不利，退守扶风（今陕西扶风），叛军乘胜追击，前锋抵达太和关（今陕西岐山西北），离凤翔只有50里。

败报一日三传，凤翔震骇，全城戒严。肃宗传令，命郭子仪速来凤翔护驾。郭子仪一到凤翔，肃宗任命他为副元帅，领兵

再攻长安。郭子仪请向回纥借兵，肃宗同意，一面命元帅广平王李俶调集朔方、西域等军，一面遣使去回纥。

回纥怀仁可汗有心与唐和好，立刻遣子叶护率精兵4000余至凤翔，肃宗当即召见，厚礼相待，并当面与叶护约定："克城之日，土地人民归唐，金帛子女归回纥。"又令广平王李俶与叶护结为兄弟。

至德二年（757年）九月十二日，李俶率朔方军及回纥、西域等军15万，号称20万，从凤翔出发，十七日，至长安西香积寺北沣水东摆开阵势：李嗣业为前锋，郭子仪为中军，王思礼为后军。叛军10万布阵于沣水之北，叛将李归仁出阵挑战，李嗣业执长刀，身先士卒，大呼奋击，杀敌数十人。诸军齐进，奋勇杀贼。

李归仁事先在阵东埋伏一支精骑，准备袭击官军后背，被朔方左厢兵马使仆固怀恩发觉，引回纥精骑出击消灭，叛军由此气馁。李嗣业又要回纥骑兵会合，出敌阵后，与大军夹击，自午时战到酉时，斩敌6万余，叛军大败，逃进城去。

到了夜里，只听城内喧嚣之声不绝，仆固怀恩马上去见李俶，说："贼必弃城走了，请允许我率200骑追击，必能捉住安守忠、李归仁等。"李俶说："将军疲劳了，先休息，等明天再说。"怀恩说："战事贵在神速，何必等到明天。"李俶不听，叫怀恩回营。待到天明，有探马来报，安守忠、李归仁与张通儒、田乾真都连夜逃走了。怀恩听说，叹息不已。

九月二十八日，官军进入长安。回纥叶护来见李俶，请履行前约，准予掳掠金帛子女。李俶跪在叶护马前，再拜说："今刚克西京，便行掳掠，则东京人民必助贼死战，请到东京后再遵前约。"叶护爽快地同意了，即与怀恩引回纥、西域之兵绕城而过，扎营浐水之东。李俶整军入城，百姓携老扶幼，夹道欢呼。李俶留长安三日，

贴金铠甲骑马俑

引大军东进，留太子少傅虢王李巨为西京留守。

三十日，捷报传到凤翔，百官向肃宗祝贺。肃宗一面遣人入蜀奏禀玄宗，请他回京；一面命左仆射裴冕去京师祭祀宗庙和安抚百姓。

东进官军，在郭子仪率领下，追击叛军到潼关，杀敌5000余，连克华阴、弘农二郡，兵锋所向，直指陕州。盘踞在洛阳的安庆绪，尽发洛阳兵15万，由严庄率领着往救陕州，与张通儒等共拒官军。十月十五日，郭子仪等抵达新店，遇叛军依山布阵，郭子仪等初战不利，正危急时，回纥精骑突然从南山击敌后背，叛军大惊，高呼："回纥兵来了！"立即溃退。官军与回纥兵两面夹击，叛军大败。严庄、张通儒连陕州也不敢进，逃回洛阳。

安庆绪见严庄败回，惊慌不安，十六日夜，杀唐将哥舒翰、程千里等30余人，率领党徒，偷偷地出了苑门，逃往河北。

回纥兵争先拥进洛阳，大肆抢掠，可怜洛阳百姓，前番已遭叛军蹂躏，这次又遇回纥兵逞凶，家家儿啼女哭，家财尽空。回纥兵足足骚扰了两昼夜，还不满足，后来由城中父老募集了罗锦万匹送给他们，方才罢休。

洛阳既复，李泌再次请求回山。在收复长安后，李泌就请求回山，肃宗问他为什么要走，李泌说："臣遇陛下太早，陛下宠臣太深，臣权太重，功太高，迹太奇，所以不可留。"肃宗说："夜深了，先睡觉，以后再商量。"李泌说："今陛下与臣同榻而眠，臣尚不敢尽言，何况他日宠衰。"肃宗问他还有什么话不敢说，李泌就说是关于建宁王李倓的事情。原来李倓因得罪了肃宗宠妃张良娣，被张良娣和宦官李辅国进谗，肃宗一怒，命李倓自裁。李泌说了李倓冤死的真相后，又举武则天杀太子李弘和雍王李贤的故事，劝肃宗不可再犯这样的错误。李泌说这番话的用意，是因为广平王李俶功高，引起张良娣的妒恨，暗中散布流言，又想暗害李俶，所以特意提醒肃宗。李泌坚决要求归山，肃宗也没有办法，只好让他回衡山。

胶战邺城

十月二十一日，郭子仪遣左兵马使张用济等率兵取河阳及河内；严庄走投无路，

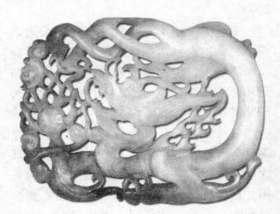

白玉镂雕龙纹饰件

1347

向官军投诚；陈留人杀了尹子奇，举郡出降。安庆绪败走邺郡，兵马不过1300人。过了几天，阿史那承庆、蔡希德、田承嗣等将各率所部来归，又聚众至6万。安庆绪忌史思明势强，遣阿史那承庆和安守忠率劲骑5000，以征兵为名，企图杀了史思明。

史思明得到消息，忙召部将商议，好几个人都劝他率兵投唐，史思明觉得有理，设计捉了安守忠和阿史那承庆，遣使奉表降唐。肃宗大喜，封史思明为归义王、范阳节度使，遣内侍李思敬与乌承恩前往慰抚，命他领所部兵讨安庆绪。

乾元元年（758年）六月，李光弼上表肃宗，认为史思明降唐，只是迫于形势，终将为乱，劝肃宗授乌承恩范阳节度使，叫他与阿史那承庆共图思明，肃宗同意了。

乌承恩接到密令，多次穿了女人的衣服到诸将营中诱说，赂以金帛，收买诸将。有人把这事告诉了史思明，史思明便捉了乌承恩，搜他的行李，查到了授予阿史那承庆的铁券和李光弼的信。史思明责问乌承恩："我有什么地方对不住你，你要害我？"乌承恩无言答对，只说是李光弼指使他做的。史思明马上召集将佐吏民，西向而哭："臣以13万之众降朝廷，何负陛下，而要杀我。"将乌承恩杀了，牵连被杀的有200余人。

史思明又捉了李思敬，上表要求肃宗诛李光弼。肃宗遣使抚慰，把事情都推在乌承恩身上，说都是他自作主张，不是朝廷和李光弼的意思。史思明当然不会相信，于是举旗复叛。

九月二十一日，肃宗命郭子仪、李光弼、李嗣业、王思礼等九节度使各统所部大军共20万，征讨盘踞在邺城（今河南安阳）的安庆绪。肃宗因郭子仪、李光弼都是元勋，不宜互相统属，因此没有任命元帅，却叫一个毫不知军事的宦官鱼朝恩为

观军容宣慰处置使，以协调各军。

郭子仪引兵自杏园渡过黄河，在获嘉（今河南获嘉）击败安太清。安太清退保卫州（今河南汲县），郭子仪进兵包围了卫州。接着，鲁灵、崔光远与李嗣业等各领所部来会。

裴度像

安庆绪发邺郡兵7万来救卫州，以崔乾祐领上军，田承嗣率下军，安庆绪自统中军。郭子仪集射手3000人，埋伏在军营四周的矮墙内，下令说："我退，贼必追我，你们便登墙鼓噪而射。"说罢，率军纵马来战安庆绪。战不多时，子仪佯退，安军便追，追至矮墙下，伏兵齐起，矢如雨滴，喊杀连天，安军急退，子仪紧追，安军大败，逃往邺郡。

郭子仪率军追到邺郡，这时，许叔冀、董秦、王思礼等相继引兵而来。安庆绪收拾余军与官军战于愁思冈（安阳西）又大败，损失兵马3万余，只好退入邺城，据城固守。郭子仪等领兵围住邺城，安庆绪窘急无计，只好遣薛嵩向史思明求救，并

请将皇位让给他。史思明答应了，便发范阳兵13万救邺，但到了魏州（今河北大名）便观望不再前进，只遣李归仁领步骑一万屯于滏阳（今河北磁县），与安庆绪遥相呼应，自己于乾元二年正月初一，于城北筑坛，自称大燕皇帝。

在邺城的官军得悉史思明称帝，在一次军事会议上，李光弼建议分兵进迫魏州，牵制住史思明，使官军有较充裕的时间攻邺城，先解决邺城的安庆绪，然后再解决史思明。鱼朝恩坚决反对，只好罢休。

郭子仪等围攻邺城，筑堤两重，引漳河水灌入城中，城中井泉皆溢，安军只好构栈而居。史思明见邺城危急，令诸将各至离邺城50里扎营，鸣锣擂鼓，威胁官军，命每营各选精骑五百，去城下骚扰，官军出击，便四散奔回；官军回营，又聚集前来，闹得官军日夜不宁。史思明还选了几队精兵，扮作官军，四出拦截官军粮运，看到运粮的车船，纵火便烧，官军粮食渐乏，人心浮动，都想撤军回去。

韩干·照夜白图卷

史思明看时机已到，引大军直抵城下。当时官军步骑60万列阵于安阳河北，史思明亲率精骑5万来战，李光弼、王思礼等先与交战，杀伤各半。郭子仪领军继进，还没来得及布阵，忽然乌云四合，狂飙骤起，拔木吹沙，天昏地暗，咫尺不能相辨。两军大惊，官军南逃，史军北奔，丢弃的甲仗辎重塞满道路。郭子仪以朔方军断河

阳桥（今河南孟县境）保东京，东京士民惊骇，散奔山谷；各镇节度使率军各归本镇。败兵过处，沿途抢掠，将士无法禁止，只有李光弼、王思礼的部队仍整齐严明，全军而归。郭子仪退到河阳，诸将陆续赶来，合兵数万，一面布置守城，一面上表朝廷请罪，肃宗还要用他，因此没有加罪。

河阳之战

史思明探知官军溃走，没有追击，屯兵邺城。安庆绪见官军败退了，又得了官军遗弃的六七万粮食，便与孙孝哲、崔乾祐商议，撕毁前约，拒绝史军入城。史思明派人来责问，安庆绪只好遣安太清上表称臣。史思明表示不必如此，愿与安庆绪约为兄弟，互相援应，与唐鼎足而立。安庆绪大喜，请与史思明歃血为盟，史思明同意了。

安庆绪率300骑到史思明营中，向史思明说："我失两京，久陷重围，幸亏大王来救，才得复生。"史思明忽然变了脸，说："你失两京，还是小事。你杀父夺位，天地不容。我为太上皇讨贼，难道是要你奉承吗？"即命左右把安庆绪并其四弟，还有高尚、孙孝哲、崔乾祐等都杀了。史思明本想西进，因顾虑根本不牢，便留儿子史朝义守相州，自己引兵回范阳。

观军容使鱼朝恩借邺城失利，屡进谗言，诋毁郭子仪，肃宗召郭子仪回来，以李光弼代为朔方节度使、兵马元帅。李光弼刚到范阳，就接到史思明大军分四路南下的消息，便急忙赶往汴州，要汴州节度使许叔冀守住汴，他即刻回东京发兵来救，许叔冀一口答应。哪知史思明兵到，许叔冀便与濮州刺史董秦及部将刘从谏等投降了史思明，史思明以许叔冀为中书令，仍守汴州。

史思明乘胜西攻郑州。李光弼与洛阳留守韦陟商议，决定放弃洛阳，移军河阳，命韦陟率百官退入潼关，河南尹李若幽率

吏民出城避敌。

李光弼到了河阳，不久，史思明也引兵到了，令骁将刘龙仙到城下挑战。刘龙仙自恃勇悍，谩骂光弼。李光弼问诸将："谁敢出马？"仆固怀恩愿往，光弼说："此非大将所为。"裨将白孝德请去，光弼问他要带多少人？白孝德说一个也不要，手持两支长矛，跃马出城，从容向刘龙仙驰去。刘龙仙见只有一个人出城，毫不在意，依旧谩骂，等白孝德走近了，正要动手，只见白孝德向他摇了摇手，刘龙仙不知是什么意思，不敢动手。白孝德走到离刘龙仙还有十步，睁眼问道："贼将认得我吗？"刘龙仙说："什么狗彘！"白孝德大吼一声，举矛把刘龙仙挑下马来，割了首级回城。

史思明有良马千匹，每日放在河南岸洗刷，光弼命索军中牝马500匹，将马驹留在城中，待思明马到水边，都赶出城。母马离开马驹，嘶叫不已，史军牡马看见母马，立即蜂拥渡过河来，官军将它们尽数赶入城中。

史思明大怒，派了一支部队到河清，要想阻绝官军粮道，光弼屯军于野水渡防他。到天黑，光弼回河阳，留兵千人，派部将雍希颢守栅，吩咐说："贼将高庭晖、李日越，都有万夫不当之勇，今夜必来劫寨，他若投降，你便引他来河阳。"果然到天近黎明，李日越领500骑来劫寨，见雍希颢整军站在栅门前，便问："司空（李光弼）在吗？"雍希颢说："昨夜已经走了。"李日越默然良久，对部下说："今失李光弼，我必死了，不如投降吧！"雍希颢便领他去见李光弼，李光弼厚礼相待，当作心腹。高庭晖听到后，也来向李光弼请降。

诸将问李光弼："降两将为何这样容易？"李光弼说："史思明常恨不得野战，听说我在外，必以为可取。日越捉不到我，

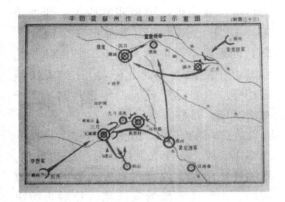

李愬袭蔡州作战经过示意图

必不敢回。庭晖才勇胜过日越，听到日越被宠任，也就来归了。"众人都叹服。

史思明领军再攻河阳，光弼登城观敌，对左右说："贼兵虽众，但部伍不整，不足畏。不过日中，保证破贼。"命诸将出战。

到了日中，双方仍杀得难解难分，光弼召诸将来问："敌阵何处最坚？"答："西北方。"又问："其次何处？"答："东南隅。"光弼遂命部将郝廷玉率精骑三百攻敌西北隅，又命论唯贞率精骑二百攻敌东南方，并对诸将说："你们看我令旗而战，我挥旗缓，任你们择利而战；我挥旗急，则万众一心，杀入敌阵，有进无退，违者立斩！"于是挥动令旗，命诸将出城再战。

战不多时，忽见郝廷玉回马奔逃，李光弼大怒，急遣人去取他首级。郝廷玉报告说因马中箭，否则怎敢后退，李光弼命回马再战。又过了一会，大将仆固怀恩父子倒退下来，光弼又遣人去取他父子首级，怀恩看到使者提刀奔来，慌忙和儿子拨转马头，硬着头皮冲向敌阵。李光弼连连挥动令旗，诸将一齐拼死向前，喊杀声震天动地。叛军支持不住，向后溃退。这一仗斩首千余级，俘虏五百，溺死者千余人，擒敌大将徐璜玉、李秦授，董秦率部投降官军。

史思明河阳兵败，退守洛阳，此后双

白陶舞马

方相持，互有胜负。史思明残忍好杀，部下稍不如意，便命族诛，人人不能自保。史朝义是史思明的长子，常跟史思明在外打仗，很谦恭，爱士卒，将士多愿依附于他。但史思明不喜欢朝义，而爱小儿子朝清，留他守范阳，并且常想杀了朝义，立朝清为太子。左右将士知道了他的心思，暗中告诉了史朝义。

有天晚上，史思明宿于鹿桥驿，令心腹曹将军领兵宿卫。史朝义住在旅店里，其部将骆悦、蔡文景对朝义说："悦等与王死日快到了！请召曹将军来商议行大事。王若不许，悦等即刻投唐，王亦不能保全自己。"史朝义只是不响。

骆悦等把曹将军召来，与他商议行刺史思明。曹将军知道诸将都怨恨史思明，由不得他不答应。当天夜里，骆悦等带了300人到鹿桥驿，宿卫兵士虽感到奇怪，但害怕曹将军，都不敢阻挡。骆悦等进入史思明卧室，却不见史思明，喝问左右，左右早吓呆了，骆悦挥刀砍了几个，才有人说到厕所去了。骆悦等赶到厕所，仍找不到史思明，忽听墙外有马铃声，登墙一看，见史思明正要骑马逃走，忙一箭射去，正中思明，翻身落马，把他捆绑了，带到

柳泉驿，用绳子勒死。

骆悦等返报史朝义，用毡裹了史思明尸体，送归洛阳。史朝义即皇帝位，秘密派人去范阳，命张通儒等杀了史朝清及朝清母辛氏，以自己的部将李怀仙为范阳尹，燕京留守。

史朝义自杀

宝应元年（762年）四月初五，太上皇玄宗病死，享年78岁。当时肃宗也患了重病，到了十八日，也两脚一伸，跟着玄宗走了。

四月二十日，广平王李俶即位，是为代宗。九月，代宗因仆固怀恩之女是回纥登里可汗的可敦，便遣怀恩出使回纥，重修旧好，并向回纥征兵讨史朝义。登里可汗开始时不答应，经怀恩再三劝说，才同意派兵。

十月，以雍王李适为天下兵马元帅，约期诸道兵及回纥兵马在陕州会合，进讨史朝义。代宗想命郭子仪为副元帅，宦官鱼朝恩和程元振坚决反对，只好任命仆固怀恩为副元帅。

唐骑兵蜡像

战事告捷，怀恩进克东京和河阳城，捉住史朝义的中书令许叔冀、王伷等。怀恩留回纥军于河阳，遣子仆固玚及朔方兵马使高辅成率步骑万余乘胜追击史朝义，到郑州，两战皆捷。史朝义逃到汴州，其陈留节度使关了城门不让他进去；朝义自濮州北渡黄河，其睢阳节度使田承嗣等领

兵 4 万来与他会合，又被仆固怀击败了，长驱进到昌乐（今河南南乐）东，朝义又率魏州兵来战，又被仆固怀击败。于是敌邺节度使薛嵩向唐泽潞节度使李抱玉投降，敌恒阳节度使张忠老投降了唐河东节度使辛云京。

史朝义逃到莫州（治所在今河北文安县以西的郑州），官军很快赶到。史朝义屡次出战，都吃了败仗，田承嗣要史朝义亲往范阳发兵来救，哪知史朝义前脚刚走，田承嗣便开门投降了官军。

这时史朝义的范阳节度使李怀仙也已投降了朝廷，并遣兵马使李抱忠领兵三千镇守。史朝义逃到范阳，李抱忠关了城门不让他进城。史朝义派人去责问李抱忠，李抱忠说："天不保佑燕，今既归唐，岂可反复。"史朝义要求让他饱餐一顿。李抱忠答应了，命人在城东设食供应，结果家在范阳的将士都要求回家，史朝义一点办法也没有，只好让他们走了。史朝义吃饱了，带着数百胡骑东奔广阳（今北京市杨柳青），走到温泉栅，李怀仙派兵追来了，史朝义穷蹙无计，在树林中自缢而死，被李怀仙取了首级献给朝廷。历时八年的"安史之乱"到这时总算结束了。

唐代宗李豫

李豫（727～779），唐朝第九代皇帝。唐肃宗长子。初名俶，后改名豫。唐玄宗诸孙百余人，李俶最长，颇为玄宗钟爱，立为嫡皇孙。年十五时，封广平王。安史之乱爆发，从肃宗至灵武（今宁夏灵武西南）。至德二载（757）肃宗以俶为天下兵马元帅，以讨安史。李俶与郭子仪等率唐军，在回纥援助下，先后攻克长安、洛阳。肃宗还京师，李俶进封楚王，徙封成王。宝应元年（762）四月，肃宗病危，张皇

后欲立越王係，宦官李辅国、程元振勒兵捕係，幽禁张皇后。肃宗死后，李辅国遂拥豫即位，次年七月改元广德。

代宗统治初期，宦官李辅国、程元振、鱼朝恩先后掌握兵柄，专权用事，也先后或黜或死。大历五年（770）鱼朝恩死后，代宗不再用宦官掌兵。

宝应二年正月史朝义自缢死，安史之乱结束。但藩镇割据局面继起，终代宗之世，藩镇擅代，中央已无力控制据地自雄的节度使。吐蕃乘大乱之机，尽占河西、陇右之地（今甘肃、青海一带），并进扰关中。广德元年（763）冬，吐蕃攻陷盩厔（今陕西周至），代宗出奔陕州（今河南三门峡西），吐蕃入长安。这时，郭子仪以关中兵马副元帅名义驻咸阳（今陕西咸阳东北），部下只有士卒数百。郭知长安陷落，便到商州（今陕西商县）招募散兵，遣将进逼长安，迫使吐蕃退出。唐军收复长安，代宗还京师。此后唐将领仆固怀恩叛，连年引回纥、吐蕃、党项等族兵威胁关中，京师一再戒严。代宗一度欲亲征，赖郭子仪说和回纥，迫使吐蕃退出。

代宗在位时先后任用第五琦、刘晏等人整顿财政，改革漕运，增加盐利，为以后唐德宗时的税制改革准备了条件。大历十四年五月代宗死。葬于元陵。

唐德宗李适

李适（742～805），唐朝第十代皇帝。唐代宗李豫长子。宝应元年（762）代宗即位。时方讨安史叛军，以适为天下兵马元帅，封鲁王，不久改封雍王。安史之乱平定后，适以元帅功拜尚书令，与郭子仪等八人图形凌烟阁。广德二年（764）立为太子。大历十四年（779）五月代宗死，适即位，次年改元建中。

中国通史

最新整理图文珍藏版

德宗即位之初，颇思励精图治，减乐工，损服玩，禁止宦官受赂，罢诸处岁贡，政局为之一新。建中元年（780）采纳宰相杨炎的建议，宣布废除租庸调制及一切苛杂，实行两税法，按户等征居人之税，按土地征田亩之税，每岁夏秋两征。新税制适应了土地集中、贫富不均的情况，具有进步意义。德宗亦思打击藩镇，加强中央集权。但社会、政治条件并不成熟，反而引起一场大乱，爆发了朱滔、李希烈、朱泚等人的叛乱，德宗被迫于建中四年奔奉天（今陕西乾县）。兴元元年（784），因李怀光叛，德宗又走梁州（今陕西汉中）。最后，朝廷虽平定朱泚、李怀光、李希烈等之乱，但对其余叛镇只得以姑息让步换取乱事的结束。此后，德宗对强藩巨镇的父死子代、据地称雄，再也无可奈何。

德宗性猜忌，无力解决朝臣中的矛盾。终其一朝，刘晏、杨炎、窦参、陆贽、裴延龄等大臣之间倾轧不已，政局混乱。此外，宦官窦文场、霍仙鸣两人深受信任，分任左右神策军护军中尉，使宦官掌握禁军，势力进一步猖獗。

唐宪宗李纯

李纯（778～820），唐朝第十二代皇帝。唐顺宗李诵长子。初名淳。贞元四年（788）封广陵郡王。二十一年初，顺宗即位，重用王伾、王叔文、韦执谊、柳宗元、刘禹锡等进行政治改革，抑损宦官势力。宦官俱文珍等对此大为不满，谋夺朝柄，乃于三月逼顺宗立淳为太子，改名纯。八月，顺宗在文珍与节度使韦皋、裴均及严绶等人逼迫下内禅，改元永贞（见二王八司马）。李纯即位，次年正月，改元元和。

宪宗是唐朝后期较有作为的皇帝，其政绩主要有两方面：一是政治上有所改革，二是暂时平定了一些藩镇。

唐德宗时各地赋税分为上供、送使、留州三项，其中留州、送使两项降省估（中央政府规定的价格）就实估（市价）折算纳税（见折估）。由于户税以钱定税，实估很低，所以纳税者的负担成倍加重。针对这一情况，宪宗采纳裴垍的建议，于元和三年（808）宣布一切按省估折纳赋税，还规定观察使须先征用所治州之税，不足时方可征所属其余州之税，江淮一带的人民由此稍得苏息。四年，采纳李绛、白居易等人的建议，下诏蠲租税，出宫人，绝进奉，禁止南方掠卖奴婢。以后又用李绛之议于振武军（今内蒙古托克托南）、

李纯

天德军（今内蒙古乌拉特前旗北）开营田四千八百顷，收谷四十余万斛，岁省军费二十余万缗。六年，采纳宰相李吉甫之言，并省内外官八百零八员、诸司流外官一千七百六十九人。上述措施都具有一定的进步性。

在打击藩镇方面，元和元年，平剑南西川节度使刘辟之乱，讨平夏绥留后杨惠琳。二年，遣兵讨平镇海节度使李锜。七年，魏博节度使田兴归命。十二年，讨平淮西节度使吴元济。十三年，发五道兵讨淄青节度使李师道。次年，李师道为部将刘悟所杀。唐宪宗少年时即钦慕贞观、开

元时期的政治局面，有志恢复，故即位后利用德宗以来积蓄的财力，重用主张裁抑藩镇的大臣杜黄裳、武元衡、李吉甫与裴度等人，坚主用兵，遂能取得一定的胜利，被后人誉为唐代的"中兴之主"。

为了削弱藩镇势力，改变节帅尾大不掉的积患，宪宗还采取了以下一些措施：安史之乱以后节度使均就军中任命；元和二年，以左金吾大将军范希朝出任朔方、灵盐节度使，以革旧弊；分割强镇之州县，以少其力，如讨平刘辟后分西川六州隶东川；讨平淄青李师道后以其地为淄青、兖海、郓濮三道，分置节度使；元和十四年，又诏诸道节度使、都团练使、都防御使及经略使所属支郡兵马均归刺史统领，以分方镇兵权。

宪宗虽亦力图革除河北藩镇节帅世袭之弊，但其志终未遂。此外，讨伐成德节度使王承宗的战争亦未能取胜，当时彻底消除藩镇割据的条件尚不成熟，宪宗个人对此是无能为力的。不过经其削藩，藩镇的势力确实暂时有所削弱。

元和时期连年用兵，耗尽了德宗以来的贮积，宪宗因而重用李巽为度支盐铁转运使，征课所入多于理财名臣刘晏掌财之日。加之平吴元济后，宪宗渐骄侈，财利之臣岁进羡余。在此情况下，劳动人民的负担沉重，逃户遍于各地。

宪宗是由宦官拥立的，因此不抑宦官。他晚年好神仙，求天下方士为他合长生药，而多服金丹性转躁急，左右宦官往往获罪。元和十五年正月，宪宗为宦官陈弘志（一作弘庆）等人谋杀。宦官梁守谦等拥立太子李恒，是为穆宗。

唐武宗李炎

李炎（814～846），唐朝第十六代皇帝。唐穆宗李恒第五子，文宗之弟。本名瀍。长庆元年（821）封颖王。文宗曾立鲁王李永为太子，后李永暴死，乃另立陈王李成美为太子。开成五年（840）正月，文宗疾甚，命知枢密刘弘逸、薛季稜引杨嗣复与李珏至禁中，欲奉太子监国。另一派宦官神策中尉仇士良及鱼弘志认为太子之立，功不在己，乃矫诏立李瀍为皇太弟，废太子，仍为陈王。同月文宗去世，李瀍即位。次年改元会昌。

自唐宪宗以后，朝廷大臣逐渐分成以李德裕为首的李党和以牛僧孺为首的牛党，互相排挤，倾轧不已。杨嗣复与李珏均系牛党成员，故武宗即位后，即贬逐牛党，召淮南节度使李德裕入朝拜相。以后，李党陈夷行、李让夷等亦先后登相位，一时形成李党独掌朝柄的局面。武宗对宦官亦稍加挫抑，甚至连拥立武宗的大宦官仇士良亦不免被迫致仕。

唐武宗和宰相李德裕最主要的业绩是平定泽潞镇（今山西长治）。会昌三年（843），泽潞镇节度使刘从谏死，其侄刘稹谋擅袭位。李德裕认为泽潞镇地处腹心之地，不同河北三镇，坚决主张用兵。武宗采纳其谋，命诸道出兵征讨。次年，刘稹为部下所杀，泽潞平。当时唐朝的财力、军力比宪宗时更为薄弱，武宗只能平定泽潞一镇。其打击藩镇的成就，已不能与唐宪宗时同日而语了。

武宗时的另一项重大政治措施是打击佛教寺院。唐朝后期佛寺日增，僧尼益众；寺院拥有大量土地，又有免税特权，成为逃避课役者的藏身之地；在社会上因钱币不足而大闹钱荒的时候，佛寺中却大量以铜铸佛像，加剧了钱荒的严重程度。由于上述原因，武宗在道士赵归真的鼓动和李德裕的支持下，于会昌五年下令废佛。除长安、洛阳及诸道保留规定的少数佛寺外，其余的寺院一律拆毁，共计毁大中型寺院

中国通史

最新整理图文珍藏版

四千六百余所、小庙宇（招提、兰若）四万多处；勒令僧尼二十六万零五百人还俗充两税户，解放寺院奴婢十五万人充两税户，没收寺院良田数千万顷（"顷"疑为"亩"之讹）。武宗废佛是号称佛教"三武之祸"（北魏太武帝、北周武帝及唐武宗）中的最后一次（见会昌废佛）。

武宗异常崇信道教。他听信道士们所谓唐以"土"德，宜火不宜水之言，在临死前改名为"炎"。晚年服用方士所炼的金丹。但性格急躁，疾久未平。会昌六年三月，病危，诸宦官以皇子年幼，乃立光王李怡为皇太叔。是月武宗去世。葬于端陵。

唐末农民起义

时代背景

唐朝晚期，皇帝多半昏庸腐朽，不理朝政，军政大权全落宦官之手。唐懿宗委政于宦官田令孜，自己则音乐宴游。每次游幸，前呼后拥，扈从十几万人。其女同昌公主出嫁，懿宗"倾宫中珍玩以为资送，赐第于广化里"，同昌公主死时，他又为她大办丧事，仅殉葬物品，就陈列了 30 里长。懿宗笃信佛教，为了迎佛骨，以禁军为仪仗，迎佛骨的香车和盛佛骨的浮图，都以金玉、锦绣、珠翠装饰，挥霍大量钱财。

僖宗的奢侈更盛于懿宗，他尊田令孜为"阿父"，听其专权胡为，终日"斗鸡"、"赌鹅"、"击球"，把国库积蓄耗费一空。

唐末，官吏贪贿成风。"自咸通以后，上自宰辅以及藩镇，下至牧伯县令，皆以贿取"。懿宗时，宰相路岩公开贪赃纳贿，仅他的一个家吏贪污来的家产，就可供全国两年军资。当时宦官掌握禁军大权，有

黄巢像（雕塑）

些禁军将领，以成倍的利息向长安巨富贷款，贿赂宦官，以谋取节度使的职位。担任节度使以后，通过吃空额、克军饷等方法，搜刮钱财，偿还贷款而外，又积蓄巨万财富。至于官吏抢占民田，兼并土地更是司空见惯。统治阶级集团已到了极其腐朽的地步。

由于统治阶级腐败，官僚机构的膨胀，战争的频繁，国家财政开支无限制地扩大。为了解决这个困难，便一再增加两税税额。两税法实行后，只过了二年，税额就每千钱"增二百"；加上钱重物轻，两税初期万钱折绢三匹，十五年后折绢六匹。人民负担实际增加了一倍。穆宗时，实际税额已增至三倍。除了两税以外，还有各种苛捐杂税，诸如盐、酒、茶、竹木、果蔬、牲畜税，名目繁多，几乎无物不征。尤以盐税影响最大。唐天宝时斗盐十文。乾元元年（758 年），第五琦改变盐法，实行榷盐，即国家专卖，盐价一下提到每斗 110 文。此后即不断上涨，至有"以谷数斗，易盐一升"者。政府每年盐税收入猛增到 600 万贯。百姓吃不起官盐，只好淡食或买私盐。政府为了禁止贩卖私盐，设立了巡院缉私，以酷刑镇压私盐贩，"盗鬻两池盐一石者死"，还采用了连坐法。结果，迫使私盐贩武装起来，结成帮伙，进行反抗。有些人后来成了唐末农民起义军的骨干和

领袖。

　　唐末土地兼并盛行。河南长葛县一个小小的县令严郜，退职以后竟兼并了"良田万顷"。大官僚更不用说。有人形容那时土地问题严重的情况是"富者有连阡之田，贫者无立锥之地"。大地主占有的田地，十分才税二三，负担都转嫁给农民。农民失去土地，被迫逃亡。政府却还要实行摊逃，把逃户的赋税分摊到未逃的农户身上，结果是促使更多的农民逃亡。渭南县长源乡400户仅剩100户，阌乡县（今河南灵宝）3000户只剩1000户。人民无法继续生活下去，只有起来反抗，"所在群盗，半是逃户"，破产农民成为起义的中坚力量。

各地起义概况

　　大中十三年（859年）底，浙东爆发了裘甫领导的农民起义，揭开了大起义的序幕。裘甫领导的起义队伍，以不可遏阻之势，攻下了浙东象山（今浙江象山），进逼剡县（今浙东嵊县），浙东震动。次年正月，起义军攻下剡县。起义军人数激增至3万多人，裘甫以剡县为根据地，自称"天下都知兵马使"，建元"罗平"，铸印"天平"，建立农民政权。三月，裘甫领导义军连续攻下上虞、奉化、余姚、宁海等地，一时声震中原。唐朝急派安南都护王式带领河南和淮南的军队，并招募发配在江淮间的回纥和吐蕃人，编成骑兵，前来镇压。六月，起义军退守剡县，和唐军展开血战，终因兵力悬殊，剡县失守，裘甫被俘牺牲。这次起义前后历时八个月。

　　裘甫领导的起义军失败后，不久又爆发了桂林戍兵起义。咸通四年（863年），唐朝为了防御南诏，招募徐、泗士兵800人戍守桂林，定期三年换防。到咸通九年（868年）已戍守六年，仍不准归回故乡，加以军官暴虐，士兵不堪忍耐。七月，众杀都将王仲甫，举庞勋为首，取兵甲自动结队北归。队伍经湖南沿江东下，过浙西，

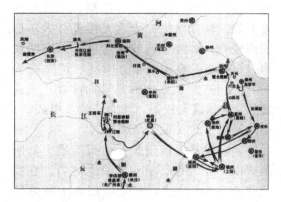

黄巢北伐夺取两京之战要图

入淮南，九月抵达徐州境内。当时正逢淮北大水，灾民纷纷参加庞勋的队伍，义军很快发展到五六万人。这样，这次兵变就转变成农民起义。他们一举攻下徐州，杀死了徐州观察使崔彦曾等残暴官员，并且占领了淮南、淮北广大地区，控制了江淮通往长安的漕运线，队伍发展到20多万人。咸通十年（869年）唐政府急忙调用沙陀、吐谷浑、契丹的骑兵约10万，在右金吾大将军康承训率领下，前往镇压。徐州失陷。起义军失去据点，东西转战，连告失利，不幸在蕲县（今安徽宿县南）被围。

　　裘甫、庞勋领导的起义虽然失败，但他们的余部分散在山东、江淮一带，坚持斗争。

　　咸通十四年（873年），河南、山东一带，水旱灾害严重，粮食颗粒无收，但官府仍然催逼租税，从而激起民变。乾符元年（874年）底，私盐贩濮州（今河南范县南）人王仙芝领导农民几千人，在长垣（今河南长垣）起义，自称"天补均平大将军兼海内诸豪都统"，公元875年六月，王仙芝率领起义军，攻下濮州，郓州（今山东东平西北），曹州（今山东曹县北）等地。这时黄巢聚众数千人，在家乡冤句（今山东菏泽市西南）起义，响应王仙芝。

戴面纱女骑俑

黄巢也是私盐贩，喜击剑骑射，读过书，粗通诗文，曾数次至长安应试不第。他曾同王仙芝同贩私盐，目睹唐统治的腐败和百姓生活的痛苦，愤世不平，便带领兄弟子侄等人，走上了反抗唐王朝的道路。两

军会合后，队伍迅速发展到几万人。

起义军的迅速发展，严重威胁着唐王朝。唐朝急忙调集淮南、忠武、义成、宣武、天平五个节度使的兵力，前往镇压。任命平卢节度使宋威为统帅，统一指挥，围攻起义军。

起义爆发后，王仙芝和黄巢两支起义军并肩作战，从山东转战到河南、安徽、湖北一带，屡败唐军。唐政府以授给王仙芝左神策押牙兼监察御史的官职进行诱降，王仙芝动摇，但因黄巢等将领坚决反对，诱降未成。此后，黄巢回山东战斗，王仙芝留在湖北。乾符五年（878年）二月，王仙芝兵败被杀。其余部由尚让率领北上与黄巢会合。黄巢称"冲天太保均平将军"。

乾符五年（878年）起义军渡江南下。黄巢鉴于唐军大多集中北方，南方空虚，便避实就虚，于公元878年夏横渡长江，南下安徽、江西、浙江，并在当地人民支持下，用一个时间，开山路七百多里，翻越仙霞岭，从浙江进入福建。第二年，攻占广州，发布文告，揭露唐朝弊政，宣布要推翻唐朝统治。同年十月率军北伐。广明元年（880年）七月在采石（今安徽当涂）渡过长江，又过淮河，队伍扩大到60万人。义军顺利占领洛阳后，于广明元年（880年）十二月进入长安，唐僖宗逃往四川。尚让向市民宣告："黄王起兵，本为百

国画·黄巢占领长安

1357

姓，非如李氏不爱汝曹，汝曹但安居无恐。"

起义军在长安正式建立政权，国号大齐。黄巢称皇帝，年号金统。以尚让等为宰相，朱温等为诸卫大将军，皮日休等为翰林学士。规定唐官三品以上的停职，四品以下的留用。大齐政权还镇压了豆卢瓒、张直方等一批隐匿不降和假投降的官僚、地主，但严禁随便杀人。大官僚、大地主被剥夺了田宅和货财，扫地出门，"富家皆跣而驱"。对一般百姓，则"见贫者，往往施与之"。这些措施，表现了农民的革命性，也反映了大齐政权和代表地主阶级利益的唐政权的显著区别。

起义军建立大齐政权后，以黄巢为首的领导集团，满足于既得的胜利，既没有乘胜肃清唐朝残余势力，又没有集中兵力消灭关中唐朝禁军的主力和周围藩镇势力。因此，以僖宗为首的唐中央在四川站稳脚跟后，得以重新组织力量，向起义军进行反扑。由于起义军北上过江后，没有重视根据地的建设，一味流动作战，特别是渡淮之后，队伍已发展到60万人，一路势如破竹，直取两京，然所经之地，甚至包括洛阳这样的重要城市，都不派兵驻守。而攻入长安后，也没有利用唐军溃散的机会，巩固和扩大以长安为中心的根据地。这样，大齐政权势力范围只局限于东起华州，西至兴平，南抵商州的地区内，兵源、军资和粮食供应都很困难。

中和元年（881年）三月，唐僖宗在四川发布命令，号召各藩镇进击起义军，唐朝的军队汇集了沙陀贵族李克用的骑兵，从四面包围长安，双方展开殊死战斗，长安几度失而复得，战斗十分激烈。这时，被唐重兵围困在城内的起义军，粮食极为缺乏，只得以树皮等物充饥，处境日益困难。唐政府为配合军事围剿，又加紧对起义军的分化诱降活动。九月，起义军的同州防御使朱温叛变降唐，削弱了起义力量。

由于朱温的叛变，起义军处于外无援兵、内无粮草的险恶境地。中和三年（883年）五月，黄巢被迫退出长安，向河南转移，在陈州与唐军胶着近300天。失去了及时向有利地区转移的机会，进一步陷入被动的局面。这时，唐朝从各地调兵增援陈州，李克用领沙陀骑兵5万，从太原南下河南。黄巢只得放弃陈州，向山东退却。中和四年（884年）五月，起义军在中牟县王满渡北渡汴河时，遭李克用骑兵突击，伤亡惨重。在这关键时刻，尚让等叛变，局势急转直下。最后黄巢败退至山东，又遭唐军追击。六月，起义军在瑕丘（今山东兖州西）被唐军李师悦包围，因力量悬殊，部众丧亡殆尽。黄巢率残部退至泰山狼虎谷，自刎而亡。

黄巢领导的农民起义军，英勇奋战10年，转战大江南北，行程万里，席卷大半个中国。起义军由几千人发展到60余万，攻占长安，建立政权，时间之长，规模之大，在农民战争史上是空前的，这次起义打击了藩镇割据势力，镇压了贪官污吏，瓦解了唐王朝的统治，也沉重地打击了整个地主阶级，特别是荡涤了魏晋以来残存的世族地主势力。在政治上，促使门阀观念的消除，五代以后"取士不问家世，婚姻不问阀阅"。在经济上，削弱了大土地所有制，使土地高度集中的情况有所缓和，佃农的地位有所变化。

骑马击球彩绘陶俑

经过藩镇混战、宦官乱政和农民起义的打击，唐王朝已虚弱不堪。而靠镇压农民起义起家的新旧军阀却乘机扩大势力。他们互相进攻吞并，最后只剩下十几个藩镇。

势力较强的，在北方有：河南的宣武节度使朱全忠（即朱温），山西的河东节度使李克用，陕西的凤翔节度使节茂贞，河北的卢龙节度使刘仁恭。南方有：浙江的镇海节度使钱镠，江苏的淮南节度副大使杨行密，四川的西川节度使王建。这些节度使中，又以朱全忠、李克用最强。

龙纪元年（889 年），朱全忠打败河南的秦宗权后，势力大增，光化三年（900年）又打败刘仁恭，"河北诸镇皆服于全忠"。朱全忠与李克用为扩大地盘、控制唐朝皇帝，连年攻战，天复二年（902 年），朱全忠打败李克用，一时称雄北方。

唐朝小朝廷，宦官与朝官的斗争不息，天复元年（901 年），宦官韩全海勾结凤翔节度使李茂贞，宰相崔胤勾结朱全忠，互相斗争。天复三年（903 年），朱全忠打败李茂贞，控制了唐昭宗，崔胤引朱全忠入京，杀宦官数百人，只留下品低幼弱者 30 人以备洒扫，宦官势力被根除。

天祐元年（904 年），朱全忠又杀宰相崔胤，逼唐昭宗迁都洛阳。这年八月，杀唐昭宗，立其 13 岁的第九子李柷为傀儡皇帝，即哀帝。第二年，朱全忠又杀宰相崔枢、崔远等朝士 30 余人，投尸黄河，以减少他代唐称帝的阻力。天祐四年（907年），朱全忠废唐哀帝，自立为帝，国号梁（史称后梁）。至此，经 21 帝，历时 290 年的唐朝灭亡了，历史进入了五代时期。

王仙芝黄巢起义

唐朝后期，统治阶级内部矛盾日趋尖

锐，宦官专权，朋党相争，朝政腐败，地方割据势力膨胀。统治阶级与被统治阶级之间的矛盾，以及民族矛盾也日趋尖锐。在严重的社会危机和自然灾害面前，广大农民无以为生，反抗力量遂遍及各地。在裴甫起义、庞勋起义失败之后，终于酿成了更大规模的以王仙芝、黄巢领导的农民大起义。

唐朝镇压了裴甫、庞勋起义，并没能缓和社会矛盾和阶级矛盾，反而埋伏了更大的不稳定。懿宗又不思励精图治，而是骄奢政荒，宠信谀臣，贬窜忠良。咸通十一年（870 年），庞勋起义的余部就相聚闾里，散在兖、郓、青、徐之间，进行反对朝廷的活动。这个地区成了唐末社会矛盾和阶级矛盾的热点，终懿宗朝，都没能消除这个热点。咸通十四年（873 年）七月十八日，懿宗死，年四十一。大宦官刘行深、韩文约杀长立幼，立懿宗第五子普王李俨即位，改名儇，是为僖宗，时年十二。这个小皇帝专事游戏，斗鸡打镠，把政事全委托给从普王府带进宫来的左神策中尉田令孜。

三彩狮子

这年秋，自虢州（今河南灵宝）直到海边，发生了大旱灾，小麦只收了一半，秋粮几乎颗粒无收，老百姓只能以草为面，磨叶成粉充饥，无数百姓饿死。官府还要催缴钱粮，逼得百姓拆屋伐木，卖妻鬻子。

1359

整个关东地区燃烧起来了，一股一股贫民揭竿而起。僖宗乾符元年（874年）十一月，濮州（今河南范县）盐贩子王仙芝率众数千，在长垣（今河南长垣）起义。乾符二年（875年）正月三日，他自称"天补平均大将军兼海内诸豪都统"，传檄诸道，抨击唐朝廷官吏贪婪，赋税繁重，赏罚不平，同裘甫起义一样，要建立一个以公平为原则的社会。六月，王仙芝与大将尚君长一起攻克濮州、曹州（今山东曹县），队伍迅速壮大到数万人。

王仙芝贩私盐有个老搭档，就是历史上大名鼎鼎的黄巢。黄巢是曹州冤句（今曹县西北）人，能文能武，善骑能射，任侠好义，曾经多次考科举落第。王仙芝起义，黄巢毅然投笔，与弟黄揆等聚众数千响应。

七月，关东又发生大蝗灾，赤地千里，民不聊生，饿殍遍野。于是更多的农民纷纷聚义，多的千余人，少的数百人，投入王仙芝、黄巢起义。数月之间，黄巢所部也发展到数万，攻州略县，横行山东。

唐朝廷诏调淮南、忠武、宣武、义成、天平五镇军急速集结曹濮地区镇压。十二月，以平卢节度使宋威为诸道行营招讨草贼使，统一指挥各道。乾符三年（876年）七月，宋威率军在沂州城下，与王仙芝大战，获胜。王仙芝、黄巢突然踪迹全无。宋威表奏王仙芝、黄巢已被消灭，就遣散诸道兵，自己也回青州（治所今山东益都）去了。百官入朝僖宗，庆贺天下太平。

谁知过了三日，各州县纷纷上表报告说，发现了王仙芝。朝廷只得又诏调诸道兵，惹得被征调兵士怨怒思乱，战斗力大为削弱。八月，王仙芝、黄巢乘虚挥师西进，攻克阳翟（今河南禹县）、郏城（今河南郏县）。九月，攻克汝州（今河南临汝）、阳武（今河南登封东南），兵锋直逼洛阳，东都大震。朝廷急命宋威统率本镇

舞马衔环纹银壶

及平卢、宣武等四镇兵进驻亳州（今安徽亳县），诏忠武节度使崔安潜发兵迎击，又调昭义节度使曹翔率步骑5000守卫东都，任命左散骑常侍曾元裕为招讨副使守卫东都，山南东道节度使李福扼守汝、邓（今河南邓县）要路，邠宁节度使李侃、凤翔节度使令狐绹守陕州、潼关以防义军入关。

王仙芝西攻郑州、中牟后，突然翻过伏牛山，疾驱600余里，攻打唐、邓二州。再长驱南下600多里，攻克郢（今湖北钟祥）、复（今湖北天门县西北）二州。十二月，回师攻申（今河南信阳）、光（今河南潢川）、庐、寿（今安徽寿县）、舒（今安徽潜山）州，又南攻蕲（今湖北蕲州）等州。黄巢也率部穿过嵖岈山（今河南遂平县西），与王仙芝部平行南下，在蕲州会合。

这时两支义军只剩下五千人马，王仙芝想受朝廷招安求官，派降官王镣送书信给蕲州刺史裴偓。裴偓正中下怀，与王仙芝约定，双方收兵不战，由他向朝廷为王仙芝求官。裴偓是宰相王铎的门生，他开城门延纳王仙芝、黄巢等义军将领30多人，设宴置酒，还送了义军很多财货，当

场具表给朝廷为王仙芝请求委任状。

不久，宦官专程从长安到蕲州，送来告身，委任王仙芝为左神策押牙兼监察御史。王仙芝拿到告身很高兴，王镣、裴偓等人都去向他祝贺。黄巢闻讯赶来反对，大发雷霆，大骂王仙芝："当初大家共立大誓，横行天下，如今你一人想去左军当官，叫五千弟兄到哪里去！"说完，痛打王仙芝，义军将领齐声反对不已。

王仙芝怕触犯众怒，就没有受命，烧了官舍，在城中驱杀，裴偓逃奔鄂州去了。但黄巢与王仙芝从此分裂，王仙芝与尚君长带了三千余人，黄巢带了两千余人，在蕲州分道而去。

黄巢率部北上，行军1500里，乾符四年（877年）春攻克郓州（今山东郓城）、沂州，杀天平节度使薛崇。然后突然再下嵖岈山，与据山留守的尚让会合，休整。七月，回兵中原，进攻宋州，与宋威所率忠武、平卢、宣武三镇兵大战，打得宋威躲进城不敢出战。朝廷派左威卫大将军张自勉率兵七千赶来增援，黄巢怕受夹击，避其锋芒，不得不撤围，南下攻克安州，略地蕲、黄（今湖北黄冈北），又突然北上，攻克匡城（今河南扶沟西南）、濮州，打得唐朝廷晕头转向。

与此同时，长江以南也活跃着一支由柳彦章率领的起义军，他们攻占江州（今江西九江）。俘刺史陶祥，在江州建立水寨水军，拥有百余艘战船。

王仙芝与黄巢分裂后，一直在湖北辗转作战。八月，攻克随州（今湖北随县），活捉刺史崔休征，略地复、郢，连续打了几次胜仗。但唐朝廷已知王仙芝有投降之心，十一月，招讨副使、都监杨复光派判官吴彦宏招降王仙芝。王仙芝回派尚君长等三员大将去见杨复光议降，三人在途中被宋威劫取。宋威上奏冒功，说他在战斗中俘获了尚君长等。杨复光得知后，上表

唐西域边城

揭露说尚君长是主动来投降的。朝廷派侍御史来审讯，审不明白，结果宋威杀了尚君长等三人。王仙芝白白牺牲了三员大将。

消息传到王仙芝军中，王仙芝大怒，率军自郢州直扑江陵（今湖北江陵）。荆南节度使杨知温不懂军事，不设防备。乾符五年（878年）元旦，大雪纷飞，王仙芝渡过汉水，攻陷罗（大）城。城中将士退守子（小）城。杨知温若无其事，穿戴着文官袍帽上城抚慰士卒，还在城上赋诗给幕僚们看。山南东道节度使李福和驻扎襄阳的沙陀骑兵闻讯连夜赶来援救，在荆门（今湖北荆门）与义军遭遇，沙陀骑兵横冲直撞，义军战败。王仙芝得报，焚掠了江陵大城，往北向申州转移。

正月初五，王仙芝在申州遭到唐招讨副使曾元裕的袭击，死降散2万人。王仙芝被迫南返，穿过大别山区。二月，进入黄梅（今湖北黄梅）。不料曾元裕在此布置了伏兵，当王仙芝退入黄梅山时，官兵四起，王仙芝牺牲，5万余义军大部战死，鲜血飞溅，染红了黄梅山峦。

黄巢大举北伐克长安

黄巢在岭南积极准备下一步的军事行动，把矛头直接指向唐朝的中央政府。他发表文告，自称义军百万都统兼韶广等州观察处置等使，历数宦官专权、官吏贪污

残暴、考选不公、埋没人才等弊病；宣称禁止刺史添置私产，县令贪赃者灭族；明白表示引军北上，入潼关克长安的决心。这篇文告博得了人民的欢迎，把斗争引向一个更高的阶段。

这年十月，黄巢大军从桂州（今广西桂林）出发，编了几千只大木排，乘着水涨，浩浩荡荡，沿湘江而下，经永、衡二州（今湖南零陵、衡阳），直抵潭州（今长沙），猛攻一天，便打下了这座十万大军防守的城市。

这时担负镇压义军责任的是荆南节度使、南面行营招讨都统王铎。他原任宰相，是个典型的老官僚。他带着一批"旧族子弟"的幕僚，在江陵纵情声色，逍遥自在，把前方的军事交部将李系负责。李系是名将李晟的曾孙，其实不懂军事。战国时赵国名将赵奢的儿子赵括虽然没有本领，多少还有点勇气，这个李系连勇气也没有，只会在没事时说大话。王铎却以为李氏家族世代良将，必然可用，使他去守潭州。不料黄巢兵临城下，他便急急忙忙地溜掉，把城池丢了。

尚让领得胜之师，进逼江陵。王铎平日只是和姬妾们胡闹。他的老妻知道了，要到江陵去问罪。王铎知道了，向幕僚们说："黄巢北上，夫人南来，如何是好？"有人打趣说："不如投降黄巢！"这个指挥部里全是一批腐朽的货色，当然只会用"三十六计"的"上策"，逃走了事。尚让还没有到，他们已逃往440里以北的襄阳去了。

十一月初六，黄巢大军进入江陵。这时江陵已被王铎的部将大肆焚掠，变为一座空城了。

从当时的交通线来看，由江陵出襄阳，北入河南，距离最近，取径最直。黄巢本来也准备走这条路，但是到了距襄阳270余里的荆门时，中了唐将刘巨容、曹全晸的埋伏，前队败了一阵。黄巢一向惯用避实击虚的战法，他见正面唐军力量较强，便改变方向，于十二月初七放弃江陵，由水路沿江东下，攻破鄂州的外郭。在广明元年（880年）的上半年中，转战江南，先后攻下过饶、信、池（今安徽贵池）、歙、衢、婺（今浙江金华）、睦（今浙江建德）等州，西起江西，东至浙东，声势非常浩大。

唐政府用淮南节度使高骈做诸道行营都统，对付义军。高骈是个老军阀，颇有作战经验，这时驻屯扬州，兵精粮广，都统有调动各处兵马的权力，力量更是雄厚。他确是义军最强大的敌人。他不仅守淮南，而且派部将张璘，深入江南，进攻义军。五月间，黄巢在信州一战歼灭张璘的全军，大大地打击了高骈的气焰。这一仗为渡江北上打开了道路。

六月底边，大军攻克宣州。七月间，从采石（今安徽当涂西北）渡江，攻下和、滁二州（今和县、滁县），挥戈东指，直逼天长、六合，进至离扬州50里的地方，看那个诸道行营都统有什么能耐。

自命为一世之雄的高骈吓破了胆，只想保全实力，不敢出战，诈称得了风瘫病，躲在扬州城里不动。黄巢知后顾无忧，在天长屯扎了40多天，在九月间全军渡淮，进驻今皖北豫东一带。

于是黄巢自称天补大将军（一作率土大将军），向各地唐军将领，发出通牒，叫他们各守本境，不要听从政府调遣，前来抗拒；又声明吊民伐罪的宗旨，表示入京问罪，与众人无干。这样一来，唐军士气更加低落，藩镇只图自保，观望形势，因而朝廷陷于孤立，河南郡县纷纷陷落。只有泰宁节度使齐克让一军，勉强抵敌，然兵不满万，节节败退，连招架之功也没有了。

十一月十七日，黄巢率领60万大军，

唐代贵妇像

不战而下东都洛阳。留守刘允章与百官迎降。黄巢入城，慰问居民，秩序井然。

唐政府手里的武力只有神策军了。这支队伍多年来粮饷优厚，是宦官用以专制朝政、废立君主的工具。说起战斗力来，却是一点都没有的。军士多半是富家子弟，出了贿赂，取得军籍，仗着身份横行市井。一旦听说要打仗，连忙雇些病坊里的穷人做替身。这些人连兵器也不晓得怎么拿，哪里会打仗，更重要的是哪里肯打，自然一接触便溃散了。

十二月初一（881年1月4日），义军进至潼关，漫山遍野，一片白旗，连尽头也望不见。黄巢亲临前线的时候，全军欢呼，山河都好像为之震动，声威之盛，真是惊人。唐军都是惊弓之鸟，那里见得这

般阵势。齐克让军在关外抵挡了一下，便烧营溃退。潼关旁边有个山谷，平日防商贩逃税，禁止通行，叫做"禁坑"，里面灌木寿藤长得异常茂密。溃兵夺路乱奔的时候，往"禁坑"里钻，一夜工夫，踏成了一条平坦的道路。

初二，义军填平关外的天堑，进兵攻关。尚让和黄巢的外甥林言，分兵从"禁坑"绕到关后，前后夹攻，于初三天明时完全攻克潼关。

长安得讯，顿时大乱。十二月初五，僖宗和宦官田令孜带了几个亲王、妃嫔，率神策军 500 人，偷偷地出金光门，昼夜不停地飞跑，逃往西川去了。百官没有预料到局势变得这样快，早晨还去上朝，退朝之后，听得败兵进城，才惊慌逃窜。"忽看门外起红尘，已见街中擂金鼓。居人走出半仓皇，朝士归来尚疑误。"一会儿，消息证实，皇帝已逃，义军将到，"须臾主父乘奔至，下马入门痴似醉。适逢紫盖去蒙尘，已见白旗来匝地。"韦庄《秦妇吟》攻击农民起义，内容是反动的，但也反映了某些历史情况。从这些诗句，可以想见当时统治阶级分子惊慌失措的情况。

这是天翻地覆的时刻。溃兵、恶少乘机打劫，长安城中闹得乱糟糟的，幸而义军赶到，很快制止了这场骚乱。

当天午后，前锋将柴存进入长安。唐朝金吾大将军张直方带了数十名文武官员，到霸上迎接黄巢。黄巢乘一辆金装肩舆，左右随从，披着长发，发上扎了红绡，手执兵刃，身披锦绣，团团簇拥着他。军队人强马壮，轻重车辆充塞道路，千里不绝，浩浩荡荡地进入京城。

大齐金统皇帝

广明元年十二月十三日（881年1月16日），含元殿上战鼓咚咚，这是黄巢即位的乐声。接着，他登丹凤楼，宣布赦书。新政权国号大齐，改元金统，任尚让为太

尉兼中书令，赵璋为侍中，孟楷、盖洪为左右仆射兼知左右军事，崔璆、杨希古为同平章事。

新政府严厉地镇压了一批罪大恶极的唐朝皇族和大官僚地主，及一些顽固的反动分子。宰相豆卢瑑、崔沆等隐匿不出，被义军搜获杀死。张直方表面上带头迎降，实则包庇亡命之徒，阴谋复辟，也被查出处死。对长安一般朝官，规定三品以上停职，四品以下留任，参加义军的诗人皮日休也充当了翰林学士的职务。

金统二年（唐中和元年，881年），凤翔节度使郑畋纠合西北各镇，反攻长安。四月初五，义军主动退出长安，宿营霸上。唐军先头部队进了城，大肆掳掠。城中的反动分子也活跃起来，有的帮唐军作战，有的浑水摸鱼，跟着官兵抢劫。义军乘此机会，由孟楷统兵，重入长安，杀死唐将程宗楚、唐弘夫等，把入城部队消灭了八九成。四月初十，黄巢回到长安，对城里的反动分子进行了一次镇压。

大齐金统政权建立了，郑畋指挥的反攻被击退了。黄巢领导的义军取得了伟大的胜利，然而他没有料到，胜利正在偷偷地从他手里溜走。

黄巢进了首都，没有乘胜追击，彻底消灭唐朝中央政府；组织新政府以后，又没有进一步考虑应该实行哪些措施，来巩固斗争的成果，实现原先的远大意图。从当时的情况看，他是把攻占长安、组织政权看作大功告成，可以坐待各方面的归顺。

在巨大的胜利面前，他眼花缭乱了，有些陶醉了。

反动势力乘此机会整顿改组了它的阵线。唐僖宗到了兴元（今陕西汉中），便发布诏令，号召天下藩镇出兵镇压义军。他到了成都，情势安稳了，更可以在那儿发号施令。这个政府尽管腐朽，它的存在总表明唐朝并没有被消灭，使一切反动力量有重新组合的决心。

长安刚陷落的时候，许多地方军政长官惊慌失措，确有一些人表示愿意降齐，连那个郑畋也用诈降为缓兵之计。黄巢真的缓了兵，过了三个多月，形势大变，郑畋便联合各镇，反扑过来了。各地方的节度使，由于阶级的对立，在反黄巢这一点上，态度一致。分散的反动力量逐渐联合起来，向长安采取围攻的姿态。

在义军这一面，军事地位由主动变成被动了。这是"流寇主义"造成的恶果。

多年以来，黄巢转战南北，避实击虚，使唐军防不胜防，取得辉煌的胜利。天下各地，多的是受苦难的农民阶级兄弟，义军不愁兵力得不到补充。地主阶级中一些找不到出路的人才，见义军强大了，也会前来投效。流动作战正像滚雪球，愈滚愈大。在这个地区因"气候"不利而缩小了，滚到另一个地区去，又会迅速地扩大。至于给养粮饷，因为到处都有府库仓廪和豪富的资产可以没收，加上人民的输纳，决不会感到匮乏。这些是流动作战的好处，应该承认。但是进入长安以后，情况变了，

华清池

中国通史

最新整理图文珍藏版

这些有利条件统统消失了。

起义军一向没有注意巩固占领的地区，军队前进，就把占领的城市乡村都放弃了。这在初期，力量不足，无法固守，是不足为奇的。到了南方，由于要北上推翻唐政府，势难留兵岭南，这也合情合理。但是到渡江北上之后，取而代之的时机已经成熟，还不考虑这个问题，实在是个致命的错误。黄巢进了长安，所有不过关中的小部分，连东都洛阳也不在手里。于是一系列的问题都出现了。

首先是变成了挨打的目标。以前唐军处处设防，黄巢以全军击其一点，常占优势。如今坐守长安，遭受围攻，陷入了被动地位。

其次，兵源、饷源都没有了来源，出现了严重的粮荒。义军守着长安，失掉了与广大农民群众的联系，休说没有土地来满足士兵和农民对土地的要求，连兵源也丧失了。关中地区，由于长期受唐朝统治者残酷的榨取和剥削，生产凋敝，向来苦于粮食不足。义军数十万之众云集于此，粮食问题实难解决。加以唐朝军队在长安外围肆行掳掠，使这一带人口流散，土地荒芜。长安孤城，益发难以维持，粮价曾涨到3万文一斗，数百倍于晚唐的正常价格。在这样的情况之下，义军的力量就大大地削弱了。

另外，情况困难了，义军内部的裂痕也出现了。黄巢部下将领，能够不屈不挠，坚持斗争到底的，很难举出什么人来；反之，在危急之际，投到敌人阵营中去的，却很不少。这很可能是因为闯荡江湖的人多，真正从贫苦农民出身的少；顺利时一同打天下容易一致，艰难时肯力战牺牲的就不多了。我们对于许多人的早期情况不清楚，不好具体分析。但是朱温的经历，文献上比较清楚，他可以算做一个代表人物。此人出身贫苦家庭，却从小不肯劳动，游手好闲，是个泼皮无赖。他会有一定的反抗性，但更富于投机冒险的习性。这种人以参加起义始，以叛变投降终，一点也不奇怪。

金统三年（唐中和二年，882）九月，朱温叛变，在军事上给敌人打开了缺口。当时朱温驻兵同州（今陕西大荔），独当一面，负屏障长安的重责。不料他见义军声势渐衰，又与孟楷有点矛盾，竟降了唐朝。唐僖宗知道了，喜出望外，赐了一个名字，从此改叫朱全忠。

此后，唐军加紧了围攻，并调沙陀贵族李克用统领的4万名穿黑衣的"撺军"，投入战斗。李克用本姓朱邪，李是赐姓。他是镇压庞勋的朱邪赤心的儿子，父子两代都是农民起义军的死敌。

金统四年（唐中和三年，883年）的春天，义军陷入了苦战的局面。同州梁田坡一役，伤亡数万，大将赵璋战死。接着华州等据点失守，长安屏障尽失，坐守危城，势必覆没。黄巢不得已于四月初八晚上，撤出长安，由蓝田关入商山，望东而去。

黄巢进长安，弃长安，都没有什么破坏行动。唐军进了长安，烧杀抢劫，无所不为，宫室民居，绝大部分都遭破坏，壮丽的长安城几乎变成了一片瓦砾场。后来唐僖宗虽力加修缮，然而旧日的面目，一直没有完全恢复。

退出长安

黄巢没有继续进取，打下的城池也大部放弃了，因此大齐政权局促在东起潼关，西到龙尾坡，北自同州（今陕西大荔），东南到商、邓的狭小区域内，长安处在官兵的四面包围之中，粮源非常困难。

黄巢不断遣使到河中（治所今山西永济蒲州镇）征调粮食，当地吏民不胜负担，降将原唐河中节度使王重荣乘机叛变，杀了大齐使者。黄巢命驻防同州的大将朱温和驻守潼关的兄弟黄思邺合兵击河中，没能取胜。王重荣与举军入援关中的义武节度使王处存结盟，在渭水北岸安营扎寨，虎视长安。西面的唐凤翔节度使郑畋一面由幕僚修表表示归顺大齐，一面加紧挖城堑，筑工事，修兵器，训练士卒，收集数万禁兵，密约邻道合兵凤翔，准备反扑。中和元年（881年）三月僖宗在成都任郑畋为京城四面诸军行营都统，命他传檄天下藩镇合兵勤王，围剿大齐。

黄巢派大将尚让、王播率5万主力西攻郑畋。可尚让以为郑畋是个书生，轻敌大意，队伍不整，鼓行而西，结果在龙尾坡中了官兵埋伏，被杀2万多，伏尸数十里。郑畋乘胜部署各道兵进逼长安。唐弘夫率泾原镇兵屯渭北，王重荣率河中镇兵屯沙苑（今陕西大荔南），王处存率易定镇兵屯渭桥（今西安西北），拓跋思恭率鄜延镇兵屯武功（今陕西武功），郑畋自屯盩厔（今陕西周至），缩小了对长安的包围圈。

四月五日，官兵发起进攻。黄巢见官兵来势汹汹，兵多将广，主动率军撤出长安，露营霸上。唐将程宗楚、唐弘夫、王处存相继突入长安城。他们怕他镇得知赶来分功抢利，所以不报告郑畋，在城中纵兵出入民宅，大抢大杀，奸淫妇女。城中恶少流氓也乘机扮成官兵，浑水摸鱼，打家劫舍。城中一片乱糟糟。

黄巢得到情报，立即组织反攻。大将孟楷率兵从各门攻入，在城中与官兵展开激烈巷战。官兵都背负着抢来的财物，行动大受影响，被杀得片甲不留，十成中死了八九成，程宗楚、唐弘夫战死，只有王处存率残兵逃出。十日，黄巢第二次进入长安，忙着接受诸将所上尊号"承天应运启圣睿文宣武皇帝"。这次，他还犯了偏执的错误，他恨长安居民帮助官兵，为了报复，纵兵屠杀，流血成河。这注定了他最

后在长安城待不下去。自此，大齐形势日益险恶。

中和二年（882年）九月，同州防御使朱温叛变。朱温是宋州砀山人，出身孤贫，随母兄依人，成年后凶悍无赖，好吃懒做。黄巢起义，他立即参加，屡立战功，是黄巢心爱的大将之一。他驻防的同州处在最前线，但兵力不足，多次请求增兵，都被知右军事的孟楷扣压不报，早就心怀不满。这时，见黄巢兵势日蹙，诸将离心，晓得依靠黄巢再也没有出路，就杀了监军，举州投降了王重荣。于是长安东北门户大开。唐僖宗得报大喜，任命朱温为右金吾大将军、充河中行营招讨副使，赐名朱全忠。

年底，李克用率4万沙陀兵到达同州。沙陀兵骁勇好战，一到即战，中和三年（883年）初在沙苑大败黄巢弟揆。二月，沙陀兵会同河中、易定、忠武镇兵，在梁田坡与尚让所率15万大齐军激战，整整打了一个下午，大齐军被打败，伤亡数万，伏尸三十里。

李克用乘胜不断推进，连连得胜，进屯渭北。四月三日，李克用与黄巢一日三战，黄巢没有后援，官兵却源源不断增援，黄巢大败。八日，李克用打进长安。黄巢力战，抵挡不住潮水般涌进来的官兵，烧了宫室，弃城撤走。黄巢走兰田道入商山，沿路边撤边故意把金银财宝丢撒在路上，追赶的官兵见了，争先恐后抢拾，无心紧追。于是黄巢摆脱了追军，平安退入河南。

丧身狼虎谷

黄巢退出长安时，有兵18万人，战斗力仍很强劲。如果他能认真总结经验教训，用己之长，击敌之短，仍旧可以大有作为。可惜他到了河南，就犯一个战略错误，硬打陈州（今河南淮阳）300天之久，结果遭到重大的挫折，并且导致了失败的结局。

事情是这样的。孟楷率领先头部队先

中国通史

最新整理图文珍藏版

遭陈州刺史赵犨袭击，被俘牺牲。黄巢大怒，集结主力，围攻陈州。在感情冲动之下，他忘了利害，犯兵家大忌，屯兵坚城之下，不顾一切地猛攻。

日子一久，兵力疲乏，河南连年饥荒，粮食也非常缺乏。唐乘机集结援军，准备在陈州附近打一次歼灭战。金统五年（唐中和四年，884 年）五月初，黄巢被迫解围，引兵北上，在中牟（今属河南，在郑州、开封间）被李克用袭败。尚让带了一部分队伍，投到徐州节度使时溥那里；另外一些旧将，逃往汴州（今河南开封），投奔朱温，后来都成为朱温部下的大将。这些人都是农民起义军中的败类。

黄巢率余部东走，连遭追兵掩击。六月十七日，黄巢和兄弟黄邺、黄揆、外甥林言等，退到泰山狼虎谷（在今山东莱芜境），力竭自杀（一说使林言代杀）。林言持黄巢弟兄的首级，带了黄巢的家属，投往时溥，也为追兵所杀。轰轰烈烈的持续十一年之久的农民大起义至此结束了。

朱温篡唐

镇压了黄巢起义，并没有能挽转唐朝急剧衰落的命运。在镇压黄巢起义中，各路诸侯都乘机拥兵自重，割据称雄，不受朝廷制命，相互攻并。汴州刺史朱温与河东节度使李克用的战争刚刚停下来，朱温又同蔡州节度使秦宗权打了起来；沧德节度使王铎在漳南高鸡泊被魏博节度使子乐从训杀了，淮南、江南军将也在相互攻打，混战、军乱此起彼伏。

光启元年（885 年）正月，在这一片纷扰混乱中，僖宗从成都出发，三月十一日，返回长安。只见城中建筑十焚六七，宫阙破残，荆棘满城，狐兔纵横，破败不堪。十三日，僖宗御宣政殿，宣布大赦，

三彩陶天王俑

改元光启。可这时李昌符割据凤翔，王重荣割据蒲、陕，诸葛爽割据河阳、洛阳，孟方立割据邢、洺，李克用割据太原、上党，朱温割据汴、滑，秦宗权割据许、蔡，时溥割据徐、泗，朱瑄割据郓、齐、曹、濮，王敬武割据淄、青，高骈割据淮南八州，刘汉宏割据浙东，都自擅兵赋，叠相吞噬，废置不由朝廷。江淮转运路绝，两河、江淮赋税都不输供长安。朝廷号令，只行于河西、山南、剑南、岭南数十州，"王业于是荡然"。

起初，最厉害的是秦宗权。黄巢起义被镇压不久，他就称帝，设官分署，派部将四出攻略，秦彦掠江淮，秦贤掠江南，秦诰攻陷襄阳，孙儒攻陷孟、洛、陕、虢，张晊攻陷汝、郑，卢塘攻打汴州，攻陷附近二十余州，所过屠残人物，燔烧城邑，使得西至关内、东到青、齐，南至江淮，北至卫、滑，鱼烂鸟散，人烟断绝，荆榛蔽野。光启元年六月，孙儒攻占东都，烧杀抢掠，东都变成一片废墟，鸡犬不留。

秦宗权的凶势在汴州、陈州遭到了阻遏。陈州刺史赵犨和朱温是儿女亲家，为了保住自己的地盘，顶住了秦宗权的进攻。秦宗权越过陈州，把战场推进到汴州大梁城（今河南开封）城外，与朱温进行了旷日持久的兼并战争。光启元年十月，在城外八角镇，秦宗权大败朱温。光启二年（886年）五月，朱温在尉氏（今河南尉氏）南战败秦将秦贤。秦宗权自以为兵力是朱温的十倍，竟然被他战败，就在光启三年（888年）正月，倾全力来攻汴州。秦宗权部署张晊屯兵汴州北郊，秦贤屯兵城西板桥，各有兵力数万，列三十六寨，连延二十余里；卢塘屯兵万胜（今河南中牟县境），夹汴水筑营，断绝汴州粮路，要一举吞灭朱温。

朱温因汴州兵少，派大将诸军都指挥使朱珍为淄州刺史，去淄青招兵万余，买马千匹。四月，朱珍还大梁，朱温大喜说："吾事成功了！"他召集诸将说："敌人不知朱珍已到，一定还以为我们兵少畏敌。我们正好出其不意，先发制人。"于是他自引兵攻袭秦贤寨，士兵们鼓勇而进，踊跃争先，连拔四寨，斩万余级，秦兵大惊。这时，朱温派遣到河阳、陕、虢的部将郭言也募兵万余赶到。朱温兵力大增，乘着漫天大雾，挟胜袭击万胜秦兵，掩杀殆尽。秦兵都徙到张晊的营寨，朱温乘胜追击，斩杀二万余。五月，再次出击，大败张晊。

听说围城秦兵大败，秦宗权率精兵从郑州赶回，会合张晊，进攻汴州。朱温不敌，向朱瑄求救。朱瑄、朱瑾弟兄率兖、郓兵赴救，义成军也同时赶到。朱温合四镇兵反攻，在汴州北郊边孝村大败秦宗权，斩首两万余级，一直追击秦宗权到汴州西北90里的郑州阳武桥才奏凯还师。秦宗权弃了郑州，逃回蔡州。其余占据东都、河阳、许、汝、怀、虢的秦将也弃城焚舍而去。朝廷任命扈驾都头杨守宗为许州事，朱温以其将孙从益知郑州事。

从此，秦宗权势力日益衰落，朱温崛起中原，举足轻重。他野心勃勃，常想外掠，扩展地盘，吞并邻道，因感兵力不足，而四境又都是割据的藩镇，时常郁然不快。馆驿巡官敬翔探知他的心事，向他献计说："明公想图大事，可一有举动必为四境乘机入侵。如今只要指使麾下将士假叛逃到邻道，然后明公奏告朝廷，传告四邻，以自伐叛徒为名就可出兵并吞邻道了。"朱温大喜说："真是天降奇人来帮助我了。"从此，他就依计而行，不断攻袭邻道，攻城夺池，在兼并战争中，朱温势力日益发展。

僖宗文德元年（888年）二月，僖宗以朱温为蔡州四面行营都统，诸镇兵都受他节度，实际上赋予了朱温征伐吞并邻道的合法权利。三月六日，僖宗暴死，年二十七。大宦官杨复恭拥立皇太弟寿王杰即皇帝位，改名敏，是为昭宗。五月，昭宗加朱温兼侍中。这时襄阳守将赵德湮估计秦宗权必败，举山南东道投降了朱温。朱温大举进攻蔡州，在城南大败秦宗权，又攻克北关门。秦宗权退守蔡州中城。朱温部署诸将环城筑28寨，围困蔡州。八月，攻克蔡州南城。九月，朱温因粮草没有及时运到，又见秦宗权已是强弩之末，引兵还汴州。十二月，蔡州将领申丛斫了秦宗权的足，把他囚了，投降朱温。昭宗龙纪元年（889年）正月，蔡州将领郭璠又杀了申丛，槛送秦宗权到汴州。二月，朱温献秦宗权到长安处斩。三月，昭宗加朱温兼中书令，晋爵东平郡王。朱温军势大盛，取代了秦宗权而成为中原最大的割据势力、唐朝廷最大的威胁。

回鹘进香人图

昭宗在位期间，朱温在朝廷中有奸相崔胤做他的内应，专事东吞西并。到乾宁四年（897）二月，朱温灭朱瑄，于是天平（郓、齐、曹、棣）、秦宁（兖、沂、密）、感化（徐、宿）、忠武（陈、许）、宣义（郑、滑、濮）五镇十四州全归朱温。到昭宗光化三年（900年）十月，朱温自率军攻定州（今河北定县），于是河北诸镇都表示服从朱温。举目天下，已无人能独力抗衡朱温了。

晋封梁王

这年十一月六日，长安发生宫廷政变。神策军左右中尉刘季述、王仲先等率禁兵千人把昭宗禁闭在少阳院，矫诏称昭宗为上皇。十日，拥立太子。宰相崔胤向在定州行营的朱温告难，要他发兵问罪。朱温还师大梁，正好刘季述派养子希度和供奉

官李奉先送到矫诏，还许诺把大唐社稷送给朱温。朱温犹豫不决，召将佐商议。有人认为："朝廷大事，不是藩镇所应当参与的。"天平节度副使李振主张出兵靖难，说："王室有难，这实在是建立霸业的最好机会。一个宦官小子敢废天子，公不能讨伐，怎么还能号令诸侯。而且幼主位定，天下之权就尽归宦官了。不靖王室，是把太阿之柄授予他人。"朱温正想挟天子以令诸侯，于是大悟，囚了使者，派亲吏蒋玄晖到长安与崔胤共谋平乱。

右神策中尉王仲先治军很严，查出贪污舞弊的军校都痛打不恕，还要追出赃款，禁兵一向对他不满。昭宗被禁，左神策指挥使孙德昭尤愤愤不平。崔胤侦知，命判官石戬笼络孙德昭，传示崔胤的衣带书，要他杀刘季述、王仲先二人，迎上皇复位。孙德昭一口答应，又去联络了禁兵将领董彦弼、周承海。十二月二十五日，孙德昭伏兵安福门，杀了王仲先。天复元年（901年）正月初一，昭宗复位，在长乐门楼接受百官朝贺，董彦弼、周承海捉了刘季述等大宦官，押到楼前受审，乱杖打死。昭宗论功行赏，任孙德昭同平章事、充静海节度使，崔胤进司徒，进封朱温东平王。

朱温野心更大了，存心要篡代唐室，积极谋划。他收服了河北，命大将张存敬率兵3万进军河中，剪除最大的敌手李克用的羽翼。河中节度使王珂是李克用的女婿，遣书向李克用告急。李克用还书说他寡不敌众，不如弃城举族归太原。王珂又遣书向凤翔、昭义节度使李茂贞求救，李茂贞连回音也不给。二月，张存敬兵围河中，城中守兵都无斗志，于是王珂请降。朱温得报，从洛阳赶到河中受降，将王珂举族迁往大梁，派人在途中杀王珂。

李克用派使者送重金给朱温修好，朱温怪李写的信言辞不逊，派大将氏叔琮统兵5万合魏博等镇兵大举进攻河东。氏叔

琮连克泌州、泽州、潞州，直抵晋阳。李克用日夜抵御，挡住了氐叔琮的攻势。后因粮草供应不上，又逢连日大雨滂沱，士卒疟疾痢泻不止，朱温才命氐叔琮撤围还兵。但在篡唐的道路上，已不必再担心李克用与他角逐了。昭宗又以朱温为宣武、宣义、天平、护国（河中）四镇节度使。于是，自蒲、陕东到海滨，南起淮水直到黄河诸镇都为朱温所有。

当时凤翔、昭义节度使李茂贞也有挟天子以令诸侯之意。李茂贞镇处关中，侧近长安，又和左神策中尉韩全海勾结，政治地理形势较为有利。宰相崔胤是朱温的死党，建议昭宗尽诛宦官。韩全海侦知了崔胤的密谋，指使禁兵对昭宗喧噪控诉崔胤减损禁兵冬衣。昭宗不得已，解除了崔胤的盐铁使，夺了崔的财政大权。这时，李茂贞又请求昭宗迁居凤翔。崔胤自知密谋泄露，急忙报告朱温，伪称昭宗诏他以兵来迎驾。

朱温得书，于十月二十日率四镇兵七万清君侧。二十九日，兵到河中，上表请昭宗迁东都。京城大恐，士民逃窜山谷，百官都不入朝，阙前寂无一人。

四日冬至，韩全海与凤翔护驾都将李继海陈兵殿前，纵火烧了后宫院，挟持昭宗与皇后、妃嫔、诸王百余人，直趋凤翔。朱温南渡渭水，直抵长安。崔胤率文武百官迎接，劝促朱温西迎昭宗。朱温挥师西进，直抵凤翔，屯兵城东。李茂贞挟天子命朱温还镇。又诏河东李克用发兵进攻河中。朱温移兵邠州（治所今陕西彬县）。十二月，攻克盩厔，令崔胤率百官及长安居民迁往华州。天复二年（902 年），朱温移军武功。二月初一，李克用在平阳（今山西临汾）取胜的消息报到，朱温还军河中，调兵遣将迎击李克用，取慈、隰、汾三州。从此，李克用连续多年不敢与朱温相争。

四月，崔胤怕李茂贞劫持昭宗到四川，从华州赶到河中，泣诉朱温，力劝他及时迎接昭宗。五月，朱温自率精兵五万从河中进军凤翔。凤翔人畏之如虎，都逃入城中。朱温在虢县大败李茂贞，重抵凤翔城下。九月，因为久雨不止，士卒多病，朱

做面食泥俑群

温又召诸将商议还兵河中。部将高季昌、刘知俊说：“天下英雄，观战已有一年了。如今茂贞已困，为什么要舍此而去！”朱温担心李茂贞坚壁不出，高季昌献了诱兵计。

秣马饱士后，朱温按计命一支骑队诈逃。李茂贞果然中计、倾巢而出，攻击朱温大营。朱温在中军播鼓，鼓声一作，百营俱出，纵兵大杀，凤翔兵被杀伤殆尽。朱温又遣轻骑数百占据凤翔城门，断了李茂贞退路。李茂贞进退无路，被迫与朱温议和，答应送昭宗还京。

可李茂贞进城就反悔。十月，保大节度使李茂勋率兵万余来救凤翔，被朱温击退，遣使投降。到十二月，关中州镇都被朱温占领，凤翔成了孤城，城中又粮食缺乏，连诸王妃嫔也只能一日食粥一日食汤饼。李茂贞只好谋诛宦官，以向朱温求和。

光复三年（903 年）正月，李茂贞请昭宗诛宦官。昭宗喜从部署凤翔兵捕杀了韩全海等二十余首谋西迁的宦官，把他们

的首级送到朱温营中。二十二日，昭宗亲自到朱温大营，朱温素服待罪，顿首流涕。昭宗也不禁哭泣，说："宗庙社稷，赖卿再安；朕与宗族，赖卿再生。"亲解玉节带赐朱温。二十七日，朱温杀了数百宦官，只留下30名小黄门在宫中服杂役，并以崔胤兼判六军十二卫事，典掌禁军。二月，以昭宗幼子辉王祚为诸道兵马元帅，加朱温守太尉、充副元帅，晋爵梁王，进崔胤为司徒兼侍中。从此唐朝的军政大权全归朱温掌握，昭宗成了朱温手中的傀儡。

追弑昭宗

朱温并吞关中，威震天下。这年，四川王建遣使与朱温修好，平卢节度使王师范举青州投降朱温。朱温加快了篡夺唐室的步伐。他想让昭宗到洛阳，怕崔胤持异议，元祐元年（904年）正月，上表密奏崔胤专权敌国，离间君臣。九日，昭宗贬崔胤为太子少傅，次日下诏数崔胤罪状。十二日，朱温密令他安插在京师的宿卫都指挥使朱友谅包围崔府，杀了这个多年与他狼狈为奸的老伙计崔胤及其亲信数人。接着，挟余威请昭宗迁都洛阳。

正月二十一日，朱温荐任的宰相裴枢收到朱温书，催促百官东行。第二天，长安士民被驱赶上路，号哭满途。边哭边骂："都是贼臣崔胤召朱温来倾覆社稷，害得我们流离失所！"二月十六日，昭宗离开长安。朱温命亲将宫苑使张廷范毁坏长安宫室百司及百姓庐舍，拆取了木材，浮渭河而下。长安从此成了一片废墟。

闰四月，朱温尽杀宦官，把内廷的小黄门200多人也全杀了，统统用汴州兵代替。于是，昭宗左右都是朱温的人。十日，昭宗被强迁入洛阳。

昭宗被朱温劫持，天下大惊。李克用、李茂贞等天下藩镇相互移檄联络，要兴复唐室。朱温认为昭宗有英气，担心朝中生变，谋划另立幼君，以便禅位给自己。他

派遣判官李振到洛阳，与枢密使蒋玄晖、左龙武统军朱友恭、右龙武统军氏叔琮商议，伺机下手。

天祐元年（904年）八月十日夜，昭宗酒后宿在皇后的椒殿。蒋玄晖派龙武牙官史太等百人叩宫，称有急事要面奏。夫人裴贞一开门见黑压压兵临宫门，大惊说："急奏为什么要带兵？"史太二话不说，挥刀杀了她。蒋玄晖带兵冲入，大声问："至尊在哪里？"昭仪李渐荣临轩高呼："宁杀我们，勿伤大家（皇帝）！"昭宗闻声急起，披了件单衣，绕柱而逃。史太紧追不放。李昭仪以身掩护昭宗，也被史太一刀杀了。昭宗终于被史太追上杀害，年仅38岁。

第二天一早，蒋玄晖矫诏，声称李渐荣、裴贞弑逆，被诛，立辉王祚为皇太子，更名柷。李柷在枢前即位，年十三，改元天祐，是为昭宣帝，又称哀帝。

藩镇割据

唐朝中叶以后，一部分地方军政长官据地自雄，不服从中央命令的政治局面。藩是保卫，镇指军镇。封建朝廷设置军镇，本为保卫自身安全，但发展结果往往形成对抗中央的割据势力，这是封建统治者争权夺利的本性所造成的矛盾。

唐玄宗李隆基在位（712~756）时期，为防止周边各族的进犯，大量扩充防戍军镇，设立节度使，赋予军事统领、财政支配及监察管内州县的权力，共设九个节度使和一个经略使（见天宝十节度使）。其中特别是北方诸道权力的集中更为显著，经常以一人兼任两三镇节度使，安禄山就是凭借身兼范阳、平卢、河东三镇节度使而发动叛乱的。安史之乱爆发后，为了抵御叛军进攻，军镇制度扩展到了内地，最重要的州设立节度使，指挥几个州的军事；

唐玄宗像

较次要的州设立防御使或团练使，以扼守军事要地。于是在今陕西、山西、河南、安徽、山东、江苏、湖北等地出现不少节度使、防御使、团练使等大小军镇。后来又扩充到全国。这些本是军事官职，但节度使又常兼所在道的观察处置使（由前期的采访使改名）之名，观察处置使也兼都防御使或都团练使之号，都成为地方上军政长官，是州以上一级权力机构。大则节度，小则观察，构成唐代后期所谓藩镇，亦称方镇。方镇并非都是割据者，在今陕西、四川以及江淮以南的方镇绝大多数服从朝廷指挥，贡赋输纳中央，职官任免出于朝命。但是今河北地区则一直存在着名义上仍是唐朝的地方官而实际割据一方，不受朝命，不输贡赋的河北三镇；今山东、河南、湖北、山西也曾在很长一段时期内存在类似河北三镇的藩镇；还有一些倚仗自己实力对中央跋扈不驯、甚至举行叛乱的短期割据者，后代史家把这种局面统名之为"藩镇割据"。

唐代藩镇割据的形势可以分为四个阶段。第一阶段从唐代宗李豫初年到唐德宗李适末年（762～805），是割据形成发展时期。代宗广德元年（763），安史之乱以史朝义自缢，其党羽纷纷投降唐朝而告结束。但朝廷无力彻底消灭这些势力，便以赏功为名，授以节度使称号，由其分统原安史所占之地。计有李怀仙为卢龙（又名幽州或范阳，今北京）节度使，统治今河北东北部；李宝臣为成德（又名镇冀或恒冀，今河北正定）节度使，统治今河北中部；田承嗣为魏博（今河北大名北）节度使，统治今河北南部、山东北部；薛嵩为相卫（今河南安阳）节度使，统治今河北西南部及山西、河南各一部，共四镇。其后相卫为田承嗣所并，则成为三镇，即河北三镇，这三镇名虽服从朝廷，实则独立。军中主帅，或父子相承，或由大将代立，朝廷无法过问。与此同时，淄青（又名平卢，今山东益都）镇大将李正己逐节度使侯希逸，唐亦授以节度使称号，统治今山东地区，世袭相承达三代四人。在今湖北，山南东道（今湖北襄樊襄阳）节度使梁崇义也实行割据，统治今湖北西北部达十九年。建中二年（781），梁崇义被消灭；三年，淮西（治蔡州，今河南汝南）节度使李希烈又据镇反叛，自称建兴王，并联合已称王的淄青、魏博、成德、卢龙四镇节度使抗拒中央。唐德宗调集淮西邻道兵攻讨李希烈，诸道兵都观望不前。四年，又调泾原（今甘肃泾川北）兵东援，十月，该军路过京师时，发生叛乱，拥立留居长安的前卢龙节度使朱泚为秦帝。德宗出奔奉天（今陕西乾县）。兴元元年（784）正月，李希烈称楚帝，改元武成。二月，入援朝廷的朔方（今宁夏灵武）节度使李怀光也叛乱，德宗又奔梁州（今陕西汉中），唐朝政权处于最危险的境地。同年六月，平定了朱泚，贞元元年（785）八月平定李怀光，二年四月，李希烈为部将所杀，河北、山东四镇也表示重新服从中央，表面上又归统一。德宗经过这场恐慌之后，转为执行姑息政策，求得暂时安定。但也做了一些削藩的准备工作，一是加强禁军

1372

中国通史　最新整理图文珍藏版

（神策军），二是充实府库。不过，这两方面都造成了另一后果，即宦官进一步控制中央政权。

第二阶段从唐宪宗李纯永贞元年至元和末年（805～820），是讨伐叛镇的时期。永贞元年（805）八月，唐宪宗即位，在他祖、父十多年努力之后，中央军力和财力都有了一定基础，他开始执行削藩政策。元和元年（806），剑南西川节度使刘辟求兼领三川，因朝廷不许，就发兵攻击东川节度使治所梓州（今四川三台）。宪宗即派高崇文统率神策军出征，很快平定。同年，还平定夏绥节度使杨惠琳的叛乱。次年，镇海（又名浙西，今江苏镇江）节度使李锜叛变，宪宗调邻道兵征讨，李锜被部将所杀。这几次平叛的胜利，使宪宗及主战派大臣增强了信心。四年，成德节度使王士真死，其子承宗自为留后，宪宗以宦官吐突承璀领兵讨伐，没有取得胜利，只得暂时妥协，承认承宗继位。七年，魏博节度使田季安死，子从谏年幼继位，军中推立大将田兴（后改名弘正），田兴表示服从中央，遵守法令，申报户籍，请朝廷任命管内地方官，送从谏入京。长期割据的河北三镇中出现了一个突破口。淮西自李希烈被部将陈仙奇所杀后，吴少诚又杀陈仙奇，仍然割据自雄，继位的是另一个淮西大将吴少阳。九年，吴少阳死，子吴元济自领军务，在对淮西镇的处置上，朝中大臣分为主战、主抚两派。宪宗主战，征集邻遭军队围攻淮西。淄青、成德两镇暗中支持淮西，派人焚烧河阴转运仓，刺杀宰相武元衡，刺伤御史中丞裴度，企图阻止朝廷进攻，但宪宗没有动摇，以裴度为相，坚持平叛。这是藩镇势力和唐朝中央的一次大决战。由于平叛军队中有不少将领迁延观望，作战不力，战争拖了四年。宰相裴度亲临前线督师，十二年十月，唐邓节度使李愬雪夜袭克蔡州，擒吴元济，取得最后胜利。次年宪宗又发兵攻淄青，十四年二月，淄青将刘悟杀节度使李师道降唐。于是成德王承宗、卢龙刘总相继自请离镇入朝，朝廷另委节度使，长期割据的局面似乎都解决了。

第三阶段从唐穆宗初至唐懿宗末（821～874），是藩镇复活并延续的时期。宪宗

登科平乐舞图

1373

伐叛所创下的新局面没有维持多久。由于长期战争，中央府库的积蓄已经枯竭，宪宗晚年任用聚敛之臣，遭到百姓怨恨；新的统一局面，也使大臣们思想麻痹。元和十五年，宪宗死，穆宗即位后，"销兵"（即裁减兵员）的主张盛行一时。销兵虽可以节省财政开支，但被裁的士卒无可靠生计，却是一个乱源。河北三镇的将士几十年不识中央委派的官吏，如今看到的却是一些趾高气扬把河北士兵视为降虏的昏庸骄奢的人物。长庆元年（821）卢龙发生兵乱，将士囚禁朝廷派去的新节度使张弘靖，尽杀其幕僚。接着，成德军将又杀自魏博移镇成德的节度使田弘正（即田兴），朝廷命裴度统兵讨伐，又命魏博节度使田布（田弘正之子）出兵助讨成德，但将士不肯出力，要求田布行河朔故事（即恢复独立状态），后田布自杀。于是"河北三镇"又脱离了中央控制，被裁的士卒，纷纷投奔其下。新的割据者朱克融、王廷凑、史宪诚还是实行原先的旧传统。裴度的讨伐军无功而还。朝廷因为军费浩大，无法支撑长期作战，只好承认现实。经此，唐朝中央再也没有恢复河北的打算。即使在唐朝尚能控制的区域内，也新出现一些较弱的割据者，如徐州大将王智兴逐节度使崔群，自领军务，朝廷即授以节镇。泽潞（今山西长治）节度使刘悟擅囚监军使刘承偕，朝廷无可奈何，宣布流放刘承偕，刘悟才将其释放。后来刘悟子孙三代据有泽潞。唐武宗会昌四年（844），在李德裕主持下，平定了泽潞。这次被称为"会昌伐叛"的胜利，对于稳定中央直接控制地区起了积极作用。总之，第三阶段中，藩镇有所复活并发展，不过程度不如第一阶段之甚。在这段时间内，不论是在唐朝控制的地区，还是割据藩镇控制的地区，都经常发生牙将逐帅的事件。这是藩镇割据的另一种表现形态，是权力下移的象征。

第四个阶段从唐僖宗乾符二年至唐亡（875～907），是藩镇相互兼并的时期。乾符二年，王仙芝、黄巢领导的唐末农民战争爆发，唐朝虽然征集各镇士兵围剿，并委任都统、副都统为统帅，实际上指挥并不统一。许多节镇利用时机扩充自己的实力。广明元年十二月（881年1月），黄巢攻入长安后，唐朝中央政权实际已经瓦解，这时在全国逐渐出现了许多割据势力，有的原是唐朝的节度使（如高骈）；有的则是自己形成一个武装集团之后，被唐朝授予节度使（如杨行密、董昌、钱镠）。这样，割据的藩镇空前增多。农民起义军失败后，这些藩镇立即转入互相兼并的战争中，数十年战争不断，几乎遍及全国。天祐四年（907），名义上的中央朝廷也被藩镇之一朱温夺去了，演变为五代十国，成为唐代藩镇割据的延续。直到北宋统一，才结束这一局面。

二王八司马

唐顺宗时主张打击宦官势力、革新政治的官僚士大夫。"二王"指王伾、王叔文，"八司马"指韦执谊、韩泰、陈谏、柳宗元、刘禹锡、韩晔、凌准、程异，他们在改革失败后，俱被贬为州司马，故名。

王叔文，越州山阴（今浙江绍兴）人，善棋；王伾，杭州人，善书法。唐德宗李适时，二王以其所擅侍候太子李诵。李诵常与东宫的侍读们谈论时事，独有王叔文的见解得到赏识。经过多年的接触，李诵对王叔文深为信任。当时一批有才能的士大夫如陆质（原名淳）、吕温、李景俭、李谅、李位等及上述十人，形成了一个以王叔文为领袖，以

"二王、刘、柳"为核心的革新集团。贞元二十一年（805）正月，德宗病死，李诵继位，是为顺宗。在顺宗的支持下，王叔文集团掌权，以韦执谊为宰相，颁布一系列明赏罚、停苛征、除弊害的政令，史称"市里欢呼"，"人情大悦"。为了统一事权，革除弊政，王叔文集团特别注意掌握财权和从宦官手中夺取兵权，乃以与刘禹锡有联系的宰相杜佑兼度支使及诸道盐铁转运使，王叔文为副使，韩晔、陈谏、刘禹锡、凌准判案，李谅为巡官，程异为扬子院留后。又以与凌准有联系的老将范希朝为左右神策京西诸城镇行营兵马节度使，韩泰为行军司马，李位为推官，以便夺取宦官掌握的京西诸镇神策军兵权。因遭到宦官集团的强烈抵制，夺兵权计划未能实现。

宦官俱文珍、刘光琦等和剑南西川（今四川成都）节度使韦皋、荆南（今湖北江陵）节度使裴均、河东（今山西太原南）节度使严绶串通起来反对王叔文集团。先于三月迫使顺宗立李淳（后改名纯）为太子，接着，于八月迫使顺宗让位给太子。由于顺宗预定改元永贞，史称"永贞内禅"。王伾被贬为开州司马，不久病死；王叔文被贬为渝州司户，次年赐死。永贞元年（805）八月，太子即位，是为唐宪宗李纯。韩泰、陈谏、柳宗元、刘禹锡、韩晔、凌准、程异及韦执谊八人先后被贬为边远八州司马。"八司马"以外，陆质先已病死；李景俭守丧，吕温出使吐蕃未还，没有参加革新运动，未遭贬谪；在王叔文集团中地位比较次要的李谅、李位，稍后也被赶出朝廷。

王叔文集团掌权一百四十六天。后人称为"永贞革新"。他们的施政方针，主要是抑制专横的宦官集团，改革德宗时期诸弊政，具有进步意义。

牛李党争

唐朝后期朝廷大臣之间的派系斗争。牛党的首领是牛僧孺、李宗闵，李党的首领是李德裕，故史称牛李党争（一说牛李专指牛僧孺、李宗闵，而李德裕无党）。这次派系斗争从其酝酿到结束，约四十余年，是中国封建社会历史上一次有名的朋党之争。

唐宪宗元和三年（808），朝廷以"贤良方正、能直言极谏科"举人。牛僧孺、皇甫湜、李宗闵三个对策时痛诋时政，被考官杨於陵、韦贯之评为上第，请予优叙。当时宰相李吉甫（德裕之父）大为不满，向宪宗陈诉，并称翰林学士裴垍、王涯二人"覆策"（审查考卷）有私。宪宗听信李吉甫的话，将裴、王、杨、韦四人免职贬官，牛僧孺等三人也不予重用。事后颇有人上疏为牛僧孺等鸣不平，指责李吉甫忌贤抑才，形成舆论压力。宪宗又于同年出李吉甫为淮南节度使，启用裴垍为相，初步形成两派对立的形势。元和年间两派争论的焦点是如何对待藩镇割据。宰相李吉甫、武元衡、裴度等主张武力平叛；另一派宰相李绛、韦贯之、李逢吉主张安抚妥协。由于宪宗和当权宦官吐突承璀支持前者，因此元和年间主战派得势，反对派则利用舆论与之抗衡。李吉甫死于元和九年（814），其后主战派的中心人物是裴度，反对派的中心人物是李逢吉。当时牛僧孺、李宗闵和李德裕都还在朝外为官，地位也不高，对朝内政争影响不大。而在朝两派的争论还以政见为主，派系私利的性质不明显，故元和年间只是党争的酝酿时期。

长庆元年（821），礼部侍郎钱徽主持进士科考试，右补阙杨汝士为考官。中书舍人李宗闵之婿苏巢、杨汝士之弟殷士及宰相裴度之子裴譔等登第。前宰相段文昌向穆宗奏称礼部贡举不公，录取都是通过"关节"。穆宗询问翰林学士李德裕、元稹、李绅，他们也都说段文昌所揭发是实情。穆宗派人复试，结果原榜十四人中，仅三人勉强及第，钱徽、李宗闵、杨汝士都因此被贬官。于是，李、杨等大为怀恨，从此"德裕、宗闵各分朋党，更相倾轧，垂四十年"。双方各从派系私利出发，互相排斥。

此后在穆宗、敬宗、文宗三朝，除去大和九年（835）甘露之变前夕，牛李两党都被当时掌权的李训、郑注排斥朝外，大体上是两党交替进退，一党在朝，便排斥对方为外任。文宗曾有"去河北贼易，去朝廷朋党难"的感慨。

开成五年（840），文宗死，牛党和他们依靠的宦官所支持的继承人未能继位，另一派宦官拥立唐武宗即位，牛党失势。李德裕自淮南节度使入为宰相，开始了李党独掌朝政的时期。牛党被排斥出朝廷之外，其领袖牛僧孺、李宗闵虽然早已身在外地，也被贬职流放。李德裕虽在会昌年间讨平泽潞叛乱、破回鹘、废佛教等几个方面作出成绩，但他独断专行、排斥异己的作风不但为反对派所憎恨，也为宦官所不满。会昌六年（846）三月，武宗死，宣宗即位。宣宗早就厌恶李德裕，即位之后即贬之外任，李党纷纷被斥。牛党的令狐绹、崔铉、魏暮相继入相，牛僧孺、李宗闵也被召还朝（李宗闵不及还朝即死）。李德裕被贬为崖州（今海南岛琼山东南）司户，死于贬所。牛李两党之争终于以牛党获胜结束。

关于牛李党争的性质，中国史学界有分歧意见。已故著名史学家陈寅恪先生认为牛党代表进士出身的官僚，李党代表北朝以来山东士族出身的官僚。他们之间的分歧不仅是政见不同，也包括对礼法、门风等文化传统的态度之异。大体上认为牛党是新兴的庶族地主，而李党则是没落的门阀世族。另一种观点则认为牛李党争的焦点在于对待藩镇态度，是主张强硬政策与妥协政策的分歧。又认为李党主张革新，牛党因循守旧，所以李党是进步的，而牛党是守旧的、反动的。

会昌废佛

唐武宗会昌年间的一次废佛运动。唐代后期，由于佛教寺院土地不输课税，僧侣免除赋役，佛教寺院经济过分扩张，损

法门寺鎏金银质真身菩萨像

害了国库收入，与普通地主也存在着矛盾。唐武宗崇信道教，深恶佛教，会昌年间又因讨伐泽潞，财政急需，在道士赵归真的鼓动和李德裕的支持下，于会昌五年（845）四月，下令清查天下寺院及僧侣人数。五月，又命令长安、洛阳左右街各留二寺，每寺僧各三十人。天下诸郡各留一寺，寺分三等，上寺二十人，中寺十人，下寺五人。八月，令天下诸寺限期拆毁；括天下寺四千六百余所，兰若（私立的僧居）四万所。拆下来的寺院材料用来修缮

陕西扶风法门寺

政府廨驿，金银佛像上交国库，铁像用来铸造农器，铜像及钟、磬用来铸钱。没收寺产良田数千万顷（此数过大，疑"顷"

法门寺银镀舍利棺

为"亩"之讹），奴婢十五万人。僧尼迫令还俗者共二十六万零五百人，释放供寺院役使的良人五十万以上。政府从废佛运动中得到大量财物、土地和纳税户。在灭佛同时，大秦景教穆护、祆教僧皆敕令还俗，寺亦撤毁。但当时地方藩镇割据，唐中央命令因而不能完全贯彻，如河北三镇就没有执行；有的地方执行命令不力。这是一次寺院地主和世俗地主矛盾的总爆发，佛教遭到的打击是严重的，佛教徒称之为"会昌法难"。第二年武宗死，宣宗即位，又下令复兴佛教。

精通兵法的李靖

李靖（541～649），字药师，京兆三原（今陕西三原东北）人。其父李诠，是隋赵郡守。李靖，体貌魁梧秀美，通史书，有文武才略，曾对亲近的人说："大丈夫要遇主逢时，必建功立业，取得富贵。"舅父韩擒虎是隋朝名将，李靖常与他谈论兵法，韩擒虎常赞不绝口地说："可以与谈孙、吴兵法的，除了李靖还有谁呢！"李靖刚刚走入仕途之时，只任地位很低的长安县功曹，等到三十岁时，才任兵部驾部员外郎。然而他的才略却得到了吏部尚书牛弘、宰相杨素的赏识。牛弘曾赞叹说："李靖，王佐之才也！"杨素甚至有一次指着自己的座位对李靖说："卿终当坐此。"隋朝末年，李靖出任马邑（今山西朔县）郡丞，他察觉太原留守李渊正密谋起兵造反，于是他前往江都，准备向在那里巡幸的隋炀帝告发。走到长安，道路阻塞，滞留未去。此事当时有人报告给李渊，李渊在太原起兵后，迅速攻占长安，李靖当了俘虏，记起前仇，李渊决定将李靖处死。临刑，李靖呼喊说："你李渊起兵，本为天下除暴乱，以成大业，何以私怨斩壮士？"李渊壮其言，加之秦王李世民为之说情，李靖才免于一死。从此，李靖归附李渊、李世民父子，实现了他遇主逢时的愿望。高祖武德二年，李靖奉命讨伐萧铣率军南下。萧铣是南朝梁皇室的后裔，在隋未大乱时，拥兵四十万占据长江中游地区。李靖军队受到萧铣的阻挡，无法开往夔州。高祖非常气忿，密令硖州都督许绍把李靖斩首。但许绍爱惜李靖的才干，上表请求赦免，李靖才免于一死。驻守夔州的李孝恭迎战失利。李靖率八百士卒袭冉肇则大营。继而又设伏兵于险地要塞，杀了冉肇则，俘敌五千余人。

对此李渊特别高兴，对大臣们说："使功不如使过，李靖果然立了大功。"他还写了一道敕令给李靖，说："既往不咎，以前的事，我早就忘了。"从此之后，李渊对李靖倍加重用。武德四年（621）正月，李靖经过慎重地思考，向高祖献十策以攻取萧铣，高祖极为赞赏。于是，任命李孝恭为夔州总管，李靖为行军总管，兼李孝恭长史；军队的指挥工作由李靖负责。李靖急召巴、蜀酋长子弟，量才授任，安排在左右，此举表面上是提拔重用，实际上是做为人质，稳定了巴蜀局势。九月，唐军分四路自夔州发兵浩浩荡荡而下。

李靖像

当时，江水猛涨，诸将建议待水落以后再进军。李靖认为"兵贵神速，今吾兵始集，铣尚未知，若乘江涨，倏忽抵其城下，掩其下备，擒获萧铣在此一举，机不可失也！"李孝恭听从了李靖的意见，大军乘二千余艘战舰，顺流而下。十月，进至夷陵。萧铣的部将文士弘率精兵数万屯扎于清江。李靖认为，文士弘是名将，不可速战，应待其气衰，然后奋击。李孝恭不听李靖的意见，命李靖驻守大营，亲自率师出战，结果大败。

文士弘的军队小胜后乘机抢掠，阵势混乱。李靖立即指挥将士出击，一举打败文士弘，获战舰三百余艘，这次战役战死者近万人。打败文士弘后，李靖率精兵五千围江陵，萧铣恐惧而投降。诸将建议没收萧铣将士以及战死者财产，犒赏将士。李靖不同意，他说："王者之师，应该宣扬忠义，为萧铣战死的人，死为其主，乃是忠臣。至于归降之人，更不应惩罚，因为萧铣控制的地区，还有许多尚未归附。我们应该宽大为怀，以慰人心。"

于是，号令严肃，秋毫无犯，江陵城中，人心安定。江汉地区州县闻知，纷纷归降。平定萧铣后，高祖论功行赏，授予李靖上柱国，封永安县令。十一月，李靖为岭南抚慰大使，并授予"承制拜封"的特权，代表朝廷任命地方官员。李靖所到之所，招抚诸州，计得九十六州，六十余万户，岭南之地尽为唐朝所有。高祖又命李靖检校桂州（桂州）总管，镇守岭南。武德六年（62）八月，原先归附唐朝的江、淮农民起义军，在江南重新组织反唐，其领袖辅公祏自封皇帝，率兵向海州、寿阳进发。

李渊以李孝恭为元帅，李靖为副元帅，带领李世勣等七总管的军队，由西、南、北三个方面，包围江淮军。武德七年三月，唐军至舒州，辅公祏部将冯慧亮、陈正通屯兵于博望山、青林山，深垒高墙，坚壁不战，一时双方形成对峙之势。李孝恭召集诸将商议攻战之策，大多将领认为，冯慧亮拥强兵扼守，又据水陆之险，如果强攻，一时难以取胜，建议绕道直取丹阳（今南京）；丹阳一败，冯慧亮等定不战自降。李靖反对，他认为："博望诸塞尚不能攻破，公祏保据石头（指南京），岂易取战！如进攻丹阳，旬月不下，慧亮威胁吾后，使吾腹背受敌，那就危险了。"他还

中国通史

最新整理图文珍藏版

说："冯慧亮非不欲战，而是辅公祏授计使之持重，据险固守，拖延时间，彼之计策是使我师老兵疲。我今若攻其城以挑之，一举可破也！"

李孝恭采纳李靖的意见，以老弱士卒攻冯慧亮，冯慧亮不知是计，率军出城追之，遇到李靖率大队人马，一时之间冯慧亮被打得措手不及，遭到惨败。于是李靖率水陆大军俱进，直逼丹阳。辅公祏知前方军败，弃城而逃，在浙江武康镇被俘。江淮军彻底被镇压下去，唐朝基本上统一了全国。战争结束后，在丹阳设立了东南道行台，李靖被任为行台兵部尚书。不久，行台制度废除，设扬州大都督府，李靖当了扬州都督府长史，协助都督李孝恭治理江南。武德八年（625）八月，突厥进犯太原，才刚当了一年多扬州大都督府长史的李靖奉命北上，投入了反击东突厥的战争。李靖为行军总管，率江淮军万人驻扎太谷，诸军皆败北，李靖却打了胜仗，全师而归。

第二年四月，突厥又进犯灵州，李靖率兵抗击，在青铜峡附近展开激战，突厥被打败。不久，李靖被任命为灵州大都，担负北方的防务。武德九年（626）李世民即位，是为唐太宗。不久，唐太宗任命李靖为刑部尚书，后来，又任命为代理中书令。

直言敢谏的魏徵

魏徵（580～643）唐贞观时名相，以善谏著称。字玄成。先世是钜鹿下曲阳（今河北晋县西）人，后居相州内黄（今河南内黄西）。祖父魏彦，在北魏时曾欲删削各家《晋书》，成一家之言，未成。父亲魏长贤，是著名史学家魏收的族叔，博涉经史，北齐时为著作佐郎，欲承其父志，

改撰《晋书》，后因讥刺时政，出为上党屯留令，其志未遂。

魏徵少孤，通贯书术，素怀大志，不营赀产。隋末农民起义爆发，魏徵诡为道士，以避世乱。大业十三年（617），武阳郡（即魏州，今河北大名东北）丞元宝藏举兵响应瓦岗军李密，以魏徵典书檄。魏徵代宝藏作启谢李密，为李密所重，召为文学参军，掌书记。后以"十策"说李密，未被采纳。武德元年（618），瓦岗军为王世充所败，魏徵随李密投奔李渊，遂为唐臣。魏徵请出使山东，李渊因署魏徵为秘书丞，东出关，先后劝降了据守黎阳（今河南浚县东）的瓦岗军余部徐世勣及据守魏州的元宝藏。二年十月，魏徵在黎阳被窦建德所俘，署为夏政权的中书舍人。四年，窦建德、王世充相继为唐朝所灭，

魏徵像

魏徵遂复归长安，任太子洗马。当时秦王李世民为争夺皇位继承权与太子李建成及齐王李元吉明争暗斗，魏劝建成亲自将兵出征刘黑闼，借机树立威信，结纳豪强，作为战胜世民的政治资本，次年，随太子至河北，建议释放囚俘，分化黑闼部众，黑闼果败。九年，魏徵又劝建成早除世民，未被及时采纳。六月

四日发生"玄武门之变",建成、元吉被杀。秦王李世民获胜,不久即位,是为唐太宗。太宗素重魏徵之才能,遂化敌为友,引为太子东宫詹事府主簿,拜谏议大夫。以后相继任给事中、尚书右丞,封钜鹿县男,又除秘书监、参预朝政(即宰相)、侍中,进位左光禄大夫,进爵郑国公。晚年曾为太子太师。

唐太宗以虚怀纳谏著称于世,贞观一朝谏臣云集,著名的有魏徵、虞世南、王珪、刘洎、岑文本、褚遂良、马周等人,其中以魏徵最为杰出。他素有胆智,忠心耿耿,敢于犯颜直谏,面折廷争,前后所奏二百余事,其中大部分保留在《魏郑公谏录》和《贞观政要》两书中。贞观十一年(637)所上的《论时政疏》、《陈十思疏》(简称《十渐疏》),是他一生奏疏中最为重要者。综合所谏内容,主要有以下几个方面:居安思危,施行仁义;去奢省费,轻徭薄赋;举贤任能,斥佞退邪;坚持法制,力避任刑;虚怀纳谏,不责过激;偃武修文,少动干戈;善始令终,力防蜕变。魏徵所谏都是为了唐朝的长治久安,使太宗少犯很多错误,对"贞观之治"的出现起了不小的作用。

贞观十七年,魏徵卒。太宗十分惋惜地对朝臣说:"以铜为镜,可以正衣冠;以古为镜,可以知兴替;以人为镜,可以明得失。朕常保此三镜,以防己过,今魏徵殂逝,遂亡一镜矣。"太宗还亲自为魏徵撰成碑文,亲书刻石。就在这一年,太宗在凌烟阁图画二十四名功臣的肖像,魏徵名列第四。太宗晚年发动亲征高丽的战争,损失巨大,受创班师,扫兴之余懊悔地说:魏徵如果在世,就不会使我有这次出征。

魏徵以家学渊源,适应唐初统治之需要,亦略有纂述。唐贞观中修梁、陈、北齐、北周和隋五代史,魏徵总领其事,其中《隋书》由他主要负责,并亲自撰写序论。此外,他还主编《自古诸侯王善恶录》,并为萧德言等所辑《群书治要》一书作序。

足智多谋的长孙无忌

长孙无忌(？～659)唐太宗和唐高宗时宰相。字辅机。河南洛阳人。其祖出自鲜卑拓跋部贵族。父晟,隋时名将;妹为太宗皇后。无忌虽出于军事世家,却好学,善于谋划。他从小就和李世民亲善,太原起兵后,常从世民征伐,参预机密。唐武德九年(626),世民发动"玄武门之变",他是策划和组织者之一。贞观中,历任吏部尚书、尚书右仆射、司空,封赵国公,与房玄龄等同为宰相。太宗图画功臣像二十四人于凌烟阁,以无忌为首。贞观十一年(637),他谏止功臣世袭刺史的错误措施。十七年,太宗废太子承乾,但在魏王泰、晋王治、吴王恪之间立谁为太子问题上犹豫未定,无忌以母舅和元勋的地位决策立晋王。二十三年,太宗病危,他和褚遂良受遗命辅政。高宗李治即位后,他以太尉、同中书门下三品为朝廷首相,掌握大权。永徽四年(653),发生了房遗爱(太宗婿、房玄龄子)谋反案,无忌主持审案,他借此杀死和流配诸王、公主、主婿等亲贵十余人,进一步巩固了高宗的统治。永徽六年他和褚遂良反对立武昭仪(见武则天)为皇后,未果。显庆四年(659),许敬宗迎合武后意旨,使人诬告无忌谋反,无忌被流放到黔州(今四川彭水),被迫自缢死。

贞观中,他和房玄龄主修《唐律》和《律疏》。永徽四年,《律疏》三十卷成,即现存的《唐律疏议》,由无忌领衔奏上,为东亚著称的封建法典。

中国通史

最新整理图文珍藏版

文武双全的裴行俭

裴行俭（619～682）唐高宗时名臣。字守约。绛州闻喜（今山西闻喜东北）人。隋光禄大夫裴仁基之子。高宗时官至礼部尚书，兼右卫大将军，封闻喜县公。

行俭幼以门荫补弘文生，贞观中举明经，显庆初为长安令。高宗废王皇后，立武昭仪（见武则天），行俭私下和长孙无忌、褚遂良议论，被谮，贬为西州都督府长史。麟德二年（665）拜安西大都护，在西域时，诸部多慕义归附。乾封初，召为司文（鸿胪）少卿。总章中，迁司列少常伯（吏部侍郎），与李敬玄、马载同掌选事十余年，甚有能名，时称"裴、李"、"裴、马"。当时承平日久，取得各种资格上吏部候选为官的人剧增，行俭和李敬玄委任员外郎张仁祎创立法规，使选任官职有一定的条例可循，为后来所承用。

行俭少时从大将军苏定方学习兵法，后来领兵出征，善于料敌决胜。他诚恳待人，获得士兵爱戴，故战多取胜。调露元年（679）西突厥十姓可汗阿史那匐延都支与李遮匐反叛，侵逼安西（今新疆库车）。当时行俭受命册送波斯王子泥涅师归国，途经西州时，募得万骑，便假为畋猎，以计俘都支，将吏于碎叶城为他立碑纪功。由于他"文武兼资"，高宗特授礼部尚书，兼俭校右卫大将军。同年，东突厥阿史德温傅、阿史那伏念反叛，行俭以定襄道行军大总管统兵三十万出击。开耀元年（691），以反间计逼伏念执温傅来降，余众悉平。永淳元年（682）行俭卒。

行俭善于识拔人才，军中提拔的将领如程务挺、王方翼、郭待封、黑齿常之等，都成为一代名将。

行俭著有文集二十卷，《选谱》十卷。又撰《草字杂体》及营阵、部伍、料胜负、别器能等四十六诀，今佚。

狄仁杰推贤荐能

狄仁杰（607～700），字怀英，并州太原（今山西省太原市）人。祖父狄孝绪，曾官尚书左丞，父亲狄知逊曾官夔州长史。少年时代的狄仁杰刻苦攻读，专心致学。有一次，门人被害，县吏下来调查案情，周围的人都争说与己无关，独狄仁杰仍伏案读书，不予理睬。县吏很气愤，责问狄仁杰。狄仁杰回答说："我正在和书中的贤圣对话，哪有闲功夫和俗吏说话啊！"县吏无言以对。后来，狄仁杰以明经中举，进入仕途。明经是唐代科举制度的重要科目之一。狄仁杰最初任汴州参军，不久为人所诬告，此时工部尚书阎立本为河南道黜陟使，他召狄仁杰查问，发现狄仁杰有奇特的才能，于是举荐他当并州法曹。在并州都督府，狄仁杰以孝而著称，很受时人尊重，称"狄公之贤，北斗以南，一人而已。"高宗仪凤元年（676），狄仁杰上调升任掌握刑狱的大理丞。狄仁杰处理刑狱，公正果断，效率极高。在短短的一年时间里，处理了一万七千人的案子，公平合法，没有一人上诉伸冤。时人都称他断案公正宽大。

狄仁杰为相，先后荐举桓彦范、敬晖、窦怀贞、姚崇等数十人，有的后来当了宰相，如姚崇能够"独当重任，明于吏道"，是唐玄宗时有的名宰相。有一次，武则天要狄仁杰推荐人才。狄仁杰说："文学蕴藉，则苏味道、李峤固可选矣。必欲取卓荦其才，则有荆州长史张柬之，其人真宰相才也。"于是武则天擢升张柬之为洛州司马。

不过几日，武则天又问狄仁杰谁能当

最新整理图文珍藏版

宰相。狄仁杰说，先前推荐的张柬之还没有用。武则天说，已经用了。狄仁杰说，我推荐张柬之可做宰相，不是推荐他做司马。于是，武则天迁张柬之为秋官侍郎，不久又任命为宰相。知人善任，用其所长，是狄仁杰的用人特点。契丹部落将领李楷固、骆务整归降唐朝后，有些大臣上表要求对他们处以极刑，诛灭九族。狄仁杰则上疏请求赦免李楷固、骆务整，武则天采纳了他的建议，不但赦免了他们，还任命李楷固为左玉钤卫将军、骆务整为右武威卫将军，派他们率军攻打契丹残余部落。

得胜回朝，武则天非常高兴。她在庆祝平定契丹的庆功会上当着文武百官的面，祝贺狄仁杰说："这都是你知人之明！"狄仁杰举人，以德才为重，真正做到内举不避亲，外举不避仇。有一年，武则天要每位宰相各推举尚书郎一名。狄仁杰推荐其子狄光嗣。后拜为地官员外郎，很是称职。武则天称赞他有春秋祁奚举亲的遗风。由于狄仁杰举贤任能，当时人称赞他："天下桃李，悉在公门矣。"狄仁杰说："荐贤为国，非为私也。"

贤相姚崇

姚崇（651～721），字元之。本名元崇。陕州硖石（今河南三门峡市）人。唐高宗永徽元年出生于一个官宦家庭。其父姚懿，在贞观年间曾官嶲州都督。姚崇年少时不拘小节，长大后好学不倦，后经科举入任，授濮州司仓参军，不久又任司刑丞，此时正值武则天天授年间，严刑峻法横行，姚崇理案刑狱，执法公正，把很多人从冤狱中救出来。他的才能引起了上司的重视，连连晋升，不久任夏官郎中，成为兵部的一名要员。武则天是个有为的女皇帝，一次偶然的机会，她发现了姚崇。

其时，契丹举兵攻陷河北数州，情况相当危急。姚崇上书提出应急对策，武则天见他的上书剖析周密，论理精到，便破格提升为兵部侍郎。武则天前期执政，奖励告密，重用酷吏周兴、来俊臣等，闹得满朝文武人人自危，惶惶不可终日。

姚崇直言不讳地对武则天说："自垂拱以后，被告身死破家者，皆是枉酷自诬而死。告者特以为功，天下号为罗织，甚于汉之党锢。"姚崇甚至以自身和全家人性命担保，恳求武则天，今后收到告发谋反状子，把它收起来，不再追究；假如以后发现证据，真的有人谋反，他甘愿承受知而不告之罪。武则天听了很高兴，说："以前宰相什么事都表示顺从可办，使朕陷于滥施刑罚的境地，现在听到你的话，很合朕的心意。"特赏给姚崇白银千两。圣历三年（700），武则天提升姚崇以夏官侍郎同凤阁鸾台平章事，不久，又兼相王府长史，姚崇以母亲年老解职侍奉，下诏以相王长

姚崇像

中国通史

最新整理图文珍藏版

史侍疾。过了一个多月，复兼夏官尚书、同凤阁鸾台三品。

开元二年（714）姚崇上疏玄宗，请求裁减和尚。他说："但使苍生安乐，即是福身，何用妄度奸人，使坏正法。"他列举了历代由于只知信佛而导致身死国破的事例，说明佞佛道之不可取。玄宗采纳了这一建议，下令裁僧尼三万人，令他们还俗从事生产。玄宗还下令，禁止百官和僧尼道士往来，禁止铸造佛像，传写经书，禁止建造佛寺；即使修缮旧寺，也要报请批准。这些措施无疑对抑止寺院经济，发展农业生产，增加国家财政收入，起到了重要的作用。开元四年（716），姚崇辞去宰相之位，朝廷授予他开府仪同之司。

虽然不在相位，但有关军国大事，玄宗还是经常听取他的意见。开元五年（717）春，玄宗将巡幸东都洛阳，太庙突然倒塌。玄宗询问身边大臣，大臣回答说："三年之丧没有满，不可以行幸。太庙圮坏的变故，是上天的教诫，陛下应停止东巡，修身养性以谢上天的谴责。"玄宗召姚崇询问此事，姚崇回答说："太庙大殿乃前秦符坚所建，年月久远，木质腐朽，必然会倒塌。但倒塌之日与行期相合，只是巧遇。"姚崇劝玄宗，巡幸东都已准备就绪，不可误期。他主张重新建造太庙，准时东行，玄宗欣然同意。

开元九年（721）九月，姚崇病逝，终年七十二岁。病危之际，还嘱子孙不要信佛，说："死者是常，古来不免，所造经像，何所施为？""释迦之本法，为苍生之大弊，汝等各宜警策。"并嘱薄葬："吾身亡后，可殓以常服，四时之衣，备一副而已。"唐玄宗对姚崇的逝世，十分悲哀，下令为姚崇撰写碑文，赞誉姚崇："位为帝之四辅，才为国之翅；言为代之轨物，行为人之师表。"

名相张九龄

张九龄（678～740）唐玄宗开元时宰相。韶州曲江（今广东曲江北）人。一名博物，字子寿。少聪慧能文，弱冠登进士，为校书郎。又登"道侔伊吕"制科，为左拾遗。他曾上书唐玄宗李隆基，主张重视地方官人选，纠正重内轻外风气；选官应重贤能，不循资历。宰相张说重其文才，称为"后出词人之冠"。开元十一年（723）被任为中书舍人。及张说罢相，受累外迁。十九年，玄宗召为秘书少监、集贤院学士，再迁中书侍郎。二十一年，以中书侍郎为相。他建议于河南屯田，引水种稻，遂兼河南稻田使。

时玄宗的宠妃武惠妃，谋废太子李瑛而立己子，遂命宫中官奴游说九龄，九龄叱退使者。玄宗欲以范阳（今北京）节度使张守珪为相，以朔方（今宁夏灵武南）节度使牛仙客为尚书，九龄都反对，玄宗不悦，李林甫更进谗言，玄宗遂于开元二

张九龄像

十四年迁九龄为尚书右丞相，罢知政事。不久又因他荐举的监察御史周子谅弹劾牛仙客，触怒玄宗，坐"举非其人"，贬为荆州长史。二十八年（740）卒。

初，安禄山讨奚、契丹，战败，被执送京师。九龄主张按军法处以极刑，玄宗不从。及安禄山反，玄宗奔蜀，思及此事，为之流涕，遣使至曲江祭九龄。

九龄才思敏捷，文章高雅，诗意超逸，其《感遇》、《望月怀远》等更为千古传颂之诗。有《曲江集》二十卷传世。

杨炎以孝出名

杨炎（727～781），字公南，凤翔天兴（今陕西凤翔县）人。生于唐玄宗开元十五年，其曾祖父杨大宝，曾官龙门县令。父亲杨播，进士出身，隐居不仕，玄宗曾召拜他为谏议大夫，后弃官归隐家乡。肃宗时，任命为散骑常侍，赐他"玄靖先生"的名号。杨炎就出身在这样一个以清高自命的名流之家。

杨炎清秀俊美、风度潇洒，年轻时是一名美男子，在家乡小有名气，被称为"小杨山人"。河西节度使吕崇贲慕名聘他掌管文书，从此步入仕途。有一次，河西节度使属下的神乌县令李大简，因酒醉侮辱了杨炎。杨炎把李大简反绑着手，打了二百棍，把县令打得死去活来。吕崇贲因爱惜他的才华，才没有追究这件事。安史之乱中，名将李光弼征聘杨炎为判官，他不接受，后来唐肃宗任命他为起居舍人，他也固辞不就。不久，父亲病死，他在家服丧，住在墓边的小草房里，呼号哭泣之声不断，朝廷为此下诏旌表，从此杨炎以孝道闻名。服丧期满后，杨炎当了司勋员外郎的官，官职虽不高，但掌管官吏勋级的授予，较有实权。

代宗即位，宰相元载当权，杨炎官运亨通，步步高升，从司勋员外郎，"改兵部转礼部郎中知制诰，迁中书舍人，""再迁吏部侍郎"。这固然和他的才能有关，他在当中书舍人时，"与常衮同时知制诰，衮长于除书，而炎善德音，自开元以来，言诏制之美者，史称常杨焉"。他起草的诏令，文辞优美，善于揣摩皇帝的旨意，受到朝野的称赞。

杨炎和宰相元载都是凤翔人。元载是个权相，他在朝廷内网罗人才，拉帮结派，形成了一个以自己为首强有力的政治集团。因而杨炎为元载所看中、倚重，成为元载集团中重要的一员。大历十二年（777）代宗杀了元载，元党覆灭。杨炎被列为元党第一名，后因左金吾将军吴凑谏救，才幸免于难，被贬为道州司马。大历十四年（779）五月，代宗去世，德宗李适即位。德宗是个励精图治的皇帝，当太子时，已听到杨炎的名声，对杨炎撰写的《李楷洛碑》尤其欣赏，他曾把碑文贴在墙上，咏诵玩味。即位后，朝廷议用宰相，宰相崔祐甫荐杨炎有文学之才，应该得到重用。于是，同年八月，德宗把杨炎召回京师，拜任门下侍郎，同中书门下平章事，当了宰相。

唐德宗执政时期，发生了两起冤案。一是建中元年杰出的理财家刘晏的被冤杀；二是财政家杨炎的被冤杀。前一起悲剧的制造者杨炎，在第二起悲剧中成了受害者。

事情的来龙去脉是这样：权相元载在朝廷结党营私，专横跋扈，杨炎是他的同党，大历十二年（777）三月，代宗逮捕了元载，命当时任吏部尚书的刘晏和御史大夫等人在禁中审理此案。元载作恶多端，他服罪被杀。杨炎也受牵连被贬为道州司马。杀元载、贬杨炎此为代宗的旨意，但杨炎却对刘晏忌恨在心。

杨炎当了宰相后，伺机报复，建中元

年（780）先罢了刘晏的转运使等职，又奏请德宗把刘晏贬为忠州刺史，最后诬告刘晏谋反。德宗不问情由，一怒之下将刘晏杀死。刘晏被害后，"天下以为冤"。杨炎心里有鬼，派心腹到各地活动，把害死刘晏的责任推到德宗身上。德宗得知杨炎胡言，怀恨在心，产生了诛杀杨炎的想法。当时和杨炎一起任宰相的卢杞是个惯会看风使舵、不学无术的小人，杨炎很瞧不起他，甚至不愿和他在政事堂共餐。不久，德宗罢免了杨炎的宰相职务，调任为左仆射。卢杞有德宗作后台，加紧了对杨炎的迫害。

先是杨炎的儿子犯贪赃受贿罪，在审理过程中，卢想尽方法把杨炎牵连进去。最后终于找到了两条罪证，一是杨炎用宰相权势，贱买贵卖，多得了房价；二是杨炎在曲江之南有家庙一座。卢杞为陷害杨炎，故意说："此地有王气，炎故取之，必有异图。"建中二年十月，德宗贬杨炎为崖州司马，在去崖州的路中，德宗赐他自缢而死，死时五十五岁。谋杀刘晏的始作俑者，最后也逃脱不了被谋杀的下场。

才华横溢的李泌

肃宗的宾友

李泌（722～789），字长源，先世为辽东襄平（今辽宁辽阳）人，后迁居京兆（今陕西长安），父李承休，官吴房令。李泌幼年聪慧好学，才智过人，博涉经史，精研《易象》，善作文，尤擅长诗。开元十六年（728），玄宗与燕国公张说观棋，李泌应召来见。张说使李泌赋"方圆动静"，张说出对曰："方若棋局，圆若棋子，动若棋生，静若棋死。"李泌应声答曰："方若行义，圆若用智；动若骋材，静若得意。"时年仅七岁，人们都惊奇地认为

他是"神童"。当时任中书侍郎的张九龄对他尤为喜欢，常引之卧内，呼为"小友"。长大以后，常游嵩山、华山、终南山，且笃志钻研易道，慕神仙长生不死术。

天宝中年，自嵩山上书议论政务，深受玄宗赏积，得以召见，供奉东宫，与太子李亨为"布衣交"。李亨对他礼遇甚厚，称之为先生。后因作诗讥诮杨国忠和安禄山，由此引起杨国忠对他的忌恨，被斥逐蕲春郡，从此李泌隐居在深山密林中，以琴棋诗书自娱。安史之乱爆发，东都洛阳、西京长安相继沦陷，玄宗出逃行至马嵬驿，禁卫兵哗变，杀死奸相杨国忠。玄宗逃到成都，留下太子李亨讨伐安禄山，李亨赶赴灵武，即皇帝位，这就是肃宗，李亨遥尊玄宗为太上皇。

当时在肃宗身边，文武大臣不满三十，更缺乏一个匡时救国的人才。肃宗因而想到李泌，于是派人召李泌来到灵武，不久，又得到名将郭子仪。一文一武，成为肃宗的得力助手。肃宗授李泌为右相，李泌固辞不受，愿以宾友相待，肃宗只得依从。

肃宗对李泌亲如师友，出则并马而行，寝则对床而眠，跟他太子时一样。他事无巨细都首先征询李泌的意见，可以说肃宗对李泌是言无不从；李泌实际上是朝政的决策人。李泌向肃宗提出建议：以广平王、肃宗长子为天下兵马大元帅，统率诸将东征安禄山。肃宗为李泌特设侍谋军国，元帅府行军长史官衔，命李泌随军而行，并赐紫袍一件，李泌受命而行。临行前，他对肃宗说："不出二年，就可消灭贼寇。"李泌的理由是安禄山这些人把掠夺的子女财宝，尽运归老巢范阳（北京大兴县），因此他们没有占有四海的打算，跟随安禄山反叛的，也只有史思明、安守忠、田乾真、张忠志、阿史那承庆几个骁将，中原人不过高尚等几个人，其余都是胁从。安史叛军容易发生内讧。

李泌为唐肃宗制定了消灭叛军的作战计划。首先，今李光弼自太原出井陉，郭子仪自冯翊入河东，使安禄山部将史思明、张忠志不敢离范阳、常山，安守忠、田乾真不敢离长安，那么随从安禄山守洛阳的就只剩下一个阿史那承庆；李肃领兵驻扶风，与郭子仪、李光弼两军分次出击，叛军来救头，就击其尾；叛军来救尾，就击其头，这样就让叛军在范阳至长安数千里的战线上，顾首失尾，疲于奔命，唐军则以逸待劳，叛军来了不和它交锋，走了就乘机追击，不攻叛军城池，不断叛军归路。第一步计划的目的就是要拼命拖垮叛军，伺机消灭他们的有生力量。其次，命建宁王、肃宗的次子李倓为范阳节度使，率军治边境进攻范阳之北；命李光弼进攻范阳之南，南北夹击，攻取范阳，使叛军退留不得，处于进退两难境地，于是再命大军四面围攻，一举歼灭。李泌的两步计划是正确又可行的，可惜肃宗虽然对其尊如师友，但却没有真正听进他的意见，因而李泌的计划就落了空。

及后，安禄山集团内部发生内讧，安禄山被儿子安庆绪杀死，史思明占据范阳而不听安庆绪调遣，此时，肃宗已进驻凤翔，陇右、安西、西域的兵已经到达，江、淮的庸调也运到汉中，李泌请示肃宗按他提出的两步计划用兵，派安西、西域兵顺边境进攻范阳。但唐肃宗却急于收复两京，享受做皇帝的威风，他说："现在正该攻取两京，引兵攻范阳，不是绕得太远了么？"李泌说："今以此众直取两京，必得之。然贼必再加强，我必又困，非久安之策。"李泌进一步阐述了进攻范阳的道理：官军的主要力量是西北守边士兵和少数民族人，他们不习惯关东的炎热暑气，如进攻两京，敌人收其余众，集中于巢穴，天热之时，官军必畏暑思归，留也留不住；叛军在老巢休整后，一定重来夺取，战争也就无休

无止了。不若先取范阳，使叛军无所归，从根本上断绝了他们的退路。肃宗对李泌的正确主张不予采纳。

过不多久，肃宗把郭子仪从河东调到凤翔，任命他为天下兵马副元帅，率军进取长安。然而郭子仪进军不利，唐军多次战败。至德二年（757）九月，郭子仪建议借用善战的回纥兵，肃宗同意后，回纥怀仁可汗派其子叶护率精兵四千来到凤翔。肃宗为早日攻取长安，许以"克城之日，土地、士庶归唐，金帛、子女皆归回纥。"此时，李泌已并不见重用，如同闲散之人一样。

由元帅李俶、副元帅郭子仪率朔方等军队及回纥、西域之众十五万人，从凤翔出发，进取长安。大破敌军，叛将军守、田乾真率败兵逃出潼关，唐军进入长安，紧接着，又攻取了洛阳。唐肃宗虽然收复了洛阳、长安东西两京，但并没有从根本上消灭叛军。

安庆绪逃亡河北，占据邺郡，还拥兵六万。肃宗派郭子仪、李光弼进攻安庆绪，又派宦官鱼朝恩为观军容宣慰处置使；鱼朝恩实际上成了大军的统帅。官军和叛军在邺城激战，史思明从范阳发兵十三万，支援安庆绪，结果官军大败。及后史思明杀了安庆绪，自立为大燕皇帝，叛军又再度复起，出现这一局面，应该说是肃宗不采纳李泌作战计划的结果。肃宗收复长安后，召李泌入见。

李泌请求离朝廷回归故里，说自己有"五不可留"："臣遇陛下太早，陛下任臣太重，宠臣太深，臣功太高，迹太奇，此其所以不可留也。"还说："陛下不听臣去，是杀臣也。"唐肃宗说："我与你同忧患多年，现在正好同享乐，你怎么说要走呢！"再三挽留，但李泌离意已定。最后肃宗从其所请。

至德二年（757）十月，李泌离开朝

廷到衡山稳居，肃宗命郡县为李泌建造住宅，并按三品俸禄给予照顾。事实上李泌的离开朝廷，是为了避免杀身之祸。由于深受肃宗优宠，正受到权臣崔圆、宦官李辅国的忌恨，李泌预见到自己必定有杀身之祸，他急流勇退，就是出自这样的考虑。

代宗的亲信

肃宗驾崩，广平王李俶（即李豫）即位，是为代宗。太历三年（768），代宗派人去衡山召李泌来京师。代宗对李泌礼遇有加，赐金印紫绶，在蓬莱殿侧为之作书院，军国大事均与之商议。代宗意欲拜李泌为相，李泌还是固辞不受。李泌是道士，不食酒肉，不娶妻，讲神仙、怪异，以世外人自居。代宗要他做世俗人，食酒肉娶妻子、受禄位，但李泌还是不肯受命。代宗最后强迫李泌娶卢氏女为妻，并赐第光福里。

李泌受代宗的如此优宠，引起了宰相元载的强烈不满。元载于大历五年（770）除掉了专横的宦官鱼朝恩，博得了代宗对他特别宠任，元载也就更加骄横，弄权舞弊，无恶不作起来了。他为除掉李泌，诬陷李泌"与鱼朝恩亲善，宜知其谋"。代宗没有听信他的谗言，反而说："北军，泌之故吏，故朕使之就见亲故；朝恩之诛，泌亦预谋，卿勿以为疑。"但元载及其党羽继续寻找机会栽赃诬害李泌。

代宗对元载的作为开始反感和厌恶，他对李泌说："元载不容你，朕把你藏起来，待我除掉元载后，再请你回来。"于是拜李泌为江西判官，成为江西观察使魏少游的助手。大历十二年（777），唐代宗杀元载，籍没其家，单胡椒就有八百石，其他财产就可想而知。代宗召李泌入京，一见面就谈起元载的事。代宗说："好不容易，八年才杀这个贼，几乎不以与你见面。"李泌说："臣下有罪，早就该处置，何必容忍太过。"元载是死了，但用人问题

上的斗争不会结束。李泌杰出的才能又为宰相常衮所忌。常衮建议代宗派李泌出任州刺史，使其懂得人间的利弊，然后再到朝廷做官。代宗没有听从他的意见。后来，澧州刺史缺，又借口李泌善于治理，派为澧州刺吏，又改任杭州刺史，所任政绩卓著。

德宗的宰相

代宗病逝，太子李适接位，是为德宗。德宗当太子时，在长安西郊的道教静修胜地听过李泌的讲经，受过李泌的影响。德宗即位后，国家处于纷乱状态，安史之乱虽已结束，但藩镇的叛乱，此起彼伏，从未停息过。先是成德、淄青、魏博、山南东道节度使联合反抗中央，形成四镇之乱，紧接着又发生了淮西之乱。淮西节度使李希烈于建中三年（782），自称天下都元帅，出兵对抗中央，气焰嚣张。

德宗诏泾原节度使姚令言率兵支援襄阳。殊料到了京城，部队发生兵变，占领了皇宫，并哄抢了皇家私库，拥戴原泾原节度使朱泚为帝，朱泚自称大秦皇帝，德宗逃往奉天（今陕西乾县）。当时幸好有朔方节度使李怀光领兵击败朱泚，奉天之忧方才化解。李怀光恃功逼走奸相卢杞，最后却与朱泚勾结反抗朝廷。兴元元年（784）名将李晟收复长安，朱泚逃亡被杀，德宗回到长安。在如此纷乱的情况下，德宗在长安召见杭州刺史李泌，任李泌为左散骑常侍，日值中书省，随时候对。

李泌兢兢业业，为德宗处理了一件件军国大事。原先德宗讨伐朱泚时，曾向吐蕃求援，答应成功后将安西、北庭两镇给吐蕃。长安攻下后，德宗要实践诺言，李泌以为不可，他提出安西、北庭控制着西域五十七国和十姓突厥，它们控制着吐蕃，使之不能并兵东侵，如将两镇给予吐蕃，那么关中就危险了。李泌还提出，吐蕃援兵当时观望不前，并无功绩可言。

朝臣们都赞同李泌的意见，德宗才没有将两镇给予吐蕃。贞元元年（785）七月，陈虢都兵马使达奚抱晖杀死节度使张劝，代理军务。德宗对此十分担忧，他派李泌为陈虢观察使，前往处理。德宗想派神策军护送上任，李泌以为不必要，说："陕城三面悬绝，攻之未可以岁月下，臣请以单骑入之。"德宗说："朕方大用卿，宁失陕州，不可失卿。"李泌坚持独往，他大义凛然地说："今事变之初，众心未定，故可出其不意，夺其奸谋。"李泌请与唐将马燧同行。临行前，通过陕州进奏官传话："朝廷正督运江淮来以赈济陈虢，若抱晖有功，则赐旌节"，消除了抱晖的敌对情绪。

李泌入陕州时，称抱晖保城有功，还对其部将进行安抚。李泌离开长安之时，德宗把参加叛乱的七十五人名单授泌，要求他诛杀。李泌不得已，只把五人送往京师，恳请赦免，其他人一概不问，抱晖逃往他乡，避免一场叛乱。贞元三年（787）六月，李泌任中书侍郎、同中书门下平章事，做了宰相。李泌担任宰相后，第一件事是劝谏德宗勿猜忌武将，勿加害功臣。名将李晟、马燧，对国家有大功，但功高必震主，恐遭不测。

李泌对德宗说："如果陛下加害他们，则宿卫之士，方镇之臣，必然愤怒而不安，内外之变必然再起。"他又当着马燧、李晟的面，对德宗说："臣愿陛下勿以二臣功大而忌之，二臣勿以位高而自疑。"德宗对李泌的劝说，深有所悟，因而避免一次朝廷危机。李泌为宰相，不仅保护功臣武将，在加强中央政府权力方面也提出了很重要的意见。

德宗要宰相分工："凡军旅粮储事，卿主之；吏、礼委张延赏，刑法委柳浑。"李泌表示反对，说："宰相之职，不可分也"，"若各有所主，是乃有司，非宰相也"。德宗听从了他的意见。在地方建设上，李泌反对大减州县官的做法。原先，德宗认为，现在户口比太平盛世减少三分之二，官员也应相应减少。李泌却持相反意见，他认为，现在户口虽减少，事情却比太平盛世增加十倍。李泌请求德宗批准视实际情况而定。德宗采纳了这些意见。在保证漕运畅通，增加国家财政收入方面，李泌也做了不少工作。为了减少国家开支，他改革了西域人留京的供给制度，每年为国家节省下开支五十万缗。在对待太子问题上，李泌更是直言敢谏。

德宗怀疑太子有异谋，想要废弃他，另立侄儿为太子。李泌认为不可。他提醒德宗："自古父子相疑未有不亡国覆家者。"德宗反问："贞观、开元皆易太子，何故不亡？"李泌解释说："贞观时太子李承乾因谋反，太宗乃废弃。开元时，武惠妃陷害太子瑛有异谋，太子被杀，天下怨愤，此乃百代之戒，不足效法！"李泌以家族担保太子无事，但德宗就是听不进去，他叫李泌不要干涉他的家事。李泌却说："天子以四海为家。臣今独任宰相之重，四海之内，一物之失，责归于臣。况坐视太子横冤而不言，臣罪大矣！"不久，德宗终于醒悟过来，对李泌说："非卿切言，朕今日悔无及矣！"太子的地位保住了，李泌也由此更得德宗的信任。

贞元四年（788）二月，李泌自呈衰老，亟请辞职归隐，德宗均未允许。贞元五年（789），李泌病重，推荐御史中丞兼户部侍郎窦参、太常卿董晋为相，三月逝世，终年六十八岁。

陆贽以天下为己任

陆贽（754～805），字敬。苏州嘉兴（今属浙江）人，是江南望族陆氏的后代。其父陆侃曾官溧阳县令，母亲韦氏出身于关中士族。陆贽从小天资过人，受到严格的儒家教育；儒家忠孝节义观念对他深有影响。他出生的第二年，发生了安史之乱，乱世中百姓流离转徙，饱受战乱之苦，使他心灵受到深深的撼动。大历六年（771），十八岁的陆贽进士及第，登博学宏词科，授华州郑县尉。

当县尉当然不是陆贽的愿望，他借省母辞官而归。寿州刺史张镒颇有声望，陆贽前往谒见，叙谈三日，张镒很佩服他的才华，结为忘年交。临别时，张镒赠钱百万，说："请给母夫人备一日膳食所需。"陆贽不肯接受，只收了新茶一串。以后，陆贽以考书判出色，授渭南县主簿。过了几年的地方小官生活，使他有机会体察民情，了解民间的疾苦。陆贽在政治上大显身手之时是唐德宗初期。

德宗在当太子时，就已知陆贽的声名，等到即位，就召他为翰林学士，当了皇帝的参谋。德宗即位之初，在政治上颇想有一番作为，但因为措置不合适，安史之乱造成的藩镇割据的局面，并未能很好扭转过来。建中四年（783），激发了泾原兵变，叛兵攻入长安，德宗仓皇逃往奉天（陕西乾县），陆贽随德宗左右，总揽机务，调发远近兵马，奏上报下，书诏每天都有数百起。

陆贽着手起草时表面上似没有经过认真思考，待发稿时，发现叙事周详，说理透彻，人人能懂。其他承写官员忙不过，其他学士难以着笔，而陆贽却从容不迫，沛然有余。陆贽分析了当时的形势，使德宗认识到造成众叛亲离的局面，皇上负有很大的责任。陆贽力劝德宗痛引自过，以感人心，以期"反侧之徒，革心向化"。德宗听从了陆贽的劝告，下了罪己诏。这份陆贽起草的诏书，言辞恳切，"虽武人悍卒，无不挥涕激发"。由于人心的归顺，叛乱的藩镇自去伪号，解兵归镇。一场政治

危机很快平息下去了。论者都认为德宗能够平息割据，很大程度上得力于陆贽的文德腹心之助。陆贽久参机要，综理政务，他深知人才的重要性。贞元七年（791），他拜任兵部侍郎，知贡举，主持科举考试。在他主持下登第的有韩愈、李绛、崔群、王涯、裴度等人，这些人日后有的以文学成就闪耀于文坛，有的以政治才能出众而成为一代中坚，其中李绛、崔群、王涯、裴度都官至宰相。得人之盛，当时称为"龙虎榜"。后来，陆贽当了宰相以后，还改革吏部选官制度，革去许多流弊。贞元八年（792）四月，陆贽升迁为中书侍郎、同中书门下平章事，当了宰相。他以天下为己任，努力实现儒家仁政的主张。

骨鲠之臣李绛

李绛（764～830），字深之。赵郡赞皇（今河北赞皇）人，出身于一般官宦之家，祖父李刚为官宰邑，父亲李之喜，襄州录事参掌州院庶务。德宗贞元元年，李绛中进士，登宏词科，授秘书省校书郎，开始进入仕途。贞元末年升任监察御史。宪宗元和二年（807），以本官充任翰林学士，地位有了明显提高。不久，转任尚书主客员外郎，后转为司勋员外郎，负责审核官员勋级的授予。

元和五年（810），出任司勋郎中。

806年，唐宪宗即位，其时，李绛在朝廷已任职十余年，其政治经验日益丰富，而他的诤谏也不时引起宪宗的重视。有一次，李绛向宪宗进中兴之策。李绛说："陛下诚能正身励己，尊道德，远邪佞，进忠直。与大臣言，敬而信，无使小人参焉；与贤者游，亲而礼，无使不肖与焉。去官无益于治者，则才能出；斥宫女之希御者，则怨旷销。将帅择，士卒勇矣；官师公，

吏治转矣。"宪宗对李绛的这套中兴国家的思想，很感兴趣，他称赞道："美哉斯言，朕将书诸绅。"李绛面对藩镇割据和宦官专横跋扈的局面，企图力挽狂澜，想方设法要削平藩镇。

元和四年（809），成都节度使王士贞死了，儿子王承宗继承。王士贞早有谋反之意，因此唐宪宗想趁此机会举兵讨伐。他征询李绛意见，李绛考虑到王士贞在成都根深蒂固，武力很难奏效，建议等待时机。

然而李绛的正确意见却遭到大宦官吐突承璀的竭力反对，吐突承璀力主讨伐，并愿亲率大军出征。宪宗以吐突承璀为左右神策、行营兵马使，招讨处置使，从长安，调动二十万大军，打了一年多，损兵折将，屡战屡败。最后，只得罢兵而归。当时朝臣纷纷上疏要求严惩吐突承璀以死罪。李绛则力谏宪宗，要有功必赏，败军必诛。朝臣们强烈的请求，迫使宪宗罢去吐突承璀的神策中尉，降为军器使。宦官当权，历来是政治腐败的表现，李绛痛心疾首地目睹了当朝这种衰败的现象，他发誓要与大宦官吐突承璀斗争到底。吐突承璀虽然被降职，但不久又被任命为左神策中尉，掌管禁军，这在历史上是少见的。李绛提醒宪宗："自古宦官败国者，备载方册，陛下岂得不防其渐乎！"元和五年（810）十二月，李绛面陈大宦官吐突承璀在朝中专横跋扈的种种恶劣行为，使宪宗大为光火，斥责李绛。李绛无所畏惧地说："陛下置臣于腹心耳目之地，若臣畏避左右，爱身不言，是臣负陛下；言之而陛下恶闻，乃陛下负臣也。"并进一步说："臣所谏论，于臣无利，是国家之利。"李绛的话使宪宗受到感动，他对李绛说："卿尽节于朕，人所难言者，卿悉言之，使朕闻所未闻，真是忠臣。"于是改任李绛为中书舍人。由于宦官们的一再迫害，元和六年正

月，李绛被罢去翰林学士，改任户部侍郎。

过去，户部每年要向天子进贡大批钱，供天子私用。李绛当了户部侍郎之后，就没再进奉了，宪宗问之，李绛回答："户部所掌，皆陛下府库之物，给纳有籍，安得羡余！若自左藏输之内藏，以为进奉，是犹东库移之西库，臣不敢蹈此弊也。"一番大道理说得宪宗无言以对。在李绛、白居易的请求下，宪宗下诏"蠲租税，出官人，绝进奉，禁掠卖"。李绛还为受到不公正待遇的朝臣仗义执言，翰林学士白居易犯颜直谏，触怒了宪宗，要把白赶出翰林院，在李绛的劝谏下，宪宗才息怒，白居易这才保住了翰林学士的职位。宪宗于元和六年（811）十一月，拜李绛为中书侍郎、同中书门下平章事，李绛当了宰相。李绛做宰相以后，致力于治国大计，常与宪宗议论治乱兴替的问题。

对玄宗一朝兴衰治乱的探讨，李绛分析道："理生于危心，乱生于肆志。"他认为玄宗前期，能够知人事之艰难，因而当时名相仕位，前后左右，皆忠正之臣；晚期则嗜欲转炽，纵情声色，李林甫、杨国忠相继为相，柔媚奸臣占据要津，玄宗受小人诱导，纵逸生骄，于是天下骚乱。鉴古而知今，李绛的议论是针对现实的由衷之言。当时宰相李吉甫为取悦宪宗，曾于元和七年（812）上疏，劝说宪宗"天下已太平，陛下宜为乐"，要把宪宗引入贪图安乐的歧途。

对此，李绛认为天下并未太平，他劝谏宪宗要勤于政务，不要纵情声色。对于二李的言论，当时的宪宗比较清醒，他对左右说："林甫专为悦媚，如李绛，真宰相也。"李绛认为"宰相职在量才授任"，他当宰相后注意选才用人。元和七年，李绛决定把京兆尹元义方出为廓坊观察使。元义方媚事吐突承璀，宰相李吉甫就将其擢升为京兆尹。他倚仗李

吉甫这个后台，就向宪宗告发李绛私其同榜进士许李同。宪宗为这件事问李绛："人于同年固有情乎？"李绛回答："同年，乃九州四海之人偶同科第，或登科然后相识，情于何有！且陛下不以臣愚，备位宰相，宰相职在量才授任，若其人果才，其在兄弟子侄之中犹将用之，况同年乎！避嫌而弃才，是乃便身，非徇公也。"于是，究宗同意李绛的意见，把元义方调到廊坊做观察使。

有一天宪宗告诫宰相们，不要私用亲故，宰相李吉甫、权得舆一声不吭，而李绛却认为"若避亲之嫌，使圣朝亏多美之士，此乃偷安之臣，非至公之道也。"他还指出："苟所用非其人，则朝廷自有典刑，谁敢逃之！"李绛用人，真正做到不避亲故之嫌，不避朋党之嫌。有一次，宪宗和李绛讨论朋党问题。李绛说："自古人君所厌恶的，就是人臣互为朋党，因而小人诬陷君子必说是朋党。"他指出，东汉之末，凡天下贤人君子，宦官均把他们说成朋党而加以禁锢，因而亡了国。小人常以利动，不顾忠义，那些趋利的小人，倒常为朋党。"夫圣人同迹，贤者求类，是同道也，非党也。"

李绛的朋党之论，掷地有声，是金石之言。宪宗常感到缺乏人才，无贤可任。李绛却对宪宗说，要折节下士，天下贤才才会出来。宪宗深知知人之难。李绛认为，只要"循其名，验其事"，从实践中辨别、考察，就能十中得七。李绛在宰相任职期间，在处理藩镇割据的问题上，显示了他高度的智慧和谋略，同时也取得了较好的成就。

元和七年（812），魏博节度使田李安死，朝廷认为这是削除藩镇割据的极好机会，于是宪宗召集宰相商议。李吉甫主张用兵，李绛预知魏博内部必然会发生内讧，因而认为对魏博大可不必用兵，使其自归

朝廷。结果，不出所料，田季安死后，魏博内部发生矛盾，相互残杀。宪宗听了李绛的建议，趁此时机火速降诏以田兴为魏博节度使。田兴有勇力，喜欢读书，在军中有一定威望。田兴喜出望外，从此归顺朝廷。

元和七年十一月，朝廷派裴度至魏博宣慰，奖给军士钱一百五十万缗，免去魏博六州百姓一年赋役。不动一兵一卒，使魏博归顺朝廷，李绛的按兵不动，坐观成败的谋略获得成功。李绛为宰相，对各种重大问题敢于直言上谏。他劝宪宗要勇于纳谏。他说："自古纳谏昌，拒谏亡。"由于李绛的忠直、嫉恶如仇，因此，他也常遭到不肖之徒的忌恨。元和九年（813）正月，李绛以脚疾，行动不便，辞去了宰相职务。拜礼部尚书。随后朝廷又把被贬在外的大宦官吐突承璀召进京师，任以弓箭库使、左神策中尉，于是朝廷的宦官势力大大膨胀。

元和十年（815），改任李绛为检校户部尚书，出为华州刺史。以后又担任检校吏部尚书、兵部尚书等职。元和十五年（820），宪宗为宦官所杀。宦官立穆宗为帝，成为宦官手中的傀儡，穆宗改任李绛为御史大夫，后又改任兵部尚书、吏部尚书等职。长庆四年（824）穆宗病死，敬宗即位。

敬宗也是个荒淫的皇帝。他任命李绛为尚书左仆射，后改太子少师，分司东都。敬宗为宦官所杀，枢密使王守澄等拥立李昂为帝，是为文宗。文宗任李绛为太常卿，第二年改任检校司空，出为兴元户、山南西道节度使。文宗太和四年（830），南诏扰乱成都。文宗下令山南西道发兵援救，援兵还未到达成都，南诏兵全部撤退。李绛领旨遣散募兵，激起募兵的叛乱，在乱中李绛及全家被乱兵杀。终年六十七岁。

同中书门下平章事

唐朝宰相称号。唐初，以中书、门下、尚书三省综理政务（见中书省、门下省、尚书省）。中书、门下二省地处宫内，尤为机要，故常联称。三省长官（中书令、侍中、尚书左右仆射）并为宰相。宰相议事的政事堂初设于门下省，后移至中书省。唐初，除三省长官为当然宰相外，皇帝又指令其他官员参预朝政机密。其本官阶品较低者，则用"同中书门下三品"或"同中书门下平章事"（武周时改称为"同凤阁鸾台三品"或"同凤阁鸾台平章事"）的头衔，亦为宰相。"同三品"是因为中书令、侍中是中书、门下正三品官，加此衔以示其与中书令、侍中享有同等权力及待遇。贞观十七年（643），李勣为太子詹事同中书门下三品，是此号第一次出现。其后，以此衔为参政标志，虽本官品级高于三品者也要加此衔才得为宰相。"平章"意为评议辨别，引申为断决处理。受此衔者，即有在中书门下处理政事的职责。史载贞观四年，戴胄以民部尚书同平章国计；八年，左仆射李靖以疾辞位，诏令其病稍痊愈，三两日一至中书门下平章政事。这都是此衔出现的早期记录。至高宗永淳元年（682），同中书门下平章事始成为四品以下知政事者的头衔，其位在"同三品"之下。

"同三品"及"同平章事"都属差遣性质，本身并无品秩，任此职者必另兼职事官衔。凡五品以上职事官经过皇帝授权即可充任，不受资历限制，这便于皇帝从中级官吏中选拔亲信以分相权。"同三品"一衔，高宗、武后、中宗时期使用最多，玄宗时已逐渐减少。肃宗至德二载（757）李麟为同中书门下三品是此衔最后一次授任。"同平章事"则自永淳以后逐渐增多，至肃宗乾元元年（758）以后，成为以他官知政事者的惟一头衔。而原为当然宰相的三省长官之中，尚书仆射的相权自贞观末年即已开始削弱，到玄宗时，已完全被排除于宰相行列之外。中书令、侍中在安史之乱以后，经常用来加授给元勋、上将，也逐渐变成虚衔。于是唐代后期及五代，"同中书门下平章事"才是真宰相。此外，以节度使等而兼中书令、侍中或同平章事的也是虚衔，被称为使相。"同平章事"虽通常自五品以上官员中选拔，但拔充此职时，多转为中书侍郎或门下侍郎，这是因为中书、门下两者始终是政府枢要机构之故。

五代时期，"同中书门下平章事"虽是宰相，但那时枢密使权重，"同平章事"的实权被侵夺。北宋以同中书门下平章事主政事，知枢密院事（或枢密使）主兵，称为"二府"或"两地"。神宗元丰五年（1082）改革官制，以左仆射兼门下侍郎，右仆射兼中书侍郎为宰相。以后，除南宋孝宗时期外，不再置同中书门下平章事。金代的尚书省和元代的中书省、尚书省均置平章事，位在两省丞相下。

节度使

唐代开始设立的地方军政长官。因受职之时，朝廷赐旌节，故称。

唐 节度一词出现甚早，意为节制调度。东汉安帝永初二年（108），梁懂受命主持西方军事，为诸军节度使。曹魏景元四年（263），魏军伐蜀，由司马昭指授节度。唐代也很早就用此语以明确指挥权限，如唐太宗李世民为秦王时，任陕东道大行台尚书令，蒲城河北诸道总管及东讨诸府兵均受其节度，但尚未用作职衔。唐代节度使渊源于魏晋以来的持节都督。持节都督出征时是一军统帅，屯驻时是军区首脑，对所统将领及州郡长吏都有节制以至生杀之权。南北朝时，刺史大都加持节都督，辖区既狭，权任亦轻，北周及隋改称总管。隋荆、益、并、扬四大总管辖数十州，事权很重，但只管军事。隋炀帝杨广废总管，唐初恢复，仍称都督，而自贞观以后，内地都督府并多省罢，惟军事活动频繁的地区尚存，以统州、县、镇戍。

镇戍是经常性的防御据点，比较分散，兵力单弱，故每遇战事发生，必须由朝廷另行调发府兵、兵募，派遣大将统率出征或备御。这些大将称为行军总管；规模较大的战役，又设置行军元帅或行军大总管统领诸总管。早在唐初，已在军事要地留驻部分征行军队，并每年派遣士兵轮番戍守。唐高宗、武后时期，突厥、吐蕃、契丹强盛，屡次入掠内地，战事频繁。为了加强防御力量和改变临时征调的困难，这类屯戍军设置愈多，并逐渐制度化，形成有固定驻地和较大兵力的军、镇、守捉，各自置使。军、镇、守捉使是差遣的，还保留征行的组织。与此同时，行军大总管也逐渐演变成统率诸军、镇、守捉的大军区军事长官，原来有"行军"涵义的"道"，如葱山道、交河道、昇山道，也演变为大军区的道，如朔方道、陇右道等。于是长驻专任的节度使应时出现。高宗以后，由中央派出的行军总管或经略大使，常受敕节度诸军，因而渐获诸军节度大使的名称，但还不是固定职衔。节度使成为固定职衔是从睿宗景云二年（711）四月以贺拔延嗣为凉州都督充河西节度使开始的。至玄宗开元、天宝间，北方逐渐形成平卢、范阳、河东、朔方、陇右、河西、安西四镇、北庭伊西八个节度使区，加上剑南、岭南共为十镇，始成为固定军区，各有受其统属之州、军、镇、城、守捉。

节度使为差遣职名，例以所驻州都督、大都督长史或都护为其本官。受命时赐双旌双节，得以军事专杀，行则建节、府树六纛（大旗），威仪极盛。节度使例兼管内调度军需之支度使及管理屯田之营田使。天宝后，又兼所在道监督州县之采访使，集军、民、财三政于一身。又常以一人兼统两至三镇，多者达四镇，威权之重，超过魏晋时期的持节都督，时称"节镇"。于是外重内轻，到天宝末酿成安史之乱。安史乱起，唐廷为了平叛，内地也相继设置节镇，增至二十余道，不置节度使处亦置防御使，防御使不赐旌节，多以采访使兼领。其后，采访使改名观察使，例兼都团练使或都防御使，兼理军民，成为地位略低于节度使的地方军政长官。

节度使的僚佐有副使、支使、行军司马、判官、推官等，将校有押衙、虞候、兵马使等。由于观察使是采访使的改名，故唐代后期节度使例兼所在道的观察使。节度使的僚属，都由节度使辟举，然后上报朝廷批准。所统州县长吏虽由中央任命，而实际则听命于节镇。遇刺史位阙，节镇常遣上佐摄职，然后报请朝廷正授。地方财政收入分为上供、送使、留州三部分，送使部分常占最大份额，对朝廷保持独立状态之河北三镇，甚至全无上供。内地节度使辖区虽是藩卫朝廷的军镇，但实际上往往对朝廷保持不同程度的离心状态。

唐末农民战争爆发后，朝廷进一步失去对地方的控制，节度使林立，他们拥兵自雄，互相兼并。其中武力最强、在唐亡后建号称帝者，先后有五代；其余割据一方，立国改元（也有未改元者）自传子孙者为十国。而五代十国境内之节度使亦多桀骜跋扈，节度使部下更多悍将骄卒，逐帅杀使之军变事件不断发生。

宋辽金　宋初承五代旧规，节度使除本州府外，还统领一州或数州府，称为支郡，辖区内的军、政、财权，由节度使独揽，实际上是个半独立的小王国。

宋太祖赵匡胤、宋太宗赵炅采取各种政策，削弱节度使的军、政、财权，以加强中央集权。乾德三年（965），令各地赋税收入除日常军费所需外，全部运送中央，剥夺了节度使擅自处理地方赋税的财权。同年还命令诸州府选送精兵给中央，削弱了地方的兵权。宋太祖在平定湖南时，便命令湖南各州府直属中央，不再隶属于节度使。太宗又于太平兴国二年（977）诏令所有节度使属下的支郡都直属中央，节度使所领只是一州府，宋政府又以朝臣出任知州、知府。此后，节度使一般不赴本州府治理政事，而成为一种荣誉性的虚衔，授予宗室、外戚、少数民族首领和文武大臣，对武将更是晋升的"极致"，多者可带两三镇节度使，礼遇优厚。而节度使带同中书门下平章事、中书令等虚衔，或宰相罢官到地方上带节度使虚衔，谓之使相，尤为荣耀。

辽、金分别于大州或节镇诸州置节度使，掌管军民两政。此外，辽圣宗耶律隆绪亦将统领上京、中京地区契丹及奚族的五十一部首领令隐改称节度使。金于胡里改等路亦设节度使，管辖部族事务。元代废。

观察使

唐代后期出现的地方军政长官，全称为观察处置使。

唐前期常由中央不定期派出使者监察州县，名称临时确定，并无定规。中宗神龙二年（706）置十道巡察使，二年一替。景云二年（711）置十道按察使，均非常置。玄宗开元二十一年（733）改置十五道采访处置使（简称采访使），治所设于所部大郡，职如汉代之刺史，察访地方官政绩。以后，采访使逐渐由朝廷所遣的监察地方的特派员转变为刺史之上的地方行政官。天宝时，在设置节度使的地区，往往为节度使所兼任。安史之乱后，内地增置节度使或防御使。防御使不授旌节，地位较低，常由采访使兼领。采访理州县，防御理军事，既为一人二任，则兼理军民。乾元元年（758）采访处置使改名观察处置使。防御及团练使往往由州刺史兼领，都防御使与都团练使则常由观察使兼领。观察使既无旌节，故地位低于节度使，唐代后期全国渐分至四十余道，大者十余州，小者二三州，重者为节度，次者称观察，并为地方军政长官，其僚属将校略少于节度使。由于观察地位低于节度，故对中央较为顺从，唐后期财赋所出的东南八道多为观察使所领，但也有自观察升格为节度的。

宋于诸州置观察使，无职掌，无定员，亦不驻本州，仅为武臣准备升迁之寄禄官，实系虚衔。辽在不置节度使的州设观察使司，以观察使领本州政务。金代以节镇节度使兼管本管内观察使事，主管本州民政。元代废。民国初年，改清朝之分巡、分守道为观察使，以后改称道尹。

团练使

唐至元设置的地方军事长官。唐代团练使全称为团练守捉使。有都团练使、州团练使两种。州团练使最早见于岱岳观碑所载圣历元年（698）兖州团练使。与此同时，武则天为了防御突厥等的进扰，在今河南、河北建立武骑团兵。团练使大约是这些地方军队的统领者，但安史之乱前只在个别地区短时期内设置。

安史乱起，全国兵兴，唐王朝又在部

分藩镇或属郡设置都团练使、州团练使。都团练使自乾元元年（758）起陆续置于江西、宜歙、浙东、福建、湖南、黔中等不设节度使、都防御使的地区，所辖州数多少不一。黄巢起义后，藩镇势力更加强大，都团练使渐升为节度使。州团练使本在一部分州设置，代宗时，宰相元载为笼络人心，所授刺史悉兼团练使。大历十二年（777）五月，唐王朝诏令除都团练使外，各州团练使全部废除，但不久又部分恢复。此后，团练使的官职沿用到唐末五代。

唐朝都团练使、州团练使原是负责方镇或一州的军事，但因观察使兼任都团练使，刺史兼任州团练史，他们实际上成为一个方镇或一个州的军政长官。都团练使与节度使或都防御使的职掌相同（州团练使则与州防御使同），其区别在于地位的高低、迁转的先后、俸钱的多少及是否授予旌节。所以设节度使、都防御使的地区就不置都团练使，设州防御使就不置州团练使，反之亦同，视地而异。

宋诸州团练使为武臣之寄禄官，无定员，无职掌，不驻本州。辽于南面各州置团练使司，以团练使掌一州军政。元末为镇压农民起义，曾设团练安抚使。明代废。

防御使

唐代开始设置的地方军事长官。唐代防御史全称为防御守捉使。有都防御使、州防御使两种。州防御使最早见于圣历元年（698），唐王朝以夏州都督领盐州防御使。开元二年（714）又授薛讷为陇右防御使。唐玄宗李隆基为平定安禄山的叛乱，天宝十四载（755）十一月诏令在军事冲要地区置防御使，次年正月以许远为睢阳郡太守兼防御使，随后在河南、河北、河东、关内、山南、剑南等地设置。肃宗宝应元年（762）五月，诏停诸州防御使。但不久，代宗又复置，并一直延续到唐末五代。

都防御使管辖数州，地位低于节度使。唐代后期，随着藩镇势力的扩大，都防御使也有升级为节度、观察使的。

防御使、都防御使本来只负责一州或数州的军事。因常由刺史或观察使兼任，故他们实际上是唐朝后期一个州或一个方镇的军政长官。与防御使同等地位的是团练使，但两官不并置，或名团练，或名防御，视地而异。

宋置诸州防御使，但无职掌、无定员，不驻本州，仅为武臣之寄禄官。辽、金以防御使为防御州长官，主管本州民政，兼掌地方治安。元顺帝至正十七年（1357），下诏以州县正官兼防御使事，听宣慰使司节制，统领团结义兵镇压起义。清代，各省驻防军、驻京之健锐营及各陵寝亦设"防御"一职，不称使，为低级武官。

转运使

唐以后各王朝主管运输事务的中央或地方官职。首见于唐，是主管漕运的使职，后与盐铁使合并为盐铁转运使。

唐代建都长安，因关中地狭，产粮不敷食用，需仰给于盛产粮食的江淮。唐初，洛阳以东租粟先输纳洛阳含嘉仓，然后转运至长安以充太仓。其时中央职官较少，禄廪不多。每年转运一二十万石便足。唐高宗以后，官员激增，加以军需民食，漕运成为迫切问题，于是有设专使以负责漕运的必要。唐玄宗先天二年（713），以李杰为陕州水陆发运使，此为专门设使之始。开元二年（714），又以李杰为河南水陆发运使，改进洛阳至长安间的运输。以后河

最新整理图文珍藏版

南尹常带此使，直到元和六年（811）始废。开元二十二年，以裴耀卿为江淮转运使，并增置副使。耀卿改进自江淮直至长安的全线漕运方法，变过去由江南租船直达洛阳的旷年长运法为沿线置仓、节级搬运法，以避免因江、淮、汴、河、洛水情不同而导致的船舶停滞和沉船损失；又改进黄河上的三门峡运道，于三门峡东西各置粮仓，凿三门北山十八里为陆运以避滩险，缩短了洛阳、陕州（今河南三门峡市西）间的陆运路程，使漕运量激增，基本解决了关中缺粮问题。自裴耀卿为使后，江淮转运使遂为常设使职。

安史之乱后，北方遭到战事破坏，社会生产衰落，不少藩镇赋税不再上缴，朝廷财政几乎全恃江淮赋税盐利来支持，江淮转运更为重要。唐代宗时刘晏为盐铁、转运二使，又在裴耀卿任江淮转运使时所采诸法的基础上改进漕运，增设和改建沿线转运仓，以盐利作漕运经费，雇用专门漕卒，建造适合各段水情的船只，节级转运，岁转粟一百十一万石，无升斗沉溺，运输量又大大提高。自刘晏后，盐铁、转运逐渐合为一使，称盐铁转运使。继任者皆循刘晏之法。

转运、盐铁合为一使后，原转运使下属的巡院及仓吏，即与盐铁使下属的场、监、巡院并职，另于扬州之扬子及江陵各设留后院，以盐铁转运副使主之，称为扬子留后、江陵留后，主持漕务盐利。唐宪宗元和五年（810），曾以江陵留后充荆、衡、汉、沔以南两税使。扬子留后充江、淮以南两税使，使盐铁转运使的权力扩大到征收正税的范围。又盐铁转运各巡院之院官多带御史衔，宣宗大中四年（850），御史中丞魏謩奏请以此种院官推勘府州百姓诉事，则盐铁转运使有了处理诉讼之权。

盐铁转运使常兼宰相衔，或由重臣兼

领；有时则以浙西观察使或淮南节度使领之。本使若在扬州，则以副使留长安，称为上都留后。盐铁转运之职，又曾按地区分为二使，如代宗永泰二年（766），刘晏充东畿、淮南、浙江东西、山南东道盐铁转运使，第五琦充京畿、关内、河东、剑南、山南西道盐铁转运使；唐德宗建中三年（782），包佶充汴东盐铁水陆运使，崔纵充汴西盐铁水陆运使。自贞元以后，不复分区置使。此外，转运使亦有全国性和局部地区之分，如天宝末魏少游为朔方水陆运使，主持朔方六城的漕运。

宋初，曾派若干转运使赴各地供办军需，事毕即撤。宋太宗时，为削夺节度使的权力，于各路设转运使，称"某路诸州水陆转运使"，其官衙称"转运使司"，俗称"漕司"。转运使除掌握一路或数路财赋外，还兼领考察地方官吏、维持治安、清点刑狱、举贤荐能等职责。宋真宗景德四年（1007）以前，转运使职掌扩大，实际上已成为一路之最高行政长官。以后，陆续设立了提点刑狱司、安抚司等机构分割转运使的权力。若以两省五品以上官任，或需兼领数路财赋者，称"都转运使"。随军转运使则因事而设。

西夏有都转运司，设转运使等官。辽、金两朝于各路设转运司，金中都转运司称都转运司，各以使领之，掌管征解钱谷、仓库出纳、权衡度量等事务。元世祖中统三年（1262），以阿合马领中书左右部兼诸路转运使，专理财赋，改各路监榷课税所为转运司。后废，以各路总管府兼领课税。至元十二年（1275）阿合马以军兴国用不足，奏准复立十一处转运。元在产盐各省区设"都转盐运使司盐运使"，简称"运司"，又称"转盐运使"，专司盐运。明、清亦有转盐运使，是专管盐务的长官。民国时期在产盐区仍设盐运使。

宣抚使

地方军事长官。唐玄宗李隆基开元十六年（728），以宇文融为河北道宣抚使，是宣抚使之始设。唐后期派朝官巡视地方，称宣慰安抚使或宣抚使。宋朝宣抚使地位相当于执政大臣，或由执政大臣担任。最初的职责是巡视地方、存问官吏百姓，如咸平三年（1000）参知政事向敏中为河北、河东沿边宣抚大使即是。以后演变为一路或数路的军事统帅，庆历八年（1048），参知政事文彦博任河北宣抚使，则是专为镇压贝州王则而设的军事统帅。皇佑四年（1052），枢密副使狄青任宣抚使，是武臣任宣抚使之始。北宋末，宦官童贯等也曾任宣抚使。

南宋建炎三年（1129）知枢密院事张浚任宣抚使时，带"处置"二字，称宣抚处置使，职权较宣抚使更大。绍兴元年（1131），大将刘光世任宣抚使，是武将非执政而任宣抚使之始；次年，吏部尚书李光任宣抚使，是文官非执政任宣抚使之始。宣抚使在南宋初年设都督军事之前，为方面军最高统帅，此后的地位、职权低于都督军事，在都督军事（督视军马）的辖区内，则受其节制。

北宋时，宣抚副使只是副长官，并不单独设置，判官则是高级属官。南宋设置的宣抚副使和宣抚判官，都系长官，这是因为资浅而降低使名之故。

金章宗完颜璟泰和五年（1205），设河南兵马宣抚使，对宋备战。六年，设陕西路宣抚司，节制陕西兵马公事。八年，改称安抚司。此后，山东东、西等十路俱设安抚司。元世祖忽必烈中统元年（1260），立燕京、北京等路十宣抚司，以宣抚使总理一方民政，以后撤销；后于云南、四川、湖广行省民族地区参用土官为宣抚使，专理本州事务。明清因袭元制，宣抚使遂成为世袭的武职土官。

招讨使

唐代开始设置的军事长官。唐贞元末，置招讨使，以大臣、将帅或地方行政长官兼任，兵罢即撤。五代时亦设有招讨使之职。宋太平兴国四年（979）灭北汉时，潘美任北路都招讨制置使。康定元年（1040），前知枢密院事、武将夏守赟出任陕西马步军都部署、经略使、安抚使，后兼沿边招讨使，以对抗西夏；前执政、文臣夏竦继任，亦兼招讨使，武将夏随为招讨副使。后陕西四路、河东路帅臣亦都兼招讨使。庆历五年（1045），宋、西夏议和，乃罢陕西、河东诸路招讨使。熙宁八年（1075），赵卨任招讨使，宦官李宪为招讨副使；次年改任郭逵为招讨使，赵卨为副使以抗击交趾的内侵。建炎四年（1130），张俊为江南招讨使，讨伐李成。同时规定招讨使位在宣抚使之下，制置使之上，军中急事可以便宜行事。绍兴五年（1135），岳飞被任命为荆湖南北、襄阳府路招讨使时，还有任免州、县官之权。此后，南宋统兵官员在对金作战时期，常兼河南、河北、河东、陕西、京东等被金占领地区的招讨使，以示恢复之意。

辽代置西南路、西北路招讨司和西路招讨使司，以招讨使负责北部、西部边防及周边部族事务。金亦设西北、西南、东北三路招讨司，以招讨使领之，职掌与辽代同。元代招讨司多设于吐蕃及朵甘思，以招讨使统领地方军民事务。明代，招讨司只设于西南民族地区，由当地土官任招讨使。

经略使

军事长官。唐贞观二年（628）始设于周边重要地区，后多以节度使兼任。宋代在西北、西南边境地区亦设置经略使。咸平五年（1002），宰相张齐贤出任经略使，为西北的军事统帅，节制西北数路军马以抗击西夏。未几即罢。同年秋，钱若水任并、代经略使，为一路的军事长官，次年亦罢。宝元二年（1039），因西夏进扰，泾原、秦凤路安抚使夏竦，鄜延、环庆路安抚使范雍，皆带经略使。此后，陕西各路和河东路的安抚使，例皆带经略使，其主要职责为抗击西夏和招抚边境地区的少数民族。皇祐四年（1052），因侬智高叛乱（见壮族），设广南东路、广南西路安抚使，皆带经略使，此后遂为定制，直至宋亡。此外，绍兴六年（1136）曾以襄阳临近伪齐，按照陕西旧例，荆湖北路的安抚使也因而带经略使，次年罢。

西夏设东、西经略使。金代以后，经略使一职成为临时性的差遣。金末，曾在被蒙古军攻破各路设经略使，总理一方军政。元初，曾以史天泽为河南经略使。顺帝至正十八年（1358），以中书参政普颜不花等为经略使，赴江南各省督察军律。明清两朝，凡遇有重要军务时即特设经略，统理一省或数省军务，职位高于总督，事毕即罢。清中叶后不设此职。北洋政府时期，为笼络割据一方的军阀，重设经略使。授经略使者，可总管数省军务，如段祺瑞执政期间，曾任命曹锟为四川、广东、湖南、江西四省经略使；徐世昌任总统，以张作霖兼蒙疆经略使。北洋政府垮台后，经略使一职亦废。

支度使

唐代军中主管军需的官职。"支度"一词始见于《三国志·徐邈传》，意为支付财用，调拨物资。唐代此职名出现甚早，武则天光宅元年（684），李孝逸为行军大总管讨徐敬业，其军中已见支度使薛克构。节度使设置后，支度使成为节度使的例行兼职。其任务是主持军费开支，每年统计所耗军资、粮料、武器数量，向中央主管财政的度支使申报。元和十三年（818）唐宪宗诏停诸道支使、营田使，此后，支度使名遂废。

度支使

唐代后期主管财政收支的重要官职。魏文帝曹丕时始置度支尚书，专掌军国支计。两晋南北朝也都以度支尚书主管财政。隋改度支为民部，唐改称户部，下属有户部、度支、金部、仓部四司。其中度支司掌握军国用度的收支，筹划财源，调拨物资，量入为出，掌握经费，是十分重要的部门。开元以前，由本司郎中、员外郎专管，"郎中判入（处理收入之案），员外判出（处理支出之案），（户部）侍郎总统押案（总阅后签名）"，不以他官介入。开元以后，逐渐以他官兼判（判指判案，即批阅文书，处理决断），或由户部尚书、侍郎专判，使郎中、员外郎失去主管之权。但当时还未有使名，或称判度支，或称知（勾当）度支事。至德以后，军费激增，财政收支成为紧迫问题，于是肃宗在乾元元年（758）以第五琦为山南等五道度支使，这是度支使名的始见，后遂成为专掌财政的使职，权任甚重，常以宰相兼领。

其下有副使、判官。判官常自尚书省其他曹司中调取郎官来充任，称为判案郎中，人数多达四至六人。由于度支使掌握财政大权，广置吏员，在全国重要地区设分支机构，遂逐渐侵夺其他官司之职。度支使后来与盐铁使、户部使合称三司，后唐明宗长兴元年（930）并为三司使一职。

安抚使

地方军事长官。隋代以安抚大使为行军主帅的兼职，杨素曾任此职。唐代前期派大臣巡视经过战乱或受灾的地区，以安定社会秩序，称安抚使。北宋真宗咸平三年（1000），始设西川、峡路安抚使，泾源等十五军州安抚经略使等。以后，凡诸路遇天灾及边境用兵，辄派安抚使"体量安抚"，事毕即罢。仅陕西、河东、河北及两广等路常置安抚使司，掌管一路民政，以知州兼任安抚使，但必须由太中大夫以上或曾任侍从官者兼任，官品低者只称"主管某路安抚司公事"或"管勾安抚司事"。南宋初期，各路均设安抚使司，唯广东、广西两路仍于"安抚"前加"经略"二字。一般以各路最重要的州府长官兼任安抚使，如系二品以上，则称"安抚大使"。安抚使掌管一路兵民之政，有"便宜行事"之权，实际上成为一路的第一长官。宁宗后，各路兵民之政分别由都统制司等分管，安抚使反成为闲职。辽代，北面边防官中设有西南面安抚使司、九水诸夷安抚使司，南面将官有东京安抚使司，各设使领之。金安抚司原名宣抚司，后改，其长为使，掌镇抚、边防及刑狱诸事。另设上京、东京路等路按察司并安抚司，设使领之，除专管猛安谋克事务外，其他职掌与安抚司基本相同。元初，部分地区曾临时设安抚司，后只设于云南、四川、湖

广行省的民族地区。安抚司设有安抚使一员，另有达鲁花赤及属官若干。明清两代沿袭元制，于少数民族地区设安抚使司，安抚使为世袭的武职土官。

盐铁使

唐代后期主管盐、铁、茶专卖及征税的使职。盐指食盐的生产及专卖；铁泛指矿冶（包括银、铜、铁、锡等）的征税；茶在唐代认为是山泽之利，故其征税亦由盐铁使主管。盐铁使后与转运使合为一职，称盐铁转运使。

唐初不重盐利，玄宗开元元年（713），姜师度始奏请于安邑（今山西运城）盐池置盐屯，大获其利。同年，左拾遗刘彤上表请收山泽之利，玄宗遂令姜师度、强循等俱摄御史中丞出使，检查全国盐铁之课。当时设置盐屯，仿照屯田制度，征发人民充当屯丁，或出租给有力之家经营，按定额征税。盐屯由地方官管理。安史之乱起，军用浩繁，肃宗乾元元年（758），第五琦以度支郎中兼御史中丞为诸道盐铁使，这是盐铁置使之始。第五琦立盐铁法，于产盐处招民为亭户，专业煮盐，盐以每斗十钱之价，尽数交纳给官府。由官府加价至一百一十钱出售，各地置监院管理，严禁私人盗煮及贩卖。从此，征税变为专卖，政府收入大增，上元元年（760），刘晏继为盐铁使，又改进专卖制度。按新办法，官府将贱值收购亭户的盐高价卖给盐商，随其所至贩卖，禁过境州县征税以保证官盐畅销。江南、岭外诸州距产地遥远，盐商少到，则于其地置常平盐仓，商人不至而盐贵时，平价售与平民。江淮要冲及产地置四场、十监以储盐、售盐，又置十三巡院以主持盐务，

查禁私盐。在他初任盐铁使时，盐利只有四十余万缗，到建中元年（780）他离职时，盐利增加到六百余万缗，约占政府全部财政收入的半数。从此，盐利为唐朝除两税外的最大收入。宝应元年（762），刘晏为盐铁使时又兼任转运使，以盐利为漕运经费，使二者密切结合。自刘晏以后，二使常由一人兼任，于是盐铁使与转运使变为一职。

矿冶在唐初由少府管理，铜、铁任人开采，但须向官府纳税。开元十五年，初征银锡税。德宗时，户部侍郎韩回建议山泽之利宜归王者，自此，矿冶征税权收归中央，由盐铁使专掌。文宗开成元年（836），一度划归州县征收。宣宗时，复归盐铁使。唐代矿冶税收不多，每年全国不过七万缗，不敌一县之茶税。由于盐铁使主管矿冶，故有时也兼管铸钱，或兼领铸钱使。

唐德宗建中四年（783）始征茶税。贞元九年（793）盐铁使张滂奏立税茶法，在各地茶山及其附近的要道路口征税，按时价抽十分之一，每年得钱四十万缗。穆宗时，王播为盐铁使，奏请增茶税百分之五十。文宗大和九年（835），宰相王涯自兼盐铁使，行榷茶法，令茶农移茶树于官场中栽植，采摘茶叶后即在官场中制茶，旧有积贮，一律焚除。王涯置榷茶使，由自己兼领。此法招致人民极大怨愤。令狐楚继为榷茶使后，乃奏罢榷茶，仍由盐铁使主管，实行产地收税办法，由政府所承认的茶商转运贩卖而禁止私人贩运。

盐铁使为财经要职，常以重臣领使，或由宰相兼任。后来，盐铁使与转运使合为一职，其下属机构亦皆合并。唐代后期，盐铁使与度支、户部二使合称三司，至后唐明宗长兴元年（930），遂合并为一职，称三司使。

观军容使

唐代后期由监军发展而成的使职，由宦官担任，全称为观军容宣慰处置使。肃宗乾元元年（758），郭子仪、李光弼等九个节度使围安庆绪于相州（今河南安阳北），肃宗因子仪、光弼皆元勋，难相统属，故不置元帅，而以宦官鱼朝恩为观军容宣慰处置使，总监九军，成为事实上的统帅。观军容使从此得名。其后，朝恩又为天下观军容宣慰处置使，则是全国的总监军。不久，朝恩被杀，此职一度废罢，后又恢复。唐末，总领禁军的宦官又以观军容使为名，如唐末田令孜曾为十军十二卫观军容使，杨复恭曾为六军十二卫观军容使，此职遂从监军演变为禁军首领，但不常置。

枢密使

唐代后期由宦官充任的要职，五代至宋改用朝臣，成为与宰相分权的执政大臣。唐代宗永泰间（765～766），始用宦官“掌枢密”。宪宗时，置左右枢密使。枢密使的职务本来只是接受表奏，上呈皇帝，又将皇帝意图传达给中书门下（宰相），起上传下达的作用。因此，并无正式机构、属官，只有三间房屋以储存文书。但枢密使既接近皇帝，预闻机密，皇帝意旨又由他传达，就易于弄权用事。唐代后期，两神策军中尉与两枢密使并称“四贵”，他们拥立皇帝、任免宰相、处理军国要务，有时成为实际上的最高决策者。大致自懿宗咸通年间（860～874）起，皇帝在延英殿和宰相议事，枢密使例得参预。议定之后，又往往假托皇帝的意旨，多有改变。

这种"惯例"，直到昭宗天复元年（901）始下诏革除。三年，朱全忠（见后梁太祖来晃）尽诛宦官，始以心腹蒋玄晖为枢密使，此为用朝臣任此职之始。后梁代唐，改枢密院为崇政院，以朝臣为崇政院使，职务仍唐枢密使之旧。后唐又恢复枢密院，仍以朝臣充使，后又置副使。后唐时枢密使权重，势压宰相。后晋初，一度以宰相兼枢密使。天福四年（939）废，枢密院印也移交给中书门下，不久复置。

　　五代时战争频繁，军事机密处于最重要的地位，枢密使也常任用武官，逐渐形成枢密专掌军事的倾向。到了宋代，中书与枢密院对掌文武二柄，合称"二府"或"两地"。

最新整理图文珍藏版

第二节　文化中兴：艺海拾贝　科技撷英

瑰丽多姿的诗文化

　　唐诗的发展存在着不同的阶段，它和唐代社会发展在某种程度上有一定的契合。人们习惯上把唐诗分成初、盛、中、晚四个阶段：初唐指高祖武德元年（618）以后的百年之间；盛唐指玄宗开元元年（713）以后的50年之间；中唐指代宗大历元年（766）以后80年间，晚唐为宣宗大中元年（847）至唐亡的60年间。

滕王阁

王勃像

　　唐代诗歌影响广泛，与社会风尚有着密不可分的关系。当时人们普遍爱好诗歌，诗歌不仅仅是文人的专利，而且也是普通老百姓的喜好，从青楼女子到一般士众，从皇后嫔妃到王公大臣，从遣唐使节到和尚道人，三教九流、男女老少皆爱诗歌。

初唐四杰奠定基础

　　在高宗到武后初年，出现了"以文章齐名天下"的"初唐四杰"，即王勃、杨炯、卢照邻和骆宾王。他们都是初唐诗坛上很有才华的作家，"年少而才高，官小而名大"。四杰的诗歌，从宫廷走向人生，题材较为广泛，风格也较清俊，是初唐文坛上新旧过渡时期的代表人物。

　　四杰不仅能诗善文，名扬海内，而且内容上相互呼应，有力地冲击了宫廷诗风。宫廷诗以上官仪为代表，所以又称"上官体"，风格精巧雅致、绮丽婉媚，内容多以宫廷生活为限。初唐四杰以独特的审美追求，开始改变当时诗歌的风貌。他们的诗歌中，有的充满了匡时济世、建功立业的人生理想和热情；有的充满了悲苦之音。他们突破以往诗歌的局限，拓宽了诗歌的

落霞孤鹜图

发展领域，使之从宫苑台阁走向江山塞漠，容纳更加丰富的情感内容，让诗歌从达官贵人的独享品变为老百姓也能欣赏和驾驭的大众文化。

初唐四杰在诗歌创作上的贡献，不仅表现为内容的拓展和充实，也表现为形式的创新和完善，完成了五、七言律体的定型。就创作方向而言，卢、骆喜欢作五、七言长篇；王、杨则以五言律、绝取胜。

初唐四杰的创作实践，构成了唐诗文化发展中重要的一环。杜甫在谈到这几个初唐诗人时说："王杨卢骆当时体，轻薄为文哂未休。尔曹身与名俱灭，不废江河万古流。"他从大处着眼，看到四杰的历史作用，确实很有眼光。

王勃为四杰之首，是个很有才华的诗人。在诗歌创作上，王勃擅长五律、五绝，虽存篇幅不多，但已形成独特的风格，境界开阔，语言质朴。其名篇《送杜少府之任蜀州》将离别之情表现得乐观开朗，绝无哀伤缠绵之感；他的《滕王阁序》更是成为千古绝唱，气势雄伟，风格高昂，显示了诗文革新的初步成绩。

骆宾王的生活经历很丰富，少年从军，并且担任过低级的军官，他年轻时就擅写诗文，在四杰中他的诗最多。骆宾王也很擅长写七言诗歌，名作《帝京篇》在当时就已被称为绝唱。

骆宾王像

杨炯曾任盈川县令，在初唐四杰中，他的诗数量最少，成就也最低。他这个人比较自傲，自认为已经超过了王勃。杨炯的诗作以边塞征战诗最为著名，他的代表作《从军行》，格调激扬豪迈，充满爱国激情。杨炯的作品具有很大的复杂性，既带有宫廷诗的烙印，又有与之抗衡的思想，成为唐初诗坛一股新风。

卢照邻在四杰中身世最苦，一生只做过几任小官，日子过得很不得意，心情烦闷而成疾，后因病辞去官职，隐居在太白山上，过着清苦的生活。晚年病势加重，卧床十余年，武则天曾多次下诏为其封官，他都没有就职。在不堪病痛折磨的情况下，意志力渐无，自投颍水而死，那年他才五十多岁。卢照邻的作品多为悲苦之音，读后使人伤感不已，他自号幽忧子，很能说明他的心境。幽忧是他生活的象征，也是他作品的象征。他的代表作《行路难》、《长安古意》被称为初唐巨制。

卢照邻像

陈子昂名扬千古

陈子昂（659～700）字伯玉，梓州射洪（今四川射洪）人。他所生活的年代比四杰中的王勃和杨炯稍稍晚了一点。陈子昂生在一个富豪家中，性情豪爽。在24岁时就中了进士，做过的最大官职是右拾遗，他经常上书论政，陈述时弊。他曾随武攸宜带兵出击契丹，因和武性格不合，后来解职回到故乡，最终被县令段简诬陷遭受牢狱之灾，忧愤而死。

从唐朝初年到陈子昂时期的数十年间，人们一直受宫廷文学的压迫，虽然这种文字辞藻优美，但言之无物，大家期待一股文学新潮的到来。陈子昂正是顺应了时代的需要，提出清晰而透辟的诗歌理论主张。他在总结了前代诗歌发展的历史经验之后，标举出"汉魏风骨"的著名理论，恢复和发扬文学中的英雄性格，以矫正诗界软弱柔靡的倾向，为唐诗注入了蓬勃的生命力。

贯穿在陈子昂诗歌中的是对人本身的关注和对人生所处背景的细微体察。他的代表作《感遇》三十八首和《蓟丘览古赠卢居士藏用》七首，就是带有强烈自我意识、充满进取精神的佳作，诗歌中表现了对政治、道德、命运等一系列根本问题的观察与思考。陈子昂总是以宽厚博大的胸襟注视着时空无限的宇宙，把个人的生存状态放在这巨大的背景下来观察，表现出对永恒的无限渴望。他的《登幽州台歌》中"前不见古人，后不见来者。念天地之悠悠，独怆然而涕下"，虽抒写了自身怀才不遇的悲怆，但其中更多的却蕴含着自信，有一种与时代不合而不被理解的孤独感，作者高耸起一个伟大而孤傲的自我形象，给人以崇高的美感。陈子昂不仅仅在文学上，而且在更为广阔的精神上，开启了盛唐整整一代诗人的诗歌思路，赢得后代的敬仰。

这一时期，唐诗的浪漫气质日趋强化，它以另一种风格，呈现在刘希夷、张若虚等人赞美青春，表现对生命永恒之渴望的诗篇中。

诗仙李白豪情万丈

唐朝是我国诗歌创作最兴盛的时代，曾经涌现出了许多群星般灿烂的诗人，所以人们常把这个时期称为我国诗歌发展史上的黄金时代。唐诗分为初唐、盛唐、中唐和晚唐四个时期。初唐以王勃、卢照邻、杨炯、骆宾王为代表人物，史称"初唐四杰"；盛唐以李白、杜甫、王维、岑参为代

李白像

李白诗意图

表人物；中唐以白居易、李贺、元稹为代表人物；晚唐以李商隐、杜牧、温庭筠为代表人物。这些著名诗人的诗歌，至今仍为人们所传诵，它是我国文学宝库中的瑰宝。其中最杰出的代表就是伟大的诗人李白和杜甫。

李白（701～762），字太白，号青莲居士。青少年时代受到儒家、道家思想的影响，博览群书，又好行剑术，生活情趣和才能多种多样。20岁以后，他开始游历祖国的名山大川，如成都峨嵋山等地。李白常常把自己比作管仲、诸葛亮、谢安等一流人物，希望能像这些英雄人物一样为国家做一番轰轰烈烈的事业。25岁时，李白为了实现自己的远大抱负，开始了远游兼求仕的生活，在随后的十多年间，足迹遍及半个中国，写下了许多不朽的诗篇，展示了他高超的艺术才能。在他42岁的时候，唐玄宗召李白进长安做了翰林供奉，这是一种在宫中写诗作文专供皇帝公卿欣赏助兴的官职。这种官职的性质就像宫中的歌妓一样，只是比那些人文雅。这种悠

闲而无作为的宫廷诗人生活，离李白的理想实在太远，宫廷中纵欲淫靡的生活和安于这种生活的权贵，使他看到朝廷政治的腐败，加深了他对黑暗社会的认识，他常常借酒浇愁，并写出了一些蔑视权贵的诗文。

安史之乱爆发后，在爱国热情的激励下，55岁的李白毅然奔赴前线，投入了永王李璘的幕府，打算辅佐永王平定叛乱，收复失地，实现自己报效祖国的梦想。随后的日子里，永王因谋反罪被诛杀后，李白也被牵连入狱，最后虽免了死刑，但被流放。得到赦免后，李白又开始了寻访祖国大好河山的生活。在这期间，他虽然穷困到了极点，但从普通老百姓的身上他得到了一生追求的真诚、纯洁的友情，写出

了许多惊天地，泣鬼神的诗篇。762年，李白在穷困漂泊中结束了他的一生。

王维像

李白是盛唐文化孕育出来的天才诗人，其非凡的自负和自信、狂傲独立的人格、豪放洒脱的气度和自由创造的浪漫情怀，充分体现了盛唐士人的时代性格和精神风貌。他以才气写诗，是一位天才的诗人。在中国诗歌史上，李白有不可代替的不朽地位。

李白是我国历史上伟大的浪漫主义诗人，被后人称为"诗仙"。他的一生虽然很不得意，但是他那些美丽壮观的诗篇，千百年来一直被人们传诵。他是一个洒脱的诗人，常常酒后抒发自己的情怀，很多优秀的诗歌都是在他酒后创作出来的。李白的诗歌有很丰富的想象力和高度的艺术技巧。比如，他用"飞流直下三千尺，疑是银河落九天"来形容瀑布的壮观，这是前无古人、后无来者的艺术境界。他的诗还善于用拟人的手法，比如写春风，"春风知别苦，不遣柳条青"；写月亮，"我歌月徘徊，我舞影零乱。醒时同交欢，醉后各分散"。这些极其生动、逼真的比喻，艺术感染力很强，充满了浪漫主义色彩。他的歌颂祖国山河的诗篇，充满着爱国的激情。

杜甫像

诗圣杜甫诗史巨人

在唐代诗人中，和李白齐名的是被称为"诗圣"的杜甫。杜甫字子美，因曾做过节度参谋、检校工部员外郎，所以后人也称他为"杜工部"。

杜甫生于公元712年，他七岁就能写诗，十四五岁的时候，洛阳一些有名的文

孟浩然像

中国通史

最新整理图文珍藏版

人已经开始和他交往。他和李白一样，年
轻的杜甫也曾经在祖国的南北漫游。他在
登上泰山日观峰的时候，他写下了著名的
五言古诗《望岳》，其中"会当凌绝顶，
一览众山小"的名句，抒发了他雄伟的志
向和抱负。

公元744年，杜甫在洛阳遇到了大诗
人李白，两个人互相钦佩，一见如故。他
们一起游历河南、山东等地方，在这期间
结下了深厚的友谊。几年后，杜甫来到长
安想为国尽力，施展自己的抱负，但由于
当时奸相李林甫当道，唐玄宗昏庸无能，
不重用人才，致使他四处碰壁，遭到了不
少白眼，直到44岁的时候，才得到一个地
位很低的官职。

在一次回家探亲的路上，他看到由于
连年水灾旱灾不断，老百姓家家缺吃少穿，
几乎没有了活路，而皇宫内和达官显贵的
家里依然歌舞升平，酒肉不断。而他刚满
周岁的儿子也在这个时候饿死了，他在悲
愤之余写下了长诗《自京赴奉先县咏怀五
百字》，其中"朱门酒肉臭，路有冻死骨"
一句成为千古绝唱，是对唐王朝腐败的最
佳诠释。这一时期，杜甫还写了著名的
《兵车行》、《三吏》、《三别》等诗篇，饱
含了对穷苦老百姓的爱怜和同情。安史之

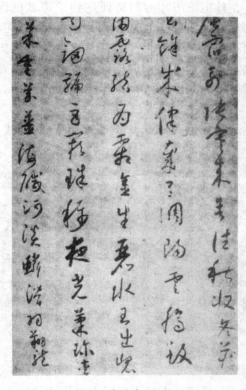

小草千字文

乱以后，杜甫离开长安，追随唐肃宗到了
凤翔，肃宗封他做左拾遗，负责给皇帝提
意见。由于当时的皇帝听不进逆耳的忠言，
而他又恰恰喜欢批评朝政，没多久他就被
贬为华州司功参军，管理地方的祭祀、学
校选举等工作。

杜甫对当时的朝廷越来越失望，毅然
抛弃了官职，来到成都，住在西郊外的浣
花溪。在好友的帮助下，杜甫开辟荒地，
营建起一座草堂。在这里他写出了著名的
《茅屋为秋风所破歌》。770年冬天，59岁
的杜甫病死在湘江的小船上。杜甫是一个
高产诗人，他的一生写了几千首诗，用诗
描绘了一个复杂多变的历史时代，具有极
大的史学价值。他的诗歌深刻地反映了悲
惨的社会现实和人民的苦难，所以，人们
把他的诗称为"诗史"，也把他称作我国
历史上伟大的现实主义诗人。

成都杜甫草堂

杜甫是用才力写诗而达到了诗歌创作的巅峰，他自己也说："为人性僻耽佳句，语不惊人死不休。"在中国的诗歌发展史上，杜甫带有集大成的性质，对于后来者有着极为深远的影响，历千年而不衰。

现实主义诗人白居易

唐代是我国历史上著名的诗歌时代，

琵琶亭及白居易塑像

近三百年间，先后出现了许多优秀的诗人。李白和杜甫，是当时诗国的两颗巨星，白居易，是继李白、杜甫之后出现的又一位伟大诗人。

白居易草堂

白居易（772～846），字乐天，祖籍太原，生于河南郑州新郑县，晚年居住在洛阳，与香山寺僧人等来往密切，自号香山居士。卒于唐武宗会昌六年（846）。

他五六岁开始学做诗，八九岁的时候已经能按照复杂的声韵写格律诗了。他的少年时代在战乱中度过，过着颠沛流离的生活，但学习刻苦勤奋。相传于公元787年，十六岁的白居易便带着自己创作的诗文到长安去进谒当时名高望重的名士顾况。顾况看着他的名字戏言："长安米贵，居大不易。"可当他翻到白居易的《赋得古原草送别》一诗中"野火烧不尽，春风吹又生"两句时，甚感惊讶，忙改口道："有才如此，居易不难。"从此之后，白居易诗名渐显，一步一步踏上了其辉煌的诗文创作道路。后来，白居易考中进士，在朝廷

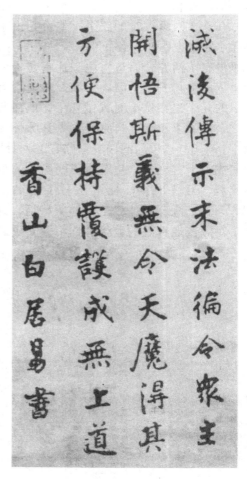
白居易书楞严经（部分）

担任左拾遗，他忠贞正直，遇到皇帝做了不妥当的事，别人不敢说，他却敢争辩。这一来，就得罪了那些权贵。权贵们怨恨他，散布流言飞语诽谤他，白居易最终被贬为江州司马。

后来，白居易在忠州（今四川忠县）、杭州、苏州当过刺史，在这些地方，他替老百姓办了不少好事。白居易一生笔耕不辍，写下了大量的诗歌和文章，流传到现在的诗歌有 2800 多首，散文八百多篇，是唐代流传下来诗歌最广的诗人。

为了通过作品反映现实，描写人民的生活和疾苦，白居易的诗歌和文章写得通俗易懂，有文化的人都能读得懂，没有文化的人也能听得懂。据说，他每作一首诗，都要拿去念给老婆婆听，直到她们听懂为止。他的诗在当时流传极为广泛，上自王公贵族，下至普通老百姓，如寡妇、没出嫁的姑娘、和尚、放牛娃、马车夫，都能

杜牧像

背诵他的一些诗歌。从长安到江西跨越几千里的地方，许多乡村学校、佛寺、旅舍、驿站、邮亭的墙壁、廊柱上，都有人题写他的诗。他的诗歌在民间流传之广足以证明他在诗歌文化上的精湛造诣。他大量的诗文，尤其是著名的组诗《新乐府》、《秦中吟》，长诗《长恨歌》、《琵琶行》等，都是反映现实生活和揭露社会矛盾的优秀

琵琶行图轴

作品。有的写老百姓怎样受苦，有的说当官的如何横行乡里、骄奢淫逸，有的表示了对政事的诸多看法，有的直接指斥了当朝皇帝，立意深刻，反映出了很多社会深层的问题。

白居易的诗在当时就流传到了日本、朝鲜和中亚的许多亚洲国家。尽管白居易的名气很大，诗歌的成就在当时也达到了最高，但他依然十分谦虚，从来没有仗才欺人，看不起普通老百姓，这大概也是白居易在诗歌上取得伟大成就的另一个重要原因。

韩愈、柳宗元提倡古文运动

唐代中期还出现了一大批诗文巨匠，其中有一位大文学家名叫韩愈（768～824），他在唐朝乃至中国古代文坛中的地位都是很高的。他提倡用西汉以前的文体写文章，反对当时流行的文体。当时沿袭南北朝时期的骈文体，讲究声律、对偶、用典，追求文辞的华美，但往往空洞无物，经常为了文体的工整，而改变要表达的意思，不能很准确地表达思想和见解。从隋

韩愈像

朝时期就有人提出批评，反对用这种文体和文风。因为韩愈所提出的西汉文体距离中唐已经八百余年，所以人们把西汉时期的文体称为古文，把当时的文体称为近体文。韩愈顺应时代要求提倡的古文写法，很快得到了当时文人的支持，形成了一个规模壮阔的文化运动，后人称它为古文运动。韩愈是河阳（今河南孟州）人，又常常以昌黎（今辽宁义县一带）的韩氏大姓自称，所以人们尊称他为"韩昌黎"。他主张写文章要有创造性，完全写出自己的见解，不模仿前人一言一句，宁可精，不可滥。他所倡导的古文，实际上是在前人的基础上发展的一种新的散文体。韩愈作文，十分重视用词造句的恰当和流畅，要求做到文从字顺，与当时的文体背道而驰。他用新散文体先后写出了三百多篇政论、书信、传记、序言和墓志，这些文章都具有高度的文学艺术技巧，从形式到内容都洋溢着全新的精神面貌。他的散文大多气势磅礴，情感充沛，文字精练，语言生动。其中有很多文章、警句在民间广泛流传，直到现在还具有很强的生命力。例如："业

李商隐像

柳宗元像

精于勤荒于嬉，行成于思毁于随"、"弟子不必不如师，师不必贤于弟子"、"世有伯乐，然后有千里马；千里马常有，而伯乐不常有"等，这些寓意深刻的经典话语，到今天还常常被人们引用在各个领域。

韩愈是我国文学史上一位伟大的散文大师，被后人列为唐宋八大家之一，并且排名第一。韩愈一生为人品行端正，对人一贯讲真话，敢于说出自己的见解。他25岁就开始做官，但在政治上的成就不大，由于在政治上清正廉明，得罪了权贵，后来几次遭到贬谪，还有一次差点儿丢掉了性命。

和韩愈同时代的著名文学家柳宗元（773～819），也是一位倡导古文运动的领袖人物。他们两人关系密切，在当时享有同样的盛名，在文学史上地位也几乎相当。柳宗元从小就很聪明，也很勤奋，博览群书，21岁考取了进士。他有很强的政治抱负，积极参加了永贞革新的活动，在这次革新中，谋划了很多有积极意义的政治主张。永贞革新最后因宦官破坏导致失败，

柳宗元被贬为永州（今湖南永州一带）司马，后来又被派到更远的柳州去当刺史，最后在那里结束了光辉灿烂的一生。

在长期的贬谪生活中，柳宗元接触了很多社会下层的人民，了解他们的疾苦，对当时残害人民的苛政、对社会的黑暗现象有了更加深刻的认识，从而写出了不少优秀的文章加以揭露，如《捕蛇者说》、《童区寄传》等。他还擅长写山水游记，其中最著名的是《永州八记》。他不仅用优美流畅的文字描写了清奇秀丽的自然景色，而且把自己的遭遇和悲愤感情寄托在山水之中，成为历代山水散文的杰作。柳宗元是河东（今山西运城）人，人们称他柳河东；因为他当过柳州刺史，又称他柳柳州。这类称呼，在古代都是表示尊敬的意思。

唐王朝在诗歌文化上的造诣，是其他任何一个朝代所无法比拟的；唐王朝的这批诗人，把诗歌发展到了一个鼎盛时期，为后人树立了一座难以逾越的丰碑。在唐朝近300年的历史中，涌现出了一大批诗歌巨匠，不管是在盛世太平的"贞观之治"，还是在唐朝末年的动乱时代，都涌现出了一大批成就颇高的诗人。诗歌在唐王朝被分为多个流派，以王维、孟浩然为代表的"田园诗派"，还有以王昌龄、岑参、高适为代表的"边塞诗派"。这些不同流派的发展，把唐王朝的诗歌文化推向了一个又一个高峰。

光耀千古的艺术成就

唐代绘画大发展

唐朝的绘画在唐代艺术中具有突出的地位。当时绘画主要服务于宗教，在这个时期，绘画艺术取得了很大发展，涌现出了大批杰出的画家，现在能查出姓名的就

有四百多人。

　　宫廷、陵墓、寺庙和石窟寺的壁画是这个时期绘画的主要组成部分，但题材更为广泛，也更为世俗化，具有强烈的生活气息。大画家吴道子善画人物，他年轻时做过画工，后被玄宗招为内教博士。他吸取法画流派的精湛技巧，但同时也大胆创新，使用圆润的兰叶描画法，又于焦墨痕中微施色彩，使画面富有立体感。他画的人物衣带飘飘欲飞，就像迎面吹来了一阵和风，因此人们用"吴带当风"这句话来赞美他高超的绘画艺术技巧。

　　在1960年出土的永泰公主墓、1971年出土的章怀太子李贤墓和懿德太子李重润墓中，发现了大量有考古价值的壁画。懿德太子墓中的壁画，总面积达到四百多平方米，保存比较完整的有四十余幅。这些壁画不但色彩鲜艳，布局严密，内容丰富有张力，其中囊括了宫廷生活中的许多画面，有王子、客使、侍女、陪臣、宦官等人物形象，还有出行、马毡、歌舞、游戏等宫廷活动的场景。人物、山水、花鸟卷轴画的广泛兴起，从一个侧面也说明绘画已经开始从宫廷、寺庙中走出来，成为文人士大夫抒情写意的主要工具。与此同时，画家也摆脱了充当画匠的角色，成为士大夫的一个组成部分。

　　唐朝时期著名画家吴道子一生画了很多流传千古的名画，单是在长安、洛阳一带的佛寺和道观里，就画了佛教和道教的宗教壁画三百多幅。玄宗遣他在大同殿中画嘉陵江三百里山水，他一日而就，可见其深厚功底。他画中的人物千姿百态，各不相同。吴道子画山水画，笔势洒脱，气势磅礴，一气呵成，对后世影响颇深，后世的水墨山水画，就是仿照他的这种画法。他的艺术风格，被后人称为"吴家样"；他的着色方法，被奉作"吴装"。后来，许多画家都仿照他的画，把他称为"画圣"。民间的绘画和雕塑工匠更是把他尊为祖师。

　　阎立本是唐朝初年的著名画家，擅长画人物、车马和亭台楼阁。唐太宗很欣赏他的绘画才能，曾经让他给自己画像。前面提到唐太宗时期凌烟阁上面24位开国功臣的画像就是他的作品。阎立本还有《历代帝王图》（现存于美国波士顿博物馆）、《步辇图》（现存于故宫博物院）等著名作品。

　　跟李白同年出生的王维，不但是位伟大的诗人，更是一位对绘画做出巨大贡献的大画家。他擅长画山水画，人们欣赏着这些画，就像吟咏着描绘锦绣山川的优美诗篇。因此宋朝大文学家苏轼称赞说，王

吐蕃赞
普礼佛图

中国通史

最新整理图文珍藏版

维"诗中有画，画中有诗"。王维是第一位善于把诗和画熔为一炉的艺术大师。唐朝还有许多各具特长的著名画家，像李思训、李昭道父子画山水树石，巧精细，金碧辉映，被当代书法家、画家、摄影家黄志斌同志称为"青绿山水，精巧细拙，金碧辉映，相得益彰"。

总之，唐代是中国古代绘画全面发展的鼎盛时期，人物、山水、花鸟画都取得了很高的成就。作为逐渐成熟并开始独立的山水画、花鸟画，在唐代初年大放异彩。人物画在经历了长期发展之后，融合秦汉的淳朴豪放、魏晋的含蓄隽永，进入一个精湛瑰丽的新时期。

书法的高峰

隋唐时期是我国书法艺术的高峰。在南北朝时期，不少书法家融合北方碑版体方严遒劲的风骨和南方书简体疏放妍妙的气韵，逐渐开始探索创新的书写体。唐承隋制，五品以上的官员可以立碑，贵族、官员和平民可设墓志。树碑立志成为一种社会风尚，大大推动了书法的发展。碑志

张旭像

要求字体典雅、端庄；抄写则要求规范、整齐，都要求使用统一、美观、实用的字体。书法艺术在唐朝时期受到唐代统治者的提倡和重视。唐太宗喜爱书法，命人搜求王羲之的墨迹，整理成卷。他在选拔官吏的考试中，把书法的好坏作为一项重要标准，以此来激发读书人学习书法的积极性。唐太宗请虞世南做书法老师。虞世南的字，内刚外柔，雍容华贵。他死后，太宗很难过，对魏征说："再也没有人同我论书法了。"

唐初著名书法家欧阳询（557～641），其书法用笔刚劲峻拔，笔画方润整齐，结构开朗爽健，在书写的间架结构、书写速度、用笔轻重、笔画肥瘦等方面，做出了总结性和规范性的贡献，对后人影响颇深。代表作品有《九成宫醴泉铭》。虞世南是和欧阳询齐名的大书法家，他俩和稍后的褚遂良，被称为初唐三大书法家。他们有的擅长楷书，有的擅长行书，有的擅长草书，在继承前辈书法艺术的基础上，都有所创新。

颜真卿像

颜真卿·多宝塔碑（局部）

褚遂良像

继唐朝初年三大书法家之后，成就比较大的是"草圣"张旭和怀素和尚。他们创造的"狂草书"笔势放纵，连绵回绕，字形变化繁多，但狂而不乱，狂中有序，对后世影响深远。张旭往往醉后落笔疾书，常有佳作产生，被称为"张颠"。怀素少时家贫，为了学习书法，他种了很多芭蕉，在芭蕉叶上写字。或许是狂草书法的特点吧，他也喜欢在酒酣兴起时落笔。怀素的草书，活泼飞动，像飞一样栩栩如生，有如笔下生风。人们说他是"以狂继癫"，把他和张旭并称为"颠张狂素"。到了唐代中后期，颜真卿、柳公权等人，又把书法艺术推到了新的高峰。颜真卿（708—784）唐代书法家，字清臣，祖籍琅玡临沂（今属山东），京兆长安（今陕西西安）人。颜真卿曾任监察御史、迁殿中侍御史，后出为平原太守。安史乱起，真卿举义旗起兵抵抗，被推为盟主。至德元载（756），授御史大夫。宝应元年（762），拜户部侍郎，再拜尚书右丞。广德二年（764），迁刑部尚书，进封鲁郡开国公，世称"颜鲁公"。颜真卿不但是个有气节的志士，而且是一位杰出的大书法家，是继王羲之之后我国书法史上最有成就的大书法家之一。他擅长楷书和行书。楷书端庄雄伟，气势开阔；行书笔力遒劲，气势

柳公权像

旺盛，开创了新的风格。他的楷书被称为"颜体"，成为后人学字的楷模。比颜真卿晚70年的柳公权，是和颜真卿齐名的书法家，也精于楷书。他的楷书骨力遒健，结构紧凑，对后代的影响也很大。人们把他和颜真卿的书法并称"颜柳"，或者称"颜筋柳骨"。

辉煌的石窟艺术

佛教的鼎盛发展又推动了佛教艺术的全面繁荣。唐代的佛教艺术大体上包括石窟和佛教寺庙的建筑、造像、壁画还有佛塔，其中最为著名的就是石窟艺术的繁荣发展。石窟艺术在隋唐时期繁荣发展，其中最具代表性的是洛阳龙门石窟和敦煌莫高窟，它们以藏有大量丰富多彩、千姿百态的壁画与雕像闻名于世，被称为世界艺术的宝库。

洛阳龙门石窟位于今河南洛阳（申请世界文化遗产并得到批准），石窟里最大的洞窟就是唐朝时开凿的。龙门石窟中造像题材在唐朝时期得到扩大，除北朝时期已

有的释迦、弥勒、无量寿、三世佛、观世音之外，还出现了卢舍那、大日如来、地藏、优填王、业道、药师、宝胜如来、维卫佛、多臂菩萨、千手千眼观音和历代祖师像，同时还有刻造经文的人物造像。唐时西方净土宗大为流行，他们所崇拜的阿弥陀佛及救苦观音像几乎占去唐代造像总数的一半。唐代龙门石窟艺术在经过南北朝数百年发展之后，达到了成熟阶段。龙门窟龛的造像无论是在规模还是在题材、技巧上，都达到了空前完美的程度。

盛唐观音菩萨像

坐落在今天甘肃西部的敦煌莫高窟，其中十分之六七的洞窟是隋唐时期开凿的。敦煌莫高窟规模之大，内容之丰富，艺术水平之高，达到了全国石窟之首的地位。我国古代劳动人民在莫高窟里绘制了大量精美的壁画，塑造了无数形象生动的塑像。它是世界上最大的艺术宝库之一，至今依然是世界各国科学家追崇研究的对象，并将其称之为"敦煌艺术之谜"。

莫高窟有1000多个洞窟，又叫千佛洞，开凿在敦煌东南20公里的鸣沙山1600

盛唐供养菩萨像

多米的断崖上，现存洞窟已被排号的就达到 492 个，彩色塑像 2400 余尊。洞窟的四壁和顶上满绘着金碧辉煌的彩色壁画。现存壁画总面积为 45000 多平方米，连接起来长达 25 公里，其中隋唐时代洞窟 300 多个，约占总数的 2/3。内容不仅表现了佛教故事，不少画面还反映出隋唐时期社会的繁荣；有帝王、贵族、官吏的豪华生活，有西域各族人的形象，有中外商人贸易的情景，有农夫耕田、渔夫打鱼、船工背纤、工匠营造等劳动场面。壁画的色彩绚丽夺目，形象生动。唐代塑像改变了隋代头大身长腿短的弊端，更倾向于艺术的写实，在人物性格心理的刻画上也有了很大发展。佛像多是盘膝端坐，作说法或召唤手势；菩萨像体态丰盈，端庄沉静，是妙龄少女的形象；天王、力士像凶猛威严，是现实世界中武士的写照。在这些雕塑中，有身披飘拂长带、凌空起舞的飞天仙女，也有反弹琵琶、载歌载舞的仙女，这都是敦煌壁画的代表作。这些塑像，有的沉思，有的微笑，有的威严，个个神情逼真，富于艺术魅力。最高的佛像高达 33 米，外面修建了一座高大的楼阁才能把它罩住。

唐三彩和唐代陶瓷

陶瓷艺术是中国艺术的特色，其中最为著名的就是唐朝时期的唐三彩陶器。唐三彩是唐朝众多陶瓷艺术中的代表，它以丰富多彩的釉色和美妙高超的造型驰名中外。唐代陶瓷工艺制作匠人对多种金属氧化物的呈色原理有了很高的认识，在原有的铅釉陶中加入铁、铜、钴、锰等不同金属氧化物，经低温烧制而成为集黄、绿、青三色于一器的彩陶，这就是唐三彩。这种陶瓷在当时世界上处于领先水平，工艺的复杂性也首屈一指。在它的制作工艺中，虽然从理论上来讲只有三种颜色，但是几种釉色互相渗化，又产生许多新的颜色；再加上有些陶瓷年代久远有些颜色发生变

三彩镇墓兽

化，所以唐代三彩陶器呈现出来的颜色远远不止三种，而是绚烂多彩，富丽堂皇。从目前出土的唐三彩文物来看，它始于唐高宗时，盛于开元盛世，天宝以后逐渐衰落。它不仅是唐朝陶瓷艺术的代表，也是唐朝艺术文化发展的代表。

唐三彩产量之大、质量之高、造型样式之多，出乎我们的想象。三彩陶俑生动传神，釉色自然垂流，互相渗化，色彩绚丽，染色效果呈朦胧之美，艺术水平很高。唐三彩的生产技艺是在综合东汉以来的绿釉和黄釉陶的基础上，又引进波斯蓝釉技术创制而成，据说唐三彩中呈蓝色用的钴料是从波斯进口的，所以带有蓝色的唐三彩陶器最为稀有，也最为名贵。目前出土的唐三彩陶器主要分为器皿和俑两大类，它们大多表现建筑，日用品、家具、牲畜、人物等，式样繁多，生动地再现了唐代的社会生活风貌，被誉为唐代社会的"百科全书"。目前出土的唐三彩大多集中在唐代

三彩骑马俑

两都西安和洛阳，此外扬州也有部分唐三彩出土。估计唐三彩产地也主要在这些地方，但目前所发现的唐三彩制作窑址仅有河南巩义一处。

盛唐霓裳

唐朝的服饰在世界历史上也闻名遐迩。在上海召开的 APEC 会议上，前国家主席江泽民同志和世界各国领导人共同穿上唐装照的那张合影，给世界人民留下了深刻印象，再一次引起了一场复古热，从这点就可以看出唐朝服饰的生命力。

唐朝作为中国封建历史上十分开放的时代，这时的文化一方面继承了中国的传统，另一方面又积极吸收海外的先进文化，不断更新发展。唐朝的染织技术也是如此，在继承传统的基础上，吸收波斯的织法与技术并加以改进，使染织艺术出现了质的飞跃，使当时的服饰大放异彩，在中国染织史上出现了黄金时代。唐代纺织品的种类很多，主要有绢、绫、锦、罗、布、纱、绮、褐等。每种纺织品都按质量好坏划分

很多等级，如布分九等，绢分八等。就绫而言，按等级分有独窠文绫、瑞绫、双窠细绫、白编绫、独窠司马绫等。锦按等级分，则有大张锦、软端锦、透背锦、长形白锦、半臂锦、杂色锦等。唐朝的纱与前代相比，更加稀疏，织制精巧。当时贵族妇女生活奢侈，她们的服装多是用细纱制成。当时唐朝诗人把长安的罗比作天空的云彩，有记载的就有李商隐的著名诗句"万里云罗一雁飞"，形象生动地描绘了当时罗的发展状况。

唐代服饰的大发展一个主要的因素就是印染工艺的进步。印染的方法很多，但最主要的方法有三大染，即夹缬（有花纹的丝织品）、蜡缬、绞缬。夹缬，就是用两块镂花板把要染的物品夹起来，然后逐渐上色；上完色之后，再把镂花板拿掉，便在织物上露出被镂花板盖住而没有上色的白色镂花。这种方法简单易行，很快在盛唐时流传开来。这样做出来的织物被用于妇女披巾、衣裙，有时还用于屏风装饰。蜡缬，其实就是蜡染，它是利用蜡不容易被染色的原理，在织物上先用蜡画出图样，然后染色，染完后再用热水煮织物，使蜡脱落，露出白色图样。这样制作的染品上有冰裂纹效果，十分好看，唐代时期也用于服装和屏风装饰。绞缬，即扎染，是用绳将布扎成花纹，扎紧后染色，扎结部分采取措施防止染上颜色，形成白色花纹，并有染晕的独特效果。这种方法制作简便，朴素大方，变化丰富，有朦胧之美，是民间常用的装饰手法。到了五代十国，绞缬织物已经成为当时统治阶级最时髦的服装。唐代刺绣也很发达，做工精致，色彩华丽，主要用于服饰，为唐朝服饰的发展也做出了贡献。

发达的染织工业和刺绣业使唐朝的服装色彩鲜艳、质地柔软、舒适，样式华贵大方，尤其是妇女的服装。在此基础上，

唐朝还增加了服饰的时装性。短襦（短衣）、长裙，是唐朝妇女所追求的流行时尚。一般是裙腰高到胸部，半袒露胸部，裙长拖地，裙腰以上绸带高系，几乎到腋下。杨玉环一张画像上穿的就是这样的服饰。唐代妇女还喜欢将一块帛巾搭在肩背上，看上去飘逸、雍容。

唐朝时期，不但经济文化全面发展，而且艺术上的成就也得到了很大提高，这些艺术成就从某种方面促进了唐朝的经济发展，它们相得益彰，互相促进，使唐王朝成为中国封建社会最为繁荣昌盛的一个时期。

舞谱发明

唐代舞蹈艺术高度发展，十分繁盛，为使作品广泛传播并得以保存，记录舞蹈的各种手段，"舞图""按舞图"及文字"舞谱"便应运而生。

据 1900 年敦煌莫高窟藏经洞发现的舞谱残卷等资料，计有以下几种舞谱：（1）《遐方远》；（2）《南歌子》；（3）《南乡子》；（4）《双燕子》；（5）《浣溪沙》；（6）《凤归云》。另有佚名舞谱一部及近期发现的《荷叶杯》舞谱，总共八部。

敦煌舞谱残卷是用舞蹈动作术语，如令、舞、送、据、按、摇……等组成的字谱。各谱前均有曲名和一段简短的文字说明，即"词序"，用以标明舞曲结构的节奏变化等。但除《浣溪沙》有一句古曲谱外，其他曲谱均未保存下来，也无图像表明舞姿动作及队形场面等。敦煌舞谱残卷的发现，对研究唐代舞蹈以及中国舞蹈发展具有十分重要的意义。近年来，舞蹈史学和敦煌学的学者们投入了更多的人力和精力进行研究，并取得了可喜的进展。除发现若干重要材料外，又对原舞谱残卷作

了更为系统化与科学化的整理与分析，开始突破从文献到文献，纸上谈舞的阶段。字谱中之"字"所表示的舞蹈动作和姿态有了解释：

（1）令。发号施令开始起舞之意。敦煌舞谱残卷各谱，几乎全以"令"字起头，表明这是一种唐代打令舞的谱。酒宴俗舞，应有较固定的程式。令即是这种舞蹈开始时的动作。擅舞的人，会把这一动作做得很有光彩，称"令姿"。（2）头。指头部的舞蹈动作。绝大多数舞谱，头字放在最后一段字组中，即只有在每一打令舞的末了才有头部动作，可能是提示人们先作一个动头的舞姿，然后再俯首饮酒。也可理解为"注意要返头"（反复），即此轮饮毕，需再从头起舞之意。（3）按。"按酒"动作的简称，含有推却或挪动含意。即双手推搓（或叉腰动肩）左右挪步的舞蹈动作。也有人认为是拇指和其他四指相搓出响，类似《龟兹舞》中弹指的舞蹈动作。（4）拽。即曳地而行。可能是双足交替拽曳而行的一种轻盈舞步，类似现今戏曲中的"跑圆场"、"云步"。（5）摇。即用优美而耐人寻味的舞蹈动作来表示推却的简称。可能有手或头的摇动，同时配合以身躯和腿部的协调摇晃摆动等。（6）舞。一般指手及臂膀的舞蹈动作，即所谓"手舞足蹈"中"舞"的含意。舞谱中舞字出现次数相当多且常与其他字组合，如"令舞"、"舞舞"、"送舞"、"舞按"、"舞摇"、"据舞"等，表示了不同的手及臂的舞动。可见，唐人的打令舞无论坐、站或带有步伐的地位调动，手和臂的动作都是十分丰富且富于表情的。（7）送。是酒宴中送酒并劝饮的舞蹈动作。古诗、壁画、民俗与民间舞蹈遗传都说明，筵宴中敬酒或向宾客献茶，自古都有起舞的习俗。舞谱中的送，很可能表示了一套送酒劝饮的舞蹈程式，且"送在摇前"。（8）据。敦

煌舞谱中的据，可能是拮据之意，代表了手、口、足的协调动作。因据与倨通，故据也有直项昂首、高贵端庄的造型舞姿之含意。（9）捐。前辈学者认为是"揖"的别字。故舞谱中"捐"是指揖让射酒的动作。"捐"又可能是"撏"字的别字，即有抛掷酒杯以添趣助兴之意。（10）与。可能是表示两行舞队的舞人一对一对地相互牵手，对舞对穿的地位调度，或两相对称的舞蹈动作。（11）请。可能来源于礼节性的舞蹈动作。（12）约。可作绳、缠来解，有约请之意。可能是一种缠束感的舞蹈动作，就像一些民间舞中双臂在腰间一前一后甩动。抱腰的动作。也可能是招邀约请对方共舞的动作。（13）奇。可作单数解，可能是一种脚部的舞蹈动作。

女侠小说出现

　　女侠小说产生于晚唐，传奇小说中出现了两篇描写女剑客的故事——《聂隐娘》与《红线》。

　　《聂隐娘》是裴铏所撰《传奇》中的一篇。主角魏博大将聂锋的女儿聂隐娘，10 岁时被一尼姑用法术"偷去"，教其剑术，能白日刺人而旁人不见。身怀绝技的聂隐娘在父亲死后投奔陈许节度使刘昌裔。魏博主帅派人暗杀刘，隐娘以法术破之。后刘入觐，聂隐娘告别而去。刘死后，聂又至京师刘柩前恸哭。

　　《红线》是袁郊所撰《甘泽谣》中的一篇。红线是潞州节度使薛嵩的侍婢，有超人的力量。她以神术潜入魏博节度使田承嗣府中，偷其供神金盒，而薛嵩即派人送回。田大惊失色，明白既有异人能取走床边金盒，杀他更是易如反掌。这一威吓，迫使田不敢再飞扬跋扈，表示悔过自新。红线则在两地保其城池后，功成身退。

　　两篇作品都充满知遇报恩的思想和带有神秘色彩的描绘，并成功地塑造了智勇兼备的侠女形象，想象丰富，构思奇特，成为后来女侠小说的雏形。

　　侠义小说的大量出现与当时社会上的游侠之风密切相关。唐代中叶之后，藩镇割据局面愈演愈烈，而百姓身处乱世之中，备受其苦，格外希望能出现武艺高强、慷慨然诺的豪侠为自己雪冤报仇。同时佛老方术盛行，也使侠客们蒙上一层神秘色彩。这就是侠义小说的社会文化基础。《聂隐娘》和《红线传》即反映出藩镇拥兵跋扈及暗杀之风的盛行。两位女主角各展神术、报效主恩，然后功成身退，显示出豪侠之气，小说情节离奇，道术气很浓。

《钟馗出巡图》。钟馗捉鬼的故事，唐代时广为流传，道教亦将钟馗视为祛邪判官。唐末后，民间多于除夕夜悬钟馗像于门，以驱鬼避灾。

司空图著《二十四诗品》

司空图（837～908），唐代诗论家、诗人。字表圣，自称知非子，又号耐辱居士，河中虞乡（今山西省永济县附近）人。一生传有《司空表圣诗集》、《司空表圣文集》，但奠定他在文学史上的地位的却是《二十四诗品》一书（近年有学者认为《诗品》非唐司空图所作）。《二十四诗品》（或称《诗品二十四则》），简称《诗品》，是一部论诗专著。书中把诗歌的艺术风格具体区分为雄浑、冲淡、纤秾、沉着、高古、典雅、洗炼、劲健、绮丽、自然、含蓄、豪放、精神、缜密、疏野、清奇、委曲、实境、悲慨、形容、超诣、飘逸、旷达、流动24种，每品各以12句四言韵语形象地描述其风貌特征，其中，"雄浑"、"洗炼"、"含蓄"、"形容"、"流动"等品目偏重于创作理论和写作方法上的阐述，所余大都是在风格的摹写形容方面。全书以"雄浑"的兴象开端，用"流动"的气脉终结，其中心则在于"含蓄"，而他诗论的核心则是"冲淡"的意境。

含蓄，司空图解释为"不著一字，尽得风流"，即他所极力倡导的"味外之旨"、"韵外之致"的艺术境界，所谓"语不涉难，若不堪忧"（"含蓄"），要求诗歌托物言志，借景抒情，传达"近而不浮，远而不尽"，"可望而不可置于眉睫之前"的弦外之音。而这种要求就必然使他形成追求冲淡逸远诗风的美学思想，与此同时，司空图提出了"思与境偕"，强调主观之情与客观之境的交融感会，即借景抒情，以形写神，进而遗貌取神，形成委婉含蓄的风貌和意蕴无尽的味外之旨，具有闲淡冲和之美。从此，这种重神韵趣味，追求清空淡远意境的倾向，标志了晚唐以后艺术风尚的转变。

《二十四诗品》影响深远，它所提出的"韵外之味"直接影响了后世严羽的"妙悟"说、王士祯的"神韵"说。此外，《二十四诗品》采取以诗论诗，以诗喻诗

文苑图

的独特的诗论方式形成了中国古代论诗的一种基本艺术形式。

韩愈与《原道》

韩愈（公元768～824）字退之，河阳（今河南孟县西）人，郡望昌黎，人称韩昌黎。韩愈三岁而孤，随长兄会播迁韶岭。会卒，由嫂郑氏鞠养。七岁读书，十三能文，刻苦自砺，日记数千百言，遂通《六经》、百家学。大历、贞元间，受独孤及、梁肃崇尚古学风影响，锐意钻仰，欲自振于一代。贞元八年擢进士第。同榜及第者多才俊之士，故称龙虎榜。韩愈任监察御史时，曾因关中旱饥，上疏请免徭役赋税，指斥朝政，被贬为阳山令。长庆四年十二月二日韩愈卒，世称韩吏部或韩文公。他是唐代著名的文学家，古文运动的领导者，又是宋明理学的先驱者。

韩愈位于唐宋八大家之首，其著作编为《韩昌黎全集》。他在政治上反对藩镇割据，从思想上尊儒抑佛，他在《原道》和《论佛骨表》中，从三个方面对佛教进行了尖锐的打击。一是指责佛教大建寺院，不事生产，耗费大量的财富，加重百姓的负担，是使百姓"穷且盗"的根源。二是指责佛教来自夷狄，让佛教凌驾于儒学之上，有被夷狄同化的危险。三也是最重要的一点，指责佛教自外于天下国家，灭弃封建伦常，使得"子焉而不父其父，臣焉而不君其君，民焉而不事其事。"（《原道》）为此韩愈主张止塞佛道，勒令僧道还俗，烧掉佛经道书，把寺观改为民房，发扬儒家之道以取代佛道的宗教理论。他反佛的目的就是要以儒家的伦理纲常，代替佛教的所谓灭情见性的出世观点。佛教主张出家为僧应摆脱君臣、父子、夫妻的关系，否则会为情所累，而影响见性成佛。韩愈则认为只有在封建伦理关系内，才能使情"动而处其中"，因情见性，因此他提出了恢复孔孟以来中断了的道统观的主张，而"道统"就是封建的纲常伦理关系。他把封建社会的秩序称为"道"，认为"道"由尧舜传下至孟子而中断，儒学因此未得发展，而他的任务，就是接替道统，发扬儒学反对佛教。

元和十四年（公元819），唐宪宗把凤翔法门寺的一块佛骨迎入长安，掀起了一场迎佛骨的崇佛热潮。当时，韩愈冒杀身之祸向皇帝上表极谏。他说历史上信佛的皇帝都活不长久或不得好死。他要求把佛骨"投诸水火，永绝根本，断天下之疑，绝后代之惑。"宪宗见表大怒，要杀韩愈，后经群臣的解救，才免一死，贬为潮州刺史。但是他的反佛斗志并没有消沉。不过他不是以唯物主义作批判佛教的武器，而是以儒家的唯心主义批判佛教的唯心主义。因而不可能从根本上打击佛教。在宇宙观方面，韩愈认为天可以对人间进行赏罚；在人性论方面，他以儒家的伦理道德为标准，把性划分为上、中、下三品，而且认为每个人的性是与生俱来的。这些都是唯心主义观点。

韩愈的学生李翱（约公元772～842）在继承和发展其师的"性三品说"的基础上，提出了恢复人性的"复性说"。李翱认为，人的本性，都是先天的符合封建道德标准的，是善的。这个本性是做圣人的基础。为什么有人做不到圣人，不能体现本性呢？李翱认为，这是由于受到情欲的干扰，使得人性昏而不明，迷失了本性。因此，他提出了灭情欲复本性的主张。李翱仿效佛教的修行来改造儒学，教人从"弗思弗虑"中，去掉思虑，排除情欲，使心神达到一种清明"至诚"的境界，这就恢复了本性。李翱的"复性说"，实质上是要恢复封建社会的秩序，恢复封建道德对人们约束，这是和佛教要摆脱封建道德的约束，破坏封建伦理关系的人性论相对立的。所以，李翱的"复性说"也是反对佛教的，这种观点也完全是唯心主义。

韩愈、李翱的唯心主义思想，经过宋代周敦颐、程颢、程颐等人的继承和发展，逐步形成了唯心主义理学，是宋明理学的先声，韩愈的客观唯心主义思想是程、朱学派思想到萌芽，李翱则是陆王学派思想的先导。成为中国封建社会时期，占统治地位的官方哲学。

真子飞霜纹铜镜

唯物思想家柳宗元

针对各种唯心主义思想，唐代先后产生了一些唯物主义思想家。唐初反对唯心主义的思想家有傅奕和吕才。傅奕主要批驳佛教的观点，而且上书唐高祖，建议废佛。吕才主要反对中国传统的宿命论，并揭露阴阳吉凶之说的虚妄。但两人都缺乏理论的高度，对唯心主义的批判不够有力。而柳宗元则从唯物主义的角度对佛教进行批判。

柳宗元（公元773～819），唐大臣、诗人。字子厚，唐河东解县（今山西运城西南）人，世称柳河东。父镇，安史乱时，徙家吴兴（今浙江湖州），官终侍御史。

贞元二十一年正月，顺宗即位，宗元擢为礼部员外郎，协助王叔文等力革弊政，为宦官、藩镇及守旧派朝臣所反对。八月，顺宗内禅，宪宗即位，改元永贞。翌月，贬宗元为邵州刺史，未到任，于十一月再贬永州司马。同日遭贬者尚有同政见者韩泰、韩晔、刘禹锡等七人，史称"八司马"。

元和十四年十一月八日（有说十月五日），宗元卒于任所，人称"柳柳州"，民为立祠。柳宗元为唐代古文大家，与韩愈齐名，世称"韩柳"。思想上反对天命论，认为"阴阳"、"元气"生育万物而不能赏功罚恶。他批判鬼神怪异的邪说，反对以符瑞贞祥、天人感应论史，否定神造天地说。

柳宗元著述甚富。著作如《天说》、《非国语》、《断刑论》、《贞符》等均具朴素唯物论倾向。

柳宗元认为宇宙是由混沌的运动着的元气构成的。昼夜交替，寒来暑往，山崩地震，都是元气运动的结果。元气像瓜果、草木一样是自然物质。他认为，天是没有意志的，不能赏功罚罪。他指出，万物的生息和灾荒是自然现象，社会的治乱则是人事，"其事各行不相预"。柳宗元的天和人"各不相预"的观点，有力地批判了韩愈等人的"天命论"的唯心主义思想。

柳宗元还进一步揭露了天命论的社会根源。他指出："古之所以言天者，盖以愚蚩蚩者耳"，所以，他说："力足者取乎于人，力不足者取乎神"。这是对有神论者的严厉的批判。柳宗元在对有神论的斗争中，还批判了神学的历史观和君权神授说。他认为整个社会历史是一个自然发展的过程，它有着自己固有的、不以人们主观意志为转移的客观必然趋势。这种趋势称之为"势"。他说，帝王"受命不予天，于其人"，"封建，非圣人意也，势也"。柳宗元从历史的"势"的观点，企图寻找历史发展的规律，在当时的历史条件下，是有进步意义的。主张儒佛融合。认为郡县制取代封建制是"势"所必然。文学上提倡文以明道，主张为文当"有益于世"（《读韩愈所著〈毛颖传〉后题》），反对"贵辞而矜书，粉泽以为工，遒密以为能"等片面追求形式美倾向。其所作大抵可分为论说、寓言、传记、游记、骚赋五类。散文创作以山水游记著名，如《永州八记》。也有揭露、讽刺时弊之作，如《捕蛇者说》、《三戒》等。诗作高旷深隽。与韩愈共倡古文运动，被后世列入唐宋八大家。

唐修八史

在门阀世族走向衰落声中，隋文帝为了加强中央集权，开始禁止私人撰集国史，减否人物。唐太宗为了利用修史巩固自己的统治，开始设立史馆，置史官编撰前代和本朝国史，并令宰相监修。从此，官修史书成为定制，历朝相沿不改。史书编撰工作上的这一转变，反映了封建统治者更加重视总结统治经验，加强思想控制。唐代以后，由于各朝沿袭修史制度，使我国保存了较为完整的史料。

唐代设史馆修史取得了很大成绩。二十四史中，唐编撰的就有八部：《晋书》《梁书》《陈书》《周书》《北齐书》和《隋书》。此外，由李延寿私人修成《南史》和《北史》。鉴于梁、陈、北齐、周、隋五史没有志，后来又编修了《五代史志》，这就是现在《隋书》中的志正史的官修，有利于利用国家拥有的大量藏书和档案，且分工撰成，成书较快，各史中保存了不少经过整理的史料；但由于统治者直接控制修史工作，限制了史家观点的自由发挥，而且一书成于众人之手，其中难免有抵牾重出现象。

刘知几和《史通》

唐代史学上最大的成就是刘知几撰成《史通》和杜佑撰成的《通典》。

《史通》是我国第一部系统的史学理论专著。作者刘知几，字子玄，彭城人，是我国封建社会杰出的史学家。他用自己毕生的精力研究历史，在景公二年（公元 711 年）写成《史通》。《史通》二十卷，四十九篇。在这部书中，刘知几对过去史书的编纂体例、史料选择、人物评价、史事叙述及语言运用等方面都提出了自己总结性、独创性的看法。他强调史学家应当秉笔直书，无所阿容，并反对记叙怪诞不经的事。《史通》中有《疑古》、《惑经》二篇，对古代典籍和传统经书中有关历史的记载提出了大胆的质疑。刘知几认为史家必备的三个条件是：才、学、识。他特别强调"识"的重要性，即史家最可贵之处在于自己的独到见解。他对于迎合权势或从个人恩怨出发进行讳饰的史书，进行了严厉的批判。特别对被奉为儒家经典的《尚书》、《春秋》等书进行抨击，指责它们讳恶虚美，爱憎由己，歪曲历史真相。这都是具有一定进行意义的卓越见识。《史通》是中国历史上第一部历史学理论著作，对后世发生了深远的影响。

鼎盛一时的佛教文化

佛教是中国历史上最大的教派，它发源于印度，却在中国达到了顶峰。它在东汉时期传入中国，魏晋南北朝时期有了很

乐山大佛

大发展，到隋唐时期又有了新的发展，在这个时期，随着玄奘西去求取佛法，中国佛教教义日益完善，佛教经典也大量地被翻译，并逐渐形成了许多学派。每个宗派都有自己尊奉的经典和独特的教义；有自己的寺院，以一个寺院作为讲说某部或几部佛经的中心；每个流派都有自己的势力范围和传法的体系。

佛教的几大流派

在我国历史上，最早建立的宗派是天台宗，它的实际创始人是陈隋之际的智顗（538～597）。他以天台山为中心，故以天台作为宗派的名称。到了南北朝时，南方

玄奘

玄奘西行

重义理，北方重坐禅，智打破南北界限，理、禅并重，提出要定慧双修，把南北佛学融为一体。天台宗是以《法华经》作为主要的经典，所以又被称为法华宗。

中国的法相宗是唐初玄奘创立的宗派。玄奘（602～664）在天竺学习他们后期佛教大乘有宗的佛学，回国后他翻译了当时天竺十大论师的著作《成唯识论》。他把在天竺所学和翻译的佛经都作为真经一样奉为神明，并加以宣扬，以此作为教义，创立了法相宗，又因他翻译的佛教经典是《成唯识论》，所以后来又称其为唯识宗。但是这个流派教义十分烦琐，很不适合中国国情，在唐初风靡了一阵以后，很快就

慈恩寺大雁塔

衰落了，但玄奘对我国佛学和对中印文化的交流所做出的杰出贡献，却丝毫不会因此而受到影响。

武则天时期也兴起了许多宗派，其中比较著名的是华严宗和禅宗。华严宗的创始人为法藏（643～712）。武则天是一个信奉佛教的统治者，所以在她统治的那个时期，佛家有所成就的人都受到她的礼遇，她赐号法藏为"贤首"，因此这一宗派又

慧能肉身像

称贤首宗。他是以《华严经》为最高经典教义。由于此经中提到山西五台山是文殊

菩萨的道场，五台山从此就成为佛教文化的圣地。这个宗派主要流行于北方，除了五台山以外，长安也是其中心。

密宗，又被世人称真言宗，在盛唐时期开始流传。其创建人物较多，有来唐朝传法的中印度摩揭陀国人善无畏（673～735），还有南天竺摩赖耶国人金刚智（669～741）和狮子国人不空（705～774），被后人并称为"开元三大士"。著名佛法大师一行和新罗僧慧超均为他们的弟子。密宗重视念诵咒语，宗教内部复杂，管理严格，带有极强的神秘色彩，主要信奉的经典是《大日经》、《金刚顶经》、《苏悉地经》。

外出学佛法

在玄奘所处的时代，正是佛教各派争鸣的时代，南方流派和北方流派都有各自的主张，并且佛教盛行的北方更是分为很多不同的学派，争论了几百年而没有结果。玄奘拜访全国各大流派的大师，认真听取了他们讲论的佛法之后，详细考察，发现各有各的道理，但各家之间也有出入。为了真正搞清楚哪家佛法是正统，他溯本求源，西赴印度求取真经。

修禅图

受玄奘西行取经的影响，其后有很多的高僧前去印度等佛教兴盛的国家求取真经。他们其中有些人，除了途经西域之外，还经吐蕃到达佛教文化也很发达的尼婆罗（今尼泊尔），还有经广州从海路到南亚各国学习佛法的。与此同时，许多天竺、狮

子国、尼婆罗和西域的僧人也来到大唐交流并翻译佛法，使当时唐王朝的佛学成就会聚了各家之长，为佛学在我国的大发展打下了坚实的基础。当时来自各国的翻译经文的僧人先后就有二十余人，佛学交流的频繁由此可见一斑。这也从侧面反映出了唐王朝宽松的文化政策。

在唐太宗时期，政府还组织开展了大量的翻译佛教经典的活动。贞观十九年（645），玄奘在政府的支持下，组织了宏大的译场，除他本人参加翻译外，还有证义12人，撰文9人，笔授、书手若干人，共译出佛经74部，共1335卷，内容包括般若、瑜伽等，内容丰富全面。其后又陆续译出61部，共261卷，主要是一些律典。不空法师译出61部，共260卷，因为他本人是密宗流派的代表，所以这些都是密宗的经典佛法。

从贞观三年（629）到元和六年（811）的183年间共译出佛经372部，共2159卷，是我国历史上翻译佛学经典最多的一个时期。

禅宗和净土宗的盛行

自从南北朝以来，修习禅法皆以《楞伽经》为印证。到了隋朝时期，重视《楞伽经》的风气稍有变化。唐初的大师弘忍（602~675）在给徒弟讲佛法时，常常劝他们诵读《金刚经》。弘忍还命弟子作偈，

独乐寺

选择其中能见本性者传授衣钵。大徒弟神秀作偈说："身是菩提树，心如明镜台，时时勤拂拭，勿使惹尘埃。"在寺从事破柴踏碓等勤杂工作的慧能认为此偈未见本性，随后也作一偈，说："菩提本无树，明镜亦非台，本来无一物，何处惹尘埃。"弘忍见他悟性很高，便把衣钵传给了他，并让他速速离开，到各地传授佛法。慧能（638~713）在岭南一带，提倡顿悟见性。

善导大师像

神秀则在北方活动，信奉《楞伽经》，主张不断修行，逐渐觉悟。这样，禅宗慢慢地就分为南北两宗。神秀受到武则天的礼遇，在京都洛阳和长安影响很大。到了天宝初年，慧能的得意弟子神左去洛阳传授禅法，日渐被当地人所接受，神秀的渐修之教从此逐渐衰落，此后慧能的禅宗一家独占当时佛教泰斗之位。

慧能对于禅宗佛法的认识为："一切万法，尽在自身中。"他认为万事万物都存在于人的心中。从这个基本点出发，他提出"本性是佛，离性别无佛"，因此，"菩提

只向心觅，西方只在目前"。他的佛法观点中认为只要认识到这一点，除去各种杂念，"一刹那间，妄念俱灰，若识自性，一悟即到佛地"，就可以"见性成佛"，脱离苦难。慧能据此还提出，"随所住处，恒安乐"。这是要人们逆来顺受，忍受苦难，从自己的内心中去寻求解脱。

净土在南北朝时就开始流行，它又分为弥勒净土和弥陀净土。弥勒净土信奉弥勒佛，有弥勒下生的信仰。南北朝以来民间常以弥勒佛出世来组织人民起来反抗，曾受到统治者的禁止。唐初因玄奘信弥勒净土，曾盛行一时。武则天时，大臣薛怀义据《大云经》女主出世之说："陈符命，言则是弥勒下生，作阎浮提高，唐氏合微。"弥勒佛信仰继续流行。这个时期的大佛，其中就有弥勒佛的造像。

净土的正宗是弥陀净土，创始人是道绰（562～645）和善导（613～681），主要经典为《无量寿经》《观无量寿经》《阿弥陀经》。大宗师道绰继北魏大师昙鸾之后在交城玄中寺专修净土法门。他的佛法观点是"若一念称阿弥陀佛，即能除却八十亿劫生死之罪"。他常常叫大众常念阿弥陀佛。他有著作《安乐集》流传于世，为后世敬仰。善导曾跟随道绰学净土佛法于玄

陕西长安香积寺善导塔

中寺，后在长安宣扬净土信仰。他抄写《阿弥陀佛》数万卷，并画净土遍三百壁。他所著《观无量寿经疏》等五部著作，对净土宗的教义和行事仪式作了系统的论述和规定，从而完成了净土宗完善的建立。善导认为，称名念佛，现生即可"延年益寿，长命安乐"，"行住坐卧，常得安稳，长命富乐，永无病痛"。如果能长期念佛，死后则可得到佛的接引，去往西方安乐净土。净土宗没有烦琐的教义和高深的理论，修行方法简单易行。因此，净土信仰不论在上层社会还是在民间，都得到最广泛的流行。

繁荣帝国的文化技术

唐帝国尽管盛极一时，但它在技术方面的成就与它的浩大声威极不相称。这个时代在农业和手工业技术方面没有多少划时代的发明和创造，大概是因为唐朝最初是一个经济和技术基础遭到严重破坏的社会，民力的极度疲敝使社会只有把以往的技术遗产充分利用起来发展生产的能力，没有太急迫的社会需要使掌管生产的官员和民间工匠们进行新的创造。贞观时期是唐朝政治上的极盛时期。这一时期手工业冶铸中的灌钢法是主要工艺。另外，蜡模铸造的方法也在应用，许多矿山重新开业。在武则天时留下的技术记录是在洛阳用铁铸造了高105尺的天枢，以及由铜龙负起的周长170尺、高20尺的趾山。唐代稳定的前期，牛马的数量有了增加，犁铧改进得更利于深耕，耙和镰刀也有了改进。虽然唐代没有兴修过大的水利工程，但地方上的小型水利工程使农民得到了利益，在盛唐风调雨顺的年代，中国农民的精耕细作一度使粮食堆积如山。农学著作也是汗牛充栋，但有创见的却不多。显然，手工

技术和农业技术是由一般人民的才智来推进的，盛唐时期正是他们致力于恢复自己生活的重新创业阶段。对于那些对技术发明可能发生兴趣的知识分子来说，这一时期外部世界涌入的一系列新事物和新的社会风气（如兴盛起来的各种宗教，流行的胡族乐舞和服饰，科举热和唐诗热，与外国人的交往活动等）已足以使他们眼花缭乱，而不会去过多注意生产和工艺方面的事情。甚至历代所重的刀剑制造也没有起色，原因是西域人的宝刀名剑被商人们拿到长安，成为王侯将相最满意的东西，汉家工匠不去苦苦铸锻了。在 755 年发生历经八年的安史之乱后，大浩劫又一次损伤了北方社会积累起来的元气。社会经济生活的恢复过程不得不重新开始，农业和手工业技术生长的过程在某种程度上受到挫折。但初唐的人文主义之风有所收敛，官吏和士人中开始有了关心技术的倾向。这个时期任过荆南节度使的唐宗室李皋（733~792）为讨伐叛乱，造过有脚踏木轮推进的战船（车船），曾名震一时。

从整体上看，唐代的手工业和农业技术无长足进步，而与文化生活密切相关的技术得到了人们的重视，获得了大发展，使当时技术的人文色彩更加浓重。

三七分流亭

首先要提到的是与帝国威势相称的建筑技术。它的代表就是首都长安城。这座城是由建筑学家、画家阎立德（？~658）仿宇文恺的风格设计的。这是当时世界上最大的城市，人口最多时超过 100 万，集宫殿、要塞、公园和民居于一体，严整宏伟，是中国传统木结构建筑和筑城技术的一个综合成果，也是唐朝伟大气魄的象征。另外，具有世界性文化色彩的佛塔式建筑和寺院继南北朝以来在城市和山林之中不断矗立起来。无疑，一批印度和波斯工匠和民间艺术家参与了造塔工作。敦煌千佛洞的开凿、雕塑、绘画工作在唐代仍在进行，龙门奉先寺卢舍那佛为中心的雕塑群则是在唐代完成的。唐时所创造的唐太宗昭陵的少数民族首领石刻像群和六骏图浮雕，具有明显的新风格，它们是中国传统和外国文化在技术和艺术上融为一体的象征。在唐朝发生的这种新的技术和艺术风格同佛教一起从长安传到了印度支那、朝鲜半岛和日本，其中朝鲜半岛由于地理上的接近和留学生数量大而受益最多。唐时的"新罗号君子国，知诗书"，有的人在唐应科举及第，白居易的诗则在新罗国内流传。日本人学习唐朝的文化和技术风格最为热情，因为日本贵族们的态度是：只要是唐朝的东西，不论什么都要尽快地传进来。

早在西汉时，四川一带的人就已开始种茶、饮茶，茶叶的制作逐步成了一门技术。到了唐代种茶业大大发展起来，茶园在较少受到战火烧燎的南方出现。唐时的茶神陆羽（733~804）写出第一部《茶经》，主要讲茶与土的关系、种茶法、茶的加工器具和加工方法、饮具和煮茶法。饮茶风气和种茶技术在唐代随着唐的文化传到了周围亚洲国家，到 17 世纪传至欧洲。随着丝路的畅通和与中亚联系的加强，唐时的纺织技术也有了进步，除了传统的丝

中国通史

最新整理图文珍藏版

罗绸缎，绫和锦也加入了沿丝路西行或沿海路前往印度及阿拉伯地区的贸易行列，而且难得的是由于介质印花技术的发明使唐代的织物更加绚丽多姿——这些普通织工和染匠才智的结晶不但渲染了唐代文化的华丽，也为那些描写各种日常生活场面的诗人们的诗句增添了不少鲜艳的颜色。另外，在官家工场中为宫廷生活和官家贸易而工作的唐代工匠们已能把宝贵的金银器皿加工装饰得十分精美，唐代陶工们则造出了比金银器皿更为驰名的美丽的唐三彩陶瓷。在文学家段成式（？～863）所著的《酉阳杂俎》中，则记载了陕西高奴地方人们用石脂水（石油）燃灯和做车轮润滑剂的事，这是古人利用石油的又一记载。

纸尽管在唐代以前早已成为普通的书写材料，但唐代固定下来的科举制和大力兴办起来的学校，以及社会上浓厚的文化和宗教风气，大大增加了对纸的需要量。唐初在贞观年间由朝廷组织修编五代十国和隋的历史（包括《北齐书》、《周书》、《梁书》、《陈书》、《隋书》、《晋书》和李延寿父子私家撰写的《南史》、《北史》，共八部），更需要高质量的纸。所以，唐代造纸工场的规模增大，品种繁多，质量提高，而且技术大普及，美观优雅的纸成了文化生活进步的材料和标志。公元751年，唐朝大将高仙芝率领的军队在中亚怛罗斯城下同阿拉伯阿拔斯王朝军队发生一场战斗，唐军有两万多人被俘，这些败北的兵士中的造纸工匠们被阿拉伯人掳去为他们开办新的造纸工场。

唐代和文化有关的另一项重大发展是雕版印刷。这种技术是由秦时的石刻印章、汉时用纸在石刻上拓墨迹的方法演进而产生的，道教发展起来后曾有过符印。但正规的雕版技术最早是在隋朝时（593）发明的，当时朝廷敕令用雕版印制佛像和佛

陶乐舞群俑

经。佛教盛行是雕版印刷的催生婆。唐代僧徒和僧众对佛像和佛经的需求使手工描画和抄写供不应求，而这些东西又是千篇一律的，那么雕版印刷就是最好的方法了。另外，农书、历本、医书、字帖的批量生产对于城市私人手工业主和商人都已成了有利可图的新事业，因而雕版印制技术便值得开发了。据记载，高僧玄奘从印度回来之后每年用大量的纸印制佛像。在公元762年后的长安市上出现了商家印的字帖、医书和历本。甚至白居易诗集的印本也被人拿到市上去换酒茶喝。在敦煌千佛洞发现的868年由王玠为父母敬造普施印刷的《金刚经》已达到了相当精美纯熟的程度。雕版印刷发明之后，对唐代的文化繁荣起到了推波助澜的作用。

国家学校中的科学

唐帝国建立起来之后，科学的处境可以由学校的门类看出。根据《唐六典》，唐的国子监管理的中央学校有国子学、太学、四门学、算学、书学、律学等六类学校。其中算学学校有两位博士任教，学生30人，学习10部算经，书学学生30人，律学50人，国子学300人，太学500人，四门学1300人。国子学、太学和四门学的学生学习儒家经典，间习时务策，不习算

学，而算学学校也不设经学课。除此之外，在尚书省还设了一个崇玄学，收学生200人，习《道德经》、《庄子》、《列子》、《文子》等经典，这是唐代尊崇道教政策在教育方面的反映。在科举考试中，有时候道家的东西也被搬上来，但总的说来，以孔子为代表的儒家的思想和经义仍然是攀老子李耳为祖的李唐王朝的政治意识形态。唐没有佛学学校，佛学是由那些寺院中的高僧们来讲解的，高僧们在这方面的热情并不比博士们逊色。

彩绘说唱俑

除算学学校之外，中央还设立了其他一些专门的科学学校，如太医署管理下的医学校，其中博士4人任教，医科学生40人，针科20人，再加上药、按摩、咒禁等科，学生共100人左右。教材有《黄帝内经》、《神农本草经》、《脉经》、《明堂脉诀》、《神针》等。太卜署管理的天文学校收学生45名，学习卜筮——这是天文学的社会应用部分。司天台收学生95人，学习天文、历数、漏刻。太仆寺招收学生100多名，学习兽医。

唐代的州（相当于省）设立经学和医学学校，经学和医学学生的比例约为4：1，其规模小于中央学校，但总人数却大大超过了中央。县一级学校全部是经学的预备班，没有天算医类，体现了这个时代的科学还不属于下层社会，而国家也不在社会下层施行这方面的教育。

从以上学校和学生的比例来看，唐朝虽然仍把儒学经典当作教育的中心内容，但在隋朝学校门类的基础上，建立起了规模相当大的算学、天文、医学等与自然科学相关的专门学校。在古代社会的技术、经济、文化基础上，这算得上相当重视了。需要说明的还有两点：一是各个科学性质学校的学生在毕业后通过选试所授的官职品位很低，这意味着俸不多，除非他们显露出特殊的才华，才有继续升迁的希望；二是在国家变乱时期，学校的正常学习和研究就自然被打断了。在这方面，经学学校的学习进程、甚至科举选仕活动也有被暂时取消的时候。因为在皇帝眼里，国之大事，戎马为先，巩固政权比什么事都重要。

到了唐的中晚期，社会危机日益增多，国家学校的规模日缩，呈现门庭冷落之象，算学，天文学、医学学校受到的冲击更大。这时候，由于科举考试制度仍然存在，有些生活条件充裕的书生开始私人授学，作为学校中衰的补充。唐后，经过五代十国到宋代，私人办的书院便产生了。与此同时，算学、天文、医学的研究也较多地散落到朝廷机关外围和上中层官员及社会上知识分子的私人活动那里去了。

从整体上看，唐代的科举制把大批知识分子吸引到攻经求仕方面，整个社会文化有着浓厚的人文主义色彩，社会上潜心于自然知识的人不多，科学和技术一样，都没有什么突破。但是，唐朝在创办学校的过程中开设了规模相当大的中央和州一级与科学有关的专门学校，通过学校在知识分子阶层中普及了数学、天文、医学方面的知识，对五代至宋代科学技术的发展有着良好的影响。另外，唐朝廷集中了一大批科学方面的学者，再加上少数民间人士，留下了这一时代的主要科学记录。

中国通史

最新整理图文珍藏版

占星术和天文学

由于阅历丰富和创业艰难，唐太宗不相信祥瑞异灾之说，而更注重人事和现实政治。唐后期的宰相李德裕（787～850）写过专门的文章《祥瑞论》，反对芝草是祥瑞的说法。与先秦和秦汉时代相比，异灾和反常天象已不如战国和秦汉时代那样被大臣们认真地视为一种政治问题而向帝王提出，这说明"天人感应"的思想虽然没有被彻底否定和超越，但却表明对待自然现象的一种更为科学和清醒的态度已经出现。这显示了时代的进步。

在天文学研究方面，唐代人也采取了更为认真的态度。初唐吕才（600～665）设计了新的漏壶用以计时；李淳风对落下闳、张衡等人的浑天仪以及北魏的铁制水准仪作了改进，使之成为转动自如的六合仪。另外，在高宗时李淳风还编制了麟德历，按太阳和月亮位置的真正相合时间确定朔日，月的安排不再以29天和30天相间。根据敦煌发现的初唐时的《敦煌星图》，当时的天文学家对前代的星图作了研究，这份星图（1907年被英国人斯坦因拿走）上标有1350多颗星，是当今所存的世界古星图中星数最多的一个。但从星的位置的准确度来看，制作者大概主要是抄写整理古代图本，自己没有做细致的观测。还要提到的是，初唐的大天文学家李淳风也是当时唐太宗所信任的占卜大师，他写了占星著作《乙巳占》，又撰写了一部天文学史方面的名著《晋书·天文志》。据说他"每占候吉凶，合若符契，当时术者疑其别有役使，不因学习所致，然竟不能测也"（《旧唐书·李淳风传》）。他甚至还用自己巧妙的言辞并借口卜象已成，劝阻了唐太宗根据传言想要进行的一次清洗所谓"女主武王"（暗指武则天）的活动。

李的成就说明唐代的天文学是和占星术携手前进的。

僧一行像

如果说初唐的李淳风是一个集天文学家和占星家于一身的人物，盛唐时期的另外两个人——瞿昙悉达和张遂（一行和尚）则分别为唐代的占星术和天文学做出了最大的贡献。

初唐时印度的天文学和数学传入了中国。中国数学方面的10进制位值记数法可能就是此时传向印度和阿拉伯世界的。许多印度和中亚的学者也曾在唐的司天台工作，最有名的是印度人瞿昙姓一家。这家有四代人连续在唐的司天台任职，其中瞿昙悉达翻译了印度的九执历，还于714～724年间写成了中国历史上最大的一部占星著作《开元占经》（共120卷）。该书全面辑录了中国古代关于宇宙理论的各家成果以及大量天体、天象、气象变化的记录及其占卜判断术文，还有包括印度九执历、初唐麟德历在内的29种历法的基本数据以及其他占候术文，是一部名副其实的占星术的经典。书中，天文知识和天人感应的思想融为一体，天上的恒星分野同地上各个地区的分野在位置和名称上相互对应，日月五星和流、彗、妖（彗星的变种或新星）、客（新星）等星以及恒星天象的正常运动和反常变化都与帝王、国家和社会生活中的吉凶祸福相关联，表明中国的占星术就是王朝命运和天下军国大事的预测学和解释学。

从科学史的角度看，占星术是置身于茫茫宇宙的人类在国家出现之后仍然不能完全从理性的角度把握和理解社会历史发展过程的趋势和突发事件以及人生的吉凶祸福时试图预知其征兆和端倪的一种尝试。由于日月和头顶的星空对人类是可望不可及的，所以，它们对人类来说就永远充满了诱惑和神秘。从占星术"究天人之际"的目的看来，它与真正科学的目标并非背道而驰；但由于它完全基于"天人感应"的理论基础而偏离了"天行有常"的认识轨道，这样便使它从整体方向上陷入了一个认识论的误区，也使其中所包含的科学探索进入了迷途。《开元占经》的丰富内容还表明，占星术对天区的划分、对星座的命名和其间秩序的确定一方面反映了人们在"以己度天"时将社会文化的色彩投射到星空之中，尤其反映了中国占星术由于其主要为天子皇朝服务的特殊角色而染上了浓厚的政治文化色彩。与此相应，占星术作为天子皇朝不可甩开的一根神杖，在得到皇朝特殊眷顾的同时也因为皇朝服务的狭隘的神圣目的而限制了其中科学成分的生长。但是，从社会文化生活中投射到占星术领域的灵光，却反过来也反射到了社会文化的其他领域而丰富了其多彩的内容。这一点在唐代也是十分突出的。

张遂作为唐代大天文学家曾因不愿与权贵武三思合作而入寺为僧，并在游学时又学了不少天文、算学知识，玄宗当政后，他被请入朝主持天文方面的大事。他和梁令瓒（蜀人，官居府兵曹参军）合作创制了能测量天球黄道坐标的黄道游仪，用这个仪器测量了28宿距天球北极的度数，在世界上第一次发现了恒星位置变动的现象。在725年，张、梁二人又制成了以漏水转动的浑天铜仪，这个仪外面的两个轮子上缀上了日月，其转动的周期和日月转动与会合的实际日期基本相合，铜仪上的两个木人一个每刻一击鼓，一个每时辰一撞钟，这实际上是张衡水运浑象以来水力驱动的天文仪器的发展，也是初步完善的一种机械天文钟。张遂最重要的工作是组织了一次大规模的天文大地测量。这次测量的地域范围从北方位于中亚的铁勒到南端的交州，测量的内容是散布在唐疆南北的12个点的北极高度，冬至、夏至、春分、秋分时太阳在正南方时的日影长度。测量后的数据纠正了前人关于"南北地隔千里，影长差一寸"的估测说法，实际上第一次测出了地球子午线1°的长度。在727年，张遂于两年前着手编修的大衍历草稿完成，这部历法以隋代刘焯的皇极历为基准，数据准确，计算精确，集中了作者的心血，它的结构体系一直到明代参考西方历法之前，还是后世历法研究者们的主要蓝本。

古格王国遗址

如果从整个科学史的角度来评价当时天文学家们的工作，就可以看出，隋代的刘焯、张胄玄（608年制大业历）和唐代的李淳风、张遂、郭献之（726年制五纪历）、边冈（893年制崇玄历）等历法编制者都能进行精确的天文计算，通过他们的工作，某些天文数字的精确度一直在提高，历法和日月食预测的准确性也在提高。人们把目标过于放在数据的精确性方面了，而没有注意从整体上把所有数据和新的观测材料综合起来思考，没有去思考大地和日月星的确切关系及根本运动规律。实际上，汉代以前的中国先知们曾经留下了伟大的论天三说、关于地动的猜想、关于"大九州"的猜想等思想闪光。汉代以后中国的科学界已经越来越倾向于注意和发展那些成熟和具有明显的实际应用性的成果，却常常忽视先人们那些直觉性的天才思想闪光。这大概是文明成熟的历史代价。唐时大量传入的印度和中亚文化中的新鲜科学知识也还不足以动摇中国科学界的传统信念。

我们再把目光投向唐代的哲学家，发现他们的主要精力放在文化性的事物方面，即使是牵涉到宇宙和天的问题，他们也对天文学家的计算数据甚至新的发现不够注意。一方面，这显然是因为天文学家们的工作同天子皇朝的特殊关系使他们的发现和知识常常局限在一个很小的圈子里，圈外人不易了解新的天文发现。另一方面，外界的新的哲学和思想也不容易影响天文学。唐后期王叔文（753～806）改革集团中的刘禹锡（772～842）和柳宗元（773～819）对天的问题很关心。刘禹锡写了《天论》，柳宗元写了《天说》，他们二人的主要目标是和相信天命说的古文学家韩愈（768～824）辩论。韩愈虽然相信天命说，但他又在佛教盛行的时代坚持反佛。柳宗元和刘禹锡的思想继承了中国历史上朴素的唯物主义。柳宗元鼓吹元气说，把阴阳二气的相互作用看成万物生成和变化的原因，甚至认为宇宙的东南西北远极无

方，但他不考虑日月星辰的结构问题，只把日月星辰的排列和运行以及山崩地震等自然现象一起归结为与神和人事无关的东西，这是明显的进步。刘禹锡的认识更进了一步，他不但和辩论对手韩愈一样批判了佛家的"空"，而且批判了道家的"道"。他认为"天之所能者，生万物也；人之所能者，治万物也"，人和天的关系是"交相胜，还相用"，这是明显地反对被动服从天命。另外，刘禹锡提出了几个重要的概念——数、势、理之间的关系。他在《天论》中写道："夫物之合并，必有数存乎其间也。数存，然后势形乎其间焉"，"以理搜之，万物一贯也"。这里的理是指事物存在的合理性，数就是规律性，兼有定性定量两层含义，势便是规律。然而，古代的学者们对理、数和势之间的关系没有过多的深究，连刘禹锡自己也没有，这样就使他闪光的思想只是和荀子、王充等先哲的思想辉映在一起，虽更具光彩，却未能彻底超越先哲。

朝廷重视的医学

唐王朝对医学的重视已由前面所述中央和州一级医学学校的数量和学生人数所表明。除了大批地培养人才，在唐朝的律令《唐律》中还规定了相应的医药法，其目的在于让医生和药师们在行医下药时更加负责任。唐朝另一件重要的工作是在657年同意医学博士苏敬（活动于唐高宗年间）的提议，派他和另外21名大官和饱学之士在两年时间内编修了一部国家药典——《唐本草》。这部药典记载了844种药物，其中新增的药物多数是从波斯、印度和南海传来的。这是一个发展。自从佛教传入中国，印度和中亚的医药学随着文化和商业的交往也传入中国。唐时留居中国

孙思邈鎏金铜像

孙思邈诊脉图

的印度和波斯人中还有专门以行医为业的。唐时的医官们自然会以这些新鲜而有效的新药物来丰富中国的药典。自唐时起,人参、茯苓、当归、远志、乌头、附子、麻黄、细辛等神州上药也开始为中亚和印度人治病了。《唐本草》的编辑者不但添加了新药物的品种,还认真地纠正了《神农本草经集注》中错记的药物,由他们查出的100多年前的陶弘景错记的药物数量居然多达400余种!这使谨慎的人甚至不敢使用这位对炼丹极为热情的药物学家的药方。不过,由一群后起之秀来纠正一个独立工作的先人的错误毕竟是一件可以理解的事。《唐本草》一俟编成,便成为医药学校的主要药典,因而也成为统一全国药物名称和用药的大典,它也是今天所知道的世界上第二部由国家颁行的药典。在此之后,唐代的医药学家陈藏器(生卒年不详)对国家药典作了补充,他编了一部十卷本的《本草拾遗》。还有人把海外的、地方性的、食疗性的药物专门分编成一套药物集。在海外传入的药物中,包括了印度、波斯和阿拉伯地区的名贵药品乳香、没药、血竭、木香等。

民间医生所写的药书中最重要的是隋末唐初的孙思邈(581~682)的《备急千金要方》。这位长寿的医学家少年时多病,为筹汤药之资罄尽了家产,能读书时又不惜费百金向医家寻方研学,并多读百家之说和释典,兼勤于实践,终成一代名医,且被后世人称为药王。他医德高尚、医术高明,宁肯在民间清苦为医而不愿到宫中为皇室服务。他的书是50多年行医看病经验的结晶,书名取义于"人命至重,有贵千金,一方济之,德于此"。他以自己的医药知识使自己的寿命达到101岁(编修隋代历史的唐朝大臣魏征为了确切了解前朝世事的某些细节问题,有时亲自或派人拜访药王以及像他那样经历过乱世而长寿健在的历史见证人）。在孙思邈之后，在朝为官的王焘虽然不是一个专业医师，但他由于少年时多病而苦读医药书籍，搜集了许多前代散失在民间的秘方，于752年写成了《外台秘要》一书。唐时吐蕃著名的医学家宇陀·元丹贡布（8世纪左右人，约和王焘同时）编成了《四部医典》（藏名《居悉》），这是藏医的奠基性著作，并在传入蒙古地区后对蒙医学产生了极大的影响。

中国造船业驰名世界

隋唐时期，中国经济发达，国力昌盛，与外界的沟通与联系也日益频繁，由于陆路交通受地理环境影响很大，迫使人们将眼光投向海上，海上交通得以发展，再加上内陆湖泊河流的众多，水上交通较为发达，都促使了水上交通工具——船舶的进步，造船业得到了迅猛发展。

隋唐时期的造船材料，大多采用较为坚硬耐久的楠木，其次是樟木，也包括少许的木兰、杉树、柯树等。由于这些木料多产于长江流域和珠江流域，故隋唐时期造船业大都集中于江南地区。

在造船工艺技术方面，隋唐时期发明了很多新型的工艺，提高了所造船舶的质量水准，如水密分仓、沙船、船底涂漆及铁锚的发明。

"水密分仓"是利用水密舱壁把船舱分隔成很多的小单间，对船上甲板起到支承和加强的作用，使船体具备足够的横向强度和抗扭刚性，还可增强船的抗沉性，即使一舱漏水，由于隔离仓壁的存在，其他船舱可安然无恙。

沙船发明于唐代中晚期，并成为后来几代的主要船型，它是由古代平底船发展而来，具有平底、方头、船身宽、吃水浅

的特点，航行时较为平稳，并易于通过浅水地带，具有很大的实用性。

船底涂漆，则是为了减少水的阻力，增加船行速度，另外还可对船底起到适当的防腐作用，特别适用于水质微呈酸性的江南一带。

在采用先进工艺技术的基础上，隋唐时期制造出了大量高质量的船舶。据《隋书·杨素传》所载，杨素曾"造大舰，名曰五牙，上起楼五层，高百余尺。左右前后置六竿，并高五十尺，容战士八百余人"。唐开元天宝年间，刘晏在扬子县（今江苏仪征）设置10个宫府船场，造船多达2000艘，品种繁多，有平底船、座船、网船、车船、铁头船等。唐代所造的远洋海船，长20余丈，可载客600～700人，船体坚固，抵御风浪能力强，最适合于海上交通，深受从事远洋贸易的各国商人所喜爱。

海船模型。唐宋时期造船和航海技术都进入一个新阶段，除船型增多外，采用水密分舱技术比西方要早10个世纪，大大提高了海上航行的安全。

隋唐造船技术的提高，又影响到各国的造船工艺，是对世界造船技术的一大贡献。

唐佛画残片。纸本设色。菩萨像三，而皆向左。最前一像天衣披肩，冠及胸前之项圈皆饰圆形花状物，长发一缕沿右肩向后披下，面部及手已残；中间一像只余部分头光，右臂裸露，带钏；最后一像存头部及胸前饰物，脸圆，五官距离较近，与新疆晚唐石窟壁画菩萨像相似。

唐代造纸业蓬勃发展

隋唐的造纸业是我国造纸史上的一个繁荣期，在这个时期，不论纸的产量、品种，还是造纸技术本身，都比前代有了长足的进步。

隋代，国家疆域扩大，使得造纸业容易从全国的广大范围里选用各种优良的造纸原料，当时比较通用的原料主要是麻类，其次是皮类，从现代各地出土的隋唐时期的纸张可以看出这点。如敦煌石室出土的11件隋唐五代时期的写经纸中，有7件是麻质，剩下4件为皮质。除麻质、皮质外，唐朝中广东韶关一带还出现了竹质的纸张。竹纸制作较为困难，因为竹茎的结构较为紧密，纤维较硬，成分较为复杂。故竹纸的出现，也说明了当时造纸技术的发展。

既然造纸原料来自全国各地，也就使得造纸作坊遍布全国。据《新唐书·地理卷》所载，唐代的产纸地有江州、信州（在今江西）、益州（在今四川）、宣州、歙州、池州（在今安徽）等等，其中尤为

益州为最，盛产麻纸。造纸技术在隋唐五代时期，得到了较为明显的进步，主要表现在"纸药"的发明和使用上。"纸药"是指造纸过程中起悬浮剂作用的某些植物浆液，用以改善纸浆性能。早在晋代，人们就使用过某些悬浮剂，如普通淀粉浆液类的糊剂。直到隋唐时期才逐渐采用植物浆液。纸张经过初步制作后，纸面纤维间留有不少毛孔，使纸面不甚紧密、平滑、光洁，书写时容易走墨，为解决这个问题，人们想出一些办法，对初步加工后的纸张进行表面处理，来阻塞纸面纤维间的部分毛孔。具体方法有施胶，填粉、涂蜡等。"胶"是一种淀粉剂，施胶就是将它掺入纸浆中，或刷于纸张表面上。涂蜡就是在已成形的纸张表面加蜡，以保护纸张免受外界侵蚀，延长寿命，包括黄纸涂蜡、白

唐《药师佛》。纸本淡设色。此画用笔虽不甚工细，但线条自然，活泼多变，色彩也较淡雅。原图右边残缺较多。传世唐代纸本绘画原作极少，此画具唐画特点，且有一定水平，颇为珍贵。

纸涂蜡和粉纸涂蜡等。除"纸药"外，隋唐的纸张在厚度上一些参数也足可说明当

时的工艺水平，如敦煌石室的写经纸一般只厚 0.05 ～ 0.44 毫米。

隋唐时期的纸张，品种繁多，最为著名的当属"宣纸"。宣纸产于安徽省泾县

唐菩萨像残片。纸本。此菩萨头像已破损，发冠装饰华丽，边缘呈火焰状。髻上簪两枝花蕾，右乎举至胸前，仅余二指。眼睑下垂，向前凝视。面椭圆，丰满，为典型唐代风格。

一带，制作复杂，有细密（利于润墨）、光滑（利于运笔）、绵韧（利于笔墨皴擦）、洁白（利于显色）等特性，且不易被蚀蛀，便于长期保存，号称"千年寿纸"。

雕版印刷业兴起

唐代是我国雕版印刷的始兴时期。唐代雕版印刷具有很高艺术水平，发现于敦煌而藏于伦敦的《金刚经》，卷首

有释迦牟尼说法的壁画，妙相庄严，刻镂精美，是一幅成熟的作品，是印刷史上的冠冕。

我国古代雕版印刷大约兴起于唐代早期，而唐中晚期时，雕版印刷则在全国渐渐推广，世界上现今最早的印刷品是于1974 年西安柴油机厂出土初唐印刷的陀罗尼经咒，今存唐代中晚期印刷品分别有三批、五种，大多是经咒和古代经卷，大多字迹清晰，印文流畅。7 世纪唐贞观年间，雕版印刷开始出现。当时，唐太宗皇后长孙氏去世后，宫中撰写《女则》十篇，太宗看后大为赞叹，认为应该以此书垂戒后世，"令梓行之"，要求将这部《女则》雕版印行，古代雕版印刷用样木，所以称刻板为"刻梓"或"梓行"。唐代玄奘法师自贞观十九年（645）西游印度回国到麟德元年（664）圆寂期间，散发纸印的普贤菩萨像，每年多达五驮的数量。

唐代贞观之治，科举主要以诗赋取士，诗人辈出，唐诗成为我国诗歌史上的顶峰；散文、书画也达到很高水平，雕版印刷逐渐发展起来。唐代刻书地点，今天可以考证的就有京城长安、东都洛阳、越州、扬州、江东、江西，尤其是益州成都最为发达。《女则》和玄奘印施的佛像都是京师印刷的。八世纪长安出现了书坊，长安东市有印书的李家、大刁家。咸通（860 ～ 874）年间印刷的《陀罗尼神咒经》出土于长安市西郊晚唐墓，是国内现存最古的唐印本。越州、扬州有"缮写模勒"白居易、元稹诗作的，"模勒"就是刊刻元、白二人的诗作，当时在京城内外广为传诵，儿童识字念书都读他们的诗，鸡林（今朝鲜）宰相愿以百金换一篇，雕版印刷对他们作品的普及流传起了极大的作用。扬州还有私印历书。江东私卖历书，由于所印月份不同引起诉讼。益州有印书铺，出版

1437

过许多书籍，其中多为阴阳杂证、古梦相宅、九宫五纬之书，还有字书等。唐末的印书铺，有西川过家、成都府成都县龙池坊卞家，剑南西川成都府樊赏家，除印书籍、经咒、佛像外，还印有纸牌、报纸、印纸等。

雕版印刷最初是在民间流行，至五代后唐明宗长兴三年（932），官府开始采用雕版印刷，自此，政府刊刻书籍日渐增多，政府命国子监主持书籍刊刻工作，书版也藏于国子监，称为"监本"。

炼丹家发现火药三成分

中国炼丹家在长期的炼丹实践中逐渐发现掌握了火药的性能，在唐代已发现火药三成分。

隋末唐初医学家、炼丹家孙思邈（581～682），史称药王。选录入《诸家神品丹法》的《孙真人丹经》，相传是孙思邈所撰，记载有多种"伏火"之法。其中有

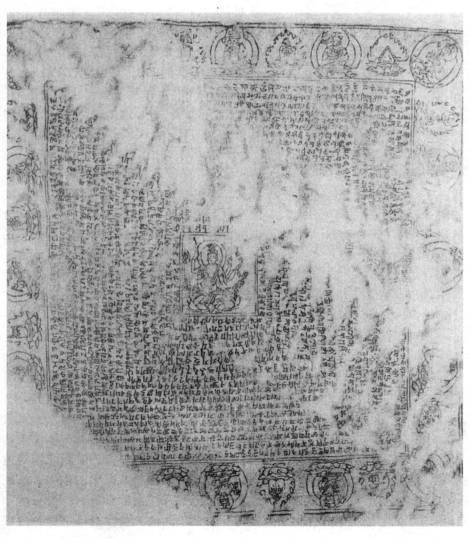

唐《梵文陀罗尼经咒图》。唐至德二年至大中四年（757～850）刊行，为我国现存最早古版画之一。

"伏火硫黄法"，使用了硫黄和硝石。

唐宪宗元和三年（808），炼丹家清虚子在其所著《太上圣祖金丹秘诀》（后选入《铅汞甲庚至宝集成》卷二）"伏火矾法"中也记载有将硫黄伏火之法，这类伏火之法，原意是为了使硫黄改性，避免燃烧爆炸。但同时他们认识到，上述丹方中含有硝石、硫黄和"烧令存性"（即碳化）的皂角子或马兜铃粉，三者混合具有燃烧爆炸的性能，从而发明了原始火药。炼丹家正是通过他们的长期实践，才发现硝石、硫黄和木炭等混合物的爆炸性能，因此，至迟在808年以前，含硝、硫、炭三成分的火药已经在中国诞生。

在中唐以后成书的《真元妙道要略》中，更有明确的记载："有以硫黄、雄黄合硝石并蜜烧之，焰起烧手、面及烬屋舍者。""硝石宜佐诸药，多则败药，生者不可合三黄等烧，立见祸事。凡硝石伏火了，赤炭火上试，成油入火不动者即伏矣。……不伏者才入炭上，即便成焰。"三黄是指硫黄、雄黄和雌黄。原始火药也由此而逐渐进入军事应用的新阶段。

唐代散文

散文在隋唐五代时期发生了重大的变革，在中国散文发展史上起着承前启后的重大作用。

隋初，不少文人不满骈文之浮华，痛骂六朝文人，然终隋一代，骈文一直居主导地位。唐初，骈文也占主导。唐太宗的重实录、反浮华，引起对文体、文风的改革运动。陈子昂于初唐真正反对骈体文而提倡写古文。其文风质朴疏朗，为改革文体、文风找到了正确方向。

然而，用骈文写作的风气直到盛唐，甚至中唐时期都未曾真正改变。但是随着

韩愈像

盛唐、中唐古文运动的兴起和发展，骈文受到了极大的冲击，散文取得了很大程度的发展。玄宗时期的张说、萧颖士等人力辟骈文流弊，开古文运动之先声。盛中唐之际，元结是成就最高的散文家。其作品短小精悍，善于讽刺，如《化虎论》等。中唐韩、柳之前，最有影响的散文家有梁肃和柳冕，其文古朴之风为韩愈所师法。

柳宗元像

中唐的古文运动伴随社会上政治改革的潮流和思想界儒学复古之风，应运而生。

韩愈、柳宗元是古文运动的代表人物。韩愈的文章内容丰富、独具特色、深于立意、巧于构思，语言极富创造性。而柳宗元的文章观点明确、思想深刻，如《捕蛇者说》。他是中国寓言的继承者，如《三戒》寓意深远。同时，他还把中国的山水游记推向一个高峰，如《永州八记》。进入晚唐，文坛呈现古文渐衰、骈文回潮的趋势。杜牧是此时古文成就最高的。晚唐小品文作家成绩斐然。五代文坛被骈体主宰，古文销声匿迹，无可称述。

唐代"变文"

源远流长的曲艺史可以上溯到先秦，但严格意义上的说唱艺术却兴起于唐代，繁荣于两宋，发展到近代的明末清初之时种类更多，后虽衰歇，但经过新中国成立后政府的扶持终于又出现了繁荣的局面。

唐代曲艺的面貌主要靠敦煌藏经洞的资料才被后人了解。在敦煌文献中，我们了解到唐代的曲艺主要有俗讲、俗赋、说话、词文及歌辞，而俗讲和说话影响最为深广。流

说唱人俑

传下来的俗讲底本称作"变文"，重要的有《伍子胥变文》、《王昭君变文》、《张义潮变文》、《目连救母变文》等。俗讲变文对后

世的宝卷、弹词、鼓词都有重大影响。与俗讲相比，说话更接近白话，留传下来的有《韩擒虎话本》、《唐太宗入冥记》等。

两宋时期由于商品经济的高度繁荣，出现了规模庞大的都市，为曲艺的发展准备了条件。

规划最严密的唐都长安

唐代以长安为西京，洛阳为东京，长安城是在大兴城的基础上建造的，是当时世界上最大的规划最严密的城市。

葡萄奔鹿纹残方砖

大兴城由著名的建筑家宇文恺负责规划设计，仅用一年就建成了，唐建国后以此为都并更名为长安。

长安廓城十分方正，每面三门，周长36.7公里。唐太宗在兴建大明宫后，全城面积达87平方公里。城中北部为宫城，另

唐大明宫含元殿遗址

中国通史

最新整理图文珍藏版

唐大明宫遗址

五台山佛光寺壁画　敦煌石窟

建有皇城，皇城内左有太庙，右有太社，并设中央衙署及其附属机构。皇城的建制自此才得以完善，后代多沿袭此制。

　　城市的道路如井字状，南北干道 11 条，东西 14 条。通向城市的街道非常宽阔，穿过中轴线的朱雀大街宽达 150 米。廓城内划分为 110 里坊，里坊有 4 种规模。士农工商乃至高官，均在坊内居住。佛寺、道观也遍布市区各坊。市坊内有井字街，分市为几个区。店肆临街而设，依行业而集中。

　　另外，长安规划很注意利用地形，将城东高地"六坡"布置为官署、王府和寺院，以利于控制全城，拱卫宫城，并把曲江池划入城市，这也是一项开创性的规划设计。

山西五台山佛光寺

唐代寺观建筑风格

　　道教的建筑在唐代最多，当时天下道观有 1600 多所，道观建筑大体遵循中国的宫殿、坛庙的传统，一般是中轴线对称的布局和样式，由山门、供奉神灵的殿堂、斋醮祈禳坛台、讲诵经之室、居住室等几部分构成。规模比佛寺小，可惜至今已无完整的遗迹。在中国唐代的寺观建筑中，佛教建筑尤其壮观。现存最大的唐代佛教建筑是五台山的佛光寺。佛光寺大殿面阔

七开间，进深八架椽，斗拱宏大，出檐深远。大殿的建筑具有很强的秩序感和整体

五台山图

感，建筑的空间与造型也配合得十分默契。佛光寺大殿是中国现存最早的木结构殿堂之一，造型精美，格调雄健昂扬，雍容大度，为中国建筑中的精品，同时体现了佛教的博大精深，更是时代风貌的绝妙象征。

"诗仙"李白

唐代著名诗人，701 年出生于四川彰明县青莲乡。

726 年以前，李白一直在蜀中生活。先是在青莲乡读书，除儒家、道家经典外，所学内容尚多，特别是受到司马相如等人浪漫气质的影响。又向东岩子学习道术，结识喜读纵横之术的名人赵蕤。还到峨眉山、戴天山等处游历。曾为打抱不平而"手刃数人"。

726 年以后，以湖北安陆为中心开始漫游。25 岁出蜀，游历洞庭、汉、庐山、

李白像

金陵、扬州。28 岁在安陆与唐高宗时宰相许圉师的孙女结婚定居。后以安陆为中心，北游洛阳、太原，南游安徽、江浙，他饱览山河、结交朋友、开阔胸襟，以求出仕。他一方面上书荆州长史韩朝宗，希望推荐；另一方面想通过隐居提高声誉，他先与元丹丘隐居嵩山，后又与孔巢父等隐居竹溪，号称"竹溪六逸"。

742 年即天宝元年以后，应召到长安供奉翰林。在此期间，他与贺知章结识，名动京师；玄宗也给他以非常隆重的礼遇，让他陪着宴会、巡游。李白不满意文学侍从的生活，纵酒狂放，再加上小人的谗毁，玄宗逐渐疏远他，最后被赐金还乡。

741 年到安史之乱爆发前，以梁园为中心再次漫游。出京不久，他与杜甫在洛阳相识（744 年），以后又与杜甫、高适同游梁宋，接着在东鲁又与杜甫相见，同游鲁中名胜。他在山东济南接受了高天师所授的道箓，正式成为道士。许氏夫人死后，他又续娶宗氏，并以梁园、东鲁为中心北游燕赵，南游广陵，往来于宣城、金陵等地。在此期间，他广泛接触民间，对社会有了更深入的认识，他希望东山再起，实现自己"济苍生，安社稷"的政治抱负。

755 年之后，安史之乱爆发，在此期间他正隐居庐山，他希望有机会为国平叛立功，不久即参加永王李璘的幕府。李璘兵败被杀，李白也被以从逆罪逮捕，关押在浔阳监狱，后经友人营救出狱，被判流放夜郎。途中在巫峡遇赦，他沿江东下，往来于宣城、金陵等地。61 岁时，他听到李光弼率大军征讨史朝义的消息，就从当涂北上，准备去临淮（今江苏泗洪）前线请缨杀敌，走到江陵，因病返回。次年病死在他的族叔当涂县令李阳冰家里。初葬采石矶，后移葬当涂谢公山（即青山）。

历史影响

李白的主要成就，一是诗歌，一是散文。

唐朝到玄宗的开元、天宝时期，由于边境安定、政策宽简，人民得以休养生息，呈现出一派政治稳定、经济繁荣、文化昌盛的景象，史称盛唐。特别是诗歌创作，更是盛极一时。李白正是这个时期的杰出代表，他以自己的天纵之才，歌唱了这个时期昂扬进取的宏伟精神和绚丽丰富的生活面貌。他和那个时期众多的诗人相比，"好像是突出万山间的高峰"。

李白的诗歌反映的时代生活是多方面

的。有对帝都长安的壮伟气象的热情礼赞；有对壮丽的自然景色的描绘，表达对祖国山河的热爱；有对劳动人民生活的描写，表现对人民疾苦的深切同情；有对叛乱势力的斥责，对维护国家统一战争的讴歌；也有对当时腐败政治的尖锐批判，表现鄙视权贵的傲岸精神等等。他的诗歌的总体特色是热情奔放，雄奇伟丽，而且善于从民歌、神话中吸取营养和素材，构成其特有的瑰玮绚烂的色彩，是屈原以来最具个人特色和浪漫情怀的诗人。诗歌的语言也明朗自然，浑然天成，不假雕饰，音律亦多变而和谐，形式和内容高度完美统一，达到了盛唐诗歌艺术的巅峰。

他的诗歌成就突出表现在乐府诗、五言古诗、七言古诗和绝句四个方面。李白的乐府诗很多，有不少是拟古题的，但却绝不是重弹老调，而是充分发挥自己的创造，在拟古中创新，比如《蜀道难》、《梁甫吟》、《长干行》等。他也作了一些纪事名篇的新乐府，如《江夏行》、《横江词》、《襄阳歌》等，都很有名，这些诗对以后杜甫的创作以及稍后的"新乐府运动"，都起了先导性作用。五言古诗以《古风五十九首》为代表，是一组罕有其匹的政治

李白吟诗图

抒情诗，它继承《诗经》、《楚辞》的精神，取法阮籍《咏怀》和陈子昂《感遇》的讽时伤世的传统，寄托深远。并且，还接受了曹植、左思、郭璞等人的影响，情调更加慷慨，语言更加明朗，表现更为丰富，具有个人的鲜明特色。这些诗正如明代胡震亨所说"以才情相胜，以宣朓见长。"七言古诗，除七言句外还可以插进长短不等的杂言，形式自由，音调铿锵，而且一般篇幅较长，容量较大，可以表现更加丰富复杂的感情。李白成功运用了这种形式，得心应手地驰骋才华，畅抒情怀，把他那纵横不羁而又迂回曲折的感情表达得淋漓尽致，很好地发挥了创造性，取得了前无古人的成就。例如《远别离》、《宣州谢朓楼饯别校书叔云》、《行路难》、《将进酒》、《梦游天姥吟留别》等等，无一不是名篇。这类诗，句式长短参差，结构大起大落，感情波澜起伏，而且往往凿空起势，发端突兀，使得诗歌纵横开阖，变幻莫测，显示出他个人特有的神奇之笔。后来不少诗人模仿这种写法，但都难以企及。在绝句方面，李白五言绝句深得乐府民歌的传统，清新朴素，有谣谚之风，因此得到普遍传诵。例如《静夜思》："床前明月光，疑是地上霜。举头望明月，低头思故乡。"朴素得如同白话，但又情思不匮，古往今来，吟唱不衰。至于七言绝句，他写了50多首，大多流传至今，如《望庐山瀑布》、《早发白帝城》、《赠汪伦》、《黄鹤楼送孟浩然之广陵》、《春夜洛城闻笛》等。这些诗，语近情遥，只是眼前景和口头语，却含有不尽的弦外音、味外味，被看作是盛唐绝句的典范，他和王昌龄并驾联璧，成为后人学习的榜样。

对于唐代新起的律诗，李白也写得很好，五律如《访戴天山道士不遇》、《渡荆门送别》，七律如《鹦鹉洲》等，格律工整，情景交融，都是名作，但总的说来他

写得不多。这倒不是他不会写，而是不愿写，不想受格律束缚，这是由于他不受羁勒的个性所决定的。

除诗歌之外，李白也以散文名世，只是他诗名太高，文名为诗名所掩。他现存的文章有书、表、记、赞等60多篇，质量都很高。例如《与韩荆州书》，是请求接见与推荐的书信，即干谒文章，虽陈情剀切，但字里行间却洋溢着纵横之气和狂放之态，并且脱离了六朝以来的骈俪束缚，骈散兼行，风格上豪壮清新而又明快畅达，具有鲜明的特色。有的小品文写得清新流利，像一首优美的诗，如《春夜宴诸从弟桃李园序》，短小精粹，语言精美，自始至终充满着乐观情绪，具有很强的艺术感染力，在古人同类作品中别开生面，前人评其为"锦心绣口之文"。这些作品，都是历代文学之士学习的楷模，对后世产生了十分深远的影响。李白的诗歌、散文，将永远放射出耀眼的光芒。

生平小传

李白生于公元701年，自称祖籍陇西成纪。隋末其先人流居碎叶。李白幼年时，随父李容迁居绵州冒隆青莲乡，李容是一名大客商。李白兄妹众多，他排行"十二"，从5岁到15岁，是李白在家里读书学剑的时期，而启蒙先生是他的父亲。李容从西域碎叶迁入江油县后，把所有的心思都放在对李白的教育上，叫李白读司马相如的《子虚赋》，教育他刻苦攻读，同时学习剑术。后来李白自称"五岁诵六甲"，"十岁观百家"，又说"十岁观奇书，作赋凌相如"。可见他学习刻苦认真，天资聪颖，并且富有积极进取的精神。年龄稍长，他便走出家门，结识了一些豪侠之士和隐者、道士。他曾在岷山学道，隐居数年。以后又到峨眉山学道。同时，他又和纵横之士交往，喜爱纵横家的王霸之术，他希望能够当上帝王的辅弼大臣，像管仲、诸葛亮、谢安那样，参加政治活动，建功立业，匡济天下，拯救苍生。

在他42岁的时候，由于他名声显赫，受推荐而被征召入朝，做翰林供奉，玄宗也给他以特别的恩遇。他以为建功立业的机会已到，可以一展抱负了。但所谓翰林供奉只是一种以文学词章备顾问的侍从职务，没有实际官职。此时，唐玄宗已在位30年，当时掌权的是中书令李林甫，根本不让他参政。所以李白的得宠，玄宗只是把他看作御用文人，让他写一些华丽的点缀升平的新词，增加宫廷乐趣而已。这很快就让他感到寂寞和凄凉。三年的宫廷生活，李白看透了政治的腐化与罪恶，他厌倦了，便请求玄宗让他离去，玄宗便准许他的请求，从此，他再没到过京城。"安史之乱"发生，他正在安徽宣城，永王李璘正在奉玄宗之命招兵买马、网罗人才，李白也被招致入幕，他兴奋地写诗说："但用东山谢安石，为君谈笑静胡沙。"但李璘与已经在北方即帝位的肃宗李亨有矛盾，不久失败被杀，李白也因此获罪入狱，遭受流放夜郎（今贵州桐梓一带）的处分。幸而在赴夜郎途中得赦免，此时他已经接近60岁了。不久，他得知河南副元帅李光弼率军与史朝义作战，就主动去请缨杀敌，但因病中途返回金陵，次年即病死。李白的一生，是在曲折中的磨难一生，但由于他有豪放的性格和积极进取的精神，愈挫愈奋，终于用他自己的生命谱写了一曲令人感奋的壮歌。

"诗圣"杜甫

712年（唐玄宗先天元年）杜甫出生，青少年时期在家读书。十四五岁已在文坛上崭露头角。20岁漫游吴越。24岁返回东都洛阳参加进士科举考试不中，然后游齐赵。结识李白后又游梁宋，并结识高适。直到35岁前，都一直在各地漫游。

746年（玄宗天宝五年），35岁的杜甫来到长安参加科举考试，李林甫不让一人及第，还向玄宗上表称贺"野无遗贤"。杜甫又向玄宗献《三大礼赋》，但毫无实际作用。他在长安居住了10年，过着十分贫困的生活。

755年（玄宗天宝十四年），"安史之乱"发生，次年杜甫先把家属安置在鄜州羌村，然后只身往灵武投奔肃宗李亨，但途中被叛军俘获，押至长安。到第二年四月，他才逃出长安，到凤翔找到肃宗，被授左拾遗。六月因上疏救房琯得罪，被肃宗疏远。先回羌村探亲，后被贬为华州司功参军。到河南旧居探亲，途中目睹战乱的种种苦难。

759年（乾元二年）秋天，弃官流落秦州。乾元二年底，杜甫携家来到成都，次年春天建筑草堂定居。

762年（代宗李豫宝应元年），严武来成都任职，帮助杜甫扩建草堂。七月严武应召入朝，成都发生战乱，杜甫避居梓州（今四川三台县）等地。

764年（广德二年）春，严武再回成

杜甫像

都任职，杜甫回成都，任节度府参谋、检校工部员外郎。

765年（永泰元年），严武病逝，五月杜甫携家顺江东下，先到云安，次年春到夔州居住。

768年（大历三年）初，杜甫出峡到江陵、公安，年底到岳阳。次年到潭州（今长沙），又到衡州，再回潭州，复到耒阳。770年，逝世。

历史影响

杜甫的成就和贡献主要在诗歌。

"李杜文章在，光焰万丈长"。杜甫是唐代诗坛上又一颗耀眼的巨星，他与李白并称"李杜"，代表着唐代诗歌的最高水平。杜甫比李白小11岁，他生活在唐帝国由盛而衰的急剧转变时期，既经历了繁荣昌盛的"开元全盛日"，也经历了安史之乱"流血川原丹"、生灵涂炭的全过程，他和那个盛极而衰的时代息息相关。在诗歌艺术上，杜甫继往开来，润泽百代。杜甫对后代的影响是无法估量的，世人称之为"诗圣"。杜甫在大半生的患难流离中，始终爱国爱民，对人民的痛苦灾难，表示了深深的同情。他的诗歌犹如一幅长长的历史画卷，真实地反映了时代的各个方面，被称为"诗史"，在文学史上享有崇高的地位。

与李白主要是接受道家思想不同，杜甫一生主要是受儒家思想的影响。他出生在一个"奉儒守官"的家庭中，思想的主导方面是"仁民爱物"的民本思想。政治上的挫折，生活上的艰辛，反而使他与劳动人民的生活更接近，更了解人民的苦难。他先后作了不少揭露统治阶级腐朽，关心人民疾苦的优秀诗篇，寄予了深切的同情，具有"惊天地，泣鬼神"的巨大感染力。他具有"致君尧舜上，再使风俗淳"的政治理想，一生忧国忧民，希望社会安定，国家统一，在诗歌中表现出强烈的爱国思想。同时，对权贵、宦官、军阀以及贪官污吏进行了无情的鞭挞。即使在那些描写日常生活和写景抒怀、咏物怀古、赠友怀人、论诗题画等作品中，也表现出忧时伤世、爱国爱民的可贵精神。这种精神像一根红线，贯穿在他1400多首作品中。

杜诗以格律精严著称，千锤百炼，"语不惊人死不休"。基本风格是沉郁顿挫。沉郁主要是指情感的深厚、浓郁、忧愤和蕴藉；而顿挫除了包括语言的刚健遒劲外，还有音调的铿锵有力、章法的曲折变化等等，形成了鲜明的特色，后代诗人没有不受他影响的。

杜甫是诗歌的集大成者。他对于诗歌中的各种体裁都驾轻就熟，运用自如，且多有创造。在歌行体诗中，他继承了汉乐府的优良传统，但他却并不沿袭古乐的旧题，而是根据需要，为了真实反映当时的社会现实，"纪事名篇，无复依傍"。这一时期，他最著名的诗篇是《三吏》、《三别》，这是杜甫诗中最为传诵的叙事名篇。《三吏》，即《新安吏》、《石壕吏》和《潼关吏》。三首叙事诗分别写出了出征、抓丁和修建潼关的情景。诗人一面痛斥统治者的暴乱，一面又劝导人民忍苦负难，共渡难关。《三别》是指《新婚别》、《垂老别》、《无家别》，同《三吏》的主题相同。他的《茅屋为秋风所破歌》，也是这方面的代表作。他在秋雨屋漏、风雨交加之时，把自己的苦难置于一边，推己及人，设想出现大庇天下寒士的万间广厦。这是何等博大的胸怀！他的这些诗，被后来的元稹、白居易取法，开创了颇有声势的"新乐府运动"。他也写了不少五言七言古诗，有的比较长，像《自京赴奉先县咏怀五百字》、《北征》以及《丹青引》、《观公孙大娘弟子舞剑器行》等，巧妙地将叙事、议论、抒情融为一体，构思缜密，规模宏大，具有摩天的气势，是诗歌史上的丰碑。在律诗方面，他的五律写得非常纯熟，艺术价值很高。特别是七律，这是由他的祖父杜审言和稍后的沈佺期、宋之问等人奠定的形式，但作品不多，作者也少。到了杜甫，他大量写作七律，用它来反映现实政治，抒写忧国忧民的情怀，内容上有新的拓展，形式上更加成熟，获得了巨大的成功。像《登高》："风急天高猿啸哀，渚清沙白鸟飞回。无边落木萧萧下，不尽长江滚滚来。万里悲秋长做客，百年多病独登台。艰难苦恨繁霜鬓，潦倒新停浊酒杯。"以开阔雄浑的笔力，把无边无际的秋色与个人的万端忧愤融成一片，造成悲壮苍凉的意境，格律又十分精严，四联全用对仗，却一点也不生硬板滞，一气流转，达到了炉火纯青的地步。他还把七律组成连章体，像《诸将五首》、《秋兴八首》、《咏怀古迹五首》等都是非常成熟的代表作，这是杜甫创造性的贡献。在绝句方面，他和李白不同，或以议论入诗，或以通俗语言写作，或通篇全用对仗，在唐人的绝句中独标一格。正如周啸天先生在《绝句诗史》一书中所指出："盛唐绝句到了杜甫这一页，从内容、风格、手法到音响全都变了。绝句的门庑从此更大，中晚唐的别派由此而开。言论风生，刻画入微，都从这里启渐。沾溉及于宋人，影响可谓深远。"

生平小传

杜甫的一生，是饱受磨难、苦苦追求的一生。他的父亲做过兖州司马。年轻时除了认真学习儒家经典外，还特别精熟《文选》，广泛阅读魏晋南北朝的各种典籍，达到了"读书破万卷"的程度。他一边写作诗文，同时希望将来能出仕为官，施展抱负，建功立业。

他35岁时到京城长安求取功名，却大大地碰了壁。先是参加科举考试，奸相李林甫和杨国忠把持朝政，排斥异己，嫉贤妒能，结果无一人及第。杜甫当然不能以科举出名。他又走拜谒权贵的道路，也不通。这样使他在长安困顿了 10 年，"朝扣富儿门，暮随肥马尘。残杯与冷炙，到处潜悲辛"。他为糊口，"卖药都市，寄食友朋"。但他的初衷并没有动摇，"穷年忧黎元，叹息肠内热"，随时寻找机会，报效国家。肃宗至德二年，杜甫被任命为左拾遗。但没上任几天，就因上书救房琯罢相，差点被革职问罪。幸亏宰相张镐等营救，方免于难。从此，他拖家带口从长安流落到秦州（今甘肃天水），又从秦州逃难到成都，再到夔州（今重庆奉节），最后漂流湖南，病死在耒阳。临死之前，他硬撑着衰惫不堪的身子，写下了一首五言排律《风疾舟中伏枕书怀三十六韵奉呈湖南亲友》，回顾了半生颠沛流离之苦，也向亲友托付了后事，但他念念不忘的，仍然是"公孙仍恃险，侯景未生擒"、"战血流依旧，军声动至今"，希望早日平息战乱，天下太平。他的忧国忧民的思想至死不变，他的崇高精神和伟大形象，令后世人肃然起敬。

据新旧《唐书》等书记载，至德元年（756 年）六月，安史叛军进攻潼关，陕中吃紧，杜甫带着妻子儿女在陕北的奉先、白水、鹿州一带逃难，最后把家安置在羌村。七月，他听说肃宗已经在灵武（今属宁夏）即位，就只身一人，冒着生命危险北上延安，想出芦子关（今陕西横山县附近），投奔朝廷，以期效力。哪知在路上被叛军捉住，送到已经沦陷的长安。幸好他没有官职，又注意隐蔽，才没有被杀或被迫投降，也没有被监管，行动比较自由。但毕竟是俘虏，生活是非常不幸的，第二年春天他所写的《春望》诗中，可见他内心的痛苦。四月，趁着夏天的到来，草木茂盛，他终于从金光门（长安城外廓西面中门）潜出，仓皇逃到肃宗已经进驻的凤翔。他朝见肃宗的自我写照就是"麻鞋见

天子，衣袖露两肘"。肃宗对他的忠诚表示赞赏，授给他左拾遗的官职。拾遗是谏官，为皇帝扈从，从八品上，是一个级别低却地位高的职务，唐代不少重臣都是从这个职务升上去的。这是杜甫一生中政治生活的最高点。

当时正是天下多事之秋，他很想在拾遗的位置上有所作为。五月，宰相房琯因门客董庭兰贪赃枉法的牵连，加上以前兵败咸阳，被罢官。杜甫与房琯是布衣之交，房琯为人也比较正直。六月，他履行谏官职责，毅然向肃宗上书说："罪细，不宜免大臣。"肃宗大怒，立刻设立专案对他进行审问，意欲置之死地。幸得宰相张镐、尚书颜真卿等人援救，说："甫若抵罪，绝言者路。"肃宗才稍稍息怒，但从此疏远杜甫，不久叫他回家探亲去，以后贬为华州司功参军，从此流落四方。这是杜甫一生中最大的一次转折。

由于战乱，杜甫困于洞庭湖，从夏到秋，从秋到冬，他的小舟一直在洞庭湖上漂荡，最后终于病倒在船上，完成《风疾舟中伏枕书怀》后就默默地去世了，终年 59 岁。

"诗佛"王维

王维 701 年出生于今山东永济。

716 年，与弟王缙游两京，诸权贵无不拂席相迎。此前曾隐居终南山。

719 年，约在这一年进士及第。

721 年，传说因舞黄狮事件，贬济州。6 年后返长安，居淇上。

731 年，妻在这一年亡，此前独子夭折。王维再次隐居嵩山。两年后拜右拾遗，过着半官半隐的生活，出使过河西。

756 年，安史之乱，王维被迫参加伪署。之后，王维一直半官半隐。

761 年，王维病死，葬于辋川。

王维像

历史影响

王维是中国山水田园诗的代表人物，也是盛唐边塞诗的先驱。同时开了中国文人画的先河。

王维的前期作品主要是边塞诗，这些边塞诗昂扬向上，充满了爱国精神。如他前期的代表作《少年行》栩栩如生地描绘了盛唐少年游侠的豪迈气概和报国热情：出身仕汉羽林郎，初随骠骑战渔阳。孰知不向边庭苦，纵死犹闻侠骨香。

他的山水田园诗把写景与抒情、自然与工丽完美地统一在一起，标志着对自然美的艺术表现进入了一个新的境界。他淡远冲和的诗风，最能代表士大夫普遍的认识，代表中国文化中"雅"的道路，成为后世封建士大夫审美趣味的样本。

因为受禅宗影响，王维的山水田园诗的基本特征是表现静美。如《山居秋暝》："空山新雨后，天气晚来秋。明月松间照，清泉石上流。竹喧归浣女，莲动下渔舟。随意春芳歇，王孙自可留。"在王维有些作品中，几乎不涉及人的活动："飒飒秋雨中，浅浅石溜泻。跳波自相溅，白鹭惊复下。木末芙蓉花，山中发红萼。涧户寂无人，纷纷开且落。"

流泻的浅濑，蒙蒙的秋雨，飞溅的浪花，盘旋的白鹭，寥寥几笔，就勾勒出了一幅"白鹭浅濑"图。而那自开自落的芙蓉花，更昭示了一种永恒的宁静，蕴涵了体味不尽的静美与禅意。

王维是唐代著名的画家，被后人推为中国山水画的始祖。据画史记载，"王维特妙山水，幽深之致，近古未有"。苏东坡非常推崇王维，将他置于"画圣"吴道子之上。曾赞道："味摩诘之诗，诗中有画；味摩诘之画，画中有诗"。"诗中有画"与"画中有诗"是联系在一起的。他的诗画境界是一致的。王维之画，今已不可见，日本所藏的《江山雪霁图》与《伏生授经图》，专家认为是后人的临本。在宋代，王维的画还很多，《宣和画谱》中还记载北宋御府尚藏有王维的画120幅。

王维成功地吸收了用绘画线条勾勒的技法入诗。如《送崔五太守》中"雾中远树刀州出，天际澄江巴字回"；他还注意将色彩美、线条美、构图美巧妙结合起来。如《山中》："荆溪白石出，天寒红叶稀。山路元无雨，空翠湿人衣。"以一片空蒙的山岚翠色为背景，突出点染了清溪、白石、红叶，构成一幅远近有致、色彩鲜艳的彩图。在《终南山》中，他更是创造性地综合运用中国画特有的透视法，用诗的语言同时表现高远、平远、深远的景色："太乙近天都，连山到海隅。白云回望合，青霭入看无。分野中峰变，阴晴众壑殊。欲投人处宿，隔水问樵夫。"这里运用中国画独特的移步视点透视法，从仰视、俯瞰、回望、入看等不同视角，分别描绘终南山山峰的高峻，山势的绵长，山域的阔大深远，以及山间岚霭变幻的景象。

闻一多先生说："王维替中国定下了地道的中国诗的传统，后代中国人对诗的观念大半以此为标准，即调理性情，静赏自然，他的长处短处都在这里。"

王维性情淡泊，不喜官场，但因家境贫寒，需要抚养弟妹，不得不仕途官场。他明世故而不世故，因而仕途不畅。

据《太平广记》引《集异记》，大约在开元八年后，王维因舞黄狮子事件而被贬。唐人很喜欢歌舞杂技，皇帝的盛大宴会往往要演出鱼龙杂技。伶人们经常练习舞狮子。有一次，不知怎的，舞动了黄狮子，黄色在古代是专属皇帝的，由此惹了大祸。主管太乐令刘贶被流配，任副职太乐丞的王维则贬为济州司马参军。王维悲伤地离开了长安。

王维受母亲影响，很早就信佛。33 岁时，爱妻过世，此后 30 年中，他不再婚娶，潜心修佛。

他广泛地与僧侣交往。当时著名的法师，如神会、道光、道定、璇禅师、元崇等，都与王维有过交往。道光禅师是南京禅师，他曾入山林，割肉施鸟兽。王维与这位法师交往长达 10 年之久。他还曾拜谒过慧能（即禅宗六祖）的再传弟子江西马祖道一。王维在《投道一师兰若宿》中，表达对道一的仰慕之情。"向是云霞里，今成枕席前。岂惟留暂宿，服事将穷年"。王维诗集中，有《过福禅师兰若》一诗，这位福禅师，就是北宗神秀的弟子大智禅师义福。

75 年，"安史之乱"爆发，唐玄宗仓皇西逃。京中官员，多被俘虏，王维亦在其中。王维不愿投降，但他诗名在外，尽管"服药取痢"，称自己生病，但安禄山还是不管不顾地将他绑架到洛阳菩提寺，在伪署任职，并派人时时监视他。

在这种近乎被囚禁的日子里，他非常怀念故国。他不顾当时环境的恶劣，写诗记之："万户伤心生野烟，百官何日再朝天？秋槐叶落空宫里，凝碧池头奏管弦。"这首诗不胫而走，洛阳士子争相传诵，甚

至传到了在灵武（今宁夏回族自治区灵武县）即位的肃宗那里，肃宗读后掩卷长叹，不禁潸然泪下。

安史之乱后，凡受伪职的官员都受到审查，或被诛杀，或赐自尽，最轻的也是流放、贬官，而王维幸运地被特赦，据说就是因为肃宗读到他这首诗。

"诗魔"白居易

白居易（772 ~ 846），字乐天，号香山居士，唐朝著名诗人。

历史影响

白居易的思想，综合儒、释、道三家。立身行事，以儒家"穷则独善其身，达则兼济天下"为指导思想。其"兼济"之志，以儒家仁政为主，也包括黄老之说、管箫之术和申韩之法；其"独善"之心，则吸取了老庄的知足、齐物、逍遥观念和佛家的"解脱"思想。二者大致以白氏被贬江州司马为界。白居易不仅留下近 3000 首诗，还提出一整套诗歌理论。他把诗比作果树，提出"根情、苗言、华声、实义"的观点，他认为"情"是诗歌的根本条件，"感人心者莫先乎情"，而情感的产生又是感于事而系于时政。因此，诗歌创作不能离开现实，必须取材于现实生活中的各种事件，反映一个时代的社会政治状况。他继承了《诗经》以来的"赋、比、兴"的传统，重视诗歌的现实内容和社会作用，强调诗歌揭露、批评政治弊端的功能。他在诗歌表现方法上提出一系列原则："辞质而径"，辞句质朴，表达直率；"言直而切"，直书其事，切近事理；"事核而实"，内容真实，有案可稽；"体顺而肆"，文字流畅，易于吟唱。他的这种诗歌理论对于促使诗人正视现实，关心民生疾苦，是有进步意义的。对大历（766—779）以

白居易像

来逐渐偏重形式的诗风，亦有针砭作用。但过分强调诗歌创作服从于现实政治的需要，则势必束缚诗歌的艺术创造和风格的多样化。

白居易曾将自己的诗分成讽喻、闲适、感伤和杂律四大类。大体上，前三类为古体，后一类为近体。前三类大致以内容区分，但有相交。四类诗中，白氏自己比较重视前两类，认为讽喻诗反映了"兼济之志"；闲适诗显示出"独善之心"。两者都是他人生目标的直接体现。感伤诗和杂律诗则"或诱于一时一物，发于一笑一吟，率然成章，非平生所尚"。讽喻诗是白诗中的精华，代表作有《新乐府》50首，《秦中吟》10首。它们广泛反映了中唐社会生活各方面的重大问题，着重描写了现实的黑暗和人民的痛苦。这些措辞激烈，毫无顾忌，突破了"温柔敦厚"的诗教传统，在古代批评时政的诗歌中十分突出。讽喻诗在形式上多直赋其事。叙事完整，情节生动，人物情节细致传神。另一部分讽喻诗则采用寓言托物的手法，借自然物象寄托政治感慨。这两类作品都是概括深广，主题集中，形象鲜明，语言晓畅明白。部分《新乐府》还采用"三、三、七"言句

式，有民间通俗文艺的痕迹。闲适诗多抒写对归隐田园的宁静生活的向往和洁身自好的志趣。不少诗也宣扬了知足保和、乐天安命的思想。但也有些诗从侧面表现对现实的不满，说明他追求闲适只是无可奈何的解脱。感伤诗以叙事长诗《长恨歌》、《琵琶行》最为著名。《长恨歌》咏唐玄宗和杨贵妃的婚姻爱情故事，既有"汉皇重色思倾国"的寄讽，更有"此恨绵绵无绝期"的感伤和同情。《琵琶行》则有"天涯沦落人"的遭际之感，且语言成就突出。此二诗叙事曲折，写情入微，善于铺排烘托，声韵流畅和谐，流传甚广。白氏还有不少赠酬亲朋篇，情真意切，质朴动人。但这类诗中较多叹老嗟病、伤往悼亡的伤感色彩及度脱尘嚣的佛家思想。杂律诗在白诗中最多，以一些耐人寻味的抒情山水小诗较著名，白描手法，寥寥几笔，生意盎然。另有一些铺陈故事、排比声律的长篇排律和杯光酒影、艳情风月的小诗，也颇为时人效仿。白诗在当时流传广泛，上自宫廷，下至民间，处处皆是，其声名还远播新疆和朝鲜、日本。白诗对后世文学影响巨大，晚唐皮日休、陆龟蒙、聂夷中、罗隐、杜荀鹤、宋代王禹偁、梅尧臣、苏轼、张耒、陆游及清代吴伟业、黄遵宪等，都受到白诗的启示。后代剧作家也多有据白诗故事进行再创作，如白朴、洪升据《长恨歌》分别作《梧桐雨》、《长生殿》；马致远、蒋士铨据《琵琶行》分别作《青衫泪》、《四弦秋》。白诗词句，也多为宋、元、明话本所采用。

白居易不属韩柳文学团体，但也是新体古文的倡导者和创作者。其《策林》75篇，识见卓著，议论风发，词畅意深，是追踪贾谊《治安策》的政论文；《与元九书》洋洋洒洒，夹叙夹议，是唐代文学批评的重要文献。《草堂记》、《冷泉亭记》、《三游洞序》、《荔

枝图序》等文，均文笔简洁，旨趣隽永，为唐代散文中的优秀之作。白居易还是词创作的有力推动者，《忆江南》、《浪淘沙》、《花非花》、《长相思》诸小令，为文人词发展开拓了道路。

生平小传

白居易生于"世敦儒业"的中小官僚家庭，生地郑州新郑（今河南新郑县）。11岁起，因战乱颠沛流离五六年。少年时读书刻苦。贞元十六年（800年）中进士，十八年，与元稹同举书判拔萃科。二人订交，以后诗坛元白齐名。十九年春，授秘书省校书郎，元和元年（806年），罢校书郎，撰《策林》75篇，登"才识兼茂明于体用科"，授县尉。作《观刈麦》、《长恨歌》。元和二年回朝任职，十一月授翰林学士，次年任左拾遗。四年，与元稹、李绅等倡导新乐府运动。五年，改京兆府户曹参军。他此时仍充翰林学士，草拟诏书，参与国政。他能不畏权贵，直言上书论事。元和六年，他因母丧居家，服满，应诏回京任职。十年，因率先上疏请急捕刺杀武元衡凶手，被贬江州（今江西九江）司马。次年写下《琵琶行》。然后，在庐山建草堂，思想从"兼济天下"转向"独善其身"，闲适、感伤的诗渐多。元和十三军，改忠州刺史，十五年还京，累迁中书舍人。因朝中朋党倾轧，于长庆二年（822年）请求外放，先后为杭州、苏州刺史，颇得民心。文宗大和元年（827年），拜秘书监，明年转刑部侍郎，四年，定居洛阳。后历太子宾客、河南尹、太子少傅等职。会昌二年（842年）以刑部尚书致仕。在洛阳以诗、酒、禅、琴及山水自娱，常与刘禹锡唱和，时称刘白。会昌四年，出资开凿龙门八节石滩以利舟民。75岁病逝，葬于洛阳龙门香山琵琶峰，李商隐为其撰写墓志。

"画圣"吴道子

约685年（武则天垂拱元年），出生于河南阳翟。幼年贫穷孤苦，但"年未弱冠（20岁）"，已经是"穷丹青之妙"。年轻时，曾任小吏，并至四川双流，写蜀道山水。后又在山东任县尉。后到洛阳，生活开始重大变化，专心从事寺观的壁画创作，声名远播。玄宗知其名，召入宫中。从此以长安为中心，往来于各地，潜心作画，成为一代大师。

755年安史之乱后，没有随玄宗入蜀。晚境寂寞孤独。

约758年去世。

历史影响

盛唐时期，社会富足，文化高度发达，绘画艺术也日趋进步、成熟，风格多样，名手众多。其中影响最大者首推吴道子。

吴道子是我国古代绘画史上罕见的多产画家，他一生曾经创作了300余幅壁画，各有特色，而在当时，寺观壁画是体现时代绘画水平的非常重要的一个方面。他以丰富离奇的艺术想像，生动的艺术形象，独特的艺术风格，感染着众多的观赏者。他画兴善寺壁画时，"长安市肆老幼士庶竟至，观者如潮"，甚至引起"观者喧呼，惊动街坊"。大诗人杜甫也曾写诗赞美他的《五圣图》。

吴道子一生有着巨大的创作热情和过人的旺盛的创作精力，在艺术上的大胆想像和对题材的独特处理的本领，都是令人叹为观止的。他继东汉末、魏晋南北朝，到隋唐的画家之后，吸收外来的画风，形成独特的中国的风格。苏轼将他的画与韩文、杜诗、颜字并列为最杰出的艺术。

吴道子的宗教壁画，气势宏伟、感情奔放、人物的形象充满了生机活力。吴道

最新整理图文珍藏版

子绘过不少宏伟富丽的净王变相，从现存敦煌画可以印证，这些作品曲折地反映了盛唐社会的繁荣富庶。

吴道子是个多才多艺的画家，他的山水画成就很高。他的山水画是一种笔简意远的疏体，近乎粗放的逸写。这样的画风，与当时流行的工整巧密的山水画相比，显然是一种不同风格的新创造。所以张彦远在《历代名画记》中认为山水画之变革，正是始于吴道子。

吴道子在风格技巧上还有突出的创造。他不但发展了张僧繇简括的笔墨技巧，"笔才一二，像已应焉；离批点画，时见缺落，此虽笔不周而意周也"。他运用线描的技巧也达到了新的水平。在中年以后笔墨更加遒劲奔放，所创变化丰富的"莼菜条"，能表现物像"高侧深斜，卷褶飘带之势"，取得"天衣飞扬，满壁风动"的效果，这就是著名的"吴带当风"。

他适当地压缩了色彩在画面上的比例，由此强调了笔墨线条的特殊功能。他以浓墨勾线，淡彩敷色，突破了南北朝以来描

施重彩的雅致风格，而出现了雄浑奔放、墨彩兼备的新画风，被世人称为"吴装"。吴道子还有"只以墨踪为之"的"白画"，是后世白描的先驱。

他的传世之作《释迦降生图》（又名《送子天王图》），现藏于日本大阪美术馆，是宋人摹本，画释迦牟尼降生时，惊动天地鬼神。人物的表情生动传神，各有个性，采用白描淡彩的画法，线条劲健多变，富有节奏感和运动感，衣带飘举，可见"吴带当风"。

吴道子以他高超的艺术技巧和丰富的艺术形式深为世人所喜爱，从而获得"百代画圣"的称誉。历代的民间画工一直奉他为祖师；民间画业的行会里，设立他的神位，顶礼膜拜，称他为吴道真人。他对中古以后的人物画有着巨大而深远的影响。

吴道子不仅在中国、在东方，而且在世界上，他都是一代宗师。他的绘画代表了中古时代东方艺术的重大成就。

生平小传

吴道子从小生活在贫寒孤苦的穷人家庭中，但很喜欢画画，在非常年轻的时候，就达到了很高的创作水平。虽然他一心想作画，但还是必须得养活自己。他先在韦嗣立幕下做过小吏，然后又在一个小地方任县尉。后来他决定到当时的经济、文化中心之一的洛阳去，从此开始了浪迹洛阳的生活。这段时间，他潜心于寺院道观的壁画创作。很快他的名声就传遍了洛阳内外。虽然如此，他的社会政治地位依然很低下。

直到唐玄宗李隆基知道了他，把他召入宫中供奉，他才结束了浪迹的生活。天宝年间，唐玄宗因为四川的山水美丽，就特遣吴道子前去写生。吴道子漫游嘉陵江，心情舒畅。时间充裕，山水优美，风光旖旎，画家游目骋怀，把一切体会和感受都深深铭刻在了心里。

吴道子像

返回京城后，玄宗问他情况，他直截了当地回答说，自己没有画底本，只是把它们全部并记在了心里。"并记在心"是画家的一种默记，也是中国古代画家进行写生时的一种传统方法。只不过他所记的不是山川表面的一切，而是一山一水一丘一壑那引人入胜的境界。

这一天，玄宗令他在大同殿壁上描绘嘉陵山水。吴道子根据心中所记所感，极为迅速地画出了"嘉陵江上三百余里"的美丽风光。而在此之前，善于画山水的画家李思训，也曾在大同殿画过山水，不过他是连画了几个月。所以，吴道子的画画好了之后，玄宗不禁称赞道："李思训数月之功，吴道子一日之迹，皆极奇妙。"这则故事也成为绘画史上脍炙人口的美谈。

百代文宗——韩愈

768 年，出生于河南孟州南，早孤，由兄嫂抚养，刻苦自学。

817 年，参与平定淮西之役（吴元济蕃镇反叛）。

819 年，谏阻宪宗迎佛骨，贬为潮州刺史。后官至吏部侍郎。

历史影响

韩愈思想渊源于儒家，但亦有离经叛道之言。他以儒家正统自居，反对佛教的清净寂灭、神权迷信，但又相信天命鬼神；他盛赞孟子辟排杨朱、墨子，认为杨、墨偏废正道，却又主张孔墨相用；他提倡宗孔氏，贵王道，贱霸道，而又推崇管仲、商鞅的事功。他抨击二王集团的改革，但在反对藩镇割据、宦官专权等主要问题上，与二王的主张并无二致。这些复杂矛盾的现象，在其作品中都有反映。

创作理论上，他认为道（即仁义）是目的和内容，文是手段和形式，强调文以载道，文道合一，以道为主。提倡学习先秦两汉古文，并博取庄周、屈原、司马迁、司马相如、扬雄诸家作品。主张学古要在继承的基础上创新，坚持"词必己出"、"陈言务去"。重视作家的道德修养，提出养气论，"气盛则言之短长与声之高下皆宜"。提出"不平则鸣"的论点。认为作者对现实的不平情绪是深化作品思想的原因。

在作品风格方面，他强调"奇"，以奇诡为善。韩愈的散文、诗歌创作，实现了自己的理论。其赋、诗、论、说、传、记、颂、赞、书、序、哀辞、祭文、碑志、状、表、杂文等各种体裁的作品，均有卓越的成就。

论说文在韩文中占有重要的地位。以尊儒反佛为主要内容的中、长篇，有《原道》、《论佛骨表》、《原性》、《师说》等，它们大都格局严整，层次分明。嘲讽社会现状的杂文，短篇如《杂说》、《获麟解》，比喻巧妙，寄寓深远；长篇如《送穷文》、《进学解》，运用问答形式，笔触幽默，构思奇特，锋芒毕露。论述文学思想和写作经验的，体裁多样。文笔多变，形象奇幻，理论精湛。

叙事文在韩文中比重较大。学习儒家经书的，如《平淮西碑》，用《尚书》和《雅》、《颂》体裁，篇幅宏大，语句奇重，酣畅淋漓；《画记》直叙众多人物，写法脱化于《尚书·顾命》、《周礼·考工记·梓人职》）。继承《史记》历史散文传统的，如名篇《张中丞传后叙》，融叙事、议论、抒情于一炉。学《史记》、《汉书》，描绘人物生动奇特而不用议论的，如《试大理评事王君墓志铭》、《清河张君墓志铭》等。记文学挚友，能突出不同作家特色的，如《柳子厚墓志铭》、《南阳樊绍述墓志

铭》、《贞曜先生墓志铭》等。但在大量墓碑和墓志铭中，韩愈也有些"谀墓"之作，当时已受讥斥。抒情文中的祭文，一

韩愈像

类写骨肉深情，用散文形式，突破四言押韵常规，如《祭十二郎文》；一类写朋友友谊和患难生活，四言押韵，如《祭河南张员外文》、《祭柳子厚文》。此外，书信如《与孟东野书》，赠序如《送杨少尹序》等，也都是具有一定感染力的佳作。

韩愈另有一些散文，如《毛颖传》、《石鼎联句诗序》之类，完全出于虚构，接近传奇小说。韩愈散文气势充沛，纵横开阖，奇偶交错，巧譬善喻；或诡谲，或严正，艺术特色多样化，扫荡了六朝以来柔靡骈俪的文风。他善于扬弃前人语言，提炼当时的口语，如"蝇营狗苟"、"同工异曲"、"俱收并蓄"等新颖词语，韩文中较多。他主张"文从字顺"，创造了一种在口语基础上提炼出来的书面散文语言，扩大了文言文体的表达功能。但他也有一种佶屈聱牙的文句，自谓"不可时施，只以自嬉"，对后世有一定影响。

韩愈也是诗歌名家，艺术特色以奇特雄伟、光怪陆离为主。如《陆浑山火和皇甫用其韵》、《月蚀诗效玉川子作》等怪怪奇奇，内容深刻；《南山诗》、《岳阳楼别窦司直》、《孟东野失子》等，境界雄奇。但韩诗在求奇中往往流于填砌生字僻语、押险韵。韩愈也有一类朴素无华、本色自然的诗。韩诗古体工而近体少，但律诗、绝句亦有佳篇。如七律《左迁至蓝关示侄孙湘》、《答张十一功曹》、《题驿梁》，七绝《次潼关先寄张十二阁老》、《题楚昭王庙》等。

后人对韩愈评价颇高，尊他为唐宋八大家之首。杜牧把韩文与杜诗并列，称为"杜诗韩笔"；苏轼称他"文起八代之衰"。韩柳倡导的古文运动，开辟了唐以来古文的发展道路。韩诗力求新奇，重气势，有独创之功。韩愈以文为诗，把新的古文语言、章法、技巧引入诗坛，增强了诗的表达功能，扩大了诗的领域，纠正了大历（766—780）以来的平庸诗风。但也带来了讲才学、发议论、追求险怪等不良风气。尤其是以议论为诗，甚至通篇议论，把诗歌写成押韵的理论，对宋代以后的诗歌产生了不良影响。

生平小传

韩愈3岁的时候成了孤儿，受兄嫂抚育，早年流离困顿，有读书经世之志。20岁赴长安考进士，三试不第。25—35岁，他先中进士，三试博学鸿词科不成，赴汴州董晋、徐州张建封两节度使幕府任职。后回京任四门博士。36—49岁，任监察御史。因上书论天旱人饥状，请减免赋税，贬阳山令。宪宗时北归，为国子博士，累官至太子右庶子，但不得志。50—57岁，先从裴度征吴元济，后迁刑部侍郎。因谏迎佛骨，贬潮州刺史。移袁州。不久回朝，历国子祭酒、兵部侍郎、吏部侍郎、京兆尹等职。政治上较有作为。

"草圣"张旭

唐代著名书法家，江苏苏州人。

张旭为人洒脱不羁，豁达大度，卓尔不群，才华横溢，学识渊博。与李白、贺知章相友善，杜甫将他们三人列入"饮中八仙"。他是一位极有个性的草书大家，因常喝得大醉，就呼叫狂走，然后落笔成书，甚至以头发蘸墨书写，故又有"张癫"的雅称。后怀素继承和发展了其笔法，也以草书得名，并称"癫张醉素"。唐文宗曾下诏，以李白诗歌、裴旻剑舞、张旭草书为"三绝"。又工诗，与贺知章、张若虚、包融号称"吴中四士"。

张旭的书法，始化于张芝、二王一路，以草书成就最高。他自己以继承"二王"传统为自豪，字字有法，另一方面又效法张芝草书之艺，创造出潇洒磊落，变幻莫测的狂草来，其状惊世骇俗。相传他见公主与担夫争道，又闻鼓吹而得笔法之意；在河南邺县时爱看公孙大娘舞西河剑器，并因此而得草书之神。颜真卿曾两度辞官向他请教笔法。张旭是一位纯粹的艺术家，他把满腔情感倾注在点画之间，旁若无人，如醉如痴，如癫如狂。韩愈《送高闲上人序》中赞之："喜怒、窘穷、忧悲、愉佚、怨恨、思慕、酣醉、无聊、不平，有动于心，必于草书焉发之。观于物，见山水崖谷、鸟兽虫鱼、草木之花实、日月列星、风雨水火、雷霆霹雳、歌舞战斗、天地事物之变，可喜可愕，一寓于书，故旭之书，变动犹鬼神，不可端倪，以此终其身而名

后世。"这是一位真正的艺术家对艺术执著的真实写照。难怪后人论及唐人书法，对欧、虞、褚、颜、柳、素等均有褒贬，唯对张旭无不赞叹不已，这是艺术史上绝无仅有的。

张旭像

传世书迹有《肚痛帖》、《古诗四帖》等。《草书古诗四首》（局部）辽宁省博物馆藏，墨迹本，五色笺，凡40行，188字。传为张旭狂草之作，极为珍贵。其内容，前两首是庾信的《步虚词》，后两首是南朝谢灵运的《王子晋赞》和《四五少年赞》（疑为伪托）。通篇笔画丰满，绝无纤弱浮滑之笔。行文跌宕起伏，动静交错，满纸如云烟缭绕，实乃草书巅峰之篇。今人郭子绪云："《古诗四帖》，可以说是张旭全部生命的结晶，是天才美和自然美的典型，民族艺术的精华，永恒美的象征。"（《中国书法鉴赏大辞典》）

第三节 社会生活：生活百科 民俗缩影

草市普及

草市是一种自发形成的初级市场，在魏晋南北朝时就出现了。随着经济的发展，商品交换的日益频繁，草市在唐代得到了普及。

草市是农村市场中的一种大型市场，所以大多设在城市附近、交通要道、驿站或大的村镇等地方。市上以出售农产品和林牧产品居多。赤壁的草市、德州境内的灌家口草市和汴州城郊的汴水渡口草市在当时都很著名。草市是长期固定的商品交换场所，有常设的货肆店铺。草市没有都市市场那样高级，多出售生产剩余品，从段成式在《酉阳杂俎》中记载的荆州庐山人在白洑南草市上贩卖石炭的情形可见其一斑，而李嘉佑的《中兴间气集》里的"草市多樵客，渔家足水禽"就更明显地反映了这种情况。但并不是所有草市都是这样的。有些大的草市里物品繁多，甚至连名人的诗句都成为市中交易的商品，象白居易和元稹的诗，经过缮写模刻，在市井上出售，能用来交换酒茗等物。随着繁荣程度的增加，草市出现了向都市转换的迹象，甚至有些草市被改为县治，成为当地的政治中心，例如归化县的县治在开元年间就是被提升后的原灌家口草市。宗州的永济县治，也是由张桥草市改造而来的。当然，草市的繁荣并不一定能导致都市的建立，但也由此可见了当时草市的兴盛和广泛。

草市之外，还有墟市，就是隔日一会，或隔三五日一会的一种初级农贸市场。这种集市虽然有固定的地点，但保持日中为市的原始状态。

另外，还有一种与草市、墟市都不同的集市，这是一种较为高级的集市形式，类似于后代的庙会。虽然也是定期临时一聚，但间隔时间有一个月之长。这种集市尤为重要的是作为外地、远地甚至外国商客购销商品的场所。当时很多大宗的交易就是在这类市场上进行的。配合集市，还举行竞技、比赛等各种娱乐活动。

唐行开元通宝钱

唐高祖武德四年（621）七月，下令废止隋旧币五铢钱，改行新铸的唐币开元通宝钱，给事中欧阳询奉命撰文题字。开元通宝也读作开通元宝。开元通宝每枚直径八分，重二铢四累，每十枚重一两，这对我国的衡法产生了重大的影响，使古代衡法由原来的一两等于二十四铢演变为一两等于十钱。

唐开元通宝钱

开元通宝制作工整，大小轻重适宜，《旧唐书·食货志》曾称赞它说"轻重大小最为折衷，远近甚便之"，唐代几百年间都有铸造。

开元通宝的创制在我国货币发展史上具有划时代的意义。当时对铜钱的成色作了严格的规定，如天宝年间规定铜钱的成分为铜 83.32%，白镴 14.56%，黑锡 2.12%，这是铸钱制度的极大进步。另一方面，以通宝来为货币命名，反映了人们对货币作用的认识进一步深化，也反映了货币的地位在社会经济中不断增强，具有深远的社会意义。唐行开元通宝钱。对后世人们的货币观念及货币的流通使用产生了很大的影响。

玄奘西行取经

玄奘贞观三年玄奘为统一佛法分歧西行取经，前往天竺。

玄奘像

大雁塔。始建于隋开皇九年（589），初名无漏寺。唐贞观二十二年（648），皇太子李治扩建为大慈恩寺。玄奘奉敕由弘福寺移居慈恩寺，住翻经院，专务翻译。寺内大雁塔创建于唐永徽三年（652），为保存玄奘由印度带回的佛经而建。图为大雁塔外景。

玄奘，唐代高僧，佛教学者，旅行家、翻译家。玄奘俗姓陈，洛州偃师人，出身儒学世家，13 岁出家后，游历各地，遍访名师，博读经论，但感到各种佛教理论有分歧，无所适从。于是决定西行天竺寻求可以总结诸论的《瑜伽师地论》，遂聚结僧侣上表太宗，乞准赴天竺求经，有诏不许，众僧侣都退缩，唯有玄奘坚持，并于

《大唐西域记》。《大唐西域记》十二卷，玄奘口述，辩机撰文。本书系玄奘奉唐太宗敕命而著，贞现二十年（646）成书。书中记述了玄奘亲历城邦、地区、国家的见闻和概况。图为《大唐西域记》书影。

贞观三年（629）八月，独自一人由长安出发，经数年艰难跋涉，终于到达印度。在天竺十几年研习经文，于贞观十九年（645）携657部梵文佛经返回长安。受到唐太宗李世民盛大欢迎。

玄奘精通梵、汉文，将直译、意译巧妙融为一体，共译经论775部，1235典，对佛教传播做出了贡献，并耗时一年，写成介绍西行沿线经过的国家、地区的情况的《大唐西域记》，以满足太宗了解西域及天竺各国情况的急切之心。

兴教寺玄奘塔。建于唐总章二年（669），为唐代著名的僧人玄奘法师的墓铭。塔身四方五层，全部为砖构，每层逐渐收缩，是典型的也是现存年代最早的楼阁式塔实例。塔身每面以八角形倚柱划分为三间，柱上施阑额及普拍枋，柱头上有简单的一斗三升斗拱，上承叠涩出檐。形制简练，造型稳重。塔前并有其弟子窥基与圆测的墓塔。

玄奘还创"法相宗"，他综合印度十大论师著作揉译而成《成唯识论》，作为

"法相宗"经典，提出"入识论"，宣传"万法唯识"、"心外无法"，故法相宗又称唯识宗。

隋唐三教并用

汉末经学统一局面彻底崩溃以后，历经魏晋六朝，宗教政策因国而异，在很大程度上受皇帝个人信仰和兴趣的左右而摇摆不定，多数统治者倾向于保持儒家正统地位而兼容佛、道二教，显然无法形成统一而成熟的宗教政策。隋、唐时期，大一统政治迫切地需要宗教政策与之相适应，三教并用的宗教政策逐渐形成。

随着隋唐政权的建立，统治集团的内部矛盾得以缓解，制定普遍适用于全国的宗教政策的政治条件基本具备，学术上表现出调和儒道佛的倾向。从隋文帝开始，就采取了一系列三教并用的政策。在对前朝速亡教训进行深刻总结的同时，隋唐统治者认识到严刑峻法导致阶级和社会矛盾加剧是历代王朝寿数不长、国运不强的根本原因。因而缓和社会矛盾，稳固政权的最有力的武器就是清简法令，施行相对开明的政策。他们因此提倡儒学，企图用儒家忠孝伦理思想规范人们的道德和行为，增强民众对封建王朝的向心力。

隋文帝杨坚曾说儒学教人以父子君臣之义尊卑长幼之序的"礼"。魏晋以来南北对立、战乱频仍的根本原因乃是儒学衰微，仁义孝悌论丧。因而令杨素、牛弘修订五礼。振兴儒学，重整礼治，使儒学赞理时务，弘扬风范。大力倡办各类官学以传习儒学经典，招纳儒士，给予重用。隋王朝还搜求整理儒家及各党派典籍，以经、史、子、集四类编排，取代了原有图书分类学的七略之法，为后世所继承。首创了科举取士的人才选拔制度，使学者奔走于

道路，儒士云集中州，儒学达到汉末以来的鼎盛局面。作为杰出政治家的唐太宗也笃信儒学，即位以后，一直采取"偃武修文"政策，尊孔子为先圣，颜渊为先师，设置弘文馆，精选天下文儒之士。在政事之余，讲论经史，有时直至深夜。全国各地的儒士都抱负经籍，云集京师。儒生多达8000多人，儒学达到前所未有的高潮。

对于佛道二教，隋唐统治者也采取开放的政策。曾在佛寺中成长过的隋文帝杨坚，认为隋王朝因佛而兴。因此，吸取北周武帝禁绝佛、道的教训，大兴佛、道二教。而不信佛、道的唐太宗，在吸取南北朝统治者信奉佛教而未能达到安定治理目的的教训时，看到了佛教教义和儒家君臣、父子、夫妇的纲举伦理之间的矛盾和僧侣特权制度给国家利益，诸如赋税、劳役、兵役带来的损害，采取了既尊重和利用佛教，又有效地加以抑制的政策，为了达到这一目的，他有意提高道教以平衡佛道势力，同时也借道教始祖老子李耳以提高李姓的地位。对能辅助王政的佛、道加以奖励，常诏令儒学重臣与佛、道领袖在宫廷和公开集会上进行讨论，儒释道三教并立的局面最终形成。但儒学仍被看作与国家兴亡攸切相关的大事而受重视。

在这种兼容并包的文化及宗教政策影响下，各种宗教都得到了较充分的发展，佛教在这时达到了极盛并形成了若干中国式的佛教宗派，教义哲理也有重大创造和飞跃发展，出现了一大批高僧大儒。求法、译经和佛典著述以及传教活动空前活跃。

除了儒、道、佛三教并重外，唐朝统治者对各种宗教如伊斯兰教、景教、摩尼教、火祆教也采取相当宽容的态度，以尊重外国商人、使者、侨民的不同宗教信仰，多教共存的局面一直保持到唐中期以后。

然而，三教之间依然时常有斗争，有时甚至相当尖锐，但斗争多集中于辩论宗

《三教图》清代丁云鹏绘

教的利国还是危国的问题而非教义的内容本身，这进一步说明宗教的政治附庸性质，政治利益是意识形态的终极目的。与这种斗争本身相比，南北朝以后三教合流，多数共存是时代的主流，唐太宗正确地处理好了这一时期的宗教政策，使其最终成熟，奠定了唐王朝政治、经济繁荣的思想基础。

拜火教在中国流行

6世纪初，拜火教即已传入北魏、南梁以及北齐、北周各朝，得到社会上层的支持，流传于新疆地区。到了唐代，该教

在中国得到进一步流行，教士很受唐皇室欢迎，颇得唐廷礼遇，东西两京祆祠遍立。

拜火教是古代流行于波斯、中亚细亚地区的宗教。它是公元前6世纪由琐罗亚斯德在波斯东部创立的，在波斯称为琐罗亚斯德教。该教奉《阿维斯陀》为经典，通称《波斯古经》，主张善恶二元论，认为宇宙原有善和恶两种神灵：善神叫阿胡拉·玛兹达，是光明、生命、创造、清净、善行、真理的化身，是智慧之主；恶神叫安格拉·曼纽或阿里曼，是黑暗、恶行、

唐男供养人头像。神态刻画极佳。

破坏、死亡、谎言、不洁的化身。善恶二神曾各率自己的僚神、眷属反复较量，最后善神战胜恶神，光明代替黑暗，阿胡拉·玛兹达成了最高的存在，唯一的主宰。它认为人可以在善恶之间自由选择，但死后得经受由胡腊玛达主持的末日审判，通过"裁判之桥"，善者进天堂，恶者入地狱，以此要求人们从善避恶，弃暗投明。该教认为火是善神的儿子，象征着神的正确和至善，人们应该在麻葛（祭司）指导下，通过一定仪式，礼拜"圣火"，完成教徒的义务。由于琐罗亚斯德教认为火是善和光明的代表，并以礼拜"圣火"为主要仪式，因此，该教传入中国后，被称为

"祆教"、"火祆教"、"火教"、"拜火教"等。

唐女供养人头像。成功地刻画了一个西域民族的少女形象。

琐罗亚斯德教在大流士一世统治波斯时被定为国教，后来流传到亚非许多地区。公元3至7世纪，伊朗萨珊王朝曾把它奉为国教。7世纪阿拉伯人统治波斯后，伊斯兰教取代了该教，大批琐罗亚斯德教徒被迫东迁，在7世纪中叶广泛地影响了大食以东至中国的新疆地区。

唐高祖武德四年（621），唐朝廷为拜火教专建祆祠，设置官位专司其教。当时管教的官府称萨宝府，官职分萨宝、祆正、祆祝、率府、府史等，主持祭祀，官位自四品至七品不等，也有流外的四、五品。可见唐朝统治者对拜火教颇为重视。

唐贞观五年（631），拜火教教士曾将本教教旨向太宗起奏、讲解。可知祆教教士在唐廷受到很高的礼遇。

唐时，西京长安有祆祠四座，东都洛阳有二座，其他如凉州等地也有祆祠。河南府的立德坊以及南市西坊都有祆教的神庙。每年祆教教徒进行祭祀祈祷时，都要杀猪宰羊，在琵琶鼓笛的伴奏下，载歌载舞。祈告仪式结束后，就招募一名教徒作

祆主。这位祆主取来一把锋利无比的横刀，用刀刺向腹中。不一会，腹部又完好如初。这可能是西域的幻术。祆教祭祀礼仪很隆重，并且保持了很多原始的面貌，说明祆教很为当时所重，能尽量保持固有的特色，不受环境左右。

武宗会昌五年（845）的灭佛活动中，外来的祆教也遭禁绝。

唐蕃和亲

唐蕃和亲是在吐蕃立国之初开始的。

7 世纪初，松赞干布统一吐蕃后，就与唐建立了和好关系。但在以后的发展过程中，这种关系并不是一帆风顺的，在和好的同时伴以矛盾、冲突，常以兵戎相见。除小的边界摩擦之外，两国还多次发生大的军事冲突。

立于西藏大昭寺门前的唐蕃会盟碑

唐蕃之间尽管斗争比较激烈，但总的来看，矛盾、冲突是暂时的或局部的，和好总趋势并没有断，在 634 年至 846 年的 213 年期间双方使节往来异常频繁，据不完全统计，共有 191 次，其中唐入吐蕃 66 次，吐蕃入唐 125 次。使臣的任务各种各样，主要是双方的和亲与会盟。

唐与吐蕃的和亲是在吐蕃建国之初开始的。松赞干布渴慕唐风，以能与唐和亲为荣。

634 年，松赞干布遣使入贡并请婚。唐太宗婉言拒绝，派冯德遐前往抚慰。松赞干布又遣使随冯德遐入朝，"多赍金宝，以奉表求婚"，亦未获准。

西藏大昭寺文成公主金像

松赞干布为引起唐政府的重视，发兵直指唐松州（今四川松潘），为唐军所败。退兵后马上"遣使谢罪，因复请婚"。640 年，松赞干布又遣大相禄东赞至长安，献金 5000 两，珍玩数百请婚。太宗许嫁宗女文成公主。641 年初，文成公主在唐送亲使江夏王李道宗和吐蕃迎亲专使禄东赞伴随下，出长安去逻些完婚。

据《吐蕃王朝世袭明鉴》等书记载，文成公主一行队伍非常庞大，唐太宗的陪嫁十分丰厚。有"释迦佛像，珍宝，金玉书橱，360 卷经典，各种金玉饰物"，又给多种烹饪食物，各种饮料，各种花纹图案的锦缎垫被，卜筮经典 300 种，识别善恶的明鉴，营造与工技著作 60 种，治 404 种病的医方 100 种，医学论著 4 种，诊断法 5 种，医疗器械 6 种。又携带各种谷物和芜菁种子等入藏。松赞干布亲迎于河源，对唐行子婿之礼，还专建宫室供文成公主居住。文成公主的随行队伍中还有各种工匠，这一队伍成为传播中原先进的农业、手工业、文化科学技术的使者。

唐高宗初年，又应请送去蚕种和善于酿酒、纸墨的工匠。吐蕃还派大批贵族子弟到长安国子监学习，唐的文人也受聘到

吐蕃赞普松赞干布塑像。在位时先后统一西藏地区诸部，建立吐蕃奴隶制政权。641年与唐文成公主联姻。对藏族社会经济、文化的发展，加强藏、汉两族的兄弟友好关系作出了贡献。

吐蕃管理文书，连唐贵族的服饰也传入吐蕃。

文成公主在吐蕃生活了近40年，一直备受礼遇并深得吐蕃人民的爱戴，680年病故。

681年，吐蕃又请求婚武则天之女太平公主，遭到拒绝。703年，吐蕃又遣使献马1000匹，黄金2000两，上表求婚。武则天应允，后因吐蕃赞普西征泥婆罗战死而作罢。

707年，吐蕃遣其大臣悉薰热入贡求婚，唐中宗允以养女（雍王守礼女）金城公主为吐蕃赞普妻。709年，吐蕃遣其大臣尚赞咄等千余人至长安迎亲。710年金城公主成行。中宗赐"锦缯别数万，杂伎诸工悉从，给龟兹乐"，并亲至始平县（今陕西咸阳西北）送行。金城公主的和亲进一步促进了唐与吐蕃的经济、文化交流，唐的大量丝织品和生产技术更广泛地传入吐蕃。应金城公主之请，731年唐还赐给吐蕃"《毛诗》、《礼记》、《左传》、《文选》各一部"。赤德祖赞，金城公主则献方物入贡。在政治上金城公主在缓解唐与吐蕃的冲突，促成双方的会盟等方面也起了积极的促进作用。

走马灯出现

隋唐时期，社会的经济、生产大大地发展，人们的生活水平也得到了很大提高。为了满足人们各方面的娱乐需要、丰富人们的业余生活，隋唐时代的发明家和能工巧匠们就制作了许多游艺性机械。走马灯就是在这时出现的。

"走马灯"是后人的称谓，其实它是一种特殊的灯笼。发明家依据燃气动力原理，设计了如下结构与装置：在灯笼的正中处竖一立轴，立轴上部横置一个叶轮；叶轮下面，靠近立轴根部处放置一盏灯或一支蜡烛，灯（或烛）燃着后所形成的热空气产生上腾力，就会推动叶轮回转，与立轴相连的纸剪人物和骏马也就跟着一起转动，看上去像是在奔跑。那些东西都是罩在灯笼里面的，旋转时它们的影子就会投射到外壁上，于是就产生了许多有趣的活动画面。

有关走马灯的记载约见于唐代。郑处海《明皇杂录》上说："皇上在东都恰巧赶上正月元宵夜，就下榻上阳宫，挂起了

唐蕃古道上的日月山。这里是农区与牧区的分界，相传文成公主入藏时在此摔掉了皇上赠与的日月宝镜，以坚定入藏决心。

中国通史

最新整理图文珍藏版

许多影灯。"《说郛》收《影灯记》说："洛阳的人家元宵节时以拥有影灯多而为豪，描述那种盛景的词说是'千影万影'。"可见当时人们是如何地喜欢走马灯，从一个侧面也说明当时人们生活的兴盛景象。

伊斯兰教传入

唐代，中国同大食国（指阿拉伯人建立的伊斯兰帝国）间来往很频繁，为伊斯兰教的传入提供了路径。当时两国来往的陆路，可经波斯、阿富汗、西域，从西北地区进入长安，即沿古代"丝绸之路"而来；海路可经波斯湾、阿拉伯海、孟加拉湾、马六甲海峡到达我国南部沿海的广州、泉州等地，即沿古代"香料之路"而来。据载，仅在永徽二年至贞元十四年间（651～798），大食男遣使臣来华朝贡就约达37次。

唐高宗永徽二年（651），大食国派使节来长安朝贡，被史学家作为伊斯兰教正式传入中国的标志。其实，阿拉伯人来中国沿海与边远地区进行商业贸易，并建清真寺作礼拜，也许更早一些。

唐贞元三年（787），李泌检括长安胡客有田宅的达4000人，其中以阿拉伯和波斯人最多。伊斯兰教是阿拉伯的国教，这些来华的阿拉伯使节、商人、旅行家、航海家便是使伊斯兰教传入中国内地和沿海的媒介。其中许多在中国定居并娶妻生子，出现"五世蕃客"、"土生蕃客"，成为中国最早的伊斯兰教徒——穆斯林。他们往往在沿海城市相聚而居，居地称为"蕃坊"，他们的宗教风俗受到政府和当地人的尊重。虽然没有史料证明他们曾另立有礼拜寺，但既有共同信仰，又在一起聚居，必有相应的宗教生活。他们长期处在中国

陕西西安化觉巷清真寺大殿

人之中，与中国传统不免会相互影响，相互渗透。清代以来，伊斯兰教中国化就是一个伊斯兰教与中国固有文化相融合的结果。

天宝十年（751），唐朝与大食为争夺

中亚昭武诸国发生争战，唐国失败，不少兵士被俘到大食国。杜环就是其中之一。他在大食等地居住10余年，回国后作《纪行记》一书，对阿拉伯的伊斯兰教有切身的观察和记载，使中国人进一步熟悉了伊斯兰教。

省心楼。化觉巷清真寺中轴线上的建筑，为三层八角攒顶式楼阁，是礼拜前召唤教徒之处。

天宝十四年（755），唐政府为平定安史之乱，向回纥、大食借兵。唐与大食两国士兵间的交往更加推动了伊斯兰教的传布。伊斯兰教在中国唐代的传播，不象佛教和景教，直接由僧侣和教士携经而来并得到统治者的认可和竭力扶持，正式建寺收徒传经，它有自己的特点。伊斯兰教在初传中主要借助于使节、商贾、游客等，中国与大食经济上的交往，是伊斯兰教传入中国的最重要的渠道和载体。两国的少数军人也为此做出了一定贡献。

唐时，伊斯兰教在中国的信徒绝大部分是侨居中国的阿拉伯人及其后裔，尚未在中国本土产生多少影响，因此绝少有纯中国血统的信徒。由于没有受到贵族和社会的高度重视，使伊斯兰教的传播范围很狭窄，但这也正好易于保存自己。穆斯林们在激烈的社会斗争中能把伊斯兰教信仰作为自己内部的生活方式和风俗代代相承。他们没有向外传教扩张的野心，避免同中国儒佛道三教以及社会的其他政治势力发生碰撞纠葛，特别是避免了唐武宗会昌五年（845）灭佛教时，对外来宗教的一并打击，使伊斯兰教以"大食殊俗"得以保存，并流传至今，逐步在吸收中国传统文化的过程中，形成了中国伊斯兰教的特色，完成了伊斯兰教的中国化进程。

中国国家宗教成熟

唐代修订了全国统一的宗教祭祀典制，以天神崇拜和祖先崇拜为核心的宗法性宗

唐普贤菩萨造像

教具有了国家宗教的性质，并且逐级延伸到民间，君权与族权借助神权相结合，中国国家宗教在这一时期发展成熟。

宗法性传统国家宗教，从三代形成，

历经两汉魏晋南北朝和隋，到唐代才有了比较完备统一的典制。隋朝已经开始了国家宗教祭祀规范化的努力。隋建国后便着手制定国家礼乐典制，修成五礼而颁之天

唐《四观音文殊普贤图》。绢本设色。

下，祭祀也分为大中小三等，层次分明，同时确定每岁常祀之制，对祭祀的仪式也作了具体规定。唐初沿用隋代旧制进行祭祀，并在隋制的基础上对祭天、祭祖以及其他宗教祭祀仪制作了修订，后世大体沿用唐制，稍有损益。

唐初采用隋代旧仪祭天，唐太宗时制定贞观新礼，只祭天宗，确定了唐代的祭天仪制，封禅之礼的典制仪节，也在唐代完备。关于祭祖仪制，从唐代起，诸臣祭祖皆依其品位确定庙制等级。丧礼方面，修订五服之制，确定了丧服的等级。此外，唐代还有五帝祀。社稷与先农之祭、蜡祭、九宫贵神祭与先圣先师之祭。唐代的所谓先圣先师之祭就是立文庙、武庙，尊孔子

为文教主，太公为武教主，文武并有祀主，人臣文武之道兼备于祭祀。

唐代成熟而完备的国家宗教，对社会文化生活产生了巨大影响。它加强了大唐帝国的统一和稳定，唐代迭经战乱而能保持大体不溃，国家宗教起了重要作用。唐代儒释道三教鼎立，儒学相对衰微，在这种情况下发展宗法性传统宗教，可以保持中国人的传统信仰，使传统的社会精神支柱不至于倾倒，也促进了民族主体文化的发展。此外，宗法性宗教祭祀的典制与活动作为礼乐文化的重要内容，对唐代礼乐文化的发达起了极大的推进作用。总之，唐代的宗教祭祀活动紧密结合国事活动、农业季节、教育与民俗，成为社会政治、经济与文化的有机组成部分，它适应封建统一国家的需要，体现君权天授、福乃祖与的传统观念。宋以后的统一国家都采用唐代的宗教祭祀之礼作为新礼制作的模本，发展国家宗教以巩固其统治地位。

唐《菩萨像》。两幅菩萨立像，为对称之幡画。

1465

民间作坊兴盛

唐代，民间手工业与官府工业并驾齐驱，占有重要的地位。从性质和规模来看，民间手工业可分为家庭手工业和手工作坊两类。

唐黄釉牵马俑

家庭手工业是人类社会最古老的一种手工业组织形式，也是最基本的手工业生产方式，在"男耕女织"的自然经济支配下，更是农民经济的重要支柱，它几乎与古中国社会存在相始终，唐代也不例外，但唐代家庭手工业有自身的特点。在前代家庭手工业中，农民从自己种植的作物中获取原料，用以生产自己所需的消费品，尽量避免与以钱易物的市场相接触。而唐代商业极大地繁荣，为市场需求而生产的家庭手工业也兴盛起来，这是民间作坊的初级形式。从唐代全部手工业生产来看，除了一些规模不等的作坊工业外，绝大部分的日用手工业制造品来自家庭手工业。这时的家庭手工业从形式上看和传统中的没有什么区别，以家庭为组织单位，家庭既是工作场所，也是销售地点；生产人员是家庭成员；技术上主要是家族内传授，力防外泄，就是所谓"家专其业"。唐代家庭手工业不同于传统之处在于它不仅用

来自给，而且更主要地是为了销售。从这个意义上来说，这是手工作坊的初级形式。

唐代银盘

在唐代民间手工业中更值得注意的是民间作坊，它与家庭手工业的区别主要是生产目的不同，作坊完全是为着他给而不是自给，从规模上看，民间作坊一般都雇佣着有家庭成员以外的人作帮工。民间作坊在唐代商品经济结构中占主导地位。大城市里有大量手工业作坊，有的称为"铺"或"作铺"，有的称为"行"，如织锦行、金银行等，一般都是自产自销，往往一幢房内前边销售，后边制造。即使在中小城市，也有各种小作坊工业，依类别聚在各坊。作坊的营业主称为"长老"或

唐绞胎陶枕

"师"，他们与亲属、徒弟、帮工等一起劳动，是向市场提供商品的小生产者。唐代也有规模较大的民间手工业作坊，例如著

唐褐彩云纹镂孔薰炉·盖·鼎·座。制作精细，并采用复杂的釉中彩技法，是越窑中少有的珍品。

名的定州何名远，资财巨万，不仅在各驿站经营邸店，还经营一个拥有绫机 500 张的手工业作坊。

唐朝作为中国封建社会鼎盛时期，在手工业各个领域都取得了卓越的成就。矿冶业方面，除金、银、铜、铁等金属矿业，还有石炭、石油等非金属矿。纺织业更是相当发达，民间纺织作坊发展迅速，有织锦坊、毯坊、毡坊、染坊等。受纺织工业直接影响，印染业也有飞速发展，能染出各种绚丽多彩的颜色，并且改进了汉代以来的印染加工技术。在唐代手工业成就中，最为人称道、后世受益最深的是雕版印刷术的出现，当时各地都有私家刻印发信佛经、卦书、文集等，对文化的推广和传播起到了重要的作用，和造纸术、火药、指南针一起被称为中国四大发明。

四大名山佛寺兴盛

佛教有四大名山，系指山西五台山、四川蛾眉山、浙江普陀山和安徽九华山。这四大名山自然景观秀丽雄奇，人文景观历史悠久，是我国国家重点风景名胜区。依佛教说法，这四山分别是文殊、普贤、观世音和地藏菩萨的"道场"，因此，此四大名山佛寺极为兴盛。

五台山在山西五台县东北部，古称清凉山。"五台之名，北齐始见于史"。方圆 500 里，由五座山峰环抱而成。五峰高耸，峰顶平坦宽广，为垒土之台，故称五台山，相传为文殊菩萨应化道场。五台山以佛教寺院众多著称。五台之巅，各有一峰名和寺院：东台有望海峰望海寺，西台有桂月峰法雷寺，中台有翠岩峰演教寺，南台有锦绣峰普济寺，北台有叶斗峰灵隐寺。史载，北魏时在五台建有大孚寺、清凉寺和佛光寺。北齐时五台寺院增至 200 余座。隋文帝时，又于五个台顶各建一寺。

峨嵋山金顶。佛教四大名山之一的峨嵋山，传说是普贤菩萨的道场。

北宋太平兴国五年（980），敕内侍张廷训造金铜文殊像置于真容院（即今菩萨顶），重修真容、华严、寿宁、兴国、竹林、金阁、法华、秘密、灵境、大贤十寺。明末又重建了大塔院寺的大塔和显通寺的铜殿塔等。据初步调查，全山有"青庙"

五台山菩萨顶。建有寺庙百余处，以佛教圣地而享名中外。

（汉僧所住）97 处，"黄庙"（蒙藏喇嘛所住）25 处。现存寺庙台内有显通寺、大塔寺、菩萨顶等 39 座，台外有佛光寺、南禅寺 8 座。

峨嵋山位于四川省中部峨嵋县境内。《禹贡》里称为"蒙山之首"，峨嵋之名始于西汉。包括大峨山、二峨山、三峨山和四峨山。大峨山最高，通常所说峨嵋山即指大峨山。

峨嵋山作为佛教圣地有悠久的历史。相传东汉时即建有佛寺。开始为道教"福地"，后来佛道并存。唐宋之际，道教衰落，峨嵋山成了普贤菩萨的道场。明清时，佛教鼎盛，寺院多达 150 多座。现存的 20 多座佛寺中著名的有万年寺、报国寺、善觉寺、伏虎寺、清音寺和光相寺等。此外，尚有洪桩坪、仙峰寺、洗象池等寺院多处。

普陀山位于浙江普陀县，西汉时称"梅岭"，宋时称"白华山"，明代始称普陀山，它是浙江省舟山群岛的一个小岛。据佛教传说，唐大中年间有一印度僧人来此，亲睹观音菩萨现身说法，授以七色宝石，故称此地为观音显圣地。佛经有观音住南印度普陀洛伽山之说，因此岛亦称普陀洛阳。唐大中十二年（858，一说五代后梁贞明二年，916 年），日本僧惠萼（一作惠锷）礼五台山得观音像，归国时舟过五台山遇风不能进，遂留像归开元寺（今称

"不肯去观音院"）。自北宋以还，该山观音信仰盛行，寺院渐增，僧众云集。南宋绍兴元年（1131）将普陀的佛教各宗归于禅宗。明清三代相继兴建寺院，至清末有 3 大寺、70 余庵堂与 100 多处茅蓬。3 大寺系指普济寺、法雨寺与慧济寺。庵堂有洪筏堂、锡麟堂、药师庵、澄心庵、息来庵、泾庵、文昌阁及妙峰庵、悦岑庵、鹤鸣庵、大乘庵等。

九华山位于安徽省青阳县境内，汉时称陵阳山，梁时名帻山，隋唐时称"九子山"。"此山奇秀，高出云表，峰峦异状，其数有九，故名九子山。"（《九华山录》）李白有"昔在九江上，遥望九华峰"的诗句，因此改名九华山。东晋时九华山中即建有道观和佛寺。唐永徽四年（653），新罗王族金乔觉渡海入唐，在九华山苦行 75

普陀山。浙江普陀山是佛教圣地之一。古刹琳宫，比比皆是，有"海天佛图"、"南海圣境"之称。

年。乔觉入定 3 年，人们看到他逝后肉身与佛经里的地藏菩萨相同，被附会成地藏化身，称"金地藏"。从此，九华山便成了佛教圣地中的地藏道场。历朝在九华山所建寺庙甚多，目前山中尚存寺庵 70 多所，规模最大的祇园禅寺、东岩精舍、万年寺和甘露寺合称九华四大丛林。九华山的寺庵布局灵活多变，与山势结合巧妙，以佛教殿堂和皖南民居相结合的形式也独具风格。

中国通史

最新整理图文珍藏版

唐代马球运动兴盛

马球是唐代开始流行的一种体育活动，亦称击鞠。其名和汉代的蹴鞠有关，但蹴鞠是步行踢球，击鞠则为纵马击球，和后代的马球有共同之处。此技源于波斯，唐初传入中国。唐代诸帝自太宗始多擅马球，玄宗、宣宗、僖宗尤精此道。上行下效，长安城中达官显贵、纨绔子弟乃至宫中仕女遂马球成风。后世亦久盛不衰，至清代方成绝响。马球规则《宋史》、《金史》均有记载。

唐中宗时，"上好击球，由是风俗相尚"。此后王公大臣打球之事屡见不鲜。唐玄宗李隆基爱好走马打球，因皇宫的马房里所饲养的马还不大合意，故寻"通于马经者"，以求良马。唐穆宗因击鞠暴得疾，不见群臣三日。唐敬宗李湛颇爱击鞠，长庆四年（824）击鞠于中和殿、飞龙院和清思殿，四月在清思殿击鞠时，有个染署工张韶结集染工百余人"匿兵车中若输材者"，进宫为变，结果失败了。此事使敬宗吃惊不小。唐昭宗李晔被朱全忠逼迫迁都洛阳时，六军都已逃散完了，只有"小黄门十数人，打球供奉、内园小儿等二百余人"跟着他去。当时宫中专门从事打马球的人员，除"打球供奉"外，就是上面提到的"球工"，这些人多选自神策军或里间恶少年，是专陪皇帝打球的。昭宗被迫出都，犹以击球供俸相随，可见平日嗜好击球。

唐代打马球的技艺也是很高超的。表现了这一时期马球运动开展的水平。例如，唐人阎宽所作的《温汤御球赋》里："有聘超材专工接来。未拂地而还起；乍从空而倒回。"意思是说，有的人专会很快奔驰迎接来球，球还未落地就被击起，忽然间从空中被击回去。张建封的《打球歌》里："俯身仰击复傍击，难于古人左右射。"这是说，弯下身子去，有时用球棍朝上迎击空中飞来的球，有时又要从两侧去击球，这比古人左右开弓射箭的技术还难。《唐语林》说："宣宗弧矢击鞠皆尽其妙。……运鞠于空中连击至数百而马驰不止，迅若流电，二军老手，咸服其能。"上述描写可能有夸张之处，然从中亦可看出当时马球技艺水平是相当高的。

唐代马球活动在统治阶级的倡导下，在相当范围相当程度上得到了开展，尤其在场地设施的建设，竞赛交流，军队中的

九华山。位于安徽青阳县西南的九华山，素有"东南第一山"的美称。

开展以及高超的技术水平等方面都是很有成就的。

唐代打球群俑。打球群俑是唐代打球情景的真实写照，骑者服饰紧身，手中鞠杖已失，但从击球的种种姿势可以看出，有的击地上球，有的则击空中球等，动作神态均很生动。

武则天改官制

光宅元年（684）九月，武则天附会《周礼》等内容，改易服色官名，以作为其开始改朝换代的象征。

武则天下令八品以下官员，旧服青者改服碧。改东都为神都、宫名太初。又改尚书省为文晶台，左、右仆射为左、右相，六曹为天、地、四时六官，门下省为鸾台；中书省为凤阁；侍中为纳言；中书令为内史；又将原御史台改为左肃政台，专管监察京官及诸军旅，并奉诏出使；又新增置右肃政台，专管地方诸州按察。每年春秋发使，春季称风俗，秋季称廉察。又令凤阁侍郎韦方质等，删定武德以后至于垂拱诏敕 48 条新格，以监察州县；其余省、寺、监、率之名，均以义类更改；武则天还易旗帜颜色为金色。垂拱元年（685），武则天制定内外九品以上及百姓，可以自荐求仕进。二月，武则天还为扩大言路，命"登闻鼓"，"肺石"无须设防。在东朝堂设"肺石"，在西朝堂设"登闻鼓"，武则天为进一步开言路，避免守卫登闻鼓、肺石限制人民进言，命撤除防守，有槌鼓立石者，即令御史受状奏闻。通过改制，武则天改换朝代的准备更充分了。

摩尼教流传

唐代实行开放政策，中国与世界许多国家交往频繁，西来宗教通过各种途径传入中国，推动了中西文化的交流，丰富了唐代文化，也使盛唐文明远播西方。摩尼教就是其中之一。

摩尼教于 3 世纪时由波斯人摩尼创立。它在琐尼亚斯德教（即拜火教）的基础上，又择取基督教和诸斯替教等教义融合而成，并创立了一套独特戒律和寺院制度。该教崇奉四大尊严，奉《彻尽万法根源智经》、《净命宝藏经》、《赞愿经》、《姿布罗乾》为主要经典；以"二宗三际论"为基本教义，"二宗"是指光明与黑暗两种对

摩尼教经典残片（正面）。波斯人摩尼以明、暗二宗说创教，二宗经成为摩尼教的主要经典。延载元年（694），二宗经传入中国，后又有汉译本流行于世。

立的力量，"三际"是二宗在过去、现在和未来三个发展阶段中的力量对比变化；以三封、十诫为主要戒律，三封指口封、手封、胸封，即言禁、行禁、欲禁，十诫是不拜偶像，不妄语、不贪欲、不杀生、

摩尼教经典残片（反面）

不奸淫、不偷盗、不欺诈、不二心、不怠惰，日日按时祈祷和实行斋戒忏悔；教团中分教师、教监、牧僧、选民（正信教徒）和听众（一般教徒）五教阶。

摩尼教创立之初在波斯广为传播，后却受到祆教（拜火教）的排斥，被视为异端，摩尼也被处死。摩尼死后，其教义迅速传至北非、南欧和亚洲一些国家，成为中世纪一个世界性的宗教。

摩尼教徒写经场面。摩尼教东传，在唐朝中期呈极盛局面，信徒多为回纥人。

公元 6 至 7 世纪，摩尼教经陆上丝绸之路，由西域传入中国唐朝，先到新疆，后至内地。

延载元年（694），即武则天称帝第五年，波斯国人拂多诞携带摩尼教经典来中国朝拜，女皇武则天召见了他，因佛教界称摩尼教为伪教，即命他与僧徒辩论。拂多诞大讲摩尼教教义，武则天听后非常赏悦，便留他在朝中讲经。这即是摩尼教正式传入内地，并受到朝廷合法认可的开端。

泉州摩尼教遗址。泉州华表山元代草庵，是目前世界上唯一完整保存下来的摩尼教遗址。摩尼教是波斯人摩尼在公元 3 世纪创立的宗教，公元 7 世纪传入中国。

开元七年（719）六月，吐火罗国支汗那王帝赊，上书唐玄宗，盛赞慕阇（中亚摩尼教团中高级僧侣）智慧幽深，无所不知，能预测君国大事，传授摩尼教法，请求皇帝允许他设置法堂进行传教。开元十九年（731）六月，玄宗任命拂多诞在集贤院翻译《摩尼光佛教法仪略》。据敦煌石室所存该经的残卷考察，《摩尼光佛教法仪略》所宣扬的摩尼教教义已融合了道教和佛教的思想资料，形成中国摩尼教的新特点。其中有一段介绍老子化摩尼的经文，把中国道教的教祖也转入摩尼教的大轮回之中。还有宣称"三教混齐，国归于我"的观点，将释迦、摩尼视为一体，老子又是转世的末摩尼，用道教、佛教解说摩尼教法，可见摩尼教在中国流传中逐步佛教化的倾向，在道教佛教的影响下，形成了主摩尼、释迦、老子三圣同一的新论。开元二十年（732），玄宗颁布敕令，说摩尼教是"妄称佛教"的"邪见"，应当"严加禁断"，但对摩尼教徒不能治罪。这样摩尼教一度被禁止传布。肃宗宝应元年（762），帮助唐朝廷平叛的回纥牟羽可汗在洛阳屯兵时遇摩尼师睿思等四人，即将他们带回漠北。并在元和（806～820）之后达到鼎盛。而唐朝廷也早在代宗大历初年（766）解除了对摩尼教的禁令，使得摩尼教从大历三年到元和年间，从京师长安扩展到今山西、河南、湖北、江西、江苏、浙江等广大地区，许多地区都建寺传教，摩尼教遂成为仅次于佛教的外来大宗教。

武宗（841～846）时，摩尼教遭到惨重的打击，长安及天下诸州的摩尼寺被封闭，摩尼教徒部分遭杀害，部分被勒令还俗，外国教徒则送远处收管。自此后，摩尼教在内地衰微，仅在西北和东南沿海秘密流传。

神秀开禅宗北派

禅宗相传于南北朝时期由南天竺来华传法的禅僧菩提达摩所创，是在中国佛教史上影响最大，彻底中国化了的一个佛教流派，以禅定概括全部修习。禅宗传至五祖弘忍的弟子神秀和慧能时，对达摩禅法的理解发生了根本的分歧，神秀主张渐修，慧能提倡顿悟。禅宗由此分化为北南两派。

神秀（约606～706），俗姓李，汴州尉氏（今属河南）人。年青时遍览经史，隋末出家，后于蕲州双峰山东山寺拜禅宗五祖弘忍为师，深受器重，为上座弟子、"教授师"。后来在弘忍选择继承人时，神秀因作偈语"身是菩提树，心如明镜台，时时勤拂拭，莫使惹尘埃"而不得弘忍认可，未能成为嫡系传人。弘忍死后神秀赴江陵当阳山玉泉寺传授禅法，开禅宗北派，声誉盛隆，四海僧俗慕名而至，并深得武则天及中宗敬重，死后被赐谥"大通禅师"。

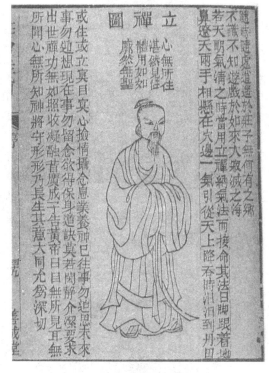

立禅图

禅宗北派继承了道信、弘忍以心为宗的传统，认为"一切佛法，自心本有"，反对慧能南派"将心外求"，主张"拂尘看净，方便通经"，即逐渐领会，逐渐贯通的"渐悟"方法，与慧能在南方创宗传布的"顿悟"流派相对立，时称"北秀""南能"，北渐南顿，神秀所作《大乘五方便》（一作《北宗五方便门》）、《观心论》在门下流传，其弟子普寂、义福阐扬其宗风，曾盛极一时。后在宗派争斗中，慧能南派影响日趋扩大，神秀北派因不能适应当时佛教徒舍繁趋简之势，在神秀死后经数传即告衰微。

唐三内完成

隋唐王朝积全国之力，在长安城内营筑了辉煌壮阔的宫殿建筑群。714年，兴庆宫落成，至此，长安城内有了三处著名的宫殿区：太极宫、大明宫、兴庆宫，又称"三内"。

太极、大明、兴庆三处宫殿区，耗资极大，占地极广，且风格各有千秋：太极宫庄重威严，大明宫宏伟雄壮，兴庆宫富丽堂皇。"三内"是唐朝统治者生活和处理政事的地方，也是大唐帝国的统治中心。

太极宫又称西内，始建于582年，原名大兴宫，唐朝后改名为太极宫，位于长安城中轴线北端，占据宫城的大部分。中心部分根据轴线对称的原则，呈纵列布置了承天门、太极殿、两仪殿等十数座门殿建筑，根据《周礼》中的三朝制度，以宫城的正门，即承天门为大朝，逢国家大典之日，皇帝在此接受群臣朝贺，太极、两仪二殿为日朝、常朝之处，皇帝在此接见文武百官，处理朝政。在中轴线的两侧，对称布置了数座门、殿，构成太极宫威严庄重的宫殿建筑群。

大明宫，始建于贞观十七年（643），宫址在长安城东北龙首原上。武则天执政后，大肆兴建宫殿和宫苑，沿中轴线依次布列大朝含元殿，日朝宣政殿，常朝紫宸

唐代宫苑。图中亭台楼阁、假山水池构成优美的环境。

殿，在后部及两侧建造殿、阁、楼、台30余处，在北部开凿太液池，池中建蓬莱山，池周围建周廊四百间，以此做为大明宫的宫苑区。由于大明宫适于宫廷警卫，可掌握京城全局，从663年开始，唐统治者把听政的地点，由于太极宫迁移到大明宫，从此，这里成为唐代主要朝政的场所。

含元殿是大明宫的正殿，也是唐代最雄伟壮丽的宫殿组群。大诗人王维"九天阊阖开宫殿，万国衣冠拜冕旒"的诗句，生动地描述了含元殿当年的盛况。含元殿以其气势恢宏的艺术构思，严整对称的布局，富丽辉煌的色彩，体现了盛唐时期热烈奔放的气魄和雄宏的建筑风格。另外，含元殿与其后的宣政、紫宸殿三殿相重，

唐代皇城图

附会"三朝"的布局形制，对以后各代的宫殿布局制度产生了深远的影响。麟德殿也是大明宫另一处重要宫殿群。是皇帝接见外宾、饮宴群臣、进行游乐和作佛事等活动的地方。

兴庆宫，是唐玄宗于714年，即开元二年在其旧宅兴庆坊修建的另一处宫殿区，又称南内。兴庆宫是以园林为主，将宫殿与园林有机结合在一起的宫苑区。兴庆宫的布局不强求轴线对称，殿阁楼台错置其间，建筑装饰瓦件丰富多彩，从考古发掘的资料统计，莲花瓦当就多达73种，在宫南部还发现大量黄绿琉璃瓦碎片，说明兴庆宫的建筑豪华富丽远在大明宫之上。兴

庆宫内引龙首渠及隆庆坊水，开掘 18 万余平方米的龙池，临龙池建亭廊楼阁，在龙池西南就发掘出 17 处建筑遗址，平面形式多样，布局自由，建筑间有曲折游廊相接。龙池周围，殿阁相映，垂柳云飘，笙歌画船，波光花影，反映出唐代统治者日益奢靡淫逸的生活，初唐时那种蓬勃进取的精神几乎消磨殆尽。唐三内，是劳动人民伟大智慧和才能的结晶，反映出唐代建筑技术的成就和水平。

唐《弈棋仕女图》（部分）。绢本设色。人物线条刚劲均匀，赋彩单纯明丽，并加以晕染，特别是夹棋欲置的手指和全神贯注的生动神态描绘得惟妙惟肖，具有典型"曲眉丰颊、肌胜于骨"的唐代画风，也是唐代仕女画的代表作。

茶业发展成熟

茶业在唐代南方的农业经济中是一个重要部门。茶业经过历代的发展，到唐代已发展成熟。

我国是茶的故乡，现今世界产茶国家的茶都是直接或间接地由我国传入，加以改进而发展起来的。我国利用和栽培茶树早在商代就已开始，到了汉代，茶叶已发展为商品，巴蜀是当时全国茶业中心，饮茶之风在四川也已盛行。魏晋南北朝时期，长江中下游茶业获得显著发展，但在北方茶叶尚属少见。唐代，南北统一，交往密切，饮茶风气也普及北方，《封氏闻见记》卷六《饮茶》记载："人自怀挟，到处煮饮，从此转相仿效，遂成风俗。自邹、齐、沧、棣，渐至京邑，城市多开店铺煎茶卖之，不问道俗，投钱取饮。"中唐以后，饮茶风气更是普遍，"上自宫省，下至邑里，茶为食物，无异米盐"，说明当时茶已成为人们日常生活的必需品。在边疆少数民族居住地，饮茶风气也进一步传开。"茶道大行"，"流于塞外，往年回纥入朝，大驱名马，市茶而归"（《封闻见记》），吐蕃地区也运入了汉族地区生产的各种名茶。

饮茶的风行，促成茶成为当时重要的商品，南方茶叶大批运往北方。茶叶需要量的增加，势必会促进茶业的发展。除了野生的茶树外，还大量进行人工栽培。唐代茶叶产地大大增加，遍及今四川、云南、贵州、广东、广西、福建、浙江、江苏等十五个省区（当时是 50 个州郡），其地理位置多为气候温湿的秦岭、淮河以南，这些地区的许多丘陵和山坡上都种植了茶树。历史记载，"江南百姓营生，多以种茶为业"（《全唐文》卷 976），江淮人家也"什二三以茶为业"（《册府元龟》卷 510）。除了农民自己种植的茶园外，地主和官府也经营茶园，《元和郡县志》卷 25 载："长城县（今浙江长兴县）、顾山县西北四十二里，贞元以后，每岁以进奉顾山紫笋茶，役工三万人，累月方毕"，由此可见当时有的茶园规模很大。

唐代制茶业也已相当发达。当时的茶叶分为觕（粗）茶、散茶、末茶和饼茶四类。据《唐国补史》记载，唐代已出现名茶二十多种，"风俗贵茶，茶之名品益众"。

随着茶业的发展成熟，茶树栽培技术

中国通史

最新整理图文珍藏版

茶碾子。陕西扶风法门寺出土的唐代鎏金鸿雁流云纹茶碾子。

积累了许多宝贵经验，《四时纂要》里有较全面而翔实的记述，包括种植季节、茶园选择、播种方法、中耕除草、施肥灌溉和遮荫措施等。后世一些农书和茶书中有关茶树栽培技术的记载，都未超出《四时纂要》所记述的内容，可见唐代茶树栽培技术对后世的影响。

唐代茶业在中国茶业发展史上占有承前启后的地位。它不仅在南北朝的基础上有了迅速发展，而且影响及于世界。正是在唐朝茶业兴盛的基础上，世界第一部茶业专著《茶经》问世；也正是在这个时期，茶树种子和栽培技术，从中国传到了日本和朝鲜。

霓裳羽衣乐舞成

在唐代，中国古代所有艺术门类都得到了长足的发展，音乐和舞蹈也同样如此，而最能代表唐代在这方面成就的是大型表演性舞蹈作品《霓裳羽衣》乐舞。

据传，霓裳羽衣乐舞是唐玄宗中秋月夜梦游仙界，在月宫听到袅袅的仙乐，十分动人，回来后只记得一半，正在这时，西凉都督杨敬述进献《婆罗门》曲，与其声调相符，于是以月中之曲作为整个乐舞大曲开始的序曲"散序"，而后者作为主体，谱成《霓裳羽衣法曲》。这段神话般的传说，除神化皇帝部分显得虚妄以外，至少表明该曲在创作上融合了中、外民族民间乐舞的成分，进行了主观能动的艺术

加工创新，反映了唐明皇李隆基既有较高的音乐艺术修养，又对仙山琼阁的天上人间充满了遐想，在此情形下，他亲自作曲以抒情怀。这支舞曲吸收了传统"清商乐"的艺术传统，融合了西域歌舞的形式，将音乐、舞蹈、诗歌三者结合成一部大型套曲。

其舞蹈除采用传统的优美舞姿"小垂手"等外，还大量糅合西域胡旋舞的精彩旋转技巧，包括独舞，双人舞，及多达数百人的大型群舞。据传说，杨贵妃曾两次为唐明皇独自表演《霓裳羽衣舞》，白居易曾写诗描述他于元和年间（806～820）在宫廷观看的双人舞《霓裳羽衣舞》的情景，说那旋转的舞姿，轻柔得仿佛是随风飘然而落的朵朵雪花，忽然回眸一笑又赶忙避开，那欲进故退的媚态，又若受惊的游龙，一个短暂静止的舞姿，象无力柳条似的下垂柔软的双臂，急促的舞步，使斜拖身后的长裙鼓满轻风，像浮云之升腾。舞曲以一个快节奏后的停顿戛然而止，飞舞的鸾凤立即收起翅翼。在鹤鸣般的长引声中结束，这是一种创造性的新手法。霓裳羽衣乐舞是一部艺术性强、技术水平高的大型表演性舞蹈作品，是唐代舞蹈的代表作。

鉴真东渡

天宝十二载（753），鉴真和尚随日本遣唐使东渡日本弘法。第六次东渡成功。

鉴真和尚（688～763），扬州江阳人，俗姓淳于。14岁出家为僧。他到过东都洛阳和长安，跟随高僧受中宗礼聘，为中宗解经，并在洛阳、长安讲道。

天宝元年（742），在中国已有10年的日本高僧荣睿、普照等从洛阳至扬州，访谒鉴真，恭请鉴真东渡日本传戒弘法从天宝二年到天宝九载（743～750），鉴真先后5次

唐招提寺。鉴真在日本生活了十年,于唐广德元年(763)病故于奈良唐招提寺,终年76岁,葬于寺内。图为759年鉴真同弟子设计建造的唐招提寺。

鉴真坐像。此像是鉴真弟子忍基等人按其真容制作。鉴真席地盘膝而坐,类似佛的结跏趺坐;双手上下相叠于腹前,为禅定姿态。容貌清瘦苍劲,双目翕合,表情宁静安详,表现了进入禅定时澄沏空明的心境。造型手法极写实,形象真实生动,是很好的人物肖像作品。此像至今供奉在唐招提寺开山堂内,被视为日本的国宝。

鉴真和尚手迹

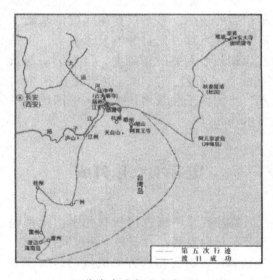

鉴真东渡成功路线图

东渡或准备东渡,都因种种原因而失败。

鉴真一行由扬州出发到苏州,在苏州改乘遣唐副使大伴古麻吕船东渡。同年十二月抵达日本,受到隆重欢迎。鉴真到日后,次年(754)四月为圣武天皇等授戒。天宝十四载(755),又在东大寺坛院授具足戒。同年,日建唐禅院,使鉴真居之。圣武天皇死后,日以供御大米、盐供奉鉴真。代宗广德元年(763)五月,鉴真圆寂于招提寺。鉴真东渡,不仅对日本佛教,而且对日本的医药、建筑、雕塑诸方面发生重要影响,为中日文化交流史上重要事件。

日本《东征绘传》中描写鉴真和
尚准备登船的情景（局部）

刘晏论理财

唐代继续实行以控制市场为主的经济
干预政策，具体体现一是政府对盐、茶、
酒的专卖制度，即对产盐区实行官营官销
（榷盐法），实行禁酒、征酒税和垄断酒的
产销（榷酒法），对茶叶实行专卖和管制，
征收茶税等（榷茶法）；二是和籴、和买
等政策，前者是官府以议价交易的名义强
制征购粮食的措施，后者是官府发放贷款
而规定百姓按期上缴绸绢等物的措施。

国家这些对经济的干预政策在一定程
度上限制了豪富和商贾对盐茶酒以及粮食
等买卖的垄断，有助于缓和封建自给自足
经济与商品经济的矛盾。但在实际实施过
程中成了政府敛财的主要借口，成了对百
姓变相掠夺的手段，激起了更强烈的社会
冲突。

上元元年（760），刘晏任盐铁史，开
始了卓有成效的理财生涯，成为唐代最有
效地贯彻政府干预政策的理财家。他在政
府干预政策的范围内，从整治经济入手，
以提高经济效益为中心，成功地达到既

"养民"又能增加国家财政收入的目的。

刘晏认为理财必须以养民为先，"户口
滋多，则赋税自广，故其理财，常以养民
为先。"认识到培养税源的重要意义，是刘
晏理财的一条基本原则。基于此，他发展
了常平思想，把常平和生产自救结合起来，
若粮食歉收，就组织其他副业生产，替灾
民创造购买力，再以平价粮食换购。这样
既避免了单纯赈济增加国家开支，又避免
了由于单纯赈济反造成重敛百姓的恶性循
环。在漕运和盐政改革中也始终贯穿了他
的养民思想。如转运中采用雇佣劳动，"不
发丁男，不劳郡县"的前所未有的政策；
在盐法中允许私人运销，搞活盐市的措施
等。这种理财以养民为先的作法是对历来
立足于国家干预思想的重大修正，也是对
唐代统治者在干预政策中损害民利指导思
想的纠正。

刘晏在经济改革和调控市场的实践中，
还体现出难能可贵的以提高经济效益为中
心的思想和注重商品经济原则的思想，使
他在重视人才、加强信息情报工作的条件
下，对漕运、盐法的改革和常平法的整顿
方面取得很大成效。如在漕运中改由"船
头"督运，徭役劳动改为官府自办，雇佣
劳动等管理体制的改革，实行有酬劳动，
推行"私雇"。同时改直达运输为分段接
力运输，改散装运输为袋装运输，改部分
陆运为全部水运，这样极大地调动了船工
的积极性，达到高效、安全、节约的社会
效益。在信息传递和他主持的铸钱、造船
工业中也实行了雇佣劳动，引入了商品经
济的物质利益原则，打开了人们的眼界，
有利于发展商品经济。特别是他在专卖体
制中打开的允许私人运销盐的缺口，使盐
商广泛参与盐市活动，既裁减了盐的专卖
机构，节省国家的大量费用开支，又能从
盐商身上得到较高的税收，增加了国家的
财政收入，对亭户、盐商和百姓都有很大

好处。这一重要措施是刘晏超过前人之处，它避免了国家干预政策垄断抑制市场竞争机制的弊端。

经过20年的整治，刘晏的理财措施在一定程度上推进了江淮等地区经济的发展，扩大了税收，缓和了唐王朝的财政困难。

虽然未触动租庸调制度，未能从根本上消除赋税征收中的困难，但为德宗建中元年（780）全面展开的赋役改革措施提供了一个较为缓和平稳的社会经济环境和许多值得借鉴的思想与经验。

筹算改革

在中晚唐时期出现了一批实用的算术书籍，反映了这个时期筹算改革的成就。

唐李阳冰《三坟记碑》。唐大历二年（767）刊立，宋代重刻。此碑螭首龟趺（残），碑身断裂。碑残高210厘米，宽82厘米。两面刻字，文24行，行20字。书体为篆书。碑文叙述李季卿改葬他3个哥哥之事。李阳冰篆书。李阳冰以篆书著称，被誉为李斯之后篆书第一家。

如《新唐书·艺文志》记载的《谢察微算经》3卷，汇本《一位算法》2卷，陈从运《得一算经》7卷，鲁靖《新集五曹时要术》3卷，《心机算术括》1卷，《龙受（益）算法》2卷。遗憾的是除了一部中唐时韩延编写的算书被宋代人误为《夏侯阳算经》流传下来之外，上述著作全部失传了。

商队图。盛世之下，国际交流频繁。敦煌壁画"往来的东西方商队图"，给后人留下中外商人在丝绸之路上交往通商的景象。

算筹是我国自古使用的，采用十进位值制和一套独特算法的计算方法。算筹的加减法运算简便易行，但乘除法运算时需要分成三层进行，特别是进行多位数乘除时，演算十分复杂，不仅难以掌握，速度也比较慢。随着隋唐社会经济的发展，尤其是手工业生产和商业贸易的发展，地方下级官吏和平民百姓对于实用数学的需要明显增加，对数学计算提出了简便、迅速、准确的要求，所以筹算改革便在此时产生了。

流传至今的反映当时筹算改革的韩延算书约写于770年前后。全书分为3卷，收入82个问题，内容均与当时的实际需要有关，并载有许多算法，度量衡及田亩制度等方面的预备知识。书中有了许多乘除简捷算法的例子，其中一个方法就是把多位数乘除法化成累次的一位数乘除法。如"课租庸调"章有：一个数 a 与 12.25 相乘，化为：$12.25a = a \times 7 \times 7 \div 10 \div 2 + 0.2$，又如下卷第 28 题：$42a = a \times 6 \times 7$，等等。另一种算法是用加代乘，用减代除，这是在乘数或除数的最高位是 1 的情况下采用。如下卷第 4 题：有兵若干，每人发给绢 1 丈 3 尺，共需捐多少？解法是："先置人数，添三得丈数"，设人数为 a，则为 $1.3a = a + 0.3a$，这样，两位数的乘法就化

过所。唐代的过所，相当于今天的通行证明。因为官方驿传文书有符节和排单为凭据，过所多用作私人和商旅通过关隘的凭证。图为吐蕃阿斯塔那墓地出土的"过所"实物。

成了一位数的乘法和加法，在一层内完成。如果乘数或除数的最高位不是 1 时，就先通过一定的步骤化为 1。这种算法在中晚唐时期已经相当流行，称为"求一"或"得一"。所以，当时筹算改革的主要内容是把原来需要分三层进行的乘除运算化成一层进行，并形成了一整套简化的方法。

隋唐时期实用数学的普及情况还可以从敦煌算书中得到反映。清光绪二十六年（1900）间在敦煌莫高窟发现了一些抄于唐宋之间的抄本数学书，有《敦煌石室算经》一种，《算表》一种，《算经一卷（并序）》一种，现收藏于法国国立图书馆。英国伦敦不列颠博物院收藏有《算经一卷》二种，其内容与巴黎所藏相同。另有《立成算经一卷》一种。这些数学书的内容有计算简单的四则应用和面积体积，还有筹算记数制度、度量衡制度、金石比重、大数记法、"九九"表等。若已知田地的长宽步数，则可在《算表》中相应纵、横两行交会处查得其亩数。此外，还发现了藏文的乘法表。总之，在边疆地区发现的这些数学书足已表明当时实用数学的普及状况。

陆羽著《茶经》

陆羽，字鸿渐，又一名疾，字季疵，自称桑苎翁，又号竟陵子、东冈子、东园先生，晚年更号广宵翁，复州竟陵（今湖北天门）人，生于开元二十一年（733），死于唐德宗贞元年（785～805）间。唐代，我国的饮茶的风尚遍及全国，茶叶成为主要商品之一，陆羽年青时期遍历长江中、下游和淮河流域各地，考察收集大量有关茶叶生产和其他茶事的资料，在此基础上形成有关《茶经》的最初雏形。

《茶经》系统地总结了唐代以前我国种茶、制茶和饮茶的经验以及他本人的体会，全书分上、中、下 3 卷，计 10 篇，7000 余字，10 篇分别为"一之源"，论述茶的起源；"二之具"记述采、制茶的用具；"三之造"是说茶叶种类和采制方法的；"四之器"介绍茶之饮、饮茶的器皿以及我国瓷窑产品的劣势；"五之煮"，陈述煮茶方法和水质的品位；"六之饮"记载饮茶风俗和品茶、饮茶之法；"七之事"汇集历史上有关茶的典故，传说以及药效；"八之出"列举了当时我国名茶产地及所产茶叶的优劣；"九之略"，指出在特殊条件下某些器皿可以省略；"十之图"要求将《茶经》书于绢帛张挂之。其中有关茶的生产和特性，以及采茶所用的器物等内容都应属于农学范围，如论述茶树与土壤的关系

时指出："上者生烂石，中者生砾壤，下者生黄壤"，采茶的时间以春茶为上，"凡采茶，在二、三月、四月之间"，这些都很符合客观规律，当时茶叶的著名产地大多分布在长江流域及其以南地区，从《茶经》我们可以看出唐代南方已有很高的茶树种植生产水平。

《茶经》书影。《茶经》是中国古代著名的茶书。

《茶经》是世界上第一部关于茶的专著。《茶经》的出现，不仅对我国，在世界茶学发展史上也具有划时代的意义。

太医署建立并发展

隋唐时代的卫生组织和医事管理制度，比前代有了进一步发展。两朝设立的太医署，是全国最高的医学管理机构，其他如尚药局、药藏局等宫廷卫生组织也建立起来，对医学发展起到了一定的积极作用。

隋代的太医署设有太医令、丞及医监、医正等行政领导和管理官员，业务人员有医师、主药、药园师、医博士、助教、按摩博士和祝禁博士等。医师负责教育和训练学生以及从事医疗工作，并以医疗成绩

作为考核的内容；药园师和主药主要负责药物的种植、采收、炮制、贮存；各科博士、助教则主要负责本专业的教学工作。唐代太医署沿用隋朝的制度，兼有医学教育和医疗双重任务。太医署的教学分为医学和药学两大部分，医学部分又分医、针、按摩、咒禁四个科系，每个科系都有专门博士和教授学生，并有助教、医师、医正辅助教学。药学部分有主药、药园师、药童及府、史等，负责教学和日常工作。太医署师生员工达300多人。

太医署的学生首先学习《黄帝内经素问》、《神农本草经》、《针灸甲乙经》、《脉经》等公共基础课，然后再分科学习各自的专业课程。医学部分的四个科系分为五个专业，有学生40人。如"体疗"专业学习内科，学制7年；"角法"专业学习拔火罐及外治法，学制3年；针科学生20人，专门学习经脉腧穴理论和针灸治疗技术。

太医署考试制度非常严格，仿照国子监实行的科举制进行入学考试。入学后，每月由博士主持月考，每季由太医令、丞主持季考，年考由太常寺派监考官主持，毕业时有笔试和临床两种形式的考试。不及格的可留级继续学习，但若两年仍不能通过毕业考，则予以除名。毕业生按成绩优劣被授予医师、医正、医工、医人四种职称，分配到尚药局、太医署或到外地工作。

太医署还在京师设有数百亩良田的药园，作为学习药物栽培和识别药物的教学基地。药园通过考试录取的16～20岁的平民子弟为药园生，他们主要学习药物产地、性状、种类、栽培、采集、贮存、炮炙以及配伍宜忌等知识，毕业后可分到尚药局，也可留太医署作药园师，或到外地负责为皇室调配地道药材。

隋唐两代的太医署兼有医学教育机构

和医疗单位的双重责任。其医务人员除在京城开展正常的医疗活动外，还经常奉命前往他处送医送药，为解除百姓的疾苦作出了一定的贡献。

唐代的妓女

唐代妓女主要有宫妓、官妓、家妓三类。

宫妓是以乐舞及绳、竿等杂技供奉朝廷的女艺人。宫妓多为色艺俱佳的乐户、倡优子女，也有少数平民女子，归内教坊管理。玄宗时，宫妓最盛，每年勤政楼大会，仅歌舞妓一登场就多达数百人。玄宗还在两京宫外设置左、右两个外教坊，训练大批艺妓，称"外教坊妓"。宫妓、教坊妓，名义上献艺不献身，但难得其实。如玄宗弟岐王在冬季，将手揣入宫妓怀中取暖。宫妓具有后世娼妓的性质。

"唐人尚文好狎"，官贵以狎妓相尚，政府对此也无禁令。当时两京、各大州府及某些县皆设有官妓。长安官妓靠自谋生路，受官府管辖较松。妓馆多由鸨母带数

唐妓关盼盼

名养女组成，也有人在家中接客。她们一般以陪宴、卖淫为主，献艺为辅。长安官妓聚居平康里，妓业兴隆，"京都侠少，萃集于此"，时人谓此坊"风流薮泽"。东都、扬州等大都市的情景与长安相仿，如扬州每到夜晚"倡楼之上，常有绛纱灯万数，辉耀空中"。地方官妓属"乐营"管理，集中居住乐营，由官府供给衣粮，主要任务是承应官差、献艺、陪酒、侍夜。

家妓为官贵富户等私家蓄养的歌舞女。王公贵族家妓常有数百人之多。家妓除供主人玩赏娱乐外，还要招待宾客，甚至陪宿。

唐妓薛涛

唐代妓女虽生活有所保障，有的还较优裕，但并无独立人格，只能任人宰割。如平康里小吏李全受人贿赂便将患病的妓女仙哥抬走陪客。唐末郫州官员在宴席间争夺官妓杜红儿未遂，竟当场杀红儿。家妓地位介于姜婢之间，命运也很不济。如严挺之的宠妓玄英为其子碎首残杀后，严挺之竟对儿子勇气大加赞赏。唐妓女年老色衰后，常遁入空门，与青灯古佛为伴。江淮名妓徐月英《叙怀》诗所吟"虽然日

逐笙歌乐，长羡荆钗与布裙"，为妓女愁苦心情的真实写照。

唐兴厚葬

唐代，王公贵族、大小官吏及一般平民死后都实行墓葬并风行厚葬。

唐代丧祭，多依循古礼，有发丧、出孝等程序。唐坟墓规格依身份不同，差别悬殊。如规定一品"陪陵"大臣"坟高四丈以下，三丈以上"；一品官坟高1丈8尺；庶人墓高4尺等。皇陵规模多宏伟巨大。

唐金棺银椁。甘肃省泾川县大云寺舍利石函出土。

唐长乐公主墓壁画

唐代厚葬之风十分严重。"王公百官，竞为厚葬……破产倾资，下兼土俗"。葬时，偶人像马，雕饰如生。归葬途中，设有路祭，道旁设帐，内置假花、果、粉人、食品等物。唐玄宗曾严禁厚葬，下令丧事"务从简约，凡送终之具，并不得以金为饰，如有违者，先决杖一百"，但并未收效。

安史之乱后，奢风愈炽，有的半里一祭，绵延20余里。帐幕大者竟高达80~90尺，用床300~400张。祭品精美丰盛，有的还雕木为鸿门宴等古戏，至使送葬者"收哭观戏"。唐已流行为死者烧纸钱，纸钱堆积如山，盛加雕饰。寒食扫墓也浸以成俗，并编入礼典。服丧仍以3年为限，若非遇到战事等特殊情况，不可从权。

唐代的帝陵和"号墓为陵"的陪葬墓，在地面上有陵园建筑，它的坟丘作覆斗形；一般陪葬墓和大型墓的坟丘则多作圆锥形。绝大多数墓葬是洞室墓，里面有墓室与墓道，部分墓在墓室和墓道之间有甬道。大型墓往往还开凿有天井和壁龛。墓室一般有两种，即土洞与砖室。土洞墓的墓主一般为平民或下级官吏，砖室墓则属高级官吏和皇室成员。较大型的墓都绘有壁画。唐代墓葬的随葬品丰富，可见当时各种手工业和工艺美术是相当发达的。

墓室中，土洞墓的形制先后有明显的变化。初唐时的墓葬，墓室平面多作方形或长方形，墓室为东西宽、南北窄的横室；而盛唐与中晚唐时的墓葬，长方形墓室逐渐增多，横室墓则已消失。砖室墓的形制从初唐到晚唐变化不大。墓室平面作方形或近似方形，四周多为中部略向外凸或稍向外张而呈弧形。

唐代墓葬中的壁画，反映了唐代达官显贵们的豪华生活以及当时的社会风尚等等，体现了唐代的绘画水平。

唐银鎏金"论语玉烛"龟形器。玉烛由一圆筒和龟座组成。筒为圆柱形，并有圆柱形盖由子母口与筒身相合。盖顶部为卷边荷叶状。盖侧壁在鱼子纹地上刻一周缠枝卷叶和飞鸟。筒身上部刻缠枝卷叶和龙凤各一，亦与鱼子纹作地，龙凤间有一长方形框，内刻"论语玉烛"四字。圆筒下为龟形底座，龟背上有双层仰莲，上承圆筒。玉烛除地纹和部分龟甲外，通体鎏金。这件玉烛是用来盛放酒令筹的。这样的器物在国内是第一次发现，无论造型设计还是纹饰鏨刻，都非常精妙，不愧为唐代后期金银器中的瑰宝。

唐金棺银椁。陕西省临潼县新丰镇庆山寺遗址出土。

唐代建筑制度

唐以来的宫殿佛寺建筑，基本上是承袭旧有的式样，但在建筑造式上却打上了权力地位的烙印，更加明确了住宅的造式因官阶而定的制度。稽古定制上记载了唐代的建筑制度，凡是在王公以下，屋舍不得施重拱藻井；三品以下，室舍不得过五间九架，厦的两面的头门屋，不得过三间五架；五品以下，堂舍不得过五间七架，厦的两面的头门屋不得过三间两架；六品七品以下，堂舍不得过三间五架，门屋不得过一间两架；王公以下及庶人第宅，不得造楼阁；庶人所造房舍不得过三间四架，不得辄施装饰。

唐代对建筑进行了等级制度的规定，于是建筑成为统治王权的象征。

第三章

五代十国时期

唐朝末年，藩镇割据势力进一步发展。907年，唐宣武节度使朱全忠逼唐哀帝禅位于己，建立了后梁，中国历史进入五代十国时期。从907年到960年相继统治中国黄河流域的有后梁、后唐、后晋、后汉、后周五个朝代，史称五代。与此同时，南方也先后出现了前蜀、吴、闽、吴越、楚、南汉、南平、后蜀、南唐等九个割据政权，再加上在山西建立的北汉，史称十国。

　　"五代十国"是中国继魏晋南北朝之后再度陷入分裂混乱的时期，是安史之乱以后藩镇割据局面的延续和扩大，但同时也是中国走向再次统一的过渡时期。各地人民反对分立割据带来的制度不一、关卡林立、禁令繁多、商税苛重等种种灾难，又由于契丹贵族的掠夺，人民要求统一，以便集中力量进行抵御。到了五代后期，统一的趋势已日益明显。公元960年，后周殿前都点检（就是禁军统领）赵匡胤趁959年周世宗柴荣在北伐契丹的战争中病死、7岁幼子柴宗训即位之初，发动了陈桥兵变，夺取了后周政权，建立了北宋。此后，经过一系列的战争，到979年，北宋再次统一中国。五代十国的割据局面也遂告结束。

　　五代十国时期，由于北方战乱频繁，政局动荡，南方则相对稳定，全国的经济重心从黄河流域转移到了长江流域，农业、手工业、商业比较发达，海上贸易也相当繁荣。这一时期，起于唐代的词开始走上兴盛阶段，书法、绘画领域的成就也在历史上占有一席之地，对北宋乃至后世都有较大影响。

第一节 史海钩沉：重大事件 历史典故

朱全忠建梁

开平元年（907）四月，梁王朱全忠即帝位，国号大梁，建元开平，即为梁太祖。中国重新分裂，五代十国混战开始。

朱温，即朱全忠，原为黄巢部将，中和二年，与唐王重荣战于夏阳，由于援军缺乏，朱温知起义军大势已去，于是举兵投王重荣。唐朝廷授朱温同华节度使、右军吾大将军、河中行营招讨副使，赐名全忠。朱全忠兵势强盛，企图篡唐以代，后诏授朱全忠为梁王。朱全忠先后兼并淮北、汉水中下游，东迄山东、西接关中，北与燕南、晋南相接，古称中原之地都被朱所占据。朱全忠先后杀昭宗、立幼主、屠诸王、灭朝士，拥兵自重，境外诸藩如李克用、李茂贞、王建、杨渥、钱镠、刘仁恭等不能与之抗衡。当时唐哀帝困居洛阳，正在朱全忠势之掌握之中。

唐天祐四年（907）正月，哀帝遣御史大夫薛贻矩至大梁慰问。薛返回洛阳告知朱全忠有意受禅。哀帝被逼下诏，定于二月禅位。二月，李柷（哀帝）令文武百官前往朱全忠帅府劝进，湖南、岭南藩镇也上笺劝进。三月十三月，再令薛贻矩赴大梁传禅位之意。二十七日，哀帝正式降御札禅位于梁。命正副册札使张文蔚、苏循，正副押传国宝使杨涉、张策押金宝使薛贻矩、赵光逢，率百官备法驾诸大兴。唐天祐四年（907）四月十六日，梁王朱

朱温像

全忠更名朱晃，十八日，梁王服衮冕，即皇帝位，即历史上后梁太祖。二十二日大赦，改元"开平"，国号"大梁"，以汴州为开封府，称东都。以唐东都洛阳为西都，废唐西京长安，改称大安府，置佑国军。以哀帝为济阴王，迁之于曹州，派兵防守，第二年将哀帝杀死。撤废枢密院，设崇政院，任命首辅敬翔为使。自此，自武德以来经21帝、289年的李唐王朝为梁王朱晃所亡，中国重新分裂。

同时河东、凤翔、淮南、川蜀仍奉唐正朔，抗拒（后）梁。河东沙陀李克用与朱温（后梁太祖）势不两立；川蜀王建与凤翔李茂贞相约联晋李克用兵攻梁王。九月，王建在蜀称帝；淮南杨渥则拥兵坐观时局变化。而南方政权诸镇先后向后梁称臣接受册封，契丹也遣使与梁通如，唐灭后割据政权相继形成并展开混战。

王建称帝

前蜀天复七年（907）九月，王建闻知朱温废唐哀帝，建立大梁，即帝位后，拒绝向朱梁太祖称臣，在成都称帝，国号大蜀（后曾一度改汉，史称前蜀）。册立皇太子，封爵诸王，设置文武百官。授王宗传为中书令，韦庄判中书门下事，唐道袭为枢密使。

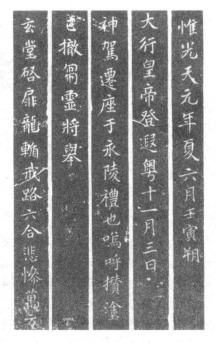

王建哀册

武信、永平、保宁等 10 余节度使。王建晚年听信于宦官，日益昏聩，前蜀光大元年（918）六月病逝，享年 72 岁。其子王宗衍继其位。

王建坐像

王建原籍许州舞阳人，少时不务正业，以屠牛、屠马、盗窃、贩盐为生，有"贼王八"之称。后来在唐末农民起义时乘乱而起，起兵占据川蜀，采取了一些有利于农业生产和安抚息平的政策，当时有很多朝廷官士名族到蜀避乱，得到王建的优厚援置。当时蜀境已成为繁华安定的经济文化中心，领两川、山南西道 46 州之地，置

徐温专吴权

唐天祐五年（908）杨渥被弑，徐温开始在吴专制政权。淮南地区在唐朝末年一直战争频繁，后来由杨行密据守。唐昭宗李晔授杨行密为吴王，天祐二年杨行密病逝，由其子杨渥袭位。朱全忠篡唐另立（后）梁即帝位后，淮南杨渥拥兵坐观时局变化，但仍称唐天祐年号。杨渥本人凶残好杀，且昏庸无能，其父杨行密旧部将剩下者寥寥。当时任左右牙指指挥使的禁军首领张颢、徐温担心杨渥会杀两人，于是在五月率先发动政变，杀吴王杨渥。吴王被弑之后，张颢欲自立王位，幕僚严可求一方面设计阻止，立杨渥之弟杨隆演为

王，另一方面联络徐温，以弑君之罪将张颢擒杀，并铲除张颢余党。从此徐温独掌中央禁军，开始专理吴政。

李克用含恨病逝

开平二年（908）正月，河东节度使晋王李克用病死，其子存勖嗣继其位。

李克用（856～908），沙陀人，其父李国昌，原姓朱耶，名赤心，咸通年间因镇压庞勋有功而被唐赐李国昌之名。李克用从小跟随其父征战南北，骁勇善战，军中称"飞虎子"，因一目失明又称"独眼龙"。李克用与父李国昌合攻朱全忠，又在镇压黄巢农民起义中立大功，被唐封为河东节度使（太原、领石、岚、汾、沁、忻、代等州，辖境相当于今山西内长城以南，中阳、左权以北），乾宁二年（895）晋封为晋王。源驿之变后李克用与朱全忠连年交战，天祐元年八月朱温弑昭宗立李柷，及至后来朱篡唐建（后）梁后，李克用南向恸哭，发誓恢复大唐，无奈头部疽发不治，开平二年正月在晋阳病逝，时年53岁，其子李存勖继位。（后）唐立国后，追谥武皇帝，陵葬雁门。后来李克用旧将挑唆李克用之弟李克宁发动政变，被李存勖擒杀，政变失败。

刘隐割据岭南

开平三年（909）四月，朱温（后梁太祖）封刘隐为南平王，岭南地区尽为其有。次年又晋封南海王。

刘氏祖先本大食商人，原居福建，后移至岭南。至刘隐，已经获取了割据一方的节度使之职。朱温称帝后，刘氏向北方示好，获取王号。

福州闽王庙

刘氏广为延揽中原名士和招徕海外商贾，唐朝亡国衣冠士族纷纷南下，唐末被贬谪流放客居岭南的名臣及其后代均受礼遇。岭南因此成为人文兴旺，贸易繁荣的一个区域。

乾化元年（911）三月，刘隐病卒，被追为襄皇帝，庙号烈宗。

王审知经营福建

开平三年（909）四月，朱温（后梁太祖）封福建王审知为闽王。

王氏在唐末动乱中进入闽地，经王潮、王审知兄弟之开拓，福建地区尽为其有。后王潮病死，王审知独撑局面。朱温篡唐，王氏向中原政权示好，藉以取得王号。

王审知以节俭自处，选任良吏，慎用刑罚，减轻赋敛。招徕唐朝名士，开设学校，培育优秀人才。又开设"甘棠港"（今福建福安南），吸引海外商贾前来通商贸易。王氏居闽期间，境内晏然，为后世福建进一步发展奠定基础。

（后唐）同光三年（925）底，王审知病逝。庙号太祖。

闽王王审知

岐蜀混战

前蜀与岐接壤时期，为求保境息民，对岐王李茂贞的财贷要求，蜀主王建均百依百顺，两国相安无事。

蜀永平元年，后梁乾化元年（911）春，岐王从子继崇妇、前蜀普兹公主回成都探亲不返，两国遂绝交，开始连年混战。3月，岐兵初征，蜀以十二万之众出战。5月，王建亲征，岐兵屡战屡败。8月，岐军在青泥岭大胜蜀军，一长志气。11月，蜀将王宗弼在金牛谷攻占岐16个寨，各路兵力大破岐兵，又占领21个寨。这一年岐蜀交战不断，最终以蜀取胜。

刘守光称帝

刘守光乃深州乐寿（今河北献县）人，唐末卢龙节度使刘仁恭之子，为人庸昧而淫虐。梁开平元年（907），刘守光囚父自立，第二年又杀兄守文、侄延祚。燕应天元年（911）八月，刘守光独霸幽州，此后自矜据地2000里，带甲30万，想自立为"皇帝"。晋王李存勖对刘守光决定"阳尊以重其恶"，与河北诸镇共推其为"尚父"，太祖朱温知其狂愚，亦封其为河北道采访使及尚父，藉以笼络利用。刘守光还不满足，自称大燕皇帝，建元应天。

10月，晋国派使者到幽州，刘守光以其不称臣而杀之，从此，与晋国关系恶化，本年底，李存勖以此为藉口而围攻幽州城。乾化三年（913）十一月，李存勖攻破幽州城，活捉刘守光父子，次年一月在太原斩首。至此，盘踞幽州近20余年的刘氏势力被消灭，其地盘尽归李存勖所有。

梁大败于晋

后梁乾化元年（911）十一月底，燕王刘守光以2万兵力入侵河北易、定，治理定州的义武节度使王处直向晋王李存勖求援，晋派大将周德威领兵攻燕，以解易、定之围。乾化二年（912）一月，晋军各路兵马会合围攻幽州，刘守光向梁告急。二月初，梁太祖以号称50万兵力亲征，令攻枣强、蓚县。枣强城虽小但抵抗力强，

后梁开平元宝

久攻方下，入城后尽屠城中老幼。此时晋军正全力围攻幽燕，大军俱出，无力南顾。晋将李存审等密谋出奇计来解蓨县之围。李存审先引兵拒守下博桥，派人混入梁军获其樵采者杀之，并陈尸下博桥，使生还的回军中传言"晋大军至矣"，营上下顿时人心惶惶。三月初，梁军攻到蓨县，还没来得及安营扎寨，晋军即伪装进入梁军中，乘黑夜大噪，造成晋大军到来的假象，梁军阵营大乱。后来梁太祖知道实情，非常惭愤，因此病重，在贝州停留半个月，再回魏州。

梁发生政变

乾化二年（912）六月，朱温在一场家庭流血政变中被弑，朱友珪矫诏称帝。

梁太祖朱温晚年荒淫暴躁，与众儿媳均有乱伦关系，尤宠次假子友文妇王氏。长子友裕早死，友文因而在宫中不可一世，而次子友珪、三子友贞则备受梁帝猜忌。

乾化二年（912）六月，朱温病危，想立友文为皇太子，友珪妇张氏得知内情，告之友珪，友珪因此阴谋发动政变，六月二日则带兵混入宫中，直至梁帝寝殿，杀死朱温，秘不发丧，并矫诏令友贞杀友文，然后才为帝发丧，即皇帝位。乾化三年（913）一月，朱友珪在洛阳祀天，并改元历，以求争取舆论的支持。

友珪弑父篡立，朝野上下人心不服，而且政局不稳定，均王朱友贞见状乘势起兵，与握有重兵的杨师厚共击新军，形势急转直下。

乾化三年（913）二月，友贞兵至洛阳，数千禁军举兵倒戈，突入宫中。友珪见大势已去，与妻张氏自杀。

朱友贞返回开封即皇帝位，复年号为

乾化三年，追废朱友珪为庶人，开五代兵变拥立皇帝的先例。

蜀国击退南诏

前蜀永平四年（914）十一月，南诏大长和骠信郑仁旻偷袭蜀国黎州，蜀主王建闻讯大怒，兵戈相向，大败郑仁旻于潘仓嶂，斩长和清平官赵嵯政。12月，蜀军乘胜追击，一口气连拔长和武侯岭13个寨，俘斩长和军数万人。

次年正月，蜀主王建处死与南诏勾通的刘昌嗣、郝玄鉴、杨师泰等人，断绝内应，从此，南诏对北部邻国便谨慎从事，再不敢轻易侵犯蜀边界。

梁发生康王之乱

梁末帝朱友贞即位以后，政局不稳，朱氏兄弟间猜忌日重，文武百官议论颇多。康王朱友敬（太祖第八子）认为自己的双目有重瞳，呈现天子之相。后梁乾化五年（915）十月二十四日夜，乘末帝德妃出葬之机，康王派心腹潜藏在末帝寝殿之中，想杀末帝，却被皇帝的部队发觉并迅速采取措施捉拿凶手，第二天，康王被杀。

自此，朱友贞开始疏远宗室，重用租庸使赵岩及已故德妃兄弟张汉鼎、张汉杰等人。然而张、赵依势弄权，卖官鬻爵，离间旧日将相，一些执政大臣的建议均不用，于是政治日紊，后梁政情每况愈下，终于走向了衰亡。

契丹称帝建元

辽神册元年（916）十二月，契丹王

耶律阿保机自称皇帝，国号契丹，建元神册，国人称天皇王（为辽太祖）。

契丹铜镜

契丹原为胡服骑射之族，部落众多，各部为疆域、猎物等争夺不断。阿保机出，以良策治军，所在部落日见昌盛，终于统并契丹八部，遏止了纷争。

塞外物资匮乏，契丹族便开始了南下的侵扰。而此时的中原之地也是寸土必争。群雄逐鹿，能取得外援支持自然更有竞争力，于是中原河北的地方势力亦时常勾引契丹，利用他们实现自己的个人野心，契丹则从中取得实惠或好处。在互相的利用与被利用中，契丹族加强了与中原的接触，中原先进的文化和政治制度给阿保机以巨大的震撼。

阿保机是个善于学习的人。于是本月仿效汉制，以妻述律氏为后，备置百官，又在城南别建汉城，以充汉人。阿保机自此之后野心更盛，"颇有窥中国之志"。

吴与吴越征战

五代之乱，百姓苦不堪言。919年，吴与吴越两国又见兵戈相向，残尸遍野，发生狼山、无锡两役。

二月，吴越大举伐吴，战于狼山江。吴越将领钱傅璙命令船上满载灰、豆、沙等物，两兵对阵，先来顺风扬灰，纷纷扬扬，吴兵连眼睛都睁不开，叫苦不迭；及船舷相接，使散沙于己船而散豆于吴船，豆为战血所渍，吴兵站立不稳，稍有移动即跌得鼻青面肿。傅璙见良机已到，一声"放火！"但见吴船浓烟滚滚，染黑了半边天空，吴兵大败。吴将彭彦章长叹一声，泪流纵横，自刎身亡。

吴军初尝败绩，并不气馁，还以颜色。七月，徐温与傅璙战于无锡，吴军顺风点燃久旱之枯草，风助火势，火乘风威，吴越将士乱作一团，互相践踏，死了近万人，

五代
乐伎

中国通史

最新整理图文珍藏版

傅瓘只得乘乱逃去。

徐温深感两国征战只会使"民困更甚"，倒不如"使两地之民各安其业，君臣高枕"，于是致书到吴越，讲述"多杀无为"，吴越王钱镠欣然听之，两国息兵，相安无事二十余年，百姓遂暂得安宁。

王建病逝

前蜀光大元年（918）六月，前蜀主王建病逝，太子王衍即位，权宦唐文扆被杀。

蜀主王建卧于病榻之上已有好几年了，918年6月，病情急剧恶化，王建自觉不久于人世，遂召太子及马步都指挥使王宗弼入宫，托付宗弼说："你要好好辅助太子。如果他干不了大事业，请将其闲置，千万不要让人杀了他……"宗弼听命。

五代前蜀舞伎

扆的阴谋告诉了宗弼。宗弼拍案而起，强行入宫，历数唐文扆罪状，理正辞严，唐文扆被削官为民。同月，王衍平安即位，是为蜀主，杀唐文扆及其同党。

五代前蜀乐伎

王建墓石人

唐文扆久掌禁军兵权，意欲发难。他先派人守住宫门，又派亲信潘在迎侦察外情，可惜却打错了算盘——潘在迎将唐文

刘岩称帝建汉

刘岩为后梁所封南海王刘德之子。后梁乾化元年（911），刘德病亡，刘岩继承王位。刘岩励精图治，岭南力量不断强大，刘氏独立于中原的倾向愈加明显。

刘岩不满足于"南海王"的封号，于南汉乾亨元年（917）七月，自称皇帝，国号大越，改广州为兴王府，定都广州，以本年为乾亨元年，当年铸钱"乾亨重宝"。次年十一月又改国号为汉。皇帝即改名为"龑"，取飞龙在天之意。

南汉拥有潮、郴、桂、邕等数十州，从此以后，历四代君主，占据岭南长达54年。

梁晋为天雄兴兵

天雄军素驻魏博，自田承嗣以来，兵力日盛。杨师厚就任天雄节度使后，又仿效唐末河北牙兵之制，重建"银枪效节都"，天雄之兵，银光铁朔，益见精练。梁恐其强大不能制，早存顾虑之心。

915 年 3 月，杨师厚卒，魏博一时无帅。梁末帝朱友贞认为时机难得，意欲分而治之，断精兵悍将难制驭之虑，于是魏博版图一分为二，南北分治。但魏兵父子相承，族姻盘结，不愿分徙。三月初五，魏州军乱，劫持新任天雄节度使贺德伦求援于晋，晋王李存勖闻讯大喜，白白拣到了天雄奇兵。梁帝大怒，发兵质询，晋不甘示弱，于是梁晋开始为天雄兴兵。

两军先在莘县挑起了战火。当时，晋王李存勖与梁将刘鄩相峙于黄河北岸，刘鄩欲偷袭晋阳、临清，均因天时不助未逞，遂移师莘县。晋军尾随而至，两军隔水相望，一时倒也相安无事。而梁末帝见刘鄩坐吃山空，极为不满，一再催促。第二年二月，晋王假装回师晋阳，刘鄩迫不及待，

五代赵岩《八达春游图》。赵岩，梁太祖女婿。

举兵追来，晋将李存审以逸待劳，早有所备，大败梁军，刘鄩撤军之际，晋王返回，与存审兵前后夹击，梁军溃不成形，折阵七万人。两军鏖战之时，梁末帝又遣兵三万，突袭晋阳，兵败。梁军败报频传，军心动摇。916 年 4 月，捉生都指挥李霸带兵作反，幸杜晏球以五百骑击之，连夜平

五代
《番骑图》
（部分）

复了近千人的李霸禁军之乱。

然而此时梁中军情早已江河日下，不堪一击。晋军连胜之下，士气更振，人人向前，个个争先，连下卫州、惠州、洺州、邢州、相州、沧州等城，势如破竹。梁河北州县尽入晋图版。以后双方又互有攻守，历时八年。

契丹大举南侵

后梁龙德元年、契丹神册六年（921）十二月，契丹主耶律阿保机（辽太祖）应卢文进之请及受义武节度使王处直子王郁之诱，倾全力南侵，企图灭晋，述律皇后力谏，不听。

阿保机派兵南下，首先攻打的是晋之幽州，宋将李绍宏倾力据守，契丹便转而南下攻克涿州（今河北涿县），遂围定州（今河北定县），定州王都告急于晋，晋王李存勖亲自率领5000精兵前往救援。

契丹南侵画像石。契丹自北魏以来即与中原多有联系。唐亡梁立，战乱频仍，契丹开始南下侵扰。

翌年（922）正月，晋王先败契丹前锋万骑，继而又在望都大败契丹军，俘获契丹主之子，契丹撤退，渡沙河，桥狭冰薄，陷溺死者甚众。撤至易州（今河北易县），时值连天大雪，平地数尺，契丹人马

饥寒交迫，损失惨重，只好从幽州撤出塞外，晋王追至幽州也班师回朝。

契丹大举南侵，历时两月，大败。

晋并四州

后梁龙德元年（921）二月，张文礼弑其养父、成德节度使赵王王熔，迫使晋封之为成德留后，据镇、冀、深、赵四州。张氏受晋封却南结朱梁，北邀契丹。八月，晋王李存勖命王熔的故将符习为成德留后，并以晋军助之讨伐张文礼，文礼惊惧而死，其子张处瑾秘不发丧而全力拒晋。九月，晋兵围镇州（成德军治所，今河北正定），晋将史建瑭中流矢而死。

李存勖像

十一月，晋王李存勖亲自统兵攻打镇州，张处瑾遣使请降，晋不许。晋军力攻而不克，至第二年三月，晋王返魏州，留天平节度使阎宝筑营垒围镇州。阎宝伏军袭击出城寻粮的500镇兵，不成，反被镇兵火烧晋营，夺去粮草。阎宝败退惭愤而死，晋以李嗣昭代之。四月，李嗣昭阵亡，晋以李存进代之。九月，张处瑾之兵马趁晋骑兵均往镇州城下、晋营中空虚而突行

偷袭，得手，李存进力战而死。

晋再以李存审代领晋兵攻镇州，此时镇州已粮尽而无援，张处瑾再次请降，晋不许。九月二十九日，镇州之将李再丰为内应引晋军入城，擒张氏兄弟、家人及同党，将张文礼曝尸于市。镇州破，其余三州唾手可得。晋耗时一年多，折损大将数名，终于兼并了成德故地镇、冀、深、赵四州。

后唐建立

后梁龙德三年（923）四月，晋王李存勖在魏州（今河北大名东北）正式称帝（是为后唐庄宗），国号大唐（史称后唐），改元同光。后唐正式建立。

早在称帝前两个月，李存勖就开始设置百官，选择了豆卢革为门下侍郎，卢程为中书侍郎，两人并同平章事。即位后又加封文武，以郭崇韬、张居翰为枢密使，卢质、冯道为翰林学士等。升魏州为东京兴唐府，王正亡为兴唐尹；以太原府为西京，孟知祥为太原尹；以镇州为北京真定府，任圆为真定尹；时共辖 13 节度，50 州。追尊先祖及唐高祖、太宗、懿宗、昭宗等等，并大赦天下，减免赋税徭役，得到百姓的拥护。

后唐始建国，北有契丹进犯幽州，西有泽潞叛附于梁，黄河以南的土地依旧掌握在梁手中，而一年之前卫州失守失掉了 1/3 的兵力，创业前途未卜。而固守霸业当务之急则是灭掉后梁。于是，同光元年（923）闰四月，唐将李嗣源与子从珂率 5000 精兵东取梁城郓州（今山东东平西北），城破，唐军禁焚掠，抚吏民，一夕而定。梁闻失郓州，大惊，于五月派精兵数千攻占唐德胜南城，并乘胜取潘张、麻家口、景店等寨。但不到两个月，所占之地又被唐军夺还，后梁王朝已经日暮途穷，终于在同年十月为后唐所灭。庄宗入据大梁后，遣使向各方面宣告（后）唐成立，各方反应不一，其中，楚王马殷和岐王李茂贞表示臣属，荆南高季昌则采取卑词而不屈就的政策，吴国保境养民以观其变，吴越和闽国向后唐示好。因后唐主并无宏图远略，外交上未有惊人之举。

后唐灭梁，基业初成，转向全力治理内政。因其号称"大唐"，自认为唐朝嫡系，一切法律均从唐旧制，于同光元年十一月，庄宗诏令保存有唐法典全本的定州赦库进唐律令格式，共 286 卷。同时，庄宗李存勖依河南尹张全力奏请迁都洛阳，遵唐旧制，以洛阳为东都，长安为西京，兴唐府为邺都，凡后梁所改军镇之名亦先后恢复唐旧称。

同光二年（924）正月，庄宗命令前唐内宫及诸道监军以及私人蓄养的僧尼，不论贵贱一律至京城，后唐复用阉人，视为心腹；不久又依唐制，以宦者为诸道监军，专势争权，引起了藩镇的不满，埋下祸患。不过，后唐对选官的规章条格是比较重视的，立国后便开始整理选举官吏的规则，严格精核选人，对冒滥者严加惩处，已中选之人也参加复试。而且还作出禁用铁锡钱的一些规定。但是，由于庄宗皇后刘氏性妒，贪财而争权，四方贡献必须纳为两份，一上天子，一入中宫；皇后的教命与帝王之制敕交替下达到藩镇，内外都一样照旨行事，引起了政事的混乱。

内忧外患交织导致后唐的短命，在立国 14 年后，于清泰三年（936）被后晋所灭。

中国通史

最新整理图文珍藏版